JN424527

前期 中古音

『世說新語』對話文 用字의 音韻對立

前期 中古音

『世說新語』 對話文 用字의 音韻對立

이승재 지음

일조각

〈머리말〉

拙政園의 연꽃 하나

책이 귀했던 옛날에는 손으로 베끼면서 그 내용을 이해했다고 하는데, 현대 학문에서도 여전히 이것이 유효하다. 漢字音 연구서를 눈으로 읽어서는 도무지 무슨 내용인지 이해하기 어려웠으므로 오랫동안 능력 부족 특히 독해력과 기억력 부족을 한탄하고 있었다. 그런데 개별 한자의 중고음 음가를 5종의 음운론적 성분으로 나누어 직접 손으로 입력하다 보니, 聲母나 韻母의 명칭도 외워지고 성모나 운의 상호관계도 어렴풋이 윤곽이 드러났다. 학문은 눈과 머리로 하는 것이 아니라 손발로 하는 것임을 한자음 연구에서 체험했다.

한자음 자료를 입력하다가 새로운 연구 방법이 떠올라, 『漢字音으로 본 백제어 자음체계』(태학사, 2013년)를 후다닥 집필했다. 그 뒤로 한참을 궁리한 끝에 운모 분석 방법을 새로 개발했고, 『漢字音으로 본 고구려어 음운체계』(일조각, 2016년)를 통하여 이것을 세상에 공개했다. 그러면서 韓國, 日本, 베트남의 고대 한자음뿐만 아니라 魏晉南北朝에서 北宋까지의 漢語音을 연구할 때에도 동일한 연구 방법을 적용할 수 있다고 했다.

그런데 이 연구 방법에 고개를 갸웃거리는 분이 계셨다. 이 의심을 불식하기 위하여 이번에는 魏晉南北朝 시기의 漢語를 연구 대상으로 삼았다. 동일한 방법으로 한어음의 일종을 본격적으로 분석함으로써, 필자가 개발한 연구 방법이 보편성을 갖춘 것임을 논증할 필요가 있었다. 한편, 필자의 궁극적 연구 대상은 高句麗·百濟·新羅의 한자음인데, 이 연구에서는 모태가 되는 한어의 음운체계를 반드시 제시해야 한다. 母胎音 연구까지 두루 갖추어야만 고대 삼국의 한자음 연구가 완성되기 때문이다. 그 모태음 연구의 일환으로 이 책을 집필하게 되었다.

모태음과 관련된 문제 하나를 『漢字音으로 본 고구려어 음운체계』(2016, 일조각)에서 이미 제시한 바 있다. 고구려어에서는 권설음인 生母[ʂ]가 독자적 음소가 아니다. 그렇다면 변이음 生母[ʂ]를 음소의 자격을 가지는 치조음 心母/s/나 구개음 書母/ɕ/로 편입해야 한다. 필자는 기존의 분류에 따라 生母[ʂ]를 書母/ɕ/에 편입하는 방법을 취했다가 낭패를 본 적이 있다. 11~12세기의 宋代 학자들이 치음을 齒頭音과 正齒音의 둘로 분류한 바에 따르면 이 편입 방향이 맞다. 그러나 고구려가 수용했던 위진남북조의 한어음 즉 前期 中古音을 고려하면 이것은 시대착오적이다. 전기 중고음에서는 生母[ʂ]가 書母/ɕ/보다는 心母/s/와 음운론적 거리가 더 가깝기 때문이다. 이에 따라 生母[ʂ]를 心母/s/에 편입하는 방향으로, 즉 정반대 방향으로 논의를 수정한 바 있다.

이 수정 과정에서 논거로 삼은 것이 『世說新語』 對話文 用字 상호 간의 音韻對立이다. 『세설신어』는 5세기 전반기의 劉義慶이 後漢末에서 東晉까지의 이야기를 모은 일화집인데, 여기에는 직접화법의 대화문이 아주 많이 나온다. 직접화법에 사용된 글자는 현실 口語에서 실제로 발음했던 表音字라고 가정할 수 있으므로 음운론 연구의 자료가 된다.

그런데도 『세설신어』의 대화문 용자를 아무도 음운론 연구의 대상으로 삼은 적이 없다. 『세설신어』의 구어체 문장은 魏晉南北朝 시기의 한어 통사론 연구에서 핵심적인 자료이다. 이 구어체 문장을 통시통사론의 관점에서 연구한 논문이 이미 200편에 이른다. 이처럼 중요한 자료인데도 이것을 음운론적으로 분석한 논문은 전혀 찾을 수 없다.

왜 그럴까? 11~12세기의 韻圖를 염두에 두는 한, 5세기 전반기의 『세설신어』 대화문 용자에 특별히 주목할 필요가 없다. 운도에 나와 있는 것만 해석하더라도 한어 중고음의 대체적 윤곽이 드러나기 때문이다. 그러나 운도 연구는 자연언어를 분석하여 연구하는 것이 아니라 宋代 학자들의 연구 결과를 해석하는 작업이다. 필자는 여러 학자들의 운도 해석 결과를 충실히 수용하지만, 一時一地의 자연언어를 우선적인 분석 대상으로 삼는다.

이 점에서 필자는 특정 시기와 특정 지역의 자연언어를 연구 대상으로 삼은 王力을 따른다. 일찍이 王力(1936)은 남북조의 詩에서 押韻字로 사용된 글자를 추출하여 음운 분석의 대상으로 삼은 바 있다. 이 압운자 대신에 필자는 『세설신어』의 대화문에 나오는 용자에 주목한다. 아무도 이것을 분석한 적이 없기 때문이다.

고대 三國의 한자음을 연구할 때에는 특히 그 모태어를 3~6세기의 한어로 한정할 필요가 있다. 일본의 吳音 연구에서도 마찬가지이다. 일본의 오음은 백제를 거쳐 3~6세기의 한어를 수용한 것이라 하는데, 이것이 唐으로부터 직접 수용한 漢音과 아주 크게 차이가 난다. 따라서 일본의 오음을 제대로 연구하기 위해서도 3~6세기의 한어를 반영하는 언어 자료가 불가결하다.

이 모태어 자료의 일종으로 『세설신어』의 대화문 용자를 들 수 있다. 이것은 시기적으로 5세기 전반기의 한어를 반영한다. 더욱이 저자인 劉義慶은 皇族의 일원으로서 주변의 文人들과 널리 교유했던 인물이므로 그의 한어는 당시 문인들의 讀書音을 대표한다고 할 수 있다. 이것을 이 책에서는 前期 中古音이라 지칭한다.

대화문 용자를 분석할 때에는 相補的 分布의 여부와 最小對立 쌍의 유무라는 기준을 적용한다. 프라그 학파의 이 음소 설정 방법론은 미지의 언어를 대상으로 음운체계를 설정할 때에 보편적으로 적용한다. 一時一地의 한어음을 분석할 때에도 마찬가지이다. 예컨대, 『세설신어』 대화문에 사용된 용자 집합을 모두 구한 다음에, 이 용자 상호 간에 성립하는 음운대립을 기준으로 삼아 음운체계를 재구할 수 있다. 이 방법으로 5세기 전반기의 한어 중고음을 재구할 것이다.

기존의 한어음 연구에서는 Karlgren(1954) 이후로 음운론적 연구가 아니라 음성학적 연구가 만연하게 되었다. 11~12세기의 운도에 분류되어 있는 대로,

모든 단위에 서로 다른 음가를 배당하다 보면 음성학적 연구 방법을 택할 수밖에 없다. 운도에서 구별해 놓은 단위가 너무나 많기 때문이다. 이 분류에 따라 Karlgren(1954)는 한어 중고음에 36종의 자음, 16종의 모음, 4종의 활음(또는 介音)이 있다고 하였다.

이것을 그대로 믿을 수 있을까? 이처럼 많은 종류의 音素를 가지는 언어는 거의 없다. 여기에서 宋代의 운도가 單一語의 음운체계를 반영한 것이 아니라 3~12세기의 古今을 아우르고 南北의 음성을 두루 종합한 것이라는 견해가 나온다. 이것을 『廣韻』의 綜合音系說이라 하는데, 필자는 이 견해를 취한다. 즉 송대의 운도에는 3~6세기의 음성뿐만 아니라 분석 당시인 10~12세기의 음성이 두루 반영되어 있다고 보는 것이다.

요컨대, 5세기 전반기에 편찬된 『세설신어』의 대화문 용자 상호 간의 음운대립은 전기 중고음의 음운대립 상황을 대변해 준다. 뿐만 아니라 이 음운대립은 고대 三國 한자음의 음운대립이나 일본 吳音의 음운대립을 이해할 때에 기초가 된다. 이 대화문 용자 상호 간에 성립하는 음운대립을 기반으로 삼아, 전기 중고음의 음운체계를 제시하는 것이 이 책의 궁극적 목표이다.

분석 결과에 따르면 전기 중고음의 음운체계에 등록되는 순수 자음은 28종이고, 구개음을 재음소화하면 23종이다. 활음은 /j-, ɪ-, ɥ-, w-/의 4종이며, 모음은 /i, e, ɛ, ə, ɑ, u, o/의 7종이다. 이것을 Karlgren(1954)의 중고음 연구 결과와 대비해 보면 아주 크게 차이가 난다. Karlgren은 음성학적 분류에 치중하면서 음운론적 연구를 부정한 것으로 유명하다. 정반대로, 필자는 상보적 분포의 여부와 최소대립 쌍의 유무만을 기준으로 한어를 음운론적으로 분석했다. 음성학적 연구가 아니라 음운론적 연구라는 점에서 기존의 연구 방법과 크게 차이가 난다.

河野六郎(1968/79)는 한국 한자음의 모태를 8세기 말엽과 9세기 초엽의 長安音이라 하면서, 그 논거로 慧琳의 『一切經音義』에 나오는 反切을 들었다. 이처럼 모태가 되는 자료를 철저히 분석한 다음에 한국 한자음을 연구해야 논의의 객관성을 갖출 수 있다. 이 과정을 차근차근 밟은 연구가 한국에는 없었으므로 유독 河野六郎(1968/79)가 50년 동안 계속 권위를 유지했다. 필자는 慧琳音義에 견줄 만한 것으로 『세설신어』의 대화문 용자를 새로 제시했다. 이것을 토대로 5세기 전반기의 한어 음운체계를 재구하면, 고대 삼국의 한자음은 물론이요 일본의 吳音도 차용 음운론의 관점에서 객관적·보편적으로 기술할 수 있다.

이 책에서 기술한 것은 아주 작은 대롱으로 본 時空間에 불과하다. 연구 대상을 5세기 전반기의 劉義慶 개인어로 한정했기 때문이다. 진정으로 한어음을 연구한다면 시대별로 나누어 음운체계를 제시해야 하고 나아가서 남북을 구별해 가면서 논의해야 마땅하다. 수천 년의 시간과 끝없이 넓은 공간에서 겨우 개인어 하나를 골라 분석한 것이므로, 필자가 본 것은 拙政園의 연꽃 하나에 비유할 수 있다.

졸정원은 정치에 서툴렀던 明代의 어느 귀족이 江蘇省의 蘇州에 조성한 정원이다. 이곳에는 커다란 산과 골짜기를 형상화한 곳도 있고, 시내가 흐르고 들이 펼쳐져 있으며, 人家의 수조에는 연꽃이 그윽하다. 중국의 무지막지한 광야에서는 이런 풍경을 볼 수 없으므로, 산천과 인가를 인위적으로 이곳에 조성했다고 한다. 비유하자면, 이곳은 한자음 관련 자료와 연구 업적을 수집하여 가지런히 정리해 놓은 곳이다. 정치에 서툴렀고 영혼이 자유로웠던 이곳에서 필자는 5세기의 연꽃 하나를 그림에 담았다.

아주 조그마한 꽃의 세계를 프라그 학파의 눈으로 그렸지만, 프라하의 광장과 古城에는 아직 가 본 적이 없다. 蘇州의 정원과 프라하의 고성이 잘 어울리는지 서슴없이 비판해 주시기를 바란다. 윤곽이나 채색이 잘못되었거나 더 구체적으로 묘사해야 한다면 깨우쳐 가르쳐 주시기를 기대한다.

이 책을 집필하는 동안 두 얼굴이 계속 아른거렸다. 멀리 떨어져 중국 관련 일에 종사하는 아들과 홀로 자족하며 얼굴 인식 프로그램을 짜는 아들이다. 연구 대상은 5세기 전반기의 중국 한어이고 연구 방법은 자료구조를 해석해서 프로그램을 짜는 것과 비슷하여 두 아들이 생각난 것이다. 이런저런 핑계로 사랑을 쏟지 못했는데도 속 썩인 적이 없어서 고맙기 그지없다. 고마운 마음을 이 책에 담아 본다.

마지막으로, 『세설신어』 관련 자료의 수집을 도와준 서울대 국문과의 박진호 교수와 대학원의 김미경 양, 이 책의 초고를 꼼꼼히 읽고 비판해 주신 서울대 기초교육원의 차익종 교수, 연세대의 이지영 박사께 고마움을 전한다. 특히 일본 龍谷大學의 伊藤貴祥 교수는 誤字, 애매모호한 표현, 꼭 반영해야 할 學說 등을 일일이 지적해 주었다. 이에 머리 숙여 감사드린다. 아주 긴 초록을 中文으로 번역해 준 서울대의 安寧姬 박사께도 고마움을 전한다. 또한 漢字文盲 시대라서 상업적 가치가 전혀 없는데도 기꺼이 출판을 맡아 주신 일조각의 김시연 사장님과 깔끔하게 꾸며 주신 편집부의 여러분께도 감사의 인사를 올린다.

2018년 7월, 잠실의 어느 카페에서

이승재 씀

차례

1. 서론

이 책은 『世說新語』의 대화문에 사용된 用字를 음운론적으로 분석하여 5세기 전반기 漢語의 音韻體系를 재구하는 데에 목적을 둔다.

『세설신어』는 劉宋의 劉義慶(403~444년)이 지은 일화집인데, 여기에 직접화법의 대화문이 아주 많이 나온다. 이 대화문은 구술발화에 사용된 구어체 한어이므로 魏晉南北朝 시기의 한어를 있는 그대로 반영한다. 따라서 통시적 관점에서 한어의 통사구조를 연구할 때에 핵심적인 자료로 이용되어 왔다. 그리하여 중국은 물론이요 일본과 한국에서 나온 연구 논문을 두루 포괄하면 연구 업적이 수백 편이나 된다.[1] 그만큼 이 『세설신어』의 대화문이 漢語史 연구에서 중요한 위치를 차지한다. 위진남북조 시기를 대표하는 언어 자료이기 때문이다.

그런데 이 대화문 용자를 음운론적으로 연구한 업적은 전혀 보이지 않는다. 열심히 찾아보았지만, 漢語 音韻史의 관점에서 이 대화문 용자를 연구 대상으로 삼은 적이 없다. 직접화법의 대화문에 사용된 글자는 음운론의 관점에서는 表音字에 속한다. 직접화법에 나오는 용자는 구체적으로 발화된 음가를 가진다는 가정

---

1 김장환(역주)(2008: 480~487)의 3권 부록에 정리된 것만 해도 175편에 달한다.

이 성립하므로 음운론의 관점에서는 중요한 연구 대상이다. 예컨대, 元代의 희곡에 나오는 대화문 용자를 음운론적으로 분석한 연구 논문이 적지 않다. 그런데 『세설신어』의 대화문에 사용된 용자를 분석의 대상으로 삼은 논문은 눈을 씻고 찾아보아도 찾을 수가 없다.

왜 그럴까? 통시언어학에서는 대화문이 자연언어에 가장 가까운 자료이므로 직접화법의 대화문을 매우 중시해 왔다. 그런데도 음운론 연구의 대상에서 『세설신어』의 대화문 용자를 어찌하여 제외했던 것일까?

그 첫째 원인은 의도적 방치에서 찾을 수 있다. 魏晉南北朝 시기의 한어 중고음 연구는 『切韻』系 韻書만 분석해도 충분하다고 생각한다면, 구태여 『세설신어』의 대화문 용자까지 분석할 필요가 없다. 이 판단에서는 이 용자가 잉여적인 논의 대상이므로 자연히 연구 대상에서 제외된다. 이것은 의도적 방치에 해당한다.

둘째 원인은 연구 방법론의 不在에서 찾을 수 있다. 『세설신어』의 대화문에 사용된 글자를 모두 모아 2,212자[2] 집합을 작성했다고 치자. 이들 용자를 어떻게 음운론적으로 분석할 것인가? 이 질문에 답하기 어려웠으므로 이 집합을 방치해 왔다고 할 수 있다. 이것은 체념적 방치에 해당한다. 의도적 방치든 체념적 방치든, 우리는 이 방치를 방관할 수 없다.

우리는 『절운』계 운서를 분석함으로써 위진남북조 시기의 한어 음운체계를 완벽하게 재구할 수 있다는 주장에 동의하지 않는다. 이 주장에 따르면, 『廣韻』의 聲母가 35~36종이듯이 이 시기의 한어에도 子音이 35~36종이라고 주장하게 된다. 그러나 우리가 『세설신어』의 대화문 용자를 음운론적으로 분석한 결과에 따르면, 순수자음이 28종이고 5종의 구개음을 재음소화하면 순수자음이 23종이다. 여기에 羊母/j/를 포함하면 29종 또는 24종이다. 이것은 운서를 분석한 결과와 공시적 현실 언어를 분석한 결과가 서로 다를 수 있음을 뜻한다. 그렇다면 의도적으로 이 언어 자료를 방치하는 것은 옳지 않은 태도이다.

우리는 운서를 분석하는 데에 목표를 두는 것이 아니라, 『세설신어』의 대화문

2 우리가 정리한 바에 따르면, 『세설신어』의 대화문은 약 二萬千餘 자이고 여기에 2,212자가 사용되었다.

과 같은 공시적·현실적 언어를 분석하는 데에 목표를 둔다. 『절운』계 운서의 漢語 中古音이 특정 시기의 특정 언어(또는 방언)만을 반영한다는 견해가[3] 있는가 하면, 古今을 포괄하면서 南北을 아우르는 범시적·범방언적 漢語音을 반영한다는 견해가[4] 있다. 一時一地의 언어, 예컨대 5세기 전반기의 江蘇省 방언이[5] 35~36종의 자음과 16종의 모음을 가진다는 것은 믿을 수 없다. 공시적 單一語가 이처럼 많은 자음과 모음을 가지는 예를 찾을 수 없기 때문이다. 그러나 수백 년 사이에 출몰한 한어음을 모두 포괄하고 여러 방언음을 두루 아우른 것이 『광운』의 한어 중고음이라고 하면, 한어 중고음에 35~36종의 자음과 16종의 모음이 있었다고 믿을 만하다.[6]

『절운』계 운서를 대표하는 『광운』과 이에 후속하는 여러 韻圖에서는 한어 중고음의 子音을 35~36종으로 나누었다. 그러나 5세기 전반기의 江蘇省 방언으로 한정하면, 우리의 결론에 해당하지만 음소 단위의 순수 자음이 28종이고, 구개음을 재음소화하면 23종이다. 이처럼 시기나 지역을 한정하면 『광운』과 전혀 다른 음운체계를 설정할 수 있다.

그런데 하필이면 5세기 전반기의 『세설신어』를 연구 대상으로 삼는가? 이 질문에는 두 가지로 나누어 답할 수 있다. 첫째는 前期 중고음에 대한 연구가 불충분하기 때문이요,[7] 둘째는 한국의 古代 한자음이나 일본의 吳音이 이 전기 중고

3 이것을 단일체계설이라 하며, 系聯法을 개발한 清代의 陳澧가 주장했다. 현대의 邵榮芬(1982: 1)는 『切韻』의 음운체계가 金陵話를 흡수한 당시 洛陽語의 음운체계라고 했다. 방언 중에서는 閩 방언과 吳 방언이 『절운』음에 가장 가깝다고 알려져 있다.

4 이것은 종합체계설이라고 하며 章炳麟, 王力, 董同龢 등이 주장한 바 있다. 이 밖에도 문언음(독서음)체계설이 있다. 이에 대한 자세한 설명은 이재돈(2007: 108~119), 魏國峰(2014: 18~19)를 참고하기 바란다.

5 『세설신어』를 편찬한 劉義慶은 江蘇省 銅山縣 출신이고 403년에 태어나 444년에 죽었다.

6 Pulleyblank(1983: 134)도 陸法言이 『절운』을 편찬할 때에 이미 각종의 음성을 최대한으로 구별하는 원칙(principle of maximizing distinctions)을 세웠다고 보았다.

7 한어 중고음을 前期와 後期로 나눈 것은 『切韻』과 慧琳의 『一切經音義』를 대비한 河野六郎(1968/79)로 거슬러 올라간다. 그 뒤로 Pulleyblank(1983)이 이어받아 이 견해가 정설로 자리를 잡지만, 이때에 주목할 것은 漢書音義에 기록된 顔師古의 반절이다. 7세기 중엽의 이 반절에 아주 큰 변화가 나타난다는 것을 大島正二(1969, 1971)

음에 기반을 두고 있기 때문이다.

唐의 건국을 시점으로 삼아 한어 중고음을 前期 중고음과 後期 중고음으로 나눌 때가 많다. 『切韻』이 전기 중고음을 대표한다면 『廣韻』과 慧琳의 『一切經音義』는 후기 중고음을 대표한다(河野六郎 1968/79). 이 분류에 따르면 위진남북조 시기는 전기에 해당하고 唐에서 北宋 때까지가 후기에 해당한다. 『절운』이 편찬된 시기는 601년이므로 바로 이 무렵이 분기점이 된다.

그런데 우리의 소견으로는 아직도 전기 중고음에 대한 연구가 불충분하다. 顧野王(519~581년)이 편찬한 『玉篇』, 陸德明(550?~630년)이 편찬한 『經典釋文』을 음운론적으로 연구한 업적이 아주 많지만 이들은 모두 6세기 중후반의 한어를 대상으로 한다. 시기적으로 『절운』에 아주 가까운 한어이다. 이에 비하여 5세기 전반기는 『절운』보다 150년 이상 앞선 시기이다. 이 시기의 한어를 음운론적으로 연구한 업적은 거의 찾아보기 어렵다.[8]

그 원인은 한어의 음운론 연구가 늦게 시작되었다는 데에서 찾을 수 있다. 類書의 기원은 기원전 3세기의 『爾雅』로 거슬러 올라가고, 字書는 서기 100년에 許愼이 완성한 『說文解字』로 거슬러 올라간다. 반면에 음운론 연구 자료인 韻書는 601년의 『절운』에 와서야 비로소 격식을 갖추었다. 이것은 거꾸로 말하면 6세기까지만 하더라도 체계적으로 한자음을 분류할 수 있는 연구 수준에 이르지 못했음을 의미한다. 따라서 5세기의 한자음을 분석한 언어 자료가 없을 수밖에 없다.

이 점에서 『세설신어』의 대화문 용자는 역설적으로 아주 중요한 가치를 가진다. 漢語史를 기술할 때에 後漢末까지를 한어 상고음 시기라 하고 魏晉 시기에 중고음이 시작된다고 보는 견해가 많다. 즉 2세기 후반기와 3세기 초엽은 한어가 급격히 변하는 시기이다. 3세기 초로부터 7세기 초엽까지를 우리는 전기 중고음 시기라고 부르는데, 딱 중간에 오는 시기가 5세기 전반기이다. 따라서 『세설신어』의 대화문 용자는 시기적으로 전기 중고음 시기의 한어를 대표할 수 있는 자료이다.

이 밝힌 바 있다.

8 梵語와 漢語의 대역 자료를 이용하여 이 시기의 한어를 재구하기도 한다.

5세기 전반기의 전기 중고음은 한국의 古代 한자음이나 일본의 吳音을 연구할 때에도 핵심적 역할을 담당한다. 현존하는 자료를 기준으로 삼으면 고대 한국에 한자가 대량으로 유입된 것은 4~5세기이다. 백제가 일본에 하사한 七支刀의 銘文은 372년에 작성되었고, 廣開土大王碑가 제작된 것은 414년이다. 따라서 고구려나 백제가 한자를 대량으로 수용한 시기를 4세기 말엽이나 5세기 초엽이라 할 수 있는데,[9] 마침 『세설신어』가 반영하는 언어가 바로 이 시기의 한어이다. 이 시간적 일치를 고려하면, 고구려나 백제의 한자음을 연구할 때에 『세설신어』의 대화문 용자보다 더 좋은 자료가 없다.

일본의 吳音을 연구할 때에도 대화문 용자 상호 간의 음운대립은 핵심적 역할을 담당한다. 일본 한자음 중에서 가장 古層에 해당하는 것이 吳音인데, 그 모태가 3~6세기의 전기 중고음이라 하고 백제를 거쳐 수용했다고 한다. 그렇다면 『세설신어』의 대화문 용자는 오음 연구에도 귀중한 자료가 된다. 더욱이 劉義慶의 출신지가 지금의 江蘇省 銅山縣이므로 한어의 吳音이 분포했던 지역이다. 따라서 일본 吳音의 모태를 추정할 때에는 이 대화문 용자가 시간적으로나 공간적으로 최상의 자료가 된다.

위에서 『세설신어』의 대화문 용자가 중국뿐만 아니라 한국이나 일본의 고대 한자음을 연구할 때에 아주 귀중한 자료가 된다는 것을 강조했는데, 이처럼 귀중한 자료를 왜 방치해 왔을까? 앞에서 이미 의도적 방치가 잘못된 것임을 말했으므로, 이제 체념적 방치가 온당한 것인지를 논의하기로 한다.

체념적 방치의 근본 원인은 한마디로 말하면 연구 방법론의 부재에서 찾을 수 있다. 통시통사론 연구에서는 『세설신어』의 대화문을 바로 이용해 왔지만, 통시음운론 연구에서는 이것을 이용할 수 없다고 단정해 버린다. 이 대화문이 押韻자료도 아니고 음운론적 기술을 포함하지도 않는다. 따라서 연구를 포기한 것인데, 우리의 눈에는 이 체념적 포기가 섣부른 감이 있다.

9 兪昌均(1980)은 고대 三國의 한자음이 한어 上古音을 차용한 것이라 했으나, 우리는 朴炳采(1971)와 姜信沆(2011)의 견해를 택하여 3~6세기에 한자음이 대량으로 유입된 것이라고 본다.

이 대화문에는 모두 2,212(2,486)자가[10] 사용되었다. 이 2,212(2,486)자는 대화문에 사용된 것이므로 현실 구어에서 실제로 사용된 表音字라고 가정할 수 있다. 한자는 기본적으로 表意文字이지만 이처럼 直接話法의 대화문에 사용된 것은 표음자에 넣을 수가 있다. 이 가정이 성립하므로, 2,212(2,486)자 상호 간에 어떤 음운대립이 성립하는지를 검토할 수 있다.

이 2,212자는 미지의 자연언어에 사용되는 2,212개의 1음절 단어에 비유할 수 있다. 이 단어를 대상으로 프라그 학파의 음운대립 이론을 적용한다. 예컨대, 영어에서 'bin, pin, fin, fan, pan, pen, came, game, same' 등의 2,212개 단어를 찾아냈다고 치자. 이때에 'bin : pin'에서 [b : p]가 최소대립을 이루고, 'bin : fin'에서 [b : f]가 최소대립을 이루며, 'fan : pan'에서 [f : p]가 최소대립을 이룬다. 이들을 기반으로 /p/, /b/, /f/를 각각 독자적인 음소로 등록한다. 또한 'came : game : same'의 최소대립 쌍에서 자음 음소 /k/, /g/, /s/를 등록한다. 모음도 마찬가지이다. 'pin : pan'과 'fin : fan'의 최소대립 쌍을 활용하여 모음 음소 /i/와 /ɛ/를 설정하고, 'pan : pen'의 최소대립 쌍으로 /ɛ/와 /e/를 설정한다. 이러한 음소 설정 방법은 음운론의 기초에 해당하는데, 우리는 이 방법을 한어 중고음에도 그대로 적용할 수 있다고 본다(3장 참조).

『세설신어』의 대화문 용자를 우리는 표음성을 가지는 漢字로 가정한다. 이 가정에는 논리적으로 문제될 것이 전혀 없다. 직접화법의 대화문에 사용된 한자는 현실 구어에서 실제로 發話했을 개연성이 크기 때문이다. 아래의 (1)과 2장의 (1)에서 볼 수 있듯이, 『세설신어』에서는 대화의 상황이 주어지고 대화가 직접화법으로 표현되기 때문에 실제 발화의 가능성이 더욱 커진다.

기존의 연구에서는 이러한 대화문 용자를 연구 대상으로 삼은 적이 없으므로, 우리의 연구 대상과 분석 방법이 아주 생소할 것이다. 그러나 全數調査를 통하여 대화문 용자의 전체 집합을 구한 다음에, 이들 용자를 음운론적으로 상호 대비함으로써 음운대립의 성립 여부를 판정할 수 있다. 이때에는 상보적 분포의

10 이곳의 2,486자는 多音字를 따로따로 나누어 계산했을 때의 수치이다.

여부와 최소대립 쌍의 유무가 가장 중요한 기준이 된다. 우리는 이 보편적 연구 방법이 漢語 音韻論에도 무리 없이 적용된다는 것을 논증해 보일 것이다. 그리하여 이 분석 방법이 언어학적으로 유의미할 뿐만 아니라 경험적 타당성을 갖춘 것임을 증명하고자 한다.

하나의 예를 들어 보자. 다음의 대화문에 '吾'와 '乎'가 사용되었는데, 이들은 서로 의미가 다르므로 음운론적으로 대립한다.

(1) '吾, 乎'의 대화문 용례

吾欲立功於河北, 使卿延譽於江南, 子其行乎? (2:35)

나는 하북에서 공을 세워, 그대로 하여금 강남에서 그 영예를 펼치게 하고자 하니 그대가 가 주겠는가?[11]

이 두 용자는 『광운』의 한어 중고음으로 각각 吾[疑中1平模]와[12] 乎[匣中1平模]의 음가이다. 이 두 음가는 성모에서만 차이가 나고 나머지 음운론적 성분이 동일하다. 즉 성모의 최소대립 쌍이다. 이 두 용자의 의미가 서로 다른 것은 '吾'의 疑母[ŋ]와 '乎'의 匣母[ɦ]가 음운론적으로 대립하는 것을 기반으로 한다. 이 최소대립이 성립하므로 疑母/ŋ/와 匣母/ɦ/를 각각 독자적인 음소로 설정할 수 있다. 이처럼 『세설신어』의 대화문 용자를 음운론적으로 분석하여 설정한 '音素'는 항상 / /로 표시한다. 반면에, [ ]로 표시한 것은 대부분 『切韻』系 운서의 연구 결과를 그대로 수용한 것으로서, 대부분 '音聲' 또는 '變異音'이다.

이 음소 설정 방법은 프라그 학파의 音韻對立 이론을[13] 원용한 것이다. 이 방

---

11 이 번역문은 김장환(역주)(2008)을 인용했다. 이하 같다.

12 [疑中1平模]는 聲母(혹은 頭子音)가 疑母이고 開合이 中立이며, 等이 1등이고 聲調가 평성이며 韻이 模韻임을 가리킨다. 이것은 이토 지유키(2011, 이진호 역)이 한자음을 표기하는 방식인데, 아래에서도 이를 따른다. 성모, 개합, 등, 성조, 운의 다섯 가지 음운론적 성분은 3장에서 자세히 설명하기로 한다.

13 이것은 Trubetzkoy(1939)가 대표적이다. 한국어로 설명한 것 중에서는 어문학연구회(1965)가 편찬한 『국어학개론(講座)』의 音韻論과 音聲學(金完鎭 집필, pp. 58~107)이 가장 좋다. 프라그 학파의 音韻對立 이론이 辨別的 資質 이론으로 이어지고,

법으로, 『세설신어』의 대화문에 사용된 2,212(2,486)자 중에서 성모의 최소대립 쌍을 체계적이고도 빠짐없이 찾아낼 수 있다. 우리의 연구 결과에 따르면, 『세설신어』의 대화문 용자 상호 간에 음운론적으로 대립하는 자음 음소는 28종 또는 23종이다. 여기에 羊母/j/를 더하면 29종 또는 24종의 자음이다. 이 방법은 구조주의 음운론이 강조하는 體系性과 典型性을 두루 갖춘 것으로서, 한어의 전체 음운체계를 그려낼 때에 가장 효과적이다. 고의적으로 끼워 넣을 음소도 없고 실수로 빠뜨릴 음소도 없다. 2,212(2,486)자 집합을 대상으로 체계적이고도 빠짐없이 음소를 설정할 수 있기 때문이다.

音素를 설정할 때에는 여러 音聲이 相補的 分布인지 아닌지를 우선적으로 검토한다. 예컨대, 幫母[p]는 항상 1·2·4등운의 앞에 오고, 非母[f]는 항상 3등운의 앞에 온다.[14] 幫母[p]와 非母[f]의 분포가 이처럼 배타적이므로 이 두 성모를 하나로 병합하여 幫非/p/라고 부르고 여기에 음소의 자격을 부여할 수 있다.

이와 마찬가지로 韻에서도 상보적으로 분포하는 운이 있는데, 文韻과 諄韻이 대표적인 예이다. 文韻은 순음, 아음, 후음의 뒤에 오는 데에 반하여 諄韻은 설음, 치음의 뒤에 온다. 프라그 학파의 음운대립 이론에서는 이처럼 분포가 상보적인 것을 하나의 단위로 묶으므로, 이 둘을 文諄韻/ɥən, ɥət/ 하나로 병합할 수 있다.[15]

이제, 韻의 최소대립 쌍을 찾는 방법을 간단히 들어 보기로 한다. '當'과 '登'은 각각 [端開1平唐]와 [端開1平登]의 음가를 갖는다. 이 쌍은 韻만 서로 다르고 나머지 음운론적 성분이 동일하므로, 운의 최소대립 쌍이다. 즉 唐韻과 登韻이 음운

생성음운론은 이 音韻資質을 기반으로 한다.

14 이 차이는 전기 중고음을 이해할 때에 아주 중요하다. Pulleyblank(1983)은 Karlgren(1954)를 이어받아 1·2·4등운을 Type A라 하고 3등운을 Type B라고 지칭하는데, 현재는 이 이분법이 널리 통용된다. Karlgren(1954)는 3등운에 개음 [j-]가 있다고 했지만, Pulleyblank(1983: 179)은 3등운을 [+high] 자질로 이해한다는 점이 서로 다르다.

15 기존의 연구에서는 文韻과 諄韻이 상보적으로 분포한다는 점을 중시하지 않는다. 한편, 한국 한자음에서는 文諄韻이 /ㅜ, ㅠ/이므로 한국의 독자에게는 이 음가 배당이 이상하게 느껴질 것이다. 그러나 文韻과 諄韻이 항상 3등 合口라는 점 즉 전설 원순 활음 /ɥ-/를 가진다는 점을 고려하면, 한어 중고음에서는 이 /ɥən, ɥət/이 맞다.

론적으로 대립한다. 이 두 운은 운미 /-ŋ, -k/를 가진다는 점에서도 동일하므로 이 둘의 음가 차이는 韻腹 모음에서 찾아야 한다. 따라서 唐韻의 운복 모음이 후설 저모음 /ɑ/라면, 登韻의 운복 모음은 /ɑ/가 아니다. 우리의 연구 결과에 따르면, 登韻의 운복 모음은 후설 중모음 /ə/로 추정된다. 즉, '當'과 '登'은 음가가 각각 /tɑŋ^{L}/과 /təŋ^{L}/으로[16] 재구되고, 이 쌍은 운복 모음의 차이로 음운대립을 이룬다.

위와 같은 방법으로, 모든 韻을 대상으로 삼아 운의 최소대립 쌍을 찾아낼 수 있다. 이 최소대립 쌍의 음운대립을 두루 충족하면서 경제성 원리에 따라 모음의 종류를 최소화한다. 이 방법에 따르면 2,212(2,486)자 집합에 필요한 모음이 /i, e, ɛ, ə, ɑ, u, o/의 7종이다.[17] 이 7종의 운복 모음만 설정하더라도, 모든 운복 모음의 최소대립 쌍을 두루 충족할 수 있다. 그렇다면 『세설신어』의 대화문 용자에 반영되어 있는 5세기 전반기 한어의 모음체계는 아래의 (2.B)와 같다고 할 수 있다.

(2) 5세기 전반기 한어의 母音 音聲圖와 母音 體系圖

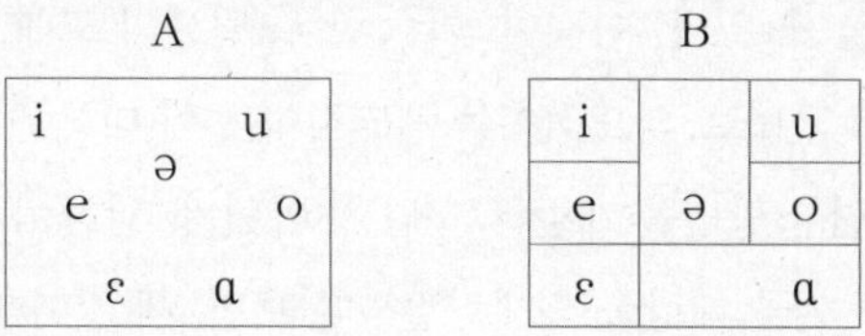

위의 (2.A)는 모음 음성도라고 부를 수 있고, (2.B)는 모음 체계도라고 부를 수 있다. 5세기 전반기의 한어에서는 (2.A)의 7가지 모음이 음소의 자격을 갖는데, 이들 상호 간의 음운대립을 고려하면 (2.A)를 (2.B)처럼 수정할 수 있다. 이처럼 수정한 것은 운복 모음 상호 간의 수많은 음운대립 중에서 전설 모음과 후설 모음의 대립이 가장 중요하기 때문이다.

16 이 재구음의 'L'은 성조가 평성임을 가리킨다.
17 Karlgren(1954)에서는 16종이 설정되었다.

활음(중국 음운학의 介音)은 /j-, ɪ-, ɥ-, w-/의 4종이다. /j-/는 자음적 전설 평순 활음이고, /ɪ-/는 모음적 전설 평순 활음이라고 정의한다. 자음적 介音과 모음적 개음의 구별은 Karlgren(1954)로부터 시작된다.[18] 우리의 /j-/와 /ɪ-/는 각각 Baxter and Sagart(2014)의 'y-'와 'j-'에 해당한다. /w-/는 물론 후설 원순 활음이고, /ɥ-/는 음운론적으로는 /jw-/나 /wj-/와 동일한 것으로서 전설 원순 활음이다(Pulleyblank 1983: 167).[19] 고대 중국에서 梵語의 /v/를 표기할 때에 이 /ɥ-/를 이용했다(Coblin 1981).

이해의 편의를 위하여 우리의 결론을 간단히 제시했는데, 이에 이르기까지 우리는 두 가지 기준만 적용했다. 상보적 분포인가 아닌가, 최소대립 쌍이 있는가 없는가? 이 두 가지는 구조주의 음운론 연구에서 가장 초보적이고도 기초적인 음소 설정 방법이다. 이 방법만으로 한어 중고음의 자음체계, 모음체계, 활음체계 등을 두루 설정할 수 있다. 이것을 증명해 보이는 것이 우리의 궁극적 연구 목적이다.

『세설신어』의 대화문 용자를 연구할 방법이 없다고 체념하는 것은 섣부른 포기에 해당한다. 이 용자 상호 간의 대립관계를 이용하여 전기 중고음의 자음체계, 모음체계, 활음체계를 세울 수 있다. 이것이 중국, 한국, 일본의 고대 한자음을 연구할 때에 중요한 지침이 되므로, 의도적이든 체념적이든 이 대화문 용자를 방치해서는 안 된다. 새로운 연구 방법을 개발하면 될 것 아닌가. 남들이 의도적으로 또는 체념적으로 포기한 연구 대상을 되새김질하다 보면, 새 길이 보인다. 이 새 길을 제시하는 것이 우리의 궁극적 연구 목적이다.

18 그렇다고 하여 Karlgren(1954)가 후술할 '重紐'를 인지했던 것은 아니다.

19 그런데 중국에서는 여전히 'jw'나 'wj'를 선호한다. 魏國峰(2014: 233)도 3등 합구의 음성적 실현을 [iu-]나 [ɪu-]로 보아 단일 음가 /ɥ/로 표기하는 것을 택하지 않았다.

2.『世說新語』의 對話文 用字

2장에서는『세설신어』의 대화문 용자를 정리하는 데에 목표를 둔다. 먼저『세설신어』와 그 저자인 劉義慶을 간단히 소개함으로써, 이 책의 대화문에 사용된 언어가 구체적으로 어느 언어인가를 밝힌다. 그런 다음에 대화문을 추출하는 방법과 대화문 용자를 정리하는 방법을 기술한다. 모든 연구가 그러하듯이 자료를 정확하고도 효과적으로 정리하는 것이 연구의 성패를 좌우하므로, 이 대화문 용자의 선정 과정을 자세히 기술할 것이다.

2.1.『세설신어』와 劉義慶

한국어로『세설신어』의 본문을 譯註하고 解題를 단 것 중에서 가장 자세한 것은 김장환(역주)(2008)이다. 이 力著에 정리된 바를 요약하여『세설신어』라는 일화집과 그 저자인 劉義慶을 간단히 소개하기로 한다.

上中下 3권으로 편찬된 이 책은 원래 書名이 남북조 시절에는『世說』이었던 듯하고, 唐代에 들어서서『世說新書』로 통칭되다가 宋代에는『世說新語』로 보편화되었다. 『세설신어』는 古事 모음집의 일종이다. 後漢(또는 東漢) 말에서 東晉 말까지 약 200년간에 걸쳐 실존했던 제왕과 고관 귀족을 비롯하여 문인·학자·현자·스님·부녀자 등 700여 명에 달하는 인물의 언행과 일화를 모은 책이다. 내용은 아주 다양하여 인간 생활의 전반적인 면모를 두루 담고 있으므로 이 시기의 문화를 종합적으로 이해하는 데에 필수적인 책이다.

『세설신어』는 예술의 관점에서 훌륭한 산문 작품이다. 문장이 간결하고 청신하며, 인물 묘사는 간결하면서도 함축적이다. 중국문학에서는 劉義慶이 世說體 필기소설의 鼻祖 또는 중국 소설의 비조로 알려져 있다.

학술적인 측면에서는 後漢 말에서 東晉 말까지의 시기를 연구하는 데에 필수적인 자료로 알려져 있다. 당시의 문인들은 玄學과 淸談에 능해야 했으므로,『세설신어』는 '명사들의 교과서'가 되었다고 한다. 또한 실존했던 인물에 대한 이야기이므로 위정자들의 통치행위와 문벌 지배계층 간의 정치적 대립 등을 이해하는 데에 중요한 자료가 된다. 도교의 영향으로 생겨난 풍속이 반영되어 있고, 막 전래되기 시작한 불교에 관한 이야기도 나온다.

그런데 『세설신어』를 읽다 보면, 무엇을 이야기하려고 한 것인지 내용을 파악하기가 무척 어렵다. 고도의 현학은 물론이요 암암리에 전제하고 있는 古事가 우리를 괴롭힌다. 이것은 당시의 중국 문인에게도 마찬가지였던 것 같다. 『세설신어』가 나온 지 얼마 되지 않은 때에 劉孝標(462~521년)가 400여 종의 서적을 인용하여 주를 단 것이 이것을 말해 준다. 유효표의 『世說新書注』는 중국 4대 名注의 하나라고 한다.

그런데 우리는 전혀 엉뚱한 이유로 『세설신어』에 주목한다. 직접화법의 대화문이 아주 많이 나온다는 점이다.

(1) 『세설신어』 대화문의 예시

陸遜·陸抗是君何物? (5:18)

육손과 육항은 당신에게 어떤 사람이오?

如卿於盧毓·盧珽.

그대와 노육·노정의 관계와 같소.

何至如此! 彼容不相知也?

어찌하여 그렇게까지 말하셨습니까? 그의 얼굴을 보니 정말 알지 못하는 것 같던데요.

我父祖名播海內, 甯[1]有不知? 鬼子敢爾!

우리 부친과 조부님의 명성은 천하에 알려져 있는데, 어찌 모를 리가 있단 말인가? 귀신의 자식이 감히!

위의 예시에서 볼 수 있듯이, 문답을 나누다가 언쟁에 이르기까지의 과정이 가감 없이 드러나 있다. 따라서 이 문장은 현실 구어에서 실제로 사용된 문장임을 알 수 있고, 이 점에서 귀중한 구어체 자연언어 자료가 된다. 앞에서 잠깐 말한 바 있지만, 이 대화문을 자료로 삼아 魏晉南北朝 시기의 한어를 통사론적으로 분석한 논문이 수백을 헤아린다.[2]

그런데 희한하게도 이 대화문 용자를 자료로 삼아 음운 분석을 시도한 연구는 전혀 찾을 수가 없다.[3] 이 대화문은 劉義慶이 눈으로 읽었거나 귀로 들은 내용을 남들 앞에서 입으로 말하듯이 작성한 것이므로, 여기에 사용된 글자들을 表音字의 범주에 넣을 수 있다. 표음자라면 당연히 음운론 연구 자료가 되므로, 당연히 이들을 음운 분석의 대상으로 삼을 수 있다.

이때에 제기되는 문제가 있다. 위의 대화문이 어느 시기의 한어를 반영하는가? 우리는 그 답을 『세설신어』의 저자인 劉義慶의 생년에서 찾는다. 유의경은 東晉 때인 403년에 태어나 劉宋 때인 444년에 죽었다. 따라서 이 대화문에는 5세기 전반기의 한어가 반영되어 있다고 본다.

東晉을 이어받아 420년에 宋을 개국한 황제 劉裕가 그의 큰아버지이다. 유의

1 '寧'의 古字이다.

2 교감, 판본, 번역뿐만 아니라 모든 분야의 연구를 망라하면 단행본과 논문이 1천여 종이 넘는다(김장환(역주) 2008: 3권 590).

3 위진남북조 시대의 한어음을 연구한 업적으로 王力(1936), 羅常培·周祖謨(1958), Ting(1975), 坂井健一(1975) 등을 들 수 있다. 그러나 이들도 『세설신어』의 대화문 용자를 연구 대상으로 삼지는 않았다.

경은 황족의 일원으로서 15세가 되기도 전에 여러 관직을 역임했다. 황실의 종친으로서 특히 문학을 애호하여 여러 문인을 초빙하고 그들과 교유했다. 이 과정에서 수많은 저술을 남겼지만, 오직 『세설신어』만 현재까지 전해진다. 만년에는 많은 재산을 절에 바칠 정도로 불교를 신봉했다고 한다. 그의 나이 42세인 444년에 도성에서 죽었는데, 조정에서 추증한 시호가 康王이다.

유의경이 저술했다고 전해지는 책을 전부 들어 보면 아래와 같다. 이들은 모두 망실되어 전하지 않지만 유의경이 대단한 학자였다는 것만은 틀림없다.

(2) 유의경의 저술

幽明錄(30권), 宣驗記(30권), 小說(10권), 典敍(1권), 義慶集(8권), 徐州先賢集(10권), 江左名士傳(1권), 集林(200권)

이 書名에서 『徐州先賢集』의 '徐州'와 『江左名士傳』의 '江左'가 눈길을 끈다. 徐州는 지금의 江蘇省에 소재하고 江左도 결국은 강소성을 지칭하기 때문이다. 이것을 강조하면 유의경의 언어가 北朝語보다는 南朝語에 가까웠을 가능성이 크다. 실제로 유의경의 출생지는 彭城 綏里인데, 이곳은 현재의 江蘇省 銅山縣이다. 南朝 출신이므로, 그의 언어가 남조어를 반영한다고 말할 수 있다. 남조어 중에서도 처음에는 江東音을 사용했으리라 추정된다.

그런데 그가 황족 출신으로서 일찍부터 관직에 나아갔다는 점을 감안하면 그의 언어가 남조어였다고 함부로 단정할 수 없다. 관직에 있으면서 문인들과 두루 교유했다는 점에서는 오히려 洛陽音을 사용했으리라 추정할 수 있다. 그렇다면 『세설신어』의 대화문에 반영된 언어는 5세기 전반기의 한어 중에서도 남조어를 기반으로 하는 讀書音이라고 한정할 수 있다.

劉宋은 남조에 속하지만, 그 기원은 北魏로 거슬러 올라간다. 魏나라 재상이었던 司馬懿의 손자 司馬炎이 265년에 西晉을 건국했는데, 서진을 멸망하게(316년) 한 것이 劉曜였고 東晉에서도 劉聰이 실권을 장악했다. 동진의 말기에는 劉裕가 桓玄을 토벌하고(404년) 南燕國을 멸함으로써(409년) 실력자로 부상했고 결국은 동진까지 멸하여 劉宋을 개국했다(420년). 이 과정을 고려하면 劉義慶 가문의 언어는 줄곧 황실의 언어와 아주 가까웠으리라 추측할 수 있다. 거란의 遼나라에 밀려 12세기에 南宋이 시작되기 전까지는 줄곧 황실의 언어가 북방의 한어였다는 점도 참고가 된다.

출생한 지역으로는 유의경의 언어가 남조어에 가깝지만, 신분상으로는 북조어에 가까웠을 것이다. 이처럼 막연히 추정하여, 우리는 그의 언어를 '5세기 전반기의 한어'로 두루뭉술하게 지칭한다. 그의 언어에 대한 필자의 지식이 아직은 부족하기 때문이요, 대화문 용자의 연구 결과를 보고나서 거꾸로 그의 언어가 남조어를 반영하는지 황실의 언어였던 북조어를 반영하는지 결정해야 할지도 모르기 때문이다.

한어를 음운론적 관점에서 기술하기 시작한 것은 시기적으로 아주 늦다. 유의경이 살았던 5세기 전반기까지만 하더라도 韻書라고 할 만한 것이 없었다. 類書의 일종인 『爾雅』는 기원전 3세기에, 字書의 일종인 『說文解字』는 기원후 1세기에 이미 편찬되지만, 운서는 기원후 5세기가 되어도 편찬되지 않았다. 이것은 한어음을 음운론적으로 분석한다는 것이 상대적으로 아주 어려웠음을 의미한다.

그런데 유의경의 사후에 얼마 지나지 않아 한어의 음운론적 특성을 기술한 학자가 나타난다. 대표적인 학자로 沈約(441~513년)을 든다. 심약은 남조 梁나라의 吳興 武康 출신이다. 자는 休文이고, 시호는 隱이며, 沈璞의 아들이다.

(3) 沈約의 四聲 구별과 저서[4]

1. (沈約은) … 또 불교에 능통하고 음운에도 밝아, 四聲의 구별을 명백히 하고 시의 四聲八病說을 제창했다. 그의 음운설은 永明體의 성립과 깊은 관계가 있을 뿐 아니라 近體詩 성립의 원인이 되기도 했다.
2. 『四聲譜』와 『晉書』, 『宋書』, 『齊記』, 『宋世文章志』 등 저술이 많았는데, 『宋書』만 전해지고 있다. 100권이나 되던 문집도 현재는 『漢魏六朝一百三家

4 임종욱·김해명·엄소탕(2010)의 『중국역대인명사전』에서 인용했다.

集』에 실린 『沈隱侯集』 2권과 『漢魏六朝名家集』에 수록된 『沈休文集』 9권 등이 남아 있을 뿐이다.

심약이 큰 학자였음은 (3.2)의 여러 저서를 통하여 알 수 있는데, 그가 音韻에 밝고 四聲을 구별했다는 사실과[5] 『二十五史』의 하나인 『宋書』의 저자였다는 사실이 우리의 눈길을 끈다. 作詩法을 기술한 文人으로도 유명했지만 史家로도 뛰어났음을 여기에서 알 수 있다.

그런데 유의경과 심약의 공통점이 하나 눈에 띈다. 불교에 능통하고 밝았다는 점이다. 한어음에 대한 관심은 불경의 번역과 긴밀한 관계를 가진다. 각종의 梵語 佛經을 漢譯하여 큰 업적을 남긴 이가 鳩摩羅什인데,[6] 그의 생년이 344~413년이다. 그가 죽기 10년 전에 『세설신어』를 편찬한 유의경(403~444년)이 태어난다. 그런데 유의경이 죽기 바로 3년 전에 심약이 태어나서 513년에 죽었다. 4세기 후반기부터 6세기 초엽까지 구마라집, 유의경, 심약이 활동한 시기가 흥미롭게도 연결된다. 더군다나 이 시기에 각종의 佛經이 한역된다. 佛馱跋陀羅가 『華嚴經』을 결집하여 한역한 것도 유의경이 청년일 때인 420년의 일이다.

이 번역 과정에서 고유명사 또는 不飜語를 어떻게 처리할 것인가 하는 문제가 제기된다(朴炳采 1966). 예컨대, 梵語에서 깨달은 사람을 뜻하는 /buddha/를 한어로 번역할 때에, 한자의 표의문자적 특성을 살려 번역하면 '覺者' 또는 '知者' 즉 석가모니 부처님이 된다. 그런데 梵語의 발음을 그대로 音寫하여 '佛陀'로 뒤치기도 한다. 첫째 번역을 의미적 번역이라 한다면 둘째 번역은 음성적 번역이라 할 수 있다. 이 음성적 번역 과정에서는 범어뿐만 아니라 한어의 음운론적 구조와 특성을 관찰하지 않을 수 없다. 한어음의 구조와 특성을 먼저 분석하지 않으면 체계적 音寫가 불가능하기 때문이다. 우리는 이 번역과정에서 한어의 음운

5 이른바 상주본 『訓民正音』의 欄外에 '沈約'이 기입되어 있다. 沈約을 거론한 한국 문헌은 김주원·남권희(2017)을 참고하기 바란다.

6 鳩摩羅什 이전에 불경을 한역한 이로 竺法護가 유명한데, 竺法護에 관련된 이야기도 『세설신어』에 나온다.

론적 연구가 시작되었다고 본다.

한어의 음운론적 연구를 개척한 이로 흔히 『玉篇』을 편찬한 顧野王(519~581년)을 드는데, 흥미롭게도 고야왕이 『世說新書』를 편찬한다. 南宋의 王藻(1079~1154년)가 지은 『世說敍錄』의 '세설신서'조에 "李氏本『世說新書』, 上中下三卷三十六篇, 顧野王撰"이라는 기록에서 이것이 확인된다. 고야왕은 남조 梁나라에서 태어나 陳나라 때까지 살았는데, 그가 10권짜리 『世說』을 3권 36편으로 재정비하고 서명을 『世說新書』로 개명했다고 한다. 한어 음운론을 개척한 고야왕이 유의경의 『世說新書』에 관심을 보였다는 사실이 무척 흥미롭다.

고야왕의 『玉篇』과 더불어 한어음 연구를 더욱 심화한 것이 陸德明(550?~630년)의 『經典釋文』이다. 이들은 6세기 중후반의 저작인데, 한어음을 反切로 기록한 첫 번째 업적이라 할 수 있다. 그러나 韻書로서 체계를 갖춘 것은 역시 陸法言 등이 601년에 편찬한 『切韻』이다. 『절운』에서 한어의 음운론적 성분을 聲母, 韻, 聲調의 세 가지로 나누어, 한어음을 체계적으로 집대성하게 되었다.

결국, 한어음에 대한 관심은 범어 불경의 한역에서 시작된다. 유의경은 이 번역 작업이 한창일 때에 태어났고, 불교에 대한 관심도 컸다. 따라서 단편적이나마 한어음에 대한 기술을 남겼을 법한데, 유감스럽게도 그런 기술을 찾을 수 없다. 동음이의어를 활용한 우스갯소리가 『세설신어』에 수록된 것으로 보아, 한어음에 대한 그의 관심이 적지 않았으리라 막연히 추정할 뿐이다.

2.2. 『세설신어』의 대화문

『세설신어』의 전체 분량은 六萬千餘 자이다.[7] 그런데 이것을 모두 연구 자료로 삼을 수는 없다. 古事를 그대로 인용한 부분은 5세기의 한어가 아니므로 우리의 연구 자료에서 제외해야 한다. 또한 우리의 연구 목표는 음운체계를 재구하

7 이것은 권영한 입력본과 上海書店 諸子集成本을 아래아한글로 계산한 것이다.

는 데에 있으므로 직접화법의 대화문이 아닌 것은 연구 자료에서 모두 제외해야 한다. 설명을 위해 기술한 문장이나 지문은 구체적인 음성 언어로 발화되었다고 할 수 없기 때문이다.

한어를 표기한 한자가 표의문자이기 때문에, 한어의 음운론적 연구에서는 특히 음성 언어로 발화되었다고 믿을 수 있는 것만 연구 대상으로 삼아야 한다. 그 대표적인 것이 漢詩의 押韻字와 소설의 대화문에 사용된 글자이다. 대화 현장에서 직접화법으로 발화된 것은 음운론 연구의 대상이다. 따라서 우리는 직접화법의 대화문에 사용된 글자를 對話文 用字라고 지칭하고 이것만 음운 분석의 대상으로 삼는다. 이처럼 한정하면 『세설신어』의 대화문 분량이 二萬千餘 자로 줄어든다.

그런데 어느 부분이 직접화법의 대화문이고 어느 부분이 지문인지 구별하기 어려운 곳이 있다. 이럴 때에 우리는 異本 대비를 통하여 다수인 것을 따랐다. 우리가 대비의 대상으로 삼은 것은 4종의 이본이다. 世說新語箋疏本, 上海書店 諸子集成本, 권영한 입력본, 김장환(2008)의 역주본이 그것이다. 번거로움을 피하여 아래에서는 이 네 이본을 각각 A, B, C, D본으로 지칭하기로 하는데, 유효표의 주석을 포함하고 있는 것은 A본과 D본이다.

이 네 이본이 대화문으로 간주한 것은 거의 대부분 일치한다. 그러나 대화문 처리에서 네 이본 간에 조금씩 차이가 나기도 한다. 하나의 구체적인 예를 들되, 대화문은 겹낫표 『 』로 감싼다.

(4) 대화문 처리의 불일치 예

A, B, C – 或言 道人畜馬不韻. 支曰: 『貧道重其神駿.』

D – 或言 『道人畜馬, 不韻.』 支曰: 『貧道重其神駿.』 (2:63)

어떤 사람이 말했다. "도인이 말을 기른다는 것은 운치에 맞지 않는 듯합니다." 그러자 지도림이 말했다. "소승은 그 신묘한 준일함을 중히 여기고 있지요."

이 예에서 볼 수 있듯이, A～C본은 '道人畜馬不韻'을 일반적인 지문으로 보아 대화문 표시를 하지 않았다. 그러나 D본에서는 이 부분도 대화문의 일종으로 보아 『 』을 붙였다. 앞에 온 화법동사 '或言'을 어떻게 해석하느냐에 따라, 시중에 떠돌아다니는 말을 인용한 것으로 보기도 하고 직접화법의 대화문으로 보기도 한 것이다.

이럴 때에 우리는 다수설을 따라 '道人畜馬不韻'을 대화문에서 제외한다. 이처럼 애매한 구절을 대화문에서 제외하더라도, 자료의 양이 부족하지 않다. 이 점에서는 의심스럽거나 견해가 서로 갈리는 것을 모두 대화문에서 제외하는 것이 안전하다. 대화문임이 확실한 것만 모아도 우리의 논의 전개에 전혀 지장이 없기 때문이다.

대화문 처리가 일치하지 않는 예를 하나 더 들어 보기로 한다. A, B, D에서는 직접화법으로 처리한 『何以知無?』를 어찌된 일인지 C에서는 간접화법으로 처리했다.

(5) 대화문 처리의 불일치 예

A, B, D – 問左右:『虎賁中郎省, 應在何處?』有人答曰:『無省.』當時殊忤旨。問:『何以知無?』答曰:『潘岳秋興賦敍曰:余兼虎賁中郎將, 寓直散騎之省』

(桓玄이) 좌우 신하들에게 물었다. "호분중랑성은 마땅히 어느 곳에 설치하면 좋겠소?" 어떤 사람이 답했다. "그런 성은 없습니다." 당시 이 말은 환현의 뜻에 크게 거슬렀다. 환현이 다시 물었다. "어떻게 없다는 것을 아시오?" 그 사람이 답했다. "반악의 '추흥부서'에서 '나는 호분중랑장을 겸임하여 산기성에서 숙직했다'고 했습니다."

C – 問左右:『虎賁中郎省, 應在何處?』有人答曰:『無省.』當時殊忤旨。問何以知無? 答曰:『潘岳秋興賦敍曰:余兼虎賁中郎將, 寓直散騎之省』(2:107)

… 환현이 없다는 것을 어떻게 아는지 다시 물었다. …

이것은 직접화법인가 간접화법인가에 대한 판단에서 연구자의 견해가 서로 달라질 수 있음을 보여 준다. 실제로 한어 문장에서 이것을 판단하기가 아주 어려울 때가 많다. 혼잣말로 중얼거리거나 혼자의 생각을 적은 간접화법 부분과 청자에게 말하거나 묻거나 명령하는 직접화법 부분을 가려내기가 쉬운 것 같지만 사실은 그렇지 않다.

이 판단에서도 우리는 다수설을 택하여, 위의 "何以知無?"를 대화문의 일종으로 간주한다. 여기에서 분명해진 기준이 있다. 직접화법임이 분명한 것은 대화문으로 간주하지만 간접화법일 가능성이 있는 것은 대화문에서 제외한다는 기준이다. 화자와 청자가 반드시 존재하고, 둘 사이에 문답 형식으로 대화가 직접 이루어질 때에만 우리는 대화문이라고 지칭한다.

이 기준에 따라 우리가 대화문으로 판정한 것은 二萬千餘字 분량이다. 이 중에서도 연구자에 따라 判讀이 조금씩 차이가 난다. 차이가 나는 것을 몇 가지 유형으로 나누어 제시하면 다음과 같다.

첫째, 본문을 서로 다르게 이해함으로써 차이가 난다. 아래의 예는 문장의 끝에 '來'를 덧붙인 것과 '來'가 없는 것의 차이이다. 앞에 온 동사가 '싣다, 운반하다'의 의미를 가지는 '載'인데, '載'를 이동 동사의 범주에 넣는다면 A와 D본처럼 '來'를 덧붙이지 않아도 된다. 반면에 이동의 의미를 강조하고자 할 때에는 B와 C본처럼 '來'를 덧붙일 수 있다. 이것은 본문 이해의 차이에서 비롯된다.

(6) 본문 이해의 차이

A, D – 君何足復受人寄載!

B, C – 君何足復受人寄載<u>來</u>! (4:45)

그대는 무슨 자격으로 남의 견해를 들고 여기에 왔는가?

둘째, 본문을 누락함으로써 이본 간에 차이가 난다. 아래에 제시한 것처럼 A와 D본에는 '伐樹則社'가 있지만, B와 C본에서는 이것이 누락되었다. 이 대화는 정확한 對句로 이루어지므로 A와 D본처럼 '伐樹則社'가 있어야 한다.

(7) 누락에 의한 차이

A, D – 社而爲樹, 伐樹則社亡; 樹而爲社, <u>伐樹則社</u>移矣.

B, C – 社而爲樹, 伐樹則社亡; 樹而爲社, 移矣. (5:21)

토지신이 나무라면 나무를 베면 토지신이 없어질 것이고, 나무가 토지신이라면 나무를 베면 토지신이 옮겨갈 것이오.

셋째, 명백한 誤字에서 비롯된 차이가 있다. 아래의 '當釋冠冕'을 B와 C본에서는 '當料冠冕'이라고 했다. 문맥으로 보면 '풀다, 내리다'의 의미를 가지는 '釋'이 맞다. '料'는 '되질하다, 생각하다'의 의미이므로 문맥에 맞지 않는다. 오자임이 분명하다.

(8) 명백한 誤字 1

A, D – 今逼高命, 不敢苟辭; 當釋冠冕, 襲私服. 此紹之心也.

B, C – 〃 〃 當料冠冕, 〃 〃 (5:17)

지금 고명하신 명으로 강요하신다면 감히 구차하게 사양할 수는 없으니, 마땅히 예관을 벗고 평복으로 갈아 입겠습니다. 이것이 저의 마음입니다.

(6~8)의 이본 대비에서 자동적으로 드러나는 것이 있다. A와 D가 동일 계통이고, B와 C가 동일 계통이라는 점이다. D의 김장환 역주본은 A의 世說新語箋疏本을 토대로 했고, C의 권영한 입력본은 B의 上海書店 諸子集成本을 토대로 삼았다. A와 D는 유효표의 注釋을 모두 포함하고 있지만 B와 C는 이 주석을 제외했다는 점에서도 이 계통 관계가 확실하다.

입력할 때의 오자는 누구나 피할 수가 없다. 김장환 역주본에서는 아래의 '應對玄言'을 '應對共言'으로 입력했지만, 번역할 때에는 '應對玄言'을 기준으로 삼았다. 따라서 '共'이 '玄'의 오자임은 분명하다. 이런 오자는 입력할 때의 실수에서 비롯된다.

(9) 명백한 오자 2

A, B, C – 我今故與林公來相看, 望卿擺撥常務, 應對玄言; 那得方低頭看此邪?

D – 〃 〃 應對共言; 〃 (3:18)

우리가 지금 일부러 임공과 함께 만나 보러 왔으니, 그대는 잠시 일상 업무일랑 제쳐 두고 현담에 응대해야지 어찌하여 머리를 수그리고 이것만 들여다보고 있소?

우리는 異本 대비를 통하여 이러한 오자나 탈자를 일일이 교정했다. 그리하여 『세설신어』의 대화문 텍스트를 작성했고, 이것을 모든 연구의 출발점으로 삼았다. 이 텍스트의 분량은 앞에서 말한 것처럼 二萬千餘字이다.

2.3. 대화문 용자

『세설신어』의 대화문 텍스트를 작성할 때에 異體字를 어떻게 처리할 것인가 하는 문제가 제기된다. 이 텍스트에 사용된 이체자는 古字와 通用字의 두 가지로 대별된다.

우선, 古字임이 분명한 것을 들어 보면 아래와 같다. 'ㅣ'의 앞에 둔 것은 고자이고 뒤에 둔 것은 현재의 常用字이다.

(10) 古字

甯ㅣ寧, 佞ㅣ侫, 穉ㅣ稺ㅣ稚, 厀ㅣ膝, 緜ㅣ綿, 躭ㅣ耽, 碍ㅣ礙

이들 古字는 5세기 전반기에 유행했던 字體를 그대로 보여 준다는 점에서 의의가 크다. 南北朝 시기에는 실제로 '厀, 緜, 躭' 등이 표준적인 자체였는데, 唐代에는 '膝, 綿, 耽' 등이 표준 자체로 자리를 잡는다. 대표적인 예로, 남북조의 '碍'가 唐代에 '礙'로 바뀌는 변화를 들 수 있다. 따라서 이들 고자는 자체 변화를 논의할 때에 귀중한 자료가 된다.

반면에, 아래의 글자 쌍은 通用字 관계에 있다. 둘 중에서 어느 것을 골라 쓰든 상관이 없지만, 우리는 검색의 편의를 위하여 'ㅣ'의 뒤에 둔 것을 표준으로 삼는다.

(11) 통용자

羣|群, 脩|修, 它|他, 踈|疎, 並|竝, 鷄|雞, 豬|猪

(10~11)에 열거한 쌍은 별개의 두 글자로 구별하지 않고 하나의 글자로 계산한다. 이와 같이 계산했을 때에 대화문 코퍼스에 사용된 전체 용자는 모두 2,212자이다. 이 2,212자가 우리의 분석 대상이다. 이 2,212자를 출현 횟수에 따라 배열하면 아래와 같다.

(12)『세설신어』 대화문 용자의 전체 목록 (2,212자)

不(669), 之(425), 何(384), 人(340), 此(269), 以(262), 有(242), 爲(238), 如(227), 可(211), 卿(196), 我(162), 君(162), 所(160), 無(155), 而(147), 自(145), 當(142), 其(141), 得(137), 子(136), 是(135), 復(134), 公(123), 與(115), 見(113), 一, 耳, 故(108), 王(106), 於(103), 下(101), 言(93), 作(92), 中(91), 亦(90), 若, 能(89), 者(86), 也(84), 在(79), 爾(74), 非, 家(73), 邪, 未, 今(72), 知(71), 必(70), 事(69), 至(67), 日, 使(66), 汝(65), 來(64), 欲(62), 然, 相(61), 長, 時, 乃(60), 足, 大(58), 吾(57), 名, 道(56), 天, 正, 生, 明(53), 已, 上(50), 臣(49), 將, 安, 士, 令(48), 處(47), 淸, 才, 阿, 聞(46), 則, 謂(45), 文(44), 出(43), 諸, 雖, 少(42), 二, 意, 語, 去(41), 好, 致, 年(40), 情, 物(39), 小, 山(38), 兒(37), 後, 風, 太, 心, 但, 高(36), 行, 神, 世(35), 便, 勝, 似, 國(34), 先, 三, 德(33), 矣, 常, 理, 同(32), 眞, 唯, 昔, 謝, 比, 伯, 方, 門(31), 酒, 遠, 思, 亡, 萬, 馬, 難(30), 乎, 異, 林, 多(29), 親, 千, 石, 佳(28), 賢, 周, 識, 郎, 軍, 過(27), 州, 宜, 應, 云, 死, 旣, 擧, 江(26), 孝, 懷, 祖, 父, 百, 輩, 那, 及, 共, 恐(25), 侯, 向, 往, 叔, 近(24), 治, 地, 仲, 朝, 用, 問, 流, 度, 貴(23), 形, 許, 從, 易, 尙, 本, 論, 禮, 東, 談(22), 平, 入, 義, 飮, 由, 庾, 玉, 深, 身, 聖, 望, 劉, 居, 皆, 覺(21), 稱, 重, 仁, 元, 憂, 淵, 餘, 白, 樂, 官, 敬(20), 兄, 忠, 坐, 任, 猶, 雲, 外, 五, 惡, 須, 成, 夫, 婦, 器(19), 玄, 志, 主, 弟, 殊, 殺, 裴, 命, 甯|寧, 敢(18), 通, 盡, 終, 樹, 立, 朗, 奴, 久, 顧, 簡(17), 興, 學, 體, 進, 箸, 伊, 眼, 嘗, 府, 里, 老, 求(16), 會, 桓, 弘, 嵇, 解, 恨, 初, 且, 友, 容, 彥, 羊, 新, 數, 司, 四, 負, 民, 目, 面, 金, 固,

客, 堪, 減(15), 陞, 賊, 音, 源, 吳, 甚, 食, 受, 遂, 孫, 聲, 辭, 北, 法, 武, 亂, 都, 女, 氣, 康(14), 和, 荊, 推, 絶, 前, 張, 衣, 尹, 袁, 遇, 要, 焉, 陽, 水, 誰, 性, 盛, 書, 色, 史, 勿, 忘, 莫, 陵, 古(13), 還, 海, 存, 尊, 定, 殷, 遺, 牛, 溫, 夜, 十, 蕭, 西, 母, 了, 南, 期, 豈, 孔, 計, 經(12), 恒, 河, 癡, 超, 聽, 宗, 字, 魏, 榮, 哀, 巖, 雅, 失, 始, 秀, 手, 松, 師, 僕, 保, 煩, 拜, 臨, 龍, 獨, 內, 群|羣, 觀, 恭, 功(11), 虛, 閒, 夏, 布, 破, 最, 陳, 齊, 截, 丈, 因, 夷, 戎, 顏, 實, 愼, 肅, 脩|修, 想, 寶, 美, 陸, 已, 歸, 嶠, 愧, 光, 關, 更, 疆(10), 回, 況, 標, 敗, 它|他, 測, 取, 就, 參, 儁, 濟, 制, 全, 田, 莊, 逸, 衛, 委, 月, 右, 又, 屋, 英, 野, 視, 乘, 善, 斯, 備, 輔, 別, 放, 免, 陶, 待, 斷, 奇, 幾, 規, 鬼, 丘, 敎, 季, 看(9), 黃, 患, 婚, 虎, 彼, 頗, 退, 託, 輒, 直, 止, 罪, 精, 政, 昨, 泣, 潤, 堯, 詣, 預, 豫, 業, 氏, 率, 省, 選, 旋, 喪, 社, 服, 伐, 發, 反, 木, 利, 梁, 亮, 頭, 動, 讀, 覩, 達, 極, 克, 口, 交, 骨, 苦(8), 希, 華, 狐, 合, 漢, 痛, 齒, 差, 支, 曾, 衆, 左, 帝, 戰, 益, 肉, 穢, 嚴, 魚, 審, 尋, 室, 承, 巢, 踈|疎, 誠, 惜, 壻, 散, 賓, 崩, 賦, 奉, 伏, 甫, 病, 並|竝, 博, 夢, 落, 羅, 等, 倒, 噉, 短, 騎, 起, 寄, 郡, 具, 寡, 空, 哭, 輕, 開, 嘉, 加, 假(7), 戲, 胸, 勳, 厚, 或, 戶, 刑, 表, 七, 秋, 徹, 暢, 察, 執, 疾, 晉, 遲, 竹, 朱, 縱, 造, 第, 靜, 廷, 傳, 褚, 爭, 哉, 遊, 危, 願, 阮, 詠, 逆, 艾, 詩, 試, 荀, 損, 俗, 說, 傷, 賞, 寫, 貧, 譬, 富, 浮, 兵, 辟, 犯, 潘, 微, 茂, 妙, 蒙, 鳴, 吏, 壘, 領, 劣, 量, 略, 蘭, 洛, 杜, 斗, 棟, 咄, 敦, 頓, 酒, 冀, 肯, 舊, 俱, 苟, 狂, 管, 曲, 孤, 阜, 傾, 京, 竟, 詎, 鑒, 葛, 間, 角, 暇(6), 休, 皇, 喚, 化, 忽, 胡, 楷, 害, 寒, 汗, 壑, 鶴, 被, 皮, 豊, 廢, 偏, 特, 歎, 卓, 置, 楚, 川, 尺, 次, 車, 塵, 職, 持, 池, 旨, 卽, 注, 條, 曹, 蚤, 詔, 鳥, 亭, 節, 裁, 擬, 議, 依, 邑, 幽, 運, 于, 延, 余, 讓, 愛, 闇, 峨, 侍, 舜, 宿, 襄, 遜, 速, 消, 攝, 夕, 爽, 絲, 嗣, 鼻, 紛, 鳳, 邊, 柏, 拔, 薄, 務, 沒, 慕, 眠, 末, 蠻, 離, 柳, 累, 勞, 路, 靈, 力, 驢, 良, 爛, 豆, 對, 撻, 念, 屈, 舅, 九, 句, 匡, 廣, 郭, 果, 惲, 頃, 乞, 巨, 蓋, 甘, 各(5), 喜, 欣, 黑, 凶, 毁, 活, 禍, 洪, 混, 酷, 惠, 兮, 馨, 顯, 奕, 抗, 逼, 疲, 抱, 弊, 偸, 土, 坦, 濯, 炊, 充, 沖, 舂, 草, 逮, 請, 靑, 瞻, 遷, 淺, 泉, 策, 采, 蒼, 傖, 澄, 集, 稷, 住, 珠, 錘, 鐘, 操, 照, 啼, 庭, 接, 折, 寂, 適, 著, 仗, 章, 爵, 姿, 忍, 移, 疑, 儀, 愔, 隱, 位, 威, 原, 雄, 優, 遙, 畏, 譽, 映, 厭, 緣, 輿, 憶, 楊, 養, 仰, 沈, 悉, 信, 息, 丞, 孰, 垂, 壽, 屬, 韶, 紹, 歲, 勢, 城, 鮮, 鼠, 索, 牀,

商,桑,射,舍,沙,婢,拂,佛,傅,符,簿,覆,凡,桮,髮,半,亹,糜,靡,彌,米,廟,
穆,邁,每,李,倫,誄,賴,露,廉,慮,登,董,堂,答,尼,駑,佞|佞,男,急,錦,憒,
勸,宮,狗,喬,曠,鼓,兼,介,改,强,竭,脚(4),諱,效,橫,膾,荒,火,畫,衡,頰,
協,穴,懸,弦,獻,響,韓,瘧,避,播,投,宅,澤,泰,殆,快,枕,稗|稗|稚,臭,醉,
賤,責,彰,塹,捉,徵,朕,鎭,秦,津,智,枝,晝,奏,佐,種,卒,族,趙,阼,調,助,
刁,除,際,貞,挺,鼎,點,截,籍,積,財,宰,杖,葬,雜,雀,資,顗,懿,鷹,允,愈,
違,尉,紘,韻,隅,尤,禹,宇,辱,臥,翁,悟,永,鹽,熱,掾,掩,揚,弱,躍,晏,牙,
矢,升,厀|膝,嵩,熟,首,豎,灑,笑,訴,召,舌,宣,釋,裳,徙,憑,飛,霏,肥,臂,
朋,分,奔,膚,袞,鋒,腹,壁,盤,味,黙,貌,毛,冥,茗,緜|綿,覓,孟,網,滿,羸,
稜,屢,聊,料,磊,籠,烈,廬,儷,兩,冷,狼,琅,藍,覽,砢,鄧,童,突,徒,圖,洮,
堵,唐,怒,煖,吉,箕,機,羈,矜,琴,禁,斤,根,郤,窺,窟,懼,驅,巧,壞,棺,霍,
谷,溪,稽,階,鷄|雞,景,徑,決,遣,據,感,刻(3),噫,釁,暉,欻,訓,淮,惶,宦,
泓,鴻,溷,浩,晧,狹,嫌,軒,憲,鄉,幸,奚,骸,蟹,伉,割,閑,限,郝,霞,賀,乏,
畢,披,品,飄,豹,評,鞭,八,辦,妬,貪,探,呑,誕,濁,打,寢,漆,恥,値,側,趣,
吹,聚,萃,瘁,祝,醜,崔,榱,撮,寸,觸,囑,稍,妾,掇,穿,喘,擲,暢,慘,嵯,質,
殄,震,振,指,憎,增,駿,柱,肘,遒,舟,駮,拙,鏃,粗,遭,躁,爪,弔,梯,提,靖,
淨,井,竊,纏,轉,電,殿,顚,迹,豬|猪,滓,匠,藏,暫,牸,咨,紫,煮,仞,刃,引,
翼,毅,倚,膺,陰,融,襦,乳,宥,幼,楡,猷,游,牖,喩,偉,緯,慰,越,蔚,殞,虞,
紆,勇,饒,繇,汪,日,玩,宛,盌,瓦,螯,汙,硏,予,櫱,約,藥,厄,昂,鞅,黯,暗,
俄,啞,雙,辛,申,晨,式,屍,施,翅,僧,繩,習,瑟,述,術,脣,鬚,漱,守,瘦,酬,
隨,送,謏,蘇,燒,劭,洗,姓,閃,雪,仙,逝,絜,抒,舒,暑,署,緒,敍,霜,象,森,
私,肆,瀉,娑,祠,祀,殯,鄙,卑,賁,敷,副,釜,腐,封,峯,福,步,報,柄,屛,汎,
范,倍,配,仿,房,邦,撥,返,飯,班,攀,縛,愍,眉,撫,霧,苗,牧,謀,矛,某,暮,
髦,滅,盲,買,罵,賣,梅,昧,妄,茫,晚,幕,琳,藺,裏,籬,梨,履,懍,隆,慄,綸,
戮,留,樓,漏,雷,錄,碌,盧,伶,齡,列,練,閭,厲,廊,酪,屯,鈍,銅,瞳,狏,滔,
濤,闇,臺,代,戴,澹,淡,湛,端,丹,旦,泥,納,企,棄,饑,譏,禽,衿,勤,謹,屐,
棘,軌,權,窮,寇,邱,鳩,駒,韭,救,矯,郊,校,塊,乖,卦,筐,館,攻,貢,困,轂,

斛, 姑, 告, 啓, 桂, 契, 繼, 競, 慶, 驚, 警, 鏡, 勁, 耿, 結, 牽, 肩, 堅, 儉, 劍, 檢, 傑,
建, 巾, 距, 羹, 慨, 羌, 慊, 疆, 剛, 酣, 艱, 姦, 干, 榦, 閣, 柯(2), 歆, 欽, 訖, 揮, 煇,
虺, 卉, 薰, 候, 曉, 鴞, 崤, 晦, 獪, 豁, 闊, 歡, 話, 昏, 渾, 毫, 瑚, 湖, 壺, 護, 濠, 慧,
邢, 挾, 俠, 革, 險, 驗, 獫, 墟, 香, 餉, 覈, 咳, 駭, 孩, 陜, 咸, 函, 瞎, 翰, 釬, 狢, 蝦,
廈, 荷, 弼, 筆, 匹, 陂, 楓, 諷, 馮, 稟, 驃, 彪, 暴, 捕, 蒲, 苞, 飽, 哺, 蔽, 蓱, 貶, 遍,
愎, 烹, 悖, 佩, 狽, 判, 版, 琶, 罷, 婆, 把, 波, 簸, 擺, 鬪, 槌, 頹, 穨, 慟, 討, 攄, 擇,
台, 汰, 湯, 蕩, 榻, 橠, 躭|耽, 奪, 炭, 彈, 憚, 墮, 跎, 侵, 椹, 敕, 蚩, 鴟, 峙, 馳, 雉,
層, 惻, 仄, 娶, 黜, 秫, 逐, 軸, 芻, 趨, 鞦, 麤, 樞, 墜, 追, 捶, 催, 摧, 聰, 寵, 促, 蜀,
鈔, 峭, 譙, 肖, 替, 滯, 晴, 捷, 忝, 諂, 鐵, 轍, 輟, 綴, 哲, 阡, 倩, 踐, 剔, 滌, 妻, 悽,
蔡, 窗, 創, 唱, 篡, 粲, 讚, 贊, 饌, 蹉, 茶, 借, 戢, 斟, 嫉, 縉, 辰, 瞋, 胝, 芝, 脂, 咫,
甑, 烝, 汁, 蠢, 準, 峻, 濬, 粥, 籌, 疇, 紂, 宙, 胄, 駐, 誅, 譸, 蹤, 綜, 旐, 罩, 祚, 糟,
俎, 釣, 早, 祭, 題, 齏, 悌, 製, 竽, 珽, 酲, 鄭, 停, 渟, 征, 丁, 覘, 霑, 漸, 悛, 煎, 旃,
赤, 跡, 荻, 笛, 敵, 的, 苴, 杵, 儲, 渚, 低, 詆, 抵, 鎗, 箏, 崢, 災, 齋, 場, 帳, 牆, 廧,
漿, 獎, 臧, 璋, 障, 壯, 潛, 蠶, 箴, 殘, 怍, 酌, 斫, 灼, 刺, 慈, 藉, 恣, 茵, 姻, 印, 邇,
貽, 姨, 嶷, 凝, 吟, 淫, 恩, 狁, 育, 毓, 濡, 柔, 儒, 愉, 囿, 惟, 踰, 臾, 柚, 猶, 韋, 圍,
猬, 渭, 熨, 鉞, 援, 轅, 猿, 園, 圓, 訏, 寓, 偶, 耦, 雨, 郵, 庸, 擾, 妖, 夭, 謠, 瑤, 撓,
澆, 巍, 猥, 頑, 翫, 完, 緩, 饔, 甕, 兀, 蘊, 慍, 穩, 獄, 敖, 梧, 傲, 忤, 誤, 奧, 塢, 乂,
翳, 瘞, 裔, 影, 嬰, 營, 盈, 郢, 髯, 悅, 燃, 姸, 燕, 宴, 捐, 筵, 域, 鄴, 淹, 御, 壤, 颺,
恙, 釀, 籥, 鰯, 耶, 冶, 閼, 諳, 遏, 案, 按, 岳, 握, 薪, 紳, 拭, 寔, 猜, 厮, 豺, 柴, 啻,
襲, 崇, 珣, 蕁, 純, 淳, 夙, 菽, 綏, 邃, 粹, 嫂, 獸, 帥, 殳, 投, 殺, 囚, 袖, 碎, 灑, 頌,
窣, 粟, 贖, 束, 昭, 霄, 簫, 愬, 素, 捎, 騷, 泝, 細, 星, 紲, 渫, 設, 船, 扇, 蟬, 淅, 析,
碩, 席, 蜍, 胥, 棲, 黍, 誓, 徐, 甥, 璽, 廂, 狀, 觴, 祥, 撒, 酸, 篡, 産, 槊, 樝, 駟, 仕,
蛇, 捨, 駛, 聘, 氷, 鬢, 篚, 費, 琵, 篦, 秕, 庇, 糞, 奮, 焚, 墳, 否, 孚, 赴, 瓿, 鳧, 扶,
阜, 部, 蜂, 逢, 蓬, 馥, 卜, 複, 濮, 補, 普, 秉, 幷, 餠, 瞥, 辯, 辨, 卞, 胼, 變, 璧, 飄,
範, 番, 繁, 樊, 蕃, 魄, 排, 培, 背, 妨, 芳, 防, 傍, 榜, 謗, 勃, 鉢, 叛, 斑, 頒, 彪, 拍,
迫, 泊, 璞, 密, 閔, 敏, 迷, 吻, 誣, 蕪, 舞, 畝, 歿, 姥, 冒, 旄, 謨, 侔, 溟, 冕, 猛, 麥,
陌, 脈, 埋, 芒, 罔, 莽, 慢, 漫, 邈, 寞, 隣, 吝, 螭, 狸, 淪, 崙, 六, 謬, 類, 旒, 餾, 溜,

淚,陋,摟,燎,遼,僚,賚,鹿,轆,漉,轤,例,鈴,酃,獵,斂,裂,戀,臠,連,璉,憐,鍊,礫,櫪,歷,礪,唳,睞,瑯,臘,拉,卵,犖,遁,竇,洞,冬,豚,犢,篤,途,屠,盜,刀,禱,擣,睹,到,搗,岱,帶,儻,黨,棠,塘,潭,儋,猯,檀,單,匿,禰,膩,訥,嬲,濃,弩,恬,捻,奈,囊,懦,喫,夔,旗,棊,萁,妓,欺,崎,綺,庋,璣,飢,祁,驥,給,衾,嶔,靳,劇,戟,橘,揆,睽,閨,珪,几,闕,捲,眷,弓,局,麴,傴,鷗,裘,劬,臼,軀,區,鉤,垢,構,驕,狡,渹,蒯,傀,怪,槐,寬,冠,瓜,拱,工,昆,崑,鵠,枯,叩,考,庫,絝,膏,羖,楛,繫,戒,瓊,境,頸,耕,潔,絹,狷,隔,刦,健,褰,蹇,謇,鋸,倨,凱,犗,糠,講,降,帢,碣,渴,諫,肝,桷,架,賈,嫁,價,歌(1)

이 용자 목록에서는 출현 횟수를 기준으로 삼아 내림차순으로 정리하되, 출현 횟수를 ( ) 안에 명시했다. 또한 한국 한자음을 기준으로 배열하되 가나다 순서의 역순으로 배열했다. 이체자 관계인 것은 '緜|綿'처럼 표시하여 한 글자로 계산했다. 밑줄을 친 것은 多音字이다.[8] '不, 復, 宿' 등의 다음자도 한 번만 제시했다.

한 언어의 음소를 빠뜨림 없이 두루 찾아내려면 일정량 이상의 단어 또는 표음자를 확보해야 한다. 예컨대, 한자와 같은 음절문자에서 300자 정도를 무작위로 골라 구조주의의 음운대립 이론을 적용하다 보면 일부의 음운대립은 확인할 수가 없고 그리하여 몇몇 음소를 빠뜨릴 염려가 있다. 예컨대, /p/와 /m/의 음운대립 쌍이나 /i/와 /u/의 음운대립 쌍은 쉽게 찾아내겠지만, /s/와 /z/의 음운대립 쌍이나 /e/와 /ɛ/의 음운대립 쌍은 빠뜨릴 가능성이 크다. 그리하여 전체 음운체계를 왜곡하는 결과를 가져올 수 있다. 이 왜곡을 방지하려면, 구조주의 언어학이 강조하듯이 충분한 양의 표음자를 확보해야 한다.

한어에서는 몇 자 이상의 표음자(또는 단어)를 확보해야 할까? Karlgren(1957)의 Grammata Serica Recensa에서 분석의 대상으로 삼았던 한자는 모두 1,260자 정도이다(李敦柱 2003: 468). 이것은 방언 차이를 염두에 둔 것인데, 한어의 방언을 모두 조사하여 방언을 구획하려고 할 때에는 3,600자 정도가 필요하다(北

8 전통적으로는 破音字라고 지칭하는 것이 원칙이지만, 이해의 편의를 위하여 多音字라는 용어를 택한다.

京大學中國語言文學系 1962, 丁聲樹 1956).[9] 이처럼 많은 양의 字音을 조사해야만 한어의 방언 차이가 자세히 드러난다.

그러나 단일 방언의 음운체계를 설정하고자 할 때에는 상황이 달라진다. 연구 대상이 단일 방언이라면, 출현 빈도가 높은 것으로 1,100자 정도만[10] 확보해도 된다. 출현 빈도가 높다는 조건은 구조주의에서 강조하는 자료의 전형성과 관련된다. 출현 빈도가 높은 1,100자라면 대개 상용자이므로 전형성을 갖추었다고 할 수 있다. 그런데 우리가 확보한 대화문 용자는 모두 2,212자이므로 음운대립의 누락이나 음소 누락을 방지할 수 있을 만큼 충분한 양이다.

이승재(2013, 2016)에서 분석의 대상으로 삼은 百濟語 표음자와 高句麗語 표음자는 각각 340자 정도였다. 이 340자는 백제어나 고구려어를 표기하기 위하여 백제와 고구려에서 엄선한 표음자이다. 아주 적은 양이지만 모두가 엄선한 것이므로 전형성을 갖추었다고 할 수 있고, 백제어와 고구려어의 자음체계를 재구할 때에 부족함이 없었다. 이 극소수의 집합만으로도 각각 22종과 15종의 자음 음소를 설정할 수 있었다. 그렇다면 우리가 분석하려는 『세설신어』의 대화문 용자는 2,212자이므로, 구조주의가 강조하는 자료의 다양성도 이미 갖추었다고 말할 수 있다.

이 2,212자 중에는 출현 빈도가 높은 것이 있는가 하면 겨우 한 번밖에 사용되지 않은 글자가 있다. 출현 빈도가 높을수록 常用字일 가능성이 커지고, 낮을수록 僻字에 가까워진다. 후술하겠지만, 우리는 상용자끼리의 음운대립을 벽자끼리의 음운대립보다 훨씬 더 중시한다. 이 점이 기존의 연구와 크게 다른 점이다. 출현 횟수를 기준으로 『세설신어』의 대화문 용자를 정리해 보면 다음과 같다.

(13) 출현 횟수별 용자 집합

1회 이상 출현 – 2,212자　　　　2회 이상 출현 – 1,487자

9 趙元任이 1930년에 3,000자 정도로 만든 『方言調査表』(史語所出版)를 개편한 것이 丁聲樹(1956)이라고 한다(姜信沆 1980: 60).

10 이것은 Karlgren(1957)의 1,260자를 염두에 둔 것이다.

3회 이상 출현 – 1,112자	4회 이상 출현 – 919자
5회 이상 출현 – 764자	6회 이상 출현 – 656자
7회 이상 출현 – 565자	8회 이상 출현 – 507자
9회 이상 출현 – 459자	10회 이상 출현 – 415자
11회 이상 출현 – 385자	12회 이상 출현 – 355자
13회 이상 출현 – 334자	

기존의 한자음 연구에서는 일상생활에서 거의 사용되지 않는 벽자를 논의 대상으로 삼을 때가 많았는데, 이것은 연구의 신뢰도를 떨어뜨린다. 음운론 연구에서는 자주 발화되는 형태나 단어가 신뢰도가 높으므로 상용자를 우선적으로 분석해야 한다. 따라서 우리는 상용자에서의 음운대립을 중시하여 3회 이상 사용된 용자 상호 간의 음운대립은 무조건 신용한다. 위에 제시한 것처럼 3회 이상 사용된 용자는 1,112자 집합이다. 이 집합은 자료의 전형성을 갖춘 것으로 판단한다. 반면에 1~2회만 사용된 용자끼리의 음운대립은 일단 의심한다. 자료의 전형성을 신뢰할 수 없기 때문이다.

3. 대화문 용자의 音韻對立

3장에서는 앞에서 정리한 대화문 용자를 이용하여 어떻게 음소를 설정하는지 그 방법론을 설명하기로 한다. 본격적인 음소 분석에 들어가기 전에 미리 설명해 두어야 할 것이 적지 않다. 대표적인 예로 중국의 성운학에서 사용하는 기본 용어를 들 수 있다. 이 용어가 일종의 장벽처럼 느껴질 때가 많은데, 이것을 쉽게 극복할 수 있도록 현대 음운론의 용어로 돌려서 기술할 때가 많을 것이다.

위에서 정리한 대화문 용자는 어느 문맥에서나 두루 쓰일 수 있다. 개별 한자는 스스로 독립할 수 있는 단어이므로 이 전제가 성립한다. 특히 고대로 거슬러 올라갈수록 개별 한자의 독립성이 강하다는 것은 널리 알려져 있다.

그렇다면 위의 2,212(2,486)자를 대상으로 삼아, 용자 상호 간에 음운대립이 성립하는지 여부를 물을 수 있다. 예컨대, '可'와 '加', '家'와 '可', '加'와 '家' 상호 간에 음운대립이 성립하는지를 고찰함으로써, 5세기 전반기의 한어에 어떤 음운대립이 있었는지를 확인할 수 있다. 여기에서 확인된 음운대립을 논거로 삼아 우리는 전기 중고음의 자음체계와 모음체계를 설정할 것이다. 이 궁극적인 연구 목표에 도달하기 위해서는 먼저 한어 중고음의 음가 표시 방법과 음운대립의 개념을 정확히 이해해 둘 필요가 있다.

3.1. 대화문 용자의 음가 표시

앞에서 2,212자 집합을 이미 확정했으므로, 이제 이들에 음가를 달아 보기로 한다. 그런데 음가를 단다는 것을 '家'를 [kɑ] 또는 [ka]로 표시한다는 뜻이 아니다. 이처럼 현대의 국제음성기호(IPA)로 음가를 다는 것은 모든 연구가 끝난 뒤의 결론에 해당한다. 이 결론에 도달하기 위하여 중국 음운학의 전통적 용어를 정확히 이해할 필요가 있다.

우리는 중국에서 1,400여 년 동안 이어져 온 전통적 방법으로 개별 한자에 음가를 단다. 이 聲韻學의 전통 중에는 현대 음운론의 음운론적 성분이나 음운자질에 해당하는 것이 많지 않다. 현대 음운론에서는 分節音을 분석하여 音韻資質로 표시하지만, 한어는 음운론의 기본 단위가 音節이기 때문이다. 이 음절을 구성하는 음운론적 성분에 聲母, 韻, 聲調, 開合, 等, 韻尾 등이 있다. 이들이 현대 음운론의 음운론적 성분이나 음운자질에 해당하는 것은 아니지만, 이들을 효과적으로 활용하면 개별 한자의 음가를 무리 없이 표시할 수 있다.

1,400여 년 동안 수많은 학자들이 한어 중고음을 연구해 왔다. 20세기에 들어 Karlgren, 王力, 李榮, 邵榮芬처럼 현대 언어학적 시각으로 음운학을 연구한 학자도 적지 않다. 그 연구 결과가 www.zdic.net, www.ytenx.org 등의 웹사이트에 정리되어 있다. 그런데 우리는 중고음 음가를 기술할 때에 平山久雄(1967)의 수정판이라[1] 할 수 있는 이토 지유키(2011, 이진호 역)을 택한다. 이것이 西歐에서 널리 이용되고 있을 뿐만 아니라 우리의 음운론적 성분 분석에도 적합하기 때문이다. 이토 지유키(2011, 이진호 역)에서는 중고음을 다음과 같이 표시한다.

(1) 한어 중고음의 음가 표시 방법

1. 不[非中C平尤], 不[非中C上尤], 不[非中C入文]
2. 之[章開C平之]

1 히라야마 히사오(平山久雄)(2013, 李準煥 역)에는 이 수정이 반영되어 있다.

3. 何[匣開1平歌]

4. 爲[云合B平支]

5. 可[溪開1上歌]

6. 下[匣開2上麻]

7. 天[透開4平先]

(1.1~3)의 '不, 之, 何'는 『세설신어』의 대화문에서 가장 많이 출현하는 세 글자이고, 나머지도 모두 상용자에 해당한다. 이 음가 표시에서 '['의 바로 앞에 둔 것이 대화문 용자이고, 전통적인 용어로 [ ]의 안에 기술한 것이 그 음가이다.

(1.1)의 '不'는 多音字로서 세 가지 음가를 가지므로, 그 세 가지를 모두 열거했다.[2] 다음자를 이런 방법으로 나누어 일일이 음가를 표시하면 대화문 용자의 음가 표시가 2,486개로 늘어난다. 이것은 2,212자의 기본적 음가 표시에다 다음자를 위하여 274개의 음가 표시를 추가한 것이다. 이것을 우리는 2,212(2,486)자라고 지칭한다.

2,212(2,486)자의 음가를 (1)과 같이 표시할 때에, 첫째로 [ ] 안의 가장 앞에 둔 '非, 章, 匣, 云, 溪, 匣, 透'는 각각 대화문 용자 '不, 之, 何, 爲, 加, 下, 天'의 聲母이다. 달리 말하면 [ ] 안의 첫째 자리는 항상 성모가 오는 자리이다. 이것은 현대 음운론의 音節頭音 즉 onset에 해당한다.

둘째로, [ ]의 맨 끝에 둔 '尤, 文, 之, 歌, 支, 歌, 麻, 先' 등은 韻, 더 정확하게는 『광운』의 韻目이다. 이 운 또는 운목은 알기 쉽게 비유하면 현대 음운론의 脚韻 즉 rhyme에 해당한다. 韻이나 韻目은 작시상의 개념인 'rhyme'에 해당하는데, 이것을 언어학적인 단위로 이용할 때에는 韻母라는 용어를 사용한다. 예컨대, (1.7)의 天[透開4平先]에서 '透'가 聲母를, '開4平先'이 韻母를 나타내는데, 韻母를 구성하는 음운론적 성분은 모두 전통적인 개념이다. 운모는 聲調뿐만 아니라 開合, 等, 韻의 음운론적 성분으로 구성되는데, 이 음운론적 성분을 1대1로 현대

2 다음자에는 (1.1), (1.4), (1.6)처럼 항상 밑줄을 그어 표시한다. 이하 같다.

언어학의 용어로 대체하기가 어렵다. 그렇더라도 이해의 편의를 위하여 하나의 예를 들어 둔다. 대화문 용자 '何'와 '可'는 둘 다 歌韻이므로 운이 같지만, '下'는 麻韻이므로 이들과 운이 다르다.

셋째로, [ ]의 넷째 자리 즉 운의 바로 앞에 둔 것은 聲調이다. 현대 음운론의 tone에 해당한다. 한어 중고음에서는 平聲, 上聲, 去聲, 入聲의 네 가지 성조가 있는데, 특히 입성은 항상 자음운미를 가지므로 현대 음운론의 tone과는 성격이 다르다. 한어의 성조가 음의 높낮이를 나타낸다는 것은 널리 알려져 있지만, 중고음의 성조값 즉 調値가 어떤 것이었는지는 아직 밝혀진 바 없다.

이제, 聲母가 무엇인지를 설명하기로 한다. 『광운』이 편찬된 1007년까지만 하더라도 字音의 음운론적 성분은 앞에서 말한 聲母, 韻, 聲調의 세 가지뿐이었다. 이 세 가지가 『광운』에서는 각각 反切上字, 反切下字, 四聲(즉 平上去入)의 셋으로 표시된다. 대화문 용자 '東'을 예로 들어 보자. '東'은 성조가 평성인 집합의 맨 처음에 배치되어 있으므로 성조가 평성이다. 또한 '東'의 한어 중고음은 /tuŋ/인데,[3] 『광운』에서는 /tuŋ/을 '德紅切'이라 표시했다. '德紅切'의 반절상자 '德'으로 /tuŋ/의 /t/를 표음하고 반절하자 '紅'으로 나머지의 /uŋ/을 표음했다. 이때에 /t/의 자리에 온 것을 성모라고 하고, /uŋ/의 자리에 온 것을 운이라고 한다.

현대 음운론으로 돌려 말하면, 성모는 한어 음절의[4] 첫머리에 온 두음(onset)을 가리키므로 현대 음운론의 子音에 해당한다. 이 자음을 특정하여 지칭할 때에 非母, 章母, 匣母, 云母, 溪母, 匣母, 透母 등의 명칭을 사용한다. 한어 중고음에서는 이 자음이 35~36종이라고 하는 것이 일반적이지만, 학자에 따라서는 더 세분한다. 王力(1956/87: 190~8)은 47종의 자음이 있다고 하고,[5] 平山久雄(1967)을 기반으로 하는 이토 지유키(2011, 이진호 역)은 성모를 42종으로 나누었다. 『세설

---

3 이 음가는 결론에서 제시해야 하지만, 논의의 편의상 우리의 연구 결과를 가져왔다.

4 한어의 단어는 기본적으로 1음절 단어이다.

5 淸代의 陳澧는 계련법으로 40종의 聲類를 얻었다고 하며(王力 1956/87: 190), Pulleyblank(1983: 162)는 39종을, Baxter and Sagart(2014: 30)는 38종을 제시했다. 성모의 종류가 가장 많은 것은 陸志韋의 證廣韻五十一聲類(燕京學報 第25期)의 51종이다(河野六郎 1968/79에서 재인용).

신어』의 대화문 용자를 이 42종의 성모에 맞추어 정리하면 아래와 같다. 각 성모가 점유하는 비율도 한꺼번에 제시했다.

(2) 42종의 성모와 대화문 용자에서의 점유 비율

대화문 용자 2,212(2,486)자 성모 분포 (%)						
		전청	차청	전탁	차탁	
순음	순중	幫[p] 86 (3.5)	滂[p^h] 25 (1.0)	並[b] 65 (2.6)	明[m] 90 (3.6)	266 (10.7)
	순경	非[f] 33 (1.3)	敷[f^h] 21 (0.8)	奉[v] 46 (1.9)	微[ɱ] 27 (1.1)	127 (5.1)
설음	설두	端[t] 59 (2.4)	透[t^h] 39 (1.6)	定[d] 93 (3.7)	泥[n] 29 (1.2)	220 (8.8)
	반설				來[l] 150 (6.0)	150 (6.0)
	설상	知[ʈ] 41 (1.6)	徹[ʈ^h] 13 (0.5)	澄[ɖ] 65 (2.6)	娘[ɳ] 9 (0.4)	128 (5.1)
치음	치조	精[ʦ] 77 (3.1)	淸[ʦ^h] 52 (2.1)	從[dz] 67 (2.7)		196 (7.9)
		心[s] 106 (4.3)		邪[z] 28 (1.1)		134 (5.4)
	권설	莊[ʈʂ] 15 (0.6)	初[ʈʂ^h] 15 (0.6)	崇[ɖʐ] 16 (0.6)		46 (1.9)
		生[ʂ] 44 (1.8)		俟[ʐ] 0 (0.0)		44 (1.8)
	구개	章[ʨ] 67 (2.7)	昌[ʨ^h] 29 (1.2)	船[ʥ] 17 (0.7)	日[ɲ] 37 (1.5)	150 (6.0)
		書[ɕ] 62 (2.5)		常[ʑ] 58 (2.3)	羊[j] 98 (3.9)	218 (8.8)
아음		見[k] 231 (9.3)	溪[k^h] 89 (3.6)	群[g] 56 (2.3)	疑[ŋ] 86 (3.5)	462 (18.6)
후음		曉[h] 64 (2.6)		匣[ɦ] 121 (4.9)		185 (7.4)
		影[ʔ] 105 (4.2)			云[ɦ] 55 (2.2)	160 (6.4)
		990 (39.8%)	283 (11.4%)	632 (25.4%)	581 (23.4%)	2,486 (100)

많은 학자들이 개별 성모의 음가를 추정한 바 있는데, 우리는 이토 지유키(2011, 이진호 역)을 좇아서 위의 분포 분석표를 작성했다. 이해의 편의를 위하여 위의 42종 성모에 [p], [pʰ], [b] 등의 음가를 일일이 달았다.[6] 또한 이 표에 『세설신어』 대화문 용자의 출현 횟수와 그 점유 비율을 구체적으로 적어 넣었다. 예컨대, 순음 행에서 '幫[p] 86 (3.5)'라고 한 것은 전체 2,212(2,486)자 집합에서 성모가 幫母[p]인 것이 86자이고, 幫母[p]가 전체 자음에서 3.5%를 점유한다는 뜻이다.

그런데 [p], [pʰ], [b] 등의 음가가 현대 음운론의 音聲에 해당하고 音素에 해당하는 것이 아니라는 점에 주의할 필요가 있다. 하나의 공시적 단일어가 42종의 자음 음소를 가지는 예가 있을까? 그런 언어는 거의 없다. 그렇다면 이 42종의 성모 중에서 상당수는 음소의 자격을 가지지 못하는 음성 또는 變異音일 가능성이 크다. 하나의 언어 내부에 변이음을 포함하여 42종의 자음을 가지는 예는 얼마든지 찾을 수 있다. 변이음을 포함하면 현대 한국어에도 40여 종의 자음이 있다. 이들 변이음을 제외하고 음소의 자격을 가지는 것만 계산하면 현대 한국어의 자음 음소는 19종이다. 이와 마찬가지로 42종의 성모 중에는 음소의 자격을 가지지 못하는 변이음이 상당수 포함되어 있다고 보아야 한다.[7]

이 변이음과 음소를 어떻게 가려낼 것인가? 뒤에서 다시 거론하겠지만, 우리는 相補的 分布의 여부와 最小對立 쌍의 유무를 기준으로 변이음과 음소를 구별한다. 이 두 가지 기준은 모든 언어에 공통적으로 적용되므로, 우리는 한어의 전기 중고음을 보편적 원리에 따라 분석하는 셈이 된다.

지금까지 성모의 표시 방법을 설명하면서 성모의 종류도 소개했다. 이제, 韻을 어떻게 표시하는지 논의하기로 한다. 운은 영어의 rhyme에 해당하는 것으로서 성운학에서는 反切下字로 표기된다.

---

6 우리는 성모에다 이처럼 항상 음가를 첨부한다. 성모 이름을 다 외우지 못하더라도 이 음가로 대체하여 이해하면 된다.

7 우리가 출발점으로 삼은 이토 지유키(2011, 이진호 역)에서는 (2)에 제시한 41종(성모로는 42종)의 자음, 'ɑ, a, ɐ, ɛ, ʌ, o, ŏ, ə, ə̆, e, ĕ, i, u'의 13종의 모음, 'i, ɪ, y, ʏ, u'의 5종의 활음이 한어 중고음에 있다고 보았다. 이것은 물론 平山久雄(1967)을 기반으로 한다.

한어는 1음절 단어를 기초로 하고, 이 음절은 항상 $[I_M V_F]^T$의 구조를 갖는다. I는 영어의 Initial에서, M은 Medial에서, V는 Vowel에서, F는 Final에서, T는 Tone에서 각각 두음을 딴 것이다. I는 위에서 성모라고 지칭한 것으로서 항상 子音이고, T는 성조라고 지칭한 것으로서 음절 전체에 걸린다. 그 나머지 부분, 즉 '$_M V_F$'가 운이다.

이때 M의 위치에 온 것을 韻頭(또는 介音)라 부르고, V의 위치에 온 것을 韻腹(또는 주모음, 핵모음)이라 부르며, F의 위치에 온 것을 韻尾라고 부른다. 이 셋 중에서 필수적인 것은 물론 운복 모음이다. 이 운복 모음의 앞에 운두가 올 수도 있지만, 운두가 없는 음절도 있다. 마찬가지로, 운복 모음의 뒤에 운미가 올 수도 있지만 운미가 없는 음절도 있다. 운두와 운미는 필수적인 것이 아니므로[8] $[I_M V_F]^T$에서 아래첨자로 표시했다.

그렇다면 운을 구성하는 성분에 운두, 운복 모음, 운미의 세 가지가 있음을 알 수 있다. 이 세 가지 음운론적 성분이 하나로 어우러진 것이 운이다. 하나로 어우러져 있기 때문에 운을 분석하는 것은 보통 어려운 일이 아니다.

이 어려운 일을 11~12세기의 宋代 학자들이 해냈다. 『韻鏡』, 『七音略』, 『四聲等子』, 『切韻指掌圖』 등이 이 업적에 해당한다. 이들은 『광운』의 반절을 기초로 삼아, 운복 모음을 기술하기 위해 等이라는 개념을 세웠다.[9] 네 줄로 나누어진 韻圖에다 각 운의 소속자를 배치한 것이다. 이 점이 독특하므로, 이들의 음운론적 연구만을 한정하여 지칭할 때에는 等韻學이라 부른다(李新魁 1983).

등에는 1등에서 4등까지 네 가지가 있는데, 각각의 운에 등을 부가함으로써 여러 운의 운복 모음이 서로 같은지 다른지를 말할 수 있게 되었다. 예컨대, 歌韻은 1등이고 麻韻은 2등이라 했는데, 이 등의 차이는 바로 운복 모음의 차이를 반영한다. 흔히 1등은 개구도가 가장 크다고 하고 4등은 개구도가 가장 적은 모음이

8 반면에 성모 I, 운복 모음 V, 성조 T는 필수적이고, 이들은 601년의 『절운』에서 이미 기술의 대상이었다.

9 攝이나 等과 같은 용어는 『四聲等字』에 처음으로 등장한다. 그런데 이보다 시기적으로 앞서는 敦煌文書 P.2012에 이미 四等으로 나눈 韻圖가 나온다고 한다(Pulleyblank 1983: 71).

라고 한다. 뿐만 아니라 운두(또는 개음)의 유무와 그 종류까지도 등을 통하여 알 수 있다. 현대 학자들의 연구 결과이기는 하지만, 3등은 항상 구개 개음을 가지고(Karlgren 1954) 4등은 개음이 없다(李榮 1956).[10] 그렇다면 등은 운복 모음뿐만 아니라 운두에도 관련되는 음운론적 성분 또는 음운자질이라고 할 수 있다. 한자음 기술에 필요한 '等'이라는 음운자질이[11] 송대에 와서 새로 추가된 셈이다.

등은 1~4의 숫자로 표시하는 것이 일반적이다. (1.5)의 可[溪開1上歌]에서는 '1'로, (1.6)의 下[匣開2上麻]에서는 '2'로, (1.7)의 天[透開4平先]에서는 '4'로 표시했다. 그런데 위의 (1)에서 숫자가 올 자리에 A, B, C의 로마자로 표시한 것이 있다. 이것은 모두 3등이다. 3등에 여러 가지가 있으므로 3등을 다시 A, B, C로 세분하여 표시하게 된다. 이처럼 등의 자리에 A, B, C로 표시한 것은 모두 3등이라는 것을 기억해 두자. 이 A, B, C가 무엇을 지칭하는지는 뒤에서 거론할 것이다.

또한 송대 학자들은 開合의 개념도 세웠다. 이것은 開口와 合口를 병합한 것인데, 合口는 원순 활음 /w-/를 가진다는 것을 뜻하고 開口는 이 /w-/가 없다는 것을 뜻한다. 따라서 개합을 운두 위치의 음운론적 성분으로 이해하기 쉽지만 반드시 그런 것은 아니다. 개구는 평순 개음 /j-, ɪ-/가[12] 있는 것도 지칭하지만 이들이 없는 것도 지칭하기 때문이다. 또한 운복 모음이 원순모음인 것을 합구라고 지칭할 때가 적지 않다. 따라서 개합이 운두뿐만 아니라 운복 모음에도 관련되는 음운자질이라고 이해하는 것이 정확하다.

(1)의 음가 표시에서는 개합을 성모의 바로 뒤에 두었다. (1.3)의 何[匣開1平歌]에서 '開'라고 한 것은 '何'의 운이 歌韻이면서 동시에 개구임을 가리킨다.

---

10 4등운에는 개음이 없다는 사실을 가장 먼저 지적한 것은 H. Maspero의 "Le dialecte de Thc'ang-an sous les T'ang"(『B.E.F.E.O.』 20호, 1920)이라고 한다. 河野六郎(1968/79)에서 재인용했다.

11 현대의 생성음운론에서 사용하는 음운자질과 우리가 한어 음운론을 기술하기 위하여 설정한 음운자질에는 아주 큰 차이가 있다. 현대 음운론의 음운자질은 음소 단위에 적용하지만 우리의 음운자질은 한어의 음절 단위에 적용한다. 이 점에 착오 없기를 바란다.

12 /j/는 자음적 전설 평순 활음이고, /ɪ/는 모음적 전설 평순 활음이다. 平山久雄(1991: 30, 34)에서는 우리가 /j/와 /ɪ/의 둘로 나눈 것을 'ĭ, i, ɪ, ï'의 넷으로 나눈 바 있다.

(1.4)의 爲[云合B平支]에서 '合'이라고 한 것은 '爲'의 운이 支韻이면서 동시에 합구임을 가리킨다. '爲'가 합구이므로, '爲'의 음가 표시에는 반드시 /w-/가 포함되어야 한다. 그런데 3등은 항상 구개 개음 /j-/ 또는 /ɪ-/를 가지는데, 마침 '爲'가 합구이므로 '爲'는 구개 개음 /ɪ-/뿐만 아니라 합구음 /w-/도 가진다. 이 복합 개음 /ɪw-/ 또는 /wɪ-/ 가 淸代의 한어에서는 전설 원순 개음 /ɥ-/로 실현된다. 우리는 복합 개음을 인정하지 않으므로 중고음에서도 /ɪw-/ 또는 /wɪ-/를 /ɥ-/로 표시한다.

그렇다면 송대에 설정된 등과 개합은 운을 더 구체화하기 위한 일종의 음운론적 성분 또는 음운자질이라고 말할 수 있다. 위에서 등과 개합을 개괄적으로 설명했지만, 기존의 논의에는 아직도 불분명한 것이 남아 있다. 우리는 이 연구를 통하여 등과 개합이 무엇을 가리키는지를 기존의 논의보다 더 구체적으로 규정할 것이다.

마지막으로, 韻尾 즉 F를 설명해 보자. 운복 모음 V의 뒤에 오는 것이 운미인데, 운미에는 /-ø/, /-i/, /-u/, /-ŋ, -k/, /-n, -t/, /-m, -p/의 6종이 있다. 한어 중고음에서는 이것이 가장 일반적이고도 기본적인 분류이다. 자음운미 중에서 /-ŋ, -k/, /-n, -t/, /-m, -p/ 운미는 조음위치에 따른 분류이므로 각각 喉內 운미, 舌內 운미, 脣內 운미라고 한다. 자음이 아닌 /-i/ 운미와 /-u/ 운미를 陰聲韻尾라고 하고, /-m, -n, -ŋ/ 등의 鼻音(콧소리)인 운미를 陽聲韻尾라고 하며, /-p, -t, -k/ 등의 폐쇄음인 운미를 入聲韻尾라고 한다. 운미의 종류에 대해서는 이견이 거의 없을 뿐만 아니라 후술할 攝의 분류도 운미를 기준으로 한다. 따라서 운을 분석할 때에는 운미별로 나누어 기술하는 것이 편리하다.

그런데 (1)의 음가 표시에서는 운미가 제외되어 있다. 운을 구성하는 요소의 일종인 운미를 이처럼 제외해도 될지 의심할 수 있다. 그러나 운미는 운과 성조에 의해 자동적으로 결정된다. (1.1)의 대화문 용자 '不'을 그 예로 들 수 있다. '不'가 [非中C平尤]의 음가일 때에는(즉 한국 한자음의 '부'일 때에는) 운이 尤韻 3등 C이다. 이때의 尤韻은 항상 /-u/ 운미를 가진다. 반면에 '不'이 [非中C入文]의 음가일 때에는(즉 한국 한자음의 '불'일 때에는) 운이 文韻 3등 C이다. 이때의 文韻은 항상 /-n, -t/ 운미를 가지는데, 마침 '不'은 성조가 입성이다. 따라서 '不'이 [非中C入文]의 음가일 때에는 운미 /-t/를 가진다. 이처럼 운미는 운과 성조에 의해 자동적으로 결정되므로 운미를 구체적으로 명시하지 않아도 된다. 모든 한자의 운과 성조만 주어진다면, 운미가 무엇인지를 바로 결정할 수 있다. 따라서 운미를 잉여적인 성분으로 보아 (1)의 음가 표시에서는 운미를 표시하지 않았다.

위에서 한자음의 기술에 필요한 음운론적 성분 5가지를 간단히 설명해 보았다. 이 음운론적 성분을 우리는 한어의 음절을 구성하는 음운자질인 것처럼 이해한다. 성모, 운, 성조의 세 가지 음운자질은 7세기 초의 『切韻』에 이미 등장하지만, 이때까지만 하더라도 운이 너무나 포괄적인 개념이라서 그 음가를 더 구체화할 수가 없었다. 그런데 11~12세기의 등운학에서는 운을 더 잘게 쪼갬으로써 韻母를 개합, 등, 운복, 운미로 나눌 수 있게 되었다.[13] 이때에 와서야 비로소 등과 개합이 새로운 음운론적 성분 또는 음운자질로 설정된 것이다.

우리는 이러한 발전을 수용하여 字音의 음운론적 성분을 [성모, 개합, 등, 성조, 운]의 다섯 가지로 한정한다.[14] 그리하여 성모의 최소대립 쌍, 개합의 최소대립 쌍, 등의 최소대립 쌍, 성조의 최소대립 쌍, 운의 최소대립 쌍을 찾아 나설 것이다.

결론적으로, 현대 음운론의 음절구조인 $[I_M V_F]^T$를 한어 중고음의 음운론적 성분인 성모, 개합, 등, 성조, 운으로 해석하여 정리해 보면 다음과 같다.

(3) 한어의 음운론적 성분과 음절구조 $[I_M V_F]^T$와의 관계

1. 성모 ⇒ I
2. 개합 + 등 ⇒ M
3. 개합 + 등 + 운 + 성조[15] ⇒ V

---

13 等韻學에서 운미를 따로 떼어 분리했는지는 아직 확실하지 않다.

14 여기에서 운미를 제외했다는 점이 눈에 들어오는데, 운미가 운과 성조에 의해 자동적으로 결정되는 성분임을 앞에서 이미 말한 바 있다.

15 우리는 운목 단위를 기술의 대상으로 삼을 뿐만 아니라 성조가 음절 전체에 걸리므로 이 성조는 생략해도 된다.

4. 운 + 성조 ⇒ F

5. 성조 ⇒ T

(3.1)의 I는 음절 두음(onset)으로서 한어에서는 성모에 대응한다. 따라서 성모 상호 간의 음운대립은 바로 子音 상호 간의 음운대립이라고 말할 수 있다. (3.5)의 T는 한어의 성조를 가리킨다. 한어에서는 성조가 음절 전체에 걸리므로 개개의 분절음과는 직접적 관계가 없다. 다만, (3.4)에서 성조가 입성이면 F 즉 운미가 /-p, -t, -k/의 자음 운미가 된다. 나머지 운미는 운에 따라 운미가 결정된다. 예컨대, 평성·상성·거성인 歌韻은 운미가 없지만, 평성·상성·거성인 皆韻, 豪韻, 唐韻은 각각 /-i/, /-u/, /-ŋ/ 운미를 갖는다.

운(rhyme)을 구성하는 음운론적 요소 중에 (3.2)의 M 즉 운두(또는 개음)가 있다. 이 운두는 음절구조에서 필수적인 것은 아니지만, 만약에 운두가 있다면 그것은 개합과 등의 복합체이다. 합구이면 그 운두가 원순성을 가지는 /w-/나 /ɥ-/의 둘 중 하나이고, 개구이면 운두가 없거나 평순 활음 /j-/ 또는 /ɪ-/를 가진다. /ɥ-/, /j-/, /ɪ-/의 전설 개음은 항상 3등운에만 나타나며, 1·2·4등운에는 이들 전설 개음이 없다. 1·2·4등운에 개재하는 운두는 합구의 /w-/뿐이다. 따라서 (3.2)에 정리한 것처럼, 운두 M은 개합과 등의 복합체라고 할 수 있다.

(3.3)에 정리한 것처럼, 운복 모음은 개합·등·운·성조의 결합체에서 분석해 내야 한다. 따라서 이 분석 과정은 개합·등·성조의 분석과 맞물려 돌아간다. 성모와 성조가 동일할 뿐만 아니라 개합·등이 동일하고 운만 차이가 나는 쌍을 찾아내면, 그것은 바로 운의 최소대립 쌍이 된다. 이 운의 최소대립 쌍을 통하여 음운론적으로 서로 대립하는 모음이 몇 가지인지를 결정할 수 있다. 운복 모음이 3항 대립을 이루면 3종의 모음이, 4항 대립을 이루면 4종의 모음이 필요하다. 이런 방법으로 분석하여 그 결과를 모두 종합해 보면 몇 종의 모음이 필요한지를 결정할 수 있다.

위에서 우리의 음성기호 표기 방식을 어느 정도 눈치챘겠지만, 의존성을 표시하는 '-'의 용법을 여기에서 따로 정리해 둔다. 성모를 /p-/, /t-/, /k-/처럼 표기하는 것이 원칙이지만 우리는 이것을 /p/, /t/, /k/으로 표기한다. 이처럼, 번거로움을 피하여 성모와 운모의 사이에 오는 '-'를 일괄적으로 생략한다. 운모의 운복 모음도 /-a-/, /-i-/, /-u-/로 표기하는 것이 원칙이지만 번거로움을 피하여 이들도 각각 /a/, /i/, /u/로 표기한다. 반면에, 운복 모음 앞에 기생하는 운두 즉 개음에는 /j-/, /w-/로 표기하여 뒤에 '-'를 부가한다. 운미에는 /-i/, /-u/, /-p/, /-t/, /-k/처럼 앞에 '-'를 항상 부가한다. 요컨대, 성모인 자음과 운모의 운복 모음에는 '-'를 일절 붙이지 않는다. 반면에, 운두(즉 개음)의 뒤와 운미의 앞에는 항상 '-'를 부가한다.

3.2. 최소대립 쌍

우리는 『절운』계 운서의 반절과 이들을 활용하여 작성한 韻圖를 분석의 기반으로 삼는다. (1)에 예시한 한어 중고음은 『절운』 音系를 반영한다. 이것은 현대 한어 방언이나 외국어 한자음을 분석할 때에 가장 중요한 기준이 된다. 이와 마찬가지로, 『절운』의 음성체계를[16] 토대로 우리는 『세설신어』 대화문 용자의 음가를 상호 대비한다. 전체 2,212자를 대상으로 이 대비 과정을 거치면 상보적 분포인 聲母가 드러나고, 음운론적으로 대립하지 않는 韻母도 가려낼 수 있다. 반면에, 최소대립 쌍이 다수 발견되면 대립 항을 각각 독자적인 음소로 설정한다. 이러한 방법으로, 『세설신어』 시기 즉 5세기 전반기의 음운체계를 설정할 수 있다.

모든 한자의 음가를 위의 (1)처럼 표시하게 되면, 여타의 음운론적 성분은 동일하되, 성모에서만 차이가 나는 대립 쌍을 쉽게 찾아낼 수 있다. 여타의 음운론적 성분은 동일하고 성모만 차이가 나는 두 한자가 있다면, 이 두 한자는 성모의

---

16 『절운』 음계에서 확인된 단위는 음운대립 관계까지도 확인한 것이 아니므로, '음운체계'라는 용어 대신에 '음성체계'라는 용어를 사용했다. 우리는 『절운』 음계의 음성은 항상 [ ]로 표시하고, 『세설신어』 대화문 용자의 음운대립에서 확인된 음소는 항상 / /로 표시한다.

최소대립 쌍이다. 端母[t]와 定母[d]의 최소대립 쌍을 그 예로 들어 본다.

(4) 성모의 최소대립 쌍 예시

1. 帝[端開4去齊] : 第[定開4去齊]
2. 東[端中1平東] : 同[定中1平東]
3. 短[端合1上桓] : 斷[定合1上桓], 斷[端合1去桓]

(4.1~2)의 쌍에서는 성모에서만 차이가 나고 여타의 음운론적 성분이 동일하다. 이러한 쌍을 우리는 성모의 최소대립 쌍이라고 부른다. 그런데 (4.3)의 대립 항 '斷'은 두 가지 음가를 가지는 다음자이다. '斷'의 음가로 [端合1去桓]을 택하면 (4.3)을 성모의 최소대립 쌍에서 제외해야 한다. 이때에는 대립 항 '短'과 '斷'이 후술할 성조 최소대립 쌍이 된다. '斷'처럼 두 가지 이상의 음가를 가지는 다음자는 음운대립의 논거에서 제외한다. 다음자를 제외하더라도 (4.1~2)와 같은 최소대립 쌍을 얼마든지 찾아낼 수 있기 때문이다. 다음자는 음운대립을 확인할 때에 대부분 잉여적이므로 우리는 음운대립의 논거에서 다음자를 일률적으로 제외한다.

(4.1~2)에서 端母[t]와 定母[d]의 최소대립이 성립한다는 것은 이 두 가지 음가 차이로 말미암아 '帝'와 '第'의 의미가 달라진다는 것을 의미한다. 이 최소대립 쌍에서 공통적으로 [t]와 [d]가 의미 분화의 기능을 담당하고 있으므로, /t/와 /d/를 각각 별개의 音素로 설정할 수 있다. 이것은 프라그 학파의 음운대립 이론에서 가장 기초적인 음소 설정 방법이다.

(4.1~2)에서 무성음 /t/와 유성음 /d/가 음운론적으로 대립하므로, 5세기 전반기의 한어에서 全淸(즉 무성무기음)과 全濁(즉 유성무기음)이 음운론적으로 대립했다고 일반화할 수 있다. 그렇다면 (4.1~2)와 같은 성모의 최소대립 쌍을 찾아내는 것이 전기 중고음의 자음체계를 설정하는 지름길이 된다.

다음으로, 성조의 최소대립 쌍을 찾아보자.

(5) 성조의 최소대립 쌍 예시

1. 何[匣開1平歌], 荷[匣開1平歌] : 荷[匣開1上歌] : 賀[匣開1去歌]
2. 貽[羊開C平之] : 以[羊開C上之], 已[羊開C上之] : 異[羊開C去之]
3. 尤[云中C平尤] : 有[云中C上尤], 友[云中C上尤], 右[云中C上尤] : 又[云中C去尤], 囿[云中C去尤]
4. 公[見中1平東], 工[見中1平東], 功[見中1平東] : 貢[見中1去東] : 谷[見中1入東], 穀[見中1入東]
5. 文[微中C平文], 聞[微中C平文] : 吻[微中C上文] : 問[微中C去文], 聞[微中C去文] : 刎[微中C入文], 物[微中C入文]
6. 今[見中B平侵] : 錦[見中B上侵] : 禁[見中B去侵] : 急[見中B入侵], 給[見中B入侵]

(5.1)의 '何'와 '賀'는 여타의 음운론적 성분은 동일하고 성조에서만 차이가 난다. 여기에서 평성과 거성이 음운론적으로 대립했음을 알 수 있다. 그런데 (5.1)의 '荷'는 성조가 평성일 때도 있고 상성일 때도 있다. 우리는 이와 같은 성조 다음자를 성조의 최소대립 쌍에서 제외한다. 이 점에서 (5.5)의 성조 다음자 '聞'도 마찬가지이다. 이런 성조 다음자를 제외하더라도 '평성 : 상성', '평성 : 거성', '평성 : 입성', '상성 : 거성', '상성 : 입성', '거성 : 입성'의 성조 최소대립 쌍을 얼마든지 찾아낼 수 있다. 특히, (5.5~6)에서는 '평성 : 상성 : 거성 : 입성'의 四聲이 음운론적으로 대립한다. 따라서 이 平上去入의 四聲을 음운론적 성분으로 인정해야 한다.

그런데 평·상·거·입의 사성이 한어 중고음에서 각각 어떤 성조값(즉 調値)이었는지를 알 수가 없다. 현대 한어에서 1성은 55, 2성은 35, 3성은 213, 4성은 53이라고 하여 객관적 수치로 높낮이를 표시한다.[17] 그러나 한어 중고음에서는 이것이 불가능하다. 중고음의 성조가 현대 한어의 성조와 규칙적으로 대응한다

17 현대 한어의 調値를 처음으로 거론한 것은 Chao(1933)이다.

면 그 조치를 제시할 수 있지만, 규칙적 대응관계가 불분명할 때가 있기 때문이다.[18] 따라서 우리도 調値를 제시하지 않은 채로 중고음에서 평·상·거·입의 사성이 음운론적으로 대립했다는 사실만 수용한다. 이것만 수용하고 성조에 대한 구체적인 논의는 생략한다.

다음으로, 等의 최소대립 쌍을 찾아본다. 아래의 대립 쌍에서 좌변의 한자는 모두 東韻 1등에 속하고, 우변의 한자는 모두 東韻 3등 C에 속한다.[19] 여타의 음운론적 성분은 동일하고 1등인가 3등 C인가 하는 데에서만 차이가 나므로, 이 대립 쌍은 등의 최소대립 쌍이다.

(6) 등의 최소대립 쌍 예시

1. 碌[來中1入東], 鹿[來中1入東], 轆[來中1入東], 漉[來中1入東] : 陸[來中C入東], 戮[來中C入東], 六[來中C入東]
2. 公[見中1平東], 工[見中1平東], 功[見中1平東] : 宮[見中C平東], 弓[見中C平東]

그런데 위의 대립 항이 모두 東韻字이다. 東韻에는 이처럼 1등운과 3등운의 두 가지가 있다. 이처럼 둘로 나누어야 하지만 하나의 운인 것처럼 명칭을 부여한 것을 重韻이라 부른다(邵榮芬 1982). 후술하겠지만 1등에는 개음이 없는 데에 반하여 3등에는 항상 구개 개음이 있다. 이 개음 유무의 차이로 인하여, 東韻 1등 즉 $_1$東韻은 /uŋ, uk/으로 재구되는 데에 비하여 東韻 3등 C 즉 $_C$東韻은 /ɪuŋ, ɪuk/으로[20] 추정된다.

18 현재의 중국 음운학에서는 이 대응관계를 설정하기도 한다. 현대 북경어에서는 淸音 평성은 1성으로, 濁音 평성은 2성으로, 全濁을 제외한 상성은 2성으로, 전탁 상성과 거성은 3성으로 변했다고 한다. 입성은 1~4성으로 불규칙적으로 나뉘는데, 이것은 북경어가 특이한 경우이고 대부분의 방언에서 입성이 규칙적으로 다른 성조와 합류한다고 한다. 이처럼 중고음과 현대 한어의 성조에서 규칙적 대응 관계가 성립한다고 보기도 한다. 이것을 가르쳐 준 伊藤貴祥 교수께 감사드린다.

19 뒤에서는 '東韻 1등'을 '$_1$東韻'으로, '東韻 3등 C'를 '$_3$東韻 C', '$_3$東韻', '$_C$東韻'으로 표기할 때가 많다.

20 이곳의 개음 /ɪ-/는 앞에서 간단히 말한 것처럼 모음적 전설 평순 활음이다.

한편, 등의 최소대립 쌍 중에는 3등 A와 3등 B의 차이로 대립이 성립하는 것도 있다. 아래의 대립 쌍에서 좌변은 모두 3등 A인 데에 반하여 우변은 모두 3등 B이다. 여타의 음운론적 성분은 동일하므로, 이들은 3등의 하위 분류에서 대립하는 최소대립 쌍이다. 이것을 重紐라고 하는데,[21] 3등 A와 3등 B는 개음의 종류에서 차이가 난다. 뒤에서 자세히 기술하겠지만, 3등 A의 개음은 자음적 활음 /j-/이고 3등 B의 개음은 모음적 활음 /ɪ-/이다.[22]

(7) 脂韻 3등 A(즉 $_A$脂韻)와 脂韻 3등 B(즉 $_B$脂韻)의 최소대립 쌍

1. 鼻[並中A去脂] : 備[並中B去脂]
2. 季[見合A去脂] : 愧[見合B去脂]
3. 棄[溪開A去脂] : 器[溪開B去脂]

다음으로, 開合의 최소대립 쌍을 예시해 보자. 아래의 쌍은 開와 合에서만 음가 차이가 나고, 나머지는 동일하다. 따라서 개합의 최소대립 쌍임이 분명하다. 2등운은 운두가 개재하지 않으므로 麻韻 2등(즉 $_2$麻韻) 개구를 /ɛ/로 재구한다. $_2$麻韻 합구는 /ɛ/에 /w-/를 더하여 /wɛ/가 된다.

(8) $_2$麻韻 개구와 $_2$麻韻 합구의 최소대립 쌍

1. 加[見開2平麻], 嘉[見開2平麻], 家[見開2平麻] : 瓜[見合2平麻]
2. 雅[疑開2上麻] : 瓦[疑合2上麻]

마지막으로, 韻腹의 최소대립 쌍을 찾아본다. 자료는 /-i/ 운미를 가지는 蟹攝에서 가져왔다. 아래의 대립 쌍은 $_1$泰韻과 $_1$咍韻의 최소대립 쌍이다. 이 쌍에서

21 중뉴는 5.1.3에서 자세히 설명한다.

22 이 개음을 IPA로 표시할 때에 학자마다 조금씩 차이가 난다. 예컨대, Pulleyblank (1983: 174)에서는 우리의 /ɪ-/를 '-ʳi-'로 /j-/를 '-i-'로 전사했다. '-ʳi-'의 'r'은 권설화를 강조하기 위한 음성적 표기이다.

는 여타의 음운론적 성분은 동일하고 韻에서만 차이가 난다. 따라서 이들은 운의 최소대립 쌍임이 분명하고, 운복 모음에서만 차이가 난다. 만약에 $_1$泰韻의 운복 모음을 후설 저모음 /ɑ/라고 하면, $_1$咍韻의 운복 모음은 /ɑ/를 제외한 여타의 모음이다. 이 음운대립을 유지하기 위해 우리는 후설 중모음 /ə/를 $_1$咍韻의 운복에 배당한다.

(9) $_1$泰韻과 $_1$咍韻의 운복 최소대립 쌍

1. 帶[端開1去泰]：戴[端開1去咍]
2. 大[定開1去泰]：代[定開1去咍], 岱[定開1去咍]
3. 艾[疑開1去泰]：閡[疑開1去咍]

그런데 언뜻 보아서는 운의 최소대립 쌍이 아닌 것 같지만, 실상은 운복 모음의 최소대립 쌍인 것이 있다. 그런 대립 쌍으로는 $_1$泰韻과 $_4$齊韻의 음운대립 쌍을 들 수 있다.

(10) $_1$泰韻과 $_4$齊韻의 음운대립 쌍

1. 帶[端開1去泰]：帝[端開4去齊]
2. 大[定開1去泰]：第[定開4去齊], 逮[定開4去齊], 悌[定開4去齊]
3. 艾[疑開1去泰]：詣[疑開4去齊], 翳[疑開4去齊]

泰韻은 항상 1등이고 齊韻은 항상 4등인데, 우리는 번거로움을 피하여 이 두 운을 각각 $_1$泰韻과 $_4$齊韻라고 표기한다. $_1$泰韻과 $_4$齊韻은 운뿐만 아니라 등에서도 차이가 나므로 (10)의 대립 쌍을 최소대립 쌍이라고 부를 수가 없다. 최소대립은 (9)처럼 여러 음운론적 성분 중에서 오직 하나의 성분에서만 차이가 날 때에 성립하기 때문이다. (10)의 대립 쌍처럼 둘 이상의 성분(이 예에서는 等과 韻)에서 차이가 남으로써 음운론적으로 대립하는 쌍을 우리는 최소대립 쌍이라 부르지 않고 음운대립 쌍이라고 부른다.

그런데 $_{1}$泰韻과 $_{4}$齊韻이라는 표기에는 泰韻은 항상 1등이고 齊韻은 항상 4등이라는 점이 반영되어 있다. 즉 $_{1}$泰韻의 1등은 운의 일종인 泰韻에 연동되어 있고, $_{4}$齊韻의 4등은 齊韻이라는 운에 연동되어 있다. 그런데 1·2·4등에는 운두 개음이 없으므로, $_{1}$泰韻과 $_{4}$齊韻의 음가 차이는 결국 운복 모음의 차이로 귀결된다. 그렇다면 $_{4}$齊韻의 운복 모음은 /ɑ/가 아니다. 앞에서 $_{1}$泰韻에 이미 /ɑ/를 배당했기 때문이다.

(9)의 $_{1}$咍韻과 (10)의 $_{4}$齊韻도 음운대립을 이룬다. 이해의 편의를 위하여 이들을 아래에 반복한다. 咍韻의 1등도 항상 운에 연동되어 있고, 齊韻의 4등도 항상 운에 연동되어 있다. 따라서 아래의 음운대립은 사실상 운복 모음의 음가 차이를 기반으로 한다. 앞에서 $_{1}$咍韻의 운복에 /ə/를 배당했으므로, $_{4}$齊韻의 운복 모음은 /ə/가 아니다.

(11) $_{1}$咍韻과 $_{4}$齊韻의 음운대립 쌍

1. 戴[端開1去咍] : 帝[端開4去齊]
2. 代[定開1去咍], 岱[定開1去咍] : 第[定開4去齊], 逮[定開4去齊], 悌[定開4去齊]
3. 閡[疑開1去咍] : 詣[疑開4去齊], 羿[疑開4去齊]

(9~11)의 대립 쌍을 종합하면, '$_{1}$泰韻 : $_{1}$咍韻 : $_{4}$齊韻'의 3항 대립이 성립하고, 이 세 운은 공통적으로 /-i/ 운미를 가진다. 이 3항의 운복 모음이 서로 달라야 하므로 제3의 모음이 필요하다. 따라서 $_{4}$齊韻의 운복에 전설 중모음 /e/를 배당한다. 결론적으로 $_{1}$泰韻, $_{1}$咍韻, $_{4}$齊韻을 각각 /ɑi/, /əi/, /ei/라고 추정할 수 있다.

시금까지, 성모의 최소대립 쌍, 성조의 최소대립 쌍, 등의 최소대립 쌍, 개합의 최소대립 쌍, 운의 최소대립 쌍을 설명해 보았다. 子音體系를 연구의 대상으로 삼을 때에는 성모의 최소대립 쌍을 중심으로 논의를 전개한다. 한어에서는 성모가 곧 子音이기 때문이다. 母音體系가 연구의 대상일 때에는 운의 최소대립 쌍을 찾으면 된다. 운의 최소대립 쌍은 운복 모음에서만 음가 차이가 나기 때문이다. 물론 이때에는 최소대립 쌍뿐만 아니라 음운대립 쌍도 아주 중요한 논거가

된다. 등이나 개합은 운에 연동될 때가 많기 때문이다.

3.3. 분포 분석표

그런데 聲母의 최소대립 쌍이나 韻의 최소대립 쌍을 어떻게 찾아내는가 하는 문제가 제기된다. 2,212(2,486)자의 대화문 용자에 (1)처럼 음가를 달았다고 치자. 卷尾에 [부록]으로 첨부한 한어 중고음 음가 표시에서 최소대립 쌍을 일일이 찾아낸다면, 시간이 아주 많이 걸린다. 또한 체계가 없어서 실수로 최소대립 쌍을 빠뜨릴 가능성도 크다. 따라서 체계적이고도 빠짐없이 최소대립 쌍을 찾아내는 방법을 개발해 내지 않으면 안 된다.

(12) 明母字와 微母字의 분포 분석표

순음 / 섭	차탁	
	명모[m] 90	미모[ɱ] 27
果攝 歌1, 戈1, 戈3		
假攝 麻2	$_{2}$馬$_{麻}^{上}$ $_{2}$罵$_{麻}^{去}$	
遇攝 模1, 魚C, 虞C	$_{1}$莫$_{模}^{去}$ $_{1}$莽$_{模}^{上}$ $_{1}$姥$_{模}^{上}$ $_{1}$暮$_{模}^{去}$ $_{1}$慕$_{模}^{去}$ $_{1}$謨$_{模}^{平}$	
		$_{C}$誣$_{虞}^{平}$ $_{C}$霧$_{虞}^{去}$ $_{C}$務$_{虞}^{去}$ $_{C}$武$_{虞}^{上}$ $_{C}$舞$_{虞}^{上}$ $_{C}$無$_{虞}^{平}$ $_{C}$蕪$_{虞}^{平}$ $_{C}$亡$_{虞}^{平}$
止攝 脂A, B, 支A,B, 之C, 微C	$_{B}$眉$_{脂}^{平}$ $_{B}$美$_{脂}^{上}$ $_{B}$靡$_{支}^{上}$ $_{A}$彌$_{支}^{平}$ $_{B}$糜$_{支}^{平}$	
	$_{C}$亹$_{微}^{上}$	$_{C}$未$_{微}^{去}$ $_{C}$味$_{微}^{去}$ $_{C}$微$_{微}^{平}$
效攝 豪1, 肴2, 宵A,B, 幽B, 蕭4	$_{1}$旄$_{豪}^{平/去}$ $_{1}$冒$_{豪}^{去}$ $_{1}$髦$_{豪}^{平}$ $_{1}$毛$_{豪}^{平}$ $_{2}$貌$_{肴}^{去}$ $_{A}$妙$_{宵}^{去}$ $_{B}$廟$_{宵}^{上}$ $_{B}$苗$_{宵}^{平}$ $_{B}$謬$_{幽}^{去}$	
流攝 侯1, 尤C	$_{1}$母$_{侯}^{上}$ $_{1}$某$_{侯}^{上}$ $_{1}$畝$_{侯}^{上}$ $_{1}$茂$_{侯}^{去}$ $_{C}$矛$_{尤}^{平}$ $_{C}$侔$_{尤}^{平}$ $_{C}$謀$_{尤}^{平}$	

섭 \ 순음	차탁	
	명모[m] 90	미모[ɱ] 27
蟹攝 哈1, 灰1, 佳2, 夬2, 祭A,B,齊4	$_{2}$賣$_{\text{佳}}^{\text{去}}$ $_{2}$買$_{\text{佳}}^{\text{上}}$ $_{2}$邁$_{\text{夬}}^{\text{去}}$ $_{4}$米$_{\text{齊}}^{\text{上}}$ $_{4}$迷$_{\text{齊}}^{\text{平}}$ $_{1}$每$_{\text{灰}}^{\text{平/上}}$ $_{1}$梅$_{\text{灰}}^{\text{平}}$ $_{2}$埋$_{\text{皆}}^{\text{平}}$ $_{1}$昧$_{\text{灰}}^{\text{去}}$	
通攝 東1, C, 冬1, 鍾C	$_{1}$木$_{\text{東}}^{\text{入}}$ $_{1}$蒙$_{\text{東}}^{\text{平}}$ $_{C}$目$_{\text{東}}^{\text{入}}$ $_{C}$牧$_{\text{東}}^{\text{入}}$ $_{C}$穆$_{\text{東}}^{\text{入}}$ $_{C}$夢$_{\text{東}}^{\text{去}}$	
江攝 江2	$_{2}$邈$_{\text{江}}^{\text{入}}$	
宕攝 唐1, 陽C	$_{1}$莫$_{\text{唐}}^{\text{入}}$ $_{1}$幕$_{\text{唐}}^{\text{入}}$ $_{1}$茫$_{\text{唐}}^{\text{平}}$ $_{1}$莽$_{\text{唐}}^{\text{上}}$ $_{1}$寞$_{\text{唐}}^{\text{入}}$	
		$_{C}$亡$_{\text{陽}}^{\text{平}}$ $_{C}$忘$_{\text{陽}}^{\text{平}}$ $_{C}$芒$_{\text{陽}}^{\text{平}}$ $_{C}$罔$_{\text{陽}}^{\text{上}}$ $_{C}$網$_{\text{陽}}^{\text{上}}$ $_{C}$妄$_{\text{陽}}^{\text{去}}$ $_{C}$望$_{\text{陽}}^{\text{去}}$
曾攝 登1, 蒸C	$_{1}$冒$_{\text{登}}^{\text{入}}$ $_{1}$默$_{\text{登}}^{\text{入}}$	
梗攝 庚2, B, 淸A,B, 靑4	$_{B}$明$_{\text{庚}}^{\text{平}}$ $_{B}$命$_{\text{庚}}^{\text{去}}$ $_{2}$陌$_{\text{庚}}^{\text{入}}$ $_{2}$盲$_{\text{庚}}^{\text{平}}$ $_{2}$孟$_{\text{庚}}^{\text{平}}$ $_{2}$猛$_{\text{庚}}^{\text{平}}$ $_{B}$鳴$_{\text{庚}}^{\text{平}}$ $_{2}$脈$_{\text{耕}}^{\text{入}}$ $_{2}$麥$_{\text{耕}}^{\text{入}}$ $_{A}$名$_{\text{淸}}^{\text{平}}$ $_{4}$覓$_{\text{靑}}^{\text{入}}$ $_{4}$冥$_{\text{靑}}^{\text{平}}$ $_{4}$溟$_{\text{靑}}^{\text{平/上}}$ $_{4}$茗$_{\text{靑}}^{\text{上}}$	
山攝 寒1, 桓1, 山2, 仙A,B, 元C, 先4	$_{1}$滿$_{\text{桓}}^{\text{上}}$ $_{1}$漫$_{\text{桓}}^{\text{去}}$ $_{1}$末$_{\text{桓}}^{\text{入}}$ $_{2}$慢$_{\text{刪}}^{\text{去}}$ $_{2}$蠻$_{\text{刪}}^{\text{平}}$ $_{A}$面$_{\text{仙}}^{\text{去}}$ $_{B}$免$_{\text{仙}}^{\text{上}}$ $_{B}$冕$_{\text{仙}}^{\text{上}}$ $_{A}$綿$_{\text{仙}}^{\text{平}}$ $_{A}$滅$_{\text{仙}}^{\text{入}}$ $_{4}$眠$_{\text{先}}^{\text{平}}$	
		$_{C}$晩$_{\text{元}}^{\text{上}}$ $_{C}$萬$_{\text{元}}^{\text{去}}$
臻攝 魂1, 痕1, 眞A,B, 諄A,B, 文C, 欣C	$_{1}$沒$_{\text{魂}}^{\text{入}}$ $_{1}$門$_{\text{魂}}^{\text{平}}$ $_{1}$歿$_{\text{魂}}^{\text{入}}$ $_{1}$亹$_{\text{魂}}^{\text{平}}$ $_{B}$愍$_{\text{眞}}^{\text{上}}$ $_{B}$敏$_{\text{眞}}^{\text{上}}$ $_{B}$閔$_{\text{眞}}^{\text{上}}$ $_{B}$密$_{\text{眞}}^{\text{入}}$ $_{A}$民$_{\text{眞}}^{\text{平}}$	
		$_{C}$吻$_{\text{文}}^{\text{上}}$ $_{C}$問$_{\text{文}}^{\text{去}}$ $_{C}$物$_{\text{文}}^{\text{入}}$ $_{C}$勿$_{\text{文}}^{\text{入}}$ $_{C}$聞$_{\text{文}}^{\text{平/去}}$ $_{C}$文$_{\text{文}}^{\text{平}}$
咸攝 談, 覃, 咸, 銜, 鹽, 嚴, 添		
深攝 侵AB		

이때에 우리는 分布 分析表를 이용한다. 하나의 예시로, 『세설신어』 대화문 용

자에서 明母[m]와 微母[ɱ]가 음운론적으로 대립했는지를 검토해 보자. 『절운』 시절에는 이 두 성모가 분화되지 않았지만, 우리는 음운대립의 예시로써 이 두 성모를 대비해 보기로 한다. 2,212(2,486)자 중에서 성모가 明母[m]인 것은 90자이고, 微母[ɱ]인 것은 27자이다. 이들을 위의 분포 분석표에 모두 집어넣는다.

이 분포 분석표의 列은 한자의 聲母 즉 자음의 종류에 따라 나누었고, 行은 한자의 韻에 따라 나누었다. 운을 배열할 때에는 여러 운을 하나의 攝으로 묶은 것을 이용한다. 한어 중고음 시기에는 16종의 섭으로 나누는 것이 보통이므로 우리도 이것을 따랐다.

중국 음운학에서는 운의 종류가 너무 많으므로 여러 운을 하나의 덩어리로 묶어서 攝이라고 지칭한다. 이 용어는 宋代의 『四聲等字』에 처음으로 나타나지만, 『절운』 시기의 漢詩에서도 이미 섭을 구별했다고 한다(王力 1936, Pulleyblank 1983: 70). 한시를 지을 때에 押韻法을 항상 적용하는데, 시에서 서로 압운되는 운이 있는가 하면 절대로 어울리지 않는 운이 있다. 이것을 각각 同用과 獨用이라 한다. 하나의 시에서 서로 어울려 사용되는 운을 동용한다고 하고 동용하는 운은 대개 동일 섭에 속한다. 반면에 독용하는 운은 여타의 운과 어울리지 않는다.

이 동용과 독용의 차이는 바로 운의 음가 차이에서 비롯된 것이므로, 攝은 운복 모음이 비슷하고 운미가 동일한 운을 한 덩어리로 묶은 것이라고 정의할 수 있다. 이 정의는 너무 느슨해서 명쾌하지 않다. 그런데 여러 운을 섭 단위로 묶은 것을 자세히 들여다보면, 운두 개음이나 운복 모음은 조금씩 차이가 나지만 운미는 반드시 동일하다. 이것은 섭을 정의할 때에 운미가 가장 중요하고도 일차적인 기준이었음을 말해 준다.

여러 운을 하나의 섭으로 분류할 때에 가장 중요한 기준은 운미이므로, 우리는 운미를 기준으로 16종의 섭을 아래와 같이 다시 분류한다.

(13) 한어 중고음의 攝

1. /-ø/ : 果攝, 假攝, 遇攝, 止攝
2. /-u/ : 效攝, 流攝

3. /-i/ : 蟹攝, (止攝의 微韻)

4. /-ŋ, -k/ : 通攝, 江攝, 宕攝, 曾攝, 梗攝

5. /-n, -t/ : 山攝, 臻攝

6. /-m, -p/ : 咸攝, 深攝

대부분의 학자들이 섭을 위와 같이 분류한다. (12)의 분포 분석표를 작성할 때에 우리도 (13)과 같이 섭을 분류하고, 위와 같은 순서로 행에 배열한다. 그런데 개별 운모가 어느 섭에 속하는지, 학자들의 견해가 조금씩 다를 때도 있다. 예컨대, $_3$微韻을 止攝에 넣어 운미가 없다고 즉 /-ø/ 운미에 속한다고 보기도 하지만, $_3$微韻이 /-i/ 운미를 가진다는 견해도 있다. 이럴 때에 우리는 두 가지 견해를 모두 검토의 대상으로 삼는다.

(12)의 분포 분석표에서는 동일 섭에 속하는 운을 아래첨자의 작은 글자로 첫째 열에 표기했다. 『세설신어』 대화문 용자가 가지는 운은 운목 단위로 모두 64종이다. 이 64종을 모두 열거하되, 용자 수를 ( )에 덧붙이면 아래와 같다. 아래에서도 '歌韻 1등'을 '$_1$歌韻'으로 표시하고, '魚韻 3등'을 '$_3$魚韻'으로 표시했다. 대부분의 경우에 等이 韻에 연동되기 때문에 이처럼 더 간단하게 표시할 수 있다.

(14) 섭 소속별 운목 (용자 수)

1. 果攝 - $_1$歌韻(23자), $_1$戈韻(21자)
2. 假攝 - $_2$麻韻(38자), $_3$麻韻(23자)
3. 遇攝 - $_1$模韻(81자), $_3$魚韻(74자), $_3$虞韻(84자)
4. 止攝 - $_3$脂韻(87자), $_3$支韻(84자), $_3$之韻(69자)
5. 效攝 - $_1$豪韻(55자), $_2$肴韻(22자), $_3$宵韻(51자), $_4$蕭韻(19자)
6. 流攝 - $_1$侯韻(35자), $_3$尤韻(96자), $_3$幽韻(3자)
7. 蟹攝 - $_1$泰韻(17자), $_2$夬韻(4자), $_3$祭韻(20자), $_3$廢韻(3자), $_1$咍韻(33자), $_1$灰韻(35자), $_2$皆韻(20자), $_2$佳韻(15자), $_3$微韻(49자), $_4$齊韻(60자)
8. 通攝 - $_1$東韻(47자), $_1$冬韻(8자), $_3$東韻(58자), $_3$鍾韻(55자)

9. 江攝 – $_{2}$江韻(22자)

10. 宕攝 – $_{1}$唐韻(74자), $_{3}$陽韻(119자)

11. 曾攝 – $_{1}$登韻(29자), $_{3}$蒸韻(51자)

12. 梗攝 – $_{2}$庚韻(33자), $_{2}$耕韻(18자), $_{3}$庚韻(33자), $_{3}$淸韻(71자), $_{4}$靑韻(54자)

13. 山攝 – $_{1}$寒韻(45자), $_{1}$桓韻(46자), $_{2}$山韻(15자), $_{2}$刪韻(21자), $_{3}$元韻(46자), $_{3}$仙韻(97자), $_{4}$先韻(52자)

14. 臻攝 – $_{1}$痕韻(4자), $_{1}$魂韻(49자), $_{3}$欣韻(11자), $_{3}$文韻(36자), $_{3}$諄韻(28자), $_{3}$臻韻(1자), $_{3}$眞韻(76자)

15. 咸攝 – $_{1}$覃韻(22자), $_{1}$談韻(18자), $_{2}$銜韻(2자), $_{2}$咸韻(11자), $_{3}$嚴韻(5자), $_{3}$凡韻(8자), $_{3}$鹽韻(32자), $_{4}$添韻(11자)

16. 深攝 – $_{3}$侵韻(57자)

위에 열거한 64종의 운은 韻目 단위에 해당하는 것으로서 平上去入의 四聲을 평성으로 대표한 것이다. 예컨대 (14.3)의 魚韻은 원칙적으로 성조가 평성일 때에 붙이는 명칭이다. 상성일 때에는 語韻이라 하고 거성일 때에는 御韻이라 하는 것이 원칙이다. 그런데 이렇게 성조에 따라 각기 다른 명칭을 부여하면 기억해야 할 운모의 이름이 195종 또는 206종이 된다.[23] 魚韻, 語韻, 御韻의 세 운모는 성조가 서로 다르지만 분절음 음가가 같으므로 우리는 이 셋을 통칭하여 魚韻이라고 부른다. 이렇게 성조 구분 없이 통칭하는 단위를 韻目이라 한다. 그런데 항상 성조를 표시해 주면, 운목 단위를 마치 운모인 것처럼 사용하더라도 서로 혼동될 염려가 없다. 예컨대, 우리의 '魚韻 평성'은 개별 운모의 魚韻을 가리키고, '魚韻 상성'은 語韻을 가리키며, '魚韻 거성'은 御韻을 가리킨다.

(12)의 분포 분석표에서는 16종의 섭과 64종의 운모를 각 행의 첫째 열에 배열했다. 64종의 운모를 각각 한 행으로 분리하여 64행짜리 분포 분석표를 작성하는 것이 원칙이지만, 지면을 절약하기 위하여 16종의 섭 단위로 묶어서 배열했

23 王仁昫의 『刊謬補缺切韻』에서는 195종의 운으로 나누고, 『광운』에서는 206종으로 나눈다(이재돈 2007: 118).

다. 위에서 이미 말한 바 있듯이, 열에는 대비의 대상이 되는 성모를 배열했다.

이런 방법으로 작성된 분포 분석표에 분석 대상인 한자를 집어넣을 때에는 木[明中1入東]을 '$_{1}$木$_{東}^{入}$'으로 고쳐서 明母 열의 通攝 東韻 행에 넣는다. 마찬가지로, 文[微中C平文]은 '$_{C}$文$_{文}^{平}$'으로 고쳐서 넣되, '文'이 微母字이므로 微母 열의 臻攝 文韻 행에 넣는다. 앞에서 잠깐 거론한 바 있듯이 3등에는 A, B, C의 세 가지 하위부류가 있는데, 文韻은 항상 3등 C이다. 等의 자리인 좌하에 '$_{C}$文$_{文}^{平}$'처럼 C를 적어 넣은 것은 모두 3등 C이다. 이처럼 좌하 자리에 아래첨자로 A, B, C라고 적어 넣은 것은 모두 3등의 하위부류이다.

'$_{1}$木$_{東}^{入}$'이나 '$_{C}$文$_{文}^{平}$'처럼 고쳐서 집어넣는 것은 지면을 절약하기 위한 조치이다. 이 '$_{1}$木$_{東}^{入}$'과 '$_{C}$文$_{文}^{平}$'의 왼쪽 아래첨자 자리는 等의 자리이고, 오른쪽 아래첨자 자리는 韻의 자리이며, 오른쪽 위첨자 자리는 聲調의 자리이다. 왼쪽 위첨자 자리는 비워 두었는데 이 자리에는 목적에 따라 聲母를 넣기도 하고 開合을 넣기도 한다. 즉, '$_{1}$木$_{東}^{入}$'과 '$_{C}$文$_{文}^{平}$'을 필요에 따라 '$^{明}_{1}$木$_{東}^{入}$'과 '$^{微}_{C}$文$_{文}^{平}$'으로 표시하기도 하고, '$^{中}_{1}$木$_{東}^{入}$'과 '$^{中}_{C}$文$_{文}^{平}$'으로 표시하기도 한다. 다만, '木'과 '文'처럼 개합이 中立인 것은 왼쪽 위첨자 '^{中}'을 생략한다.

이와 같은 방법으로 성모가 明母[m]나 微母[ɱ]인 대화문 용자를 모두 골라 분포 분석표에 집어넣은 것이 위의 (12)이다.

그런데 위의 분포 분석표에서 한눈에 금방 들어오는 것이 있다. 明母字가 분포하는 행에는 微母字가 오지 않고, 微母字가 분포하는 행에는 明母字가 오지 않는다는 점이다. 明母와 微母가 상보적으로 분포하는 것이다.

딱 하나의 예외가 있는데, 止攝 微韻 행의 明母 열에 온 '$_{C}$亹$_{微}^{上}$'가 그것이다. 그런데 이 '亹'는 [明中C上微]의 음가뿐만 아니라 [明中1平魂]의 음가도 가지는 다음자이므로, 臻攝의 魂韻 행에도 '$_{1}$亹$_{魂}^{平}$'으로 들어가 있다. 이 '亹'이 5세기 전반기의 한어에서는 魂韻字로서 [明中1平魂]의 음가였을 가능성이 크므로 위의 분포 분석표에서 微韻의 '$_{C}$亹$_{微}^{上}$'를 제거할 수 있다.

우리는 다음자를 음운대립의 논거에서 제외하므로, 이 원칙에 따라 위의 분포 분석표에서 다음자 '亹'를 제거한다. 그렇게 되면 明母字가 오는 행과 微母

字가 오는 행이 확연히 구별된다. 구체적으로 말하면, 微母[ɱ]는 $_{C}$虞韻, $_{C}$微韻, $_{C}$元韻, $_{C}$陽韻, $_{C}$文韻의 앞에만 분포한다.[24] 더 간단히 말하면, 微母[ɱ]는 3등 C인 운의 앞에만 오고 나머지 운의 앞에는 오지 않는다. 나머지 운의 앞에는 항상 明母[m]가 온다. 이것은 微母[ɱ]와 明母[m]의 분포가 상보적임을 뜻한다. 달리 말하면, 5세기 전반기의 한어에서는 明母[m]와 微母[ɱ]의 최소대립 쌍을 찾을 수가 없다.

이처럼 상보적 분포인 두 音聲을 구조주의 언어학에서는 하나의 단위로 병합한다. 이에 따라 明母[m]와 微母[ɱ]를 하나의 단위로 묶어서 音素 /m/을 설정할 수 있다. 즉 明母[m]와 微母[ɱ]는 음소 /m/의 변이음이다. 우리는 이 음소 /m/에 중국 음운학의 명칭을 붙여 明微/m/라고 부르기로 한다. 결론적으로, 5세기 전반기의 한어에서는 明母[m]와 微母[ɱ]가 음소인 明微/m/의 변이음이다. 이 결론은 『절운』의 성모 분류나 기존의 연구 결과와 일치한다. 그러나 기존의 분석 방법이 개별적이었던 데에 비하여 우리의 분석 방법은 전반적·체계적이다.

위의 분포 분석표는 상보적 분포인 두 성모를 대비한 것이었다. 이제, 상보적 분포가 아닌 분포 분석표를 작성해 보기로 한다. 앞에서 설정한 明微/m/가 음소의 자격을 가지기 위해서는 최소한 幇母[p]와 음운대립을 이루어야 한다. 全淸의 幇母[p]는 순음을 대표하는 자음이기 때문이다.

『세설신어』의 대화문 용자 중에서 성모가 幇母[p]인 것은 86자이다. 이것과 앞에서 논의한 明微[m]의 117자를[25] 마찬가지 방법으로 분포 분석표에 집어넣으면 아래와 같다.

---

24 이들의 공통점이 3등 C인 운이라는 점이다. 3등 C인 운은 후기 중고음 또는 근세음에서 脣輕音化를 일으키는 운이다(河野六郎 1968/79). 이 공통점을 살려서 3등 C인 운의 앞에는 微母[ɱ]가 오지만 그 나머지 환경에는 明母[m]가 온다고 할 수 있을까? 이 일반화는 불가능하다. $_{C}$尤韻과 $_{C}$東韻의 앞에 明母[m]가 올 때도 있기 때문이다.

25 음소의 자격이 완전히 확정된 것이 아니므로 여기에서는 음성 표시 [m]으로 표시했다. 117의 수치는 明母字 90자와 微母字 27자를 합한 것이다.

(15) 幇母字와 明微字의 분포 분석표

섭 \ 순음	전탁 幇[p] 86	차탁 明微[m] 117
과섭 歌1, 戈1, 戈3	$_{1}\text{波}_{\text{戈}}^{\text{平}}$ $_{1}\text{播}_{\text{戈}}^{\text{去}}$ $_{1}\text{簸}_{\text{戈}}^{\text{去}}$ $_{1}\underline{\text{番}}_{\text{戈}}^{\text{平/去}}$	
가섭 麻2	$_{2}\text{把}_{\text{麻}}^{\text{上}}$	$_{2}\text{馬}_{\text{麻}}^{\text{上}}$ $_{2}\text{罵}_{\text{麻}}^{\text{去}}$
우섭 模1, 魚C, 虞C	$_{1}\underline{\text{哺}}_{\text{模}}^{\text{平}}$ $_{1}\text{補}_{\text{模}}^{\text{上}}$ $_{1}\text{布}_{\text{模}}^{\text{去}}$	$_{1}\text{謨}_{\text{模}}^{\text{平}}$ $_{1}\underline{\text{莽}}_{\text{模}}^{\text{上}}$ $_{1}\text{姥}_{\text{模}}^{\text{上}}$ $_{1}\underline{\text{莫}}_{\text{模}}^{\text{去}}$ $_{1}\text{暮}_{\text{模}}^{\text{去}}$ $_{1}\text{慕}_{\text{模}}^{\text{去}}$
		$_{C}\text{無}_{\text{虞}}^{\text{平}}$ $_{C}\text{蕪}_{\text{虞}}^{\text{平}}$ $_{C}\underline{\text{亡}}_{\text{虞}}^{\text{平}}$ $_{C}\text{誣}_{\text{虞}}^{\text{平}}$ $_{C}\text{武}_{\text{虞}}^{\text{上}}$ $_{C}\text{舞}_{\text{虞}}^{\text{上}}$ $_{C}\text{霧}_{\text{虞}}^{\text{去}}$ $_{C}\text{務}_{\text{虞}}^{\text{去}}$
지섭 脂A, B, 支A,B, 之C, 微C	$_{A}\text{比}_{\text{脂}}^{\text{去}}$ $_{A}\text{庇}_{\text{脂}}^{\text{去}}$ $_{B}\text{鄙}_{\text{脂}}^{\text{上}}$ $_{A}\text{秕}_{\text{脂}}^{\text{上}}$ $_{A}\text{卑}_{\text{支}}^{\text{平}}$ $_{A}\text{箄}_{\text{支}}^{\text{上}}$ $_{A}\text{臂}_{\text{支}}^{\text{去}}$ $_{B}\text{陂}_{\text{支}}^{\text{平}}$ $_{B}\text{彼}_{\text{支}}^{\text{上}}$	$_{B}\text{眉}_{\text{脂}}^{\text{平}}$ $_{B}\text{美}_{\text{脂}}^{\text{上}}$ $_{B}\text{靡}_{\text{支}}^{\text{上}}$ $_{A}\text{彌}_{\text{支}}^{\text{平}}$ $_{B}\text{糜}_{\text{支}}^{\text{平}}$
		$_{C}\text{微}_{\text{微}}^{\text{平}}$ $_{C}\underline{\text{亹}}_{\text{微}}^{\text{上}}$ $_{C}\text{未}_{\text{微}}^{\text{去}}$ $_{C}\text{味}_{\text{微}}^{\text{去}}$
효섭 豪1, 肴2, 宵A,B, 幽B, 蕭4	$_{1}\text{保}_{\text{豪}}^{\text{上}}$ $_{1}\text{寶}_{\text{豪}}^{\text{上}}$ $_{1}\text{報}_{\text{豪}}^{\text{去}}$ $_{2}\text{苞}_{\text{肴}}^{\text{平}}$ $_{2}\text{飽}_{\text{肴}}^{\text{上}}$ $_{2}\text{豹}_{\text{肴}}^{\text{去}}$ $_{A}\text{標}_{\text{宵}}^{\text{上}}$ $_{B}\text{表}_{\text{宵}}^{\text{上}}$	$_{1}\text{髦}_{\text{豪}}^{\text{平}}$ $_{1}\text{毛}_{\text{豪}}^{\text{平}}$ $_{1}\underline{\text{旄}}_{\text{豪}}^{\text{平/去}}$ $_{1}\underline{\text{冒}}_{\text{豪}}^{\text{去}}$ $_{2}\text{貌}_{\text{肴}}^{\text{去}}$ $_{A}\text{妙}_{\text{宵}}^{\text{去}}$ $_{B}\text{苗}_{\text{宵}}^{\text{平}}$ $_{B}\text{廟}_{\text{宵}}^{\text{上}}$ $_{B}\text{謬}_{\text{幽}}^{\text{去}}$
류섭 侯1, 尤C	$_{C}\text{彪}_{\text{尤}}^{\text{平}}$	$_{1}\text{母}_{\text{侯}}^{\text{上}}$ $_{1}\text{某}_{\text{侯}}^{\text{上}}$ $_{1}\text{畝}_{\text{侯}}^{\text{上}}$ $_{1}\text{茂}_{\text{侯}}^{\text{去}}$ $_{C}\text{矛}_{\text{尤}}^{\text{平}}$ $_{C}\text{侔}_{\text{尤}}^{\text{平}}$ $_{C}\text{謀}_{\text{尤}}^{\text{平}}$
해섭 咍1, 灰1, 佳2, 夬2, 祭A,B, 齊4	$_{1}\text{狽}_{\text{泰}}^{\text{去}}$ $_{1}\underline{\text{背}}_{\text{灰}}^{\text{去}}$ $_{1}\text{桮}_{\text{灰}}^{\text{平}}$ $_{1}\text{輩}_{\text{灰}}^{\text{去}}$ $_{2}\text{擺}_{\text{佳}}^{\text{上}}$ $_{2}\text{拜}_{\text{皆}}^{\text{去}}$ $_{A}\text{蔽}_{\text{祭}}^{\text{去}}$	$_{1}\text{梅}_{\text{灰}}^{\text{平}}$ $_{1}\text{昧}_{\text{灰}}^{\text{去}}$ $_{1}\underline{\text{每}}_{\text{灰}}^{\text{平/上}}$ $_{2}\text{賣}_{\text{佳}}^{\text{去}}$ $_{2}\text{買}_{\text{佳}}^{\text{上}}$ $_{2}\text{埋}_{\text{皆}}^{\text{平}}$ $_{2}\text{邁}_{\text{夬}}^{\text{去}}$ $_{4}\text{迷}_{\text{齊}}^{\text{平}}$ $_{4}\text{米}_{\text{齊}}^{\text{上}}$
통섭 東1, C, 冬1, 鍾C	$_{1}\text{卜}_{\text{東}}^{\text{入}}$ $_{1}\text{濮}_{\text{東}}^{\text{入}}$ $_{C}\underline{\text{複}}_{\text{東}}^{\text{入}}$	$_{1}\text{蒙}_{\text{東}}^{\text{平}}$ $_{1}\text{木}_{\text{東}}^{\text{入}}$ $_{C}\text{目}_{\text{東}}^{\text{入}}$ $_{C}\text{牧}_{\text{東}}^{\text{入}}$ $_{C}\text{穆}_{\text{東}}^{\text{入}}$ $_{C}\text{夢}_{\text{東}}^{\text{去}}$
강섭 江2	$_{2}\text{邦}_{\text{江}}^{\text{平}}$	$_{2}\text{邈}_{\text{江}}^{\text{入}}$
탕섭 唐1, 陽C	$_{1}\text{榜}_{\text{唐}}^{\text{上}}$ $_{1}\text{謗}_{\text{唐}}^{\text{去}}$ $_{1}\text{博}_{\text{唐}}^{\text{入}}$	$_{1}\text{茫}_{\text{唐}}^{\text{平}}$ $_{1}\underline{\text{莽}}_{\text{唐}}^{\text{上}}$ $_{1}\underline{\text{莫}}_{\text{唐}}^{\text{入}}$ $_{1}\text{幕}_{\text{唐}}^{\text{入}}$ $_{1}\text{寞}_{\text{唐}}^{\text{入}}$
		$_{C}\underline{\text{亡}}_{\text{陽}}^{\text{平}}$ $_{C}\text{忘}_{\text{陽}}^{\text{平}}$ $_{C}\text{芒}_{\text{陽}}^{\text{平}}$ $_{C}\text{罔}_{\text{陽}}^{\text{上}}$ $_{C}\underline{\text{網}}_{\text{陽}}^{\text{上}}$ $_{C}\text{妄}_{\text{陽}}^{\text{去}}$ $_{C}\text{望}_{\text{陽}}^{\text{去}}$
증섭 登1, 蒸C	$_{1}\text{崩}_{\text{登}}^{\text{平}}$ $_{1}\text{北}_{\text{登}}^{\text{入}}$ $_{B}\text{氷}_{\text{蒸}}^{\text{平}}$ $_{B}\text{逼}_{\text{蒸}}^{\text{入}}$	$_{1}\underline{\text{冒}}_{\text{登}}^{\text{入}}$ $_{1}\text{默}_{\text{登}}^{\text{入}}$

섭 \ 순음	전탁	차탁
	幇[p] 86	明微[m] 117
경섭 庚2, B, 淸A,B, 靑4	${}_{2}柏_{庚}^{入}$ ${}_{2}伯_{庚}^{入}$ ${}_{2}百_{庚}^{入}$ ${}_{2}迫_{庚}^{入}$ ${}_{B}兵_{庚}^{平}$ ${}_{B}秉_{庚}^{上}$ ${}_{B}柄_{庚}^{去}$ ${}_{A}\underline{辟}_{淸}^{入}$ ${}_{A}\underline{屛}_{淸}^{上}$ ${}_{A}鵧_{淸}^{上}$ ${}_{A}璧_{淸}^{入}$ ${}_{A}\underline{幷}_{淸}^{平/去}$ ${}_{4}壁_{靑}^{入}$	${}_{2}盲_{庚}^{平}$ ${}_{2}孟_{庚}^{平}$ ${}_{2}猛_{庚}^{平}$ ${}_{2}陌_{庚}^{入}$ ${}_{B}\underline{鳴}_{庚}^{平}$ ${}_{B}明_{庚}^{平}$ ${}_{B}命_{庚}^{去}$ ${}_{2}脈_{耕}^{入}$ ${}_{2}麥_{耕}^{入}$ ${}_{A}名_{淸}^{平}$ ${}_{4}冥_{靑}^{平}$ ${}_{4}\underline{溟}_{靑}^{平/上}$ ${}_{4}茗_{靑}^{上}$ ${}_{4}覓_{靑}^{入}$
산섭 寒1, 桓1, 山2, 仙A,B, 元C, 先4	${}_{1}半_{桓}^{去}$ ${}_{1}撥_{桓}^{入}$ ${}_{1}鉢_{桓}^{入}$ ${}_{2}八_{山}^{入}$ ${}_{2}班_{刪}^{平}$ ${}_{2}斑_{刪}^{平}$ ${}_{2}頒_{刪}^{平}$ ${}_{2}攀_{刪}^{平}$ ${}_{2}版_{刪}^{上}$ ${}_{A}鞭_{仙}^{平}$ ${}_{B}變_{仙}^{去}$ ${}_{B}\underline{別}_{仙}^{入}$ ${}_{C}\underline{蕃}_{元}^{平}$ ${}_{4}邊_{先}^{平}$ ${}_{4}遍_{先}^{去}$	${}_{1}滿_{桓}^{上}$ ${}_{1}漫_{桓}^{去}$ ${}_{1}末_{桓}^{入}$ ${}_{2}蠻_{刪}^{平}$ ${}_{2}慢_{刪}^{去}$ ${}_{A}綿_{仙}^{平}$ ${}_{A}面_{仙}^{去}$ ${}_{A}滅_{仙}^{入}$ ${}_{B}免_{仙}^{上}$ ${}_{B}冕_{仙}^{上}$ ${}_{4}眠_{先}^{平}$
		${}_{C}晩_{元}^{上}$ ${}_{C}萬_{元}^{去}$
진섭 魂1, 痕1, 眞A,B, 諄A,B, 文C, 欣C	${}_{1}奔_{魂}^{平}$ ${}_{1}賁_{魂}^{平}$ ${}_{1}本_{魂}^{上}$ ${}_{1}本_{魂}^{上}$ ${}_{A}賓_{眞}^{平}$ ${}_{A}殯_{眞}^{去}$ ${}_{A}鬢_{眞}^{去}$ ${}_{A}彪_{眞}^{平}$ ${}_{A}必_{眞}^{入}$ ${}_{A}畢_{眞}^{入}$ ${}_{B}筆_{眞}^{入}$	${}_{1}門_{魂}^{平}$ ${}_{1}\underline{亹}_{魂}^{平}$ ${}_{1}沒_{魂}^{入}$ ${}_{1}歿_{魂}^{入}$ ${}_{A}民_{眞}^{平}$ ${}_{B}愍_{眞}^{上}$ ${}_{B}敏_{眞}^{上}$ ${}_{B}閔_{眞}^{上}$ ${}_{B}密_{眞}^{入}$
		${}_{C}文_{文}^{平}$ ${}_{C}吻_{文}^{上}$ ${}_{C}問_{文}^{去}$ ${}_{C}物_{文}^{入}$ ${}_{C}勿_{文}^{入}$ ${}_{C}\underline{聞}_{文}^{平/去}$
함섭 談,覃,咸,銜,鹽,嚴,添	${}_{B}貶_{鹽}^{上}$	
심섭 侵AB	${}_{B}稟_{侵}^{上}$	

위의 분석표에서는 동일 행에 온 대화문 용자가 아주 많다. 이들 중에서 음가 표시가 동일한 쌍은 성모에서만 차이가 나고 나머지 음운론적 성분은 동일하다. 즉 성모의 최소대립 쌍이다. 이들을 모두 찾아보면 다음과 같다.

(16) 幇母[p]와 明微[m]의 최소대립 쌍 (31/42쌍) (5, 5, 4)

1. 가섭 麻韻 – ${}_{2}把_{麻}^{上}$: ${}_{2}馬_{麻}^{上}$ (1 : 30)
2. 우섭 模韻 – ${}_{1}\underline{哺}_{模}^{平}$: ${}_{1}謨_{模}^{平}$ (1 : 1)
3. 우섭 模韻 – ${}_{1}補_{模}^{上}$: ${}_{1}\underline{莽}_{模}^{上}$, ${}_{1}姥_{模}^{上}$ (1 : 1, 1)
4. 우섭 模韻 – ${}_{1}布_{模}^{去}$: ${}_{1}\underline{莫}_{模}^{去}$, ${}_{1}暮_{模}^{去}$, ${}_{1}慕_{模}^{去}$ (10 : 13, 2, 5)

5. 효섭 豪韻 – ${}_{1}\text{報}_{\text{豪}}^{\text{去}}$: ${}_{1}\underline{\text{冒}}_{\text{豪}}^{\text{去}}$ (2 : 2)
6. 효섭 肴韻 – ${}_{2}\text{豹}_{\text{肴}}^{\text{去}}$: ${}_{2}\text{貌}_{\text{肴}}^{\text{去}}$ (2 : 3)
7. 효섭 宵韻 – ${}_{B}\text{表}_{\text{宵}}^{\text{上}}$: ${}_{B}\text{廟}_{\text{宵}}^{\text{上}}$ (6 : 4)
8. 류섭 尤韻 – ${}_{C}\text{彪}_{\text{尤}}^{\text{平}}$: ${}_{C}\text{矛}_{\text{尤}}^{\text{平}}$, ${}_{C}\text{侔}_{\text{尤}}^{\text{平}}$, ${}_{C}\text{謀}_{\text{尤}}^{\text{平}}$ (1 : 2, 1, 2)
9. 지섭 脂韻 – ${}_{B}\text{鄙}_{\text{脂}}^{\text{上}}$: ${}_{B}\text{美}_{\text{脂}}^{\text{上}}$ ${}_{B}\text{靡}_{\text{支}}^{\text{上}}$ (2 : 10, 4)
10. 지섭 支韻 – ${}_{A}\text{卑}_{\text{支}}^{\text{平}}$: ${}_{A}\text{彌}_{\text{支}}^{\text{平}}$ (2 : 4)
11. 지섭 支韻 – ${}_{B}\text{陂}_{\text{支}}^{\text{平}}$: ${}_{B}\text{糜}_{\text{支}}^{\text{平}}$ (2 : 4)
12. 해섭 佳韻 – ${}_{2}\text{擺}_{\text{佳}}^{\text{上}}$: ${}_{2}\text{買}_{\text{佳}}^{\text{上}}$ (1 : 2)
13. 경섭 庚韻 – ${}_{2}\text{柏}_{\text{庚}}^{\text{入}}$, ${}_{2}\text{伯}_{\text{庚}}^{\text{入}}$, ${}_{2}\text{百}_{\text{庚}}^{\text{入}}$, ${}_{2}\text{迫}_{\text{庚}}^{\text{入}}$: ${}_{2}\text{陌}_{\text{庚}}^{\text{入}}$ (5, 31, 25, 1 : 1)
14. 경섭 庚韻 – ${}_{B}\text{兵}_{\text{庚}}^{\text{平}}$: ${}_{B}\underline{\text{鳴}}_{\text{庚}}^{\text{平}}$ (6 : 6)
15. 산섭 桓韻 – ${}_{1}\text{半}_{\text{桓}}^{\text{去}}$: ${}_{1}\text{漫}_{\text{桓}}^{\text{去}}$ (4 : 1)
16. 산섭 桓韻 – ${}_{1}\text{鉢}_{\text{桓}}^{\text{入}}$: ${}_{1}\text{末}_{\text{桓}}^{\text{入}}$ (1 : 5)
17. 산섭 删韻 – ${}_{2}\text{班}_{\text{删}}^{\text{平}}$, ${}_{2}\text{斑}_{\text{删}}^{\text{平}}$, ${}_{2}\text{頒}_{\text{删}}^{\text{平}}$, ${}_{2}\text{攀}_{\text{删}}^{\text{平}}$: ${}_{2}\text{蠻}_{\text{删}}^{\text{平}}$ (2, 1, 1, 2 : 5)
18. 산섭 先韻 – ${}_{4}\text{邊}_{\text{先}}^{\text{平}}$: ${}_{4}\text{眠}_{\text{先}}^{\text{平}}$ (5 : 5)
19. 탕섭 唐韻 – ${}_{1}\text{榜}_{\text{唐}}^{\text{上}}$: ${}_{1}\underline{\text{莽}}_{\text{唐}}^{\text{上}}$ (1 : 1)
20. 탕섭 唐韻 – ${}_{1}\text{博}_{\text{唐}}^{\text{入}}$: ${}_{1}\underline{\text{莫}}_{\text{唐}}^{\text{入}}$, ${}_{1}\text{幕}_{\text{唐}}^{\text{入}}$, ${}_{1}\text{寞}_{\text{唐}}^{\text{入}}$ (7 : 13, 2, 1)
21. 진섭 魂韻 – ${}_{1}\text{奔}_{\text{魂}}^{\text{平}}$, ${}_{1}\text{賁}_{\text{魂}}^{\text{平}}$: ${}_{1}\text{門}_{\text{魂}}^{\text{平}}$ (3, 2 : 31)
22. 증섭 登韻 – ${}_{1}\text{北}_{\text{登}}^{\text{入}}$: ${}_{1}\underline{\text{冒}}_{\text{登}}^{\text{入}}$ (14 : 1)
23. 통섭 東韻 – ${}_{1}\text{卜}_{\text{東}}^{\text{入}}$, ${}_{1}\text{濮}_{\text{東}}^{\text{入}}$: ${}_{1}\text{木}_{\text{東}}^{\text{入}}$ (1, 1 : 8)
24. 통섭 東韻 – ${}_{C}\underline{\text{複}}_{\text{東}}^{\text{入}}$: ${}_{C}\text{目}_{\text{東}}^{\text{入}}$, ${}_{C}\text{牧}_{\text{東}}^{\text{入}}$, ${}_{C}\text{穆}_{\text{東}}^{\text{入}}$ (1 : 15, 2, 4)

총 42쌍의 최소대립 쌍을 찾을 수 있는데, 이것은 한 쪽의 한자가 다른 쪽에 온 여러 한자와 대립하는 것을 일일이 나누어 계산한 것이다. 예컨대 (16.24)의 대립 항은 3쌍이다. 그런데 밑줄 친 다음자를 대립 항에서 제외하면 31쌍이 남는다. 이것을 (16)에서 (31/42쌍)으로 표시했다.[26] 다음자를 음운대립의 논거에서

26 아래에서도 이와 같이 표시한다.

제외하더라도 무려 31쌍에서 幇母[p]와 明微[m]의 최소대립이 성립한다.

또한, (16.23)의 끝에 둔 (1, 1 : 8)은 대립 항 '卜, 濮 : 木'이 『세설신어』의 대화문에서 각각 출현하는 횟수이다. 이 (1, 1 : 8)은 1회 이상 출현하는 2,212자를 모두 대비해야만 비로소 (16.23)의 최소대립 쌍을 찾아낼 수 있음을 말해 준다. 이것은 이 음운대립의 신뢰도가 떨어진다는 것을 의미한다. 반면에, (16.18)의 대립 항 '邊'과 '眠'은 5회 이상 출현하는 764자 집합에서 이미 대립이 성립한다. 따라서 이 대립 쌍은 상용자에서의 음운대립이라고 할 수 있고, 그만큼 신뢰도가 높다.

이와 같이 우리는 두 가지 척도로 음운대립 쌍을 평가한다. 첫째는 얼마나 많은 대립 쌍이 있는가 하는 量的 尺度이다. 이 양적 척도에서는 3쌍을 기준으로 삼아 음운대립 쌍이 3쌍 이상이면 그 음운대립을 신뢰하지만, 1∼2쌍에 불과하다면 일단 의심한다. 둘째는 출현 빈도가 얼마나 높은 대화문 용자끼리의 대립 쌍인가 하는 質的 尺度이다. 3회 이상 출현하는 용자끼리의 음운대립은 무조건 신뢰하지만, 1∼2회 정도밖에 출현하지 않은 용자끼리의 음운대립은 일단 의심한다. 이 두 가지를 각각 양적 척도와 질적 척도라고 지칭할 것이다. 이 둘 중에서 양적 척도를 질적 척도보다 우선시한다.

幇母[p]와 明微[m]의 최소대립은 양적 척도와 질적 척도를 두루 충족하므로 믿을 수 있는 음운대립이다. 따라서 대립 항 幇母[p]와 明微[m]를 각각 독자적인 음소 /p/와 /m/으로 설정한다. 이들 성모에 이제 음소의 자격을 부여하여 각각 幇母/p/와 明微/m/로 지칭한다.

(12)의 분포 분석표는 『세설신어』의 대화문에 사용된 幇母字와 明微字를 망라한 것이고, 모든 음운론적 환경을 두루 포괄한 것이다. 그렇다면 (12)와 같이 분포 분석표를 작성하여 여러 음성 상호 간의 음운론적 대립을 확인하면 구조주의 언어학이 강조하는 체계성과 완결성을 두루 갖출 수 있다. 즉 한어의 음운대립을 체계적으로 기술할뿐더러, 일정량 이상의 대화문 용자가 확보되기만 하면 어떤 음소도 빠뜨리지 않고 찾아낼 수 있다.

위에서 성모의 최소대립 쌍을 찾아내는 분포 분석표를 작성했는데, 이제 운의 최소대립 쌍을 찾아내는 분포 분석표를 작성해 보자. 운의 최소대립 쌍을 찾아낼 때에는 아래의 (17)에서 볼 수 있듯이 행에는 성모를 배열하고 열에는 성조를 배열한다. 아래의 분포 분석표는 /-i/ 운미를 가지는 蟹攝 중에서 $_{1}$咍韻, $_{2}$皆韻, $_{2}$佳韻, $_{4}$齊韻의 네 가지 운만 정리한 것이다.

(17) 蟹攝의 $_{1}$咍韻(33자), $_{2}$皆韻(20자), $_{2}$佳韻(15자), $_{4}$齊韻(60자)의 분포 분석표

성모 \ 성조		평성^{L}	상성^{R}	거성^{D}
순음	幫非 /p/		$_{2}$擺$_{佳}$	$_{2}$拜$_{皆}$
	滂敷 /p^{h}/			
	並奉 /b/	$_{2}$排$_{皆}$	$_{2}$罷$_{佳}$ $_{4}$陛$_{齊}$	
	明微 /m/	$_{2}$埋$_{皆}$ $_{4}$迷$_{齊}$	$_{2}$買$_{佳}$ $_{4}$米$_{齊}$	$_{2}$賣$_{佳}$
설음	端知 /t/	$^{開}_{4}$低$_{齊}$	$^{開}_{4}$詆$_{齊}$ $^{開}_{4}$抵$_{齊}$	$^{開}_{1}$戴$_{咍}$ $^{開}_{4}$帝$_{齊}$
	透徹 /t^{h}/	$^{開}_{4}$梯$_{齊}$	$^{開}_{4}$體$_{齊}$	$^{開}_{4}$替$_{齊}$
	定澄 /d/	$^{開}_{1}$台$_{咍}$ $^{開}_{1}$臺$_{咍}$ $^{開}_{4}$啼$_{齊}$ $^{開}_{4}$提$_{齊}$ $^{開}_{4}$題$_{齊}$	$^{開}_{1}$待$_{咍}$ $^{開}_{1}$殆$_{咍}$ $^{開}_{4}$弟$_{齊}$	$^{開}_{1}$代$_{咍}$ $^{開}_{1}$岱$_{咍}$ $^{開}_{4}$弟$_{齊}$ $^{開}_{4}$第$_{齊}$ $^{開}_{4}$逮$_{齊}$ $^{開}_{4}$悌$_{齊}$
	泥日娘 /n/	$^{開}_{4}$泥$_{齊}$	$^{開}_{1}$乃$_{咍}$ $^{開}_{1}$迺$_{咍}$ $^{開}_{4}$禰$_{齊}$	$^{開}_{4}$泥$_{齊}$
	來母 /l/	$^{開}_{1}$來$_{咍}$ $^{開}_{4}$梨$_{齊}$	$^{開}_{4}$禮$_{齊}$	$^{開}_{1}$賚$_{咍}$ $^{開}_{1}$睞$_{咍}$ $^{開}_{4}$儷$_{齊}$ $^{開}_{4}$淚$_{齊}$ $^{開}_{4}$唳$_{齊}$
치음 마찰	心母 /s/	$^{開}_{4}$西$_{齊}$ $^{開}_{4}$棲$_{齊}$	$^{開}_{4}$洗$_{齊}$	$^{開}_{4}$壻$_{齊}$ $^{開}_{4}$細$_{齊}$
	邪母 /z/			
	生母 /ʂ/		$^{開}_{2}$灑$_{佳}$	$^{開}_{2}$洒$_{佳}$ $^{開}_{2}$曬$_{佳}$ $^{開}_{2}$殺$_{皆}$
	書母 /ɕ/			
	常母 /ʑ/			
	羊母 /j/			
치음 파찰	精母 /ʦ/	$^{開}_{1}$哉$_{咍}$ $^{開}_{1}$災$_{咍}$ $^{開}_{4}$齏$_{齊}$	$^{開}_{1}$載$_{咍}$ $^{開}_{1}$宰$_{咍}$ $^{開}_{4}$濟$_{齊}$ $^{開}_{4}$齏$_{齊}$	$^{開}_{1}$載$_{咍}$ $^{開}_{4}$濟$_{齊}$
	清初 /ʦ^{h}/	$^{開}_{1}$猜$_{咍}$ $^{開}_{2}$差$_{佳}$ $^{開}_{4}$妻$_{齊}$ $^{開}_{4}$悽$_{齊}$	$^{開}_{1}$采$_{咍}$	$^{開}_{4}$妻$_{齊}$

성조 성모		평성^{L}	상성^{R}	거성^{D}
치음 파찰	從母 /dz/	$^{開}_{1}$才$_{哈}$ $^{開}_{1}$裁$_{哈}$ $^{開}_{1}$財$_{哈}$ $^{開}_{4}$齊$_{齊}$	$^{開}_{1}$在$_{哈}$	
	莊母 /tʂ/	$^{開}_{2}$齋$_{皆}$		
	章母 /tɕ/			
	昌母 /tɕ^{h}/			
	船崇 /dʐ/	$^{開}_{2}$柴$_{佳}$ $^{開}_{2}$豺$_{皆}$		
아음	見母 /k/	$^{開}_{2}$佳$_{佳}$ $^{開}_{2}$皆$_{皆}$ $^{開}_{2}$楷$_{皆}$ $^{開}_{2}$階$_{皆}$ $^{合}_{2}$乖$_{皆}$ $^{開}_{4}$稽$_{齊}$ $^{開}_{4}$鷄$_{齊}$ $^{合}_{4}$閨$_{齊}$ $^{合}_{4}$珪$_{齊}$	$^{開}_{1}$改$_{哈}$	$^{合}_{2}$卦$_{佳}$ $^{合}_{2}$獪$_{佳}$ $^{開}_{2}$介$_{皆}$ $^{合}_{2}$壞$_{皆}$ $^{開}_{2}$戒$_{皆}$ $^{合}_{2}$怪$_{皆}$ $^{開}_{4}$計$_{齊}$ $^{開}_{4}$繼$_{齊}$ $^{開}_{4}$契$_{齊}$ $^{開}_{4}$繫$_{齊}$ $^{合}_{4}$桂$_{齊}$
	溪母 /k^{h}/	$^{開}_{1}$開$_{哈}$ $^{開}_{4}$溪$_{齊}$ $^{開}_{4}$繫$_{齊}$ $^{合}_{4}$睽$_{齊}$	$^{開}_{1}$凱$_{哈}$ $^{開}_{4}$稽$_{齊}$ $^{開}_{4}$啓$_{齊}$	$^{開}_{1}$慨$_{哈}$ $^{開}_{1}$咳$_{哈}$ $^{合}_{2}$蒯$_{皆}$
	群母 /g/			
	疑母 /ŋ/			$^{開}_{1}$閡$_{哈}$ $^{開}_{4}$詣$_{齊}$ $^{開}_{4}$翳$_{齊}$
후음	影母 /ʔ/	$^{開}_{1}$哀$_{哈}$	$^{合}_{1}$猥$_{灰}$	$^{開}_{1}$愛$_{哈}$
	曉母 /h/		$^{開}_{1}$海$_{哈}$	
	匣云 /ɦ/	$^{開}_{1}$孩$_{哈}$ $^{開}_{2}$骸$_{皆}$ $^{合}_{2}$懷$_{皆}$ $^{合}_{2}$淮$_{皆}$ $^{開}_{4}$嵇$_{齊}$ $^{開}_{4}$兮$_{齊}$ $^{開}_{4}$奚$_{齊}$	$^{開}_{2}$解$_{佳}$ $^{開}_{2}$蟹$_{佳}$ $^{開}_{2}$駭$_{皆}$	$^{合}_{2}$畫$_{佳}$ $^{合}_{2}$壞$_{皆}$ $^{合}_{4}$惠$_{齊}$ $^{合}_{4}$慧$_{齊}$

行에는 성모를, 列에는 성조를 배열하면 성모와 성조가 운의 음운론적 환경이 된다. 그리하여 한자의 운모에 관련된 개합, 등, 운만 분포 분석표의 안쪽에 남게 되므로, 위와 같은 분포 분석표는 운의 최소대립 쌍을 찾아낼 때에 아주 효과적이다.

/-i/ 운미를 가지는 蟹攝에는 입성이 없으므로, 列에는 성조를 평성, 상성, 거성의 셋으로 나누어 배열한다. 行에는 성모의 음운론적 대립을 통하여 설정된

자음 음소를 배열한다. 따라서 운의 분포 분석표는 성모를 죄다 분석한 다음에 비로소 작성할 수 있다.

『세설신어』의 대화문 용자를 음운론적으로 분석한 결과에 따르면, 순수자음이 28종(또는 23종)이고 여기에 羊母/j/를 포함하면 29종이다. 이것을 脣音, 舌音, 齒音, 牙音, 喉音의 순서로 행에 배열하되, 치음은 종류가 아주 많으므로 치음 파찰음과 치음 마찰음의 두 가지로 나누어 배열한다.[27] 羊母/j/는 현대 음운론의 관점에서는 구개음의 일종이므로 치음 마찰음의 구개음 바로 다음에 배열한다.

이와 같은 방법으로 분포 분석표를 작성하면, (17)의 마지막에 집어넣은 '${}^{\text{合}}_{4}$慧$_{\text{齊}}$'에서 볼 수 있듯이 개합, 등, 운의 음운론적 성분이 표시된다. 이 세 가지 성분을 하나로 결합한 것이 바로 운모이므로, '${}^{\text{合}}_{4}$慧$_{\text{齊}}$'처럼 표시하면 운모 상호 간의 음운대립을 확인할 때에 아주 효과적이다.

(17)의 분포 분석표에서 먼저 $_{1}$咍韻과 $_{2}$佳韻이 동일 칸에 온 것을 찾아보면, 아래의 한 쌍뿐이다. 더욱이, 대립 항 '差'가 [初開2平佳]의 음가뿐만 아니라 [初開2平麻]의 음가도 가지는 多音字이다.

(18) $_{1}$咍韻과 $_{2}$佳韻의 음운대립 쌍 (0/1쌍)

清初/ʦ^{h}/의 평성 – ${}^{\text{開}}_{1}$猜$_{\text{咍}}$: ${}^{\text{開}}_{2}$差$_{\text{佳}}$ (1 : 7)

다음자는 음운대립의 논거에서 제외하므로, 咍韻 1등과 佳韻 2등의 음운대립 쌍이 사실은 없다고 할 수 있다. 운의 음운대립 쌍이 없다는 것은 이 두 운이 상보적으로 분포한다는 것을 뜻한다. 상보적 분포인 것은 하나의 단위로 묶으므로 이 두 운을 咍佳韻 하나로 묶을 수 있다.

다음으로, $_{1}$咍韻과 $_{2}$皆韻이 동일 칸에 온 것을 찾아본다. 아래의 한 쌍을 찾을 수 있고, 이 쌍은 2,212자 집합에서 겨우 대립이 성립한다. 그렇다면 $_{1}$咍韻과 $_{2}$皆韻의 음운대립도 사실은 의심할 수 있다.

27 『韻鏡』의 서문에서 치음 파찰음은 치음 마찰음에 비하여 '細'하다고 했다.

(19) ${}_{1}$咍韻과 ${}_{2}$皆韻의 음운대립 쌍 (1쌍) (1)

匣云/ɦ/의 평성 – $^{\text{開}}{}_{1}$孩$_{\text{咍}}$: $^{\text{開}}{}_{2}$骸$_{\text{皆}}$ (1 : 2)

반면에, ${}_{2}$佳韻과 ${}_{2}$皆韻의 음운대립은 확실하다.[28] 아래에 제시한 것처럼 13쌍의 최소대립 쌍을 찾을 수 있는데, 다음자를 논거에서 제외하더라도 7쌍에서 운의 최소대립이 성립한다. 뿐만 아니라 21회 이상 사용된 극소수의 상용자 집합에서 이미 대립이 성립하므로 이 최소대립을 바로 신뢰할 수 있다.

(20) ${}_{2}$佳韻과 ${}_{2}$皆韻의 최소대립 쌍 (7/13쌍) (21, 5, 3)

1. 生母/ʂ/의 거성 – $^{\text{開}}{}_{2}$洒$_{\text{佳}}$, $^{\text{開}}{}_{2}$曬$_{\text{佳}}$: $^{\text{開}}{}_{2}$殺$_{\text{皆}}$ (30, 1 : 18)
2. 船崇/dʐ/의 평성 – $^{\text{開}}{}_{2}$柴$_{\text{佳}}$: $^{\text{開}}{}_{2}$豺$_{\text{皆}}$ (1 : 1)
3. 見母/k/의 평성 – $^{\text{開}}{}_{2}$佳$_{\text{佳}}$: $^{\text{開}}{}_{2}$皆$_{\text{皆}}$, $^{\text{開}}{}_{2}$楷$_{\text{皆}}$, $^{\text{開}}{}_{2}$階$_{\text{皆}}$ (28 : 21, 5, 3)
4. 見母/k/의 거성 – $^{\text{合}}{}_{2}$卦$_{\text{佳}}$, $^{\text{合}}{}_{2}$獪$_{\text{佳}}$: $^{\text{合}}{}_{2}$壞$_{\text{皆}}$, $^{\text{合}}{}_{2}$怪$_{\text{皆}}$ (2, 1 : 3, 1)
5. 匣云/ɦ/의 상성 – $^{\text{開}}{}_{2}$解$_{\text{佳}}$, $^{\text{開}}{}_{2}$蟹$_{\text{佳}}$: $^{\text{開}}{}_{2}$駭$_{\text{皆}}$ (15, 2 : 1)
6. 匣云/ɦ/의 거성 – $^{\text{合}}{}_{2}$畫$_{\text{佳}}$: $^{\text{合}}{}_{2}$壞$_{\text{皆}}$ (3 : 3)

(20)의 대립 쌍은 개합과 등은 동일하고 운에서만 차이가 나므로, 이들은 운복 모음의 최소대립 쌍이다. 따라서 ${}_{2}$佳韻과 ${}_{2}$皆韻의 운복 모음이 서로 구별되었다고 보아야 한다.

이제, ${}_{4}$齊韻과 ${}_{2}$佳韻이 동일 칸에 온 것을 찾아본다. 모두 10쌍을 찾을 수 있는데, 다음자를 논거에서 제외하더라도 5쌍에서 ${}_{4}$齊韻과 ${}_{2}$佳韻이 음운론적으로 대립한다. 더욱이 3회 이상 출현하는 1,112자 집합에서 대립이 성립하므로, 이 음운대립을 믿을 수 있다. 그런데 2등과 4등에는 개음이 없으므로, 이들은 사실상 운복 모음의 최소대립 쌍이다.

28 Karlgren(1940: 479)에서는 중고음의 佳韻이 '긴 a'를 가지는 'ai'였던 데에 비하여, 皆韻은 '짧은 ǎ'를 가지는 'ǎi'라고 했다.

(21) $_4$齊韻과 $_2$佳韻의 음운대립 쌍 (5/10쌍) (3, 3, 2)

1. 並奉/b/의 상성 – $_4$陛$_{齊}$: $_2$罷$_{佳}$ (14 : 1)
2. 明微/m/의 상성 – $_4$米$_{齊}$: $_2$買$_{佳}$ (4 : 2)
3. 清初/ʦʰ/의 평성 – $^{開}_{4}$妻$_{齊}$, $^{開}_{4}$悽$_{齊}$: $^{開}_{2}$差$_{佳}$ (1, 1 : 7)
4. 見母/k/의 평성 – $^{開}_{4}$稽$_{齊}$, $^{開}_{4}$鷄$_{齊}$: $^{開}_{2}$佳$_{佳}$ (3, 3 : 28)
5. 見母/k/의 거성 – $^{合}_{4}$桂$_{齊}$: $^{合}_{2}$卦$_{佳}$, $^{合}_{2}$獪$_{佳}$ (2 : 2, 1)
6. 匣云/ɦ/의 거성 – $^{合}_{4}$惠$_{齊}$, $^{合}_{4}$慧$_{齊}$: $^{合}_{2}$畫$_{佳}$ (4, 1 : 3)

다음으로, $_4$齊韻과 $_2$皆韻의 음운대립 쌍을 찾아보면 모두 24쌍이 나오는데, 다음자를 논거에서 제외하면 14쌍이 남는다. 이처럼 대립 쌍이 많을 뿐만 아니라 4회 이상 사용된 919자 집합에서 이미 대립이 성립하므로 이 음운대립을 믿을 수 있다. 2등과 4등에는 개음이 없으므로 이 대립 쌍도 사실은 운복 모음의 최소대립 쌍이다.

(22) $_4$齊韻과 $_2$皆韻의 음운대립 쌍 (14/24쌍) (4, 3, 3)

1. 明微/m/의 평성 – $_4$迷$_{齊}$: $_2$埋$_{皆}$ (1 : 1)
2. 見母/k/의 평성 – $^{開}_{4}$稽$_{齊}$, $^{開}_{4}$鷄$_{齊}$: $^{開}_{2}$皆$_{皆}$, $^{開}_{2}$楷$_{皆}$, $^{開}_{2}$階$_{皆}$ (3, 3 : 21, 5, 3)
3. 見母/k/의 평성 – $^{合}_{4}$閨$_{齊}$, $^{合}_{4}$珪$_{齊}$: $^{合}_{2}$乖$_{皆}$ (1, 1 : 2)
4. 見母/k/의 거성 – $^{開}_{4}$計$_{齊}$, $^{開}_{4}$繼$_{齊}$, $^{開}_{4}$契$_{齊}$, $^{開}_{4}$繫$_{齊}$: $^{開}_{2}$介$_{皆}$, $^{開}_{2}$戒$_{皆}$ (12, 2, 2, 1 : 4, 1)
5. 見母/k/의 거성 – $^{合}_{4}$桂$_{齊}$: $^{合}_{2}$壞$_{皆}$, $^{合}_{2}$怪$_{皆}$ (2 : 3, 1)
6. 匣云/ɦ/의 평성 – $^{開}_{4}$嵇$_{齊}$, $^{開}_{4}$兮$_{齊}$, $^{開}_{4}$奚$_{齊}$: $^{開}_{2}$骸$_{皆}$ (15, 4, 2 : 2)
7. 匣云/ɦ/의 거성 – $^{合}_{4}$惠$_{齊}$, $^{合}_{4}$慧$_{齊}$: $^{合}_{2}$壞$_{皆}$ (4, 1 : 3)

위의 논의를 종합하면 $_1$咍韻, $_2$佳韻, $_2$皆韻, $_4$齊韻의 네 가지 운 중에서 실질적으로 대립하는 것은 $_2$佳韻, $_2$皆韻, $_4$齊韻의 셋이라 할 수 있다. $_1$咍韻은 $_2$佳韻과 하나로 묶이든 $_2$皆韻과 묶이든, 둘 중의 하나와 병합되기 때문이다. 5장에서 논의하겠지만, 이 두 가지 병합 중에서 $_1$咍韻과 $_2$佳韻을 하나로 묶어 咍佳韻이라 하는 것이 정확하다. 이에 따르면 咍佳韻,[29] $_2$皆韻, $_4$齊韻이 3항 대립을 이룬다.

이들이 동일 칸에 오면 이들은 운복 모음의 최소대립 쌍이다. 이들의 등은 항상 운에 연동되므로 이들의 음가 차이를 운복 모음에서 구할 수밖에 없다. 이에 따라 咍佳韻, $_2$皆韻, $_4$齊韻의 운복에 각각 후설 중모음 /ə/, 전설 저모음 /ɛ/, 전설 중모음 /e/를 배당한다. 여타의 섭에서도 이 세 모음이 두루 설정되므로 이 음가 배당에 문제될 것이 전혀 없다. 蟹攝은 죄다 운미 /-i/를 가지므로 咍佳韻, $_2$皆韻, $_4$齊韻은 각각 /əi/, /ɛi/, /ei/로 추정된다.

이처럼 대립하는 운에 서로 다른 모음을 배당할 때에는 현대 한어의 여러 방언음뿐만 아니라 한국 한자음, 일본의 吳音과 漢音, 베트남 한자음을 두루 참고한다. 여기에다, 梵語를 한어로 음사한 자료, 거꾸로 한어를 기타의 문자로 음사한 자료 등도 참고하게 된다. 우리의 추정음 /əi/, /ɛi/, /ei/가 이들의 연구 결과와 크게 어긋나지 않으므로 우리의 음가 추정을 믿을 만하다.

지금까지 가장 쉬운 예를 들어 운의 최소대립 쌍을 찾아내는 방법을 제시해 보았다. 그런데 운은 개합, 등, 운복 모음, 운미의 결합체이므로 실제로는 위의 예시보다 분석하기가 훨씬 더 어렵다. 특히 운두(개음)에 도대체 몇 가지가 있었다고 해야 할지 가늠하기가 어렵다. 개음의 종류가 많아질수록 운복 모음의 종류는 줄어들고, 운복 모음의 종류가 많아질수록 개음의 종류는 줄어든다. 이처럼 개음과 운복 모음의 종류는 반비례 관계이다.

그렇더라도 음운대립의 개념을 적용하면 개음의 종류뿐만 아니라 운복 모음의 종류도 확정할 수 있다. 본격적인 논의에 들어가기에 앞서서 우리의 분석 결과를 잠깐 소개하기로 한다. 64종의 운은 아래의 음가 배당표에 제시한 것과 같은 음가를 가진다. 이 배당표의 列에는 운미 6가지를 배열하고, 行에는 개음 4가지와 운복 모음 7가지를 배열했다.

29 이 咍佳韻이 1등인지 2등인지 여기에서는 확정하지 않는다. 후술하겠지만, 우리의 분석에 따르면 1등으로 보는 것이 합리적이다.

(23) 운의 종합 음가 배당표

MV		F: -ø	-i	-u	-ŋ	-n	-m
j : ɪ	i	$_{A}$脂 : $_{B}$脂				$_{A}$眞 :	: $_{B}$侵
	e	$_{A}$支 : $_{B}$支					
	ɛ		: $_{B}$祭, $_{C}$廢	$_{A}$宵 : $_{B}$宵	$_{A}$淸 : $_{B}$庚	: $_{B}$仙	$_{A}$鹽 : $_{B}$鹽, $_{C}$嚴, $_{C}$凡
	ə	: $_{C}$之	: $_{C}$微	$_{A}$幽 : $_{C}$尤	: $_{C}$蒸	: $_{C}$欣	
	ɑ				: $_{C}$陽	: $_{C}$元	
	u				: $_{C}$東		
	o	: $_{C}$魚			: $_{C}$鍾		
ɥ : w	i	$^{\text{合}}_{B}$脂 :				$^{\text{合}}_{B}$眞 :	
	e	$^{\text{合}}_{B}$支 :	: $^{\text{合}}_{4}$齊		: $^{\text{合}}_{4}$靑	: $^{\text{合}}_{4}$先	
	ɛ	: $^{\text{合}}_{2}$麻	$^{\text{合}}_{B}$祭, $^{\text{合}}_{C}$廢 : $^{\text{合}}_{2}$夬, $^{\text{合}}_{2}$皆			$^{\text{合}}_{B}$仙 : $^{\text{合}}_{2}$山, $^{\text{合}}_{2}$删	
	ə		$^{\text{合}}_{C}$微 : $_{1}$灰, $^{\text{合}}_{1}$咍, $^{\text{合}}_{2}$佳		: $^{\text{合}}_{1}$登	$_{C}$文, $_{C}$諄 : $_{1}$魂	
	ɑ	: $_{1}$戈	: $^{\text{合}}_{1}$泰		$^{\text{合}}_{C}$陽 : $^{\text{合}}_{1}$唐	$^{\text{合}}_{C}$元 : $_{1}$桓	
	u						
	o	$_{C}$虞 :					
ø	i						
	e		$_{4}$齊	$_{4}$蕭	$_{4}$靑, $_{2}$耕	$_{4}$先	$_{4}$添
	ɛ	$_{2}$麻	$_{2}$皆	$_{2}$肴	$_{2}$庚	$_{2}$山, $_{2}$删	$_{2}$咸, $_{2}$銜
	ə		$_{1}$咍, $_{2}$佳	$_{1}$侯	$_{1}$登	$_{1}$痕	$_{1}$覃
	ɑ	$_{1}$歌	$_{1}$泰	$_{1}$豪	$_{1}$唐	$_{1}$寒	$_{1}$談
	u				$_{1}$東		
	o	$_{1}$模			$_{2}$江, $_{1}$冬		

行에 배열한 운두 개음 /j-, ɪ-, ɥ-, w-/는 현대 음운론의 자음적 전설 평순

활음, 모음적 전설 평순 활음, 전설 원순 활음, 후설 원순 활음에 각각 해당한다. 전설 평순 활음을 자음적인 /j-/와 모음적인 /ɪ-/로 나눈 것은 이른바 重紐 현상에서 비롯된다. 한편, 동일 칸에 온 운 중에서 ':'의 앞에 둔 운은 운두 개음으로 /j-/나 /ɥ-/를 가지고, 뒤에 둔 운은 /ɪ-/나 /w-/를 가진다. 개음이 없는 운은 물론 /ø-/로 표시했다.

운복 모음은 /i, e, ɛ, ə, ɑ, u, o/의 7종인데, 이들은 보편성이 큰 모음부터 배당한 결과이다. 여러 언어에서 두루 사용하는 /ə/를 제외하면서도 몇몇 특수 언어에서만 사용하는 /ɨ/를 먼저 설정하거나, 보편성이 큰 /o/를 배제하고 특수한 /ɔ/를 먼저 설정하는 것은 보편성 원리에 어긋난다.

우리가 재구한 7모음체계의 /i/는 전설 평순 고모음, /e/는 전설 평순 중모음, /ɛ/는 전설 평순 저모음, /ə/는 후설 평순 중모음, /ɑ/는 후설 평순 저모음, /u/는 후설 원순 고모음, /o/는 후설 원순 중모음이다. 이것을 모음 음성도와 모음 체계도로 그려 보인 것이 1장의 (2)이다.

『세설신어』 대화문 용자에 나오는 운을 위의 (23)과 같이 배열하면 맨 첫째 행의 '$_{A}$脂 : $_{B}$脂'는 각각 /ji : ɪi/가 된다. 이 쌍은 3등운이므로 항상 운두 개음을 가지는데, 자음적 개음을 가지는 $_{3}$脂韻 A가 모음적 개음을 가지는 $_{3}$脂韻 B와 음운론적으로 대립한다. 반면에, ':'의 앞이나 뒤에 병렬한 두 운은 음운대립을 이루지 못하여 하나로 병합해야 할 운이다. 예컨대, /-m/ 운미의 셋째 행에 들어간 '$_{A}$鹽 : $_{B}$鹽, $_{C}$嚴, $_{C}$凡'에서 $_{B}$鹽韻, $_{C}$嚴韻, $_{C}$凡韻의 세 가지 운은 분포가 상보적이므로 하나의 단위로 병합되고 그 음가는 /ɪɛm, ɪɛp/으로 추정된다. 또한 맨 끝 행에서 동일 칸에 둔 $_{2}$江韻과 $_{1}$冬韻은 하나의 운인 江冬韻으로 묶이고, 그 음가는 /oŋ, ok/으로 추정된다.

이 배당표에는 체계적 공백이 있는가 하면 우연한 공백도 있다. 체계적 공백은 '/' 또는 '\'으로 표시했는데, 그 자리에는 음절구조제약에 따라 어떤 운도 올 수가 없다. 반면에 우연한 공백은 그냥 빈 칸으로 남겨 두었는데, 후대의 음운변화에 따라 이 빈 칸에 새로운 운이 들어설 수 있다.

지금까지 장황하게 음절문자인 한자에서의 음운대립을 설명해 보았다. 기본적으로는 프라그 학파의 음운대립 이론을 원용하여 한어음에 적용한 것이다. 프라그 학파에서는 분절음 단위에 음운대립 이론을 적용하지만, 한어에서는 음운론의 기본 단위가 음절이므로 음절 단위에 맞게 수정해서 적용해야 한다. 그런데 성모, 개합, 등, 성조, 운의 다섯 가지를 음절의 음운론적 성분 또는 음운자질로 이해하면, 프라그 학파의 음운대립 이론을 한어음에도 무난하게 적용할 수 있다.

4. 聲母

이제부터 본격적으로 전기 중고음의 子音體系를 논의하기로 한다. 일반적으로 한어의 子音은 한어의 聲母에서 구하는데, 이 성모는 조음위치에 따라 脣音, 舌音, 齒音, 牙音, 喉音의 다섯 가지로 대별된다. 그런데 한어에서는 치음에 속하는 성모가 너무 많으므로 치음 성모는 파찰음과 마찰음의 둘로 나누어 기술하기로 한다.

4.1. 脣音

두 입술에서 또는 아랫입술과 윗니 사이에서 폐쇄나 마찰이 일어나서 발음되는 자음을 순음이라 한다. 한어의 순음에는 脣重音(또는 兩脣音)과 脣輕音(또는 脣齒音)의 두 그룹이 있는데, 이들을 흔히 幫組와 非組라고 지칭하기도 한다. 『세설신어』 대화문 용자 중에서 순중음에 속하는 것은 幫母[p] 86자, 滂母[pʰ] 25자, 並母[b] 65자, 明母[m] 91자가 있고, 순경음에 속하는 것은 非母[f] 33자, 敷母[fʰ] 21자, 奉母[v] 46자, 微母[ɱ] 27자가 있다.

『절운』 시기의 30자모에는 순경음의 非母, 敷母, 奉母, 微母가 빠져 있다. 전기 중고음 시기에는 순경음이 아직 분화되지 않았기 때문이다(Baxter and Sagart 2014: 30). 慧琳의 반절에서도 非母와 敷母가 서로 구별되지 않았고(고노 로쿠로(河野六郎) 2010: 89, 이진호 역주) 敦煌文書 P.2012에서도 이것이 확인된다(Pulleyblank 1983: 68~69). 따라서 전기 중고음 시기의 한어에 순경음 그룹을 설정하여 음성기호를 부여하는 것은 시대착오적이다. 그런데도 우리는 8세기 이후의 후기 중고음과 대비하기 위하여, 즉 논의의 편의와 평행적 기술을 위하여 非母, 敷母[1] 등의 순경음에 음성기호를 부여한다.

아래의 표에서 열에 배열한 全淸, 次淸, 全濁, 次濁은 조음방식에 따라 자음을 구별하는 중국 음운학의 용어이다. 전청은 無聲無氣音을, 차청은 無聲有氣音을, 전탁은 有聲無氣音을 가리킨다. 차탁은 폐쇄음이 아닌 기타 자음을 가리키는데, 鼻音이 가장 많다. 행에 배열한 순중음은 현대 음운론의 兩脣音에 해당하고, 순경음은 脣齒音에 해당한다. 따라서 행에 배열한 것은 조음위치에 해당한다.

(1) 脣音의 성모와 대화문 용자 수

		전청	차청	전탁	차탁
순음	순중	幫[p] 86	滂[pʰ] 25	並[b] 65	明[m] 90
	순경	非[f] 33	敷[fʰ] 21	奉[v] 46	微[ɱ] 27

위에서 우리는 『절운』계 운서의 성모 음가를 음성 표시인 [ ]으로 감쌌다. 이 음가는 여러 학자들이 대부분 동의하고 있으므로[2] 우리도 이를 따른다. 그러나

1 敷母는 滂母에서 분화된 것이 분명하지만, 처음 발생했을 당시에는 非母와 음가가 동일했을 것으로 추정하는 것이 일반적이다(고노 로쿠로(河野六郎) 2010: 89, 이진호 역주).

2 全濁을 유성유기음으로 보는 견해도 있다(Karlgren 1954, Pulleyblank 1983: 67). 예컨대 並母와 奉母를 각각 [bʰ]와 [vʰ]로 재구하는 견해이다. 그러나 현재는 이들을 유성무기음 [b]와 [v]이라고 기술하는 것이 일반적이다.

이 음가 표시가 음운론적 단위인 음소가 아니라 음성학적 단위인 음성 또는 변이음이라는 사실에 주의할 필요가 있다.

한어 중고음을 연구할 때에 Karlgren(1954) 이래로 이 음성학적 연구에 만족해 왔으나, 이와는 달리 우리는 음운론적 연구를 지향한다.[3] 따라서 순중음의 네 성모가 순경음의 네 성모와 음운론적으로 대립했는지를 검토하는 것이 필수적이다. 또한 전청, 차청, 전탁이 음운론적으로 서로 대립했는지도 주요 검토 대상이다.

4.1.1. 明母·微母

음운대립을 확인할 때에 우리는 프라그 학파의 상보적 분포와 최소대립 쌍이라는 음소 설정 방법론을 적용한다. 예컨대 明母[m]와 微母[ɱ]의 최소대립 쌍이 있으면 이 둘을 각각 별개의 독자적인 음소인 明母/m/와 微母/ɱ/를 설정하지만, 이 둘이 상보적 분포를 이룬다면 이 둘을 하나의 음소 明微/m/로 합친다.

우리는 3장의 분포 분석표 (12)를 통하여 이미 明母[m]와 微母[ɱ]가 상보적 분포라는 사실을 기술한 바 있다. 따라서 이 둘을 하나로 병합하여 明微[m]라고 지칭한다. 이처럼 두 음성을 하나로 병합할 때에는 프라그 학파의 음운 분석 이론에 따라 有標項을 無標項에 편입하는 방법을 택한다. 여러 언어에서 두루 발견되는 음성을 무표항이라 하고 소수의 특수 언어에서만 발견되는 음성을 유표항이라 한다. 아주 간단하게 말하면 보편적인 음성이 무표항이고 특수한 음성이 유표항이다. 明母[m]와 微母[ɱ]에서는 明母[m]가 무표항이고 微母[ɱ]가 유표항이다.[4] 따라서 明母[m]를 앞에 두고 微母[ɱ]를 뒤에 두어 明微[m]라 지칭한다.

3 일찍이 Martin(1953)도 구조주의의 관점에서 음운론적 연구의 필요성을 강조한 바 있다. 음성학적 기술 방법을 버리고, 현대 한어의 음운체계를 음운론적으로 기술한 대표적인 예로는 앤후이린(林燕慧)(2010, 엄익상·이옥주·손남호·이미경 역)을 들 수 있다.

4 한어 근세음 시기에는 脣輕音化가 일어나 유표항인 微母[ɱ]가 분화한다. 현대 한어에서는 이것을 [w]로 발음하는 것이 일반적이다.

이 明微[m]가 음소의 자격을 가지려면 明微[m]와 폐쇄음의 음운대립이 확인되어야 한다. 순음에서 폐쇄음을 대표하는 것은 幇母[p]이므로, 幇母[p]와 明微[m]의 최소대립 쌍이 있는지 확인할 필요가 있다. 우리는 3장 (15)의 분포 분석표와 (16)의 최소대립 쌍을 통하여 이미 차탁의 明微[m]가 전청의 幇母[p]와 음운론적으로 대립한다는 것을 논의한 바 있다. 이에 따라 明微[m]와 幇母[p]에 각각 음소의 자격을 부여하여 5세기 전반기의 한어에 음소 /m/과 음소 /p/가 있었다고 본다.

4.1.2. 幇母·非母, 滂母·敷母, 並母·奉母

이제, 3장에서 소개한 방법으로 전청의 幇母와 非母, 차청의 滂母와 敷母, 전탁의 並母와 奉母의 분포 분석표를 작성해 보기로 한다.

(2) 순음의 全清字·次清字·全濁字의 분포 분석표

순음 / 섭 韻	전청		차청		전탁	
	幇[p] 86	非[f] 33	滂[pʰ] 25	敷[fʰ] 21	並[b] 65	奉[v] 46
과섭 歌1, 戈1, 戈3	$_{1}$波$_{戈}^{平}$ $_{1}$播$_{戈}^{去}$ $_{1}$簸$_{戈}^{去}$ $_{1}$番$_{戈}^{平/去}$		$_{1}$破$_{戈}^{去}$ $_{1}$頗$_{戈}^{平/上}$		$_{1}$婆$_{戈}^{平}$	
가섭 麻2	$_{2}$把$_{麻}^{上}$				$_{2}$琶$_{麻}^{平}$	
우섭 模1, 魚C, 虞C	$_{1}$哺$_{模}^{平}$ $_{1}$補$_{模}^{上}$ $_{1}$布$_{模}^{去}$	$_{C}$膚$_{虞}^{平}$ $_{C}$夫$_{虞}^{平}$ $_{C}$甫$_{虞}^{上}$ $_{C}$府$_{虞}^{上}$ $_{C}$父$_{虞}^{上}$ $_{C}$賦$_{虞}^{去}$ $_{C}$傅$_{虞}^{去}$	$_{1}$普$_{模}^{上}$	$_{C}$敷$_{虞}^{平}$ $_{C}$孚$_{虞}^{平}$ $_{C}$撫$_{虞}^{上}$ $_{C}$赴$_{虞}^{去}$	$_{1}$蒲$_{模}^{平}$ $_{1}$蒱$_{模}^{平}$ $_{1}$簿$_{模}^{上}$ $_{1}$步$_{模}^{去}$ $_{1}$哺$_{模}^{去}$	$_{C}$扶$_{虞}^{平}$ $_{C}$符$_{虞}^{平}$ $_{C}$鳧$_{虞}^{平}$ $_{C}$瓿$_{虞}^{平}$ $_{C}$輔$_{虞}^{上}$ $_{C}$父$_{虞}^{上}$ $_{C}$腐$_{虞}^{上}$ $_{C}$釜$_{虞}^{上}$

섭 韻 \ 순음	전청		차청		전탁	
	幫[p] 86	非[f] 33	滂[pʰ] 25	敷[fʰ] 21	並[b] 65	奉[v] 46
지섭 脂A, B, 支A,B, 之C, 微C	$_{\text{A}}\text{卑}_{\text{支}}^{\text{平}}$ $_{\text{A}}\text{箄}_{\text{支}}^{\text{上}}$ $_{\text{A}}\text{臂}_{\text{支}}^{\text{去}}$ $_{\text{B}}\text{陂}_{\text{支}}^{\text{平}}$ $_{\text{B}}\text{彼}_{\text{支}}^{\text{上}}$ $_{\text{A}}\text{比}_{\text{脂}}^{\text{去}}$ $_{\text{A}}\text{庇}_{\text{脂}}^{\text{去}}$ $_{\text{B}}\text{鄙}_{\text{脂}}^{\text{上}}$ $_{\text{A}}\text{秕}_{\text{脂}}^{\text{上}}$	$_{\text{C}}\text{非}_{\text{微}}^{\text{平}}$ $_{\text{C}}\text{飛}_{\text{微}}^{\text{平}}$ $_{\text{C}}\text{篚}_{\text{微}}^{\text{上}}$	$_{\text{A}}\underline{\text{辟}}_{\text{支}}^{\text{去}}$ $_{\text{A}}\text{譬}_{\text{支}}^{\text{去}}$ $_{\text{B}}\text{披}_{\text{支}}^{\text{平}}$	$_{\text{C}}\text{霏}_{\text{微}}^{\text{平}}$ $_{\text{C}}\text{費}_{\text{微}}^{\text{去}}$	$_{\text{A}}\text{婢}_{\text{支}}^{\text{上}}$ $_{\text{A}}\text{避}_{\text{支}}^{\text{去}}$ $_{\text{A}}\underline{\text{辟}}_{\text{支}}^{\text{去}}$ $_{\text{B}}\text{皮}_{\text{支}}^{\text{平}}$ $_{\text{B}}\text{疲}_{\text{支}}^{\text{平}}$ $_{\text{B}}\underline{\text{被}}_{\text{支}}^{\text{上/去}}$ $_{\text{A}}\text{琵}_{\text{脂}}^{\text{平}}$ $_{\text{A}}\text{鼻}_{\text{脂}}^{\text{去}}$ $_{\text{B}}\text{備}_{\text{脂}}^{\text{去}}$	$_{\text{C}}\text{肥}_{\text{微}}^{\text{平}}$
효섭 豪1, 肴2, 宵A,B, 幽B, 蕭4	$_{\text{A}}\text{標}_{\text{宵}}^{\text{上}}$ $_{\text{B}}\text{表}_{\text{宵}}^{\text{上}}$ $_{\text{2}}\text{苞}_{\text{肴}}^{\text{平}}$ $_{\text{2}}\text{飽}_{\text{肴}}^{\text{上}}$ $_{\text{2}}\text{豹}_{\text{肴}}^{\text{去}}$ $_{\text{1}}\text{保}_{\text{豪}}^{\text{上}}$ $_{\text{1}}\text{寶}_{\text{豪}}^{\text{上}}$ $_{\text{1}}\text{報}_{\text{豪}}^{\text{去}}$		$_{\text{A}}\text{飄}_{\text{宵}}^{\text{平}}$		$_{\text{A}}\text{驃}_{\text{宵}}^{\text{去}}$ $_{\text{1}}\text{抱}_{\text{豪}}^{\text{上}}$ $_{\text{1}}\underline{\text{暴}}_{\text{豪}}^{\text{去}}$	
류섭 侯1, 尤C	$_{\text{C}}\text{彪}_{\text{尤}}^{\text{平}}$	$_{\text{C}}\underline{\text{不}}_{\text{尤}}^{\text{平/上}}$ $_{\text{C}}\text{否}_{\text{尤}}^{\text{上}}$ $_{\text{C}}\text{富}_{\text{尤}}^{\text{去}}$		$_{\text{C}}\text{副}_{\text{尤}}^{\text{去}}$ $_{\text{C}}\underline{\text{覆}}_{\text{尤}}^{\text{去}}$	$_{\text{1}}\text{部}_{\text{侯}}^{\text{上}}$ $_{\text{1}}\underline{\text{瓿}}_{\text{侯}}^{\text{上}}$ $_{\text{1}}\text{裒}_{\text{侯}}^{\text{平}}$	$_{\text{C}}\text{浮}_{\text{尤}}^{\text{平}}$ $_{\text{C}}\text{負}_{\text{尤}}^{\text{上}}$ $_{\text{C}}\text{婦}_{\text{尤}}^{\text{上}}$ $_{\text{C}}\text{阜}_{\text{尤}}^{\text{上}}$ $_{\text{C}}\underline{\text{復}}_{\text{尤}}^{\text{去}}$ $_{\text{C}}\underline{\text{複}}_{\text{尤}}^{\text{去}}$
해섭 咍1, 灰1, 佳2, 夬2, 祭A,B, 齊4	$_{\text{A}}\text{蔽}_{\text{祭}}^{\text{去}}$ $_{\text{2}}\text{擺}_{\text{佳}}^{\text{上}}$ $_{\text{2}}\text{拜}_{\text{皆}}^{\text{去}}$ $_{\text{1}}\underline{\text{背}}_{\text{灰}}^{\text{去}}$ $_{\text{1}}\text{輩}_{\text{灰}}^{\text{去}}$ $_{\text{1}}\text{桮}_{\text{灰}}^{\text{平}}$	$_{\text{C}}\text{廢}_{\text{廢}}^{\text{去}}$	$_{\text{1}}\text{培}_{\text{灰}}^{\text{平}}$ $_{\text{1}}\text{裴}_{\text{灰}}^{\text{平}}$ $_{\text{1}}\text{配}_{\text{灰}}^{\text{去}}$		$_{\text{4}}\text{陛}_{\text{齊}}^{\text{上}}$ $_{\text{A}}\text{弊}_{\text{祭}}^{\text{去}}$ $_{\text{2}}\text{敗}_{\text{夬}}^{\text{去}}$ $_{\text{2}}\text{罷}_{\text{佳}}^{\text{上}}$ $_{\text{2}}\text{排}_{\text{皆}}^{\text{平}}$ $_{\text{1}}\underline{\text{背}}_{\text{灰}}^{\text{去}}$	

순음 / 섭 韻	전청		차청		전탁	
	幫[p] 86	非[f] 33	滂[pʰ] 25	敷[fʰ] 21	並[b] 65	奉[v] 46
해섭 哈1, 灰1, 佳2, 夬2, 祭A,B, 齊4	$_{1}$狽$_{泰}^{去}$				$_{1}$悖$_{灰}^{去}$ $_{1}$佩$_{灰}^{去}$ $_{1}$倍$_{灰}^{去/上}$	
통섭 東1, C, 冬1, 鍾C	$_{C}$複$_{東}^{入}$ $_{1}$卜$_{東}^{入}$ $_{1}$濮$_{東}^{入}$	$_{C}$封$_{鍾}^{平}$ $_{C}$腹$_{東}^{入}$ $_{C}$風$_{東}^{平/去}$ $_{C}$楓$_{東}^{平}$ $_{C}$諷$_{東}^{去}$ $_{C}$福$_{東}^{入}$		$_{C}$鋒$_{鍾}^{平}$ $_{C}$蜂$_{鍾}^{平}$ $_{C}$峯$_{鍾}^{平}$ $_{C}$豊$_{東}^{平}$ $_{C}$覆$_{東}^{入}$	$_{1}$蓬$_{東}^{平}$ $_{1}$僕$_{東}^{入}$ $_{1}$暴$_{東}^{入}$	$_{C}$逢$_{鍾}^{平}$ $_{C}$奉$_{鍾}^{上}$ $_{C}$馮$_{東}^{平}$ $_{C}$汎$_{東}^{平}$ $_{C}$鳳$_{東}^{去}$ $_{C}$伏$_{東}^{入}$ $_{C}$復$_{東}^{入}$ $_{C}$服$_{東}^{入}$ $_{C}$馥$_{東}^{入}$
강섭 江2	$_{2}$邦$_{江}^{平}$		$_{2}$璞$_{江}^{入}$			
탕섭 唐1, 陽C	$_{1}$榜$_{唐}^{上}$ $_{1}$謗$_{唐}^{去}$ $_{1}$博$_{唐}^{入}$	$_{C}$方$_{陽}^{平}$ $_{C}$放$_{陽}^{去}$		$_{C}$芳$_{陽}^{平}$ $_{C}$仿$_{陽}^{上}$ $_{C}$妨$_{陽}^{平/去}$	$_{1}$傍$_{唐}^{平}$ $_{1}$薄$_{唐}^{入}$ $_{1}$簿$_{唐}^{入}$	$_{C}$房$_{陽}^{平}$ $_{C}$防$_{陽}^{平}$ $_{C}$縛$_{陽}^{入}$
증섭 登1, 蒸C	$_{B}$氷$_{蒸}^{平}$ $_{B}$逼$_{蒸}^{入}$ $_{1}$崩$_{登}^{平}$ $_{1}$北$_{登}^{入}$				$_{B}$憑$_{蒸}^{平}$ $_{B}$愎$_{蒸}^{入}$ $_{1}$朋$_{登}^{平}$	
경섭 庚2, B, 清A,B, 青4	$_{4}$壁$_{青}^{入}$ $_{A}$辟$_{清}^{入}$ $_{A}$屏$_{清}^{上}$ $_{A}$鞞$_{清}^{上}$ $_{A}$璧$_{清}^{入}$ $_{A}$幷$_{清}^{平/去}$ $_{B}$兵$_{庚}^{平}$ $_{B}$秉$_{庚}^{上}$		$_{A}$聘$_{清}^{去}$ $_{2}$烹$_{庚}^{平}$ $_{2}$泊$_{庚}^{入}$ $_{2}$魄$_{庚}^{入}$ $_{2}$拍$_{庚}^{入}$		$_{4}$洴$_{青}^{平}$ $_{4}$屏$_{青}^{平}$ $_{4}$竝$_{青}^{上}$ $_{A}$辟$_{清}^{入}$ $_{B}$平$_{庚}^{平}$ $_{B}$評$_{庚}^{平}$ $_{B}$病$_{庚}^{去}$ $_{2}$白$_{庚}^{入}$	

순음 섭 韻	전청		차청		전탁	
	幫[p] 86	非[f] 33	滂[p^h] 25	敷[f^h] 21	並[b] 65	奉[v] 46
경섭 庚2, B, 淸A,B, 靑4	$_{B}$柄$_{庚}^{去}$ $_{2}$柏$_{庚}^{入}$ $_{2}$伯$_{庚}^{入}$ $_{2}$百$_{庚}^{入}$ $_{2}$迫$_{庚}^{入}$					
산섭 寒1, 桓1, 山2, 仙A,B, 元C, 先4	$_{4}$邊$_{先}^{平}$ $_{4}$遍$_{先}^{去}$ $_{A}$鞭$_{仙}^{平}$ $_{B}$變$_{仙}^{去}$ $_{B}$別$_{仙}^{入}$ $_{C}$蕃$_{元}^{平}$ $_{2}$八$_{山}^{入}$ $_{2}$班$_{删}^{平}$ $_{2}$斑$_{删}^{平}$ $_{2}$頒$_{删}^{平}$ $_{2}$攀$_{删}^{平}$ $_{2}$版$_{删}^{上}$ $_{1}$半$_{桓}^{去}$ $_{1}$撥$_{桓}^{入}$ $_{1}$鉢$_{桓}^{入}$	$_{C}$反$_{元}^{上}$ $_{C}$返$_{元}^{上}$ $_{C}$發$_{元}^{入}$ $_{C}$髮$_{元}^{入}$	$_{4}$瞥$_{先}^{入}$ $_{A}$偏$_{仙}^{平}$ $_{C}$番$_{元}^{平}$ $_{1}$番$_{桓}^{平}$ $_{1}$潘$_{桓}^{平}$ $_{1}$判$_{桓}^{去}$	$_{C}$反$_{元}^{平}$	$_{4}$胼$_{先}^{平}$ $_{A}$便$_{仙}^{平/去}$ $_{B}$辨$_{仙}^{上}$ $_{B}$辯$_{仙}^{上}$ $_{B}$卞$_{仙}^{去}$ $_{B}$別$_{仙}^{入}$ $_{2}$辦$_{山}^{去}$ $_{2}$拔$_{删}^{入}$ $_{1}$盤$_{桓}^{平}$ $_{1}$叛$_{桓}^{去}$	$_{C}$飯$_{元}^{上/去}$ $_{C}$煩$_{元}^{平}$ $_{C}$樊$_{元}^{平}$ $_{C}$繁$_{元}^{平}$ $_{C}$番$_{元}^{平}$ $_{C}$蕃$_{元}^{平}$ $_{C}$伐$_{元}^{入}$
진섭 魂1, 痕1, 眞A,B, 諄A,B, 文C, 欣C	$_{A}$賓$_{眞}^{平}$ $_{A}$彪$_{眞}^{平}$ $_{A}$殯$_{眞}^{去}$ $_{A}$鬢$_{眞}^{去}$ $_{A}$必$_{眞}^{入}$ $_{A}$畢$_{眞}^{入}$ $_{B}$筆$_{眞}^{入}$ $_{1}$奔$_{魂}^{平}$ $_{1}$賁$_{魂}^{平}$ $_{1}$本$_{魂}^{上}$	$_{C}$分$_{文}^{平}$ $_{C}$奮$_{文}^{去}$ $_{C}$糞$_{文}^{去}$ $_{C}$不$_{文}^{入}$	$_{A}$匹$_{眞}^{入}$	$_{C}$紛$_{文}^{平}$ $_{C}$拂$_{文}^{入}$	$_{B}$貧$_{眞}^{平}$ $_{B}$佛$_{眞}^{入}$ $_{B}$弼$_{眞}^{入}$ $_{1}$勃$_{魂}^{入}$	$_{C}$焚$_{文}^{平}$ $_{C}$墳$_{文}^{平}$ $_{C}$分$_{文}^{去}$ $_{C}$佛$_{文}^{入}$

섭 韻 ＼ 순음	전청		차청		전탁	
	幫[p] 86	非[f] 33	滂[pʰ] 25	敷[fʰ] 21	並[b] 65	奉[v] 46
함섭 談, 覃, 咸, 銜, 鹽, 嚴, 添	$_{\text{B}}$貶$_{\text{鹽}}^{\text{上}}$	$_{\text{C}}$法$_{\text{凡}}^{\text{入}}$		$_{\text{C}}$汎$_{\text{凡}}^{\text{去}}$		$_{\text{C}}$凡$_{\text{凡}}^{\text{平}}$ $_{\text{C}}$犯$_{\text{凡}}^{\text{上}}$ $_{\text{C}}$范$_{\text{凡}}^{\text{上}}$ $_{\text{C}}$範$_{\text{凡}}^{\text{上}}$ $_{\text{C}}$颿$_{\text{凡}}^{\text{去}}$ $_{\text{C}}$乏$_{\text{凡}}^{\text{入}}$ $_{\text{C}}$颿$_{\text{咸}}^{\text{平}}$
심섭 侵AB	$_{\text{B}}$稟$_{\text{侵}}^{\text{上}}$		$_{\text{B}}$品$_{\text{侵}}^{\text{上}}$			

위의 분포 분석표에서 전청의 幫母[p]와 非母[f]의 분포를 대비해 보면 매우 흥미로운 결과가 나온다. 遇攝 행에서 幫母[p]는 模韻의 앞에 오는 데에 비하여 非母[f]는 항상 虞韻의 앞에 온다. 止攝에서도 幫母[p]는 脂韻이나 支韻의 앞에 오는 데에 비하여 非母[f]는 항상 微韻의 앞에 온다. 通攝에서도 幫母[p]는 $_{1}$東韻의 앞에 오는 데에 비하여 非母[f]는 $_{3}$鍾韻이나 $_{3}$東韻의 3등운 앞에 온다. 宕攝에서도 幫母[p]는 唐韻의 앞에 오는 데에 비하여 非母[f]는 陽韻의 앞에 온다. 山攝에서도 幫母[p]는 先韻, 仙韻, 山韻, 刪韻, 桓韻 등의 운모 앞에 오는 데에 비하여 非母[f]는 항상 元韻의 앞에 온다. 臻攝에서도 幫母[p]는 眞韻이나 魂韻의 앞에 오는 데에 비하여 非母[f]는 항상 文韻의 앞에 온다.

그런데 이 분포 기술은 너무나 번거롭고 복잡하다. 더 간단하고도 명쾌하게 幫母[p]와 非母[f]의 분포를 기술하는 방법이 있다. 非母[f]는 항상 3등 C인 운의 앞에 오고 幫母[p]는 나머지 운의 앞에 온다.[5] 여기에서 나머지 운이라고 한 것은

5 여기에도 예외가 있다. 通攝의 '$_{\text{C}}$複$_{\text{東}}^{\text{入}}$'은 等이 3등 C인데도 성모가 幫母이다. 그런데 이러한 예외는 대개 다음자에 속한다. '복'과 '부'의 두 가지로 읽히는 '複'도 다음자인데, 이곳의 '複'은 성조가 입성이므로 한국 한자음의 '복'에 해당한다. 입성의 '複'이 예외적인 분포를 보인다는 점에서 '複'의 기원적인 음가는 한국 한자음의 '부'에 대응하는 것이라고 할 수 있다.

1·2·4등인 운뿐만 아니라 3등의 A 또는 B인 운을 두루 지칭한다. 따라서 幫母[p]와 非母[f]의 분포 차이를 기술할 때에는 운보다는 等을 기준으로 기술하는 것이 간단하고도 명쾌하다. 이 분포 차이는 차청이나 전탁에서도 그대로 적용되므로 아주 중요하다. 차청에서도 敷母[f^h]는 3등 C인 운의 앞에 분포하고 滂母[p^h]는 그 나머지 운의 앞에 분포한다.[6] 전탁에서도 奉母[v]는 3등 C인 운의 앞에 분포하고 並母[b]는 그 나머지 운의 앞에 분포한다. 여기에서 이른바 脣輕音化가 3등 C인 운의 바로 앞에서 일어난다고 일반화할 수 있다(河野六郎 1968/79, 이토 지유키 2011: 189, 이진호 역).

결론적으로, 전청의 幫母[p]와 非母[f]가 상보적 분포를 이루고, 차청의 滂母[p^h]와 敷母[f^h]도 상보적 분포를 이루며, 전탁의 並母[b]와 奉母[v]도 상보적 분포를 이룬다. 나머지 환경이라 지칭한 1등, 2등, 4등, 3등 A, 3등 B에다 3등 C를 합하면 等의 전체 집합이 되기 때문이다. 프라그 학파의 음소 분석에서는 상보적 분포인 두 음성은 하나의 단위로 합치므로, 이들을 하나의 단위로 병합하여 각각 幫非[p], 滂敷[p^h], 並奉[b]이라고 할 수 있다.

이처럼 상보적 분포인 두 음성을 하나의 단위로 병합할 때에는 프라그 학파의 유표항과 무표항이라는 개념을 활용한다. 幫母[p]는 여러 언어에서 두루 나타나는 자음이므로 무표항이고, 非母[f]는 일부의 언어에서만 나타나므로 유표항이다. 마찬가지로 滂母[p^h]는 敷母[f^h]보다 상대적으로 무표적이고, 並母[b]도 奉母[v]보다 상대적으로 무표적이다. 두 음성을 하나로 합칠 때에는 언어학적 보편성을 중시하여 무표항을 그 음가로 택한다. 이에 따라 다음부터는 [p]와 [f]를 [p]로, [p^h]와 [f^h]를 [p^h]로, [b]와 [v]를 [b]로 지칭하기로 한다. 중국 음운학에서는 이들을 각각 순음의 전청음 [p], 차청음 [p^h], 전탁음 [b]라고 부른다.

요컨대, 『세설신어』의 대화문 용자에서는 幫母와 非母가 하나로 합쳐져서 순

---

6 山攝 행의 滂母[p^h]의 열에 온 '$_C$番$_元$^{平}'은 예외이지만 '番'은 다음자로서 '$_1$番$_桓$^{平}'의 음가도 가진다. 원래는 '番'이 桓韻 1등자이고 元韻 3등자가 아니다. 이에 따라 '$_C$番$_元$^{平}'의 음가를 제외할 수 있고, 나아가서 滂母[p^h]의 뒤에는 3등 C인 운모가 뒤따르지 않는다는 원칙을 유지할 수 있다.

음의 전청음 [p]가 되고, 滂母와 敷母가 합쳐져서 차청음 [p^h]가 되며, 並母와 奉母가 합쳐져서 전탁음 [b]가 된다. 달리 말하면 순중음(또는 양순음)과 순경음(또는 순치음)이 음운론적으로 구별되지 않았다. 이 결론은 기존의 전기 중고음 연구자들이 두루 강조한 바 있다.[7] 기존의 논의에서도 우리의 분포 분석법과 똑같은 방법을 적용했으므로 결론이 서로 같을 수밖에 없다.

그런데 순음의 전청음 [p], 차청음 [p^h], 전탁음 [b]를 모두 음소로 등록하려면 이들 상호 간의 최소대립 쌍을 다시 확인해야 한다. 전청음 [p]와 차청음 [p^h]가 음운론적으로 대립하지 않는 언어가 적지 않고, 전청음 [p]와 전탁음 [b]가 대립하지 않는 언어도 적지 않기 때문이다. 우리는 일관하여 최소대립 쌍이 확인될 때에만 그 대립 항을 각각 독자적인 음소로 설정하므로, 이들 상호 간에 최소대립이 성립하는지 다시 확인해야만 한다. 이것을 체계적인 방법으로 확인한다는 점에서 우리의 연구 방법은 기존의 연구 방법과 크게 차이가 난다.

순음 폐쇄음 상호 간의 음운대립을 확인하기 위하여, 먼저 분포 분석표 (2)에서 전청음 [p]와 차청음 [p^h]의 최소대립 쌍을 찾아본다. 성모의 최소대립 쌍을 찾을 때에는 분포 분석표의 동일 行에 온 용자 중에서 개합, 등, 운모, 성조의 네 가지 음운론적 성분이 동일한 것을 찾으면 된다.

이 방법으로 먼저 전청 幫母[p]와 차청 滂母[p^h]의 최소대립 쌍을 모두 찾아보면 아래의 24/25쌍이 나온다. 24/25쌍의 24는 다음자를 음운대립의 논거에서 제외할 때의 대립 쌍이고, 뒤에 적은 25는 다음자를 포함할 때의 대립 쌍이다. 각 대립 항이 『세설신어』의 대화문에서 출현하는 횟수는 ( ) 안의 수치로 제시했다. 또한 여러 대립 쌍 중에서 출현 빈도가 높은 대립 항끼리의 대립 쌍을 항상 3쌍씩 골라 (3)의 (4, 3, 2)처럼 명시하기로 한다. 이들 제시 방법은 아래에서도 항상 적용한다.

7 王力(1957)을 참고하기 바란다. 한어에서 순중음과 순경음이 구별되기 시작한 것은 아주 늦어서 11세기 이후의 일이다.

(3) 전청 幫母[p]와 차청 滂母[p^h]의 최소대립 쌍 (24/25쌍) (4, 3, 2)

1. 과섭 戈韻 – ${}_{1}$播$_{\text{戈}}^{\text{去}}$, ${}_{1}$簸$_{\text{戈}}^{\text{去}}$: ${}_{1}$破$_{\text{戈}}^{\text{去}}$ (3, 1 : 1)[8]
2. 우섭 模韻 – ${}_{1}$補$_{\text{模}}^{\text{上}}$: ${}_{1}$普$_{\text{模}}^{\text{上}}$ (1 : 1)
3. 지섭 支韻 – ${}_{A}$臂$_{\text{支}}^{\text{去}}$: ${}_{A}$辟$_{\text{支}}^{\text{去}}$, ${}_{A}$譬$_{\text{支}}^{\text{去}}$ (3 : 6, 6)
4. 지섭 支韻 – ${}_{B}$陂$_{\text{支}}^{\text{平}}$: ${}_{B}$披$_{\text{支}}^{\text{平}}$ (1 : 2)
5. 해섭 灰韻 – ${}_{1}$桮$_{\text{灰}}^{\text{平}}$: ${}_{1}$培$_{\text{灰}}^{\text{平}}$, ${}_{1}$裴$_{\text{灰}}^{\text{平}}$ (4 : 1, 18)
6. 해섭 灰韻 – ${}_{1}$輩$_{\text{灰}}^{\text{去}}$: ${}_{1}$配$_{\text{灰}}^{\text{去}}$ (25 : 2)
7. 경섭 庚韻 – ${}_{2}$伯$_{\text{庚}}^{\text{入}}$, ${}_{2}$百$_{\text{庚}}^{\text{入}}$, ${}_{2}$迫$_{\text{庚}}^{\text{入}}$, ${}_{2}$柏$_{\text{庚}}^{\text{入}}$: ${}_{2}$泊$_{\text{庚}}^{\text{入}}$, ${}_{2}$魄$_{\text{庚}}^{\text{入}}$, ${}_{2}$拍$_{\text{庚}}^{\text{入}}$ (31, 25, 1, 5 : 1, 1, 1)
8. 산섭 仙韻 – ${}_{A}$鞭$_{\text{仙}}^{\text{平}}$: ${}_{A}$偏$_{\text{仙}}^{\text{平}}$ (2 : 5)
9. 진섭 眞韻 – ${}_{A}$必$_{\text{眞}}^{\text{入}}$, ${}_{A}$畢$_{\text{眞}}^{\text{入}}$: ${}_{A}$匹$_{\text{眞}}^{\text{入}}$ (70, 2 : 1)
10. 심섭 侵韻 – ${}_{B}$稟$_{\text{侵}}^{\text{上}}$: ${}_{B}$品$_{\text{侵}}^{\text{上}}$ (1 : 2)

(3′) 출현 빈도가 높은 대립 항끼리의 최소대립 쌍 세 가지

1. 해섭 灰韻 – ${}_{1}$桮$_{\text{灰}}^{\text{平}}$ (4회) : ${}_{1}$裴$_{\text{灰}}^{\text{平}}$ (18회)
2. 지섭 支韻 – ${}_{A}$臂$_{\text{支}}^{\text{去}}$ (3회) : ${}_{A}$譬$_{\text{支}}^{\text{去}}$ (6회)
3. 해섭 灰韻 – ${}_{1}$輩$_{\text{灰}}^{\text{去}}$ (25회) : ${}_{1}$配$_{\text{灰}}^{\text{去}}$ (2회)

(4) 전청 非母[f]와 차청 敷母[f^h]의 최소대립 쌍 (15/21쌍) (3, 3, 2)

1. 지섭 微韻 – ${}_{C}$非$_{\text{微}}^{\text{平}}$, ${}_{C}$飛$_{\text{微}}^{\text{平}}$: ${}_{C}$霏$_{\text{微}}^{\text{平}}$ (73, 3 : 3)
2. 우섭 虞韻 – ${}_{C}$膚$_{\text{虞}}^{\text{平}}$, ${}_{C}$夫$_{\text{虞}}^{\text{平}}$: ${}_{C}$敷$_{\text{虞}}^{\text{平}}$, ${}_{C}$孚$_{\text{虞}}^{\text{平}}$ (3, 19 : 2, 1)
3. 우섭 虞韻 – ${}_{C}$甫$_{\text{虞}}^{\text{上}}$, ${}_{C}$府$_{\text{虞}}^{\text{上}}$, ${}_{C}$父$_{\text{虞}}^{\text{上}}$: ${}_{C}$撫$_{\text{虞}}^{\text{上}}$ (7, 16, 25 : 2)
4. 우섭 虞韻 – ${}_{C}$賦$_{\text{虞}}^{\text{去}}$, ${}_{C}$傅$_{\text{虞}}^{\text{去}}$: ${}_{C}$赴$_{\text{虞}}^{\text{去}}$ (7, 4 : 1)
5. 류섭 尤韻 – ${}_{C}$富$_{\text{尤}}^{\text{去}}$: ${}_{C}$副$_{\text{尤}}^{\text{去}}$, ${}_{C}$覆$_{\text{尤}}^{\text{去}}$ (6 : 2, 4)
6. 통섭 鍾韻 – ${}_{C}$封$_{\text{鍾}}^{\text{平}}$: ${}_{C}$鋒$_{\text{鍾}}^{\text{平}}$, ${}_{C}$蜂$_{\text{鍾}}^{\text{平}}$, ${}_{C}$峯$_{\text{鍾}}^{\text{平}}$ (2 : 3, 1, 2)
7. 통섭 東韻 – ${}_{C}$楓$_{\text{東}}^{\text{平}}$: ${}_{C}$豐$_{\text{東}}^{\text{平}}$ (1 : 5)

---

8 이처럼 ( ) 안에 넣은 숫자는 대립 항인 대화문 용자가 출현하는 횟수를 가리킨다. 이하 같다.

8. 통섭 東韻 – ${}_{C}$福${}_{東}^{入}$: ${}_{C}$覆${}_{東}^{入}$ (2 : 4)

9. 당섭 陽韻 – ${}_{C}$方${}_{陽}^{平}$: ${}_{C}$芳${}_{陽}^{平}$ (31 : 1)

10. 진섭 文韻 – ${}_{C}$分${}_{文}^{平}$: ${}_{C}$紛${}_{文}^{平}$ (3 : 5)

11. 진섭 文韻 – ${}_{C}$不${}_{文}^{入}$: ${}_{C}$拂${}_{文}^{入}$ (669 : 4)

(4′) 출현 빈도가 높은 대립 항끼리의 최소대립 쌍 세 가지

1. 지섭 微韻 – ${}_{C}$非${}_{微}^{平}$ (73회) : ${}_{C}$霏${}_{微}^{平}$ (3회)

2. 지섭 微韻 – ${}_{C}$飛${}_{微}^{平}$ (3회) : ${}_{C}$霏${}_{微}^{平}$ (3회)

3. 우섭 虞韻 – ${}_{C}$夫${}_{虞}^{平}$ (19회) : ${}_{C}$敷${}_{虞}^{平}$ (2회)

(3)과 (4)에서는 성조 다음자를 논의 대상에서 제외했다. 성조 다음자를 논거에서 제외하더라도 최소대립 쌍을 충분히 확인할 수 있기 때문이다.[9] (3)에서 전청 幫母[p]와 차청 幫母[p^h]의 최소대립 쌍이 25쌍이고 다음자를 논거에서 제외하면 24쌍이다. (4)에서 전청 非母[f]와 차청 敷母[f^h]의 최소대립 쌍이 21쌍이고 다음자를 논거에서 제외하면 15쌍이다. 이처럼 많은 양의 최소대립 쌍을 확인할 수 있으므로 최소대립 쌍의 양적 척도를 충족한다. 따라서 전청음 [p]가 차청음 [p^h]와 음운론적으로 대립했다고 할 수 있다.

위의 (3′)에 다시 정리한 것처럼, 전청 幫母[p]와 차청 滂母[p^h]의 최소대립은 4회 이상 출현하는 919자 집합에서 이미 성립한다. (4′)에 다시 정리한 것처럼, 전청 非母[f]와 차청 敷母[f^h]의 최소대립은 3회 이상 출현하는 1,112자 집합에서 성립한다. 이 둘 다 음운대립의 질적 척도를 충족한다.

앞에서 이미 논의한 것처럼 전청의 [p]와 [f]는 전청음 [p] 하나로 묶고, 차청의 [p^h]와 [f^h]는 차청음 [p^h] 하나로 묶는다. 그런데 전청음 [p]와 차청음 [p^h]의 최소대립이 양적 척도와 질적 척도를 두루 충족한다. 이에 따라 우리는 이 둘에 음소의 자격을 부여하여 5세기 전반기의 한어에 독자적 음소 /p/와 /p^h/가 있었다고 본다.

9 성모를 대상으로 최소대립의 성립 여부를 논의할 때에 성조 다음자는 항상 잉여적이다.

다음으로, 분포 분석표 (2)에서 전청과 전탁의 최소대립 쌍을 찾아본다.

(5) 전청 幫母[p]와 전탁 並母[b]의 최소대립 쌍 (30/41쌍) (20, 20, 6)

1. 과섭 戈韻 – ${}_{1}\text{波}_{\text{戈}}^{\text{平}}$: ${}_{1}\text{婆}_{\text{戈}}^{\text{平}}$ (1 : 1)
2. 우섭 模韻 – ${}_{1}\underline{\text{哺}}_{\text{模}}^{\text{平}}$: ${}_{1}\text{蒲}_{\text{模}}^{\text{平}}$, ${}_{1}\text{捕}_{\text{模}}^{\text{平}}$ (1 : 1, 1)
3. 우섭 模韻 – ${}_{1}\text{補}_{\text{模}}^{\text{上}}$: ${}_{1}\underline{\text{簿}}_{\text{模}}^{\text{上}}$ (1 : 4)
4. 우섭 模韻 – ${}_{1}\text{布}_{\text{模}}^{\text{去}}$: ${}_{1}\text{步}_{\text{模}}^{\text{去}}$, ${}_{1}\underline{\text{哺}}_{\text{模}}^{\text{去}}$ (10 : 2, 1)
5. 지섭 支韻 – ${}_{A}\text{箄}_{\text{支}}^{\text{上}}$: ${}_{A}\text{婢}_{\text{支}}^{\text{上}}$ (1 : 4)
6. 지섭 支韻 – ${}_{A}\text{臂}_{\text{支}}^{\text{去}}$: ${}_{A}\text{避}_{\text{支}}^{\text{去}}$, ${}_{A}\underline{\text{辟}}_{\text{支}}^{\text{去}}$ (3 : 3, 6)
7. 지섭 支韻 – ${}_{B}\text{陂}_{\text{支}}^{\text{平}}$: ${}_{B}\text{皮}_{\text{支}}^{\text{平}}$, ${}_{B}\text{疲}_{\text{支}}^{\text{平}}$ (1 : 5, 4)
8. 지섭 脂韻 – ${}_{A}\text{比}_{\text{脂}}^{\text{去}}$, ${}_{A}\text{庇}_{\text{脂}}^{\text{去}}$: ${}_{A}\text{鼻}_{\text{脂}}^{\text{去}}$ (31, 1 : 5)
9. 효섭 豪韻 – ${}_{1}\text{保}_{\text{豪}}^{\text{上}}$, ${}_{1}\text{寶}_{\text{豪}}^{\text{上}}$: ${}_{1}\text{抱}_{\text{豪}}^{\text{上}}$ (11, 10 : 4)
10. 효섭 豪韻 – ${}_{1}\text{報}_{\text{豪}}^{\text{去}}$: ${}_{1}\underline{\text{暴}}_{\text{豪}}^{\text{去}}$ (2 : 1)
11. 해섭 祭韻 – ${}_{A}\text{蔽}_{\text{祭}}^{\text{去}}$: ${}_{A}\text{弊}_{\text{祭}}^{\text{去}}$ (1 : 4)
12. 해섭 佳韻 – ${}_{2}\text{擺}_{\text{佳}}^{\text{上}}$: ${}_{2}\text{罷}_{\text{佳}}^{\text{上}}$ (1 : 1)
13. 해섭 灰韻 – ${}_{1}\text{輩}_{\text{灰}}^{\text{去}}$: ${}_{1}\text{悖}_{\text{灰}}^{\text{去}}$, ${}_{1}\text{佩}_{\text{灰}}^{\text{去}}$ (25 : 1, 1)
14. 통섭 東韻 – ${}_{1}\text{卜}_{\text{東}}^{\text{入}}$, ${}_{1}\text{濮}_{\text{東}}^{\text{入}}$: ${}_{1}\text{僕}_{\text{東}}^{\text{入}}$, ${}_{1}\underline{\text{暴}}_{\text{東}}^{\text{入}}$ (1, 1 : 11, 1)
15. 탕섭 唐韻 – ${}_{1}\text{博}_{\text{唐}}^{\text{入}}$: ${}_{1}\text{薄}_{\text{唐}}^{\text{入}}$, ${}_{1}\underline{\text{簿}}_{\text{唐}}^{\text{入}}$ (7 : 5, 4)
16. 증섭 蒸韻 – ${}_{B}\text{氷}_{\text{蒸}}^{\text{平}}$: ${}_{B}\text{憑}_{\text{蒸}}^{\text{平}}$ (1 : 3)
17. 증섭 蒸韻 – ${}_{B}\text{逼}_{\text{蒸}}^{\text{入}}$: ${}_{B}\text{愎}_{\text{蒸}}^{\text{入}}$ (4 : 1)
18. 경섭 淸韻 – ${}_{A}\text{壁}_{\text{淸}}^{\text{入}}$: ${}_{A}\underline{\text{辟}}_{\text{淸}}^{\text{入}}$ (1 : 6)
19. 경섭 庚韻 – ${}_{B}\text{兵}_{\text{庚}}^{\text{平}}$: ${}_{B}\text{平}_{\text{庚}}^{\text{平}}$, ${}_{B}\text{評}_{\text{庚}}^{\text{平}}$ (6 : 21, 2)
20. 경섭 庚韻 – ${}_{B}\text{柄}_{\text{庚}}^{\text{去}}$: ${}_{B}\text{病}_{\text{庚}}^{\text{去}}$ (2 : 7)
21. 경섭 庚韻 – ${}_{2}\text{伯}_{\text{庚}}^{\text{入}}$, ${}_{2}\text{百}_{\text{庚}}^{\text{入}}$, ${}_{2}\text{迫}_{\text{庚}}^{\text{入}}$, ${}_{2}\text{柏}_{\text{庚}}^{\text{入}}$: ${}_{2}\text{白}_{\text{庚}}^{\text{入}}$ (31, 25, 1, 5 : 20)
22. 산섭 先韻 – ${}_{4}\text{邊}_{\text{先}}^{\text{平}}$: ${}_{4}\text{胼}_{\text{先}}^{\text{平}}$ (5 : 1)
23. 산섭 仙韻 – ${}_{B}\text{變}_{\text{仙}}^{\text{去}}$: ${}_{B}\text{卞}_{\text{仙}}^{\text{去}}$ (1 : 1)
24. 산섭 桓韻 – ${}_{1}\text{半}_{\text{桓}}^{\text{去}}$: ${}_{1}\text{叛}_{\text{桓}}^{\text{去}}$ (4 : 1)

25. 진섭 眞韻 – ${}_{B}\text{筆}_{\text{眞}}^{\text{入}}$: ${}_{B}\underline{\text{佛}}_{\text{眞}}^{\text{入}}$, ${}_{B}\text{弼}_{\text{眞}}^{\text{入}}$ (1 : 4, 1)

(5′) 출현 빈도가 높은 대립 항끼리의 최소대립 쌍 세 가지

1. 경섭 庚韻 – ${}_{2}\text{伯}_{\text{庚}}^{\text{入}}$ (31회) : ${}_{2}\text{白}_{\text{庚}}^{\text{入}}$ (20회)
2. 경섭 庚韻 – ${}_{2}\text{百}_{\text{庚}}^{\text{入}}$ (25회) : ${}_{2}\text{白}_{\text{庚}}^{\text{入}}$ (20회)
3. 경섭 庚韻 – ${}_{B}\text{兵}_{\text{庚}}^{\text{平}}$ (6회) : ${}_{B}\text{平}_{\text{庚}}^{\text{平}}$ (21회)

(6) 전청 非母[f]와 전탁 奉母[v]의 최소대립 쌍 (28/38쌍) (9, 8, 7)

1. 우섭 虞韻 – ${}_{C}\text{膚}_{\text{虞}}^{\text{平}}$, ${}_{C}\text{夫}_{\text{虞}}^{\text{平}}$: ${}_{C}\text{扶}_{\text{虞}}^{\text{平}}$, ${}_{C}\text{符}_{\text{虞}}^{\text{平}}$, ${}_{C}\text{鳧}_{\text{虞}}^{\text{平}}$, ${}_{C}\underline{\text{瓿}}_{\text{虞}}^{\text{平}}$ (3, 19 : 1, 4, 1, 1)
2. 우섭 虞韻 – ${}_{C}\text{甫}_{\text{虞}}^{\text{上}}$, ${}_{C}\text{府}_{\text{虞}}^{\text{上}}$: ${}_{C}\text{輔}_{\text{虞}}^{\text{上}}$, ${}_{C}\text{腐}_{\text{虞}}^{\text{上}}$, ${}_{C}\text{釜}_{\text{虞}}^{\text{上}}$ (7, 16 : 9, 2, 2)
3. 지섭 微韻 – ${}_{C}\text{非}_{\text{微}}^{\text{平}}$, ${}_{C}\text{飛}_{\text{微}}^{\text{平}}$: ${}_{C}\text{肥}_{\text{微}}^{\text{平}}$ (73, 3 : 3)
4. 류섭 尤韻 – ${}_{C}\text{否}_{\text{尤}}^{\text{上}}$: ${}_{C}\text{負}_{\text{尤}}^{\text{上}}$, ${}_{C}\text{婦}_{\text{尤}}^{\text{上}}$, ${}_{C}\text{阜}_{\text{尤}}^{\text{上}}$ (1 : 15, 19, 1)
5. 류섭 尤韻 – ${}_{C}\text{富}_{\text{尤}}^{\text{去}}$: ${}_{C}\underline{\text{復}}_{\text{尤}}^{\text{去}}$, ${}_{C}\underline{\text{複}}_{\text{尤}}^{\text{去}}$ (6 : 134, 1)
6. 통섭 鍾韻 – ${}_{C}\text{封}_{\text{鍾}}^{\text{平}}$: ${}_{C}\text{逢}_{\text{鍾}}^{\text{平}}$ (2 : 1)
7. 통섭 東韻 – ${}_{C}\text{楓}_{\text{東}}^{\text{平}}$: ${}_{C}\text{馮}_{\text{東}}^{\text{平}}$, ${}_{C}\underline{\text{汎}}_{\text{東}}^{\text{平}}$ (1 : 1, 2)
8. 통섭 東韻 – ${}_{C}\text{諷}_{\text{東}}^{\text{去}}$: ${}_{C}\text{鳳}_{\text{東}}^{\text{去}}$ (1 : 5)
9. 통섭 東韻 – ${}_{C}\text{福}_{\text{東}}^{\text{入}}$: ${}_{C}\text{伏}_{\text{東}}^{\text{入}}$, ${}_{C}\underline{\text{復}}_{\text{東}}^{\text{入}}$, ${}_{C}\text{服}_{\text{東}}^{\text{入}}$, ${}_{C}\text{馥}_{\text{東}}^{\text{入}}$ (2 : 7, 134, 8, 1)
10. 탕섭 陽韻 – ${}_{C}\text{方}_{\text{陽}}^{\text{平}}$: ${}_{C}\text{房}_{\text{陽}}^{\text{平}}$, ${}_{C}\text{防}_{\text{陽}}^{\text{平}}$ (31 : 2, 1)
11. 산섭 元韻 – ${}_{C}\text{發}_{\text{元}}^{\text{入}}$, ${}_{C}\text{髮}_{\text{元}}^{\text{入}}$: ${}_{C}\text{伐}_{\text{元}}^{\text{入}}$ (8, 4 : 8)
12. 진섭 文韻 – ${}_{C}\underline{\text{分}}_{\text{文}}^{\text{平}}$: ${}_{C}\text{焚}_{\text{文}}^{\text{平}}$ (3 : 1)
13. 진섭 文韻 – ${}_{C}\text{奮}_{\text{文}}^{\text{去}}$, ${}_{C}\text{糞}_{\text{文}}^{\text{去}}$: ${}_{C}\underline{\text{分}}_{\text{文}}^{\text{去}}$ (1, 1 : 3)
14. 진섭 文韻 – ${}_{C}\underline{\text{不}}_{\text{文}}^{\text{入}}$: ${}_{C}\underline{\text{佛}}_{\text{文}}^{\text{入}}$ (669 : 4)
15. 함섭 凡韻 – ${}_{C}\text{法}_{\text{凡}}^{\text{入}}$: ${}_{C}\text{乏}_{\text{凡}}^{\text{入}}$ (14 : 2)

(6′) 출현 빈도가 높은 대립 항끼리의 최소대립 쌍 세 가지

1. 우섭 虞韻 – ${}_{C}\text{府}_{\text{虞}}^{\text{上}}$ (16회): ${}_{C}\text{輔}_{\text{虞}}^{\text{上}}$ (9회)
2. 산섭 元韻 – ${}_{C}\text{發}_{\text{元}}^{\text{入}}$ (8회) : ${}_{C}\text{伐}_{\text{元}}^{\text{入}}$ (8회)
3. 우섭 虞韻 – ${}_{C}\text{甫}_{\text{虞}}^{\text{上}}$ (7회) : ${}_{C}\text{輔}_{\text{虞}}^{\text{上}}$ (9회)

(5)에서 볼 수 있듯이, 전청 幫母[p]와 전탁 並母[b]의 최소대립 쌍을 30/41쌍이나 찾을 수 있다. (6)에 제시한 것처럼, 전청 非母[f]와 전탁 奉母[v]의 최소대립 쌍이 28/38쌍이나 된다. 또한 幫母[p]와 並母[b]의 최소대립은 20회 이상 출현하는 극소수의 상용자 집합에서 성립하고, 非母[f]와 奉母[v]의 최소대립은 9회 이상 출현하는 459자 집합에서 대립이 성립한다. 양적 척도와 질적 척도를 두루 충족하므로 전청의 幫母[p]·非母[f]가 전탁의 並母[b]·奉母[v]와 음운론적으로 대립했다고 할 수 있다. 앞에서 이미 논의한 것처럼 幫母[p]와 非母[f]는 전청음 [p]로 합쳐지고 並母[b]와 奉母[v]는 전탁음 [b]로 병합된다. 따라서 전청의 /p/와 전탁의 /b/가 음운론적으로 대립한다고 기술하는 것이 정확하다.

전청의 /p/가 전탁의 /b/와 음운론적으로 대립함을 논의할 때에, 아래의 최소대립 쌍은 논거에서 제외했다.

(7) 전청과 전탁의 동일 최소대립 쌍 (4쌍)

1. 우섭 虞韻 – ${}^{非}_{C}\underline{父}^{上}_{虞}$: ${}^{奉}_{C}\underline{父}^{上}_{虞}$
2. 지섭 支韻 – ${}^{滂}_{A}\underline{辟}^{去}_{支}$: ${}^{並}_{A}\underline{辟}^{去}_{支}$
3. 해섭 灰韻 – ${}^{幫}_{1}\underline{背}^{去}_{灰}$: ${}^{並}_{1}\underline{背}^{去}_{灰}$
4. 산섭 仙韻 – ${}^{幫}_{B}\underline{別}^{入}_{仙}$: ${}^{並}_{B}\underline{別}^{入}_{仙}$

(7.1)의 대립 항 '父'는 다음자로서 성모가 非母[f]일 때도 있고 奉母[v]일 때도 있다. (7.2)의 대립 항 '辟'는 滂母[p^h]와 並母[b]의 두 가지 음가를 갖는다. (7.3~4)의 '背'와 '別'은 성모가 幫母[p]일 때도 있고 並母[b]일 때도 있다. 이들은 대립 항이 동일한데, 이러한 최소대립 쌍을 우리는 同一 최소대립 쌍이라고 부른다. 동일 최소대립 쌍도 음운 분석의 대상으로 삼아야 마땅하지만 이것을 논의 대상에서 제외하더라도 음소 분석의 결과가 흔들리지 않는다. 즉 동일 최소대립 쌍도 음운 분석에서 잉여적이므로 논의 대상에서 모두 제외하기로 한다.

다음으로, 위의 분포 분석표에서 차청음 [p^h]와 전탁음 [b]의 최소대립 쌍을 찾아보면 아래와 같다.

(8) 차청 滂母[p^h]와 전탁 並母[b]의 최소대립 쌍 (9/13쌍) (3, 3, 2)

1. 우섭 模韻 – $_{1}$普$_{模}^{上}$: $_{1}$簿$_{模}^{上}$ (1 : 4)
2. 지섭 支韻 – $_{A}$譬$_{支}^{去}$: $_{A}$避$_{支}^{去}$ (6 : 3)
3. 지섭 支韻 – $_{B}$披$_{支}^{平}$: $_{B}$皮$_{支}^{平}$, $_{B}$疲$_{支}^{平}$ (2 : 5, 4)
4. 해섭 灰韻 – $_{1}$配$_{灰}^{去}$: $_{1}$背$_{灰}^{去}$, $_{1}$悖$_{灰}^{去}$, $_{1}$佩$_{灰}^{去}$ (2 : 1, 1, 1)
5. 경섭 庚韻 – $_{2}$泊$_{庚}^{入}$, $_{2}$魄$_{庚}^{入}$, $_{2}$拍$_{庚}^{入}$: $_{2}$白$_{庚}^{入}$ (1, 1, 1 : 20)
6. 산섭 桓韻 – $_{1}$番$_{桓}^{平}$, $_{1}$潘$_{桓}^{平}$: $_{1}$盤$_{桓}^{平}$ (1, 6 : 3)
7. 산섭 桓韻 – $_{1}$判$_{桓}^{去}$: $_{1}$叛$_{桓}^{去}$ (1 : 1)

(8′) 출현 빈도가 높은 대립 항끼리의 최소대립 쌍 세 가지

1. 지섭 支韻 – $_{A}$譬$_{支}^{去}$ (6회) : $_{A}$避$_{支}^{去}$ (3회)
2. 산섭 桓韻 – $_{1}$潘$_{桓}^{平}$ (6회) : $_{1}$盤$_{桓}^{平}$ (3회)
3. 지섭 支韻 – $_{B}$披$_{支}^{平}$ (2회) : $_{B}$皮$_{支}^{平}$ (5회)

(9) 차청 敷母[f^h]와 전탁 奉母[v]의 최소대립 쌍 (19/37쌍) (3, 2, 2)

1. 우섭 虞韻 – $_{C}$敷$_{虞}^{平}$, $_{C}$孚$_{虞}^{平}$: $_{C}$扶$_{虞}^{平}$, $_{C}$符$_{虞}^{平}$, $_{C}$鳧$_{虞}^{平}$, $_{C}$瓿$_{虞}^{平}$ (2, 1 : 1, 4, 1, 1)
2. 우섭 虞韻 – $_{C}$撫$_{虞}^{上}$: $_{C}$輔$_{虞}^{上}$, $_{C}$父$_{虞}^{上}$, $_{C}$腐$_{虞}^{上}$, $_{C}$釜$_{虞}^{上}$ (2 : 9, 25, 2, 2)
3. 지섭 微韻 – $_{C}$霏$_{微}^{平}$: $_{C}$肥$_{微}^{平}$ (3 : 3)
4. 류섭 尤韻 – $_{C}$副$_{尤}^{去}$, $_{C}$覆$_{尤}^{去}$: $_{C}$復$_{尤}^{去}$, $_{C}$複$_{尤}^{去}$ (2, 4 : 134, 1)
5. 통섭 鍾韻 – $_{C}$鋒$_{鍾}^{平}$, $_{C}$蜂$_{鍾}^{平}$, $_{C}$峯$_{鍾}^{平}$: $_{C}$逢$_{鍾}^{平}$ (3, 1, 2 : 1)
6. 통섭 東韻 – $_{C}$豊$_{東}^{平}$: $_{C}$馮$_{東}^{平}$, $_{C}$汎$_{東}^{平}$ (5 : 1, 2)
7. 통섭 東韻 – $_{C}$覆$_{東}^{入}$: $_{C}$伏$_{東}^{入}$, $_{C}$復$_{東}^{入}$, $_{C}$服$_{東}^{入}$, $_{C}$馥$_{東}^{入}$ (4 : 7, 134, 8, 1)
8. 탕섭 陽韻 – $_{C}$芳$_{陽}^{平}$: $_{C}$房$_{陽}^{平}$, $_{C}$防$_{陽}^{平}$ (1 : 2, 1)
9. 산섭 元韻 – $_{C}$反$_{元}^{平}$: $_{C}$煩$_{元}^{平}$, $_{C}$樊$_{元}^{平}$, $_{C}$繁$_{元}^{平}$, $_{C}$番$_{元}^{平}$, $_{C}$蕃$_{元}^{平}$ (8 : 11, 1, 1, 1, 1)
10. 진섭 文韻 – $_{C}$紛$_{文}^{平}$: $_{C}$焚$_{文}^{平}$, $_{C}$墳$_{文}^{平}$ (5 : 1, 1)
11. 진섭 文韻 – $_{C}$拂$_{文}^{入}$: $_{C}$佛$_{文}^{入}$ (4 : 4)
12. 함섭 凡韻 – $_{C}$汎$_{凡}^{去}$: $_{C}$颿$_{凡}^{去}$ (2 : 1)

(9′) 출현 빈도가 높은 대립 항끼리의 최소대립 쌍 세 가지

1. 지섭 微韻 - $_{C}$霏$_{微}^{平}$ (3회) : $_{C}$肥$_{微}^{平}$ (3회)
2. 우섭 虞韻 - $_{C}$撫$_{虞}^{上}$ (2회) : $_{C}$輔$_{虞}^{上}$ (9회)
3. 우섭 虞韻 - $_{C}$敷$_{虞}^{平}$ (2회) : $_{C}$符$_{虞}^{平}$ (4회)

다음자를 음운대립의 논거에서 제외하면 위에 제시한 것처럼, 차청 滂母$[p^h]$와 전탁 並母[b]의 최소대립 쌍은 9쌍이고, 차청 敷母$[f^h]$와 전탁 奉母[v]의 최소대립 쌍은 19쌍이다. 또한 滂母$[p^h]$와 並母[b]의 최소대립은 3회 이상 출현하는 1,112자 집합에서 대립이 성립하고, 敷母$[f^h]$와 奉母[v]의 최소대립도 마찬가지이다. 양적 척도와 질적 척도를 두루 충족하므로, 이것을 논거로 삼아 차청의 滂母$[p^h]$·敷母$[f^h]$가 전탁의 並母[b]·奉母[v]와 각각 음운론적으로 대립한다고 할 수 있다. 이에 따라 차청음 $[p^h]$와 전탁음 [b]를 각각 독자적인 음소로 설정한다. 결론적으로, 5세기 전반기의 한어에 독자적인 음소 $/p^h/$와 /b/가 있었다고 본다.

지금까지의 논의를 종합하면 순음에서는 아래의 三肢的 相關이 성립한다.

(10) 순음의 三肢的 相關

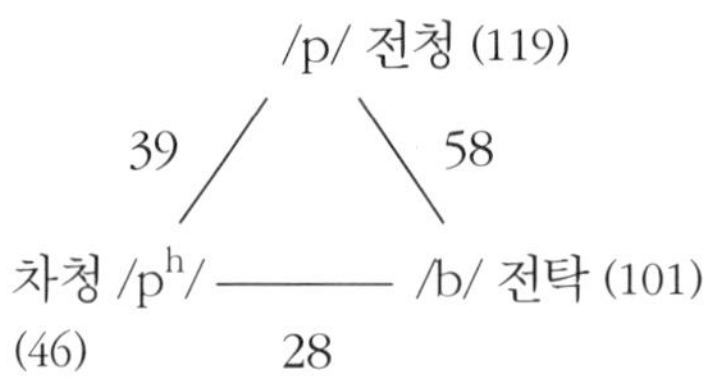

프라그 학파의 음운대립 이론에서는 유표항끼리의 음운대립을 논의하지 않는다. 그러나 우리는 둘 다 유표항인 차청음과 전탁음이 음운론적으로 서로 대립했다는 사실도 확인했다. 따라서 위의 삼지적 음운대립을 믿어도 된다.

(10)에서 ( ) 안에 적어 넣은 119·46·101의 수치는 『세설신어』의 대화문에서 순음의 전청자·차청자·전탁자가 각각 출현하는 횟수를 가리키고, 39·58·28의

수치는 다음자를 제외했을 때의 최소대립 쌍 수를 제시한 것이다. 예컨대, 전청자 119자와 전탁자 101자 중에서 58쌍의 최소대립 쌍을 찾아낼 수 있다는 뜻이다. 또한 위의 삼지적 음운대립은 3회 이상 출현하는 1,112자 집합에서 두루 성립한다. 양적 척도와 질적 척도를 두루 충족하므로, 순음의 전청 /p/, 차청 /p^h/, 전탁 /b/에 각각 음소의 자격을 부여할 수 있다.

이 세 음소에다 차탁의 /m/을 더하면 순음 음소가 4종이 된다. 차탁의 明微/m/와 전청의 幇非/p/가 최소대립을 이루는 쌍을 3장의 분포 분석표 (15)와 최소대립 쌍 (16)에 이미 제시한 바 있다. 따라서 여기에서는 번거로움을 피하여 明微/m/에 관련된 논의를 생략한다. 『세설신어』 대화문 용자에서 설정되는 순음 음소가 전청 /p/, 차청 /p^h/, 전탁 /b/, 차탁 /m/의 4종이라는 점만 다시 확인해 둔다.

그런데 우리의 음소 설정 방법에서는 母集團이 커질수록 설정되는 음소도 많아지고 작아질수록 음소의 수도 줄어든다. 위에서는 전체 집합인 2,212자를 모두 분석의 대상으로 삼았는데, 모집단을 몇 자 정도로 줄일 때에 설정되는 음소의 수가 줄어드는지를 논의하기로 한다. 모집단의 크기를 줄일 때에는 대립 항의 출현 횟수를 기준으로 삼는다.

(11) 순음의 최소대립 쌍과 대립 성립의 최소 집합

1. 전청 幇母[p]와 차청 滂母[p^h] – 24/25쌍, 4회 = 919자 집합
2. 전청 非母[f]와 차청 敷母[f^h] – 15/21쌍, 3회 = 1,112자 집합
3. 전청 幇母[p]와 전탁 並母[b] – 30/41쌍, 20회 = 218자 집합
4. 전청 非母[f]와 전탁 奉母[v] – 28/38쌍, 9회 = 459자 집합
5. 차청 滂母[p^h]와 진탁 並母[b] – 9/13쌍, 3회 = 1,112자 집합
6. 차청 敷母[f^h]와 전탁 奉母[v] – 19/37쌍, 3회 = 1,112자 집합

(11.1)은 4회 이상 출현하는 용자를 기준으로 삼으면 幇母[p]와 滂母[p^h]의 최소대립이 성립하지만, 5회 이상 출현하는 용자로 한정하면 최소대립 쌍이 없어진다는 것을 뜻한다. 반면에, (11.3)은 20회 이상 출현하는 용자로 한정하더라도

幫母[p]와 並母[b]의 최소대립이 성립함을 뜻한다. 그러나 (11.5~6)에서는 4회 이상 출현하는 용자로 한정하면 음운대립이 무너진다.

앞에서 우리는 (11.1)과 (11.2), (11.3)과 (11.4), (11.5)와 (11.6)을 각각 하나로 합하여 전청 /p/, 차청 /pʰ/, 전탁 /b/의 세 음소를 설정한 바 있다. 그런데 5회 이상 출현하는 용자로 한정하면, 전청의 /p/가 차청의 /pʰ/와 음운론적으로 대립하는 쌍이 없어진다. 달리 말하면, 전청 /p/와 차청 /pʰ/의 음운대립은 4회 이상 출현하는 919자 집합으로 확대해야만 확인된다.

반면에, 전청 /p/와 전탁 /b/의 음운대립 쌍은 20회 이상 출현하는 용자로 한정하더라도 여전히 찾을 수 있다. 이것은 전청과 차청의 음운대립보다는 전청과 전탁의 음운대립이 훨씬 강력했다는 것을 뜻한다. 20회 이상 출현하는 용자는 모두 218자에 불과한데, 이 적은 집합에서도 음운대립이 성립하기 때문이다.

(11.5~6)에서는 차청 /pʰ/와 전탁 /b/의 최소대립이 3회 이상 출현하는 용자 집합에서 확인된다. 3회 이상 출현하는 용자는 1,112자이므로, 1,112자 집합만 갖추면 차청 /pʰ/와 전탁 /b/의 최소대립을 확인할 수 있다.

위의 여러 논의를 종합하면, 『세설신어』의 대화문 용자 중에서 3회 이상 사용된 용자 집합을 갖추면, 전청 /p/, 차청 /pʰ/, 전탁 /b/의 세 음소 상호 간의 음운대립을 모두 확인할 수 있다는 결론이 나온다. 『세설신어』의 전체 2,212자 중에서 3회 이상 사용된 용자는 모두 1,112자이므로, 이 세 음소의 삼지적 음운대립을 유지하려면 적어도 1,112자 정도의 용자 집합이 필요하다는 결론이 나온다.[10]

여기에서 音韻對立의 强度라는 개념을 세울 수 있다. 상대적으로 적은 수의 母集團에서 대립이 성립하면 음운대립의 강도가 아주 세다고 정의한다. 반면에 상대적으로 큰 수의 모집단에서 대립이 성립하면 음운대립의 강도가 약하다고 정의한다. 이 구별은 물론 상대적인 것이기는 하지만 음운대립을 평가할 때에 하나의 척도가 될 수 있다.

이 음운대립의 상대적 강도는 한어 상고음을 재구할 때에 유용한 기준이 된다.

10 이 수치는 설음, 치음, 아음, 후음 등에서는 달라질 수 있다.

(11.1~2)에 정리한 전청 /p/와 차청 /pʰ/의 음운대립은 4회 이상 출현하는 919자 집합에서 비로소 성립하지만, (11.3~4)에 정리한 전청 /p/와 전탁 /b/의 음운대립은 20회 이상 출현하는 218자 집합에서 이미 성립한다. 이것은 전기 중고음에서 전청 /p/와 차청 /pʰ/의 음운대립 즉 無氣音과 有氣音 대립보다도 전청 /p/와 전탁 /b/의 음운대립 즉 無聲音과 有聲音의 음운대립이 훨씬 강력하고도 기본적인 대립이었음을 의미한다. 나아가서 한어 상고음에서는 무성음과 유성음의 음운대립이 기본적인 대립이었고, 무기음과 유기음의 대립은 새로 추가된 것임을 암시한다. 이처럼 계량적으로 분석하여 음운대립의 강도라는 개념을 세우면 한어 상고음의 상황까지도 추론할 수 있다. 우리는 대화문 용자를 全數調査하여 최소대립 쌍을 모두 확인하기 때문에 이처럼 음운대립의 상대적 강도를 측정할 수 있다. 이것이 우리의 장점이다.

4.2. 舌音

舌音은 크게 舌頭音과 舌上音의 둘로 나뉜다. 설두음은 端組라고 부르기도 하고 端母[t], 透母[tʰ], 定母[d], 泥母[n]가 이에 속한다. 설상음은 知組라고 부르기도 하고 여기에는 知母[ʈ], 徹母[ʈʰ], 澄母[ɖ], 娘母[ɳ]가 속한다.[11] 이 두 부류에 넣기 어려운 설음으로 來母[l]와 日母[ɲ]가 있다. 日母[ɲ]는 특히 후기 중고음 이후에는 齒音으로 분류하는 것이 일반적이지만, 전기 중고음에서는 설음으로 분류하는 것이 좋다.[12] 이들 여러 성모의 분류는 아래와 같다.

11 설상음은 한어 중고음에서 아직 폐쇄음 단계에 있다가 근세음에 이르러 권설 파찰음화하여 파찰음에 합류했고, 현대 북경음에서는 파찰음의 권설음이 되었다(고노 로쿠로(河野六郞) 2010: 112, 이진호 역주).

12 Karlgren(1954)는 日母를 [ńź]로 추정했으나, 현재는 [ɲ]으로 추정하는 것이 일반적이다. 한국의 한자음 자료에서 日母가 'ㄴ'으로 반영되는 것은 '누리(世)'의 의미를 가지는 '儒理≒儒禮'가 '弩禮'로도 표기되는(南豊鉉 2001: 443~4) 예와 彌勒寺址 數詞木簡의 '日古邑, 二□口邑'이 중세 한국어의 '닐곱, 닐굽(七)'에 대응하는 예를 들 수 있다(Lee SeungJae 2014). 엄익상(2015)는 日母의 한어 중고음이 [n]이었다는 점을 이

(12) 舌音의 성모와 대화문 용자 수

		전청	차청	전탁	차탁
설음	설두	端[t] 59	透[t^{h}] 39	定[d] 93	泥[n] 29
					來[l] 150
	설상	知[ʈ] 41	徹[ʈ^{h}] 13	澄[ɖ] 65	娘[ɳ] 8
					日[ɲ] 37

설음에서 논의 대상이 되는 것은 세 가지이다. 첫째는 泥母[n], 娘母[ɳ], 日母[ɲ] 상호 간에 음운대립이 성립하는가 하는 문제이고, 둘째는 설두음(端組)과 설상음(知組)이[13] 음운론적으로 대립했는지의 여부이다. 邵榮芬(1982)가 『刊謬補缺切韻』의 반절을 분석하여 설두음과 설상음이 엄격히 구별된다고 했지만, 우리는 『세설신어』의 대화문 용자를 분석하여 이 구별을 부정할 것이다. 셋째로 논의할 것은 전청, 차청, 전탁 상호 간의 음운대립 여부이다.

4.2.1. 泥母, 娘母, 日母

첫째 문제를 풀기 위해서 차탁에 속하는 泥母字, 娘母字, 日母字를 분포 분석표에 집어넣으면 아래의 (13)과 같다. 논의의 편의상 來母字도 함께 정리했다.

먼저, 來母字는 『세설신어』의 대화문에서 아주 많이 등장하여 150자에 이른다. 또한 來母[l]는 1~4등에 두루 분포하므로 곧바로 이 성모에 음소의 자격을 부여하여 來母/l/를 자음체계에 넣을 수 있다. 그렇더라도, 최소대립 쌍의 유무가 음소 설정의 가장 중요한 기준이므로 아래의 분포 분석표에서 來母[l]와 泥母[n]의 최소대립 쌍을 찾아본다.

용하여, 한국어의 '날'이 '日'의 한어 상고음에서 왔다고 주장했다. 이에 대한 비판은 이승재(2016: 311)을 참고하기 바란다.

13 설상음이 구개음이라는 Karlgren의 견해를 비판하면서 Pulleyblank(1962, 1983: 66~67)은 설상음이 권설음이라고 했다. 그 논거로는 베트남 한자음을 들었다.

(13) 來母字·泥母字·娘母字·日母字의 분포 분석표

설음 / 섭 韻	차탁			
	來[l] 150	泥[n] 29	娘[ɳ] 9	日[ɲ] 37
과섭	${}^{開}_{1}\text{訶}^{上}_{歌}$ ${}^{開}_{1}\text{羅}^{平}_{歌}$	${}^{開}_{1}\text{那}^{平}_{歌}$ ${}^{開}_{1}\underline{\text{奈}}^{去}_{歌}$ ${}^{合}_{1}\text{懦}^{去}_{戈}$		
가섭				${}^{開}_{AB}\underline{\text{若}}^{上}_{麻}$
우섭	${}_{C}\text{盧}^{平}_{魚}$ ${}_{C}\text{驢}^{平}_{魚}$ ${}_{C}\text{閭}^{平}_{魚}$ ${}_{C}\text{慮}^{去}_{魚}$ ${}_{C}\text{屢}^{去}_{虞}$ ${}_{1}\text{路}^{去}_{模}$ ${}_{1}\text{露}^{去}_{模}$ ${}_{1}\text{盧}^{平}_{模}$ ${}_{1}\text{轤}^{平}_{模}$	${}_{1}\text{奴}^{平}_{模}$ ${}_{1}\text{駑}^{平}_{模}$ ${}_{1}\text{弩}^{上}_{模}$ ${}_{1}\text{怒}^{上}_{模}$	${}_{C}\underline{\text{女}}^{上/去}_{魚}$	${}_{C}\text{如}^{平}_{魚}$ ${}_{C}\text{汝}^{上}_{魚}$ ${}_{C}\text{儒}^{平}_{虞}$ ${}_{C}\text{濡}^{平}_{虞}$ ${}_{C}\text{襦}^{平}_{虞}$ ${}_{C}\text{乳}^{上}_{虞}$
지섭	${}^{合}_{AB}\text{累}^{去}_{支}$ ${}^{開}_{AB}\text{籬}^{平}_{支}$ ${}^{合}_{AB}\text{羸}^{平}_{支}$ ${}^{開}_{AB}\underline{\text{離}}^{平/去}_{支}$ ${}^{開}_{AB}\underline{\text{梨}}^{平}_{脂}$ ${}^{開}_{AB}\text{利}^{去}_{脂}$ ${}^{開}_{AB}\text{履}^{上}_{脂}$ ${}^{合}_{AB}\text{類}^{去}_{脂}$ ${}^{合}_{AB}\underline{\text{淚}}^{去}_{脂}$ ${}^{合}_{AB}\text{壘}^{上}_{脂}$ ${}^{合}_{AB}\text{誄}^{上}_{脂}$ ${}^{開}_{C}\text{狸}^{平}_{之}$ ${}^{開}_{C}\text{裏}^{上}_{之}$ ${}^{開}_{C}\text{李}^{上}_{之}$ ${}^{開}_{C}\text{里}^{上}_{之}$ ${}^{開}_{C}\text{理}^{上}_{之}$ ${}^{開}_{C}\text{吏}^{去}_{之}$		${}^{開}_{AB}\text{尼}^{平}_{脂}$ ${}^{開}_{AB}\text{膩}^{去}_{脂}$	${}^{開}_{AB}\text{兒}^{平}_{支}$ ${}^{開}_{AB}\text{爾}^{上}_{支}$ ${}^{開}_{AB}\text{邇}^{上}_{支}$ ${}^{開}_{AB}\text{二}^{去}_{脂}$ ${}^{開}_{C}\text{耳}^{上}_{之}$ ${}^{開}_{C}\text{而}^{平}_{之}$
효섭	${}_{4}\text{僚}^{平}_{蕭}$ ${}_{4}\text{遼}^{平}_{蕭}$ ${}_{4}\text{料}^{平}_{蕭}$ ${}_{4}\text{聊}^{平}_{蕭}$ ${}_{4}\text{了}^{上}_{蕭}$ ${}_{AB}\text{燎}^{上}_{宵}$ ${}_{1}\text{勞}^{平}_{豪}$ ${}_{1}\text{老}^{上}_{豪}$	${}_{4}\text{嬲}^{上}_{蕭}$	${}_{2}\text{撓}^{上}_{肴}$	${}_{AB}\text{擾}^{上}_{宵}$ ${}_{AB}\underline{\text{饒}}^{平/去}_{宵}$
류섭	${}_{C}\text{流}^{平}_{尤}$ ${}_{C}\text{旒}^{平}_{尤}$ ${}_{C}\text{留}^{平}_{尤}$ ${}_{C}\text{劉}^{平}_{尤}$ ${}_{C}\text{柳}^{上}_{尤}$ ${}_{C}\text{溜}^{去}_{尤}$ ${}_{C}\text{餾}^{去}_{尤}$ ${}_{1}\text{樓}^{平}_{侯}$ ${}_{1}\text{塿}^{上}_{侯}$ ${}_{1}\text{漏}^{去}_{侯}$ ${}_{1}\text{陋}^{去}_{侯}$			${}_{C}\text{柔}^{平}_{尤}$
해섭	${}^{開}_{4}\underline{\text{梨}}^{平}_{齊}$ ${}^{開}_{4}\text{禮}^{上}_{齊}$ ${}^{開}_{4}\text{儷}^{去}_{齊}$ ${}^{開}_{4}\underline{\text{唳}}^{去}_{齊}$ ${}^{開}_{4}\underline{\text{淚}}^{去}_{齊}$ ${}^{開}_{AB}\text{例}^{去}_{祭}$ ${}^{開}_{AB}\text{厲}^{去}_{祭}$ ${}^{開}_{AB}\text{礪}^{去}_{祭}$ ${}^{開}_{1}\text{來}^{平}_{咍}$ ${}^{開}_{1}\text{睞}^{去}_{咍}$ ${}^{開}_{1}\text{賚}^{去}_{咍}$ ${}^{開}_{1}\text{賴}^{去}_{泰}$ ${}^{合}_{1}\text{磊}^{上}_{灰}$ ${}^{合}_{1}\text{雷}^{平}_{灰}$	${}^{開}_{4}\text{禰}^{上}_{齊}$ ${}^{開}_{4}\underline{\text{泥}}^{平/去}_{齊}$ ${}^{合}_{1}\text{內}^{去}_{灰}$ ${}^{開}_{1}\text{乃}^{上}_{咍}$ ${}^{開}_{1}\text{迺}^{上}_{咍}$ ${}^{開}_{1}\underline{\text{奈}}^{去}_{泰}$		

설음 / 섭 韻	차탁			
	來[l] 150	泥[n] 29	娘[ɳ] 9	日[ɲ] 37
통섭	${}_{C}$碌${}_{鍾}^{入}$ ${}_{C}$錄${}_{鍾}^{入}$ ${}_{C}$龍${}_{鍾}^{平}$ ${}_{C}$戮${}_{東}^{入}$ ${}_{C}$穋${}_{東}^{入}$ ${}_{C}$隆${}_{東}^{平}$ ${}_{C}$六${}_{東}^{入}$ ${}_{C}$陸${}_{東}^{入}$ ${}_{1}$籠${}_{東}^{上}$ ${}_{1}$碌${}_{東}^{入}$ ${}_{1}$轆${}_{東}^{入}$ ${}_{1}$鹿${}_{東}^{入}$ ${}_{1}$漉${}_{東}^{入}$		${}_{C}$濃${}_{鍾}^{平}$	${}_{C}$辱${}_{鍾}^{入}$ ${}_{C}$肉${}_{東}^{入}$ ${}_{C}$戎${}_{東}^{平}$
강섭	${}_{2}$犖${}_{江}^{入}$		${}_{2}$搦${}_{江}^{入}$	
탕섭	開${}_{C}$良${}_{陽}^{平}$ 開${}_{C}$粱${}_{陽}^{平}$ 開${}_{C}$兩${}_{陽}^{上}$ 開${}_{C}$量${}_{陽}^{平/去}$ 開${}_{C}$亮${}_{陽}^{去}$ 開${}_{C}$略${}_{陽}^{入}$ 開${}_{1}$狼${}_{唐}^{平}$ 開${}_{1}$琅${}_{唐}^{平}$ 開${}_{1}$郎${}_{唐}^{平}$ 開${}_{1}$廊${}_{唐}^{平}$ 開${}_{1}$朗${}_{唐}^{上}$ 開${}_{1}$瑯${}_{唐}^{平}$ 開${}_{1}$樂${}_{唐}^{入}$ 開${}_{1}$洛${}_{唐}^{入}$ 開${}_{1}$落${}_{唐}^{入}$ 開${}_{1}$酪${}_{唐}^{入}$	開${}_{1}$囊${}_{唐}^{平}$	開${}_{C}$釀${}_{陽}^{去}$	開${}_{C}$壤${}_{陽}^{上}$ 開${}_{C}$讓${}_{陽}^{去}$ 開${}_{C}$若${}_{陽}^{入}$ 開${}_{C}$弱${}_{陽}^{入}$
증섭	開${}_{C}$陵${}_{蒸}^{平}$ 開${}_{C}$力${}_{蒸}^{入}$ 開${}_{1}$稜${}_{登}^{平}$	開${}_{1}$能${}_{登}^{平}$	開${}_{C}$匿${}_{蒸}^{入}$	
경섭	開${}_{4}$伶${}_{青}^{平}$ 開${}_{4}$鈴${}_{青}^{平}$ 開${}_{4}$齡${}_{青}^{平}$ 開${}_{4}$酃${}_{青}^{平}$ 開${}_{4}$靈${}_{青}^{平}$ 開${}_{4}$歷${}_{青}^{入}$ 開${}_{4}$櫪${}_{青}^{入}$ 開${}_{4}$礫${}_{青}^{入}$ 開${}_{AB}$領${}_{清}^{上}$ 開${}_{AB}$令${}_{清}^{平/去}$ 開${}_{2}$冷${}_{庚}^{上}$	開${}_{4}$寧${}_{青}^{平}$ 開${}_{4}$佞${}_{青}^{去}$		
산섭	開${}_{4}$憐${}_{先}^{平}$ 開${}_{4}$練${}_{先}^{去}$ 開${}_{4}$鍊${}_{先}^{去}$ 開${}_{4}$唳${}_{先}^{入}$ 合${}_{AB}$劣${}_{仙}^{入}$ 開${}_{AB}$列${}_{仙}^{入}$ 開${}_{AB}$連${}_{仙}^{平}$ 開${}_{AB}$璉${}_{仙}^{上}$ 開${}_{AB}$烈${}_{仙}^{入}$ 開${}_{AB}$裂${}_{仙}^{入}$ 合${}_{AB}$臠${}_{仙}^{上}$ 合${}_{AB}$戀${}_{仙}^{去}$ 開${}_{1}$蘭${}_{寒}^{平}$ 開${}_{1}$爛${}_{寒}^{去}$ 合${}_{1}$臠${}_{桓}^{平}$ 合${}_{1}$卵${}_{桓}^{上}$ 合${}_{1}$亂${}_{桓}^{去}$	開${}_{4}$年${}_{先}^{平}$ 開${}_{1}$難${}_{寒}^{平/去}$ 合${}_{1}$煗${}_{桓}^{上}$		開${}_{AB}$然${}_{仙}^{平}$ 開${}_{AB}$燃${}_{仙}^{平}$ 開${}_{AB}$熱${}_{仙}^{入}$
진섭	開${}_{AB}$隣${}_{眞}^{平}$ 開${}_{AB}$吝${}_{眞}^{去}$ 開${}_{AB}$藺${}_{眞}^{去}$ 開${}_{AB}$慄${}_{眞}^{入}$ 合${}_{AB}$倫${}_{諄}^{平}$ 合${}_{AB}$淪${}_{諄}^{平}$ 合${}_{AB}$綸${}_{諄}^{平}$ 合${}_{1}$崙${}_{魂}^{平}$ 合${}_{1}$論${}_{魂}^{平/去}$	合${}_{1}$訥${}_{魂}^{入}$		開${}_{AB}$人${}_{眞}^{平}$ 開${}_{AB}$仁${}_{眞}^{平}$ 開${}_{AB}$忍${}_{眞}^{上}$ 開${}_{AB}$仞${}_{眞}^{去}$ 開${}_{AB}$刃${}_{眞}^{去}$ 開${}_{AB}$日${}_{眞}^{入}$ 合${}_{AB}$潤${}_{諄}^{去}$

설음 / 섭 韻	차탁			
	來[l] 150	泥[n] 29	娘[ɳ] 9	日[ɲ] 37
함섭	$_{AB}$廉$_{鹽}^{平}$ $_{AB}$獵$_{鹽}^{入}$ $_{AB}$獫$_{鹽}^{平/上/去}$ $_{AB}$斂$_{鹽}^{上/去}$ $_{1}$藍$_{談}^{平}$ $_{1}$覽$_{談}^{上}$ $_{1}$臘$_{談}^{入}$ $_{1}$拉$_{覃}^{入}$	$_{4}$念$_{添}^{去}$ $_{4}$捻$_{添}^{入}$ $_{1}$男$_{覃}^{平}$ $_{1}$南$_{覃}^{平}$ $_{1}$納$_{覃}^{入}$		$_{AB}$髯$_{鹽}^{平}$
심섭	$_{AB}$林$_{侵}^{平}$ $_{AB}$琳$_{侵}^{平}$ $_{AB}$臨$_{侵}^{平}$ $_{AB}$懍$_{侵}^{去}$ $_{AB}$立$_{侵}^{入}$			$_{AB}$任$_{侵}^{去}$ $_{AB}$入$_{侵}^{入}$

지금부터는 번거로움을 피하여 최소대립 쌍의 음운론적 환경을 5가지만 제시하고 그 나머지는 생략한다. 이때에는 대립 항의 출현 횟수가 많은 것을 남기고 적은 것을 생략한다. 그렇더라도 (14)의 (20/21쌍)처럼 최소대립 쌍의 수를 반드시 밝힌다. (20/21쌍)에서 '/'의 앞에 둔 20은 다음자를 대립 항에서 제외했을 때의 대립 쌍 수치이고, '/'의 뒤에 둔 21은 다음자를 대립 항에 포함했을 때의 대립 쌍 수치이다. 이것은 아래에서도 같다.

(14) 來母[l]와 泥母[n]의 최소대립 쌍 (20/21쌍) (5, 3, 2)

1. 우섭 模韻 – $_{1}$盧$_{模}^{平}$, $_{1}$轤$_{模}^{平}$: $_{1}$奴$_{模}^{平}$, $_{1}$駑$_{模}^{平}$ (2, 1 : 17, 4)
2. 탕섭 唐韻 – $^{開}_{1}$狼$_{唐}^{平}$, $^{開}_{1}$琅$_{唐}^{平}$, $^{開}_{1}$郎$_{唐}^{平}$, $^{開}_{1}$廊$_{唐}^{平}$, $^{開}_{1}$瑯$_{唐}^{平}$: $_{1}$囊$_{唐}^{平}$ (3, 3, 27, 2, 1 : 1)
3. 증섭 登韻 – $^{開}_{1}$稜$_{登}^{平}$: $^{開}_{1}$能$_{登}^{平}$ (3 : 89)
4. 경섭 青韻 – $^{開}_{4}$伶$_{青}^{平}$, $^{開}_{4}$鈴$_{青}^{平}$, $^{開}_{4}$齡$_{青}^{平}$, $^{開}_{4}$酃$_{青}^{平}$, $^{開}_{4}$靈$_{青}^{平}$: $^{開}_{4}$寧$_{青}^{平}$ (2, 1, 2, 1, 5 : 18)
5. 산섭 先韻 – $^{開}_{4}$憐$_{先}^{平}$: $^{開}_{4}$年$_{先}^{平}$ (40 : 1)

來母[l]와 泥母[n]의 최소대립 쌍이 20/21쌍이나 되고 5회 이상 출현하는 764자 집합에서 이미 대립이 성립하므로, 이들을 각각 독자적인 음소 /l/과 /n/으로 설정한다.

분포 분석표 (13)에서 泥母[n]의 분포를 살펴보면 독특하게도 1등운과 4등운의 앞에만 분포한다. 이것은 泥母[n]가 娘母[ɳ]나 日母[ɲ]와 독특한 관계에 있음을 암시한다. 娘母[ɳ]는 실제로 2등운과 3등운의 앞에만 분포하고, 日母[ɲ]는 3등운의 앞에만 분포한다. 이 상보적 분포를 이용하면 아주 쉽게 娘母[ɳ]와 日母[ɲ]를 泥母[n]에 편입할 수 있다.[14] 이것을 음소 泥日娘/n/이라 부를 수 있다.

그런데 실제로는 娘母字와 최소대립을 이루는 日母字가 있어서 주목된다. 아래의 2/3쌍에서 娘母[ɳ]와 日母[ɲ]가 최소대립을 이룬다. 이것을 곧이곧대로 믿으면 娘母[ɳ]와 日母[ɲ]를 각각 독자적인 음소로 설정해야 한다. 양적 척도는 충족하지 못하지만 (15.1)에서 질적 척도를 충족하기 때문이다.

(15) 娘母[ɳ]와 日母[ɲ]의 최소대립 쌍 (2/3쌍) (14, 1)

1. 우섭 魚韻 – $_{\text{C}}\underline{\text{女}}_{\text{魚}}^{\text{上}}$: $_{\text{C}}\text{汝}_{\text{魚}}^{\text{上}}$ (14 : 65)
2. 지섭 脂韻 – $^{\text{開}}_{\text{AB}}\text{膩}_{\text{脂}}^{\text{去}}$: $^{\text{開}}_{\text{AB}}\text{二}_{\text{脂}}^{\text{去}}$ (1 : 41)
3. 탕섭 陽韻 – $^{\text{開}}_{\text{C}}\text{釀}_{\text{陽}}^{\text{去}}$: $^{\text{開}}_{\text{C}}\text{讓}_{\text{陽}}^{\text{去}}$ (1 : 5)

그런데 여기에는 중요한 문제가 숨겨져 있다. (15.1)의 대립 항 '女'가 다음자라는 점이다. 즉 『광운』의 반절 尼呂切에서는, 달리 말하면 '女'가 '여자'의 뜻일 때에는 성조가 상성(즉 語韻)이다. 그러나 '女'가 '시집보내다'의 뜻인 尼據切에서는 성조가 거성(즉 御韻)이다.[15] 따라서 '女'의 성조를 거성이라고 하면 (15.1)은 성모의 최소대립 쌍이 아니다. 성조에서 이미 차이가 나기 때문이다.

(15.2)의 대립 항 '膩'는 『광운』에서 女利切이고, (15.3)의 대립 항 '釀'은 女亮切이다. 둘 다 반절상자가 '女'이다. 그렇다면 이 두 대립 쌍에서 음운대립이 성

---

14 娘母가 泥母와 상보적 분포임은 Chao(1941)에서 이미 밝혀진 바 있다. 그런데 唐 이전과 元의 초기에 娘母가 산스크리트의 권설 비음 'ṇ'을 전사하는 데에 사용되었고, 티베트 표기에서도 娘母와 泥母가 엄격히 구별되었다(Pulleyblank 1983: 69).

15 尼據切인 '女'가 www.zdic.net과 이토 지유키(2011, 이진호 역)에는 반영되어 있지 않지만, www.ytenx.org에는 반영되어 있다.

립하는가 하는 문제는 '女'의 성모를 日母[ɲ]라 할 것인가 娘母[ɳ]라 할 것인가 하는 문제로 귀결된다. 앞에서 우리는 다음자를 음운대립의 논거에서 배제하는 원칙을 세웠다. 이 원칙에 따르면 (15)의 대립 쌍을 최소대립 쌍에서 제외해야 하므로 日母[ɲ]와 娘母[ɳ]의 음운대립을 부정하게 된다.

그런데 반론이 성립한다. 실제로는 '女'의 성조가 거성이었을 가능성보다 상성이었을 가능성이 훨씬 크다. 성조가 거성인 '女'는 '시집보내다'의 의미를 가지므로 그 의미가 파생적 의미이다. 반면에, 성조가 상성인 '女'는 '여자'의 의미를 가지므로 기본적 의미이고, 실제로 『세설신어』 대화문에서도 '女'가 대부분 '여자'의 의미로 사용되었다. 이것을 강조하면 (15.1)의 최소대립 쌍을 인정해야 하고, 나아가서 日母와 娘母를 독자적인 음소로 보아, 각각 음소 /ɲ/과 /ɳ/을 설정해야 한다.

그러나 이들과 泥母의 대립관계를 고려하면 日母와 娘母가 독자적 음소가 아니라는 결론이 나온다. 분포 분석표 (13)에서 확인되듯이, 日母字는 항상 3등자이고 娘母字는 항상 2등자이거나 3등자이다.[16] 이와는 달리 泥母字는 항상 1등자이거나 4등자이다. 舌音의 次濁을 대표하는 것은 泥母인데, 泥母를 중심으로 기술하다 보면 日母뿐만 아니라 娘母도 독자적 단위가 아니다. 泥母와 日母도 상보적 분포이고, 泥母와 娘母도 상보적 분포이다.

그렇다면 泥母와 日母를 하나로 묶어서 泥日이라 할 수 있고, 泥母와 娘母를 하나로 병합하여 泥娘이라 할 수 있다. 泥日에 음소의 자격을 부여하되, 그 음소를 /ɲ/이라 하는 것보다 /n/이라 하는 것이 훨씬 바람직하다. 음소의 자격을 부여할 때에는 有標項보다는 無標項의 음가를 우선적으로 택하기 때문이다. 이와 마찬가지로, 泥娘에 음소의 자격을 부여하되, 그 음소를 /ɳ/이라 하는 것보다 /n/이라 하는 것이 훨씬 자연스럽다. 이처럼 泥日뿐만 아니라 泥娘도 동일 음소 /n/으로 귀결되므로, 우리는 泥母·日母·娘母를 하나로 묶어서 泥日娘이라 지칭하고 여기에 음소의 자격을 부여하여 泥日娘/n/으로 표시한다.

16 이 분포는 후술할 설상음의 知母[ʈ]·徹母[$ʈ^h$]·澄母[ɖ]가 2·3등운의 앞에 분포하는 것과 같다.

결론적으로, 설음 차탁의 鼻音 음소에는 泥日娘/n/의 하나만 설정한다. 이것이 流音인 來母/l/와 음운론적으로 대립한다.

4.2.2. 端母·知母, 透母·徹母, 定母·澄母

이제, 설음의 설두음(端組)과 설상음(知組)이 음운론적으로 대립했는지를 논의하기로 한다.

(16) 설음의 전청자, 차청자, 전탁자의 분포 분석표

설음 \ 섭	전청		차청		전탁	
	端[t] 59	知[ʈ] 41	透[tʰ] 39	徹[ʈʰ] 13	定[d] 93	澄[ɖ] 65
과섭	${}^{開}_{1}多_{歌}^{平}$		${}^{開}_{1}他_{歌}^{平}$		${}^{開}_{1}跎_{歌}^{平}$ ${}^{合}_{1}墮_{戈}^{上}$	
가섭		${}^{開}_{2}打_{麻}^{上}$				${}^{開}_{2}茶_{麻}^{上}$
우섭	${}_{1}都_{模}^{平}$ ${}_{1}覩_{模}^{上}$ ${}_{1}堵_{模}^{上}$ ${}_{1}睹_{模}^{上}$ ${}_{1}妬_{模}^{去}$	${}_{C}誅_{虞}^{平}$ ${}_{C}駐_{虞}^{去}$ ${}_{C}猪_{魚}^{平}$ ${}_{C}褚_{魚}^{上}$ ${}_{C}\underline{著}_{魚}^{去}$	${}_{1}土_{模}^{上}$	${}_{C}攄_{魚}^{平}$	${}_{1}徒_{模}^{平}$ ${}_{1}圖_{模}^{平}$ ${}_{1}途_{模}^{平}$ ${}_{1}屠_{模}^{平}$ ${}_{1}杜_{模}^{上}$ ${}_{1}度_{模}^{去}$	${}_{C}柱_{虞}^{上}$ ${}_{C}住_{虞}^{去}$ ${}_{C}除_{魚}^{平}$ ${}_{C}儲_{魚}^{平}$ ${}_{C}箸_{魚}^{去}$
지섭		${}^{開}_{AB}\underline{知}_{支}^{平/去}$ ${}^{開}_{AB}智_{支}^{去}$ ${}^{開}_{AB}胝_{脂}^{平}$ ${}^{開}_{AB}致_{脂}^{去}$ ${}^{合}_{AB}追_{脂}^{平}$ ${}^{開}_{AB}稚_{脂}^{去}$ ${}^{開}_{C}置_{之}^{去}$		${}^{開}_{AB}螭_{支}^{平}$ ${}^{開}_{C}癡_{之}^{平}$ ${}^{開}_{C}恥_{之}^{上}$	${}^{開}_{AB}地_{脂}^{去}$	${}^{開}_{AB}池_{支}^{平}$ ${}^{開}_{AB}馳_{支}^{平}$ ${}^{合}_{AB}\underline{槌}_{支}^{去}$ ${}^{開}_{AB}遲_{脂}^{平}$ ${}^{開}_{AB}雉_{脂}^{上}$ ${}^{合}_{AB}\underline{槌}_{脂}^{去}$ ${}^{合}_{AB}墜_{脂}^{去}$ ${}^{開}_{C}持_{之}^{平}$ ${}^{開}_{C}峙_{之}^{上}$ ${}^{開}_{C}\underline{值}_{之}^{去}$ ${}^{開}_{C}\underline{治}_{之}^{平/去}$

섭 \ 설음	전청		차청		전탁	
	端[t] 59	知[ʈ] 41	透[t^h] 39	徹[$ʈ^h$] 13	定[d] 93	澄[ɖ] 65
효섭	$_{4}$刁$_{蕭}^{平}$ $_{4}$鳥$_{蕭}^{上}$ $_{4}$弔$_{蕭}^{去}$ $_{4}$釣$_{蕭}^{去}$ $_{1}$刀$_{豪}^{平}$ $_{1}$擣$_{豪}^{上}$ $_{1}$禱$_{豪}^{上}$ $_{1}$搗$_{豪}^{上}$ $_{1}$到$_{豪}^{去}$ $_{1}$倒$_{豪}^{上/去}$	$_{AB}$朝$_{宵}^{平}$ $_{2}$罩$_{肴}^{去}$	$_{1}$條$_{豪}^{平}$ $_{1}$洮$_{豪}^{平}$ $_{1}$滔$_{豪}^{平}$ $_{1}$討$_{豪}^{上}$	$_{AB}$超$_{宵}^{平}$	$_{4}$條$_{蕭}^{平}$ $_{4}$調$_{蕭}^{平/去}$ $_{1}$陶$_{豪}^{平}$ $_{1}$濤$_{豪}^{平}$ $_{1}$道$_{豪}^{上}$ $_{1}$盜$_{豪}^{去}$	$_{AB}$朝$_{宵}^{平}$ $_{AB}$趙$_{宵}^{上}$ $_{AB}$旐$_{宵}^{上}$
류섭	$_{1}$斗$_{侯}^{上}$ $_{1}$鬪$_{侯}^{去}$	$_{C}$譸$_{尤}^{平}$ $_{C}$肘$_{尤}^{上}$ $_{C}$晝$_{尤}^{去}$	$_{1}$偷$_{侯}^{平}$		$_{1}$頭$_{侯}^{平}$ $_{1}$投$_{侯}^{平}$ $_{1}$豆$_{侯}^{去}$ $_{1}$竇$_{侯}^{去}$	$_{C}$籌$_{尤}^{平}$ $_{C}$疇$_{尤}^{平}$ $_{C}$紂$_{尤}^{上}$ $_{C}$宙$_{尤}^{去}$ $_{C}$胄$_{尤}^{去}$
해섭	開 $_{4}$低$_{齊}^{平}$ 開 $_{4}$抵$_{齊}^{上}$ 開 $_{4}$詆$_{齊}^{上}$ 開 $_{4}$帝$_{齊}^{去}$ 開 $_{1}$帶$_{泰}^{去}$ 開 $_{1}$戴$_{咍}^{去}$ 合 $_{1}$對$_{灰}^{去}$	合 $_{AB}$綴$_{祭}^{去}$	開 $_{4}$梯$_{齊}^{平}$ 開 $_{4}$體$_{齊}^{上}$ 開 $_{4}$替$_{齊}^{去}$ 開 $_{1}$太$_{泰}^{去}$ 開 $_{1}$泰$_{泰}^{去}$ 開 $_{1}$汰$_{泰}^{去}$ 開 $_{1}$台$_{咍}^{平}$ 合 $_{1}$退$_{灰}^{去}$		開 $_{4}$提$_{齊}^{平}$ 開 $_{4}$題$_{齊}^{平}$ 開 $_{4}$啼$_{齊}^{平}$ 開 $_{4}$第$_{齊}^{去}$ 開 $_{4}$悌$_{齊}^{去}$ 開 $_{4}$逮$_{齊}^{去}$ 開 $_{4}$弟$_{齊}^{上/去}$ 開 $_{1}$大$_{泰}^{去}$ 開 $_{1}$臺$_{咍}^{平}$ 開 $_{1}$待$_{咍}^{上}$ 開 $_{1}$殆$_{咍}^{上}$ 開 $_{1}$代$_{咍}^{去}$ 開 $_{1}$岱$_{咍}^{去}$ 合 $_{1}$頹$_{灰}^{平}$ 合 $_{1}$隤$_{灰}^{平}$	開 $_{AB}$滯$_{祭}^{去}$

설음 / 섭	전청		차청		전탁	
	端[t] 59	知[ʈ] 41	透[tʰ] 39	徹[ʈʰ] 13	定[d] 93	澄[ɖ] 65
통섭	$_{1}$東$_{東}^{平}$ $_{1}$董$_{東}^{上}$ $_{1}$棟$_{東}^{去}$ $_{1}$冬$_{冬}^{平}$ $_{1}$篤$_{冬}^{入}$	$_{C}$忠$_{東}^{平}$ $_{C}$中$_{東}^{平/去}$ $_{C}$竹$_{東}^{入}$	$_{1}$通$_{東}^{平}$ $_{1}$痛$_{東}^{去}$	$_{C}$寵$_{鍾}^{上}$	$_{1}$同$_{東}^{平}$ $_{1}$銅$_{東}^{平}$ $_{1}$童$_{東}^{平}$ $_{1}$瞳$_{東}^{平}$ $_{1}$動$_{東}^{上}$ $_{1}$慟$_{東}^{去}$ $_{1}$洞$_{東}^{去}$ $_{1}$獨$_{東}^{入}$ $_{1}$犢$_{東}^{入}$ $_{1}$讀$_{東}^{入}$	$_{C}$重$_{鍾}^{平}$ $_{C}$重$_{鍾}^{上/去}$ $_{C}$沖$_{東}^{平}$ $_{C}$仲$_{東}^{去}$ $_{C}$逐$_{東}^{入}$ $_{C}$軸$_{東}^{入}$ $_{C}$柚$_{東}^{入}$
강섭		$_{2}$卓$_{江}^{入}$				$_{2}$濯$_{江}^{入}$ $_{2}$濁$_{江}^{入}$
탕섭	開$_{1}$黨$_{唐}^{上}$ 開$_{1}$當$_{唐}^{平/去}$	開$_{C}$張$_{陽}^{平}$ 開$_{C}$長$_{陽}^{上}$ 開$_{C}$帳$_{陽}^{去}$ 開$_{C}$著$_{陽}^{入}$	開$_{1}$湯$_{唐}^{平}$ 開$_{1}$儻$_{唐}^{去}$ 開$_{1}$託$_{唐}^{入}$	開$_{C}$暢$_{陽}^{去}$ 開$_{C}$暘$_{陽}^{去}$	開$_{1}$堂$_{唐}^{平}$ 開$_{1}$唐$_{唐}^{平}$ 開$_{1}$塘$_{唐}^{平}$ 開$_{1}$棠$_{唐}^{平}$ 開$_{1}$蕩$_{唐}^{上}$	開$_{C}$長$_{陽}^{平}$ 開$_{C}$場$_{陽}^{平}$ 開$_{C}$丈$_{陽}^{上}$ 開$_{C}$杖$_{陽}^{上}$ 開$_{C}$仗$_{陽}^{上/去}$ 開$_{C}$著$_{陽}^{入}$
증섭	開$_{1}$登$_{登}^{平}$ 開$_{1}$等$_{登}^{上}$ 開$_{1}$得$_{登}^{入}$ 開$_{1}$德$_{登}^{入}$	開$_{C}$徵$_{蒸}^{平}$		開$_{C}$敕$_{蒸}^{入}$	開$_{1}$鄧$_{登}^{去}$ 開$_{1}$特$_{登}^{入}$	開$_{C}$澄$_{蒸}^{平}$ 開$_{C}$直$_{蒸}^{入}$ 開$_{C}$値$_{蒸}^{入}$
경섭	開$_{4}$丁$_{青}^{平}$ 開$_{4}$鼎$_{青}^{上}$ 開$_{4}$適$_{青}^{入}$ 開$_{4}$的$_{青}^{入}$	開$_{AB}$貞$_{清}^{平}$	開$_{4}$珽$_{青}^{上}$ 開$_{4}$艼$_{青}^{平/上}$ 開$_{4}$聽$_{青}^{平/去}$ 開$_{4}$剔$_{青}^{入}$		開$_{4}$廷$_{青}^{平}$ 開$_{4}$庭$_{青}^{平}$ 開$_{4}$亭$_{青}^{平}$ 開$_{4}$停$_{青}^{平}$ 開$_{4}$渟$_{青}^{平}$ 開$_{4}$定$_{青}^{去}$ 開$_{4}$滌$_{青}^{入}$	開$_{AB}$酲$_{清}^{平}$ 開$_{AB}$鄭$_{清}^{去}$ 開$_{AB}$擲$_{清}^{入}$ 開$_{2}$宅$_{庚}^{入}$ 開$_{2}$澤$_{庚}^{入}$ 開$_{2}$擇$_{庚}^{入}$

설음 / 섭	전청		차청		전탁	
	端[t] 59	知[ʈ] 41	透[tʰ] 39	徹[ʈʰ] 13	定[d] 93	澄[ɖ] 65
경섭					開$_{4}$笛$_{青}^{入}$ 開$_{4}$敵$_{青}^{入}$ 開$_{4}$荻$_{青}^{入}$ 開$_{4}$挺$_{青}^{平/上}$	
산섭	開$_{4}$顚$_{先}^{平}$ 開$_{1}$丹$_{寒}^{平}$ 開$_{1}$單$_{寒}^{平}$ 開$_{1}$旦$_{寒}^{去}$ 合$_{1}$端$_{桓}^{平}$ 合$_{1}$短$_{桓}^{上}$ 合$_{1}$斷$_{桓}^{去}$ 合$_{1}$咄$_{桓}^{入}$ 合$_{1}$掇$_{桓}^{入}$	開$_{AB}$哲$_{仙}^{入}$ 合$_{AB}$轉$_{仙}^{上/去}$ 合$_{AB}$掇$_{仙}^{入}$ 合$_{AB}$輟$_{仙}^{入}$ 合$_{AB}$綴$_{仙}^{入}$	開$_{4}$天$_{先}^{平}$ 開$_{4}$鐵$_{先}^{入}$ 開$_{1}$坦$_{寒}^{上}$ 開$_{1}$歎$_{寒}^{去}$ 開$_{1}$炭$_{寒}^{去}$ 開$_{1}$撻$_{寒}^{入}$ 合$_{1}$猯$_{桓}^{平}$	開$_{AB}$徹$_{仙}^{入}$	開$_{4}$田$_{先}^{平}$ 開$_{4}$殄$_{先}^{上}$ 開$_{4}$電$_{先}^{去}$ 開$_{4}$殿$_{先}^{去}$ 開$_{1}$檀$_{寒}^{平}$ 開$_{1}$誕$_{寒}^{上}$ 開$_{1}$憚$_{寒}^{去}$ 開$_{1}$達$_{寒}^{入}$ 開$_{1}$彈$_{寒}^{平/去}$ 開$_{1}$但$_{寒}^{上/去}$ 合$_{1}$斷$_{桓}^{上}$ 合$_{1}$奪$_{桓}^{入}$	開$_{AB}$纏$_{仙}^{平}$ 合$_{AB}$傳$_{仙}^{平/去}$ 開$_{AB}$徹$_{仙}^{入}$ 開$_{AB}$轍$_{仙}^{入}$
진섭	合$_{1}$敦$_{魂}^{平}$ 合$_{1}$頓$_{魂}^{去}$ 合$_{1}$咄$_{魂}^{入}$	開$_{AB}$鎭$_{眞}^{去}$	開$_{1}$呑$_{痕}^{平}$	合$_{AB}$黜$_{諄}^{入}$	合$_{1}$屯$_{魂}^{平}$ 合$_{1}$豘$_{魂}^{平}$ 合$_{1}$豚$_{魂}^{平}$ 合$_{1}$鈍$_{魂}^{去}$ 合$_{1}$遁$_{魂}^{上/去}$ 合$_{1}$突$_{魂}^{入}$	開$_{AB}$塵$_{眞}^{平}$ 開$_{AB}$陳$_{眞}^{平/去}$
함섭	$_{4}$點$_{添}^{上}$ $_{1}$儋$_{談}^{平}$ $_{1}$耽$_{覃}^{平}$ $_{1}$湛$_{覃}^{平}$ $_{1}$答$_{覃}^{入}$	$_{AB}$霑$_{鹽}^{平}$ $_{AB}$輒$_{鹽}^{入}$	$_{4}$忝$_{添}^{上}$ $_{1}$榻$_{談}^{入}$ $_{1}$榻$_{談}^{入}$ $_{1}$貪$_{覃}^{平}$ $_{1}$探$_{覃}^{平}$	$_{AB}$諂$_{鹽}^{上}$ $_{AB}$覘$_{鹽}^{去}$	$_{4}$恬$_{添}^{平}$ $_{1}$談$_{談}^{平}$ $_{1}$澹$_{談}^{平/上}$ $_{1}$噉$_{談}^{上}$ $_{1}$淡$_{談}^{去}$ $_{1}$潭$_{覃}^{平}$	$_{2}$湛$_{咸}^{上}$

설음 \ 섭	전청		차청		전탁	
	端[t] 59	知[ʈ] 41	透[tʰ] 39	徹[ʈʰ] 13	定[d] 93	澄[ɖ] 65
심섭		$_{\text{AB}}$椹$_{\text{侵}}^{\text{平}}$				$_{\text{AB}}$沈$_{\text{侵}}^{\text{平}}$ $_{\text{AB}}$湛$_{\text{侵}}^{\text{平}}$ $_{\text{AB}}$朕$_{\text{侵}}^{\text{上}}$

전청의 端母[t]는 항상 1·4등운의 앞에 오고, 知母[ʈ]는 항상 2·3등운의 앞에 온다. 이 두 성모의 분포는 等에서 상보적이므로 端母[t]와 知母[ʈ]를 하나의 단위 端知[t]로 병합할 수 있다. 차청의 透母[tʰ]는 1·4등운의 앞에 오는 데에 비하여, 徹母[ʈʰ]는 항상 3등운의 앞에 온다.[17] 이 두 성모의 분포가 상보적이므로, 透母[tʰ]와 徹母[ʈʰ]를 하나의 단위 透徹[tʰ]로 합칠 수 있다. 전탁의 定母[d]의 뒤에는 항상 1·4등운이 오지만,[18] 澄母[ɖ]의 뒤에는 항상 2·3등운이 온다. 이 두 성모의 분포가 상보적이므로, 이 둘을 하나의 단위 定澄[d]으로 병합할 수 있다.

위의 논의를 종합하면 『세설신어』의 대화문 용자에서는 설두음과 설상음의 구별이 없었다는 결론이 나온다. 기존의 연구에서도 상보적 분포를 활용해 왔으므로 우리의 연구 방법과 기존의 연구 방법에 차이가 없다. 그런데도 邵榮芬(1982)에서는 『刊謬補缺切韻』의 반절을 논거로 들어 이 둘이 엄격히 구별되었다고 했다. 그러나 『절운』 시절에는 음운론적 성분의 하나인 等이 아직 인식되지 않았다는 점을 감안할 필요가 있다. 등의 관점에서는 舌頭音과 舌上音이 상보적으로 분포한다는 것이 분명하다. 또한 설두음과 설상음이 구별되었다 하더라도 최소대립 쌍이 발견되지 않는다는 점에서 이 구별은 음성학적 차원의 구별에 불과하다. 우리는 음성학적 기술보다는 음운론적 대립을 중시하므로, 邵榮芬(1982)의 견해를 따르지 않는다.

지금부터는 번거로움을 피하여 端知[t], 透徹[tʰ], 定澄[d]의 셋을 각각 설음의 전

17 徹母[ʈʰ]의 뒤에 2등운이 오는 예가 없지만 이것은 우연한 공백일 것이다.

18 定母[d]의 지섭 행에 온 '$^{\text{開}}_{\text{AB}}$地$_{\text{脂}}^{\text{去}}$'는 예외적이다. 그러나 이 '$^{\text{開}}_{\text{AB}}$地$_{\text{脂}}^{\text{去}}$'가 澄母[ɖ] 열에 오는 한자와 최소대립을 이루지 않는다.

청음 [t], 차청음 [t^{h}], 전탁음 [d]로 지칭한다. 이 세 단위가 음운론적으로 대립했는지를 확인하기 위하여, 이제 이들 상호 간의 최소대립 쌍을 찾아보기로 한다.

(17) 端母[t]와 透母[t^{h}]의 최소대립 쌍 (28/32쌍) (17, 9, 6)

1. 과섭 歌韻 – $^{開}_{1}$多$^{平}_{歌}$: $^{開}_{1}$他$^{平}_{歌}$ (29 : 9)
2. 해섭 灰韻 – $^{合}_{1}$對$^{去}_{灰}$: $^{合}_{1}$退$^{去}_{灰}$ (5 : 8)
3. 통섭 東韻 – $_{1}$東$^{平}_{東}$: $_{1}$通$^{平}_{東}$ (22 : 17)
4. 통섭 東韻 – $_{1}$棟$^{去}_{東}$: $_{1}$痛$^{去}_{東}$ (6 : 7)
5. 산섭 寒韻 – $^{開}_{1}$旦$^{去}_{寒}$: $^{開}_{1}$歎$^{去}_{寒}$, $^{開}_{1}$炭$^{去}_{寒}$ (7 : 5, 1)

(18) 知母[ʈ]와 徹母[ʈ^{h}]의 최소대립 쌍 (3/5쌍) (1, 1, 1)

1. 우섭 魚韻 – $_{C}$猪$^{平}_{魚}$: $_{C}$攄$^{平}_{魚}$ (2 : 1)
2. 효섭 宵韻 – $_{AB}$朝$^{平}_{宵}$: $_{AB}$超$^{平}_{宵}$ (23 : 11)
3. 탕섭 陽韻 – $^{開}_{C}$帳$^{去}_{陽}$: $^{開}_{C}$暢$^{去}_{陽}$, $^{開}_{C}$暘$^{去}_{陽}$ (1 : 6, 2)
4. 산섭 仙韻 – $^{開}_{AB}$哲$^{入}_{仙}$: $^{開}_{AB}$徹$^{入}_{仙}$ (1 : 6)

(17)의 28/32쌍에서 端母[t]가 透母[t^{h}]와 최소대립을 이루고, (18)의 3/5쌍에서 知母[ʈ]와 徹母[ʈ^{h}]가 최소대립을 이룬다. 端母[t]와 知母[ʈ]가 하나로 병합되어 전청음 [t]가 되고 透母[t^{h}]와 徹母[ʈ^{h}]가 하나로 묶여 차청음 [t^{h}]가 되므로, (17)과 (18)의 최소대립 쌍을 논거로 삼아 전청음 /t/와 차청음 /t^{h}/가 음운론적으로 대립했다고 기술하는 것이 정확하다. 이에 따라 5세기 전반기의 한어에서 무기음 /t/와 유기음 /t^{h}/가 독자적 음소였다고 본다. /t/와 /t^{h}/의 대립 쌍이 30/36쌍이나 되고 17회 이상 출현하는 극소수의 상용자 집합에서 이미 대립이 성립하므로, 무기음 /t/와 유기음 /t^{h}/의 대립을 믿을 수 있다.

다음으로, 전청과 전탁의 최소대립 쌍을 찾아본다.

(19) 端母[t]와 定母[d]의 최소대립 쌍 (59/66쌍) (22, 6, 6)

1. 우섭 模韻 – $_{1}$覩$_{\text{模}}^{\text{上}}$, $_{1}$堵$_{\text{模}}^{\text{上}}$, $_{1}$睹$_{\text{模}}^{\text{上}}$: $_{1}$杜$_{\text{模}}^{\text{上}}$ (8, 3, 1 : 6)
2. 해섭 齊韻 – ${}^{\text{開}}_{4}$帝$_{\text{齊}}^{\text{去}}$: ${}^{\text{開}}_{4}$第$_{\text{齊}}^{\text{去}}$, ${}^{\text{開}}_{4}$悌$_{\text{齊}}^{\text{去}}$, ${}^{\text{開}}_{4}$逮$_{\text{齊}}^{\text{去}}$ (7 : 6, 1, 4)
3. 통섭 東韻 – $_{1}$東$_{\text{東}}^{\text{平}}$: $_{1}$同$_{\text{東}}^{\text{平}}$, $_{1}$銅$_{\text{東}}^{\text{平}}$, $_{1}$童$_{\text{東}}^{\text{平}}$, $_{1}$瞳$_{\text{東}}^{\text{平}}$ (22 : 32, 2, 3, 2)
4. 증섭 登韻 – ${}^{\text{開}}_{1}$得$_{\text{登}}^{\text{入}}$, ${}^{\text{開}}_{1}$德$_{\text{登}}^{\text{入}}$: ${}^{\text{開}}_{1}$特$_{\text{登}}^{\text{入}}$ (137, 33 : 5)
5. 산섭 桓韻 – ${}^{\text{合}}_{1}$短$_{\text{桓}}^{\text{上}}$: ${}^{\text{合}}_{1}$斷$_{\text{桓}}^{\text{上}}$ (7 : 9)

(20) 知母[ʈ]와 澄母[ɖ]의 최소대립 쌍 (21/29쌍) (4, 4, 3)

1. 지섭 脂韻 – ${}^{\text{開}}_{AB}$胝$_{\text{脂}}^{\text{平}}$: ${}^{\text{開}}_{AB}$遲$_{\text{脂}}^{\text{平}}$ (1 : 6)
2. 지섭 脂韻 – ${}^{\text{開}}_{AB}$致$_{\text{脂}}^{\text{去}}$: ${}^{\text{開}}_{AB}$稚$_{\text{脂}}^{\text{去}}$ (40 : 2)
3. 통섭 東韻 – $_{C}$忠$_{\text{東}}^{\text{平}}$: $_{C}$沖$_{\text{東}}^{\text{平}}$ (19 : 4)
4. 강섭 江韻 – $_{2}$卓$_{\text{江}}^{\text{入}}$: $_{2}$濯$_{\text{江}}^{\text{入}}$, $_{2}$濁$_{\text{江}}^{\text{入}}$ (5 : 4, 2)
5. 증섭 蒸韻 – ${}^{\text{開}}_{C}$徵$_{\text{蒸}}^{\text{平}}$: ${}^{\text{開}}_{C}$澄$_{\text{蒸}}^{\text{平}}$ (3 : 4)

端母[t]와 定母[d]의 최소대립 쌍은 (19)의 59/66쌍이고, 知母[ʈ]와 澄母[ɖ]의 최소대립 쌍은 (20)의 21/29쌍이다. 端母[t]와 知母[ʈ]는 전청음 [t]로 묶이고 定母[d]와 澄母[ɖ]는 전탁음 [d]로 묶이므로, 이들 최소대립 쌍은 사실은 전청음 /t/와 전탁음 /d/의 최소대립 쌍이다. 이 대립 쌍은 모두 80/95쌍이나 되고 22회 이상 출현하는 극소수의 집합에서 이미 대립이 성립한다. 양적 척도와 질적 척도를 두루 충족하므로, 5세기 전반기의 한어에서 무성음 /t/와 유성음 /d/가 음운론적으로 대립했다고 할 수 있다.

다음으로, 차청과 전탁의 음운대립을 논의하기로 한다.

(21) 透母[t^{h}]와 定母[d]의 최소대립 쌍 (39/44쌍) (36, 17, 9)

1. 류섭 侯韻 – $_{1}$偸$_{\text{侯}}^{\text{平}}$: $_{1}$頭$_{\text{侯}}^{\text{平}}$, $_{1}$投$_{\text{侯}}^{\text{平}}$ (4 : 8, 3)
2. 해섭 泰韻 – ${}^{\text{開}}_{1}$太$_{\text{泰}}^{\text{去}}$, ${}^{\text{開}}_{1}$泰$_{\text{泰}}^{\text{去}}$, ${}^{\text{開}}_{1}$汰$_{\text{泰}}^{\text{去}}$: ${}^{\text{開}}_{1}$大$_{\text{泰}}^{\text{去}}$ (36, 3, 1 : 58)
3. 통섭 東韻 – $_{1}$通$_{\text{東}}^{\text{平}}$: $_{1}$同$_{\text{東}}^{\text{平}}$, $_{1}$銅$_{\text{東}}^{\text{平}}$, $_{1}$童$_{\text{東}}^{\text{平}}$, $_{1}$瞳$_{\text{東}}^{\text{平}}$ (17 : 32, 2, 3, 2)

4. 산섭 先韻 – ${}^{開}_{4}$天${}_{先}^{平}$: ${}^{開}_{4}$田${}_{先}^{平}$ (53 : 9)

5. 산섭 寒韻 – ${}^{開}_{1}$撻${}_{寒}^{入}$: ${}^{開}_{1}$達${}_{寒}^{入}$ (5 : 8)

(22) 徹母[$ʈ^h$]와 澄母[ɖ]의 최소대립 쌍 (7/10쌍) (5, 1, 1)

1. 우섭 魚韻 – ${}_{C}$攄${}_{魚}^{平}$: ${}_{C}$除${}_{魚}^{平}$, ${}_{C}$儲${}_{魚}^{平}$ (1 : 3, 1)

2. 지섭 支韻 – ${}^{開}_{AB}$螭${}_{支}^{平}$: ${}^{開}_{AB}$池${}_{支}^{平}$, ${}^{開}_{AB}$馳${}_{支}^{平}$ (1 : 5, 1)

3. 지섭 之韻 – ${}^{開}_{C}$癡${}_{之}^{平}$: ${}^{開}_{C}$持${}_{之}^{平}$ (11 : 5)

4. 지섭 之韻 – ${}^{開}_{C}$恥${}_{之}^{上}$: ${}^{開}_{C}$峙${}_{之}^{上}$ (2 : 1)

5. 효섭 宵韻 – ${}_{AB}$超${}_{宵}^{平}$: ${}_{AB}$朝${}_{宵}^{平}$ (11 : 23)

(21)의 39/44쌍에서 透母[t^h]와 定母[d]가 최소대립을 이루고, (22)의 7/10쌍에서 徹母[$ʈ^h$]와 澄母[ɖ]가 최소대립을 이룬다. 透母[t^h]와 徹母[$ʈ^h$]가 하나의 단위로 묶이고 定母[d]와 澄母[ɖ]가 하나의 단위로 묶인다는 것을 앞에서 이미 논의했으므로, 이들은 사실상 차청음 [t^h]와 전탁음 [d]의 최소대립 쌍이다. 이 최소대립 쌍이 모두 46/54쌍이나 되고 36회 이상 출현하는 극소수의 상용자 집합에서 이미 대립이 성립하므로, 5세기 전반기의 한어에서 유기음 /t^h/와 유성음 /d/가 음운론적으로 대립했다고 할 수 있다.

위의 논의를 종합하여, 5세기 전반기의 한어에서 무성무기음 /t/, 무성유기음 /t^h/, 유성무기음 /d/가 三肢的 相關을 이룬다고 할 수 있다.

(23) 설음의 三肢的 相關

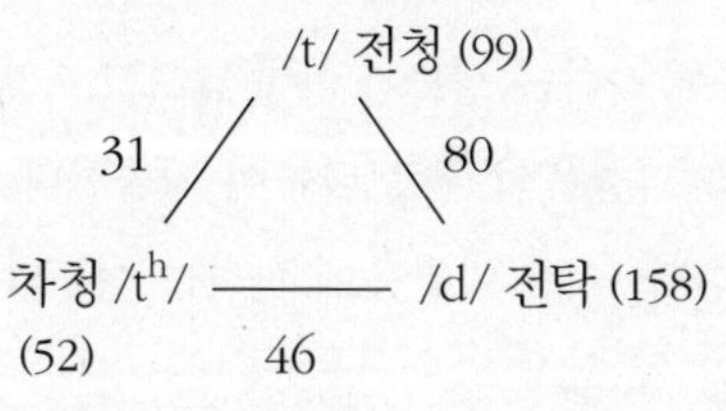

최소대립을 확인할 때에 필요한 모집단의 최소치를 구하기 위하여 (17)에서 (22)까지 가장 많이 출현하는 대립 항만 아래에 정리해 보았다. 이들은 음운대립의 상대적 강도 중에서도 질적 척도를 대표한다.

(24) 최소대립이 성립하는 최초의 대화문 용자 집합

1. 전청 /t/와 차청 /tʰ/의 최소대립 (17회 이상 출현) = 252자 집합
2. 전청 /t/와 전탁 /d/의 최소대립 (22회 이상 출현) = 192자 집합
3. 차청 /tʰ/와 전탁 /d/의 최소대립 (36회 이상 출현) = 107자 집합

(24)에서 볼 수 있듯이, 설음에서는 300자 이하의 집합만 갖추어도 삼지적 음운대립을 두루 확인할 수 있다. 4.1에서 이미 논의한 바 있듯이, 순음에서는 4회 이상 출현하는 919자가 필요했다. 그러나 설음에서는 300자 정도에서 이미 음운대립이 두루 성립하므로, 설음은 순음과 아주 크게 차이가 난다. 달리 말하면, 설음은 순음에 비하여 최소대립 쌍을 찾아내기가 아주 쉽다는 뜻이다. 또한 무성음과 유성음의 음운대립이 무기음과 유기음의 음운대립보다 상대적으로 적은 수의 집합에서 성립한다. 이것은 순음에서의 정리 결과와 일치한다. 따라서 상고음으로 거슬러 올라갈수록 무성음과 유성음의 음운대립이 상대적으로 무기음과 유기음의 음운대립보다 훨씬 더 강력했다고 추정할 수 있다.

4.3. 齒音 마찰음

齒音에는 摩擦音과 破擦音이 있다. 치음에 속하는 성모가 아주 많으므로 번거로움을 피하여 우리는 치음 마찰음과 치음 파찰음의 둘로 나누어 기술한다. 그런 다음에 이 둘을 종합하여 기술하기로 한다. 치음 마찰음에 속하는 성모와 그 용례 수를 제시하면 아래와 같다.

(25) 치음 마찰음의 성모와 대화문 용자 수

		全清	次清	全濁	次濁
齒音 마찰	치조	心[s] 106		邪[z] 28	
	권설	生[ʂ] 44		俟[ʐ][19] 0	
	구개	書[ɕ] 62		常[ʑ] 58	羊[j] 98

치음에는 齒槽音, 捲舌音,[20] 口蓋音의[21] 세 가지가 있다. 일본에서는 이들을 각각 精組, 莊組, 章組라고 부르고, 중국에서는 이들을 각각 齒頭音, 正齒音 2등, 正齒音 3등으로 부르는 것이 일반적이다. 중국에서는 정치음 2등을 照$_{二}$로, 정치음 3등을 照$_{三}$으로 지칭하기도 한다. 용어에 혼란이 있을 수 있으므로, 우리는 현대 음운론의 용어를 택하여 이들을 각각 치조음, 권설음, 구개음이라 지칭한다.

치음은 『절운』의 성모체계에서 이미 권설음 그룹과 구개음 그룹의 둘로 나뉜다. 이것을 宋代의 학자들이 각각 照$_{二}$와 照$_{三}$이라 부르는데, 照$_{二}$는 2등운과 결합하고 照$_{三}$은 3등운과 결합한다. 우리도 이처럼 두 그룹으로 나누어 기술하는데, 음성적 차이를 두루 망라한 다음에 이들 상호 간의 음운론적 대립관계를 따지는 것이 우리의 연구 방법이기 때문이다.

권설음 그룹과 구개음 그룹의 구별은 Karlgren(1954)에서 이미 정설이 되었다. 상고음을 재구할 때에 이 차이를 이용하여, 2등운에는 권설적 개음 '*r-'이 있었다고 하고 3등운에는 구개적 개음 '*j-'가 있었다고 기술한다. 3등운이 重紐를 이룰 때에는 다시 '*j-'와 '*rj-'의 둘로 나누어 구별한다. 王力(1957)도 상고음부터 隋唐 이전까지의 2등운에 '*e-'를 가정한 바가 있는데, 이것을 鄭張尙芳

19 중국 학자들은 전탁 즉 유성음에서는 권설음이 없다고 보아 이 자리를 비워 놓을 때가 많다.

20 이것을 치조구개음 즉 'alveo-palatal sound'로 보기도 하지만 지칭의 편의상 권설음을 택했다. 이와 관련하여 知組(우리의 설상음)와 莊組(우리의 권설음)의 음가를 둘러싼 논쟁이 분분했다. 이 논쟁은 崔玲愛(2000: 218~222)를 참고하기 바란다.

21 우리가 치음의 구개음(章組, 正齒音 3등)이라고 지칭한 것이 상고음에서는 舌音이었다는 것이 통설이다. 이 설음이 구개음화하여 중고음에서 치음이 차지하는 점유 비율이 크게 높아진다.

(2003: 50~51)의 '*r-'로 해석할 수도 있다(魏國峰 2014: 80).

(25)의 유성 구개음 常母[ʑ]를 중국에서는 船母라고 지칭하기도 한다. 이 견해에서는 우리의 常母[ʑ]를 船母라고 지칭하고, 우리가 뒤에서 치음 파찰음의 船母[dʑ]라고 지칭하는 것을 禪母라고 지칭한다. 이것은 陸志韋(1947)의 『古音說略』에서 비롯되는데, 丁聲樹·李榮(1981)과 Baxter and Sagart(2014: 30)가 이 견해를 택했다. 그러나 우리가 『세설신어』의 대화문 용자를 분석한 결과에 따르면, 우리의 常母[ʑ]와 船母[dʑ]가 더 바람직하다.

4.3.1. 心母·邪母, 生母, 書母·常母

위의 표에서 확인할 수 있듯이, 권설음 그룹의 俟母[ʐ]를 『세설신어』의 대화문 용자에서는 전혀 찾을 수 없다. 俟母[ʐ]가 5세기 전반기의 한어에서는 전혀 사용되지 않았으므로, 음소 목록에서도 마땅히 제외해야 한다. 기존의 논의에서 俟母[ʐ]를 인정하여 자음체계에 넣은 것은 5세기 전반기의 한어에 관한 한 옳지 않다. 즉 俟母[ʐ]가 이론적으로는 가정할 수 있지만, 실제로는 존재하지 않았다.

『광운』에서는 이 俟母가 독자적 단위가 아니지만, 王仁昫의 『刊謬補缺切韻』에서는 이것을 따로 설정해 놓았다(Baxter and Sagart 2014: 30). 이에 따라 俟母를 전기 중고음의 음운체계에 넣지만(水谷眞成 1957, Pulleyblank 1983: 171), 우리는 이에 동의하지 않는다. 俟母字는 겨우 8자에 불과하고(魏國峰 2014: 59)[22] 더욱이 이들이 모두 僻字이기 때문이다. 현실 자연언어에서 사용되지 않는 것은 우리의 논의 대상에서 제외하므로, 음운론적 차원뿐만 아니라 음성학적 차원에서도 俟母[ʐ]를 부정한다.

다음으로, 羊母[j]를 논의하기로 한다. 羊母[j]는 중국 음운학에서 喩$_{四}$ 또는 以$_{四}$라고 불러온 것이다. 이것이 운복 모음의 앞에 오는 전설 평순 활음 /j-/에 해당

22 한국 중세 한자음을 정리하여 5,200여 자를 수록한 이토 지유키(2011, 이진호 역)에는 俟母字가 俟[俟開C上之]=sʌ^{R} 하나뿐이다. 따라서 俟母字가 8자라고 한 것은 아마도 『廣韻』의 상황일 것이다.

하기도 하는데, 중국 음운학에서는 喩$_{四}$ 또는 以$_{四}$를 자음으로 분류하는 것이 일반적이다.[23] 이 喩$_{四}$ 또는 以$_{四}$를 우리는 羊母[j]라고 지칭하므로 羊母[j]의 /j/는 자음의 일종이고 구개음에 속한다.

먼저 心母·邪母, 生母, 書母·常母에 속하는 대화문 용자를 분포 분석표에 넣어 보면 다음과 같다.

(26) 心母·邪母, 生母, 書母·常母의 분포분석표

설음 / 섭	치조음		권설음	구개음	
	心[s] 106	邪[z] 28	生[ʂ] 44	書[ɕ] 62	常[ʑ] 58
과섭	開 1娑歌 平　1撒戈 平				
가섭	開 AB寫麻 上 開 AB瀉麻 去	開 AB邪麻 平 開 AB謝麻 去	開 2沙麻 平 開 2娑麻 平	開 AB捨麻 上 開 AB舍麻 去	開 AB闍麻 平 開 AB社麻 上
우섭	C須虞 平　C鬚虞 平 C胥魚 平　C絮魚 去 1蘇模 平　1素模 去 1愬模 去　1泝模 去 1訴模 去	C徐魚 平 C敍魚 上 C緒魚 上	C數虞 上/去 C疎魚 平/去 C所魚 上	C書魚 平 C舒魚 平 C暑魚 上 C鼠魚 上 C黍魚 上	C殳虞 平 C殊虞 平 C豎虞 上 C樹虞 去 C署魚 去
지섭	開 AB斯支 平　開 AB廝支 平 開 AB徙支 上　開 AB璽支 上 開 AB私脂 平　開 AB死脂 上 開 AB四脂 去　開 AB肆脂 去 開 AB駟脂 去　合 AB綏脂 平 合 AB雖脂 平　合 AB邃脂 去 合 AB粹脂 去　開 C司之 平 開 C思之 平　開 C絲之 平	開 AB食支 去 合 AB隨支 平 合 AB遂脂 去 開 C祠之 平 開 C辭之 平 開 C似之 上 開 C祀之 上 開 C嗣之 去	開 AB繼支 上 開 AB矖支 去 開 AB師脂 平 合 AB榱脂 平 合 AB衰脂 平 合 AB帥脂 去 開 C史之 上 開 C使之 上/去 開 C駛之 上/去	開 AB啻支 去 開 AB翅支 去 開 AB施支 平/去 開 AB蓍脂 平 開 AB屍脂 平 開 AB矢脂 上 合 AB水脂 上 開 C詩之 平 開 C始之 上 開 C試之 去	開 AB氏支 上 開 AB是支 上 合 AB垂支 平 開 AB視脂 上 合 AB誰脂 平 開 C時之 平 開 C侍之 去

23 鄭張尙芳(2003: 43~44)은 以母의 상고음 음가를 [*l]로 재구한 바 있다.

설음 / 섭	치조음		권설음	구개음	
	心[s] 106	邪[z] 28	生[ʂ] 44	書[ɕ] 62	常[ʑ] 58
효섭	4蕭$_{\text{蕭}}^{\text{平}}$ 4簫$_{\text{蕭}}^{\text{平}}$ AB肖$_{\text{宵}}^{\text{去}}$ AB捎$_{\text{宵}}^{\text{平}}$ AB消$_{\text{宵}}^{\text{平}}$ AB霄$_{\text{宵}}^{\text{平}}$ AB小$_{\text{宵}}^{\text{上}}$ AB笑$_{\text{宵}}^{\text{去}}$ 1騷$_{\text{豪}}^{\text{平}}$ 1嫂$_{\text{豪}}^{\text{上}}$		2捎$_{\text{肴}}^{\text{平}}$ 2稍$_{\text{肴}}^{\text{去}}$	AB燒$_{\text{宵}}^{\text{平}}$ AB少$_{\text{宵}}^{\text{上/去}}$	AB韶$_{\text{宵}}^{\text{平}}$ AB紹$_{\text{宵}}^{\text{上}}$ AB召$_{\text{宵}}^{\text{去}}$ AB劭$_{\text{宵}}^{\text{去}}$
류섭	C脩$_{\text{尤}}^{\text{平}}$ C宿$_{\text{尤}}^{\text{去}}$ C秀$_{\text{尤}}^{\text{去}}$ 1漱$_{\text{侯}}^{\text{去}}$	C囚$_{\text{尤}}^{\text{平/去}}$ C袖$_{\text{尤}}^{\text{去}}$	C瘦$_{\text{尤}}^{\text{平/去}}$	C守$_{\text{尤}}^{\text{上}}$ C手$_{\text{尤}}^{\text{上}}$ C首$_{\text{尤}}^{\text{上}}$ C獸$_{\text{尤}}^{\text{去}}$	C酬$_{\text{尤}}^{\text{平}}$ C受$_{\text{尤}}^{\text{上}}$ C壽$_{\text{尤}}^{\text{上}}$ C授$_{\text{尤}}^{\text{去}}$ C綬$_{\text{尤}}^{\text{上/去}}$
해섭	開 4西$_{\text{齊}}^{\text{平}}$ 開 4棲$_{\text{齊}}^{\text{平}}$ 開 4洗$_{\text{齊}}^{\text{上}}$ 開 4壻$_{\text{齊}}^{\text{去}}$ 開 4細$_{\text{齊}}^{\text{去}}$ 合 AB歲$_{\text{祭}}^{\text{去}}$ 合 1碎$_{\text{灰}}^{\text{去}}$		開 2灑$_{\text{佳}}^{\text{上}}$ 開 2曬$_{\text{佳}}^{\text{去}}$ 開 2洒$_{\text{佳}}^{\text{去}}$ 開 2殺$_{\text{皆}}^{\text{去}}$	開 AB世$_{\text{祭}}^{\text{去}}$ 開 AB勢$_{\text{祭}}^{\text{去}}$ 合 AB說$_{\text{祭}}^{\text{去}}$	開 AB逝$_{\text{祭}}^{\text{去}}$ 開 AB誓$_{\text{祭}}^{\text{去}}$
통섭	C粟$_{\text{鍾}}^{\text{入}}$ C嵩$_{\text{東}}^{\text{平}}$ C宿$_{\text{東}}^{\text{入}}$ C夙$_{\text{東}}^{\text{入}}$ C肅$_{\text{東}}^{\text{入}}$ 1送$_{\text{東}}^{\text{去}}$ 1速$_{\text{東}}^{\text{入}}$	C松$_{\text{鍾}}^{\text{平}}$ C頌$_{\text{鍾}}^{\text{去}}$ C俗$_{\text{鍾}}^{\text{入}}$	C謖$_{\text{東}}^{\text{入}}$	C舂$_{\text{鍾}}^{\text{平}}$ C束$_{\text{鍾}}^{\text{入}}$ C叔$_{\text{東}}^{\text{入}}$ C菽$_{\text{東}}^{\text{入}}$	C蜀$_{\text{鍾}}^{\text{入}}$ C屬$_{\text{鍾}}^{\text{入}}$ C孰$_{\text{東}}^{\text{入}}$ C熟$_{\text{東}}^{\text{入}}$
강섭			2雙$_{\text{江}}^{\text{平}}$ 2槊$_{\text{江}}^{\text{入}}$		
탕섭	開 C相$_{\text{陽}}^{\text{平/去}}$ 開 C廂$_{\text{陽}}^{\text{平}}$ 開 C想$_{\text{陽}}^{\text{上}}$ 開 1桑$_{\text{唐}}^{\text{平}}$ 開 1索$_{\text{唐}}^{\text{入}}$ 開 1喪$_{\text{唐}}^{\text{平/去}}$	開 C祥$_{\text{陽}}^{\text{平}}$ 開 C象$_{\text{陽}}^{\text{上}}$	開 C霜$_{\text{陽}}^{\text{平}}$ 開 C爽$_{\text{陽}}^{\text{上}}$	開 C傷$_{\text{陽}}^{\text{平}}$ 開 C商$_{\text{陽}}^{\text{平}}$ 開 C觴$_{\text{陽}}^{\text{平}}$ 開 C賞$_{\text{陽}}^{\text{上}}$ 開 C餉$_{\text{陽}}^{\text{去}}$	開 C常$_{\text{陽}}^{\text{平}}$ 開 C裳$_{\text{陽}}^{\text{平}}$ 開 C嘗$_{\text{陽}}^{\text{平}}$ 開 C尙$_{\text{陽}}^{\text{平/去}}$ 開 C上$_{\text{陽}}^{\text{上/去}}$
증섭	開 C息$_{\text{蒸}}^{\text{入}}$ 開 1僧$_{\text{登}}^{\text{平}}$		開 B色$_{\text{蒸}}^{\text{入}}$	開 C升$_{\text{蒸}}^{\text{平}}$ 開 C勝$_{\text{蒸}}^{\text{去}}$ 開 C式$_{\text{蒸}}^{\text{入}}$ 開 C拭$_{\text{蒸}}^{\text{入}}$	開 C丞$_{\text{蒸}}^{\text{平}}$ 開 C承$_{\text{蒸}}^{\text{平}}$ 開 C寔$_{\text{蒸}}^{\text{入}}$

섭 \ 설음	치조음		권설음	구개음	
	心[s] 106	邪[z] 28	生[ʂ] 44	書[ɕ] 62	常[ʑ] 58
증섭				開$_{C}$識$_{蒸}^{入}$	
경섭	開$_{4}$星$_{青}^{平}$ 開$_{4}$析$_{青}^{入}$ 開$_{4}$淅$_{青}^{入}$ 開$_{AB}$性$_{清}^{平}$ 開$_{AB}$省$_{清}^{上}$ 開$_{AB}$姓$_{清}^{去}$ 開$_{AB}$昔$_{清}^{入}$ 開$_{AB}$惜$_{清}^{入}$	開$_{AB}$夕$_{清}^{入}$ 開$_{AB}$席$_{清}^{入}$	開$_{2}$生$_{庚}^{平}$ 開$_{2}$甥$_{庚}^{平}$ 開$_{2}$省$_{庚}^{上}$ 開$_{2}$索$_{庚}^{入}$	開$_{AB}$聲$_{清}^{平}$ 開$_{AB}$聖$_{清}^{去}$ 開$_{AB}$郝$_{清}^{入}$ 開$_{AB}$釋$_{清}^{入}$	開$_{AB}$成$_{清}^{平}$ 開$_{AB}$城$_{清}^{平}$ 開$_{AB}$誠$_{清}^{平}$ 開$_{AB}$盛$_{清}^{平/去}$ 開$_{AB}$石$_{清}^{入}$ 開$_{AB}$碩$_{清}^{入}$
산섭	開$_{4}$先$_{先}^{平/去}$ 開$_{AB}$仙$_{仙}^{平}$ 開$_{AB}$渫$_{仙}^{入}$ 開$_{AB}$紲$_{仙}^{入}$ 開$_{AB}$鮮$_{仙}^{平/上}$ 合$_{AB}$宣$_{仙}^{平}$ 合$_{AB}$選$_{仙}^{上}$ 合$_{AB}$雪$_{仙}^{入}$ 合$_{1}$筭$_{桓}^{去}$ 合$_{1}$酸$_{桓}^{平}$ 開$_{1}$散$_{寒}^{上/去}$	合$_{AB}$旋$_{仙}^{平/去}$	開$_{2}$山$_{山}^{平}$ 開$_{2}$產$_{山}^{上}$ 開$_{2}$殺$_{山}^{入}$	開$_{AB}$扇$_{仙}^{去}$ 開$_{AB}$設$_{仙}^{入}$ 合$_{AB}$說$_{仙}^{入}$	開$_{AB}$蟬$_{仙}^{平}$ 開$_{AB}$善$_{仙}^{上}$
진섭	開$_{AB}$辛$_{眞}^{平}$ 開$_{AB}$新$_{眞}^{平}$ 開$_{AB}$薪$_{眞}^{平}$ 開$_{AB}$信$_{眞}^{去}$ 開$_{AB}$悉$_{眞}^{入}$ 開$_{AB}$厀$_{眞}^{入}$ 合$_{AB}$珣$_{諄}^{平}$ 合$_{AB}$荀$_{諄}^{平}$ 合$_{AB}$峻$_{諄}^{去}$ 合$_{AB}$濬$_{諄}^{去}$ 合$_{1}$窣$_{魂}^{入}$ 合$_{1}$損$_{魂}^{上}$ 合$_{1}$遜$_{魂}^{去}$ 合$_{1}$孫$_{魂}^{平/去}$		合$_{AB}$率$_{眞}^{入}$ 合$_{AB}$帥$_{眞}^{入}$ 開$_{AB}$瑟$_{臻}^{入}$	開$_{AB}$申$_{眞}^{平}$ 開$_{AB}$紳$_{眞}^{平}$ 開$_{AB}$身$_{眞}^{平}$ 開$_{AB}$失$_{眞}^{入}$ 開$_{AB}$室$_{眞}^{入}$ 合$_{AB}$舜$_{諄}^{去}$	開$_{AB}$臣$_{眞}^{平}$ 開$_{AB}$辰$_{眞}^{平}$ 開$_{AB}$晨$_{眞}^{平}$ 開$_{AB}$愼$_{眞}^{去}$ 合$_{AB}$淳$_{諄}^{平}$ 合$_{AB}$純$_{諄}^{平}$ 合$_{AB}$蓴$_{諄}^{平}$
함섭	$_{1}$三$_{談}^{平}$			$_{AB}$閃$_{鹽}^{上}$ $_{AB}$陝$_{鹽}^{上}$ $_{AB}$攝$_{鹽}^{入}$	
심섭	$_{AB}$心$_{侵}^{平}$	$_{AB}$尋$_{侵}^{平}$ $_{AB}$習$_{侵}^{入}$ $_{AB}$襲$_{侵}^{入}$	$_{AB}$森$_{侵}^{平}$ $_{AB}$參$_{侵}^{平}$	$_{AB}$深$_{侵}^{平}$ $_{AB}$甚$_{侵}^{平}$ $_{AB}$斟$_{侵}^{平}$ $_{AB}$審$_{侵}^{上}$	$_{AB}$甚$_{侵}^{去}$ $_{AB}$十$_{侵}^{入}$

위의 분포 분석표에서 다음과 같은 분포 특징을 확인할 수 있다. 心母[s]의 뒤에는 1·3·4등운이 오고 2등운이 오는 일이 없다. 이에 비하여 邪母[z]의 뒤에는 항상 3등운만 온다. 書母[ɕ]나 常母[ʑ]의 뒤에도 항상 3등운만 온다. 邪母[z]·書母[ɕ]·常母[ʑ]가 공통적으로 3등운의 앞에만 분포하지만, 邪母[z]는 치조음인 데에 반하여 書母[ɕ]와 常母[ʑ]는 구개음이다. 生母[ʂ]의 뒤에는 2·3등운이 오지만,[24] 1·4등운은 오지 않는다. 이들을 등운학의 관점에서 다시 종합하면, 1·4등운은 心母[s]의 뒤에 오고, 2등운은 生母[ʂ]의 뒤에 온다. 3등운은 心母[s]나 生母[ʂ]의 뒤뿐만 아니라 邪母[z]·書母[ɕ]·常母[ʑ]의 뒤에도 두루 올 수 있다.

무성음과 유성음의 음운대립 여부를 확인하기 위하여, 분포 분석표 (26)에서 먼저 心母[s]와 邪母[z]의 최소대립 쌍을 찾아보고 이어서 書母[ɕ]와 常母[ʑ]의 최소대립 쌍을 찾아본다.

(27) 心母[s]와 邪母[z]의 최소대립 쌍 (21/22쌍) (14, 14, 7)

1. 가섭 麻韻 – ${}^{\text{開}}_{\text{AB}}$瀉$^{\text{去}}_{\text{麻}}$: ${}^{\text{開}}_{\text{AB}}$謝$^{\text{去}}_{\text{麻}}$ (2 : 31)
2. 지섭 之韻 – ${}^{\text{開}}_{\text{C}}$司$^{\text{平}}_{\text{之}}$, ${}^{\text{開}}_{\text{C}}$思$^{\text{平}}_{\text{之}}$, ${}^{\text{開}}_{\text{C}}$絲$^{\text{平}}_{\text{之}}$: ${}^{\text{開}}_{\text{C}}$祠$^{\text{平}}_{\text{之}}$, ${}^{\text{開}}_{\text{C}}$辭$^{\text{平}}_{\text{之}}$ (15, 30, 5 : 2, 14)
3. 경섭 淸韻 – ${}^{\text{開}}_{\text{AB}}$昔$^{\text{入}}_{\text{淸}}$, ${}^{\text{開}}_{\text{AB}}$惜$^{\text{入}}_{\text{淸}}$: ${}^{\text{開}}_{\text{AB}}$夕$^{\text{入}}_{\text{淸}}$, ${}^{\text{開}}_{\text{AB}}$席$^{\text{入}}_{\text{淸}}$ (31, 7 : 5, 1)
4. 탕섭 陽韻 – ${}^{\text{開}}_{\text{C}}$想$^{\text{上}}_{\text{陽}}$: ${}^{\text{開}}_{\text{C}}$象$^{\text{上}}_{\text{陽}}$ (10 : 2)
5. 심섭 侵韻 – ${}_{\text{AB}}$心$^{\text{平}}_{\text{侵}}$: ${}_{\text{AB}}$尋$^{\text{平}}_{\text{侵}}$ (36 : 7)

(28) 書母 [ɕ]와 常母 [ʑ]의 최소대립 쌍 (43/48쌍) (21, 14, 11)

1. 지섭 之韻 – ${}^{\text{開}}_{\text{C}}$詩$^{\text{平}}_{\text{之}}$: ${}^{\text{開}}_{\text{C}}$時$^{\text{平}}_{\text{之}}$ (6 : 60)
2. 류섭 尤韻 – ${}_{\text{C}}$守$^{\text{上}}_{\text{尤}}$, ${}_{\text{C}}$手$^{\text{上}}_{\text{尤}}$, ${}_{\text{C}}$首$^{\text{上}}_{\text{尤}}$: ${}_{\text{C}}$受$^{\text{上}}_{\text{尤}}$, ${}_{\text{C}}$壽$^{\text{上}}_{\text{尤}}$ (2, 11, 3 : 14, 4)
3. 탕섭 陽韻 – ${}^{\text{開}}_{\text{C}}$傷$^{\text{平}}_{\text{陽}}$, ${}^{\text{開}}_{\text{C}}$商$^{\text{平}}_{\text{陽}}$, ${}^{\text{開}}_{\text{C}}$觴$^{\text{平}}_{\text{陽}}$: ${}^{\text{開}}_{\text{C}}$常$^{\text{平}}_{\text{陽}}$, ${}^{\text{開}}_{\text{C}}$裳$^{\text{平}}_{\text{陽}}$, ${}^{\text{開}}_{\text{C}}$嘗$^{\text{平}}_{\text{陽}}$ (6, 4, 1 : 32, 3, 16)

---

24 生母[ʂ]의 뒤에 3등운도 올 수 있다는 점에서 권설음 그룹을 正齒音 2등이나 照2로 지칭하는 것은 정확한 것이 아니다. Pulleyblank(1983: 65~66)도 이것을 지적하면서 후기 중고음에서 권설음 그룹과 구개음 그룹이 합류했다고 해석했다.

4. 경섭 淸韻 – $^{開}_{AB}$聲$_{淸}^{平}$: $^{開}_{AB}$成$_{淸}^{平}$, $^{開}_{AB}$城$_{淸}^{平}$ (14 : 19, 4)

5. 진섭 眞韻 – $^{開}_{AB}$申$_{眞}^{平}$, $^{開}_{AB}$紳$_{眞}^{平}$, $^{開}_{AB}$身$_{眞}^{平}$: $^{開}_{AB}$臣$_{眞}^{平}$, $^{開}_{AB}$辰$_{眞}^{平}$, $^{開}_{AB}$晨$_{眞}^{平}$ (2, 1, 21 : 49, 1, 2)

(27)의 21/22쌍에서 心母[s]와 邪母[z]가 최소대립을 이루고,[25] (28)의 43/48쌍에서 書母[ɕ]와 常母[ʑ]가 최소대립을 이룬다. 이 대립은 각각 14회와 21회 이상 출현하는 극소수의 상용자 집합에서 이미 성립한다. 양적 척도와 질적 척도를 두루 충족하므로, 心母/s/와 邪母/z/가 음운론적으로 대립하고, 역시 書母/ɕ/와 常母/ʑ/가 음운론적으로 대립했다고 할 수 있다. 따라서 순음과 설음뿐만 아니라 치음 마찰음에서도 유·무성 대립이 있었다고 해야 한다. 이것은 5세기 전반기의 한어가 유·무성 대립을 기본으로 하는 자음체계를 가지고 있었음을 암시한다.

이제 치조음, 권설음, 구개음 상호 간의 음운대립에 대한 논의로 넘어간다. 분포 분석표 (26)에서 먼저 치조음인 心母[s]와 生母[ʂ], 心母[s]와 書母[ɕ], 生母[ʂ]와 書母[ɕ]의 최소대립 쌍을 찾아보면 다음과 같다.

(29) 心母[s]와 生母[ʂ]의 최소대립 쌍 (8/16쌍) (5, 2, 2)

1. 지섭 脂韻 – $^{開}_{AB}$私$_{脂}^{平}$: $^{開}_{AB}$師$_{脂}^{平}$ (2 : 11)

2. 지섭 脂韻 – $^{合}_{AB}$綏$_{脂}^{平}$, $^{合}_{AB}$雖$_{脂}^{平}$: $^{合}_{AB}$榱$_{脂}^{平}$, $^{合}_{AB}$衰$_{脂}^{平}$ (1, 42 : 2, 5)

3. 통섭 東韻 – $_{C}$宿$_{東}^{入}$, $_{C}$夙$_{東}^{入}$, $_{C}$肅$_{東}^{入}$: $_{C}$謖$_{東}^{入}$ (5, 1, 10 : 2)

4. 탕섭 陽韻 – $^{開}_{C}$想$_{陽}^{上}$: $^{開}_{C}$爽$_{陽}^{上}$ (10 : 5)

5. 심섭 侵韻 – $_{AB}$心$_{侵}^{平}$: $_{AB}$森$_{侵}^{平}$, $_{AB}$參$_{侵}^{平}$ (36 : 2, 9)

(30) 心母[s]와 書母[ɕ]의 최소대립 쌍 (45/55쌍) (15, 13, 6)

1. 지섭 之韻 – $^{開}_{C}$司$_{之}^{平}$, $^{開}_{C}$思$_{之}^{平}$, $^{開}_{C}$絲$_{之}^{平}$: $^{開}_{C}$詩$_{之}^{平}$ (15, 30, 5 : 6)

2. 증섭 蒸韻 – $^{開}_{C}$息$_{蒸}^{入}$: $^{開}_{C}$式$_{蒸}^{入}$, $^{開}_{C}$拭$_{蒸}^{入}$, $^{開}_{C}$識$_{蒸}^{入}$ (4 : 2, 1, 27)

25 산섭 행에서 心母字인 '$^{合}_{AB}$宣$_{仙}^{平}$'과 邪母字인 '$^{合}_{AB}$旋$_{仙}^{平/去}$'이 최소대립을 이룰 수 있으나, '旋'이 성조 다음자라서 이것을 최소대립 쌍에서 제외했다.

3. 경섭 清韻 – ${}^{開}_{AB}$性$^{平}_{清}$: ${}^{開}_{AB}$聲$^{平}_{清}$ (13 : 14)

4. 진섭 眞韻 – ${}^{開}_{AB}$辛$^{平}_{眞}$, ${}^{開}_{AB}$新$^{平}_{眞}$, ${}^{開}_{AB}$薪$^{平}_{眞}$: ${}^{開}_{AB}$申$^{平}_{眞}$, ${}^{開}_{AB}$紳$^{平}_{眞}$, ${}^{開}_{AB}$身$^{平}_{眞}$ (2, 15, 1 : 2, 1, 21)

5. 심섭 侵韻 – ${}_{AB}$心$^{平}_{侵}$: ${}_{AB}$深$^{平}_{侵}$, ${}_{AB}$甚$^{平}_{侵}$, ${}_{AB}$斟$^{平}_{侵}$ (6 : 21, 14, 1)

(31) 生母[ʂ]와 書母[ɕ]의 최소대립 쌍 (13/19쌍) (11, 5, 4)

1. 우섭 魚韻 – ${}_{C}$所$^{上}_{魚}$: ${}_{C}$署$^{上}_{魚}$, ${}_{C}$鼠$^{上}_{魚}$, ${}_{C}$黍$^{上}_{魚}$ (160 : 2, 4, 1)

2. 지섭 之韻 – ${}^{開}_{C}$史$^{上}_{之}$: ${}^{開}_{C}$始$^{上}_{之}$ (13 : 11)

3. 통섭 東韻 – ${}_{C}$謖$^{入}_{東}$: ${}_{C}$叔$^{入}_{東}$, ${}_{C}$菽$^{入}_{東}$ (2 : 24, 1)

4. 탕섭 陽韻 – ${}^{開}_{C}$爽$^{上}_{陽}$: ${}^{開}_{C}$賞$^{上}_{陽}$ (5 : 6)

5. 심섭 侵韻 – ${}_{AB}$森$^{平}_{侵}$, ${}_{AB}$參$^{平}_{侵}$: ${}_{AB}$深$^{平}_{侵}$, ${}_{AB}$甚$^{平}_{侵}$, ${}_{AB}$斟$^{平}_{侵}$ (2, 9 : 21, 14, 1)

(29)의 8/16쌍에서 心母[s]와 生母[ʂ]의 최소대립이, (30)의 45/55쌍에서 心母[s]와 書母[ɕ]의 최소대립이, (31)의 13/19쌍에서 生母[ʂ]와 書母[ɕ]의 최소대립이 성립한다. 이들은 각각 5회, 15회, 11회 이상 출현하는 모집단에서 대립이 성립한다. 양적 척도와 질적 척도를 두루 충족하므로 心母[s], 生母[ʂ], 書母[ɕ] 상호 간의 음운대립을 인정할 수 있다. 이들에 음소의 자격을 부여하여 각각 心母/s/, 生母/ʂ/, 書母/ɕ/라 부르고, 나아가서 전청에서 치조음, 권설음, 구개음의 3항 대립을 인정한다.

그런데 치음 마찰음에는 차청이 아예 없고, 전탁에도 邪母[z]와 常母[ʑ]의 두 성모밖에 없다. 전탁에서 치조음인 邪母[z]가 구개음인 常母[ʑ]와 음운론적으로 대립하는 쌍을 찾아보면 아래와 같다.

(32) 邪母[z]와 常母[ʑ]의 최소대립 쌍 (14/16쌍) (14, 5, 2)

1. 지섭 支韻 – ${}^{合}_{AB}$隨$^{平}_{支}$: ${}^{合}_{AB}$垂$^{平}_{支}$ (2 : 4)

2. 지섭 之韻 – ${}^{開}_{C}$祠$^{平}_{之}$, ${}^{開}_{C}$辭$^{平}_{之}$: ${}^{開}_{C}$時$^{平}_{之}$ (2, 14 : 60)

3. 탕섭 陽韻 – ${}^{開}_{C}$祥$^{平}_{陽}$: ${}^{開}_{C}$常$^{平}_{陽}$, ${}^{開}_{C}$裳$^{平}_{陽}$, ${}^{開}_{C}$嘗$^{平}_{陽}$ (1 : 32, 3, 16)

4. 경섭 淸韻 – ${}^{開}_{AB}夕^{入}_{清}$, ${}^{開}_{AB}席^{入}_{清}$: ${}^{開}_{AB}石^{入}_{清}$, ${}^{開}_{AB}碩^{入}_{清}$ (5, 1 : 28, 1)

5. 심섭 侵韻 – ${}_{AB}習^{入}_{侵}$, ${}_{AB}襲^{入}_{侵}$: ${}_{AB}十^{入}_{侵}$ (2, 1 : 12)

(32)의 14/16쌍에서 邪母[z]와 常母[ʑ]의 최소대립이 성립하고, 14회 이상 출현하는 극소수의 상용자 집합에서 이미 대립이 성립한다. 이것을 논거로 삼아, 치조음인 邪母/z/와 구개음인 常母/ʑ/를 각각 독자적인 음소로 설정한다.

4.3.2. 치음 마찰음의 음운대립

위에서의 논의를 표로 요약하면 아래의 (33)과 같다. 여기에서 볼 수 있듯이, 치음 마찰음에서도 기본적으로 전청의 무성음 心母/s/·書母/ɕ/가 전탁의 유성음 邪母/z/·常母/ʑ/와 음운론적으로 각각 대립한다. 그런데 이 유·무성 대립과 별개로 生母/ʂ/가 독자적으로 心母/s/뿐만 아니라 書母/ɕ/와 음운론적으로 대립한다. 그리하여 무성음에서는 心母/s/·生母/ʂ/·書母/ɕ/가 3항 대립을 이루는 데에 비하여, 유성음에서는 邪母/z/·常母/ʑ/가 2항 대립을 이룬다.

(33) 치음 마찰음의 음운대립

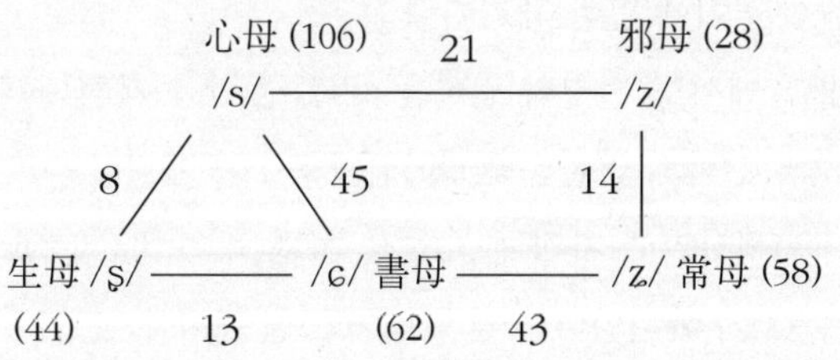

치음 마찰음에서 가장 먼저 거론해야 할 것은 성모가 俟母[ʐ]인 한자가 『세설신어』의 대화문에서는 사용되지 않았다는 점이다. 유성 권설음인 俟母[ʐ]의 예가 전혀 보이지 않으므로 俟母[ʐ]를 음소목록에서 제외하는 것이 마땅하다. 그런데도 水谷眞成(1957, 1967)과 Pulleyblank(1983: 162)은 무성음인 전청에서 生母/ʂ/

가 음소로 설정된다는 점을 들어, 그 유성음 짝인 전탁에서도 俟母/ʐ/가 있었을 것이라 추정했다. 이것은 지나친 일반화의 오류에 해당한다.

이 사실을 중시하면 치음 마찰음에서 오히려 독특한 것은 生母/ʂ/가 음소로 설정된다는 점이다. 이것을 통시적으로 기술할 때에는 生母/ʂ/가 새로 분리되어 독립한 음소라는 데에 초점을 맞추어야 한다.

널리 알려져 있듯이, 한어 상고음에서는 치음에서 치조음 그룹과 구개음 그룹의 2항이 대립했다(河野六郎 1950/79, Coblin 1983: 55, 兪敏 1984, 韓炅澔 2010나). 즉, 상고음 단계에서는 권설음 그룹이 없었는데, 전기 중고음 단계에서 독특하게도 권설음 그룹이 분리되어 독립했다(王力 1983: 244, 李鍾振·李鴻鎭 역). 그런데 水谷眞成(1967)에 따르면 한어 중고음의 전청, 차청, 전탁에서 모두 이 분리가 일어나 正齒音 2등 즉 우리의 권설음이 독자적인 음소였다고 한다.

이것이 漢語 音韻史의 통설이지만, 우리의 관찰 결과에 따르면 마찰음에서는 전청 즉 무성음인 生母/ʂ/만 독자적 음소였고, 그 유성음 짝인 俟母[ʐ]는 음소가 아니다. 이 논의는 『세설신어』 대화문 용자를 기준으로 한 것이므로, 우리의 결론이 편협한 것이라고 비판할지도 모른다. 그러나 이 대화문 용자가 2,212자에 이르므로 水谷眞成(1967)이 분석의 대상으로 삼은 자료보다 우리의 자료가 훨씬 많다. 또한 현실 발화에서 실제로 사용한 한자만을 분석의 대상으로 삼았다는 점에서도 우리의 자료가 현실 구어에 훨씬 더 가깝다.

더욱이 후술할 齒音 破擦音에서도 전청의 권설음 莊母/tʂ/만 독자적 음소이고, 차청의 권설음 初母[tʂʰ]와 전탁의 권설음 崇母[dʐ]는 음소가 아니다. 따라서 권설음은 전청(즉 무성무기음)에서만 독자적 음소였고, 차청(즉 무성유기음)이나 전탁(즉 유성무기음)에서는 음소가 아니었다는 것을 믿어도 될 것이다.

그런데 전청의 권설음인 生母/ʂ/가 상고음의 치조음 그룹에서 분리·독립한 것인지 구개음 그룹에서 분리·독립한 것인지를 논의해야만 한어 음운사 기술이 명확해진다. 뿐만 아니라 고대 三國의 한자음을 연구할 때에도 이것이 매우 중요하다. 高句麗語 표음자에서는 生母[ʂ]가 독자적 음소가 아니다(이승재 2016: 324~325). 그렇다면 生母[ʂ]를 음소의 자격을 가지는 心母/s/나 書母/ɕ/에 편입해야만 한다. 이때에 전기 중고음의 生母[ʂ]가 心母/s/에 가까운지 그렇지 않고 書母/ɕ/에 가까운지를 논의할 필요가 생긴다. 이것이 먼저 결정되어야만 고구려 한자음을 정확히 기술할 수 있기 때문이다.

이처럼 편입의 방향이 두 가지 이상일 때에 우리는 계량적 접근법으로 편입 방향을 택한다. 계량적 접근법이란 둘 사이의 음운론적 거리를 측정하는 방법을 가리키는데, 음운대립의 상대적 강도라는 개념과도 서로 통한다. 예컨대, 권설음인 生母/ʂ/와 치조음인 心母/s/의 최소대립 쌍 수치를 계량하고, 이것을 권설음인 生母/ʂ/와 구개음인 書母/ɕ/의 최소대립 쌍 수치와 대비한다.

(34) 生母/ʂ/의 상대적 거리

1. 生母/ʂ/와 心母/s/의 상대적 거리 = 8/13 × 62/106 ≒ 0.36[26]
2. 生母/ʂ/와 書母/ɕ/의 상대적 거리 = 13/8 × 106/62 ≒ 2.78

최소대립 쌍이 많을수록 둘 사이에 음운대립이 성립할 가능성이 커지지만, 반대로 최소대립 쌍이 적을수록 음운대립이 성립할 가능성이 낮아진다. 그리하여 음운대립이 성립할 때에는 상대적 수치가 커지고, 성립하지 않을 때에는 상대적 수치가 0에 수렴한다.

(33)에 정리한 바 있듯이 生母字는 44자이고 心母字는 106자인데, 이 둘 사이에 성립하는 최소대립 쌍은 8쌍이다. 반면에, 生母字는 44자이고 書母字는 62자

---

26 아주 극단적인 예를 들어 이 계산법을 더 알기 쉽게 설명해 보자. 心母字, 生母字, 書母字가 각각 100자, 20자, 50자라고 가정하고, 生母/ʂ/와 心母/s/의 최소대립 쌍이 4쌍이고 生母/ʂ/와 書母/ɕ/의 최소대립 쌍이 8쌍이라고 가정하자. 이때에는 生母/ʂ/와 心母/s/의 상대적 거리가 '4/8 × 50/100 = 0.25'이고, 生母/ʂ/와 書母/ɕ/의 상대적 거리가 '8/4 × 100/50 = 4.0'이다. 이때에는 生母/ʂ/와 心母/s/의 거리가 상대적으로 生母/ʂ/와 書母/ɕ/의 거리보다 16배(= 4.0/0.25)나 더 가깝다.

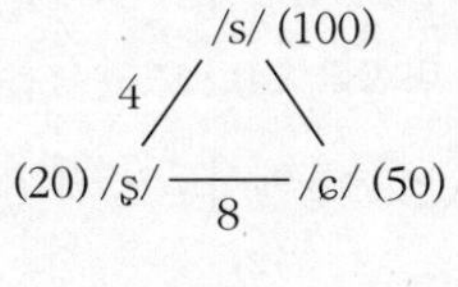

인데, 이 둘 사이에 성립하는 최소대립 쌍은 13쌍이다. 그리하여 (34)에서 확인할 수 있듯이, 生母/ʂ/와 書母/ɕ/의 상대적 거리는 生母/ʂ/와 心母/s/의 상대적 거리의 약 7.2(=2.78/0.36)배에 달한다.

이것은 生母/ʂ/와 心母/s/는 음운론적 거리가 아주 가까운 데에 비하여 生母/ʂ/와 書母/ɕ/의 거리는 상대적으로 아주 멀다는 것을 뜻한다. 나아가서, 전기 중고음의 生母/ʂ/가 기원적으로는 상고음의 心母/*s/에 속해 있었다는 것을 함의한다. 즉 전기 중고음의 生母/ʂ/는 상고음의 心母/*s/에서 분리되어 독립한 것이지, 書母/*ɕ/에서 분리된 것이 아니다(이승재 2016: 327~328).

이처럼 각 聲母 소속자의 전체 수량과 최소대립 쌍의 수량을 활용하면 그 이전 단계의 음운대립 양상을 추론할 수 있다. 이 계량적 접근법에 따르면, 전기 중고음의 生母/ʂ/는 상고음 단계에서는 心母/*s/와 병합되어 있었다는 결론이 나온다. 이 계량적 추론은 王力(1983: 244, 李鍾振·李鴻鎭 역)의 주장과 일치한다. 이 일치를 통해서 우리의 계량적 접근법이 올바른 것이었음을 알 수 있다.

그렇다면 한어 상고음의 치음 마찰음 음소는 다음과 같이 추정된다.

(35) 상고음의 치음 마찰음 성모

		전청	차청	전탁	차탁
치음 마찰	치조	心(生)/*s/		邪/*z/	
	구개	書/*ɕ/		常(俟)/*ʑ/	羊/*j/

위에서 논의한 바 있듯이, 상고음에서는 전청의 心母와 生母가 (35)처럼 한 덩어리로 병합되어 있었다. 여기에서 生母가 분리되어 독립함으로써 전기 중고음에서는 독자적인 음소가 된다. 이와 비슷하게, 상고음의 전탁에서는 (35)처럼 俟母가 常母에 병합되어 있었을 것이다. 『세설신어』의 대화문 용자에는 俟母字가 없기 때문에 이 추론이 불가능하지만, 후술할 치음 파찰음에서 전탁의 권설음인 崇母[ɖʐ]가 구개음인 船母[dʑ]에 병합되기 때문이다. 이 병합은 전탁의 권설음과 구개음이 한 덩어리였음을 암시하므로, 상고음의 치음 마찰음에서도 평행적으

로 권설음인 俟母[*ʐ]를 구개음인 常母/*ʑ/에 병합하는 것이 바람직하다. (35)의 常(俟)/*ʑ/는 이것을 나타낸다.

4.3.3. 書母·常母와 羊母

마지막으로, 羊母[j]에 대한 논의로 넘어간다. 羊母[j]는 중국 음운학에서 喩母 4등이라 부르는 것으로서 대개는 喉音으로 분류한다. 그런데 羊母의 음가를 현대 음운론의 구개음 [j]라고 추정하는 것이 일반적이므로, 우리는 아래의 분포 분석표 (36)에서 羊母[j]를 역시 구개음인 書母·常母와 대비했다. [j]는 조음위치에 관한 한 구개음인 [ɕ]나 [ʑ]와 아주 가깝기 때문이다.

(36) 書母·常母와 羊母의 분포분석표

섭 \ 설음	구개음		활음
	書[ɕ] 62	常[ʑ] 58	羊[j] 98
과섭			
가섭	$^{開}_{AB}$捨$^{上}_{麻}$ $^{開}_{AB}$舍$^{去}_{麻}$	$^{開}_{AB}$闍$^{平}_{麻}$ $^{開}_{AB}$社$^{上}_{麻}$	$^{開}_{AB}$邪$^{平}_{麻}$ $^{開}_{AB}$耶$^{平}_{麻}$ $^{開}_{AB}$野$^{上}_{麻}$ $^{開}_{AB}$也$^{上}_{麻}$ $^{開}_{AB}$冶$^{上}_{麻}$ $^{開}_{AB}$夜$^{去}_{麻}$ $^{開}_{AB}$射$^{去}_{麻}$
우섭	$^{開}_{AB}$書$^{平}_{魚}$ $_{C}$舒$^{平}_{魚}$ $_{C}$暑$^{上}_{魚}$ $_{C}$鼠$^{上}_{魚}$ $_{C}$黍$^{上}_{魚}$	$_{C}$殳$^{平}_{虞}$ $_{C}$殊$^{平}_{虞}$ $_{C}$豎$^{上}_{虞}$ $_{C}$樹$^{去}_{虞}$ $_{C}$署$^{去}_{魚}$	$_{C}$臾$^{平}_{虞}$ $_{C}$楡$^{平}_{虞}$ $_{C}$愉$^{平}_{虞}$ $_{C}$踰$^{平}_{虞}$ $_{C}$庾$^{上}_{虞}$ $_{C}$愈$^{上}_{虞}$ $_{C}$喩$^{去}_{虞}$ $_{C}$余$^{平}_{魚}$ $_{C}$蜍$^{平}_{魚}$ $_{C}$餘$^{平}_{魚}$ $_{C}$輿$^{平}_{魚}$ $_{C}$予$^{平/上}_{魚}$ $_{C}$譽$^{平/去}_{魚}$ $_{C}$預$^{去}_{魚}$ $_{C}$豫$^{去}_{魚}$ $_{C}$與$^{平/上/去}_{魚}$
지섭	$^{開}_{AB}$啻$^{去}_{支}$ $^{開}_{AB}$翅$^{去}_{支}$ $^{開}_{AB}$施$^{平/去}_{支}$ $^{開}_{AB}$蓍$^{平}_{脂}$	$^{開}_{AB}$氏$^{上}_{支}$ $^{開}_{AB}$是$^{上}_{支}$ $^{合}_{AB}$垂$^{平}_{支}$ $^{開}_{AB}$視$^{上}_{脂}$	$^{開}_{AB}$移$^{平}_{支}$ $^{開}_{AB}$施$^{去}_{支}$ $^{開}_{AB}$易$^{去}_{支}$ $^{開}_{AB}$姨$^{平}_{脂}$ $^{開}_{AB}$夷$^{平}_{脂}$ $^{合}_{AB}$惟$^{平}_{脂}$ $^{合}_{AB}$遺$^{平/去}_{脂}$ $^{合}_{AB}$唯$^{平/上}_{脂}$

섭 \ 설음	구개음		활음
	書[ɕ] 62	常[ʑ] 58	羊[j] 98
지섭	${}^{開}_{AB}$屍${}^{平}_{脂}$ ${}^{開}_{AB}$矢${}^{上}_{脂}$ ${}^{合}_{AB}$水${}^{上}_{脂}$ ${}^{開}_{C}$詩${}^{平}_{之}$ ${}^{開}_{C}$始${}^{上}_{之}$ ${}^{開}_{C}$試${}^{去}_{之}$	${}^{合}_{AB}$誰${}^{平}_{脂}$ ${}^{開}_{C}$時${}^{平}_{之}$ ${}^{開}_{C}$侍${}^{去}_{之}$	${}^{開}_{C}$飴${}^{平}_{之}$ ${}^{開}_{C}$以${}^{上}_{之}$ ${}^{開}_{C}$已${}^{上}_{之}$ ${}^{開}_{C}$異${}^{去}_{之}$
효섭	${}_{AB}$少${}^{上/去}_{宵}$ ${}_{AB}$燒${}^{平}_{宵}$	${}_{AB}$召${}^{去}_{宵}$ ${}_{AB}$劭${}^{去}_{宵}$ ${}_{AB}$紹${}^{上}_{宵}$ ${}_{AB}$韶${}^{平}_{宵}$	${}_{AB}$陶${}^{平}_{宵}$ ${}_{AB}$瑤${}^{平}_{宵}$ ${}_{AB}$遙${}^{平}_{宵}$ ${}_{AB}$謠${}^{平}_{宵}$ ${}_{AB}$洮${}^{平}_{宵}$
류섭	${}_{C}$守${}^{上}_{尤}$ ${}_{C}$手${}^{上}_{尤}$ ${}_{C}$首${}^{上}_{尤}$ ${}_{C}$獸${}^{去}_{尤}$	${}_{C}$酬${}^{平}_{尤}$ ${}_{C}$受${}^{上}_{尤}$ ${}_{C}$壽${}^{上}_{尤}$ ${}_{C}$授${}^{去}_{尤}$ ${}_{C}$綬${}^{上/去}_{尤}$	${}_{C}$猷${}^{平}_{尤}$ ${}_{C}$游${}^{平}_{尤}$ ${}_{C}$遊${}^{平}_{尤}$ ${}_{C}$由${}^{平}_{尤}$ ${}_{C}$柚${}^{去}_{尤}$ ${}_{C}$猶${}^{平}_{尤}$ ${}_{C}$牖${}^{上}_{尤}$ ${}_{C}$繇${}^{平}_{尤}$ ${}_{C}$蕕${}^{平}_{尤}$
해섭	${}^{開}_{AB}$世${}^{去}_{祭}$ ${}^{開}_{AB}$勢${}^{去}_{祭}$ ${}^{合}_{AB}$說${}^{去}_{祭}$	${}^{開}_{AB}$逝${}^{去}_{祭}$ ${}^{開}_{AB}$誓${}^{去}_{祭}$	${}^{開}_{AB}$裔${}^{去}_{祭}$
통섭	${}_{C}$舂${}^{平}_{鍾}$ ${}_{C}$束${}^{入}_{鍾}$ ${}_{C}$叔${}^{入}_{東}$ ${}_{C}$菽${}^{入}_{東}$	${}_{C}$蜀${}^{入}_{鍾}$ ${}_{C}$屬${}^{入}_{鍾}$ ${}_{C}$孰${}^{入}_{東}$ ${}_{C}$熟${}^{入}_{東}$	${}_{C}$庸${}^{平}_{鍾}$ ${}_{C}$容${}^{平}_{鍾}$ ${}_{C}$勇${}^{上}_{鍾}$ ${}_{C}$用${}^{去}_{鍾}$ ${}_{C}$谷${}^{入}_{鍾}$ ${}_{C}$欲${}^{入}_{鍾}$ ${}_{C}$融${}^{平}_{東}$ ${}_{C}$育${}^{入}_{東}$ ${}_{C}$毓${}^{入}_{東}$
강섭			
탕섭	${}^{開}_{C}$傷${}^{平}_{陽}$ ${}^{開}_{C}$商${}^{平}_{陽}$ ${}^{開}_{C}$觴${}^{平}_{陽}$ ${}^{開}_{C}$賞${}^{上}_{陽}$ ${}^{開}_{C}$餉${}^{去}_{陽}$	${}^{開}_{C}$常${}^{平}_{陽}$ ${}^{開}_{C}$裳${}^{平}_{陽}$ ${}^{開}_{C}$嘗${}^{平}_{陽}$ ${}^{開}_{C}$尚${}^{平/去}_{陽}$ ${}^{開}_{C}$上${}^{上/去}_{陽}$	${}^{開}_{C}$羊${}^{平}_{陽}$ ${}^{開}_{C}$揚${}^{平}_{陽}$ ${}^{開}_{C}$颺${}^{平}_{陽}$ ${}^{開}_{C}$楊${}^{平}_{陽}$ ${}^{開}_{C}$陽${}^{平}_{陽}$ ${}^{開}_{C}$恙${}^{去}_{陽}$ ${}^{開}_{C}$養${}^{上/去}_{陽}$ ${}^{開}_{C}$藥${}^{入}_{陽}$ ${}^{開}_{C}$籥${}^{入}_{陽}$ ${}^{開}_{C}$躍${}^{入}_{陽}$

섭 \ 설음	구개음		활음
	書[ɕ] 62	常[ʑ] 58	羊[j] 98
증섭	開 $_{C}$升$_{蒸}^{平}$ 開 $_{C}$勝$_{蒸}^{去}$ 開 $_{C}$式$_{蒸}^{入}$ 開 $_{C}$拭$_{蒸}^{入}$ 開 $_{C}$識$_{蒸}^{入}$	開 $_{C}$丞$_{蒸}^{平}$ 開 $_{C}$承$_{蒸}^{平}$ 開 $_{C}$寔$_{蒸}^{入}$	開 $_{C}$翼$_{蒸}^{入}$
경섭	開 $_{AB}$聲$_{清}^{平}$ 開 $_{AB}$聖$_{清}^{去}$ 開 $_{AB}$郝$_{清}^{入}$ 開 $_{AB}$釋$_{清}^{入}$	開 $_{AB}$成$_{清}^{平}$ 開 $_{AB}$城$_{清}^{平}$ 開 $_{AB}$誠$_{清}^{平}$ 開 $_{AB}$盛$_{清}^{平/去}$ 開 $_{AB}$石$_{清}^{入}$ 開 $_{AB}$碩$_{清}^{入}$	開 $_{AB}$盈$_{清}^{平}$ 合 $_{AB}$營$_{清}^{平}$ 開 $_{AB}$郢$_{清}^{上}$ 開 $_{AB}$奕$_{清}^{入}$ 開 $_{AB}$射$_{清}^{入}$ 開 $_{AB}$亦$_{清}^{入}$ 開 $_{AB}$易$_{清}^{入}$
산섭	開 $_{AB}$扇$_{仙}^{去}$ 開 $_{AB}$設$_{仙}^{入}$ 合 $_{AB}$說$_{仙}^{入}$	開 $_{AB}$蟬$_{仙}^{平}$ 開 $_{AB}$善$_{仙}^{上}$	開 $_{AB}$延$_{仙}^{平}$ 開 $_{AB}$筵$_{仙}^{平}$ 合 $_{AB}$捐$_{仙}^{平}$ 合 $_{AB}$緣$_{仙}^{平}$ 合 $_{AB}$掾$_{仙}^{去}$ 合 $_{AB}$說$_{仙}^{入}$ 合 $_{AB}$悅$_{仙}^{入}$
진섭	開 $_{AB}$申$_{眞}^{平}$ 開 $_{AB}$紳$_{眞}^{平}$ 開 $_{AB}$身$_{眞}^{平}$ 開 $_{AB}$失$_{眞}^{入}$ 開 $_{AB}$室$_{眞}^{入}$ 合 $_{AB}$舜$_{諄}^{去}$	開 $_{AB}$臣$_{眞}^{平}$ 開 $_{AB}$辰$_{眞}^{平}$ 開 $_{AB}$晨$_{眞}^{平}$ 開 $_{AB}$愼$_{眞}^{去}$ 合 $_{AB}$淳$_{諄}^{平}$ 合 $_{AB}$純$_{諄}^{平}$ 合 $_{AB}$蓴$_{諄}^{平}$	開 $_{AB}$引$_{眞}^{上}$ 開 $_{AB}$逸$_{眞}^{入}$ 合 $_{AB}$允$_{諄}^{上}$ 合 $_{AB}$狁$_{諄}^{上}$ 合 $_{AB}$尹$_{諄}^{上}$
함섭	$_{AB}$閃$_{鹽}^{上}$ $_{AB}$陜$_{鹽}^{上}$ $_{AB}$攝$_{鹽}^{入}$		$_{AB}$鹽$_{鹽}^{平}$
심섭	$_{AB}$深$_{侵}^{平}$ $_{AB}$甚$_{侵}^{平}$ $_{AB}$斟$_{侵}^{平}$ $_{AB}$審$_{侵}^{上}$	$_{AB}$甚$_{侵}^{去}$ $_{AB}$十$_{侵}^{入}$	$_{AB}$淫$_{侵}^{平}$

위에서 羊母[j]의 분포를 관찰해 보면 그 뒤에 항상 3등운이 온다. 이 특징은 書母[ɕ], 常母[ʑ]의 분포 특징과 동일하다. 즉 이 세 성모의 뒤에는 항상 구개 개음이 온다.

그런데 자음의 일종인 羊母[j]와 그 뒤에 오는 구개 개음이 결합하는 관계를 어떻게 해석할 것인지 문제가 된다. 羊母[j]의 뒤에 온 $_{3}$麻韻, $_{3}$虞韻, $_{3}$魚韻, $_{3}$支韻, $_{3}$脂韻, $_{3}$之韻, $_{3}$宵韻, $_{3}$尤韻, $_{3}$祭韻, $_{3}$鍾韻, $_{3}$東韻은 모두 구개 개음을 가지는 3등운이므로, 이들의 음절구조에는 항상 /jj-/, /jɪ-/, /jɥ-/가 포함된다. 이 중에서 /jj-/와 /jɪ-/에서는 羊母[j] 뒤의 同器官的 개음 /j-, ɪ-/가 삭제됨으로써, 기저형의 /jj-/와 /jɪ-/가 표면 음성형에서 각각 [j-]와 [j-]로 실현된다고 본다. /jɥ-/는 羊母[j] 뒤에 $_{3}$虞韻이 올 때로 한정되는데, 이때에는 羊母[j]뿐만 아니라 전설 원순 개음 /ɥ-/의 원순성이 어떤 방법으로든 유지된다고 본다.

羊母[j]가 독자적 음소였는지를 확인하기 위해, 분포 분석표 (36)에서 書母[ɕ]와 羊母[j]의 최소대립 쌍을 찾아보면 72쌍에 이른다. 常母[ʑ]와 羊母[j]의 최소대립 쌍은 75쌍이다.

(37) 書母[ɕ]와 羊母[j]의 최소대립 쌍 (72쌍) (11, 9, 6)

1. 가섭 麻韻 – $^{開}_{AB}$舍$_{麻}^{去}$: $^{開}_{AB}$夜$_{麻}^{去}$ (4 : 12)
2. 지섭 支韻 – $^{開}_{C}$始$_{之}^{上}$: $^{開}_{C}$以$_{之}^{上}$ (11 : 262)
3. 탕섭 陽韻 – $^{開}_{C}$傷$_{陽}^{平}$: $^{開}_{C}$羊$_{陽}^{平}$ (6 : 15)
4. 경섭 淸韻 – $^{開}_{AB}$釋$_{淸}^{入}$: $^{開}_{AB}$亦$_{淸}^{入}$ (3 : 90)
5. 진섭 眞韻 – $^{開}_{AB}$失$_{眞}^{入}$: $^{開}_{AB}$逸$_{眞}^{入}$ (11 : 9)

(38) 常母[ʑ]와 羊母[j]의 최소대립 쌍 (75쌍) (28, 15, 14)

1. 가섭 麻韻 – $^{開}_{AB}$社$_{麻}^{上}$: $^{開}_{AB}$也$_{麻}^{上}$ (8 : 84)
2. 류섭 尤韻 – $_{C}$受$_{尤}^{上}$: $_{C}$由$_{尤}^{平}$ (14 : 21)
3. 탕섭 陽韻 – $^{開}_{C}$常$_{陽}^{平}$: $^{開}_{C}$羊$_{陽}^{平}$ (32 : 15)
4. 경섭 淸韻 – $^{開}_{AB}$石$_{淸}^{入}$: $^{開}_{AB}$亦$_{淸}^{入}$ (28 : 90)

더욱이 이 두 가지 최소대립이 극소수의 상용자 집합에서 이미 성립한다. 양적 척도와 질적 척도를 두루 충족하므로, 羊母/j/를 독자적 음소로 설정한다. 한어에서는 羊母/j/를 자음의 일종으로 다룬다는 점만 다시 강조해 둔다.

4.4. 齒音 파찰음

치음 파찰음은 앞에 파열음(또는 폐쇄음)이 오고 바로 이어서 마찰음이 뒤따르는 자음이다. 치음 파찰음에도 치조음, 권설음, 구개음의 세 그룹이 있는데, 일본 학자들은 이들을 精組, 莊組, 章組라고 부른다. 중국 음운학에서는 치조음을[27] 齒頭音이라 부르고 권설음과 구개음을[28] 통칭하여 正齒音이라 부른다. 정치음을 둘로 나누어 구별할 때에는 照$_{二}$와 照$_{三}$으로 나누는데, 이 둘은 우리의 권설음과 구개음에 해당한다. 용어에 혼동이 있을 수 있으므로, 우리는 현대 음운론의 치조음, 권설음, 구개음이라는 용어를 택한다.

(39) 치음 파찰음의 성모와 대화문 용자 수

		전청	차청	전탁	차탁
치음 파찰	치조	精[ʦ] 77	淸[ʦ^{h}] 52	從[dz] 67	
	권설	莊[ʈʂ] 15	初[ʈʂ^{h}] 15	崇[ɖʐ] 16	
	구개	章[ʨ] 67	昌[ʨ^{h}] 29	船[ʥ][29] 17	

일반적으로 日母를 치음 파찰음의 일종으로 보지만,[30] 우리는 日母가 泥母와 상보적 분포를 보인다는 점을 강조하여 日母를 이미 설음에서 논의한 바 있다.

27 이곳의 치조음은 치조 파찰음과 치조 마찰음을 포괄한다.

28 이곳의 구개음은 구개 파찰음과 구개 마찰음을 포괄한다.

29 이 자리에 오는 성모를 중국에서는 禪母라고 지칭하기도 한다(4.3의 치음 마찰음 참조).

30 日母[ɲ]가 脫鼻音化를 겪어 치음으로 분류되는 것은 후기 중고음 이후의 일이다 (Pulleyblank 1983: 171).

日母를 치음 파찰음에서 제외하면, 치음 파찰음에 속하는 성모는 위의 9종이다.

치음 파찰음에서는 전청, 차청, 전탁의 음운대립이 모두 성립하는지 여부와 치조음, 권설음, 구개음 상호 간의 음운대립이 성립하는지 여부가 주요 관심사이다.

(39)의 崇母[ɖʐ] 자리에 오는 성모를 중국에서는 주로 牀母라고 지칭한다. 그런데 이 崇母(牀母)[ɖʐ]가 『절운』의 30자모에서는 누락되어 있다. 이것을 Pulleyblank(1983: 70)은 권설 파찰음인 崇母(牀母)[ɖʐ]와 권설 마찰음인 俟母[ʐ]가 음운론적으로 구별되지 않았기 때문이라고 해석했다. 베트남 한자음에서는 崇母가 원칙적으로 's'로 반영되고, 일부에서 'tr'로 반영된다(三根谷徹 1972: 307). 이것도 [ɖʐ]와 [ʐ]가 동일 음소의 변이음이었을 가능성을 높여 준다. 즉 유성 권설음에서는 마찰음과 파찰음의 음운대립이 없었다는 뜻이다. 이 학설이 옳은지도 검토할 필요가 있다.

4.4.1. 치조음인 精母, 淸母, 從母

먼저, 치음 파찰음에서 전청, 차청, 전탁의 음운대립이 성립했는지를 논의하기로 한다. 이를 위해 치조음을 가지는 精母字, 淸母字, 從母字의 분포 분석표를 작성해 보면 다음과 같다.

(40) 치조음인 精母字, 淸母字, 從母字의 분포 분석표

섭 \ 치음	전청	차청	전탁
	精[ʦ] 77	淸[ʦ^{h}] 52	從[dz] 67
과섭	$^{開}{}_{1}$左$_{歌}^{上}$ $^{開}{}_{1}$佐$_{歌}^{去}$	$^{開}{}_{1}$蹉$_{歌}^{平}$	$^{合}{}_{1}$坐$_{戈}^{上/去}$
가섭	$^{開}{}_{AB}$借$_{麻}^{去}$	$^{開}{}_{AB}$且$_{麻}^{上}$	$^{開}{}_{AB}$藉$_{麻}^{去}$
우섭	$_{C}$苴$_{魚}^{平}$ $_{1}$祖$_{模}^{上}$ $_{C}$足$_{虞}^{去}$	$_{C}$趨$_{虞}^{平}$ $_{C}$取$_{虞}^{上}$ $_{C}$娶$_{虞}^{去}$ $_{C}$趣$_{虞}^{去}$ $_{C}$苴$_{魚}^{平}$ $_{1}$粗$_{模}^{平}$ $_{1}$麤$_{模}^{平}$	$_{C}$聚$_{虞}^{上}$ $_{1}$粗$_{模}^{上}$ $_{1}$阼$_{模}^{去}$ $_{1}$祚$_{模}^{去}$

치음 / 섭	전청	차청	전탁
	精[ʦ] 77	清[$ʦ^{h}$] 52	從[dz] 67
지섭	開$_{AB}$紫$_{支}^{上}$ 開$_{AB}$姿$_{脂}^{平}$ 開$_{AB}$咨$_{脂}^{平}$ 開$_{AB}$資$_{脂}^{平}$ 開$_{AB}$恣$_{脂}^{去}$ 合$_{AB}$醉$_{脂}^{去}$ 開$_{C}$子$_{之}^{上}$	開$_{AB}$此$_{支}^{上}$ 開$_{AB}$刺$_{支}^{去}$ 開$_{AB}$次$_{脂}^{去}$	開$_{AB}$自$_{脂}^{去}$ 合$_{AB}$瘁$_{脂}^{去}$ 合$_{AB}$萃$_{脂}^{去}$ 開$_{C}$慈$_{之}^{平}$ 開$_{C}$字$_{之}^{去}$ 開$_{C}$牸$_{之}^{去}$
효섭	$_{1}$糟$_{豪}^{平}$ $_{1}$遭$_{豪}^{平}$ $_{1}$蚤$_{豪}^{上}$ $_{1}$早$_{豪}^{上}$ $_{1}$躁$_{豪}^{去}$	$_{AB}$峭$_{宵}^{去}$ $_{1}$操$_{豪}^{平}$ $_{1}$草$_{豪}^{上}$	$_{AB}$譙$_{宵}^{平}$ $_{1}$曹$_{豪}^{平}$ $_{1}$造$_{豪}^{上}$
류섭	$_{C}$遒$_{尤}^{平}$ $_{C}$酒$_{尤}^{上}$ $_{1}$奏$_{侯}^{去}$	$_{C}$秋$_{尤}^{平}$ $_{C}$鞦$_{尤}^{平}$	$_{C}$遒$_{尤}^{平}$ $_{C}$就$_{尤}^{去}$
해섭	開$_{4}$濟$_{齊}^{上/去}$ 開$_{4}$齏$_{齊}^{平/上}$ 開$_{AB}$祭$_{祭}^{去}$ 開$_{AB}$際$_{祭}^{去}$ 開$_{1}$哉$_{咍}^{平}$ 開$_{1}$災$_{咍}^{平}$ 開$_{1}$宰$_{咍}^{上}$ 開$_{1}$載$_{咍}^{上/去}$ 合$_{1}$最$_{泰}^{去}$	開$_{4}$妻$_{齊}^{平/去}$ 開$_{4}$悽$_{齊}^{平}$ 開$_{1}$猜$_{咍}^{平}$ 開$_{1}$采$_{咍}^{上}$ 合$_{1}$衰$_{灰}^{平}$ 合$_{1}$崔$_{灰}^{平}$ 合$_{1}$催$_{灰}^{平}$ 開$_{1}$蔡$_{泰}^{去}$	開$_{4}$齊$_{齊}^{平}$ 開$_{1}$才$_{咍}^{平}$ 開$_{1}$財$_{咍}^{平}$ 開$_{1}$裁$_{咍}^{平}$ 開$_{1}$在$_{咍}^{上}$ 合$_{1}$摧$_{灰}^{平}$ 合$_{1}$罪$_{灰}^{上}$
통섭	$_{C}$蹤$_{鍾}^{平}$ $_{C}$縱$_{鍾}^{平/去}$ $_{C}$足$_{鍾}^{入}$ $_{1}$宗$_{冬}^{平}$ $_{1}$綜$_{冬}^{去}$ $_{1}$鏃$_{東}^{入}$	$_{C}$促$_{鍾}^{入}$ $_{C}$趣$_{鍾}^{入}$ $_{1}$聰$_{東}^{平}$	$_{C}$從$_{鍾}^{去}$ $_{1}$族$_{東}^{入}$
강섭			
탕섭	開$_{C}$漿$_{陽}^{平}$ 開$_{C}$奬$_{陽}^{上}$ 開$_{C}$雀$_{陽}^{入}$ 開$_{C}$爵$_{陽}^{入}$ 開$_{C}$將$_{陽}^{平/去}$ 開$_{1}$臧$_{唐}^{平}$ 開$_{1}$葬$_{唐}^{去}$ 開$_{1}$作$_{唐}^{入}$	開$_{1}$蒼$_{唐}^{平}$	開$_{C}$牆$_{陽}^{平}$ 開$_{C}$廧$_{陽}^{平}$ 開$_{C}$匠$_{陽}^{去}$ 開$_{1}$作$_{唐}^{入}$ 開$_{1}$怍$_{唐}^{入}$ 開$_{1}$昨$_{唐}^{入}$ 開$_{1}$藏$_{唐}^{平/去}$
증섭	開$_{C}$甑$_{蒸}^{去}$ 開$_{C}$稷$_{蒸}^{入}$ 開$_{C}$即$_{蒸}^{入}$ 開$_{1}$曾$_{登}^{平}$ 開$_{1}$增$_{登}^{平}$ 開$_{1}$憎$_{登}^{平}$ 開$_{1}$則$_{登}^{入}$		開$_{1}$曾$_{登}^{平}$ 開$_{1}$層$_{登}^{平}$ 開$_{1}$賊$_{登}^{入}$
경섭	開$_{AB}$精$_{清}^{平}$ 開$_{AB}$井$_{清}^{上}$ 開$_{AB}$跡$_{清}^{入}$ 開$_{AB}$迹$_{清}^{入}$ 開$_{AB}$積$_{清}^{入}$	開$_{4}$青$_{青}^{平}$ 開$_{AB}$清$_{清}^{平}$ 開$_{AB}$請$_{清}^{上}$	開$_{4}$寂$_{青}^{入}$ 開$_{AB}$情$_{清}^{平}$ 開$_{AB}$晴$_{清}^{平}$ 開$_{AB}$靖$_{清}^{上}$ 開$_{AB}$靜$_{清}^{上}$ 開$_{AB}$淨$_{清}^{去}$ 開$_{AB}$籍$_{清}^{入}$

치음 / 섭	전청	차청	전탁
	精[ʦ] 77	清[ʦʰ] 52	從[dz] 67
산섭	${}^{開}_{4}節_{先}^{入}$ ${}^{開}_{AB}\underline{煎}_{仙}^{平/去}$ ${}^{開}_{1}贊_{寒}^{去}$ ${}^{開}_{1}讚_{寒}^{去}$	${}^{開}_{4}千_{先}^{平}$ ${}^{開}_{4}阡_{先}^{平}$ ${}^{開}_{4}倩_{先}^{去}$ ${}^{開}_{4}竊_{先}^{入}$ ${}^{開}_{AB}遷_{仙}^{平}$ ${}^{開}_{AB}淺_{仙}^{上}$ ${}^{合}_{AB}\underline{悛}_{仙}^{平}$ ${}^{合}_{1}撮_{桓}^{入}$ ${}^{開}_{1}粲_{寒}^{去}$	${}^{開}_{4}前_{先}^{平}$ ${}^{開}_{4}截_{先}^{入}$ ${}^{開}_{AB}\underline{悛}_{仙}^{平}$ ${}^{開}_{AB}踐_{仙}^{上}$ ${}^{開}_{AB}賤_{仙}^{去}$ ${}^{合}_{AB}全_{仙}^{平}$ ${}^{合}_{AB}泉_{仙}^{平}$ ${}^{合}_{AB}絶_{仙}^{入}$ ${}^{開}_{1}殘_{寒}^{平}$
진섭	${}^{開}_{AB}津_{眞}^{平}$ ${}^{開}_{AB}晉_{眞}^{去}$ ${}^{開}_{AB}進_{眞}^{去}$ ${}^{開}_{AB}縉_{眞}^{去}$ ${}^{合}_{AB}儁_{諄}^{去}$ ${}^{合}_{AB}駿_{諄}^{去}$ ${}^{合}_{AB}\underline{卒}_{諄}^{入}$ ${}^{合}_{1}尊_{魂}^{平}$ ${}^{合}_{1}\underline{卒}_{魂}^{入}$	${}^{開}_{AB}親_{眞}^{平}$ ${}^{開}_{AB}七_{眞}^{入}$ ${}^{開}_{AB}漆_{眞}^{入}$ ${}^{合}_{1}寸_{魂}^{去}$ ${}^{合}_{1}\underline{卒}_{魂}^{入}$	${}^{開}_{AB}秦_{眞}^{平}$ ${}^{開}_{AB}盡_{眞}^{上}$ ${}^{開}_{AB}疾_{眞}^{入}$ ${}^{開}_{AB}嫉_{眞}^{入}$ ${}^{合}_{1}存_{魂}^{平}$
함섭	${}_{AB}\underline{漸}_{鹽}^{平}$ ${}_{AB}接_{鹽}^{入}$	${}_{AB}妾_{鹽}^{入}$ ${}_{1}\underline{參}_{覃}^{平}$ ${}_{1}慘_{覃}^{上}$	${}_{AB}潛_{鹽}^{平}$ ${}_{AB}\underline{漸}_{鹽}^{上}$ ${}_{AB}捷_{鹽}^{入}$ ${}_{1}慙_{談}^{平}$ ${}_{1}暫_{談}^{上}$ ${}_{1}蠶_{覃}^{平}$ ${}_{1}雜_{覃}^{入}$
심섭		${}_{AB}侵_{侵}^{平}$ ${}_{AB}寢_{侵}^{上}$	${}_{AB}集_{侵}^{入}$

위의 분포 분석표에서 精母[ʦ]와 清母[ʦʰ]의 최소대립 쌍을 찾아보면, 아래의 16/20쌍이 나온다. 또한 8회 이상 출현하는 507자 집합에서 이미 대립이 성립하므로, 精母[ʦ]와 清母[ʦʰ]의 음운대립을 믿을 수 있다.

(41) **精母[ʦ]와 清母[ʦʰ]의 최소대립 쌍** (16/20쌍) (8, 4, 3)

1. 지섭 支韻 – ${}^{開}_{AB}紫_{支}^{上}$: ${}^{開}_{AB}此_{支}^{上}$ (2 : 269)
2. 효섭 豪韻 – ${}_{1}蚤_{豪}^{上}$, ${}_{1}早_{豪}^{上}$: ${}_{1}草_{豪}^{上}$ (5, 1 : 4)
3. 해섭 咍韻 – ${}^{開}_{1}宰_{咍}^{上}$: ${}^{開}_{1}采_{咍}^{上}$ (3 : 4)
4. 경섭 清韻 – ${}^{開}_{AB}精_{清}^{平}$: ${}^{開}_{AB}清_{清}^{平}$ (8 : 46)
5. 진섭 眞韻 – ${}^{開}_{AB}津_{眞}^{平}$: ${}^{開}_{AB}親_{眞}^{平}$ (3 : 28)

다음으로, 무성음인 精母[ʦ]와 유성음인 從母[dz]의 최소대립 쌍은 아래의 26/30쌍이다. 精母[ʦ]와 從母[dz]의 최소대립은 14회 이상 사용된 극소수의 상용자 집합에서 이미 확인되므로, 이 대립을 믿을 수 있다.

(42) **精母[ʦ]와 從母[dz]의 최소대립 쌍** (26/30쌍) (14, 12, 8)

1. 효섭 豪韻 – ${}_{1}$蚤$_{\text{豪}}^{\text{上}}$, ${}_{1}$早$_{\text{豪}}^{\text{上}}$: ${}_{1}$造$_{\text{豪}}^{\text{上}}$ (5, 1 : 6)
2. 해섭 咍韻 – ${}^{\text{開}}_{1}$哉$_{\text{咍}}^{\text{平}}$, ${}^{\text{開}}_{1}$災$_{\text{咍}}^{\text{平}}$: ${}^{\text{開}}_{1}$財$_{\text{咍}}^{\text{平}}$, ${}^{\text{開}}_{1}$裁$_{\text{咍}}^{\text{平}}$ (6, 1 : 3, 5)
3. 증섭 登韻 – ${}^{\text{開}}_{1}$則$_{\text{登}}^{\text{入}}$: ${}^{\text{開}}_{1}$賊$_{\text{登}}^{\text{入}}$ (45 : 14)
4. 경섭 淸韻 – ${}^{\text{開}}_{AB}$精$_{\text{淸}}^{\text{平}}$: ${}^{\text{開}}_{AB}$情$_{\text{淸}}^{\text{平}}$, ${}^{\text{開}}_{AB}$晴$_{\text{淸}}^{\text{平}}$ (8 : 39, 1)
5. 진섭 魂韻 – ${}^{\text{合}}_{1}$尊$_{\text{魂}}^{\text{平}}$: ${}^{\text{合}}_{1}$存$_{\text{魂}}^{\text{平}}$ (12 : 12)

다음으로, 淸母[ʦ^{h}]와 從母[dz]의 최소대립 쌍은 아래의 23/30쌍이다. 가장 출현 빈도가 높은 대립 항을 기준으로 하면, 13회 이상 출현하는 용자에서 淸母[ʦ^{h}]와 從母[dz]의 최소대립이 성립한다. 따라서 이 최소대립도 믿을 수 있다.

(43) **淸母[ʦ^{h}]와 從母[dz]의 최소대립 쌍** (23/30쌍) (13, 6, 4)

1. 효섭 豪韻 – ${}_{1}$草$_{\text{豪}}^{\text{上}}$: ${}_{1}$造$_{\text{豪}}^{\text{上}}$ (4 : 6)
2. 해섭 咍韻 – ${}^{\text{開}}_{1}$采$_{\text{咍}}^{\text{上}}$: ${}^{\text{開}}_{1}$在$_{\text{咍}}^{\text{上}}$ (4 : 79)
3. 경섭 淸韻 – ${}^{\text{開}}_{AB}$請$_{\text{淸}}^{\text{上}}$: ${}^{\text{開}}_{AB}$靖$_{\text{淸}}^{\text{上}}$, ${}^{\text{開}}_{AB}$靜$_{\text{淸}}^{\text{上}}$ (4 : 2, 6)
4. 산섭 先韻 – ${}^{\text{開}}_{4}$千$_{\text{先}}^{\text{平}}$, ${}^{\text{開}}_{4}$阡$_{\text{先}}^{\text{平}}$: ${}^{\text{開}}_{4}$前$_{\text{先}}^{\text{平}}$ (28, 1 : 13)
5. 진섭 眞韻 – ${}^{\text{開}}_{AB}$七$_{\text{眞}}^{\text{入}}$, ${}^{\text{開}}_{AB}$漆$_{\text{眞}}^{\text{入}}$: ${}^{\text{開}}_{AB}$疾$_{\text{眞}}^{\text{入}}$, ${}^{\text{開}}_{AB}$嫉$_{\text{眞}}^{\text{入}}$ (6, 2 : 6, 1)

위의 논의에 따르면, 치음 파찰음의 치조음 그룹에서 전청의 精母[ʦ], 淸母[ʦ^{h}], 從母[dz]의 3항이 음운론적으로 대립한다. 따라서 이들에 음소의 자격을 부여하여 각각 精母/ʦ/, 淸母/ʦ^{h}/, 從母/dz/라 할 수 있다.

4.4.2. 권설음인 莊母, 初母, 崇母

이제, 권설음 그룹에 대한 논의로 넘어간다. 아래의 분포 분석표를 이용하여 전청인 莊母[tʂ], 차청인 初母[tʂʰ], 전탁인 崇母[dʐ] 상호 간의 최소대립 쌍을 찾아본다.

(44) 권설음인 莊母字, 初母字, 崇母字의 분포

치음 / 섭	전청	차청	전탁
	莊[tʂ] 15	初[tʂʰ] 15	崇[dʐ] 16
과섭			
가섭	${}^{開}_{2}$樝${}^{平}_{麻}$	${}^{開}_{2}$差${}^{平}_{麻}$	${}^{開}_{2}$苴${}^{平}_{麻}$
우섭	${}_{C}$俎${}^{上}_{魚}$	${}_{C}$芻${}^{平}_{虞}$ ${}_{C}$初${}^{平}_{魚}$ ${}_{C}$楚${}^{上}_{魚}$	${}_{C}$助${}^{去}_{魚}$
지섭	${}^{開}_{C}$滓${}^{上}_{之}$	${}^{開}_{AB}$嵯${}^{平}_{支}$	${}^{開}_{C}$士${}^{上}_{之}$ ${}^{開}_{C}$仕${}^{上}_{之}$ ${}^{開}_{C}$事${}^{去}_{之}$
효섭	${}_{2}$爪${}^{上}_{肴}$	${}_{2}$鈔${}^{平}_{肴}$	${}_{2}$巢${}^{平}_{肴}$
류섭			
해섭	${}^{開}_{2}$齋${}^{平}_{皆}$	${}^{開}_{2}$差${}^{平}_{佳}$	${}^{開}_{2}$豺${}^{平}_{皆}$ ${}^{開}_{2}$柴${}^{平}_{佳}$
통섭			${}_{C}$崇${}^{平}_{東}$
강섭	${}_{2}$捉${}^{入}_{江}$	${}_{2}$窗${}^{平}_{江}$	
탕섭	${}^{開}_{C}$莊${}^{平}_{陽}$ ${}^{開}_{C}$壯${}^{去}_{陽}$	${}^{開}_{C}$創${}^{去}_{陽}$	${}^{開}_{C}$牀${}^{平}_{陽}$ ${}^{開}_{C}$狀${}^{去}_{陽}$
증섭	${}^{開}_{B}$仄${}^{入}_{蒸}$ ${}^{開}_{B}$側${}^{入}_{蒸}$	${}^{開}_{B}$惻${}^{入}_{蒸}$ ${}^{開}_{B}$測${}^{入}_{蒸}$	
경섭	${}^{開}_{2}$争${}^{平/去}_{耕}$ ${}^{開}_{2}$箏${}^{平}_{耕}$ ${}^{開}_{2}$責${}^{入}_{耕}$	${}^{開}_{2}$鎗${}^{平}_{庚}$ ${}^{開}_{2}$策${}^{入}_{耕}$	${}^{開}_{2}$傖${}^{平}_{庚}$ ${}^{開}_{2}$崢${}^{平}_{庚}$ ${}^{開}_{2}$崢${}^{平}_{耕}$
산섭		${}^{開}_{2}$察${}^{入}_{山}$ ${}^{合}_{2}$篡${}^{去}_{刪}$	${}^{合}_{2}$饌${}^{上}_{刪}$
진섭			
함섭			${}_{2}$渫${}^{入}_{咸}$
심섭	${}_{AB}$戢${}^{入}_{侵}$		

위의 분포 분석표에서 먼저 莊母[tʂ]와 初母[tʂʰ]의 최소대립 쌍을 찾아보면

7/8쌍이 나오고 3회 이상 출현하는 1,112자 집합에서 대립이 성립한다. 양적 척도와 질적 척도를 충족하므로, 권설음에서도 전청과 차청의 음운대립을 믿을 수 있다.

(45) 莊母[tʂ]와 初母[tʂ^{h}]의 최소대립 쌍 (7/8쌍) (3, 2, 1)

1. 가섭 麻韻 – ${}^{開}_{2}$樝$_{麻}^{平}$: ${}^{開}_{2}$差$_{麻}^{平}$ (1 : 7)
2. 우섭 魚韻 – $_{C}$俎$_{魚}^{上}$: $_{C}$楚$_{魚}^{上}$ (1 : 5)
3. 탕섭 陽韻 – ${}^{開}_{C}$壯$_{陽}^{去}$: ${}^{開}_{C}$創$_{陽}^{去}$ (1 : 1)
4. 증섭 蒸韻 – ${}^{開}_{B}$仄$_{蒸}^{入}$, ${}^{開}_{B}$側$_{蒸}^{入}$: ${}^{開}_{B}$惻$_{蒸}^{入}$, ${}^{開}_{B}$測$_{蒸}^{入}$ (1, 2 : 1, 9)
5. 경섭 耕韻 – ${}^{開}_{2}$責$_{耕}^{入}$: ${}^{開}_{2}$策$_{耕}^{入}$ (3 : 4)

다음으로, 莊母[tʂ]와 崇母[ɖʐ]의 최소대립 쌍을 찾아보면 아래의 5/7쌍이 나오고, 4회 이상 출현하는 919자 집합에서 대립이 성립한다. 양적 척도와 질적 척도를 두루 충족하므로, 이 음운대립도 믿을 수 있다.

(46) 莊母[tʂ]와 崇母[ɖʐ]의 최소대립 쌍 (5/7쌍) (4, 2, 2)

1. 가섭 麻韻 – ${}^{開}_{2}$樝$_{麻}^{平}$: ${}^{開}_{2}$苴$_{麻}^{平}$ (1 : 1)
2. 지섭 之韻 – ${}^{開}_{C}$滓$_{之}^{上}$: ${}^{開}_{C}$士$_{之}^{上}$, ${}^{開}_{C}$仕$_{之}^{上}$ (2, 2 : 48, 1)
3. 해섭 皆韻 – ${}^{開}_{2}$齋$_{皆}^{平}$: ${}^{開}_{2}$豺$_{皆}^{平}$ (1 : 1)
4. 탕섭 陽韻 – ${}^{開}_{C}$莊$_{陽}^{平}$: ${}^{開}_{C}$牀$_{陽}^{平}$ (9 : 4)
5. 탕섭 陽韻 – ${}^{開}_{C}$壯$_{陽}^{去}$: ${}^{開}_{C}$狀$_{陽}^{去}$ (1 : 1)

그런데 후술하겠지만, 『세설신어』의 대화문 용자에서는 권설음인 崇母[ɖʐ]와 구개음인 船母[dʑ]가 상보적 분포를 보이므로 이 둘은 병합되어 하나의 음소 船崇/dʑ/이 된다. 달리 말하면 崇母[ɖʐ]는 5세기 전반기의 한어에서 독자적인 음소가 아니었다.

다음으로, 차청인 初母[tʂ^{h}]와 전탁인 崇母[ɖʐ]의 최소대립 쌍을 찾아보면 아래의 3/6쌍이 나온다. 아래의 최소대립 쌍에서 대립 항의 어느 한쪽이 딱 한 번만 출현한다는 점이 눈에 들어온다. 이것은 2회 이상 출현하는 용자로 한정하면 初母[tʂʰ]와 崇母[dʐ]의 최소대립 쌍이 모두 사라진다는 것을 뜻한다. 따라서 이 음운대립을 확인하려면 『세설신어』의 대화문 용자인 2,212자가 모두 필요하다. 이것은 이 음운대립이 그만큼 불안하다는 것을 의미한다.

(47) 初母[tʂʰ]와 崇母[dʐ]의 최소대립 쌍 (3/6쌍) (1, 1, 1)

1. 가섭 麻韻 – $^{開}{}_{2}$<u>差</u>$_{麻}^{平}$: $^{開}{}_{2}$<u>苴</u>$_{麻}^{平}$ (7 : 1)
2. 효섭 肴韻 – $_{2}$鈔$_{肴}^{平}$: $_{2}$巢$_{肴}^{平}$ (1 : 7)
3. 해섭 佳韻 – $^{開}{}_{2}$<u>差</u>$_{佳}^{平}$: $^{開}{}_{2}$柴$_{佳}^{平}$ (7 : 1)
4. 경섭 庚韻 – $^{開}{}_{2}$鎗$_{庚}^{平}$: $^{開}{}_{2}$傖$_{庚}^{平}$, $^{開}{}_{2}$<u>崢</u>$_{庚}^{平}$ (1 : 4, 1)
5. 탕섭 陽韻 – $^{開}{}_{C}$創$_{陽}^{去}$: $^{開}{}_{C}$狀$_{陽}^{去}$ (1 : 1)

그런데 후술하겠지만, 권설음인 初母[tʂʰ]와 치조음인 淸母[tsʰ]가 『세설신어』의 대화문 용자에서는 음운대립을 이루지 못하므로 이 두 성모는 하나의 음소 淸初/tsʰ/로 병합된다. 이 차청의 淸初/tsʰ/가 전청의 從母/dz/와 최소대립을 이루는 것은 위의 (43)에서 이미 논의한 바 있듯이 23쌍이나 되고, 13회 이상 출현하는 상용자 집합에서 확인된다. 즉, (43.4)의 대립 항인 '千'과 '前'이 각각 28회와 13회 사용되었으므로, 극소수의 상용자에서도 차청의 淸初/tsʰ/가 전탁의 從母/dz/와 음운론적으로 대립했다고 할 수 있다.

4.4.3. 구개음인 章母, 昌母, 船母

이제, 치음 파찰음의 구개음에 대한 논의로 넘어간다. 치음 파찰음의 구개음에는 전청의 章母[tɕ], 차청의 昌母[tɕʰ], 전탁의 船母[dʑ]가 있다. 『세설신어』의 대화문에 나오는 章母字, 昌母字, 船母字를 분포 분석표에 넣어 보면 다음과 같다.

(48) 구개음인 章母字, 昌母字, 船母字의 분포

치음 / 섭	전청	차청	전탁
	章[tɕ] 67	昌[tɕʰ] 29	船[dʑ] 17
과섭			
가섭	${}^{開}_{AB}者^{上}_{麻}$	${}^{開}_{AB}\underline{車}^{平}_{麻}$	${}^{開}_{AB}蛇^{平}_{麻}$ ${}^{開}_{AB}\underline{射}^{去}_{麻}$
우섭	${}_{C}珠^{平}_{虞}$ ${}_{C}朱^{平}_{虞}$ ${}_{C}主^{上}_{虞}$ ${}_{C}注^{去}_{虞}$ ${}_{C}煮^{上}_{魚}$ ${}_{C}渚^{上}_{魚}$ ${}_{C}諸^{平}_{魚}$	${}_{C}樞^{平}_{虞}$ ${}_{C}杵^{上}_{魚}$ ${}_{C}\underline{處}^{上/去}_{魚}$	${}_{C}抒^{上}_{魚}$
지섭	${}^{開}_{AB}支^{平}_{支}$ ${}^{開}_{AB}枝^{平}_{支}$ ${}^{開}_{AB}咫^{上}_{支}$ ${}^{合}_{AB}捶^{上}_{支}$ ${}^{開}_{AB}脂^{平}_{脂}$ ${}^{開}_{AB}旨^{上}_{脂}$ ${}^{開}_{AB}指^{上}_{脂}$ ${}^{開}_{AB}至^{去}_{脂}$ ${}^{開}_{C}芝^{平}_{之}$ ${}^{開}_{C}之^{平}_{之}$ ${}^{開}_{C}止^{上}_{之}$ ${}^{開}_{C}志^{去}_{之}$	${}^{合}_{AB}吹^{平}_{支}$ ${}^{合}_{AB}炊^{平}_{支}$ ${}^{開}_{AB}鴟^{平}_{脂}$ ${}^{合}_{AB}推^{平}_{脂}$ ${}^{合}_{AB}\underline{出}^{去}_{脂}$ ${}^{開}_{C}蚩^{平}_{之}$ ${}^{開}_{C}齒^{上}_{之}$	
효섭	${}_{AB}昭^{平}_{宵}$ ${}_{AB}照^{去}_{宵}$ ${}_{AB}詔^{去}_{宵}$		
류섭	${}_{C}州^{平}_{尤}$ ${}_{C}周^{平}_{尤}$ ${}_{C}舟^{平}_{尤}$ ${}_{C}\underline{祝}^{去}_{尤}$	${}_{C}醜^{上}_{尤}$ ${}_{C}臭^{去}_{尤}$	
해섭	${}^{開}_{AB}制^{去}_{祭}$ ${}^{開}_{AB}製^{去}_{祭}$		
통섭	${}_{C}鍾^{平}_{鍾}$ ${}_{C}鐘^{平}_{鍾}$ ${}_{C}\underline{屬}^{入}_{鍾}$ ${}_{C}囑^{入}_{鍾}$ ${}_{C}\underline{種}^{上/去}_{鍾}$ ${}_{C}終^{平}_{東}$ ${}_{C}衆^{去}_{東}$ ${}_{C}\underline{祝}^{入}_{東}$ ${}_{C}粥^{入}_{東}$	${}_{C}觸^{入}_{鍾}$ ${}_{C}充^{平}_{東}$	${}_{C}贖^{入}_{鍾}$
강섭			
탕섭	${}^{開}_{C}彰^{平}_{陽}$ ${}^{開}_{C}章^{平}_{陽}$ ${}^{開}_{C}璋^{平}_{陽}$ ${}^{開}_{C}障^{去}_{陽}$ ${}^{開}_{C}斫^{入}_{陽}$ ${}^{開}_{C}灼^{入}_{陽}$ ${}^{開}_{C}酌^{入}_{陽}$	${}^{開}_{C}唱^{去}_{陽}$	

치음 섭	전청	차청	전탁
	章[tɕ] 67	昌[tɕʰ] 29	船[dʑ] 17
증섭	${}^{開}_{C}烝^{平}_{蒸}$ ${}^{開}_{C}職^{入}_{蒸}$	${}^{開}_{C}\underline{稱}^{平/去}_{蒸}$	${}^{開}_{C}\underline{乘}^{平/去}_{蒸}$ ${}^{開}_{C}繩^{平}_{蒸}$ ${}^{開}_{C}\underline{食}^{入}_{蒸}$
경섭	${}^{開}_{AB}征^{平}_{清}$ ${}^{開}_{AB}政^{去}_{清}$ ${}^{開}_{AB}\underline{正}^{平/去}_{清}$	${}^{開}_{AB}赤^{入}_{清}$ ${}^{開}_{AB}尺^{入}_{清}$ ${}^{開}_{AB}\underline{郝}^{入}_{清}$	${}^{開}_{AB}\underline{射}^{入}_{清}$
산섭	${}^{開}_{AB}旃^{平}_{仙}$ ${}^{開}_{AB}戰^{去}_{仙}$ ${}^{開}_{AB}折^{入}_{仙}$ ${}^{合}_{AB}拙^{入}_{仙}$	${}^{合}_{AB}川^{平}_{仙}$ ${}^{合}_{AB}穿^{平}_{仙}$ ${}^{合}_{AB}喘^{上}_{仙}$	${}^{合}_{AB}船^{平}_{仙}$ ${}^{開}_{AB}舌^{入}_{仙}$
진섭	${}^{開}_{AB}眞^{平}_{眞}$ ${}^{開}_{AB}振^{去}_{眞}$ ${}^{開}_{AB}震^{去}_{眞}$ ${}^{開}_{AB}質^{入}_{眞}$ ${}^{合}_{AB}準^{上}_{諄}$	${}^{開}_{AB}瞋^{平}_{眞}$ ${}^{合}_{AB}\underline{春}^{平}_{諄}$ ${}^{合}_{AB}蠢^{上}_{諄}$ ${}^{合}_{AB}\underline{出}^{入}_{諄}$	${}^{開}_{AB}神^{平}_{眞}$ ${}^{開}_{AB}實^{入}_{眞}$ ${}^{合}_{AB}脣^{平}_{諄}$ ${}^{合}_{AB}術^{入}_{諄}$ ${}^{合}_{AB}秫^{入}_{諄}$ ${}^{合}_{AB}述^{入}_{諄}$
함섭	${}_{AB}瞻^{平}_{鹽}$		
심섭	${}_{AB}箴^{平}_{侵}$ ${}_{AB}\underline{枕}^{上/去}_{侵}$ ${}_{AB}汁^{入}_{侵}$ ${}_{AB}執^{入}_{侵}$		

위의 구개음 분포 분석표에서 전청의 章母[tɕ], 차청의 昌母[tɕʰ], 전탁의 船母[dʑ] 상호 간의 최소대립 쌍을 찾아보자.

먼저 章母[tɕ]와 昌母[tɕʰ]의 최소대립 쌍을 찾아보면 아래의 13/15쌍이 나오고, 8회 이상 출현하는 565자 집합에서 이미 대립이 성립한다. 이 최소대립 쌍을 논거로 삼아 구개음에서 전청인 章母[tɕ]와 차청인 昌母[tɕʰ]의 음운대립을 인정할 수 있다.

(49) 章母[tɕ]와 昌母[tɕʰ]의 최소대립 쌍 (13/15쌍) (7, 4, 2)

1. 지섭 之韻 – ${}^{開}_{C}芝^{平}_{之}$, ${}^{開}_{C}之^{平}_{之}$: ${}^{開}_{C}蚩^{平}_{之}$ (1, 425 : 1)

2. 지섭 之韻 – $^{開}{}_{C}止_{之}^{上}$: $^{開}{}_{C}齒_{之}^{上}$ (8 : 7)

3. 통섭 東韻 – $_{C}終_{東}^{平}$: $_{C}充_{東}^{平}$ (17 : 4)

4. 통섭 鍾韻 – $_{C}屬_{鍾}^{入}$, $_{C}囑_{鍾}^{入}$: $_{C}觸_{鍾}^{入}$ (4, 2 : 2)

5. 진섭 眞韻 – $^{開}{}_{AB}眞_{眞}^{平}$: $^{開}{}_{AB}瞋_{眞}^{平}$ (31 : 1)

다음으로, 파찰음의 구개음에서 章母[tɕ]와 船母[dʑ]가 최소대립을 이루는 쌍을 찾아보면 아래의 7/9쌍이 나온다. 이들을 논거로 삼아 역시 章母[tɕ]와 船母[dʑ]의 음운대립을 인정할 수 있다. (50.4)의 대립 항 '眞'과 '神'은 『세설신어』의 대화문에서 각각 31회와 35회 출현한다. 31회 이상 출현하는 대화문 용자는 129자에 불과하다. 그런데도 이 작은 집합에서 무성음 /tɕ/와 유성음 /dʑ/의 음운대립이 성립하므로, 5세기 전반기의 한어에서 유·무성 대립은 가장 중요한 음운대립의 하나라고 할 수 있다.

(50) 章母[tɕ]와 船母[dʑ]의 최소대립 쌍 (7/9쌍) (31, 3, 2)

1. 우섭 魚韻 – $_{C}煮_{魚}^{上}$, $_{C}渚_{魚}^{上}$: $_{C}抒_{魚}^{上}$ (2, 1 : 2)

2. 증섭 蒸韻 – $^{開}{}_{C}烝_{蒸}^{平}$: $^{開}{}_{C}繩_{蒸}^{平}$ (1 : 2)

3. 산섭 仙韻 – $^{開}{}_{AB}折_{仙}^{入}$: $^{開}{}_{AB}舌_{仙}^{入}$ (4 : 3)

4. 진섭 眞韻 – $^{開}{}_{AB}眞_{眞}^{平}$: $^{開}{}_{AB}神_{眞}^{平}$ (31 : 35)

5. 진섭 眞韻 – $^{開}{}_{AB}質_{眞}^{入}$: $^{開}{}_{AB}實_{眞}^{入}$ (2 : 10)

『세설신어』의 대화문에 출현하는 昌母字와 船母字는 각각 29자와 17자에 불과하므로 음운대립이 성립할 가능성이 상대적으로 낮다. 아래의 (51)에서 볼 수 있듯이, 6/11쌍의 최소대립 쌍을 찾을 수 있는데, 다음자를 제외하면 이들이 모두 2,212자 집합에서 대립이 성립한다. 양적 척도는 충족되지만 질적 척도는 충족되지 않는다. 그런데 다음자인 (51.3)의 '稱'과 '乘'을 논거에 포함하면 질적 척도도 충족한다. 이 두 다음자는 공통적으로 평성과 거성의 두 가지 성조를 가지므로 음운대립의 논거에 예외적으로 포함할 수 있다. '稱'은 20회, '乘'은 9회 출현하므로 이때에는 昌母[tɕ^{h}]와 船母[dʑ]의 음운대립이 질적 척도도 충족한다.

(51) 昌母[tɕ^{h}]와 船母[dʑ]의 최소대립 쌍 (6/11쌍) (1, 1, 1)

1. 우섭 魚韻 – $_{\text{C}}$杵$_{\text{魚}}^{\text{上}}$: $_{\text{C}}$抒$_{\text{魚}}^{\text{上}}$ (1 : 2)
2. 통섭 鍾韻 – $_{\text{C}}$觸$_{\text{鍾}}^{\text{入}}$: $_{\text{C}}$贖$_{\text{鍾}}^{\text{入}}$ (2 : 1)
3. 증섭 蒸韻 – $^{\text{開}}_{\text{C}}$稱$_{\text{蒸}}^{\text{平/去}}$: $^{\text{開}}_{\text{C}}$乘$_{\text{蒸}}^{\text{平/去}}$ (20 : 9)
4. 산섭 仙韻 – $^{\text{合}}_{\text{AB}}$川$_{\text{仙}}^{\text{平}}$, $^{\text{合}}_{\text{AB}}$穿$_{\text{仙}}^{\text{平}}$: $^{\text{合}}_{\text{AB}}$船$_{\text{仙}}^{\text{平}}$ (5, 2 : 1)
5. 진섭 眞韻 – $^{\text{開}}_{\text{AB}}$瞋$_{\text{眞}}^{\text{平}}$: $^{\text{開}}_{\text{AB}}$神$_{\text{眞}}^{\text{平}}$ (1 : 35)

지금까지 치음 파찰음을 치조음, 권설음, 구개음의 셋으로 나눈 다음에, 이들 내부에서 전청, 차청, 전탁 상호 간의 최소대립 쌍을 찾아보았다. 이들 내부에서 항상 전청, 차청, 전탁의 최소대립 쌍을 찾을 수 있으므로, 5세기 전반기의 한어에서 전청(무성무기음), 차청(무성유기음), 전탁(유성무기음)이 항상 음운대립을 이룬다고 할 수 있다. 이 결론에 따르면, 치음 파찰음에서 치조음의 전청 /ts/, 차청 /ts^{h}/, 전탁 /dz/를 음소로 등록하고, 권설음의 전청 /tʂ/, 차청 /tʂ^{h}/, 전탁 /dʐ/를 음소로 등록하며, 구개음의 전청 /tɕ/, 차청 /tɕ^{h}/, 전탁 /dʑ/를 음소로 등록해야 한다. 치음 파찰음에서만 9종의 음소가 설정되는 것이다.

이것을 그대로 믿을 수 있을까? 지금까지 치음 파찰음을 조음위치를 기준으로 삼아 치조음, 권설음, 구개음의 셋으로 나누어 최소대립 쌍을 확인했지만, 전청(무성무기음) 내부에서 精母[ts], 莊母[tʂ], 章母[tɕ] 상호 간의 음운대립이 성립하는지를 확인한 것은 아니다. 마찬가지로 차청(무성유기음) 내부에서 淸母[ts^{h}], 初母[tʂ^{h}], 昌母[tɕ^{h}] 상호 간의 최소대립 쌍을 제시한 바 없고, 전탁(유성무기음) 내부에서 從母[dz], 崇母[dʐ], 船母[dʑ] 상호 간의 음운대립이 성립하는지 여부도 아직 논의하지 않았다. 달리 말하면, 지금까지의 논의는 (39)의 치음 파찰음 분류표에서 行에 배열한 橫的 음운대립만을 논의한 것에 불과하고 列에 배열한 縱的 음운대립은 아직 거론하지 않았다. 따라서 위의 아홉 가지 자음에 성급하게 음소의 자격을 부여해서는 안 된다.

4.4.4. 전청인 精母, 莊母, 章母

이제, 전청, 차청, 전탁 계열 내부에서 여러 성모가 음운대립을 이루는지를 논의하기로 한다.

먼저, 전청 계열에 속하는 성모에는 치조음인 精母[ʦ], 권설음인 莊母[ʈʂ], 구개음인 章母[ʨ]의 세 가지가 있다. 이들이 음운론적으로 대립했는지를 논의하기 위하여 精母字, 莊母字, 章母字를 분포 분석표에 넣어 보자.

(52) 전청 계열인 精母字, 莊母字, 章母字의 분포 분석표

치음 / 섭	치조	권설	구개
	精[ʦ] 77	莊[ʈʂ] 15	章[ʨ] 67
과섭	開$_{\text{1}}\text{左}_{\text{歌}}^{\text{上}}$ 開$_{\text{1}}\text{佐}_{\text{歌}}^{\text{去}}$		
가섭	開$_{\text{AB}}\text{借}_{\text{麻}}^{\text{去}}$	開$_{\text{2}}\text{樝}_{\text{麻}}^{\text{平}}$	開$_{\text{AB}}\text{者}_{\text{麻}}^{\text{上}}$
우섭	$_{\text{C}}\underline{\text{足}}_{\text{虞}}^{\text{去}}$ $_{\text{C}}\underline{\text{苴}}_{\text{魚}}^{\text{平}}$ $_{\text{1}}\text{祖}_{\text{模}}^{\text{上}}$	$_{\text{C}}\text{俎}_{\text{魚}}^{\text{上}}$	$_{\text{C}}\text{珠}_{\text{虞}}^{\text{平}}$ $_{\text{C}}\text{朱}_{\text{虞}}^{\text{平}}$ $_{\text{C}}\text{主}_{\text{虞}}^{\text{上}}$ $_{\text{C}}\text{注}_{\text{虞}}^{\text{去}}$ $_{\text{C}}\text{諸}_{\text{魚}}^{\text{平}}$ $_{\text{C}}\text{煮}_{\text{魚}}^{\text{上}}$ $_{\text{C}}\text{渚}_{\text{魚}}^{\text{上}}$
지섭	開$_{\text{AB}}\text{紫}_{\text{支}}^{\text{上}}$ 開$_{\text{AB}}\text{姿}_{\text{脂}}^{\text{平}}$ 開$_{\text{AB}}\text{咨}_{\text{脂}}^{\text{平}}$ 開$_{\text{AB}}\text{資}_{\text{脂}}^{\text{平}}$ 開$_{\text{AB}}\text{恣}_{\text{脂}}^{\text{去}}$ 合$_{\text{AB}}\text{醉}_{\text{脂}}^{\text{去}}$ 開$_{\text{C}}\text{子}_{\text{之}}^{\text{上}}$	開$_{\text{C}}\text{滓}_{\text{之}}^{\text{上}}$	開$_{\text{AB}}\text{支}_{\text{支}}^{\text{平}}$ 開$_{\text{AB}}\text{枝}_{\text{支}}^{\text{平}}$ 開$_{\text{AB}}\text{咫}_{\text{支}}^{\text{上}}$ 合$_{\text{AB}}\text{捶}_{\text{支}}^{\text{上}}$ 開$_{\text{AB}}\text{脂}_{\text{脂}}^{\text{平}}$ 開$_{\text{AB}}\text{旨}_{\text{脂}}^{\text{上}}$ 開$_{\text{AB}}\text{指}_{\text{脂}}^{\text{上}}$ 開$_{\text{AB}}\text{至}_{\text{脂}}^{\text{去}}$ 開$_{\text{C}}\text{芝}_{\text{之}}^{\text{平}}$ 開$_{\text{C}}\text{之}_{\text{之}}^{\text{平}}$ 開$_{\text{C}}\text{止}_{\text{之}}^{\text{上}}$ 開$_{\text{C}}\text{志}_{\text{之}}^{\text{去}}$
효섭	$_{\text{1}}\text{糟}_{\text{豪}}^{\text{平}}$ $_{\text{1}}\text{遭}_{\text{豪}}^{\text{平}}$ $_{\text{1}}\text{蚤}_{\text{豪}}^{\text{上}}$ $_{\text{1}}\text{早}_{\text{豪}}^{\text{上}}$ $_{\text{1}}\text{躁}_{\text{豪}}^{\text{去}}$	$_{\text{2}}\text{爪}_{\text{肴}}^{\text{上}}$	$_{\text{AB}}\text{昭}_{\text{宵}}^{\text{平}}$ $_{\text{AB}}\text{照}_{\text{宵}}^{\text{去}}$ $_{\text{AB}}\text{詔}_{\text{宵}}^{\text{去}}$
류섭	$_{\text{C}}\underline{\text{遒}}_{\text{尤}}^{\text{平}}$ $_{\text{C}}\underline{\text{酒}}_{\text{尤}}^{\text{上}}$ $_{\text{1}}\text{奏}_{\text{侯}}^{\text{去}}$		$_{\text{C}}\text{州}_{\text{尤}}^{\text{平}}$ $_{\text{C}}\text{周}_{\text{尤}}^{\text{平}}$ $_{\text{C}}\text{舟}_{\text{尤}}^{\text{平}}$ $_{\text{C}}\underline{\text{祝}}_{\text{尤}}^{\text{去}}$
해섭	開$_{\text{4}}\underline{\text{濟}}_{\text{齊}}^{\text{上/去}}$ 開$_{\text{4}}\underline{\text{齏}}_{\text{齊}}^{\text{平/上}}$ 開$_{\text{AB}}\text{祭}_{\text{祭}}^{\text{去}}$ 開$_{\text{AB}}\text{際}_{\text{祭}}^{\text{去}}$ 開$_{\text{1}}\text{哉}_{\text{咍}}^{\text{平}}$ 開$_{\text{1}}\text{災}_{\text{咍}}^{\text{平}}$ 開$_{\text{1}}\text{宰}_{\text{咍}}^{\text{上}}$ 開$_{\text{1}}\underline{\text{載}}_{\text{咍}}^{\text{上/去}}$ 合$_{\text{1}}\text{最}_{\text{泰}}^{\text{去}}$	開$_{\text{2}}\text{齋}_{\text{皆}}^{\text{平}}$	開$_{\text{AB}}\text{制}_{\text{祭}}^{\text{去}}$ 開$_{\text{AB}}\text{製}_{\text{祭}}^{\text{去}}$

치음	치조	권설	구개
섭	精[ʦ] 77	莊[ʈʂ] 15	章[ʨ] 67
통섭	${}_{C}$蹤${}_{鍾}^{平}$ ${}_{C}$縱${}_{鍾}^{平/去}$ ${}_{C}$足${}_{鍾}^{入}$ ${}_{1}$宗${}_{冬}^{平}$ ${}_{1}$綜${}_{冬}^{去}$ ${}_{1}$鏃${}_{東}^{入}$		${}_{C}$鍾${}_{鍾}^{平}$ ${}_{C}$鐘${}_{鍾}^{平}$ ${}_{C}$屬${}_{鍾}^{入}$ ${}_{C}$囑${}_{鍾}^{入}$ ${}_{C}$種${}_{鍾}^{上/去}$ ${}_{C}$終${}_{東}^{平}$ ${}_{C}$衆${}_{東}^{去}$ ${}_{C}$祝${}_{東}^{入}$ ${}_{C}$粥${}_{東}^{入}$
강섭		${}_{2}$捉${}_{江}^{入}$	
탕섭	${}^{開}_{C}$漿${}_{陽}^{平}$ ${}^{開}_{C}$獎${}_{陽}^{上}$ ${}^{開}_{C}$雀${}_{陽}^{入}$ ${}^{開}_{C}$爵${}_{陽}^{入}$ ${}^{開}_{C}$將${}_{陽}^{平/去}$ ${}^{開}_{1}$臧${}_{唐}^{平}$ ${}^{開}_{1}$葬${}_{唐}^{去}$ ${}^{開}_{1}$作${}_{唐}^{入}$	${}^{開}_{C}$莊${}_{陽}^{平}$ ${}^{開}_{C}$壯${}_{陽}^{去}$	${}^{開}_{C}$彰${}_{陽}^{平}$ ${}^{開}_{C}$章${}_{陽}^{平}$ ${}^{開}_{C}$璋${}_{陽}^{平}$ ${}^{開}_{C}$障${}_{陽}^{去}$ ${}^{開}_{C}$斫${}_{陽}^{入}$ ${}^{開}_{C}$灼${}_{陽}^{入}$ ${}^{開}_{C}$酌${}_{陽}^{入}$
증섭	${}^{開}_{C}$甑${}_{蒸}^{去}$ ${}^{開}_{C}$稷${}_{蒸}^{入}$ ${}^{開}_{C}$即${}_{蒸}^{入}$ ${}^{開}_{1}$曾${}_{登}^{平}$ ${}^{開}_{1}$增${}_{登}^{平}$ ${}^{開}_{1}$憎${}_{登}^{平}$ ${}^{開}_{1}$則${}_{登}^{入}$	${}^{開}_{B}$仄${}_{蒸}^{入}$ ${}^{開}_{B}$側${}_{蒸}^{入}$	${}^{開}_{C}$烝${}_{蒸}^{平}$ ${}^{開}_{C}$職${}_{蒸}^{入}$
경섭	${}^{開}_{AB}$精${}_{清}^{平}$ ${}^{開}_{AB}$井${}_{清}^{上}$ ${}^{開}_{AB}$跡${}_{清}^{入}$ ${}^{開}_{AB}$迹${}_{清}^{入}$ ${}^{開}_{AB}$積${}_{清}^{入}$	${}^{開}_{2}$爭${}_{耕}^{平/去}$ ${}^{開}_{2}$箏${}_{耕}^{平}$ ${}^{開}_{2}$責${}_{耕}^{入}$	${}^{開}_{AB}$征${}_{清}^{平}$ ${}^{開}_{AB}$政${}_{清}^{去}$ ${}^{開}_{AB}$正${}_{清}^{平/去}$
산섭	${}^{開}_{4}$節${}_{先}^{入}$ ${}^{開}_{AB}$煎${}_{仙}^{平/去}$ ${}^{開}_{1}$贊${}_{寒}^{去}$ ${}^{開}_{1}$讚${}_{寒}^{去}$		${}^{開}_{AB}$旃${}_{仙}^{平}$ ${}^{開}_{AB}$戰${}_{仙}^{去}$ ${}^{開}_{AB}$折${}_{仙}^{入}$ ${}^{合}_{AB}$拙${}_{仙}^{入}$
진섭	${}^{開}_{AB}$津${}_{眞}^{平}$ ${}^{開}_{AB}$晉${}_{眞}^{去}$ ${}^{開}_{AB}$進${}_{眞}^{去}$ ${}^{開}_{AB}$縉${}_{眞}^{去}$ ${}^{合}_{AB}$儁${}_{諄}^{去}$ ${}^{合}_{AB}$駿${}_{諄}^{去}$ ${}^{合}_{AB}$卒${}_{諄}^{入}$ ${}^{合}_{1}$尊${}_{魂}^{平}$ ${}^{合}_{1}$卒${}_{魂}^{入}$		${}^{開}_{AB}$眞${}_{眞}^{平}$ ${}^{開}_{AB}$振${}_{眞}^{去}$ ${}^{開}_{AB}$震${}_{眞}^{去}$ ${}^{開}_{AB}$質${}_{眞}^{入}$ ${}^{合}_{AB}$準${}_{諄}^{上}$
함섭	${}_{AB}$漸${}_{鹽}^{平}$ ${}_{AB}$接${}_{鹽}^{入}$		${}_{AB}$瞻${}_{鹽}^{平}$
심섭		${}_{AB}$戢${}_{侵}^{入}$	${}_{AB}$箴${}_{侵}^{平}$ ${}_{AB}$枕${}_{侵}^{上/去}$ ${}_{AB}$汁${}_{侵}^{入}$ ${}_{AB}$執${}_{侵}^{入}$

위의 분포 분석표에서 精母[ʦ]와 莊母[ʈʂ]의 최소대립 쌍을 찾아보면, 아래의 3/4쌍이 나온다. (53.3)의 대립 항 '將'은 성조 다음자이다. 다음자를 배제하는 원칙에 따르면 精母[ʦ]와 莊母[ʈʂ]의 최소대립 쌍은 2쌍으로 줄어든다. 그런데 精

母字인 '將'의 성조가 평성과 거성인데, 이에 대립하는 莊母字 항에 평성인 '莊'과 거성인 '壯'이 있다. 이 두 莊母字에서 어느 하나를 택하든[31] 精母字 '將'과 성모에서 최소대립을 이룬다. 더욱이 '將'은 출현 횟수가 48회나 되므로, (53.3)을 精母[ʦ]와 莊母[tʂ]의 최소대립 쌍에 포함할 수 있다. 이에 따르면 精母[ʦ]와 莊母[tʂ]가 최소대립을 이룬다고 말할 수 있다.

(53) 전청인 精母[ʦ]와 莊母[tʂ]의 최소대립 쌍 (3/4쌍) (9, 2, 1)

1. 지섭 – ${}^{開}_{C}$子$_{之}^{上}$: ${}^{開}_{C}$滓$_{之}^{上}$ (136 : 2)
2. 탕섭 – ${}^{開}_{C}$漿$_{陽}^{平}$: ${}^{開}_{C}$莊$_{陽}^{平}$ (1 : 9)
3. 탕섭 – ${}^{開}_{C}$將$_{陽}^{平/去}$: ${}^{開}_{C}$莊$_{陽}^{平}$/${}^{開}_{C}$壯$_{陽}^{去}$ (48 : 9/1)

(53.3)을 최소대립 쌍으로 인정하면, 9회 이상 출현하는 집합으로 한정하더라도 精母[ʦ]와 莊母[tʂ]의 최소대립이 성립한다. 『세설신어』 대화문에 9회 이상 출현하는 용자는 459자이므로 아주 적은 상용자 집합에서도 精母[ʦ]와 莊母[tʂ]의 음운대립이 성립했음을 알 수 있다.

다음으로, 전청인 精母[ʦ]와 章母[ʨ]의 최소대립 쌍을 찾아보면, 아래의 30/38쌍이 나온다. 『세설신어』의 대화문에서 사용된 精母字와 章母字가 각각 77자와 67자이므로 상대적으로 최소대립 쌍이 많을 수밖에 없다. 더욱이, (54.1)의 대립항인 '子'와 '止'는 둘 다 8회 이상 사용되었다. 8회 이상 출현하는 대화문 용자는 모두 507자이므로 소수의 상용자 집합으로 한정하더라도 精母[ʦ]와 章母[ʨ]의 음운대립이 성립한다고 할 수 있다.

(54) 전청인 精母[ʦ]와 章母[ʨ]의 최소대립 쌍 (30/38쌍) (8, 5, 4)

1. 지섭 之韻 – ${}^{開}_{C}$子$_{之}^{上}$: ${}^{開}_{C}$止$_{之}^{上}$ (136 : 8)
2. 해섭 祭韻 – ${}^{開}_{AB}$祭$_{祭}^{去}$, ${}^{開}_{AB}$際$_{祭}^{去}$: ${}^{開}_{AB}$制$_{祭}^{去}$, ${}^{開}_{AB}$製$_{祭}^{去}$ (1, 3 : 9, 1)

31 이것을 (53.3)에서는 '/'로 표시했다.

3. 증섭 蒸韻 – $^{開}_{C}$稷$^{入}_{蒸}$, $^{開}_{C}$卽$^{入}_{蒸}$: $^{開}_{C}$職$^{入}_{蒸}$ (4, 5 : 5)

4. 진섭 眞韻 – $^{開}_{AB}$津$^{平}_{眞}$: $^{開}_{AB}$眞$^{平}_{眞}$ (3 : 31)

5. 진섭 眞韻 – $^{開}_{AB}$晉$^{去}_{眞}$, $^{開}_{AB}$進$^{去}_{眞}$, $^{開}_{AB}$縉$^{去}_{眞}$: $^{開}_{AB}$振$^{去}_{眞}$, $^{開}_{AB}$震$^{去}_{眞}$ (6, 16, 1 : 2, 2)

다음으로, 위의 분포분석표에서 전청인 莊母[tʂ]와 章母[tɕ]의 최소대립 쌍을 찾아보면 아래의 7쌍이 나온다. 莊母字가 16자에 불과하므로 章母字와의 최소대립 쌍이 적은 편이다. 그렇더라도 (55.2)의 대립 항 '莊'과 '章'이 4회 이상 사용되었으므로, 919자 정도의 집합에서 이미 莊母[tʂ]와 章母[tɕ]의 최소대립이 성립한다고 할 수 있다.

(55) 전청인 莊母[tʂ]와 章母[tɕ]의 최소대립 쌍 (7쌍) (4, 3, 1)

1. 우섭 魚韻 – $_{C}$俎$^{上}_{魚}$: $_{C}$煮$^{上}_{魚}$, $_{C}$渚$^{上}_{魚}$ (1 : 2, 1)

2. 탕섭 陽韻 – $^{開}_{C}$莊$^{平}_{陽}$: $^{開}_{C}$章$^{平}_{陽}$, $^{開}_{C}$彰$^{平}_{陽}$, $^{開}_{C}$璋$^{平}_{陽}$ (9 : 4, 3, 1)

3. 탕섭 陽韻 – $^{開}_{C}$壯$^{去}_{陽}$: $^{開}_{C}$障$^{去}_{陽}$ (1 : 1)

4. 심섭 侵韻 – $_{AB}$戢$^{入}_{侵}$: $_{AB}$汁$^{入}_{侵}$ (1 : 1)

(53~55)의 세 가지 최소대립 쌍을 논거로 삼아 전청에서 精母/ʦ/, 莊母/tʂ/, 章母/tɕ/의 세 자음에 모두 음소의 자격을 부여할 수 있다. 따라서 우리는 5세기 전반기 한어의 자음목록에 전청의 精母/ʦ/, 莊母/tʂ/, 章母/tɕ/를 음소로 등록한다.

4.4.5. 차청인 淸母, 初母, 昌母

다음으로, 차청에서 치조음인 淸母[ʦʰ], 권설음인 初母[tʂʰ], 구개음인 昌母[tɕʰ]가 음운론적으로 대립했는지를 검토한다. 『세설신어』의 대화문에 나오는 淸母字, 初母字, 昌母字를 마찬가지 방법으로 분포 분석표에 넣어 보면 다음과 같다.

(56) 차청 계열인 清母字, 初母字, 昌母字의 분포 분석표

치음 \ 섭	치조	권설	구개
	清[ʦʰ] 52	初[tʂʰ] 15	昌[tɕʰ] 29
과섭	開1蹉歌平		
가섭	開AB且麻上	開2差麻平	開AB車麻平
우섭	C趨虞平 C取虞上 C娶虞去 C趣虞去 C苴魚平 1粗模平 1麤模平	C芻虞平 C初魚平 C楚魚上	C樞虞平 C杵魚上 C處魚上/去
지섭	開AB此支上 開AB刺支去 開AB次脂去	開AB嵯支平	合AB吹支平 合AB炊支平 開AB鴟脂平 合AB推脂平 合AB出脂去 開C蚩之平 開C齒之上
효섭	AB峭宵去 1操豪平 1草豪上	2鈔肴平	
류섭	C秋尤平 C鍬尤平		C醜尤上 C臭尤去
해섭	開4妻齊平/去 開4悽齊平 開1猜咍平 開1采咍上 合1衰灰平 合1崔灰平 合1催灰平 開1蔡泰去	開2差佳平	
통섭	C促鍾入 C趣鍾入 1聰東平		C觸鍾入 C充東平
강섭		2窗江平	
탕섭	開1蒼唐平	開C創陽去	開C唱陽去
증섭		開B惻蒸入 開B測蒸入	開C稱蒸平/去
경섭	開4青青平 開AB清清平 開AB請清上	開2鎗庚平 開2策耕入	開AB赤清入 開AB尺清入 開AB郝清入
산섭	開4千先平 開4阡先平 開4倩先去 開4竊先入 開AB遷仙平 開AB淺仙上 合AB悛仙平 合1撮桓入 開1粲寒去	開2察山入 合2篡刪去	合AB川仙平 合AB穿仙平 合AB喘仙上
진섭	開AB親眞平 開AB七眞入 開AB漆眞入 合1寸魂去 合1卒魂入		開AB瞋眞平 合AB春諄平 合AB蠢諄上 合AB出諄入
함섭	AB妾鹽入 1參覃平 1慘覃上		
심섭	AB侵侵平 AB寢侵上		

위의 분포 분석표에서 먼저 치조음인 淸母[ʦʰ]와 권설음인 初母[ʈʂʰ]의 최소대립 쌍을 찾아보면 희한하게도 아래의 1/2쌍밖에 없다. 아래 (57.1)의 대립 항 '苴'는 다음자로서 그 음가가 [淸開C平魚], [精開C平魚], [崇開2平麻]의 세 가지이다. (51.3)의 '稱'과 '乘'이나 (53.3)의 '將'과 같은 특수 상황에서는 예외적으로 다음자를 음운대립의 논거에 포함했지만, 다음자를 음운대립의 논거에서 제외하는 것이 우리의 일관된 원칙이다. 이에 따르면 淸母[ʦʰ]와 初母[ʈʂʰ]의 최소대립 쌍은 (57.2)의 한 쌍뿐이다.

(57) 淸母[ʦʰ]와 初母[ʈʂʰ]의 최소대립 쌍 (1/2쌍) (1)

1. 우섭 魚韻 – $_{C}$苴$_{魚}^{平}$: $_{C}$初$_{魚}^{平}$ (1 : 15)
2. 우섭 虞韻 – $_{C}$趨$_{虞}^{平}$: $_{C}$芻$_{虞}^{平}$ (1 : 1)

지금까지 위에서 거론한 성모 상호 간의 음운대립에서는 적어도 3쌍 이상의 최소대립 쌍을 찾을 수 있었다. 이에 비해 淸母[ʦʰ]와 初母[ʈʂʰ]의 최소대립 쌍은 오직 한 쌍뿐이므로 이 음운대립을 의심하게 된다.

더욱이, 『세설신어』의 대화문에서 (57.2)의 대립 항인 '趨'와 '芻'가 딱 한번밖에 사용되지 않았다는 점에서도 이 의심이 증폭된다. 이에 따라 '趨'와 '芻'가 사용된 문맥을 자세히 검토해 보기로 한다.

(58) 대립 항 '趨'와 '芻'의 문맥 검토

1. 趨 – 王子猷詣郗雍州 … 云:『阿乞那得此物?』令左右送還家. 郗出覓之, 王曰:『向有大力者負之而趨.』郗無忤色. (任誕 第二十三, 39)
   왕자유가 치옹주를 찾아갔는데 … 말했다. "아걸이 어디서 이 물건을 얻었을까?" 그러고는 시종들에게 그것을 자기 집으로 가지고 돌아가게 했다. 치옹주가 나와서 그것을 찾자 왕자유가 말했다. "방금 전에 힘센 장사가 그것을 들쳐 메고 달아나 버렸소." 이 말을 듣고도 치옹주는 불쾌한 기색이 없었다.
2. 芻 – 桓公懍然作色, 顧謂四坐曰:『諸君頗聞劉景升不? 有大牛重千斤, 噉芻

豆十倍於常牛,負重致遠, 曾不若一羸牸. 魏武入荊州, 烹以饗士卒, 于時莫不稱.』(輕詆 第二十六, 11)

환공이 엄숙하게 정색하더니 좌중의 사람들을 돌아보며 말했다. “제군들은 유경승의 이야기를 듣지 못했소? 그는 무게가 천 근이나 되는 큰 소를 가지고 있었는데, 꼴과 콩을 먹는 것은 약한 암소만도 못했소. 위 무제가 형주로 진격해 들어갔을 때에 그 소를 삶아서 병사들에게 먹였더니 당시에 통쾌하다고 하지 않은 자가 없었소.”

2′. 芻: 桓公懍然作色, 顧謂四坐曰: 『諸君頗聞劉景升不?』 有大牛重千斤, 噉芻豆十倍於常牛, 負重致遠, 曾不若一羸牸. 魏武入荊州, 烹以饗士卒, 于時莫不稱快.

(58.1)의 『向有大力者負之而趨』가 대화문임은 분명하고, 여기에 (57.2)의 대립 항 ‘趨’가 사용되었다. 그런데 (58.2)에서는 대립 항 ‘芻’가 사용된 ‘噉芻豆十倍於常牛’가 대화문인지 불분명하다. 일반적으로 (58.2)에서처럼 이 구절을 대화문에 넣고 있지만, (58.2′)처럼 대화문이 아니라 일반적인 진술문, 또는 지문이라고 할 수도 있다. 古事를 인용한 부분이기 때문에 더욱 그렇다.

이 의심에 따라 우리는 (58.2′)를 택하여 ‘芻’를 『세설신어』의 대화문 용자에서 제외한다. 이에 따르면 『세설신어』의 대화문 용자에서 清母[ʦ^{h}]와 初母[ʈʂ^{h}]의 최소대립 쌍이 없어진다. 최소대립 쌍이 없다는 것은 清母[ʦ^{h}]와 初母[ʈʂ^{h}]의 분포가 상보적임을 뜻한다. 따라서 우리는 初母[ʈʂ^{h}]를 清母[ʦ^{h}]에 병합하여 하나의 음소 清初/ʈʂ^{h}/를 설정한다.

다음으로, 분포 분석표 (56)에서 清母[ʦ^{h}]와 昌母[ʨ^{h}]의 최소대립 쌍을 찾아보면 (59)의 3/6쌍이 나온다. 初母[ʈʂ^{h}]와 昌母[ʨ^{h}]의 최소대립 쌍은 (60)의 3쌍이다.

(59) 清母[ʦ^{h}]와 昌母[ʨ^{h}]의 최소대립 쌍 (3/6쌍) (1, 1, 1)

1. 우섭 虞韻 - $_{C}$趨$_{虞}^{平}$: $_{C}$樞$_{虞}^{平}$ (1 : 1)
2. 통섭 鍾韻 - $_{C}$促$_{鍾}^{入}$, $_{C}$趣$_{鍾}^{入}$: $_{C}$觸$_{鍾}^{入}$ (1, 2 : 2)

3. 산섭 仙韻 – ${}^{合}_{AB}$悛${}_{仙}^{平}$: ${}^{合}_{AB}$川${}_{仙}^{平}$, ${}^{合}_{AB}$穿${}_{仙}^{平}$ (1 : 5, 2)

4. 진섭 眞韻 – ${}^{開}_{AB}$親${}_{眞}^{平}$: ${}^{開}_{AB}$瞋${}_{眞}^{平}$ (28 : 1)

(60) 初母[tʂʰ]와 昌母[tɕʰ]의 최소대립 쌍 (3쌍) (1, 1, 1)

1. 우섭 虞韻 – ${}_{C}$芻${}_{虞}^{平}$: ${}_{C}$樞${}_{虞}^{平}$ (1 : 1)

2. 우섭 魚韻 – ${}_{C}$楚${}_{魚}^{上}$: ${}_{C}$杵${}_{魚}^{上}$ (5 : 1)

3. 탕섭 陽韻 – ${}^{開}_{C}$創${}_{陽}^{去}$: ${}^{開}_{C}$唱${}_{陽}^{去}$ (1 : 1)

이들은 차청 즉 유기음에서 구개음인 昌母[tɕʰ]가 치조음인 淸母[tsʰ]뿐만 아니라 권설음인 初母[tʂʰ]와 음운론적으로 대립했음을 증명해 준다. 그런데 (57)과 (58)에서 논의한 바 있듯이, 淸母[tsʰ]와 初母[tʂʰ]의 음운대립이 성립하지 않는다. 이것은 淸母[tsʰ]와 初母[tʂʰ]가 한 덩어리가 되어 昌母[tɕʰ]와 음운론적으로 대립했음을 말해 준다. 이것을 알기 쉽게 그림으로 나타내면 다음과 같다.

(61) 차청 즉 유기음에서의 음운대립

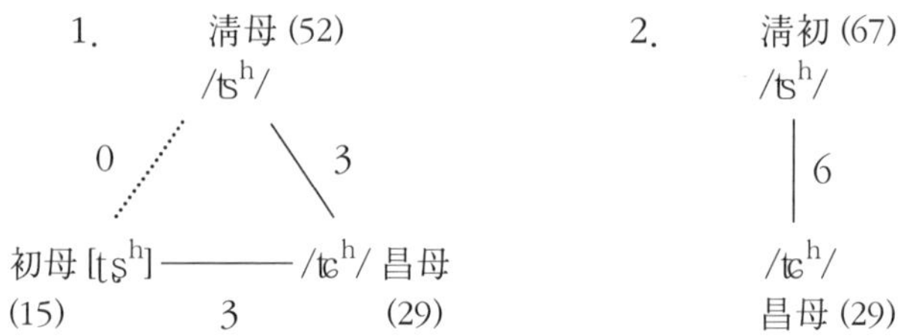

(61.1)의 실선은 음운대립이 성립함을 뜻하지만, 점선은 음운대립이 성립하지 않음을 뜻한다. 이에 따라 淸母[tsʰ]와 初母[tʂʰ]를 하나의 음소 淸初/tsʰ/로 합치면, 바로 이 淸初/tsʰ/가 (61.2)에서처럼 역시 음소의 자격을 가지는 昌母/tɕʰ/와 음운대립을 이룬다.

淸初/tsʰ/와 昌母/tɕʰ/의 음운대립은 (59)와 (60)의 최소대립 쌍을 근거로 성립한다. 그런데 이들의 대립 항이 『세설신어』의 대화문에서 아주 드물게 사용되었다는 점이 눈에 들어온다. 다음자를 제외하면, 대립 항이 죄다 딱 한 번만 출현한다. 따라서 2회 이상 출현하는 용자로 한정하면 (59)와 (60)의 최소대립 쌍이 없어진다.

이것은 2회 이상 출현하는 용자 집합에서는 淸初/ʦ^{h}/와 昌母/ʨ^{h}/의 음운대립이 무너진다는 것을 뜻한다. 『세설신어』 대화문에 사용된 용자는 모두 2,212자이지만, 2회 이상 사용된 용자는 1,487자이다. 따라서 2,212자 집합에서는 淸初/ʦ^{h}/와 昌母/ʨ^{h}/의 음운대립이 성립하지만, 대략 그 2/3인 1,487자 집합에서는 이 음운대립이 무너진다. 그렇다면 1,487자 집합에서는 치음 파찰음의 유기음이 하나뿐이라고 해야 한다. 이때의 유기음 음소를 淸初昌/ʦ^{h}/ 또는 차청 /ʦ^{h}/라고 지칭할 수 있다.

우리의 연구 방법에서는 분석의 대상이 되는 모집단 크기에 따라 음소의 수가 달라진다. 모집단이 커질수록 음소의 수가 늘어나고, 작아질수록 음소의 수가 줄어든다. 2,212자 집합에서는 昌母/ʨ^{h}/가 음소의 자격을 가지지만, 1,487자 집합에서는 昌母/ʨ^{h}/가 음소가 아니다. 이러한 차이가 나기 때문에 우리는 번거롭더라도 개별 용자의 출현 횟수를 빠짐없이 체크해 왔다.

이 경험적 증거를 논거로 삼아, 앞에서 거론했던 양적 척도와 질적 척도의 관계를 명확히 규정할 수 있다. 양적으로 최소대립 쌍이 3쌍 이상이면 그 음운대립을 무조건 인정한다. 최소대립 쌍이 1~2쌍에 불과하더라도 두 대립 항의 출현 횟수가 3회 이상이면 그 음운대립을 인정한다. 이 기준에 미달하면 음운대립을 부정한다. 이처럼 양적 척도를 먼저 적용하고 질적 척도를 나중에 적용하면, 음운대립의 성립 여부를 정확하게 판단할 수 있다.

4.4.6. 전탁인 從母, 崇母, 船母

다음으로, 전탁 계열인 從母字, 崇母字, 船母字를 분포 분석표에 넣어 본다.

(62) 전탁 계열인 從母字, 崇母字, 船母字의 분포 분석표

치음 / 섭	치조	권설	구개
	從[dz] 67	崇[dʐ] 16	船[dʑ] 17
과섭	${}^{合}_{1}$坐$^{上/去}_{戈}$		
가섭	${}^{開}_{AB}$藉$^{去}_{麻}$	${}^{開}_{2}$苴$^{平}_{麻}$	${}^{開}_{AB}$蛇$^{平}_{麻}$ ${}^{開}_{AB}$射$^{去}_{麻}$
우섭	${}_{C}$聚$^{上}_{虞}$ ${}_{1}$粗$^{上}_{模}$ ${}_{1}$阼$^{去}_{模}$ ${}_{1}$祚$^{去}_{模}$	${}_{C}$助$^{去}_{魚}$	${}_{C}$抒$^{上}_{魚}$
지섭	${}^{開}_{AB}$自$^{去}_{脂}$ ${}^{合}_{AB}$瘁$^{去}_{脂}$ ${}^{合}_{AB}$萃$^{去}_{脂}$ ${}^{開}_{C}$慈$^{平}_{之}$ ${}^{開}_{C}$字$^{去}_{之}$ ${}^{開}_{C}$牸$^{去}_{之}$	${}^{開}_{C}$士$^{上}_{之}$ ${}^{開}_{C}$仕$^{上}_{之}$ ${}^{開}_{C}$事$^{去}_{之}$	
효섭	${}_{AB}$譙$^{平}_{宵}$ ${}_{1}$曹$^{平}_{豪}$ ${}_{1}$造$^{上}_{豪}$	${}_{2}$巢$^{平}_{肴}$	
류섭	${}_{C}$遒$^{平}_{尤}$ ${}_{C}$就$^{去}_{尤}$		
해섭	${}^{開}_{4}$齊$^{平}_{齊}$ ${}^{開}_{1}$才$^{平}_{咍}$ ${}^{開}_{1}$財$^{平}_{咍}$ ${}^{開}_{1}$裁$^{平}_{咍}$ ${}^{開}_{1}$在$^{上}_{咍}$ ${}^{合}_{1}$摧$^{平}_{灰}$ ${}^{合}_{1}$罪$^{上}_{灰}$	${}^{開}_{2}$豺$^{平}_{皆}$ ${}^{開}_{2}$柴$^{平}_{佳}$	
통섭	${}_{C}$從$^{去}_{鍾}$ ${}_{1}$族$^{入}_{東}$	${}_{C}$崇$^{平}_{東}$	${}_{C}$贖$^{入}_{鍾}$
강섭			
탕섭	${}^{開}_{C}$牆$^{平}_{陽}$ ${}^{開}_{C}$廧$^{平}_{陽}$ ${}^{開}_{C}$匠$^{去}_{陽}$ ${}^{開}_{1}$作$^{入}_{唐}$ ${}^{開}_{1}$怍$^{入}_{唐}$ ${}^{開}_{1}$昨$^{入}_{唐}$ ${}^{開}_{1}$藏$^{平/去}_{唐}$	${}^{開}_{C}$牀$^{平}_{陽}$ ${}^{開}_{C}$狀$^{去}_{陽}$	
증섭	${}^{開}_{1}$曾$^{平}_{登}$ ${}^{開}_{1}$層$^{平}_{登}$ ${}^{開}_{1}$賊$^{入}_{登}$		${}^{開}_{C}$乘$^{平/去}_{蒸}$ ${}^{開}_{C}$繩$^{平}_{蒸}$ ${}^{開}_{C}$食$^{入}_{蒸}$
경섭	${}^{開}_{4}$寂$^{入}_{青}$ ${}^{開}_{AB}$情$^{平}_{清}$ ${}^{開}_{AB}$晴$^{平}_{清}$ ${}^{開}_{AB}$靖$^{上}_{清}$ ${}^{開}_{AB}$靜$^{上}_{清}$ ${}^{開}_{AB}$淨$^{去}_{清}$ ${}^{開}_{AB}$籍$^{入}_{清}$	${}^{開}_{2}$傖$^{平}_{庚}$ ${}^{開}_{2}$崢$^{平}_{庚}$ ${}^{開}_{2}$崢$^{平}_{耕}$	${}^{開}_{AB}$射$^{入}_{清}$
산섭	${}^{開}_{4}$前$^{平}_{先}$ ${}^{開}_{4}$截$^{入}_{先}$ ${}^{開}_{AB}$悛$^{平}_{仙}$ ${}^{開}_{AB}$踐$^{上}_{仙}$ ${}^{開}_{AB}$賤$^{去}_{仙}$ ${}^{合}_{AB}$全$^{平}_{仙}$ ${}^{合}_{AB}$泉$^{平}_{仙}$ ${}^{合}_{AB}$絶$^{入}_{仙}$ ${}^{開}_{1}$殘$^{平}_{寒}$	${}^{合}_{2}$饌$^{上}_{删}$	${}^{合}_{AB}$船$^{平}_{仙}$ ${}^{開}_{AB}$舌$^{入}_{仙}$
진섭	${}^{開}_{AB}$秦$^{平}_{眞}$ ${}^{開}_{AB}$盡$^{上}_{眞}$ ${}^{開}_{AB}$疾$^{入}_{眞}$ ${}^{開}_{AB}$嫉$^{入}_{眞}$ ${}^{合}_{1}$存$^{平}_{魂}$		${}^{開}_{AB}$神$^{平}_{眞}$ ${}^{開}_{AB}$實$^{入}_{眞}$

섭 \ 치음	치조	권설	구개
	從[dz] 67	崇[ɖʐ] 16	船[dʑ] 17
진섭			${}^{合}_{AB}$脣${}^{平}_{諄}$ ${}^{合}_{AB}$術${}^{入}_{諄}$ ${}^{合}_{AB}$秫${}^{入}_{諄}$ ${}^{合}_{AB}$述${}^{入}_{諄}$
함섭	${}_{AB}$潛${}^{平}_{鹽}$ ${}_{AB}$漸${}^{上}_{鹽}$ ${}_{AB}$捷${}^{入}_{鹽}$ ${}_{1}$慙${}^{平}_{談}$ ${}_{1}$暫${}^{上}_{談}$ ${}_{1}$蠶${}^{平}_{覃}$ ${}_{1}$雜${}^{入}_{覃}$	${}_{2}$渫${}^{入}_{咸}$	
심섭	${}_{AB}$集${}^{入}_{侵}$		

위의 분포 분석표에서 從母[dz]와 崇母[ɖʐ]의 최소대립 쌍을 찾아보면 아래의 5쌍이 나온다. 특히 (63.1)의 대립 항인 '字'와 '事'는 둘 다 11회 이상 출현하는 389자 집합에 속하므로, 극소수의 상용자 집합에서도 從母[dz]와 崇母[ɖʐ]의 음운대립이 성립한다.

(63) 從母[dz]와 崇母[ɖʐ]의 최소대립 쌍 (5쌍) (11, 2, 1)

1. 지섭 之韻 – ${}^{開}_{C}$字${}^{去}_{之}$, ${}^{開}_{C}$牸${}^{去}_{之}$: ${}^{開}_{C}$事${}^{去}_{之}$ (11, 2 : 69)
2. 탕섭 陽韻 – ${}^{開}_{C}$牆${}^{平}_{陽}$, ${}^{開}_{C}$廧${}^{平}_{陽}$: ${}^{開}_{C}$牀${}^{平}_{陽}$ (1, 1 : 4)
3. 탕섭 陽韻 – ${}^{開}_{C}$匠${}^{去}_{陽}$: ${}^{開}_{C}$狀${}^{去}_{陽}$ (2 : 1)

다음으로, 從母[dz]와 船母[dʑ]의 최소대립 쌍을 찾아보면, 아래의 5/6쌍이 나온다. (64.4)의 대립 항 '疾'과 '實'은 6회 이상 나오고, 6회 이상 출현하는 용자는 656자이다. 이 적은 수의 집합에서도 최소대립이 성립하므로 從母[dz]와 船母[dʑ]의 음운대립을 믿을 수 있다.

(64) 從母[dz]와 船母[dʑ]의 최소대립 쌍 (5/6쌍) (6, 3, 1)

1. 가섭 麻韻 – ${}^{開}_{AB}$藉${}^{去}_{麻}$: ${}^{開}_{AB}$射${}^{去}_{麻}$ (1 : 4)
2. 산섭 仙韻 – ${}^{合}_{AB}$全${}^{平}_{仙}$, ${}^{合}_{AB}$泉${}^{平}_{仙}$: ${}^{合}_{AB}$船${}^{平}_{仙}$ (9, 4 : 1)
3. 진섭 眞韻 – ${}^{開}_{AB}$秦${}^{平}_{眞}$: ${}^{開}_{AB}$神${}^{平}_{眞}$ (3 : 35)

4. 진섭 眞韻 – $^{開}_{AB}$疾$^{入}_{眞}$, $^{開}_{AB}$嫉$^{入}_{眞}$: $^{開}_{AB}$實$^{入}_{眞}$ (6, 1 : 10)

그런데, 놀랍게도 권설음 崇母[dʐ]와 구개음 船母[dʑ]의 최소대립 쌍은 찾을 수 없다. 『세설신어』의 대화문에 나오는 2,212자 전체를 통틀어도 崇母[dʐ]와 船母[dʑ]의 최소대립 쌍을 전혀 찾을 수 없다.[32] 이것은 5세기 전반기의 한어에서 이 두 성모가 상보적 분포였음을 의미한다.

(65) 崇母[dʐ]와 船母[dʑ]의 최소대립 쌍, 없음

프라그 학파의 음운대립 이론에서는 상보적 분포인 두 성모를 하나의 음소로 병합하므로, 이 두 성모를 하나로 합하여 船崇[dʑ]이라고 부를 수 있다. 이 船崇[dʑ]이 (63)과 (64)에서 從母[dz]와 최소대립을 이룬다. 따라서 유성음에서 음소의 자격을 가지는 것은 船崇/dʑ/과 從母/dz/의 둘이다.

위의 (57)과 (58)에서 이미 차청인 清母[tsʰ]와 初母[tʂʰ]가 음운론적으로 대립하지 않았음을 논의했는데, 전탁인 崇母[dʐ]와 船母[dz]의 음운대립도 성립하지 않는다. 清母[tsʰ]와 初母[tʂʰ]는 하나의 음소 清初/tsʰ/로 묶이고, 崇母[dʐ]와 船母[dz]는 하나의 음소 船崇/dʑ/으로 병합된다. 전탁 즉 유성음에서의 음운대립을 알기 쉽게 표로 그려 보면 다음과 같다.

(66) 전탁 즉 유성음에서의 음운대립

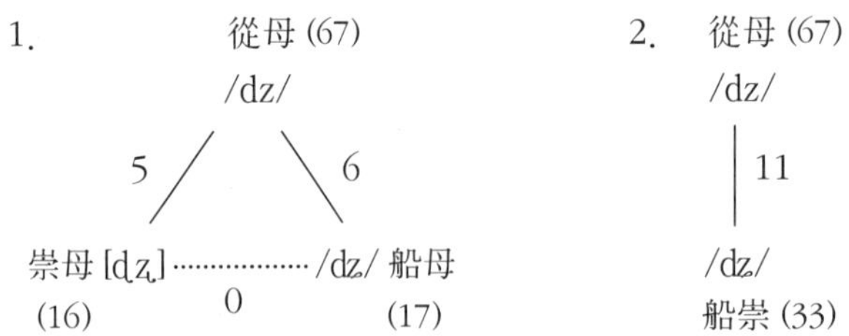

32 Pulleyblank(1983: 70)에서는 崇母[dʐ]와 船母[dʑ]를 반절에 따라 인위적으로 구별한 것이라고 했다. 그리하여 Karlgren을 비판하면서, 전기 중고음에서는 이 둘의 구별이 없었다는 점을 강조한다.

결론적으로, 淸母[ʦ^h]와 初母[tʂ^h]가 음운론적으로 대립하지 않고, 崇母[dʐ]와 船母[ʥ]의 음운대립도 성립하지 않는다. 이 두 가지를 발견한 것이 이 책 집필의 가장 큰 동기였다. 그만큼 이 발견은 한어 음운사에서 아주 중요하다. 치음의 권설음 그룹이 전기 중고음 단계에서는 전청(즉 무성무기음)에서만 분화했다. 전청의 莊母/tʂ/는 독자적인 음소로 발달했지만, 初母[tʂ^h]와 崇母[dʐ]는 아직 음소의 자격을 얻지 못했고 각각 淸初/ʦ^h/와 船崇/ʥ/의 변이음이었다.

4.4.7. 치음 파찰음의 음운대립

앞에서 우리는 치음 파찰음의 성모를 (39)에 정리한 바 있다. 그런데 이것은 음운대립을 기반으로 한 것이 아니라,『절운』계 운서의 음성학적 기술을 따른 것이었다. 이제 우리는 성모 상호 간의 음운대립을 기반으로 하여 (39)를 다음과 같이 수정한다.

(67) 치음 파찰음의 음소와 대화문 용자 수

<table>
<tr><th colspan="2"></th><th>전청</th><th>차청</th><th>전탁</th></tr>
<tr><td rowspan="3">치음 파찰</td><td>치조</td><td>精/ʦ/ 77</td><td rowspan="2">淸初/ʦ^h/ 67</td><td>從/dz/ 67</td></tr>
<tr><td>권설</td><td>莊/tʂ/ 16</td><td rowspan="2">船崇/ʥ/ 33</td></tr>
<tr><td>구개</td><td>章/ʨ/ 67</td><td>昌/ʨ^h/ 29</td></tr>
</table>

(67)은 치음 파찰음에 대한 우리의 결론에 해당한다. 즉 치음 파찰음에 9종의 음소가 있었던 것이 아니라 7종의 음소가 있었다는 결론이다. 전청의 세 음소 精母/ʦ/·莊母/tʂ/·章母/ʨ/, 차청의 두 음소 淸初/ʦ^h/·昌母/ʨ^h/, 전탁의 두 음소 從母/dz/·船崇/ʥ/ 등이다.

(67)에서 가장 먼저 강조해야 할 것은 전청의 권설음인 莊母/tʂ/가 독자적인 음소였다는 점이다. 권설음 그룹이 분리·독립했다는 것은 4.3의 치음 마찰음에서 이미 확인한 바 있다. 권설음인 生母/ʂ/가 치조음인 心母/s/뿐만 아니라 구개음인 書母/ɕ/와 음운론적으로 대립했다. 이와 마찬가지로, 5세기 전반기의

한어에서 권설음인 莊母/tʂ/가 음소의 자격을 가졌다는 것은 움직일 수 없는 사실이다.

그런데 치음의 권설음이 전청뿐만 아니라 차청이나 전탁에서도 일률적으로 발생한 것이 아니라는 데에 주의할 필요가 있다. 차청이나 전탁에서는 아직 권설음이 분화하여 독립하지 않았다. 이 점에서 우리의 논의는 기존의 논의와 다르다. 水谷眞成(1967)은 한어 중고음의 전청, 차청, 전탁에서 모두 정치음 2등 즉 우리의 권설음이 독자적인 음소인 것처럼 기술했지만, 『세설신어』에 반영된 5세기 전반기의 한어에서는 차청과 전탁의 권설음이 아직 분화한 상태가 아니었다.

한편, (67)의 치음 파찰음 음소는 한어 상고음의 음운론적 대립을 암시한다. (67)에서 볼 수 있듯이 전기 중고음의 차청과 전탁에는 권설음이 없는데, 한어 상고음에서도 이와 같았으리라 추정할 수 있다.[33] 우리는 한 발 더 나아가 전청에서도 권설음이 없었다고 가정하여 한어 상고음의 치음 파찰음 체계를 다음과 같이 추정한다.

(68) 한어 상고음의 치음 파찰음 음소

		전청	차청	전탁
치음 파찰	치조	精(莊)/*ʦ/	淸(初)/*ʦ^h/	從/*dz/
	구개	章/*ʨ/	昌/*ʨ^h/	船(崇)/*ʥ/

결론적으로, (67)과 같은 전기 중고음의 치음 파찰음 체계는 (68)과 같은 상고음의 체계에서 전청의 莊母가 따로 분리하여 독립한 것이라고 할 수 있다. 한어 상고음의 치음 체계가 치조음과 구개음의 2항 대립체계였다는 것은 河野六郎(1950/79), 王力(1983: 244, 李鍾振·李鴻鎭 역), Coblin(1983: 55), 兪敏(1984), 韓炅澔(2010나) 등에서 이미 논의된 바 있다. 우리도 이와 마찬가지로 漢代의 상

33 이와는 달리 Karlgren(1954)는 중고음뿐만 아니라 상고음에서도 권설음 그룹이 있다고 했다. 물론 이때의 권설음은 음운론적인 것이 아니라 음성학적 차원의 권설음이다.

고음에서는 치음 파찰음에 치조음 그룹과 구개음 그룹의 두 그룹만 있었다고 본다.

王力(1983: 244, 李鍾振·李鴻鎭 역)은 특히 치조음 그룹에서 권설음 그룹이 분리된 것은 전기 중고음 시기라고 주장했다. 이것이 정곡을 찌른 것은 사실이지만, 이 분화가 전청에만 한정되어 일어났다는 점을 강조할 필요가 있다. 더욱이 상고음의 전탁에서는 권설음 崇母[*ɖʐ]가 치조음 從母/*dz/의 변이음이 아니라 구개음 船母/*dʑ/의 변이음이었다는 점에도 주목해야 한다. 이것까지도 정밀하게 지적했다는 점에서 우리는 水谷眞成(1967)이나 王力(1983: 244, 李鍾振·李鴻鎭 역)의 단점을 극복했다고 말할 수 있다.

이처럼 논의할 때에, 전기 중고음의 권설음인 莊母/ʈʂ/가 상고음의 구개음인 章母/*tɕ/에서 분화된 것이 아니라 치조음 精母/*ts/에서 분화한 것이라는 점을 어떻게 증명할 것인가 하는 의문이 제기된다. 우리는 이 의문을 계량적 접근법으로 해소한다. 앞 장의 치음 마찰음에서 이미 논의한 바 있듯이, 莊母字·章母字·精母字의 총량과 세 성모 상호 간의 최소대립 쌍을 계량하여, 전기 중고음의 권설음인 莊母/ʈʂ/가 구개음인 章母/tɕ/에 가까운 것인지 치조음인 精母/ts/에 가까운 것인지 그 음운론적 거리를 측정할 수 있다.

대화문 용자의 총량과 최소대립 쌍의 총량 사이에는 다음과 같은 명제가 성립한다. "최소대립 쌍의 총량이 커질수록 두 대립 항의 음운대립이 성립할 가능성이 커지지만, 반대로 최소대립 쌍의 총량이 작아질수록 음운대립이 성립할 가능성이 낮아진다. 또한 음운대립의 성립 가능성은 대화문 용자의 총량에 비례한다." 그리하여 음운대립이 성립할 때에는 상대적 거리의 수치가 커지고, 성립하지 않을 때에는 그 수치가 0에 수렴한다.

이것을 치음 파찰음의 전청에서 다시 확인해 보자. 권설음인 莊母/ʈʂ/와 치조음인 精母/ts/의 최소대립 쌍을 계량하고, 이것을 권설음인 莊母/ʈʂ/와 구개음인 章母 /tɕ/의 최소대립 쌍 수치와 대비한다. 이때에는 물론 精母字, 章母字의 총량도 감안해야 한다.

(69) 치음 파찰음 전청 상호 간의 음운대립

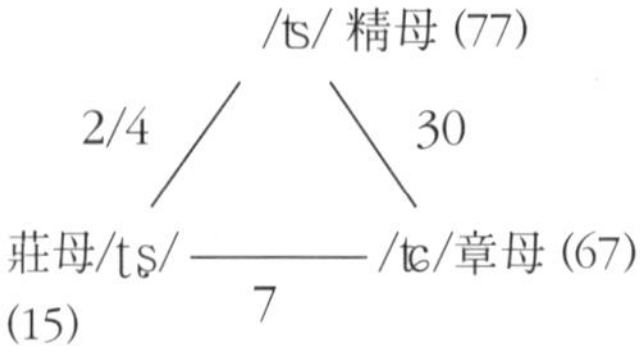

(70) 莊母/tʂ/의 상대적 거리

1. 莊母/tʂ/와 精母/ʦ/의 상대적 거리 = 2/7 × 67/77 ≒ 0.25 (다음자 제외)

   = 4/7 × 67/77 ≒ 0.50 (다음자 포함)

2. 莊母/tʂ/와 章母/ʨ/의 상대적 거리 = 7/4 × 77/67 ≒ 2.01

(69)에 정리한 것처럼 莊母字는 15자이고 精母字는 77자인데, 이 둘 사이에 성립하는 최소대립 쌍은 2/4쌍이다. 반면에, 莊母字는 15자이고 章母字는 67자인데, 이 둘 사이에 성립하는 최소대립 쌍은 7쌍이다. 그런데 (70)의 계산에 따르면 莊母/tʂ/와 精母/ʦ/의 상대적 거리는 어림잡아 0.25(다음자 제외) 또는 0.50(다음자 포함)인 데에 비하여, 莊母/tʂ/와 章母/ʨ/의 상대적 거리는 대략 2.01이다. 이것은 莊母/tʂ/와 精母/ʦ/의 상대적 거리가 아주 가까운 데에 비하여, 莊母/tʂ/와 章母/ʨ/는 상대적으로 거리가 멀다는 것을 뜻한다. 상대적 거리에서 대략 4배의 차이가 나는데, 다음자를 논거에서 제외하면 그 차이가 8배로 커진다.

흥미롭게도, 이 치음 파찰음에서의 상대적 거리는 치음 마찰음에서의 상대적 거리와 거의 일치한다. 위의 (34)에서 이미 계산한 바 있듯이, 치음 마찰음에서도 권설음 生母/ʂ/와 치조음 心母/s/의 거리가 0.36이었고, 권설음 生母/ʂ/와 구개음 書母/ɕ/의 거리가 대략 2.78이었다. 치음 마찰음에서는 그 거리가 7.2(=2.78/0.36)배 정도 차이가 났는데, 다음자를 제외하면 치음 파찰음에서도 8배 정도 차이가 난다.

따라서 치음 마찰음뿐만 아니라 치음 파찰음에서도, 권설음과 치조음의 거리는 아주 가까운 데에 반하여 권설음과 구개음의 거리는 아주 멀다고 할 수 있다. 이 거리는 물론 상대적인 것이기는 하지만, 전기 중고음의 권설음이 어느 음에 起源을 두고 있는지를 논의할 때에 결정적인 논거가 된다. 한마디로 요약하여, 전기 중고음의 권설음인 生母/ʂ/와 莊母/tʂ/는 한어 상고음의 구개음에서 분화된 것이 아니라 치조음에서 분리하여 독립한 것이다.

이 음운론적 거리는 달리 말하면 음운대립의 상대적 강도라고 할 수 있다. 음운론적 거리가 가깝다는 것은 음운대립의 강도가 상대적으로 약하다는 것을 뜻한다. 반대로, 음운론적 거리가 멀다는 것은 음운대립의 강도가 상대적으로 강하다는 것을 의미한다. 그런데 음운론적 거리 또는 음운대립의 상대적 강도라는 개념을 세우면 음운대립의 통시적 변화 과정을 유추할 수 있다. 음운론적 거리가 상대적으로 가까운 두 음성은 하나의 단위로 묶을 수 있지만 상대적 거리가 멀 때에는 이 병합이 불가능하다. 이 차이를 이용하면 음소의 분리·독립 과정뿐만 아니라 두 음소가 하나로 합류하는 과정도 정확하게 기술해 낼 수 있다.

치음 파찰음의 논의를 마치기 전에 한 가지 덧붙여 둘 것이 있다. 陸志韋(1947)의 『古音說略』에서 船母의 음가는 파찰음 [dʑ]가 아니라 마찰음 [ʑ]이고, 常母의 음가도 마찰음 [ʑ]가 아니라 파찰음 [dʑ]라고 했다.[34] 간단히 말하면 船母와 常母의 음가를 서로 맞바꾸어 각각 [ʑ]와 [dʑ]라고 해야 한다는 것이다.

그런데 이 학설에 따르면 崇母[ɖʐ]와 常母[dʑ]의 최소대립 쌍이 존재한다. 5쌍의 최소대립 쌍을 찾을 수 있고, 5회 이상 출현하는 764자 집합에서 이미 대립이 성립한다.

(71) 崇母[ɖʐ]와 常母[dʑ]의 최소대립 쌍 (5쌍) (5, 4, 4)

1. 우섭 魚韻 – ${}_{C}$助${}_{魚}^{去}$: ${}_{C}$署${}_{魚}^{去}$ (3 : 2)
2. 지섭 之韻 – ${}^{開}_{C}$事${}_{之}^{去}$: ${}^{開}_{C}$侍${}_{之}^{去}$ (69 : 5)
3. 탕섭 陽韻 – ${}^{開}_{C}$牀${}_{陽}^{平}$: ${}^{開}_{C}$常${}_{陽}^{平}$, ${}^{開}_{C}$裳${}_{陽}^{平}$, ${}^{開}_{C}$嘗${}_{陽}^{平}$ (4 : 32, 3, 16)

34 이 학설을 가르쳐 준 서울대 대학원의 정경원 군에게 감사드린다. 丁聲樹·李榮(1981)과 Baxter and Sagart(2014: 30)도 이 학설을 택한 바 있다.

그러나 이 학설은 학계에서 거의 수용하지 않았을 뿐만 아니라, 우리의 관점에서도 채택하기가 어렵다. 아래의 두 가지 논거를 중시하여 우리는 陸志韋(1947)의 학설을 수용하지 않는다.

첫째로, 『세설신어』의 대화문 용자에서는 치음 마찰음의 유성 권설음인 俟母[ʐ]가 음소가 아니었다. 그런데 치음 파찰음에서 崇母[dʐ]가 음소였다고 할 수 있을까? 이 권설 파찰음은 권설 마찰음 [ʐ]의 존재를 전제하므로,[35] [ʐ]가 존재하지 않는 『세설신어』에서는 파찰음 [dʐ]의 존재도 믿을 수가 없다. 이 점에서 陸志韋(1947)의 학설을 수용할 수 없다.

둘째로, 우리는 유성 권설음을 기술할 때에 치음 파찰음과 치음 마찰음이 평행적이라는 사실에 주목한다. 즉, 치음 마찰음에서 권설음의 [ʐ]와 구개음의 [ʑ]가 음운론적으로 대립하지 않듯이, 치음 파찰음에서도 [dʐ]와 [dʑ]가 대립하지 않는다. 우리처럼 다수 학설에 따르면, 이 두 가지를 평행적으로 기술할 수 있다. 반면에 陸志韋의 소수 학설을 따르면, 이 두 가지가 서로 어긋나서 체계적으로 기술할 수가 없다. 이것은 陸志韋(1947)의 학설이 상고음에서는 유효할지 모르지만 전기 중고음에서는 옳지 않다는 것을 의미한다.

4.4.8. 치음 유성 마찰음과 유성 파찰음의 음운대립

顔之推(531~591년)의 『顔氏家訓』에 따르면[36] 6세기의 중국 남부 방언에서는 치음의 유성 마찰음 [z]와 유성 파찰음 [dz]가 음운론적으로 대립하지 않았고, 역시 [ʑ]와 [dʑ]도 대립하지 않았다고 한다. 이것은 현대의 吳 방언에서도 발견되는 현상인데, 후기 중고음의 치음 유성음에서 마찰음과 파찰음이 합류했음을 의미한다(周祖謨 1966: 434~473, Pulleyblank 1983: 131, 169). 고노 로쿠로(河野六郎)

35 시노-티베트어족에 속하는 언어의 일부 방언에서는 치음의 파찰음이 마찰음에 비해 늦게 출현했고, 일부의 방언에서는 마찰음만 있고 파찰음은 없다(鄭張尙芳 2003: 92~103). 따라서 이 전제가 성립한다.

36 『顔氏家訓』은 顔師古가 편찬했는데, 안사고는 『절운』의 편찬에 참여한 바 있는 顔之推의 손자이다. 해당 부분은 "南人以錢爲涎, 以石爲射"이다.

(2010: 171, 이진호 역주)에서도 慧琳의 『一切經音義』에서 神母와 禪母가 하나의 부류를 이룬다고 했다.

『세설신어』의 전기 중고음에서도 이 합류가 있었는지를 확인하기 위하여, 아래의 분포 분석표에서 邪母[z]와 從母[dz]의 최소대립 쌍과 常母[ʑ]와 船母[dʑ]의 최소대립 쌍을 찾아본다.

(72) 유성 마찰음과 유성 파찰음의 분포분석표

설음 / 섭	치조음		구개음	
	邪[z] 28	從[dz] 67	常[ʑ] 58	船[dʑ] 17
과섭		${}^{合}_{1}\underline{坐}_{戈}^{上/去}$		
가섭	${}^{開}_{AB}\underline{邪}_{麻}^{平}$ ${}^{開}_{AB}謝_{麻}^{去}$	${}^{開}_{AB}藉_{麻}^{去}$	${}^{開}_{AB}闍_{麻}^{平}$ ${}^{開}_{AB}社_{麻}^{上}$	${}^{開}_{AB}蛇_{麻}^{平}$ ${}^{開}_{AB}\underline{射}_{麻}^{去}$
우섭	${}_{C}徐_{魚}^{平}$ ${}_{C}敍_{魚}^{上}$ ${}_{C}緖_{魚}^{上}$	${}_{C}聚_{虞}^{上}$ ${}_{1}\underline{粗}_{模}^{上}$ ${}_{1}阼_{模}^{去}$ ${}_{1}祚_{模}^{去}$	${}_{C}殳_{虞}^{平}$ ${}_{C}殊_{虞}^{平}$ ${}_{C}豎_{虞}^{上}$ ${}_{C}樹_{虞}^{去}$ ${}_{C}署_{魚}^{去}$	${}_{C}抒_{魚}^{上}$
지섭	${}^{開}_{AB}\underline{食}_{支}^{去}$ ${}^{合}_{AB}隨_{支}^{平}$ ${}^{合}_{AB}遂_{脂}^{去}$ ${}^{開}_{C}祠_{之}^{平}$ ${}^{開}_{C}辭_{之}^{平}$ ${}^{開}_{C}似_{之}^{上}$ ${}^{開}_{C}祀_{之}^{上}$ ${}^{開}_{C}嗣_{之}^{去}$	${}^{開}_{AB}自_{脂}^{去}$ ${}^{合}_{AB}瘁_{脂}^{去}$ ${}^{合}_{AB}萃_{脂}^{去}$ ${}^{開}_{C}慈_{之}^{平}$ ${}^{開}_{C}字_{之}^{去}$ ${}^{開}_{C}牸_{之}^{去}$	${}^{開}_{AB}氏_{支}^{上}$ ${}^{開}_{AB}是_{支}^{上}$ ${}^{合}_{AB}垂_{支}^{平}$ ${}^{開}_{AB}視_{脂}^{上}$ ${}^{合}_{AB}誰_{脂}^{平}$ ${}^{開}_{C}時_{之}^{平}$ ${}^{開}_{C}侍_{之}^{去}$	
효섭		${}_{AB}譙_{宵}^{平}$ ${}_{1}曹_{豪}^{平}$ ${}_{1}造_{豪}^{上}$	${}_{AB}召_{宵}^{去}$ ${}_{AB}劭_{宵}^{去}$ ${}_{AB}紹_{宵}^{上}$ ${}_{AB}韶_{宵}^{平}$	
류섭	${}_{C}\underline{囚}_{尤}^{平/去}$ ${}_{C}袖_{尤}^{去}$	${}_{C}\underline{遒}_{尤}^{平}$ ${}_{C}就_{尤}^{去}$	${}_{C}酬_{尤}^{平}$ ${}_{C}受_{尤}^{上}$ ${}_{C}壽_{尤}^{上}$ ${}_{C}授_{尤}^{去}$ ${}_{C}\underline{綬}_{尤}^{上/去}$	
해섭		${}^{開}_{4}齊_{齊}^{平}$ ${}^{開}_{1}才_{咍}^{平}$ ${}^{開}_{1}財_{咍}^{平}$ ${}^{開}_{1}裁_{咍}^{平}$	${}^{開}_{AB}逝_{祭}^{去}$ ${}^{開}_{AB}誓_{祭}^{去}$	

섭 \ 설음	치조음		구개음	
	邪[z] 28	從[dz] 67	常[z] 58	船[dz] 17
해섭		開 $_{1}$在$_{咍}^{上}$ 合 $_{1}$摧$_{灰}^{平}$ 合 $_{1}$罪$_{灰}^{上}$		
통섭	$_{C}$松$_{鍾}^{平}$ $_{C}$頌$_{鍾}^{去}$ $_{C}$俗$_{鍾}^{入}$	$_{C}$從$_{鍾}^{去}$ $_{1}$族$_{東}^{入}$	$_{C}$蜀$_{鍾}^{入}$ $_{C}$屬$_{鍾}^{入}$ $_{C}$孰$_{東}^{入}$ $_{C}$熟$_{東}^{入}$	$_{C}$贖$_{鍾}^{入}$
강섭				
탕섭	開 $_{C}$祥$_{陽}^{平}$ 開 $_{C}$象$_{陽}^{上}$	開 $_{C}$牆$_{陽}^{平}$ 開 $_{C}$廧$_{陽}^{平}$ 開 $_{C}$匠$_{陽}^{去}$ 開 $_{1}$作$_{唐}^{入}$ 開 $_{1}$怍$_{唐}^{入}$ 開 $_{1}$昨$_{唐}^{入}$ 開 $_{1}$藏$_{唐}^{平/去}$	開 $_{C}$常$_{陽}^{平}$ 開 $_{C}$裳$_{陽}^{平}$ 開 $_{C}$嘗$_{陽}^{平}$ 開 $_{C}$尙$_{陽}^{平/去}$ 開 $_{C}$上$_{陽}^{上/去}$	
증섭		開 $_{1}$曾$_{登}^{平}$ 開 $_{1}$層$_{登}^{平}$ 開 $_{1}$賊$_{登}^{入}$	開 $_{C}$丞$_{蒸}^{平}$ 開 $_{C}$承$_{蒸}^{平}$ 開 $_{C}$寔$_{蒸}^{入}$	開 $_{C}$乘$_{蒸}^{平/去}$ 開 $_{C}$繩$_{蒸}^{平}$ 開 $_{C}$食$_{蒸}^{入}$
경섭	開 $_{AB}$夕$_{清}^{入}$ 開 $_{AB}$席$_{清}^{入}$	開 $_{4}$寂$_{青}^{入}$ 開 $_{AB}$情$_{清}^{平}$ 開 $_{AB}$晴$_{清}^{平}$ 開 $_{AB}$靖$_{清}^{上}$ 開 $_{AB}$靜$_{清}^{上}$ 開 $_{AB}$淨$_{清}^{去}$ 開 $_{AB}$籍$_{清}^{入}$	開 $_{AB}$成$_{清}^{平}$ 開 $_{AB}$城$_{清}^{平}$ 開 $_{AB}$誠$_{清}^{平}$ 開 $_{AB}$盛$_{清}^{平/去}$ 開 $_{AB}$石$_{清}^{入}$ 開 $_{AB}$碩$_{清}^{入}$	開 $_{AB}$射$_{清}^{入}$
산섭	合 $_{AB}$旋$_{仙}^{平/去}$	開 $_{4}$前$_{先}^{平}$ $_{4}$截$_{先}^{入}$ 開 $_{AB}$悛$_{仙}^{平}$ 開 $_{AB}$踐$_{仙}^{上}$ 開 $_{AB}$賤$_{仙}^{去}$ 合 $_{AB}$全$_{仙}^{平}$ 合 $_{AB}$泉$_{仙}^{平}$ 合 $_{AB}$絶$_{仙}^{入}$ 開 $_{1}$殘$_{寒}^{平}$	開 $_{AB}$蟬$_{仙}^{平}$ 開 $_{AB}$善$_{仙}^{上}$	合 $_{AB}$船$_{仙}^{平}$ 開 $_{AB}$舌$_{仙}^{入}$
진섭		開 $_{AB}$秦$_{眞}^{平}$ 開 $_{AB}$盡$_{眞}^{上}$ 開 $_{AB}$疾$_{眞}^{入}$ 開 $_{AB}$嫉$_{眞}^{入}$ 合 $_{1}$存$_{魂}^{平}$	開 $_{AB}$臣$_{眞}^{平}$ 開 $_{AB}$辰$_{眞}^{平}$ 開 $_{AB}$晨$_{眞}^{平}$ 開 $_{AB}$愼$_{眞}^{去}$ 合 $_{AB}$淳$_{諄}^{平}$ 合 $_{AB}$純$_{諄}^{平}$ 合 $_{AB}$蓴$_{諄}^{平}$	開 $_{AB}$神$_{眞}^{平}$ 開 $_{AB}$實$_{眞}^{入}$ 合 $_{AB}$脣$_{諄}^{平}$ 合 $_{AB}$術$_{諄}^{入}$ 合 $_{AB}$秫$_{諄}^{入}$ 合 $_{AB}$述$_{諄}^{入}$

섭 \ 설음	치조음		구개음	
	邪[z] 28	從[dz] 67	常[ʑ] 58	船[dʑ] 17
함섭		$_{\text{AB}}$潛$^{\text{平}}_{\text{鹽}}$ $_{\text{AB}}\underline{\text{漸}}^{\text{上}}_{\text{鹽}}$ $_{\text{AB}}$捷$^{\text{入}}_{\text{鹽}}$ $_{1}$慙$^{\text{平}}_{\text{談}}$ $_{1}$暫$^{\text{上}}_{\text{談}}$ $_{1}$蠶$^{\text{平}}_{\text{覃}}$ $_{1}$雜$^{\text{入}}_{\text{覃}}$		
심섭	$_{\text{AB}}$尋$^{\text{平}}_{\text{侵}}$ $_{\text{AB}}$習$^{\text{入}}_{\text{侵}}$ $_{\text{AB}}$襲$^{\text{入}}_{\text{侵}}$	$_{\text{AB}}$集$^{\text{入}}_{\text{侵}}$	$_{\text{AB}}\underline{\text{甚}}^{\text{去}}_{\text{侵}}$ $_{\text{AB}}$十$^{\text{入}}_{\text{侵}}$	

위의 분포 분석표에서 아래의 최소대립 쌍을 찾을 수 있다. 마찰음인 邪母[z]와 파찰음인 從母[dz]의 최소대립 쌍은 15쌍이고, 5회 이상 출현하는 용자 집합에서 이미 대립이 성립한다. 이와 마찬가지로, 마찰음인 常母[ʑ]와 파찰음인 船母[dʑ]의 최소대립 쌍은 10/14쌍이고, 35회 이상 출현하는 극소수의 상용자 집합에서 이미 대립이 성립한다. 따라서 5세기 전반기의 한어에서는 유성 마찰음과 유성 파찰음의 음운대립이 엄격히 유지되었다고 보아야 한다.

(73) 마찰음인 邪母[z]와 파찰음인 從母[dz]의 최소대립 쌍 (15쌍) (5, 3, 2)

1. 지섭 脂韻 – $^{\text{合}}_{\text{AB}}$遂$^{\text{去}}_{\text{脂}}$: $^{\text{合}}_{\text{AB}}$瘁$^{\text{去}}_{\text{脂}}$, $^{\text{合}}_{\text{AB}}$萃$^{\text{去}}_{\text{脂}}$ (14 : 2, 2)
2. 지섭 之韻 – $^{\text{開}}_{\text{C}}$嗣$^{\text{去}}_{\text{之}}$: $^{\text{開}}_{\text{C}}$字$^{\text{去}}_{\text{之}}$, $^{\text{開}}_{\text{C}}$牸$^{\text{去}}_{\text{之}}$ (5 : 11, 2)
3. 통섭 鍾韻 – $_{\text{C}}$頌$^{\text{去}}_{\text{鍾}}$: $_{\text{C}}$從$^{\text{去}}_{\text{鍾}}$ (1 : 22)
4. 경섭 淸韻 – $^{\text{開}}_{\text{AB}}$夕$^{\text{入}}_{\text{淸}}$, $^{\text{開}}_{\text{AB}}$席$^{\text{入}}_{\text{淸}}$: $^{\text{開}}_{\text{AB}}$籍$^{\text{入}}_{\text{淸}}$ (5, 1 : 3)
5. 심섭 侵韻 – $_{\text{AB}}$習$^{\text{入}}_{\text{侵}}$, $_{\text{AB}}$襲$^{\text{入}}_{\text{侵}}$: $_{\text{AB}}$集$^{\text{入}}_{\text{侵}}$ (2, 1 : 4)

(74) 마찰음인 常母[ʑ]와 파찰음인 船母[dʑ]의 최소대립 쌍 (10/14쌍) (35, 2, 2)

1. 가섭 麻韻 – $^{\text{開}}_{\text{AB}}$闍$^{\text{平}}_{\text{麻}}$: $^{\text{開}}_{\text{AB}}$蛇$^{\text{平}}_{\text{麻}}$ (2 : 1)
2. 증섭 蒸韻 – $^{\text{開}}_{\text{C}}$丞$^{\text{平}}_{\text{蒸}}$, $^{\text{開}}_{\text{C}}$承$^{\text{平}}_{\text{蒸}}$: $^{\text{開}}_{\text{C}}$繩$^{\text{平}}_{\text{蒸}}$ (4, 7 : 2)
3. 진섭 眞韻 – $^{\text{開}}_{\text{AB}}$臣$^{\text{平}}_{\text{眞}}$, $^{\text{開}}_{\text{AB}}$辰$^{\text{平}}_{\text{眞}}$, $^{\text{開}}_{\text{AB}}$晨$^{\text{平}}_{\text{眞}}$: $^{\text{開}}_{\text{AB}}$神$^{\text{平}}_{\text{眞}}$ (49, 1, 2 : 35)

4. 진섭 諄韻 – ${}^{合}_{AB}$淳${}^{平}_{諄}$, ${}^{合}_{AB}$純${}^{平}_{諄}$, ${}^{合}_{AB}$蓴${}^{平}_{諄}$: ${}^{合}_{AB}$脣${}^{平}_{諄}$ (1, 1, 1 : 2)

그렇다면, 『顔氏家訓』의 증언을 어떻게 이해해야 할까? 고노 로쿠로(河野六郎)(2010: 171, 이진호 역주)과 Pulleyblank(1983: 131)처럼 전기 중고음과 후기 중고음의 차이로 이해하는 것이 가장 간단할 것이다. 즉 전기 중고음에서는 유성 마찰음과 유성 파찰음의 음운대립이 있었지만 후기 중고음에서는 이 두 가지가 합류하기[37] 시작했다고 할 수 있다.

또한 (73~74)의 최소대립 쌍은 劉義慶의 언어가 어느 방언이었는지를 추정할 때에 중요한 논거가 된다. 치음 유성음에서 마찰음과 파찰음의 음운론적 구별이 없는 대표적인 현대 방언은 吳 방언이다. 유의경이 이 지역에서 태어났다는 점에서 그의 언어가 5세기 전반기의 吳 방언이라고 가정할 수 있다. 그러나 이 가정이 잘못된 것임을 (73~74)의 최소대립 쌍이 증명해 준다. 유의경은 비록 吳 방언 지역에서 태어났지만, 황족의 일원으로서 일찍부터 관직에 올라 북방의 문인들과 교유했다. 이에 따르면 그의 언어가 북방 표준어를 반영했을 가능성이 오히려 크다. 이것을 강력하게 시사한다는 점에서 (73~74)의 최소대립 쌍은 아주 중요하다.

4.5. 牙喉音

중국 음운학에서는 牙音과 喉音을 구별하고 『訓民正音』에서도 이 둘을 나누어서 문자를 제정했다. 그러나 이 둘을 하나로 묶어서 기술해야 할지도 모른다. 아음의 群母와 후음의 匣母가 상보적 분포를 이루므로, 한어 상고음에서 이 둘을 하나의 음소로 병합하고(Karlgren 1954, 李方桂 1980) 백제어에서도 마찬가지로 병합한다(이승재 2013: 232). 이러한 문제가 있기 때문에 일단은 아음과 후음을

37 魏國峰(2014: 61)에서는 '합류'라는 용어 대신에 '混淆'라는 용어를 택했다.

하나로 묶어서 한꺼번에 논의하는 것이 바람직하다. 이때에는 牙喉音이라는 용어를 사용한다.

『절운』 음계의 아후음에는 아래의 (75)에 제시한 것처럼 8종의 성모가 있다. 이 중에서 見母는 231자에 달하여, 『세설신어』 대화문 용자 중에서 가장 큰 비중을 차지한다.

(75) 아후음의 성모와 대화문 용자 수

		전청	차청	전탁	차탁
牙喉音	아음	見[k] 231	溪[kʰ] 89	群[g] 56	疑[ŋ] 86
	후음	曉[h] 64		匣[ɦ] 121	
		影[ʔ] 105			云[ɦ] 55

平山久雄(1967)에 기반을 둔 이토 지유키(2011, 이진호 역)에서는 匣母와 云母의 음가를 둘 다 [ɦ]라고 추정하여 음성 차원에서도 서로 구별하지 않았다. 이것은 분명히 자기모순이므로 두 성모를 하나로 합치든지 둘 중에서 어느 하나를 여타의 성모에 편입하든지 하여 수정할 필요가 있다. 아후음에서는 이 문제뿐만 아니라 아음의 見母[k], 溪母[kʰ], 群母[g] 상호 간의 음운대립이 성립하는지, 후음의 네 성모가 음운론적으로 대립했는지 등이 주요 논의 대상이다. 나아가서 아음의 群母[g]가 후음의 匣母[ɦ]나 云母[ɦ]와 음운론적으로 대립했는지도 논의한다.

4.5.1. 아음인 見母, 溪母, 群母, 疑母

아음에는 見母[k], 溪母[kʰ], 群母[g], 疑母[ŋ]의 네 가지 성모가 있다. 이들 상호 간에 음운대립이 성립하는지를 검토하기 위해서, 『세설신어』의 대화문에 나오는 見母字·溪母字·群母字·疑母字를 모두 골라 분포 분석표에 넣어 보면 아래와 같다.

(76) 아음 見母字·溪母字·群母字·疑母字의 분포 분석표

아음 / 섭	전청	차청	전탁	차탁
	見[k] 231	溪[k^h] 89	群[g] 56	疑[ŋ] 86
과섭	${}^{開}_{1}$柯$^{平}_{歌}$ ${}^{開}_{1}$歌$^{平}_{歌}$ ${}^{合}_{1}$果$^{上}_{戈}$ ${}^{合}_{1}$過$^{去}_{戈}$	${}^{開}_{1}$可$^{上}_{歌}$		${}^{開}_{1}$俄$^{平}_{歌}$ ${}^{開}_{1}$峨$^{平}_{歌}$ ${}^{開}_{1}$我$^{上}_{歌}$ ${}^{合}_{1}$臥$^{去}_{戈}$
가섭	${}^{開}_{2}$家$^{平}_{麻}$ ${}^{開}_{2}$嘉$^{平}_{麻}$ ${}^{開}_{2}$加$^{平}_{麻}$ ${}^{開}_{2}$架$^{去}_{麻}$ ${}^{開}_{2}$價$^{去}_{麻}$ ${}^{開}_{2}$賈$^{去}_{麻}$ ${}^{開}_{2}$嫁$^{去}_{麻}$ ${}^{開}_{2}$假$^{上/去}_{麻}$ ${}^{合}_{2}$瓜$^{平}_{麻}$ ${}^{合}_{2}$寡$^{上}_{麻}$			${}^{開}_{2}$牙$^{平}_{麻}$ ${}^{開}_{2}$雅$^{上}_{麻}$ ${}^{合}_{2}$瓦$^{上}_{麻}$
우섭	${}_{C}$俱$^{平}_{虞}$ ${}_{C}$駒$^{平}_{虞}$ ${}_{C}$句$^{去}_{虞}$ ${}_{C}$車$^{平}_{魚}$ ${}_{C}$居$^{平}_{魚}$ ${}_{C}$擧$^{上}_{魚}$ ${}_{C}$倨$^{去}_{魚}$ ${}_{C}$鋸$^{去}_{魚}$ ${}_{C}$據$^{去}_{魚}$ ${}_{1}$姑$^{平}_{模}$ ${}_{1}$孤$^{平}_{模}$ ${}_{1}$古$^{上}_{模}$ ${}_{1}$羖$^{上}_{模}$ ${}_{1}$鼓$^{上}_{模}$ ${}_{1}$顧$^{去}_{模}$ ${}_{1}$故$^{去}_{模}$ ${}_{1}$固$^{去}_{模}$	${}_{C}$區$^{平}_{虞}$ ${}_{C}$驅$^{平}_{虞}$ ${}_{C}$軀$^{平}_{虞}$ ${}_{C}$墟$^{平}_{魚}$ ${}_{C}$去$^{去}_{魚}$ ${}_{1}$枯$^{平}_{模}$ ${}_{1}$苦$^{上}_{模}$ ${}_{1}$庫$^{去}_{模}$ ${}_{1}$絝$^{去}_{模}$	${}_{C}$劬$^{平}_{虞}$ ${}_{C}$具$^{去}_{虞}$ ${}_{C}$懼$^{去}_{虞}$ ${}_{C}$巨$^{上}_{魚}$ ${}_{C}$距$^{上}_{魚}$ ${}_{C}$詎$^{上/去}_{魚}$	${}_{C}$隅$^{平}_{虞}$ ${}_{C}$寓$^{去}_{虞}$ ${}_{C}$虞$^{平}_{虞}$ ${}_{C}$遇$^{去}_{虞}$ ${}_{C}$魚$^{平}_{魚}$ ${}_{C}$御$^{去}_{魚}$ ${}_{C}$語$^{上/去}_{魚}$ ${}_{1}$吾$^{平}_{模}$ ${}_{1}$梧$^{平}_{模}$ ${}_{1}$吳$^{平}_{模}$ ${}_{1}$五$^{上}_{模}$ ${}_{1}$悟$^{去}_{模}$ ${}_{1}$忤$^{去}_{模}$ ${}_{1}$誤$^{去}_{模}$
지섭	${}^{開}_{B}$祁$^{平}_{脂}$ ${}^{開}_{B}$飢$^{平}_{脂}$ ${}^{開}_{B}$几$^{上}_{脂}$ ${}^{開}_{B}$冀$^{去}_{脂}$ ${}^{開}_{B}$驥$^{去}_{脂}$ ${}^{合}_{B}$軌$^{上}_{脂}$ ${}^{合}_{A}$季$^{去}_{脂}$ ${}^{合}_{B}$愧$^{去}_{脂}$ ${}^{開}_{B}$羈$^{平}_{支}$ ${}^{開}_{B}$寄$^{去}_{支}$ ${}^{合}_{A}$規$^{平}_{支}$ ${}^{合}_{B}$庋$^{上}_{支}$ ${}^{開}_{C}$箕$^{平}_{之}$ ${}^{開}_{C}$萁$^{平}_{之}$ ${}^{開}_{C}$己$^{上}_{之}$ ${}^{開}_{C}$機$^{平}_{微}$ ${}^{開}_{C}$璣$^{平}_{微}$ ${}^{開}_{C}$饑$^{平}_{微}$ ${}^{開}_{C}$譏$^{平}_{微}$ ${}^{開}_{C}$旣$^{去}_{微}$ ${}^{開}_{C}$幾$^{平/上}_{微}$	${}^{開}_{A}$棄$^{去}_{脂}$ ${}^{開}_{B}$器$^{去}_{脂}$ ${}^{開}_{B}$崎$^{平}_{支}$ ${}^{開}_{B}$綺$^{上}_{支}$ ${}^{合}_{A}$窺$^{平}_{支}$ ${}^{合}_{A}$企$^{上}_{支}$ ${}^{開}_{C}$欺$^{平}_{之}$	${}^{合}_{B}$騤$^{平}_{脂}$ ${}^{合}_{B}$夔$^{平}_{脂}$ ${}^{合}_{B}$揆$^{上}_{脂}$ ${}^{開}_{B}$奇$^{平}_{支}$ ${}^{開}_{B}$騎$^{平}_{支}$ ${}^{開}_{B}$妓$^{上}_{支}$ ${}^{開}_{C}$期$^{平}_{之}$	${}^{開}_{B}$宜$^{平}_{支}$ ${}^{開}_{B}$儀$^{平}_{支}$ ${}^{開}_{B}$義$^{去}_{支}$ ${}^{開}_{B}$議$^{去}_{支}$ ${}^{合}_{B}$危$^{平}_{支}$ ${}^{開}_{C}$疑$^{平}_{之}$ ${}^{開}_{C}$嶷$^{平}_{之}$

아음 / 섭	전청	차청	전탁	차탁
	見[k] 231	溪$[k^h]$ 89	群[g] 56	疑[ŋ] 86
지섭	${}^{合}_{C}$歸$^{平}_{微}$ ${}^{合}_{C}$鬼$^{上}_{微}$ ${}^{合}_{C}$貴$^{去}_{微}$	${}^{開}_{C}$起$^{上}_{之}$ ${}^{開}_{C}$豈$^{上}_{微}$ ${}^{開}_{C}$氣$^{去}_{微}$	${}^{開}_{C}$旗$^{平}_{之}$ ${}^{開}_{C}$其$^{平}_{之}$ ${}^{開}_{C}$棊$^{平}_{之}$ ${}^{開}_{C}$萁$^{平}_{之}$ ${}^{開}_{C}$崎$^{平}_{微}$ ${}^{開}_{C}$璣$^{去}_{微}$	${}^{開}_{C}$擬$^{上}_{之}$ ${}^{開}_{C}$毅$^{去}_{微}$ ${}^{合}_{C}$魏$^{去}_{微}$ ${}^{合}_{C}$巍$^{平}_{微}$ ${}^{開}_{C}$顗$^{上}_{微}$
효섭	${}_{4}$澆$^{平}_{蕭}$ ${}_{B}$驕$^{平}_{宵}$ ${}_{B}$喬$^{平}_{宵}$ ${}_{B}$矯$^{上}_{宵}$ ${}_{2}$交$^{平}_{肴}$ ${}_{2}$郊$^{平}_{肴}$ ${}_{2}$狡$^{上}_{肴}$ ${}_{2}$校$^{去}_{肴}$ ${}_{2}$教$^{去}_{肴}$ ${}_{2}$覺$^{去}_{肴}$ ${}_{1}$高$^{平}_{豪}$ ${}_{1}$膏$^{平}_{豪}$ ${}_{1}$皐$^{平}_{豪}$ ${}_{1}$告$^{去}_{豪}$	${}_{2}$巧$^{上}_{肴}$ ${}_{1}$考$^{上}_{豪}$	${}_{B}$喬$^{平}_{宵}$ ${}_{B}$嶠$^{上}_{宵}$	${}_{4}$澆$^{去}_{蕭}$ ${}_{4}$堯$^{平}_{蕭}$ ${}_{2}$樂$^{去}_{肴}$ ${}_{1}$敖$^{平/去}_{豪}$ ${}_{1}$螯$^{平}_{豪}$ ${}_{1}$傲$^{去}_{豪}$
류섭	${}_{C}$鳩$^{平}_{尤}$ ${}_{C}$九$^{上}_{尤}$ ${}_{C}$久$^{上}_{尤}$ ${}_{C}$韭$^{上}_{尤}$ ${}_{C}$救$^{去}_{尤}$ ${}_{1}$鉤$^{平}_{侯}$ ${}_{1}$垢$^{上}_{侯}$ ${}_{1}$狗$^{上}_{侯}$ ${}_{1}$苟$^{上}_{侯}$ ${}_{1}$構$^{去}_{侯}$	${}_{C}$丘$^{平}_{尤}$ ${}_{C}$邱$^{平}_{尤}$ ${}_{1}$口$^{上}_{侯}$ ${}_{1}$叩$^{上}_{侯}$ ${}_{1}$寇$^{去}_{侯}$	${}_{C}$求$^{平}_{尤}$ ${}_{C}$裘$^{平}_{尤}$ ${}_{C}$舅$^{上}_{尤}$ ${}_{C}$臼$^{上}_{尤}$ ${}_{C}$舊$^{去}_{尤}$	${}_{C}$牛$^{平}_{尤}$ ${}_{1}$偶$^{上}_{侯}$ ${}_{1}$耦$^{上}_{侯}$
해섭	${}^{開}_{4}$稽$^{平}_{齊}$ ${}^{開}_{4}$鷄$^{平}_{齊}$ ${}^{開}_{4}$契$^{去}_{齊}$ ${}^{開}_{4}$繼$^{去}_{齊}$ ${}^{開}_{4}$計$^{去}_{齊}$ ${}^{開}_{4}$繫$^{去}_{齊}$ ${}^{合}_{4}$珪$^{平}_{齊}$ ${}^{合}_{4}$閨$^{平}_{齊}$ ${}^{合}_{4}$桂$^{去}_{齊}$ ${}^{開}_{2}$階$^{平}_{皆}$ ${}^{開}_{2}$皆$^{平}_{皆}$ ${}^{開}_{2}$楷$^{平}_{皆}$ ${}^{開}_{2}$戒$^{去}_{皆}$ ${}^{開}_{2}$介$^{去}_{皆}$ ${}^{開}_{2}$玠$^{去}_{皆}$ ${}^{合}_{2}$乖$^{平}_{皆}$ ${}^{合}_{2}$壞$^{去}_{皆}$ ${}^{合}_{2}$怪$^{去}_{皆}$ ${}^{開}_{2}$佳$^{平}_{佳}$ ${}^{合}_{2}$獪$^{去}_{佳}$ ${}^{合}_{2}$卦$^{去}_{佳}$ ${}^{開}_{1}$改$^{上}_{咍}$ ${}^{合}_{1}$憒$^{去}_{灰}$ ${}^{開}_{1}$蓋$^{去}_{泰}$ ${}^{合}_{1}$膾$^{去}_{泰}$ ${}^{合}_{1}$獪$^{去}_{泰}$	${}^{開}_{4}$繫$^{平}_{齊}$ ${}^{開}_{4}$溪$^{平}_{齊}$ ${}^{開}_{4}$啓$^{上}_{齊}$ ${}^{開}_{4}$稽$^{上}_{齊}$ ${}^{合}_{4}$睽$^{平}_{齊}$ ${}^{合}_{2}$蒯$^{去}_{皆}$ ${}^{合}_{2}$快$^{去}_{夬}$ ${}^{開}_{1}$開$^{平}_{咍}$ ${}^{開}_{1}$凱$^{上}_{咍}$ ${}^{開}_{1}$慨$^{去}_{咍}$ ${}^{開}_{1}$咳$^{去}_{咍}$ ${}^{合}_{1}$傀$^{上}_{灰}$ ${}^{合}_{1}$塊$^{去}_{灰}$		${}^{開}_{4}$翳$^{去}_{齊}$ ${}^{開}_{4}$詣$^{去}_{齊}$ ${}^{開}_{C}$乂$^{去}_{廢}$ ${}^{開}_{1}$艾$^{去}_{泰}$ ${}^{開}_{1}$閡$^{去}_{咍}$ ${}^{合}_{1}$外$^{去}_{泰}$

아음 / 섭	전청	차청	전탁	차탁
	見[k] 231	溪[k^h] 89	群[g] 56	疑[ŋ] 86
통섭	$_{C}\text{恭}_{鍾}^{平}$ $_{C}\text{拱}_{鍾}^{上}$ $_{C}\text{弓}_{東}^{平}$ $_{C}\text{宮}_{東}^{平}$ $_{1}\text{攻}_{冬}^{平}$ $_{1}\underline{\text{告}}_{冬}^{入}$ $_{1}\text{公}_{東}^{平}$ $_{1}\text{工}_{東}^{平}$ $_{1}\text{功}_{東}^{平}$ $_{1}\text{貢}_{東}^{去}$ $_{1}\underline{\text{谷}}_{東}^{入}$ $_{1}\text{穀}_{東}^{入}$	$_{C}\text{恐}_{鍾}^{上}$ $_{C}\text{曲}_{鍾}^{入}$ $_{C}\text{麴}_{東}^{入}$ $_{1}\text{酷}_{冬}^{入}$ $_{1}\text{空}_{東}^{平}$ $_{1}\text{孔}_{東}^{上}$ $_{1}\text{哭}_{東}^{入}$	$_{C}\text{共}_{鍾}^{去}$ $_{C}\text{局}_{鍾}^{入}$ $_{C}\text{窮}_{東}^{平}$	$_{C}\text{玉}_{鍾}^{入}$ $_{C}\text{獄}_{鍾}^{入}$
강섭	$_{2}\text{江}_{江}^{平}$ $_{2}\text{講}_{江}^{上}$ $_{2}\text{降}_{江}^{去}$ $_{2}\underline{\text{覺}}_{江}^{入}$ $_{2}\text{角}_{江}^{入}$ $_{2}\text{桷}_{江}^{入}$			$_{2}\underline{\text{樂}}_{江}^{入}$ $_{2}\text{岳}_{江}^{入}$
탕섭	$^{開}_{C}\text{疆}_{陽}^{平}$ $^{開}_{C}\text{脚}_{陽}^{入}$ $^{開}_{C}\underline{\text{郤}}_{陽}^{入}$ $^{開}_{1}\text{剛}_{唐}^{平}$ $^{開}_{1}\underline{\text{網}}_{唐}^{平}$ $^{合}_{1}\text{光}_{唐}^{平}$ $^{合}_{1}\text{廣}_{唐}^{上}$ $^{開}_{1}\text{各}_{唐}^{入}$ $^{開}_{1}\text{閣}_{唐}^{入}$ $^{合}_{1}\text{郭}_{唐}^{入}$	$^{開}_{C}\text{羌}_{陽}^{平}$ $^{開}_{C}\underline{\text{郤}}_{陽}^{入}$ $^{合}_{C}\text{匡}_{陽}^{平}$ $^{合}_{C}\text{筐}_{陽}^{平}$ $^{開}_{1}\text{康}_{唐}^{平}$ $^{開}_{1}\text{糠}_{唐}^{平}$ $^{開}_{1}\text{慷}_{唐}^{上}$ $^{合}_{1}\text{曠}_{唐}^{去}$ $^{開}_{1}\text{伉}_{唐}^{去}$ $^{開}_{1}\underline{\text{抗}}_{唐}^{去}$	$^{開}_{C}\underline{\text{强}}_{陽}^{平/上}$ $^{開}_{C}\underline{\text{彊}}_{陽}^{平/上}$ $^{合}_{C}\text{狂}_{陽}^{平}$	$^{開}_{C}\text{瘧}_{陽}^{入}$ $^{開}_{C}\underline{\text{仰}}_{陽}^{上/去}$ $^{開}_{1}\text{昂}_{唐}^{平}$
증섭	$^{開}_{C}\text{矜}_{蒸}^{平}$ $^{開}_{C}\text{棘}_{蒸}^{入}$ $^{合}_{1}\text{國}_{登}^{入}$	$^{開}_{1}\text{肯}_{登}^{上}$ $^{開}_{1}\text{克}_{登}^{入}$ $^{開}_{1}\text{刻}_{登}^{入}$	$^{開}_{C}\text{極}_{蒸}^{入}$	$^{開}_{C}\text{凝}_{蒸}^{平}$ $^{開}_{C}\underline{\text{嶷}}_{蒸}^{入}$
경섭	$^{開}_{4}\text{經}_{青}^{平}$ $^{開}_{4}\text{徑}_{青}^{去}$ $^{開}_{A}\text{頸}_{清}^{上}$ $^{開}_{A}\underline{\text{勁}}_{清}^{平/去}$ $^{開}_{B}\text{京}_{庚}^{平}$ $^{開}_{B}\text{荊}_{庚}^{平}$ $^{開}_{B}\text{驚}_{庚}^{平}$ $^{開}_{B}\text{景}_{庚}^{上}$ $^{開}_{B}\text{境}_{庚}^{上}$ $^{開}_{B}\text{警}_{庚}^{上}$ $^{開}_{B}\text{敬}_{庚}^{去}$ $^{開}_{B}\text{竟}_{庚}^{去}$ $^{開}_{B}\text{鏡}_{庚}^{去}$ $^{開}_{B}\text{戟}_{庚}^{入}$ $^{開}_{2}\text{羹}_{庚}^{平}$ $^{開}_{2}\underline{\text{假}}_{庚}^{入}$ $^{開}_{2}\underline{\text{更}}_{庚}^{平/去}$ $^{開}_{2}\text{耕}_{耕}^{平}$ $^{開}_{2}\text{耿}_{耕}^{上}$ $^{開}_{2}\text{隔}_{耕}^{入}$ $^{開}_{2}\text{革}_{耕}^{入}$	$^{開}_{4}\text{喫}_{青}^{入}$ $^{開}_{A}\text{輕}_{清}^{平}$ $^{合}_{A}\text{傾}_{清}^{平}$ $^{合}_{A}\text{頃}_{清}^{上}$ $^{開}_{B}\text{卿}_{庚}^{平}$ $^{開}_{B}\text{慶}_{庚}^{去}$ $^{開}_{B}\text{郤}_{庚}^{入}$ $^{開}_{2}\text{客}_{庚}^{入}$	$^{合}_{A}\text{瓊}_{清}^{平}$ $^{開}_{B}\text{競}_{庚}^{去}$ $^{開}_{B}\text{劇}_{庚}^{入}$ $^{開}_{B}\text{屐}_{庚}^{入}$	$^{開}_{B}\text{逆}_{庚}^{入}$

섭 \ 아음	전청	차청	전탁	차탁
	見[k] 231	溪[k^h] 89	群[g] 56	疑[ŋ] 86
산섭	開$_{4}\underline{鑒}^{平}_{先}$ 開$_{4}$堅$^{平}_{先}$ 開$_{4}$肩$^{平}_{先}$ 開$_{4}\underline{見}^{去}_{先}$ 開$_{4}$潔$^{入}_{先}$ 開$_{4}$結$^{入}_{先}$ 合$_{4}$狷$^{去}_{先}$ 合$_{4}$決$^{入}_{先}$ 合$_{4}\underline{駃}^{入}_{先}$ 開$_{B}$騫$^{平}_{仙}$ 開$_{B}\underline{蹇}^{上}_{仙}$ 合$_{A}$絹$^{去}_{仙}$ 合$_{B}\underline{捲}^{上}_{仙}$ 合$_{B}$眷$^{去}_{仙}$ 開$_{C}\underline{蹇}^{上}_{元}$ 開$_{C}$建$^{去}_{元}$ 開$_{2}\underline{間}^{平/去}_{山}$ 開$_{2}$艱$^{平}_{山}$ 開$_{2}$閒$^{平}_{山}$ 開$_{2}$簡$^{上}_{山}$ 開$_{2}$姦$^{平}_{刪}$ 開$_{2}$諫$^{去}_{刪}$ 合$_{2}$關$^{平}_{刪}$ 合$_{2}\underline{患}^{去}_{刪}$ 開$_{1}$干$^{平}_{寒}$ 開$_{1}$肝$^{平}_{寒}$ 開$_{1}$榦$^{去}_{寒}$ 開$_{1}$犗$^{入}_{寒}$ 開$_{1}$葛$^{入}_{寒}$ 開$_{1}$割$^{入}_{寒}$ 合$_{1}\underline{冠}^{平/去}_{桓}$ 合$_{1}$官$^{平}_{桓}$ 合$_{1}$棺$^{平}_{桓}$ 合$_{1}$寬$^{平}_{桓}$ 合$_{1}$管$^{上}_{桓}$ 合$_{1}\underline{觀}^{平/去}_{桓}$ 合$_{1}$館$^{去}_{桓}$	開$_{4}\underline{牽}^{平/去}_{先}$ 開$_{A}$遣$^{上}_{仙}$ 開$_{B}\underline{褰}^{平}_{仙}$ 合$_{C}$勸$^{去}_{元}$ 合$_{C}$闕$^{入}_{元}$ 合$_{C}\underline{勸}^{去}_{元}$ 開$_{1}$看$^{平}_{寒}$ 開$_{1}\underline{褰}^{平}_{寒}$ 開$_{1}$渴$^{入}_{寒}$ 合$_{1}$闊$^{入}_{桓}$	合$_{B}$權$^{平}_{仙}$ 合$_{B}\underline{捲}^{平}_{仙}$ 開$_{B}\underline{竭}^{入}_{仙}$ 開$_{B}$傑$^{入}_{仙}$ 開$_{C}$健$^{去}_{元}$ 開$_{C}$碣$^{入}_{元}$ 開$_{C}\underline{竭}^{入}_{元}$	開$_{4}$妍$^{平}_{先}$ 開$_{4}\underline{研}^{平/去}_{先}$ 開$_{B}$彥$^{去}_{仙}$ 開$_{B}\underline{櫱}^{入}_{仙}$ 合$_{C}$元$^{平}_{元}$ 合$_{C}$阮$^{上}_{元}$ 開$_{C}$言$^{平}_{元}$ 合$_{C}$原$^{平}_{元}$ 合$_{C}$源$^{平}_{元}$ 合$_{C}$願$^{去}_{元}$ 合$_{C}$月$^{入}_{元}$ 開$_{2}$眼$^{上}_{山}$ 合$_{2}$頑$^{平}_{刪}$ 開$_{2}$顏$^{平}_{刪}$ 開$_{1}\underline{櫱}^{入}_{寒}$ 合$_{1}$玩$^{去}_{桓}$ 合$_{1}$翫$^{去}_{桓}$
진섭	開$_{B}$巾$^{平}_{眞}$ 開$_{A}$吉$^{入}_{眞}$ 開$_{C}$斤$^{平}_{欣}$ 開$_{C}$謹$^{上}_{欣}$ 開$_{C}$靳$^{去}_{欣}$ 開$_{C}$訖$^{入}_{欣}$ 合$_{C}$軍$^{平}_{文}$ 合$_{C}$君$^{平}_{文}$ 合$_{A}$橘$^{入}_{諄}$ 合$_{1}$昆$^{平}_{魂}$ 合$_{1}$褌$^{平}_{魂}$ 合$_{1}$崑$^{平}_{魂}$ 合$_{1}$骨$^{入}_{魂}$ 開$_{1}$根$^{平}_{痕}$	開$_{C}$乞$^{入}_{欣}$ 合$_{C}$屈$^{入}_{文}$ 合$_{1}$困$^{去}_{魂}$ 合$_{1}$窟$^{入}_{魂}$	開$_{C}\underline{勤}^{平}_{欣}$ 開$_{C}\underline{近}^{上/去}_{欣}$ 合$_{C}$群$^{平}_{文}$ 合$_{C}$郡$^{去}_{文}$	合$_{1}$兀$^{入}_{魂}$
함섭	$_{4}$兼$^{平}_{添}$ $_{4}$頰$^{入}_{添}$ $_{B}$檢$^{上}_{鹽}$ $_{C}$劍$^{去}_{嚴}$ $_{C}$劫$^{入}_{嚴}$ $_{2}\underline{減}^{上}_{咸}$ $_{2}\underline{鑑}^{上}_{銜}$ $_{1}$感$^{上}_{覃}$ $_{1}$甘$^{平}_{談}$ $_{1}$敢$^{上}_{談}$	$_{2}$恰$^{入}_{咸}$ $_{1}$堪$^{平}_{覃}$	$_{B}$儉$^{上}_{鹽}$	$_{B}$驗$^{去}_{鹽}$ $_{C}$嚴$^{平}_{嚴}$ $_{C}$業$^{入}_{嚴}$ $_{C}$鄴$^{入}_{嚴}$ $_{2}$巖$^{平}_{銜}$
심섭	$_{B}$今$^{平}_{侵}$ $_{B}$衿$^{平}_{侵}$ $_{B}$金$^{平}_{侵}$ $_{B}$錦$^{上}_{侵}$ $_{B}$禁$^{去}_{侵}$ $_{B}$急$^{入}_{侵}$ $_{B}$給$^{入}_{侵}$	$_{B}$衾$^{平}_{侵}$ $_{B}$欽$^{平}_{侵}$ $_{B}$嶔$^{平}_{侵}$ $_{B}$泣$^{入}_{侵}$	$_{B}$琴$^{平}_{侵}$ $_{B}$禽$^{平}_{侵}$ $_{B}$及$^{入}_{侵}$	$_{B}$吟$^{平}_{侵}$

이 분포 분석표에서 먼저 눈에 띄는 것은 群母[g]의 분포이다. 群母[g]는 항상 3등운의 앞에 온다.[38] 見母[k], 溪母[k^h], 疑母[ŋ]는 1~4등운의 앞에 두루 분포하므로 아무런 분포 제약이 없다. 따라서 群母[g]의 분포는 매우 협소하고도 독특한 것이라고 할 수 있다. 이 분포제약을 활용하여 상고음에서는 群母[g]를 후술할 후음의 匣母[ɦ]와 하나로 묶어서, 群匣/*g/를 재구한다(Karlgren 1940, 李方桂 1980).

위의 분포 분석표에서 먼저 見母[k]와 溪母[k^h]의 최소대립 쌍을 찾아보면 아래의 (77)에 제시한 것처럼 적어도 75/89쌍을 찾을 수 있다. 이 중에서 출현 횟수가 가장 많은 대립 쌍은 (77.3)의 '既 : 氣'인데, 이들은 각각 26회와 14회 사용되었다. 14회 이상 출현하는 극소수의 상용자 집합에서 이 대립이 성립하므로, 見母[k]와 溪母[k^h]의 음운대립을 믿을 수 있다.

(77) **見母[k]와 溪母[k^h]의 최소대립 쌍** (75/89쌍) (14, 13, 8)

1. 우섭 模韻 – $_{1}$古$_{\text{模}}^{\text{上}}$, $_{1}$羖$_{\text{模}}^{\text{上}}$, $_{1}$鼓$_{\text{模}}^{\text{上}}$: $_{1}$苦$_{\text{模}}^{\text{上}}$ (13, 1, 4 : 8)
2. 지섭 之韻 – $^{\text{開}}_{C}$己$_{\text{之}}^{\text{上}}$: $^{\text{開}}_{C}$起$_{\text{之}}^{\text{上}}$ (10 : 7)
3. 지섭 微韻 – $^{\text{開}}_{C}$既$_{\text{微}}^{\text{去}}$: $^{\text{開}}_{C}$氣$_{\text{微}}^{\text{去}}$ (26 : 14)
4. 통섭 東韻 – $_{1}$公$_{\text{東}}^{\text{平}}$, $_{1}$工$_{\text{東}}^{\text{平}}$, $_{1}$功$_{\text{東}}^{\text{平}}$: $_{1}$空$_{\text{東}}^{\text{平}}$ (123, 1, 11 : 7)
5. 경섭 庚韻 – $^{\text{開}}_{B}$京$_{\text{庚}}^{\text{平}}$, $^{\text{開}}_{B}$荊$_{\text{庚}}^{\text{平}}$, $^{\text{開}}_{B}$驚$_{\text{庚}}^{\text{平}}$: $^{\text{開}}_{B}$卿$_{\text{庚}}^{\text{平}}$ (6, 13, 2 : 196)

다음으로, 見母[k]와 群母[g]의 최소대립 쌍을 찾아보면 아래의 42/54쌍이 나온다. 더욱이 11회 이상 출현하는 극소수의 상용자 집합에서 見母[k]와 群母[g]의 최소대립이 이미 성립한다. 따라서 이 음운대립도 신빙할 수 있다.

(78) **見母[k]와 群母[g]의 최소대립 쌍** (42/54쌍) (11, 5, 5)

1. 우섭 虞韻 – $_{C}$句$_{\text{虞}}^{\text{去}}$: $_{C}$具$_{\text{虞}}^{\text{去}}$, $_{C}$懼$_{\text{虞}}^{\text{去}}$ (5 : 7, 3)

---

38 경섭 행에 온 '$^{\text{合}}_{A}$瓊$_{\text{清}}^{\text{平}}$'은 3등 A이지만, 나머지 群母[g]는 모두 3등 B와 3등 C의 앞에 온다. 3등 B와 3등 C를 동일시하려고 할 때에, 이 분포상의 특징도 논거가 될 수 있다.

2. 우섭 魚韻 – ${}_{C}$擧$_{魚}^{上}$: ${}_{C}$巨$_{魚}^{上}$, ${}_{C}$距$_{魚}^{上}$ (26 : 5, 2)

3. 류섭 尤韻 – ${}_{C}$九$_{尤}^{上}$, ${}_{C}$久$_{尤}^{上}$, ${}_{C}$韭$_{尤}^{上}$: ${}_{C}$舅$_{尤}^{上}$, ${}_{C}$臼$_{尤}^{上}$ (5, 17, 2 : 5, 1)

4. 진섭 文韻 – ${}^{合}_{C}$軍$_{文}^{平}$, ${}^{合}_{C}$君$_{文}^{平}$: ${}^{合}_{C}$群$_{文}^{平}$ (27, 162 : 11)

5. 심섭 侵韻 – ${}_{B}$急$_{侵}^{入}$, ${}_{B}$給$_{侵}^{入}$: ${}_{B}$及$_{侵}^{入}$ (4, 1 : 25)

다음으로, 溪母[k^h]와 群母[g]의 최소대립 쌍을 찾아보면 아래의 24/30쌍이 나오고, 9회 이상 출현하는 소수의 상용자에서 이미 대립이 성립한다. 따라서 溪母[k^h]와 群母[g]의 음운대립도 믿을 수 있다.

(79) 溪母[k^h]와 群母[g]의 최소대립 쌍 (24/30쌍) (9, 8, 5)

1. 류섭 尤韻 – ${}_{C}$丘$_{尤}^{平}$, ${}_{C}$邱$_{尤}^{平}$: ${}_{C}$求$_{尤}^{平}$, ${}_{C}$裘$_{尤}^{平}$ (9, 2 : 16, 1)

2. 당섭 陽韻 – ${}^{合}_{C}$匡$_{陽}^{平}$, ${}^{合}_{C}$筐$_{陽}^{平}$: ${}^{合}_{C}$狂$_{陽}^{平}$ (5, 2 : 6)

3. 경섭 庚韻 – ${}^{開}_{B}$慶$_{庚}^{去}$: ${}^{開}_{B}$競$_{庚}^{去}$ (2 : 2)

4. 심섭 侵韻 – ${}_{B}$衾$_{侵}^{平}$, ${}_{B}$欽$_{侵}^{平}$, ${}_{B}$嶔$_{侵}^{平}$: ${}_{B}$琴$_{侵}^{平}$, ${}_{B}$禽$_{侵}^{平}$ (1, 1, 1 : 3, 2)

5. 심섭 侵韻 – ${}_{B}$泣$_{侵}^{入}$: ${}_{B}$及$_{侵}^{入}$ (8 : 25)

아음의 차탁에는 疑母[ŋ]가 있다. 이 성모를 음소로 설정하려면 見母[k]와 疑母[ŋ]의 음운대립, 溪母[k^h]와 疑母[ŋ]의 음운대립, 群母[g]와 疑母[ŋ]의 음운대립 등을 두루 확인해야 하지만, 여기에서는 번거로움을 피하여 공통적으로 유성음인 群母[g]와 疑母[ŋ]의 음운대립만을 확인하기로 한다.

群母[g]와 疑母[ŋ]의 최소대립 쌍은 아래의 21/31쌍이고, 12회 이상 출현하는 355자 집합에서 이미 내립이 성립한다. 따라서 이 음운대립을 믿을 수 있다.

(80) 群母[g]와 疑母[ŋ]의 최소대립 쌍 (21/31쌍) (12, 9, 7)

1. 우섭 虞韻 – ${}_{C}$具$_{虞}^{去}$, ${}_{C}$懼$_{虞}^{去}$: ${}_{C}$寓$_{虞}^{去}$, ${}_{C}$遇$_{虞}^{去}$ (7, 3 : 1, 13)

2. 지섭 支韻 – ${}^{開}_{B}$奇$_{支}^{平}$, ${}^{開}_{B}$騎$_{支}^{平}$: ${}^{開}_{B}$宜$_{支}^{平}$, ${}^{開}_{B}$儀$_{支}^{平}$ (9, 7 : 26, 4)

3. 지섭 之韻 – ${}^{開}_{C}$期$_{之}^{平}$, ${}^{開}_{C}$旗$_{之}^{平}$, ${}^{開}_{C}$其$_{之}^{平}$, ${}^{開}_{C}$棊$_{之}^{平}$, ${}^{開}_{C}$萁$_{之}^{平}$: ${}^{開}_{C}$疑$_{之}^{平}$, ${}^{開}_{C}$嶷$_{之}^{平}$

(12, 1, 141, 1, 1 : 4, 1)

4. 류섭 尤韻 - ${}_{C}$求$_{尤}^{平}$, ${}_{C}$裘$_{尤}^{平}$: ${}_{C}$牛$_{尤}^{平}$ (16, 1 : 12)

5. 통섭 鍾韻 - ${}_{C}$局$_{鍾}^{入}$: ${}_{C}$玉$_{鍾}^{入}$, ${}_{C}$獄$_{鍾}^{入}$ (1 : 21, 1)

위에서 논의한 바를 종합하면, 전기 중고음의 아음에는 전청의 見母/k/, 차청의 溪母/kʰ/, 전탁의 群母/g/, 차탁의 疑母/ŋ/ 등 네 가지 음소가 있었다고 할 수 있다. 이 중에서 見母/k/, 溪母/kʰ/, 群母/g/의 세 성모는 三肢的 相關을 이룬다.

(81) 아음의 三肢的 相關

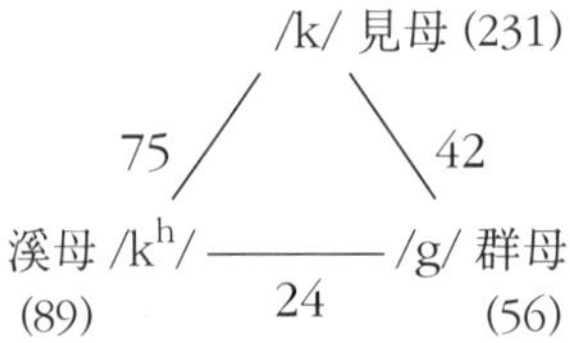

4.5.2. 아음과 후음의 구별 여부

이제, 후음에 대한 논의로 넘어간다. 후음에는 影母[ʔ], 曉母[h], 匣母[ɦ], 云母[ɦ]의 네 성모가 있다. 影母[ʔ]뿐만 아니라 曉母[h]를 전청으로 분류하고, 匣母[ɦ]를 전탁으로, 云母[ɦ]를 차탁으로 분류하는 것이 일반적이다. 그런데 우리는 曉母[h]를 전청으로 분류하지 않고 차청으로 분류하는 태도를 취한다. 그래야만 순음, 설음, 치음, 아음에서의 분류와 균형을 이룰 수 있다. 후음에서만 전청이 둘인 대신에 차청이 없다고 기술하는 것은 균형을 잃은 태도이다. 더욱이 曉母의 음가를 대부분 [h]로 재구하므로 여타의 차청처럼 曉母[h]도 유기성을 갖는다고 본다.[39] 따라서 우리는 曉母[h]를 전청에 넣지 않고 차청에 넣는다.

39 한어의 유기음은 유기성이 아주 약하여 [ʰ]로 표기하지 않고 [']로 표기하기도 한다(王力 1957). 또한 曉母를 [h]가 아니라 연구개 마찰음 [x]로 보는 견해도 있다.

먼저, 『세설신어』의 대화문에 나오는 影母字, 曉母字, 匣母字, 云母字를 분포 분석표에 넣어 보면 아래와 같다.

(82) 후음 影母字·曉母字·匣母字·云母字의 분포 분석표

치음 섭	전청 影[ʔ] 105	차청 曉[h] 64	전탁 匣[ɦ] 121	차탁 云[ɦ] 55
과섭	開$_1$阿$_{歌}$^{平}	合$_1$火$_{戈}$^{上}	開$_1$何$_{歌}$^{平} 開$_1$河$_{歌}$^{平} 開$_1$荷$_{歌}$$^{平/上}$ 開$_1$賀$_{歌}$^{去} 合$_1$禍$_{戈}$^{上} 合$_1$和$_{戈}$$^{平/去}$	
가섭	開$_2$啞$_{麻}$$^{上/去}$	合$_2$化$_{麻}$^{去}	開$_2$蝦$_{麻}$^{平} 開$_2$霞$_{麻}$^{平} 開$_2$廈$_{麻}$^{上} 開$_2$暇$_{麻}$^{去} 開$_2$下$_{麻}$$^{上/去}$ 開$_2$夏$_{麻}$$^{上/去}$ 合$_2$華$_{麻}$$^{平/去}$	
우섭	$_C$紆$_{虞}$^{平} $_C$傴$_{虞}$^{上} $_C$於$_{魚}$^{平} $_1$於$_{模}$^{平} $_1$嗚$_{模}$^{平} $_1$汙$_{模}$$^{平/去}$ $_1$塢$_{模}$^{上} $_1$惡$_{模}$^{去}	$_C$訏$_{虞}$^{平} $_C$虛$_{魚}$^{平} $_C$許$_{魚}$^{上} $_1$虎$_{模}$^{上}	$_1$乎$_{模}$^{平} $_1$狐$_{模}$^{平} $_1$胡$_{模}$^{平} $_1$湖$_{模}$^{平} $_1$瑚$_{模}$^{平} $_1$壺$_{模}$^{平} $_1$戶$_{模}$^{上} $_1$楛$_{模}$^{上} $_1$護$_{模}$^{去}	$_C$于$_{虞}$^{平} $_C$汙$_{虞}$^{平} $_C$宇$_{虞}$^{上} $_C$禹$_{虞}$^{上} $_C$雨$_{虞}$^{上}
지섭	開$_A$伊$_{脂}$^{平} 開$_B$懿$_{脂}$^{去} 開$_B$倚$_{支}$^{上} 合$_B$委$_{支}$^{上} 開$_C$噫$_{之}$^{平} 開$_C$意$_{之}$^{去} 開$_C$依$_{微}$^{平} 開$_C$衣$_{微}$^{去} 合$_C$威$_{微}$^{平} 合$_C$畏$_{微}$^{去} 合$_C$慰$_{微}$^{去} 合$_C$尉$_{微}$^{去}	開$_B$戲$_{支}$^{去} 合$_B$毀$_{支}$$^{上/去}$ 開$_C$喜$_{之}$^{上} 開$_C$希$_{微}$^{平} 合$_C$暉$_{微}$^{平} 合$_C$揮$_{微}$^{平} 合$_C$煇$_{微}$^{平} 合$_C$卉$_{微}$^{上} 合$_C$虺$_{微}$^{上} 合$_C$諱$_{微}$^{去}		合$_B$位$_{脂}$^{去} 合$_B$爲$_{支}$$^{平/去}$ 開$_C$矣$_{之}$^{上} 合$_C$圍$_{微}$^{平} 合$_C$韋$_{微}$^{平} 合$_C$違$_{微}$^{平} 合$_C$偉$_{微}$^{上} 合$_C$緯$_{微}$^{去} 合$_C$猬$_{微}$^{去} 合$_C$渭$_{微}$^{去} 合$_C$謂$_{微}$^{去}

치음 / 섭	전청	차청	전탁	차탁
	影[ʔ] 105	曉[h] 64	匣[ɦ] 121	云[ɦ] 55
효섭	${}_{A}$要${}_{宵}^{平/去}$ ${}_{B}$妖${}_{宵}^{平}$ ${}_{B}$夭${}_{宵}^{平/上}$ ${}_{1}$奥${}_{豪}^{去}$	${}_{4}$曉${}_{蕭}^{上}$ ${}_{2}$孝${}_{肴}^{去}$ ${}_{1}$好${}_{豪}^{上/去}$	${}_{2}$餚${}_{肴}^{平}$ ${}_{2}$效${}_{肴}^{去}$ ${}_{1}$毫${}_{豪}^{平}$ ${}_{1}$濠${}_{豪}^{平}$ ${}_{1}$餚${}_{豪}^{平}$ ${}_{1}$晧${}_{豪}^{上}$ ${}_{1}$浩${}_{豪}^{上}$	${}_{B}$鴞${}_{宵}^{平}$ ${}_{B}$護${}_{宵}^{平}$
류섭	${}_{A}$幼${}_{幽}^{去}$ ${}_{A}$幽${}_{幽}^{平}$ ${}_{C}$憂${}_{尤}^{平}$ ${}_{C}$優${}_{尤}^{平}$ ${}_{C}$耦${}_{尤}^{平}$ ${}_{1}$鷗${}_{侯}^{平}$	${}_{C}$休${}_{尤}^{平}$	${}_{1}$侯${}_{侯}^{平}$ ${}_{1}$厚${}_{侯}^{上}$ ${}_{1}$後${}_{侯}^{上}$ ${}_{1}$候${}_{侯}^{去}$	${}_{C}$尤${}_{尤}^{平}$ ${}_{C}$郵${}_{尤}^{平}$ ${}_{C}$右${}_{尤}^{上}$ ${}_{C}$友${}_{尤}^{上}$ ${}_{C}$有${}_{尤}^{上}$ ${}_{C}$又${}_{尤}^{去}$ ${}_{C}$宥${}_{尤}^{去}$ ${}_{C}$囿${}_{尤}^{去}$
해섭	${}_{B}^{開}$瘞${}_{祭}^{去}$ ${}_{C}^{合}$穢${}_{廢}^{去}$ ${}_{1}^{開}$哀${}_{咍}^{平}$ ${}_{1}^{開}$愛${}_{咍}^{去}$ ${}_{1}^{合}$猥${}_{灰}^{上}$	${}_{1}^{開}$海${}_{咍}^{上}$ ${}_{1}^{合}$晦${}_{灰}^{去}$	${}_{4}^{開}$嵇${}_{齊}^{平}$ ${}_{4}^{開}$兮${}_{齊}^{平}$ ${}_{4}^{開}$奚${}_{齊}^{平}$ ${}_{4}^{合}$惠${}_{齊}^{去}$ ${}_{4}^{合}$慧${}_{齊}^{去}$ ${}_{2}^{開}$解${}_{佳}^{上}$ ${}_{2}^{開}$蟹${}_{佳}^{上}$ ${}_{2}^{開}$骸${}_{皆}^{平}$ ${}_{2}^{開}$駭${}_{皆}^{上}$ ${}_{2}^{合}$淮${}_{皆}^{平}$ ${}_{2}^{合}$懷${}_{皆}^{平}$ ${}_{2}^{合}$壞${}_{皆}^{去}$ ${}_{2}^{合}$畫${}_{佳}^{去}$ ${}_{2}^{合}$話${}_{夬}^{去}$ ${}_{1}^{開}$害${}_{泰}^{去}$ ${}_{1}^{合}$會${}_{泰}^{去}$ ${}_{1}^{開}$孩${}_{咍}^{平}$ ${}_{1}^{合}$槐${}_{灰}^{平}$ ${}_{1}^{合}$回${}_{灰}^{平}$	${}_{B}^{合}$衛${}_{祭}^{去}$
통섭	${}_{C}$饔${}_{鍾}^{平}$ ${}_{1}$翁${}_{東}^{平}$ ${}_{1}$甕${}_{東}^{去}$ ${}_{1}$屋${}_{東}^{入}$	${}_{C}$凶${}_{鍾}^{平}$ ${}_{C}$胸${}_{鍾}^{平}$	${}_{1}$洪${}_{東}^{平}$ ${}_{1}$鴻${}_{東}^{平}$ ${}_{1}$斛${}_{東}^{入}$ ${}_{1}$鵠${}_{冬}^{入}$	${}_{C}$雄${}_{東}^{平}$
강섭	${}_{2}$握${}_{江}^{入}$		${}_{2}$學${}_{江}^{入}$	
탕섭	${}_{C}^{開}$鞅${}_{陽}^{上}$ ${}_{C}^{開}$約${}_{陽}^{入}$ ${}_{1}^{開}$惡${}_{唐}^{入}$ ${}_{1}^{合}$汪${}_{唐}^{平}$	${}_{C}^{開}$香${}_{陽}^{平}$ ${}_{C}^{開}$鄉${}_{陽}^{平}$ ${}_{C}^{開}$響${}_{陽}^{上}$ ${}_{C}^{開}$向${}_{陽}^{去}$ ${}_{C}^{合}$況${}_{陽}^{去}$	${}_{1}^{開}$抗${}_{唐}^{平}$ ${}_{1}^{開}$行${}_{唐}^{平/去}$ ${}_{1}^{開}$貉${}_{唐}^{入}$ ${}_{1}^{開}$鶴${}_{唐}^{入}$ ${}_{1}^{合}$皇${}_{唐}^{平}$ ${}_{1}^{合}$惶${}_{唐}^{平}$ ${}_{1}^{合}$黃${}_{唐}^{平}$	${}_{C}^{合}$往${}_{陽}^{上}$ ${}_{C}^{合}$王${}_{陽}^{平/去}$

섭 \ 치음	전청 影[ʔ] 105	차청 曉[h] 64	전탁 匣[ɦ] 121	차탁 云[ɦ] 55
탕섭		開$_{1}$壑$_{唐}^{入}$ 開$_{1}$郝$_{唐}^{入}$ 合$_{1}$荒$_{唐}^{平}$ 合$_{1}$霍$_{唐}^{入}$		
증섭	開$_{C}$鷹$_{蒸}^{平}$ 開$_{C}$膺$_{蒸}^{平}$ 開$_{C}$應$_{蒸}^{平/去}$ 開$_{C}$憶$_{蒸}^{入}$	開$_{C}$興$_{蒸}^{平/去}$ 開$_{1}$黑$_{登}^{入}$	開$_{1}$恒$_{登}^{平}$ 合$_{1}$弘$_{登}^{平}$ 合$_{1}$或$_{登}^{入}$	合$_{C}$域$_{蒸}^{入}$
경섭	開$_{A}$嬰$_{清}^{平}$ 開$_{A}$益$_{清}^{入}$ 開$_{B}$英$_{庚}^{平}$ 開$_{B}$影$_{庚}^{上}$ 開$_{B}$映$_{庚}^{去}$ 開$_{2}$啞$_{庚}^{入}$ 開$_{2}$啞$_{耕}^{入}$ 開$_{2}$厄$_{耕}^{入}$ 合$_{2}$泓$_{耕}^{平}$	開$_{4}$馨$_{青}^{平}$ 合$_{B}$兄$_{庚}^{平}$ 合$_{2}$訇$_{耕}^{平}$	開$_{4}$刑$_{青}^{平}$ 開$_{4}$形$_{青}^{平}$ 開$_{4}$邢$_{青}^{平}$ 合$_{4}$熒$_{青}^{平}$ 開$_{2}$衡$_{庚}^{平}$ 合$_{2}$橫$_{庚}^{平}$ 開$_{2}$行$_{庚}^{平}$ 開$_{2}$幸$_{耕}^{上}$ 開$_{2}$覈$_{耕}^{入}$	合$_{B}$榮$_{庚}^{平}$ 合$_{B}$永$_{庚}^{上}$ 合$_{B}$詠$_{庚}^{去}$
산섭	開$_{4}$燕$_{先}^{平/去}$ 開$_{4}$宴$_{先}^{去}$ 合$_{4}$淵$_{先}^{平}$ 開$_{B}$焉$_{仙}^{平}$ 合$_{C}$宛$_{元}^{平/上}$ 開$_{2}$晏$_{刪}^{去}$ 開$_{1}$安$_{寒}^{平}$ 開$_{1}$案$_{寒}^{去}$ 開$_{1}$按$_{寒}^{去}$ 開$_{1}$遏$_{寒}^{入}$ 合$_{1}$盌$_{桓}^{上}$	開$_{4}$憲$_{先}^{上}$ 開$_{4}$顯$_{先}^{上}$ 開$_{C}$軒$_{元}^{平}$ 開$_{C}$獻$_{元}^{去}$ 開$_{2}$瞎$_{刪}^{入}$ 開$_{1}$漢$_{寒}^{去}$ 合$_{1}$歡$_{桓}^{平}$ 合$_{1}$喚$_{桓}^{去}$ 合$_{1}$豁$_{桓}^{入}$	開$_{4}$弦$_{先}^{平}$ 開$_{4}$賢$_{先}^{平}$ 開$_{4}$見$_{先}^{去}$ 合$_{4}$玄$_{先}^{平}$ 合$_{4}$懸$_{先}^{平}$ 合$_{4}$穴$_{先}^{入}$ 開$_{2}$間$_{山}^{平}$ 開$_{2}$閑$_{山}^{平}$ 開$_{2}$限$_{山}^{上}$ 合$_{2}$還$_{刪}^{平}$ 合$_{2}$宦$_{刪}^{去}$ 合$_{2}$患$_{刪}^{去}$ 開$_{1}$寒$_{寒}^{平}$ 開$_{1}$韓$_{寒}^{平}$ 開$_{1}$汗$_{寒}^{去}$ 開$_{1}$釬$_{寒}^{去}$ 開$_{1}$翰$_{寒}^{去}$ 合$_{1}$完$_{桓}^{平}$ 合$_{1}$桓$_{桓}^{平}$ 合$_{1}$緩$_{桓}^{上}$ 合$_{1}$活$_{桓}^{入}$	開$_{B}$焉$_{仙}^{平}$ 開$_{B}$圓$_{仙}^{平}$ 合$_{B}$援$_{仙}^{去}$ 合$_{C}$園$_{元}^{平}$ 合$_{C}$袁$_{元}^{平}$ 合$_{C}$猿$_{元}^{平}$ 合$_{C}$轅$_{元}^{平}$ 合$_{C}$援$_{元}^{平}$ 合$_{C}$遠$_{元}^{上/去}$ 合$_{C}$曰$_{元}^{入}$ 合$_{C}$越$_{元}^{入}$ 合$_{C}$鉞$_{元}^{入}$
진섭	開$_{A}$因$_{眞}^{平}$ 開$_{A}$茵$_{眞}^{平}$ 開$_{A}$姻$_{眞}^{平}$ 開$_{A}$印$_{眞}^{去}$ 開$_{A}$一$_{眞}^{入}$ 開$_{C}$殷$_{欣}^{平}$ 開$_{C}$隱$_{欣}^{上}$ 合$_{C}$蘊$_{文}^{上}$ 合$_{C}$慍$_{文}^{去}$ 合$_{C}$蔚$_{文}^{入}$ 合$_{C}$熨$_{文}^{入}$ 開$_{1}$恩$_{痕}^{平}$	開$_{B}$釁$_{眞}^{去}$ 開$_{C}$欣$_{欣}^{平}$ 合$_{C}$勳$_{文}^{平}$ 合$_{C}$訓$_{文}^{去}$ 合$_{C}$薰$_{文}^{平/去}$ 合$_{C}$欻$_{文}^{入}$	開$_{1}$恨$_{痕}^{去}$ 合$_{1}$混$_{魂}^{上}$ 合$_{1}$渾$_{魂}^{平/上}$ 合$_{1}$惲$_{魂}^{上}$ 合$_{1}$溷$_{魂}^{去}$	合$_{B}$殞$_{眞}^{上}$ 合$_{C}$雲$_{文}^{平}$ 合$_{C}$云$_{文}^{平}$ 合$_{C}$紜$_{文}^{平}$ 合$_{C}$韻$_{文}^{去}$ 合$_{C}$運$_{文}^{去}$

섭 \ 치음	전청	차청	전탁	차탁
	影[ʔ] 105	曉[h] 64	匣[ɦ] 121	云[ɦ] 55
진섭	${}^{合}_{1}\text{溫}^{平}_{魂}$ ${}^{合}_{1}\text{穩}^{上}_{魂}$	${}^{合}_{1}\text{昏}^{平}_{魂}$ ${}^{合}_{1}\text{婚}^{平}_{魂}$ ${}^{合}_{1}\text{忽}^{入}_{魂}$		
함섭	${}_{A}\text{厭}^{上}_{鹽}$ ${}_{B}\text{淹}^{平}_{鹽}$ ${}_{B}\text{掩}^{上}_{鹽}$ ${}_{2}\text{黯}^{上}_{咸}$ ${}_{1}\underline{\text{陰}}^{平}_{覃}$ ${}_{1}\text{諳}^{平}_{覃}$ ${}_{1}\text{闇}^{去}_{覃}$ ${}_{1}\text{暗}^{去}_{覃}$	${}_{B}\underline{\text{獫}}^{上}_{鹽}$ ${}_{B}\text{險}^{上}_{鹽}$ ${}_{1}\underline{\text{歛}}^{平}_{談}$	${}_{4}\text{嫌}^{平}_{添}$ ${}_{4}\text{協}^{入}_{添}$ ${}_{4}\text{俠}^{入}_{添}$ ${}_{4}\text{挾}^{入}_{添}$ ${}_{2}\underline{\text{函}}^{平}_{咸}$ ${}_{2}\text{咸}^{平}_{咸}$ ${}_{2}\underline{\text{減}}^{上}_{咸}$ ${}_{2}\text{狹}^{入}_{咸}$ ${}_{2}\underline{\text{陜}}^{入}_{咸}$ ${}_{1}\text{酣}^{平}_{談}$ ${}_{1}\underline{\text{函}}^{平}_{覃}$ ${}_{1}\text{合}^{入}_{覃}$	
심섭	${}_{B}\text{音}^{平}_{侵}$ ${}_{B}\text{愔}^{平}_{侵}$ ${}_{B}\underline{\text{陰}}^{平}_{侵}$ ${}_{B}\underline{\text{飲}}^{上/去}_{侵}$ ${}_{B}\text{邑}^{入}_{侵}$	${}_{B}\text{歆}^{平}_{侵}$		

이 분포 분석표에서 가장 먼저 눈에 띄는 것은 전탁인 匣母[ɦ]와 차탁인 云母[ɦ]의 분포이다. 匣母[ɦ]는 1·2·4등운의 앞에 분포하는 데에 반하여 云母[ɦ]는 항상 3등운의 앞에 분포한다. 이 두 성모는 等의 분포에서 상보적이다.[40] 따라서 우리는 이 둘을 하나로 병합하여 음소 匣云/ɦ/을 설정한다. 이리하면 이토 지유키(2011, 이진호 역)에서 匣母의 음가가 [ɦ]이면서 동시에 云母의 음가도 [ɦ]라고 한 모순을 극복할 수 있다.

匣母와 云母가 상보적 분포임을 처음 발견한 것은 清代의 增運乾이다(王力 1983: 243, 李鍾振·李鴻鎭 역). 이것을 강조하여 董同龢(1944), 王力(1983: 146, 李鍾振·李鴻鎭 역), 鄭張尙芳(2003) 등은 한어 상고음에서 匣母와 云母를 하나로 병합한다. 그런데 앞에서 이미 지적한 것처럼 匣母[ɦ]는 아음의 群母[g]와도 분포가 상보적이다. 匣母[ɦ]는 1·2·4등운의 앞에 분포하는 데에 반하여 群母[g]는 항상 3등운의 앞에 분포하기 때문이다. 따라서 Karlgren(1940), 李方桂(1980) 등은 한

40 高田時雄(1988: 105～107)에 따르면, 藏漢對音에서 云母와 疑母의 부분적인 혼란도 있었다고 한다.

어 상고음을 재구할 때에 匣母[ɦ]를 群母[g]에 병합한다.[41] 여기에서 匣母[ɦ]를 역시 후음인 云母[ɦ]와 합칠 것인가, 아음인 群母[g]와 합칠 것인가 하는 문제가 제기된다.

이 문제를 논의하기 전에 3등운의 앞에만 오는 아음의 群母[g]와 후음의 云母[ɦ]가 어떤 관계인지, 즉 이 두 성모가 상보적 분포인지 아닌지를 먼저 논의할 필요가 있다. 『세설신어』 대화문 용자를 대상으로 이것을 확인하기 위하여, 아음의 분포 분석표인 (76)에서 群母字를 가져오고 후음의 분포 분석표인 (82)에서 云母字를 가져와서 두 성모의 분포를 대비해 보면 다음과 같다.

(83) 아음 群母字와 후음 云母字의 분포 분석표

아후 \ 섭	아음 전탁	후음 차탁
	群[g] 56	云[ɦ] 55
과섭		
가섭		
우섭	C劬虞平 C具虞去 C懼虞去 C巨魚上 C距魚上 C詎魚上/去	C于虞平 C汙虞平 C宇虞上 C禹虞上 C雨虞上
지섭	合B騤脂平 合B夔脂平 合B揆脂上 開B奇支平 開B騎支平 開B妓支上 開C期之平 開C旗之平 開C其之平 開C棊之平 開C萁之平 開C崎微平 開C璣微去	合B位脂去 合B爲支平/去 開C矣之上 合C圍微平 合C韋微平 合C違微平 合C偉微上 合C緯微去 合C猬微去 合C渭微去 合C謂微去
효섭	B喬宵平 B嶠宵上	B鴞宵平 B鸌宵平
류섭	C求尤平 C裘尤平 C舅尤上 C臼尤上 C舊尤去	C尤尤平 C郵尤平 C右尤上 C友尤上 C有尤上 C又尤去 C宥尤去 C囿尤去
해섭		合B衛祭去
통섭	C共鍾去 C局鍾入 C窮東平	C雄東平
강섭		
탕섭	開C强陽平/上 開C彊陽平/上 合C狂陽平	合C往陽上 合C王陽平/去

41 韓國語 音韻史에서도 /*g/가 약화되어 /ɦ/가 된 것이 적지 않다(李基文 1972/77).

아후 섭	아음 전탁	후음 차탁
	群[g] 56	云[ɦ] 55
증섭	${}^{開}_{C}極^{入}_{蒸}$	${}^{合}_{C}域^{入}_{蒸}$
경섭	${}^{合}_{A}瓊^{平}_{清}$ ${}^{開}_{B}競^{去}_{庚}$ ${}^{開}_{B}劇^{入}_{庚}$ ${}^{開}_{B}屐^{入}_{庚}$	${}^{合}_{B}\underline{榮}^{平}_{庚}$ ${}^{合}_{B}永^{上}_{庚}$ ${}^{合}_{B}詠^{去}_{庚}$
산섭	${}^{合}_{B}權^{平}_{仙}$ ${}^{合}_{B}\underline{捲}^{平}_{仙}$ ${}^{開}_{B}\underline{竭}^{入}_{仙}$ ${}^{開}_{B}傑^{入}_{仙}$ ${}^{開}_{C}健^{去}_{元}$ ${}^{開}_{C}碣^{入}_{元}$ ${}^{開}_{C}\underline{竭}^{入}_{元}$	${}^{開}_{B}\underline{焉}^{平}_{仙}$ ${}^{開}_{B}圓^{平}_{仙}$ ${}^{合}_{B}\underline{援}^{去}_{仙}$ ${}^{合}_{C}園^{平}_{元}$ ${}^{合}_{C}袁^{平}_{元}$ ${}^{合}_{C}猿^{平}_{元}$ ${}^{合}_{C}轅^{平}_{元}$ ${}^{合}_{C}\underline{援}^{平/去}_{元}$ ${}^{合}_{C}\underline{遠}^{上/去}_{元}$ ${}^{合}_{C}曰^{入}_{元}$ ${}^{合}_{C}越^{入}_{元}$ ${}^{合}_{C}鉞^{入}_{元}$
진섭	${}^{開}_{C}\underline{勤}^{平}_{欣}$ ${}^{開}_{C}\underline{近}^{上/去}_{欣}$ ${}^{合}_{C}群^{平}_{文}$ ${}^{合}_{C}郡^{去}_{文}$	${}^{合}_{B}殞^{上}_{眞}$ ${}^{合}_{C}雲^{平}_{文}$ ${}^{合}_{C}云^{平}_{文}$ ${}^{合}_{C}紜^{平}_{文}$ ${}^{合}_{C}韻^{去}_{文}$ ${}^{合}_{C}運^{去}_{文}$
함섭	${}_{B}儉^{上}_{鹽}$	
심섭	${}_{B}琴^{平}_{侵}$ ${}_{B}禽^{平}_{侵}$ ${}_{B}及^{入}_{侵}$	

위의 분포 분석표를 활용하여 아음 群母[g]와 후음 云母[ɦ]의[42] 최소대립 쌍을 찾아보면 아래의 20/23쌍을 찾을 수 있다. (84.7)의 대립 항인 '群 : 云'과 '群 : 雲'에서 이미 최소대립이 성립하는데, 이들은 『세설신어』의 대화문에 11회 이상 출현한다. 따라서 385자 정도의 극소수 상용자 집합에서 이미 아음 群母[g]와 후음 云母[ɦ]의 음운대립이 성립한다고 할 수 있다.

(84) 群母[g]와 云母[ɦ]의 최소대립 쌍 (20/23쌍) (11, 11, 6)

1. 우섭 虞韻 – ${}_{C}劬^{平}_{虞}$: ${}_{C}于^{平}_{虞}$, ${}_{C}\underline{汙}^{平}_{虞}$ (1 : 5, 2)
2. 효섭 宵韻 – ${}_{B}\underline{喬}^{平}_{宵}$: ${}_{B}鴞^{平}_{宵}$, ${}_{B}\underline{護}^{平}_{宵}$ (4 : 1, 1)
3. 류섭 尤韻 – ${}_{C}求^{平}_{尤}$, ${}_{C}裘^{平}_{尤}$: ${}_{C}尤^{平}_{尤}$, ${}_{C}郵^{平}_{尤}$ (16, 1 : 3, 1)
4. 류섭 尤韻 – ${}_{C}舅^{上}_{尤}$, ${}_{C}臼^{上}_{尤}$: ${}_{C}右^{上}_{尤}$, ${}_{C}友^{上}_{尤}$, ${}_{C}有^{上}_{尤}$ (5, 1 : 9, 15, 242)
5. 류섭 尤韻 – ${}_{C}舊^{去}_{尤}$: ${}_{C}又^{去}_{尤}$, ${}_{C}宥^{去}_{尤}$, ${}_{C}囿^{去}_{尤}$ (6 : 9, 2, 1)

42 예외적인 경섭 행의 '${}^{合}_{A}瓊^{平}_{清}$'을 제외하면, 群母[g]와 云母[ɦ]는 공통적으로 항상 3등 B나 3등 C의 앞에 온다.

6. 통섭 東韻 – ${}_{C}$窮${}_{東}^{平}$: ${}_{C}$雄${}_{東}^{平}$ (2 : 4)

7. 진섭 文韻 – ${}^{合}_{C}$群${}_{文}^{平}$: ${}^{合}_{C}$雲${}_{文}^{平}$, ${}^{合}_{C}$云${}_{文}^{平}$, ${}^{合}_{C}$紜${}_{文}^{平}$ (11 : 19, 26, 3)

8. 진섭 文韻 – ${}^{合}_{C}$郡${}_{文}^{去}$: ${}^{合}_{C}$韻${}_{文}^{去}$, ${}^{合}_{C}$運${}_{文}^{去}$ (7 : 3, 5)

이 음운대립이 성립하므로, 아음의 群母[g]와 후음의 云母[ɦ]를 하나의 단위로 합쳐서는 안 된다. 즉 5세기 전반기의 한어에서는 아음과 후음이 음운론적으로 엄격히 구별되었다고 보아야 한다.

그런데 위의 최소대립 쌍을 두루 살펴보면 중요한 공통점이 눈에 들어온다. (84.1~6)에서 볼 수 있듯이, 운의 開合이 중립일 때에 주로 음운대립이 성립한다. 5장에서 논의하겠지만, 개합이 중립인 한자는 성모가 순음이거나, 성모 뒤에 합구음 /w-/, /ɥ-/ 또는 원순 모음이 온다. (84.6~7)의 대립 항은 모두 ${}_{C}$文韻인데, ${}_{C}$文韻은 아후음 뒤에서 항상 합구음 /ɥ-/를 가진다. 요컨대, 위의 대립 항에서는 운이 원순 개음을 가지거나 운의 운복이 원순 모음이다.

이 공통점을 한마디로 요약하면, 위의 대립 항은 항상 [+round]인 운두나 운복을 가진다.[43] 현대 음운론의 술어로 쉽게 말하면, [+round] 자질의 앞에서만 아음 群母[g]와 후음 云母[ɦ]의 음운대립이 성립한다. 이처럼 일부의 음운론적 환경에서만 음운대립이 성립하더라도 대립 항을 각각 독자적인 음소로 설정하는 것이 일반적이다. 따라서 5세기 전반기의 전기 중고음에서는 아음과 후음을 엄격히 구별해야 한다.

[+round] 자질의 앞이라는 특수 환경에서만 음운대립이 성립한다는 것은 시간의 흐름에 따라 모종의 음운변화가 있었음을 암시한다. 전기 중고음에서는 아음의 群母/g/와 후음의 云母/ɦ/가 엄격히 구별되지만, 상고음에서는 이 두 성모가 하나의 음운론적 단위였을 가능성이 있다.

그러나 전기 중고음에서는 (84)의 최소대립 쌍에서 볼 수 있듯이, 아음의 群母

43 Pulleyblank(1983: 164~167)은 성모 'w'를 설정하면서, 云母에 'w'의 성분이 있다는 것을 大矢透(1924)가 처음으로 주장했다고 한다. 그렇다면 그 뒤의 학자들이 순음화(labialization)라고 부르는 현상은 大矢透(1924)로부터 비롯된다고 할 수 있다.

/g/와 후음의 云母/ɦ/가 음운론적으로 대립한다. 이 점을 강조하면 아음과 후음을 엄격히 구별해야 한다. 그런데 마침 후음의 云母[ɦ]는 3등운의 앞에만 오는 데에 반하여, 역시 후음인 匣母[ɦ]는 1·2·4등운의 앞에만 온다. 이것은 等에서 이 두 성모가 상보적임을 뜻하므로,[44] 우리는 이 둘을 하나의 덩어리로 묶고 음소의 자격을 부여하여 匣云/ɦ/이라고 지칭한다.

4.5.3. 후음인 影母, 曉母, 匣母, 云母

이제, 후음 성모 상호 간의 음운대립을 논의하기로 한다. 먼저, 분포 분석표 (82)에서 전청인 影母[ʔ]와 차청인 曉母[h]의 최소대립 쌍을 찾아보면 아래의 25/33쌍이 나온다. 8회 이상 출현하는 507자의 상용자 집합에서 이미 影母[ʔ]와 曉母[h]가 음운론적으로 대립한다. 따라서 이 둘을 각각 독자적 음소 /ʔ/와 /h/라고 할 수 있다.

(85) 影母[ʔ]와 曉母[h]의 최소대립 쌍 (25/33쌍) (8, 5, 5)

1. 지섭 微韻 – ${}^{開}_{C}$依${}_{微}^{平}$: ${}^{開}_{C}$希${}_{微}^{平}$ (5 : 7)
2. 지섭 微韻 – ${}^{合}_{C}$畏${}_{微}^{去}$, ${}^{合}_{C}$慰${}_{微}^{去}$: ${}^{合}_{C}$諱${}_{微}^{去}$ (4, 2 : 3)
3. 류섭 尤韻 – ${}_{C}$憂${}_{尤}^{平}$, ${}_{C}$優${}_{尤}^{平}$, ${}_{C}$$\underline{耦}$${}_{尤}^{平}$: ${}_{C}$休${}_{尤}^{平}$ (20, 4, 1 : 5)
4. 진섭 欣韻 – ${}^{開}_{C}$殷${}_{欣}^{平}$: ${}^{開}_{C}$欣${}_{欣}^{平}$ (12 : 4)
5. 진섭 魂韻 – ${}^{合}_{1}$溫${}_{魂}^{平}$: ${}^{合}_{1}$昏${}_{魂}^{平}$, ${}^{合}_{1}$婚${}_{魂}^{平}$ (12 : 1, 8)

다음으로, 影母[ʔ]와 匣母[ɦ]의 최소대립 쌍을 분포 분석표 (82)에서 찾아보면 25/49쌍이 나온다. 다음자를 포함하면 최소대립 쌍이 무려 49쌍으로 늘어난다.

---

44 黃笑山(1995: 31)는 『절운』에서 匣母와 云母가 완전한 의미의 상보적 분포가 아니라고 했다. 이것은 상고음에서 云母가 群母와 한 덩어리였던 것과 云母의 음성적 실현형 [w] 또는 [u]를 염두에 둔 것이지만, 중고음의 등에서 匣母와 云母가 상보적 분포를 이룬다는 것을 부정할 수는 없다.

더욱이 (86.1)에서 볼 수 있듯이, 46회 이상 출현하는 '阿'와 '何'가 대립 항이므로 影母[ʔ]와 匣母[ɦ]의 음운대립을 바로 믿을 수 있다.

(86) 影母[ʔ]와 匣母[ɦ]의 최소대립 쌍 (25/49쌍) (46, 18, 5)

1. 과섭 歌韻 – ${}^{\text{開}}_{1}\text{阿}_{\text{歌}}^{\text{平}}$: ${}^{\text{開}}_{1}\text{何}_{\text{歌}}^{\text{平}}$, ${}^{\text{開}}_{1}\text{河}_{\text{歌}}^{\text{平}}$ (46 : 384, 11)
2. 통섭 東韻 – ${}_{1}\text{翁}_{\text{東}}^{\text{平}}$: ${}_{1}\text{洪}_{\text{東}}^{\text{平}}$, ${}_{1}\text{鴻}_{\text{東}}^{\text{平}}$ (3 : 4, 2)
3. 탕섭 唐韻 – ${}^{\text{合}}_{1}\text{汪}_{\text{唐}}^{\text{平}}$: ${}^{\text{合}}_{1}\text{皇}_{\text{唐}}^{\text{平}}$, ${}^{\text{合}}_{1}\text{惶}_{\text{唐}}^{\text{平}}$, ${}^{\text{合}}_{1}\text{黃}_{\text{唐}}^{\text{平}}$ (2 : 5, 2, 8)
4. 산섭 先韻 – ${}^{\text{合}}_{4}\text{淵}_{\text{先}}^{\text{平}}$: ${}^{\text{合}}_{4}\text{玄}_{\text{先}}^{\text{平}}$, ${}^{\text{合}}_{4}\text{懸}_{\text{先}}^{\text{平}}$ (20 : 18, 3)
5. 산섭 寒韻 – ${}^{\text{開}}_{1}\text{安}_{\text{寒}}^{\text{平}}$: ${}^{\text{開}}_{1}\text{寒}_{\text{寒}}^{\text{平}}$, ${}^{\text{開}}_{1}\text{韓}_{\text{寒}}^{\text{平}}$ (48 : 5, 3)

마지막으로, 曉母[h]와 匣母[ɦ]의 음운대립으로 넘어간다. 曉母[h]와 匣母[ɦ]의 최소대립 쌍을 찾아보면 아래의 18/21쌍이 나온다. 6회 이상 출현하는 656자 집합에서 이미 대립이 성립하므로, 曉母[h]와 匣母[ɦ]의 음운대립을 바로 인정할 수 있다.

(87) 曉母[h]와 匣母[ɦ]의 최소대립 쌍 (18/21쌍) (6, 5, 5)

1. 우섭 模韻 – ${}_{1}\text{虎}_{\text{模}}^{\text{上}}$: ${}_{1}\text{戸}_{\text{模}}^{\text{上}}$, ${}_{1}\text{楛}_{\text{模}}^{\text{上}}$ (8 : 6, 1)
2. 효섭 肴韻 – ${}_{2}\text{孝}_{\text{肴}}^{\text{去}}$: ${}_{2}\text{效}_{\text{肴}}^{\text{去}}$ (25 : 3)
3. 탕섭 唐韻 – ${}^{\text{開}}_{1}\text{壑}_{\text{唐}}^{\text{入}}$, ${}^{\text{開}}_{1}\underline{\text{郝}}_{\text{唐}}^{\text{入}}$: ${}^{\text{開}}_{1}\text{狢}_{\text{唐}}^{\text{入}}$, ${}^{\text{開}}_{1}\text{鶴}_{\text{唐}}^{\text{入}}$ (5, 2 : 1, 5)
4. 경섭 青韻 – ${}^{\text{開}}_{4}\text{馨}_{\text{青}}^{\text{平}}$: ${}^{\text{開}}_{4}\text{刑}_{\text{青}}^{\text{平}}$, ${}^{\text{開}}_{4}\text{形}_{\text{青}}^{\text{平}}$, ${}^{\text{開}}_{4}\text{邢}_{\text{青}}^{\text{平}}$ (4 : 6, 22, 1)
5. 산섭 寒韻 – ${}^{\text{開}}_{1}\text{漢}_{\text{寒}}^{\text{去}}$: ${}^{\text{開}}_{1}\text{汗}_{\text{寒}}^{\text{去}}$, ${}^{\text{開}}_{1}\text{釬}_{\text{寒}}^{\text{去}}$, ${}^{\text{開}}_{1}\text{翰}_{\text{寒}}^{\text{去}}$ (7 : 5, 1, 1)

이제, 후음에서 성립하는 음운대립을 종합해 보자. 후음에서 가장 먼저 강조해야 할 것은 匣母[ɦ]가 1·2·4등운의 앞에 분포하는 데에 반하여 云母[ɦ]가 항상 3등운의 앞에 분포한다는 점이다. 이 두 분포가 상보적이므로 우리는 匣母[ɦ]와 云母[ɦ]를 하나로 합하여 음소 匣云/ɦ/을 설정한다. (86)과 (87)에 제시한 것처럼, 이 匣云/ɦ/이 影母/ʔ/뿐만 아니라 曉母/h/와도 음운론적으로 대립한다. 더욱이

(85)에 제시했듯이, 影母/ʔ/와 曉母/h/의 음운대립도 성립한다. 따라서 후음에는 影母/ʔ/, 曉母/h/, 匣云/ɦ/의 세 음소가 있고, 이들 상호 간에는 다음과 같은 삼지적 상관이 성립한다.

(88) 후음의 三肢的 相關[45]

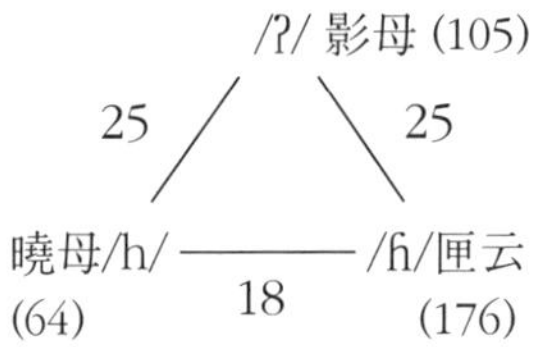

이 삼지적 상관은 순음, 설음, 치음 파찰음, 아음에서 이미 보았던 삼지적 상관과 다를 것이 없다. 그렇다면 影母/ʔ/를 全淸으로, 曉母/h/를 次淸으로, 匣云/ɦ/을 全濁으로 분류할 수 있다. 기존의 논의에서는 曉母[h]를 전청에 넣을 때가 많았지만, 5세기 전반기의 한어를 반영하는 『세설신어』 대화문 용자에서는 차청에 넣어야만 체계적 일관성을 유지할 수 있다. 또한, 후음에서 독자적인 삼지적 상관이 성립하므로, 전기 중고음에서는 후음을 아음에서 분리하여 그 독자성을 인정해야 할 것이다.

4.6. 子音體系

平山久雄(1967)과 이토 지유키(2011, 이진호 역)에 따르면 한어 중고음에는 모두 42개의 성모가 있다. 이 42개의 성모가 모두 음소가 되는 것은 아니다. 이 중에는 變異音의 지위밖에 얻지 못하는 성모가 적지 않으므로 이들을 걸러낸 다음

45 云母[ɦ]와 影母[ʔ]의 최소대립 쌍 수치와 云母[ɦ]와 曉母[h]의 최소대립 쌍 수치는 제외했다. 잉여적이기 때문이다.

에 子音體系를 설정해야 한다. 물론 Karlgren(1954)처럼 음운론적 분석을 도외시하거나 무시하면서 음성학적 기술로 일관하기도 하지만, 이것은 변이음과 音素를 구별하지 않는다는 점에서 바람직하지 않다. 우리는 음운론적 관점에서 음운체계를 재구하는 데에 목표를 두므로, 성모 상호 간의 음운론적 대립을 기준으로 전기 중고음의 자음체계를 논의하기로 한다.

4.6.1. 성모의 계량적 점유 비율

먼저, 『세설신어』의 대화문 용자인 2,212(2,486)자를 대상으로 삼아, 각각의 성모가 점유하는 비율을 구하여 다음 표의 ( )에 제시하기로 한다.

(89) 42개 성모와 그 점유 비율

대화문 용자 2,212(2,486)자 성모 분포 (%)						
		전청	차청	전탁	차탁	
순음	순중	幫[p] 86 (3.5)	滂[p^h] 25 (1.0)	並[b] 65 (2.6)	明[m] 90 (3.6)	266 (10.7)
	순경	非[f] 33 (1.3)	敷[f^h] 21 (0.8)	奉[v] 46 (1.9)	微[ɱ] 27 (1.1)	127 (5.1)
설음	설두	端[t] 59 (2.4)	透[t^h] 39 (1.6)	定[d] 93 (3.7)	泥[n] 29 (1.2)	220 (8.8)
	반설				來[l] 150 (6.0)	150 (6.0)
	설상	知[ʈ] 41 (1.6)	徹[$ʈ^h$] 13 (0.5)	澄[ɖ] 65 (2.6)	娘[ɳ] 9 (0.4)	128 (5.1)
치음	치조	精[ts] 77 (3.1)	淸[ts^h] 52 (2.1)	從[dz] 67 (2.7)		196 (7.9)
		心[s] 106 (4.3)		邪[z] 28 (1.1)		134 (5.4)
	권설	莊[tʂ] 15 (0.6)	初[$tʂ^h$] 15 (0.6)	崇[dʐ] 16 (0.6)		46 (1.9)
		生[ʂ] 44 (1.8)		俟[ʐ] 0 (0.0)		44 (1.8)

대화문 용자 2,212(2,486)자 성모 분포 (%)						
		전청	차청	전탁	차탁	
치음	구개	章[tɕ] 67 (2.7)	昌[tɕ^h] 29 (1.2)	船[dʑ] 17 (0.7)	日[ɲ] 37 (1.5)	150 (6.0)
		書[ɕ] 62 (2.5)		常[ʑ] 58 (2.3)	羊[j] 98 (3.9)	218 (8.8)
아음		見[k] 231 (9.3)	溪[k^h] 89 (3.6)	群[g] 56 (2.3)	疑[ŋ] 86 (3.5)	462 (18.6)
후음		曉[h] 64 (2.6)		匣[ɦ] 121 (4.9)		185 (7.4)
		影[ʔ] 105 (4.2)			云[ɦ] 55 (2.2)	160 (6.4)
		990 (39.8%)	283 (11.4%)	632 (25.4%)	581 (23.4%)	2,486 (100)

『세설신어』 대화문 용자 상호 간의 음운대립을 종합하기 전에 먼저 해야 할 일이 있다. 42개 성모의 점유 비율을 계량해 보는 일이다. 이것은 고구려, 백제, 신라, 고대 일본의 한자음 자료와 대비할 때에 유용한 기준이 될 수 있다.

먼저 『切韻』 음계의 음성학적 분류를 좇아서, 조음방식을 기준으로 점유 비율을 구해 보자. 위의 분포 분석표에 정리했듯이 전청, 차청, 전탁, 차탁의 점유 비율은 각각 39.8%, 11.4%, 25.4%, 23.4%이다. 여기에서 '전청 〉 전탁 〉 차탁 〉 차청'의 순서로 점유 비율이 높음을 알 수 있다. 이 분포 분석표는 平山久雄(1967)과 이토 지유키(2011, 이진호 역)을 모델로 한 것인데, 우리는 이와는 달리 曉母[h]를 전청에 넣지 않고 차청에 넣으므로 차청의 점유 비율이 14.0%로 올라갈 수 있다. 그렇더라도 위의 순서는 변하지 않는다.

그런데 특이하게도 전탁이 전청보다 점유 비율이 높은 그룹이 보인다. 순음에서 非母[f]보다 奉母[v]의 예가 더 많고, 설음에서 端母[t]와 知母[ʈ]보다 定母[d]와 澄母[ɖ]의 예가 각각 많으며, 후음에서 曉母[h]보다 匣母[ɦ]의 예가 더 많다. 언어 보편성에 따르면 무성음이 유성음 짝보다 많은 것이 일반적인데, 이들에서는 오히려 유성음이 무성음보다 많다. 특히 匣母[ɦ]는 121자의 예가 있는 데에 비하여

曉母[h]는 그 절반 정도인 64자에 지나지 않는다. 이것은 匣母[ɦ]에 특이한 사정이 있음을 암시한다.

현대 한어에서는 자음이 전청, 차청, 차탁의 세 계열로 나뉜다. 후기 중고음의 전탁에 이른바 濁音淸化가 일어나서 전탁이 없어졌다. 유성음인 전탁이 무성음인 전청이나 차청으로 바뀌는 통시적 변화를 탁음청화라고 하는데,[46] Pulleyblank(1983: 68), 黃笑山(1995: 122~123), 范淑玲(2008: 43~44), 魏國峰(2014: 165) 등은 일본 한자음을 논거로 들어 탁음청화가 中唐의 장안음에서 이미 보편화되었다고[47] 보았다.

그러나 우리의 연구 대상인 『세설신어』의 대화문 용자는 5세기 전반기의 한어를 반영하므로 탁음청화가 일어나지 않은 상태이다. 周長楫(1994)는 6세기의 한어 방언에서 이미 淸濁의 구별이 사라지기 시작했을 가능성이 크다고 했지만, 5세기 전반기의 한어를 반영하는 『세설신어』 대화문 용자에서는 청탁 대립이 분명히 유지되어 있다.

이 전기 중고음에서 전탁의 점유 비율이 차청보다도 높다는 점에 주목할 필요가 있다. 古來로 한어의 자음 대립이 淸濁 중심의 대립 즉 무성음과 유성음의 대립이었는데, 唐代에 일어난 탁음청화의 영향으로 늦어도 14세기 이후에는 送氣 중심의 대립 즉 무기음(전청)과 유기음(차청)의 대립으로 자음체계가 바뀌었다. 한어의 성모에서 일어난 음운변화 중에서 가장 중요하고도 큰 변화가 바로 이 淸濁 대립에서 送氣 대립으로 바뀐 변화이다. 이것은 고대로 거슬러 올라갈수록 차청의 점유 비율이 낮아지고 후대로 내려올수록 차청의 점유 비율이 높아진다는 것을 뜻한다.

다음으로, 조음위치를 기준으로 삼아 점유 비율을 구해 보기로 한다. 순음, 설음, 치음, 아음, 후음의 점유 비율은 각각 15.8%, 20.0%, 31.7%, 18.6%, 13.9%이

46 이 변화에서 성조의 平仄이 중요한 역할을 담당한다. 성조가 平聲이면 유기음으로, 仄聲이면 무기음으로 바뀐다. 그러나 高田時雄(1988: 71~72)에 따르면 藏漢對音에서는 전탁음의 처리가 자료에 따라 다르다고 한다.

47 姜信沆(2015)는 탁음청화가 8세기경에 시작되어 수세기에 걸쳐 일어났다고 보았다.

다. '치음 〉 설음 〉 아음 〉 순음 〉 후음'의 순서이다. 우리는 日母를 치음에 넣지 않고 설음에 넣으므로 약간의 변동이 있을 수 있지만, 이 순서는 변하지 않는다. 한어는 독특하게도 치음이 다양하게 발달한 언어이므로, 이 순서를 믿을 만하다.

그런데 위의 분포 분석표는 중국 聲韻學의 전통을 최대한 반영한 것이지만, 치음으로 파찰음과 마찰음을 포괄한다는 점이 문제이다. 心母[s], 邪母[z], 生母[ʂ], 俟母[ʐ], 書母[ɕ], 常母[ʑ] 등은 성운학에서는 치음에 들지만, 현대 음운론에서는 오히려 마찰음으로 묶을 때가 많다. 이에 따라 치음을 마찰음과 파찰음의 둘로 나누어 정리할 수도 있다. 이에 따르면 치음 마찰음은 12.0%, 치음 파찰음은 14.4%의[48] 점유 비율이다. 이때에는 '설음(21.5%) 〉 아음(18.6%) 〉 순음(15.8%) 〉 치음 파찰음(15.8%) 〉 후음(13.8%) 〉 치음 마찰음(12.0%)'의 순서이다. 이것은 조음위치 상호 간의 편차가 전반적으로 크게 줄어든 비율이라 할 수 있다.

성모별 점유 비율에서 가장 먼저 지적해야 할 것은 俟母[ʐ]의 예가 전혀 보이지 않는다는 점이다. 이것은 전기 중고음의 자음체계에서 유성 권설음인 俟母[ʐ]를 제외해야 함을 뜻한다. 전혀 사용된 적이 없는 소리를 음소로 등록할 수는 없기 때문이다. Karlgren(1954), 水谷眞成(1967) 등이 宋代의 韻圖에 나타난 대로 치음의 권설음 그룹을 일률적으로 설정했지만, 이것은 실증적 자연언어 자료에 근거를 둔 것이 아니다. 이 점에서 『세설신어』의 대화문에서 俟母字가 전혀 사용되지 않았다는 것은 자못 의의가 크다.

치음 마찰음에서 유성 권설음인 俟母[ʐ]가 자음체계에서 제외되듯이, 치음 파찰음에 속하는 유성 권설음 崇母[dʐ]도 음소가 아니다. 우리는 이 두 가지를 평행적으로 기술한다. 이와는 달리 陸志韋(1947)의 『古音說略』, 丁聲樹·李榮(1981), Baxter and Sagart(2014: 30)의 견해를 택하여, 船母가 파찰음 [dʑ]가 아니라 마찰음 [ʑ]이고, 常母가 마찰음 [ʑ]가 아니라 파찰음 [dʑ]라고 하면 이 평행적 기술이 불가능해진다. 이 소수 학설에 따르면 마찰음 [ʑ]는 음소가 아닌 데에 반하여 파찰음 [dʑ]가 음소로 설정되는 불균형을 초래한다. [dʑ]에 음소의 자격을 부여

48 이것은 日母[ɲ]를 설음에 넣고, 羊母[j]를 계산에서 제외한 수치이다.

하려면 우선적으로 [ʑ]가 음소여야 한다는 전제가 성립하는데, 이 학설에서는 이 전제가 충족되지 않는다. 따라서 우리는 [ʑ]를 常母라 지칭하고 [dʑ]를 船母라고 하는 다수설을 택한다.[49]

역시 권설음인 莊母[ʈʂ](0.6%), 初母[ʈʂ^{h}](0.6%), 崇母[ɖʐ](0.6%) 등도 점유 비율이 1%가 채 되지 않는다. 娘母[ɳ](0.4%), 徹母[ʈ^{h}](0.5%), 船母[dʑ](0.7%), 敷母[f^{h}](0.8%) 등도 마찬가지이다. 권설음 중에서 점유 비율이 1% 이상인 것은 生母[ʂ](1.8%) 하나뿐이다. 점유 비율이 낮아질수록 음소에서 제외될 가능성이 상대적으로 커진다는 것은 두말할 나위도 없다.

단일 성모로서 점유 비율이 높은 것은 見母[k](9.3%), 來母[l](6.0%), 匣母[ɦ](4.9%), 心母[s](4.3%), 羊母[j](3.9%) 등이다. 점유 비율이 높을수록 음소일 가능성이 커지는데, 우리의 음운론적 분석에 따르더라도 이들은 모두 음소의 지위를 갖는다.

4.6.2. 성모의 음운론적 분석

우리는 음성학적 분석이 아니라 음운론적 분석을 지향한다. 음운론적 분석에서는 음소와 변이음을 엄격하게 구별하여 기술한다. 앞에서 성모 상호 간의 음운론적 관계를 파악하기 위하여 상보적 분포인지 아닌지를 검토했고 최소대립쌍의 유무를 확인했다. 이제 프라그 학파의 음운대립 이론에 맞추어 음소 단위로 위의 (89)를 수정해 보면 아래의 (90)과 같다.

아래의 (90)은 (89)의 분포 분석표를 다음과 같은 방법으로 수정한 것이다.

첫째, 상보적 분포인 성모는 하나로 합쳐서 음소 단위로 제시한다. 예컨대, 泥母[n]는 娘母[ɳ]뿐만 아니라 日母[ɲ]와도 상보적 분포를 이루므로, 이들을 하나로 합쳐서 음소 泥日娘/n/을 설정한다. 용례 수를 계산할 때에는 泥母[n] 29자, 娘母[ɦ] 9자, 日母[ɲ] 37자를 모두 더하여 泥日娘/n/의 용례가 모두 75자(3.0%)인 것으

49 최근의 상고음 연구인 韓炅澔(2014: 10~11)도 이 다수설을 택한 바 있다.

로 본다.

(90) 5세기 전반기 한어의 자음 음소와 그 점유 비율

<table>
<tr><th colspan="7">『세설신어』 대화문 용자 2,212(2,486)자의 자음 음소 (%)</th></tr>
<tr><th colspan="2"></th><th>전청</th><th>차청</th><th>전탁</th><th>차탁</th><th></th></tr>
<tr><td colspan="2">순음</td><td>帮非/p/
119 (4.8)</td><td>滂敷/p^h/
46 (1.9)</td><td>並奉/b/
111 (4.5)</td><td>明微/m/
117 (4.7)</td><td>393
(15.8)</td></tr>
<tr><td rowspan="2">설음</td><td>치조</td><td>端知/t/
100 (4.0)</td><td>透徹/t^h/
52 (2.1)</td><td>定澄/d/
158 (6.4)</td><td>泥日娘/n/
75 (3.0)</td><td>385
(15.5)</td></tr>
<tr><td>반설</td><td></td><td></td><td></td><td>來/l/
150 (6.0)</td><td>150
(6.0)</td></tr>
<tr><td rowspan="6">치음</td><td rowspan="3">파찰</td><td>精/ʦ/
77 (3.1)</td><td rowspan="2">清初/ʦ^h/
67 (2.7)</td><td>從/dz/
67 (2.7)</td><td rowspan="6"></td><td>211
(8.5)</td></tr>
<tr><td>莊/tʂ/
15 (0.6)</td><td rowspan="2">船崇/dʑ/
33 (1.3)</td><td>15
(0.6)</td></tr>
<tr><td>章/ʨ/
67 (2.7)</td><td>昌/ʨ^h/
29 (1.2)</td><td>129
(5.2)</td></tr>
<tr><td rowspan="3">마찰</td><td>心/s/
106 (4.3)</td><td rowspan="3"></td><td>邪/z/
28 (1.1)</td><td>134
(5.4)</td></tr>
<tr><td>生/ʂ/
44 (1.8)</td><td rowspan="2">常俟/ʑ/
58 (2.3)</td><td>44
(1.8)</td></tr>
<tr><td>書/ɕ/
62 (2.5)</td><td>120
(4.8)</td></tr>
<tr><td colspan="2">아음</td><td>見/k/
231 (9.3)</td><td>溪/k^h/
89 (3.6)</td><td>群/g/
56 (2.3)</td><td>疑/ŋ/
86 (3.5)</td><td>462
(18.6)</td></tr>
<tr><td colspan="2">후음</td><td>影/ʔ/
105 (4.2)</td><td>曉/h/
64 (2.6)</td><td>匣云/ɦ/
176 (7.1)</td><td>羊/j/
98 (3.9)</td><td>443
(17.8)</td></tr>
<tr><td colspan="2"></td><td>926
(37.2)</td><td>347
(14.0)</td><td>687
(27.6)</td><td>526
(21.2)</td><td>2,486
(100)</td></tr>
</table>

둘째, 치음은 파찰음과 마찰음으로 나누어 제시한다. 이 둘은 음가에서 현격하게 차이가 나기 때문이다.

셋째, 전통적으로 曉母[h]를 후음의 전청으로 분류했지만, 우리는 이것을 차청으로 분류한다.[50] 후음의 전청에 影母[ʔ]뿐만 아니라 曉母[h]가 있었다고 하는 것은 체계적 관점에서 이상하다. 반면에, 曉母[h]를 차청에 넣으면 차청 계열이 모두 유기성(또는 送氣性)을 가지므로 체계적 분류가 가능해진다. 물론 한어에서는 그 유기성의 정도가 크지 않지만 우리는 이러한 음성학적 특징보다도 음운론적 대립을 더 중시한다.

넷째, 日母[ɲ]를 우리는 설음의 차탁에 넣었다. 그러나 羊母/j/는 중국 음운학의 분류대로 후음의 차탁에 넣었다. 중국 음운학에서는 우리의 羊母/j/를 以$_{四}$(또는 喩$_{四}$)라고 지칭하면서 후음의 일종으로 간주한다. 즉 喩母 3등이 둘로 분리되어 각각 云母와 以母(우리의 羊母, 또는 喩$_{四}$)가 되었다고 보는데, 이를 좇아 以母 즉 羊母/j/를 후음의 차탁에 넣을 수 있다.

이때에는 云母[ɦ](또는 喩$_{三}$)와 羊母[j](喩$_{四}$ 또는 以$_{四}$)의 최소대립 쌍이 존재하는지 다시 검토할 필요가 있다.

(91) 云母[ɦ]와 羊母[j]의 분포 분석표

후음 / 섭	차탁	
	云[ɦ] 55	羊[j] 98
과섭		
가섭		$^{開}_{AB}\underline{邪}_{麻}^{平}$ $^{開}_{AB}耶_{麻}^{平}$ $^{開}_{AB}野_{麻}^{上}$ $^{開}_{AB}也_{麻}^{上}$ $^{開}_{AB}冶_{麻}^{上}$ $^{開}_{AB}夜_{麻}^{去}$ $^{開}_{AB}\underline{射}_{麻}^{去}$
우섭	$_{C}于_{虞}^{平}$ $_{C}\underline{汙}_{虞}^{平}$ $_{C}宇_{虞}^{上}$ $_{C}禹_{虞}^{上}$ $_{C}雨_{虞}^{上}$	$_{C}臾_{虞}^{平}$ $_{C}楡_{虞}^{平}$ $_{C}愉_{虞}^{平}$ $_{C}踰_{虞}^{平}$ $_{C}庾_{虞}^{上}$ $_{C}愈_{虞}^{上}$ $_{C}喩_{虞}^{去}$ $_{C}余_{魚}^{平}$ $_{C}蜍_{魚}^{平}$ $_{C}餘_{魚}^{平}$ $_{C}\underline{輿}_{魚}^{平}$ $_{C}\underline{予}_{魚}^{平/上}$ $_{C}\underline{譽}_{魚}^{平/去}$ $_{C}預_{魚}^{去}$ $_{C}豫_{魚}^{去}$ $_{C}\underline{與}_{魚}^{平/上/去}$
지섭	$^{合}_{B}\underline{爲}_{支}^{平/去}$ $^{合}_{B}位_{脂}^{去}$ $^{開}_{C}矣_{之}^{上}$ $^{合}_{C}圍_{微}^{平}$	$^{開}_{AB}移_{支}^{平}$ $^{開}_{AB}\underline{施}_{支}^{去}$ $^{開}_{AB}\underline{易}_{支}^{去}$ $^{開}_{AB}姨_{脂}^{平}$ $^{開}_{AB}夷_{脂}^{平}$ $^{合}_{AB}惟_{脂}^{平}$ $^{合}_{AB}\underline{遺}_{脂}^{平/去}$

50 한국 중세 한자음에서는 'ㅋ'을 성모로 하는 한자가 거의 없다. 宋基中(1995: 460)는 牙音의 유기음 자리를 喉音 'ㅎ'이 차지한 데에서 그 원인을 찾았다.

섭 \ 후음	차탁	
	云[ɦ] 55	羊[j] 98
지섭	合 $_{C}$韋$_{微}^{平}$ 合 $_{C}$違$_{微}^{平}$ 合 $_{C}$偉$_{微}^{上}$ 合 $_{C}$緯$_{微}^{去}$ 合 $_{C}$猬$_{微}^{去}$ 合 $_{C}$渭$_{微}^{去}$ 合 $_{C}$謂$_{微}^{去}$	合 $_{AB}$唯$_{脂}^{平/上}$ 開 $_{C}$貽$_{之}^{平}$ 開 $_{C}$以$_{之}^{上}$ 開 $_{C}$已$_{之}^{上}$ 開 $_{C}$異$_{之}^{去}$
효섭	$_{B}$鴞$_{宵}^{平}$ $_{B}$護$_{宵}^{平}$	$_{AB}$陶$_{宵}^{平}$ $_{AB}$瑤$_{宵}^{平}$ $_{AB}$遙$_{宵}^{平}$ $_{AB}$謠$_{宵}^{平}$ $_{AB}$洮$_{宵}^{平}$
류섭	$_{C}$尤$_{尤}^{平}$ $_{C}$郵$_{尤}^{平}$ $_{C}$右$_{尤}^{上}$ $_{C}$友$_{尤}^{上}$ $_{C}$有$_{尤}^{上}$ $_{C}$又$_{尤}^{去}$ $_{C}$宥$_{尤}^{去}$ $_{C}$囿$_{尤}^{去}$	$_{C}$猷$_{尤}^{平}$ $_{C}$游$_{尤}^{平}$ $_{C}$遊$_{尤}^{平}$ $_{C}$由$_{尤}^{平}$ $_{C}$猶$_{尤}^{平}$ $_{C}$繇$_{尤}^{平}$ $_{C}$蕕$_{尤}^{平}$ $_{C}$牖$_{尤}^{上}$ $_{C}$柚$_{尤}^{去}$
해섭	合 $_{B}$衛$_{祭}^{去}$	開 $_{AB}$裔$_{祭}^{去}$
통섭	$_{C}$雄$_{東}^{平}$	$_{C}$庸$_{鍾}^{平}$ $_{C}$容$_{鍾}^{平}$ $_{C}$勇$_{鍾}^{上}$ $_{C}$用$_{鍾}^{去}$ $_{C}$谷$_{鍾}^{入}$ $_{C}$欲$_{鍾}^{入}$ $_{C}$融$_{東}^{平}$ $_{C}$育$_{東}^{入}$ $_{C}$毓$_{東}^{入}$
강섭		
탕섭	合 $_{C}$往$_{陽}^{上}$ 合 $_{C}$王$_{陽}^{平/去}$	開 $_{C}$羊$_{陽}^{平}$ 開 $_{C}$揚$_{陽}^{平}$ 開 $_{C}$颺$_{陽}^{平}$ 開 $_{C}$楊$_{陽}^{平}$ 開 $_{C}$陽$_{陽}^{平}$ 開 $_{C}$恙$_{陽}^{去}$ 開 $_{C}$養$_{陽}^{上/去}$ 開 $_{C}$藥$_{陽}^{入}$ 開 $_{C}$籥$_{陽}^{入}$ 開 $_{C}$躍$_{陽}^{入}$
증섭	合 $_{C}$域$_{蒸}^{入}$	開 $_{C}$翼$_{蒸}^{入}$
경섭	合 $_{B}$榮$_{庚}^{平}$ 合 $_{B}$永$_{庚}^{上}$ 合 $_{B}$詠$_{庚}^{去}$	開 $_{AB}$盈$_{清}^{平}$ 合 $_{AB}$營$_{清}^{平}$ 開 $_{AB}$郢$_{清}^{上}$ 開 $_{AB}$奕$_{清}^{入}$ 開 $_{AB}$射$_{清}^{入}$ 開 $_{AB}$亦$_{清}^{入}$ 開 $_{AB}$易$_{清}^{入}$
산섭	開 $_{B}$焉$_{仙}^{平}$ 開 $_{B}$圓$_{仙}^{平}$ 合 $_{B}$援$_{仙}^{去}$ 合 $_{C}$園$_{元}^{平}$ 合 $_{C}$袁$_{元}^{平}$ 合 $_{C}$猿$_{元}^{平}$ 合 $_{C}$轅$_{元}^{平}$ 合 $_{C}$援$_{元}^{平/去}$ 合 $_{C}$曰$_{元}^{入}$ 合 $_{C}$遠$_{元}^{上/去}$ 合 $_{C}$越$_{元}^{入}$ 合 $_{C}$鉞$_{元}^{入}$	開 $_{AB}$延$_{仙}^{平}$ 開 $_{AB}$筵$_{仙}^{平}$ 合 $_{AB}$捐$_{仙}^{平}$ 合 $_{AB}$緣$_{仙}^{平}$ 合 $_{AB}$掾$_{仙}^{去}$ 合 $_{AB}$說$_{仙}^{入}$ 合 $_{AB}$悅$_{仙}^{入}$
진섭	合 $_{B}$殞$_{眞}^{上}$ 合 $_{C}$雲$_{文}^{平}$ 合 $_{C}$云$_{文}^{平}$ 合 $_{C}$紜$_{文}^{平}$ 合 $_{C}$韻$_{文}^{去}$ 合 $_{C}$運$_{文}^{去}$	開 $_{AB}$引$_{眞}^{上}$ 開 $_{AB}$逸$_{眞}^{入}$ 合 $_{AB}$允$_{諄}^{上}$ 合 $_{AB}$狁$_{諄}^{上}$ 合 $_{AB}$尹$_{諄}^{上}$
함섭		$_{AB}$鹽$_{鹽}^{平}$
심섭		$_{AB}$淫$_{侵}^{平}$

이 분포 분석표에서 云母[ɦ]와 羊母[j]가 28/35쌍에서 최소대립을 이루고, 3회 이상 출현하는 1,112자 집합에서 대립이 성립한다. 따라서 云母[ɦ]와 羊母[j]를 서로 다른 음소에 넣어야 한다. 앞에서 음소 匣云/ɦ/을 설정한 바 있는데 云母[ɦ](또는 喻$_{三}$)는 그 변이음이고, 羊母(喻$_{四}$ 또는 以$_{四}$)는 독자적인 음소 /j/가 된다.

(92) 云母[ɦ]와 羊母[j]의 최소대립 쌍 (28/35쌍) (3, 3, 3)

1. 우섭 虞韻 – $_{C}$于$_{虞}^{平}$, $_{C}$汙$_{虞}^{平}$: $_{C}$臾$_{虞}^{平}$, $_{C}$榆$_{虞}^{平}$, $_{C}$愉$_{虞}^{平}$, $_{C}$踰$_{虞}^{平}$ (5, 2 : 1, 2, 1, 1)
2. 우섭 虞韻 – $_{C}$宇$_{虞}^{上}$, $_{C}$禹$_{虞}^{上}$, $_{C}$雨$_{虞}^{上}$: $_{C}$庾$_{虞}^{上}$, $_{C}$愈$_{虞}^{上}$ (3, 3, 1 : 21, 3)
3. 류섭 尤韻 – $_{C}$尤$_{尤}^{平}$, $_{C}$郵$_{尤}^{平}$: $_{C}$猷$_{尤}^{平}$, $_{C}$游$_{尤}^{平}$, $_{C}$遊$_{尤}^{平}$, $_{C}$由$_{尤}^{平}$, $_{C}$猶$_{尤}^{平}$, $_{C}$繇$_{尤}^{平}$, $_{C}$蕕$_{尤}^{平}$ (3, 1 : 2, 2, 6, 21, 19, 2, 1)
4. 류섭 尤韻 – $_{C}$右$_{尤}^{上}$, $_{C}$友$_{尤}^{上}$, $_{C}$有$_{尤}^{上}$: $_{C}$牖$_{尤}^{上}$ (9, 15, 242 : 2)
5. 통섭 東韻 – $_{C}$雄$_{東}^{平}$: $_{C}$融$_{東}^{平}$ (4 : 2)

그런데 (92)의 최소대립 쌍에서 특이한 점을 발견할 수 있다. 대립 항이 모두 개합에서 중립이라는 점이다. 이것은 云母[ɦ]와 羊母[j]의 분화 환경이 위의 (84)에서 거론한 바 있는 群母[g]와 云母[ɦ]의 분화 환경과 동일함을 뜻한다. 즉 두 가지 분화가 모두 [+round]의 앞에서 일어난다. 따라서 상고음을 재구할 때에 이 음운론적 환경을 충분히 고려하는 것이 바람직할 것이다.

위의 성모 분석표 (90)은 우리의 결론에 해당한다. 『세설신어』의 대화문 용자를 음운론적으로 분석하여 5세기 전반기 한어의 자음체계를 (90)과 같이 제시할 수 있다. 이 자음체계는 28종의 순수 자음과 하나의 활음 /j/로 구성된다.

(90)에 따르면, 용례의 점유 비율이 1% 미만인데도 음소로 설정되는 것은 치음의 권설음인 莊母/tʂ/(0.6%) 하나뿐이다. 邪母/z/(1.1%), 昌母/tɕ^h/(1.2%), 船崇/dʑ/(1.3%) 등도 용례가 아주 적은데, 이들도 모두 치음에 속한다. 한편, 차청 즉 유기음에서는 昌母/tɕ^h/(1.2%), 滂敷/p^h/(1.9%), 透徹/t^h/(2.1%)이 상대적으로 曉母/h/(2.6%), 溪母/k^h/(3.6%)에 비하여 용례가 적은 편이다. 이것은 유기음의 발달이 아후음에서부터 시작되었음을 암시한다.[51]

(90)에서도 '전청 〉 전탁 〉 차탁 〉 차청'의 순서로 점유 비율이 높다. (89)의 음성학적 분포에서는 전탁과 차탁의 점유 비율이 2.1%밖에 차이가 나지 않았지만, (90)의 음운론적 분포에서는 6.4%로 차이가 커진다.

조음위치를 기준으로 할 때에는 설음 21.5%, 아음 18.6%, 후음 17.8%, 순음 15.8%, 치음 파찰음 14.3%, 치음 마찰음 12.0%의 점유 비율이다. 치음을 둘로 나누지 않으면, 역시 치음의 점유 비율이 26.3%에 달하여 가장 높다.

(90)과 같은 음운론적 분석을 택하면, 무성음이 유성음보다 많다는 언어 보편성을 어느 정도 회복하게 된다. 그러나 설음에서 무성음인 端知/t/의 예가 100자인 데에 비하여 유성음인 定澄/d/의 예는 158자나 된다. 후음에서도 무성음인 影母/ʔ/가 105자인 데에 비하여 유성음인 匣云/ɦ/은 176자나 된다.

이 특이성은 아마도 상고음에서 전기 중고음으로 넘어올 때에 일어난 모종의 변화에 그 원인이 있을 것이다. 설음에서는 그 원인을 찾기가 어렵지만, 후음에서는 그 원인을 찾을 수 있다. 아음의 유성음인 群母/g/는 항상 3등운의 앞에 분포하는 데에 반하여 후음의 유성음인 匣母/ɦ/는 항상 1·2·4등운의 앞에 분포한다. 이 상보적 분포를 통하여 상고음에서는 이 두 성모가 하나의 단위인 群匣/*g/이었고, 이것이 무성음인 見母/*k/의 대립 짝이었을 가능성이 있다(Karlgren 1954, 李方桂 1980). 이때에는 유성음 群匣/*g/이 무성음 見母/*k/의 짝이기 때문에, 무성음의 예가 유성음의 예보다 많다는 보편성을 지킨다. 그러나 전기 중고음으로 넘어 오면서 음운론적 분화가 일어나 상고음 /*g/의 일부가 중고음 /ɦ/에 합류함으로써, 유성음인 匣云/ɦ/이 무성음인 影母/ʔ/보다 많아지게 되었다.

4.6.3. 5세기 전반기 한어의 자음체계

5세기 전반기의 한어에서 음소로 설정되는 자음은 다음과 같다. 첫째로 순음의

51 한국 한자음에서는 상황이 정반대이다. 한국 한자음에서는 아음의 유기음이 '快, 夬, 噲'의 '쾌' 음절에서만 겨우 확인된다.

幫非/p/, 滂敷/p^h/, 並奉/b/, 明微/m/의 4종, 둘째로 설음의 端知/t/, 透徹/t^h/, 定澄/d/, 泥日娘/n/, 來母/l/의 5종, 셋째로 치음 마찰음의 心母/s/, 邪母/z/, 生母/ʂ/, 書母/ɕ/, 常俟/ʑ/의 5종, 넷째로 치음 파찰음의 精母/ʦ/, 清初/ʦ^h/, 從母/dz/, 莊母/tʂ/, 章母/ʨ/, 昌母/ʨ^h/, 船崇/dʑ/의 7종, 다섯째로 아음의 見母/k/, 溪母/k^h/, 群母/g/, 疑母/ŋ/의 4종, 여섯째로 影母/ʔ/, 曉母/h/, 匣云/ɦ/, 羊母/j/의 4종이다. 총 29종에 달하는데, 현대 언어학에서는 羊母/j/를 활음으로 분류하여 순수 자음에서 제외한다. 따라서 현대 언어학의 관점에서는 5세기 전반기 한어의 자음체계가 28종의 자음으로 이루어진다고 할 수 있다.

이것을 현대 음운론의 분류에 맞추어 배열해 보면 아래의 (93)과 같다. 구개음을 치조음과 구개 개음의 복합으로 재음소화하면 23종의 자음 음소가 설정된다. 이 견해에 따르면 구개음 /ʨ, ʨ^h, dʑ, ɕ, ʑ/가 자음 목록에서 제외되므로, 이들에는 ( )를 쳤다.

(93) 5세기 전반기 한어의 자음체계 A

방식 \ 위치		순음	설음	치음			아음	후음
				치조	권설	구개		
폐쇄	무성무기	p	t				k	ʔ
	무성유기	p^h	t^h				k^h	
	유성무기	b	d				g	
파찰	무성무기			ʦ	tʂ	(ʨ)		
	무성유기			ʦ^h		(ʨ^h)		
	유성무기			dz		(dʑ)		
마찰	무성			s	ʂ	(ɕ)		h
	유성			z		(ʑ)		ɦ
비음		m	n				ŋ	
유음			l					

이 자음체계 A는 중국 음운학의 분류에 충실한 것이다. 즉, 조음위치에서는 牙舌脣齒喉의 五音 분류를 따르고, 조음방식에서는 전청, 차청, 전탁, 차탁의 清濁

분류를 따른 것이다.

그런데 (93)과 같이 자음체계를 작성하면 현대 음운론의 일반적인 분류와 맞지 않는다. /ʦ, ʦ^{h}, dz, s, z/ 등을 중국 음운학에서는 치음에 넣지만, 현대 음운론에서는 치조음에 넣는 것이 일반적이다. 중국 음운학에서는 淸濁 개념을 활용하여 /h, ɦ/를 폐쇄음 그룹에 넣지만, (93)처럼 현대 음운론에서는 /h, ɦ/를 마찰음 그룹에 넣는다. 또한 권설음인 /tʂ, ʂ/를 치조경구개음 /ʧ, ʤ/로 추정하기도 하므로 이것을 경구개음에 넣을 수 있다.

이에 따라 위의 자음체계 A를 아래의 자음체계 B처럼 수정할 수 있다.

(94) 5세기 전반기 한어의 자음체계 B

<table>
<tr><th colspan="3">조음위치
조음방식</th><th>양순음</th><th>치조음</th><th>경구개음</th><th>연구개음</th><th>후음</th></tr>
<tr><td rowspan="3">폐쇄</td><td colspan="2">무성무기</td><td>p</td><td>t</td><td></td><td>k</td><td>ʔ</td></tr>
<tr><td colspan="2">무성유기</td><td>p^{h}</td><td>t^{h}</td><td></td><td>k^{h}</td><td></td></tr>
<tr><td colspan="2">유성무기</td><td>b</td><td>d</td><td></td><td>g</td><td></td></tr>
<tr><td rowspan="4">파찰</td><td rowspan="2">무성무기</td><td>비권설</td><td rowspan="2"></td><td rowspan="2">ʦ</td><td>(ʨ)</td><td rowspan="2"></td><td rowspan="2"></td></tr>
<tr><td>권설</td><td>tʂ</td></tr>
<tr><td colspan="2">무성유기</td><td></td><td>ʦ^{h}</td><td>(ʨ^{h})</td><td></td><td></td></tr>
<tr><td colspan="2">유성무기</td><td></td><td>dz</td><td>(ʥ)</td><td></td><td></td></tr>
<tr><td rowspan="3">마찰</td><td rowspan="2">무성</td><td>비권설</td><td rowspan="2"></td><td rowspan="2">s</td><td>(ɕ)</td><td rowspan="2"></td><td rowspan="2">h</td></tr>
<tr><td>권설</td><td>ʂ</td></tr>
<tr><td colspan="2">유성</td><td></td><td>z</td><td>(ʑ)</td><td></td><td>ɦ</td></tr>
<tr><td colspan="3">비음</td><td>m</td><td>n</td><td></td><td>ŋ</td><td></td></tr>
<tr><td colspan="3">유음</td><td></td><td>l</td><td></td><td></td><td></td></tr>
</table>

자음체계 B에서는 조음위치를 양순음, 치조음, 경구개음, 연구개음, 후음의 5종으로 나누고 조음방식을 폐쇄음, 파찰음, 마찰음, 비음, 유음의 5종으로 나누었다. 폐쇄음과 파찰음은 다시 무성무기음(전청), 무성유기음(차청), 유성무기음(전탁)의 셋으로 나누었다.

중요한 것은 파찰음과 마찰음에만 존재하는 권설음을 어떻게 처리할 것인가 하는 문제이다. 우리가 편의상 권설음이라 지칭한 莊母와 生母의 조음위치가 어디인지는 분명하지 않다. Karlgren(1954)는 권설음이라 했지만 현재는 치조경구개음 /ʧ, ʃ/로 보는 견해도 적지 않다. 그런데 권설음 /tʂ, ʂ/의 조음위치도 사실은 경구개에 가까우므로 우리는 (94)의 자음체계 B에서 莊母/tʂ/와 生母/ʂ/의 조음위치를 경구개라 하였다.

현대 음운론의 관점에서 결론을 짓는다면, 전기 중고음의 자음체계로 우리는 (93)의 자음체계 A보다는 (94)의 자음체계 B를 택한다. 자음체계 B가 언어 현실을 가장 충실하게 반영하는 자음체계라고 판단하기 때문이다.

4.6.4. 대화문 용자 집합과 자음체계

지금까지 『세설신어』의 대화문에 사용된 2,212(2,486)자를 자료로 삼아 전기 중고음의 자음체계를 설정해 보았다.

그런데 우리의 연구 방법에 따르면 母集團이 커질수록 음소가 많아지고 작아질수록 음소가 줄어든다. 따라서 2,212(2,486)자 집합에서 찾아낸 28개의 자음 음소가 최대치일까 하는 질문이 뒤따른다. 4,400자 집합이나 6,600자 집합에서도 자음 음소가 더 추가되지 않고 여전히 28종일까?

이 질문에 우리는 그렇다고 답한다. 논의된 상보적 분포가 2,212자 집합에서 확인된 것이기는 하지만, 전체 모집단을 2~3배로 늘린다 하더라도 이 상보적 분포가 여전히 유지된다고 본다. 따라서 추가되는 용자가 아주 많더라도 음소가 새로 추가된다고 보지는 않는다. 즉 모집단의 추가는 음운체계에 관한 한 잉여적이다. 이 잉여성을 강조하여 우리는 위의 28종이 자음 음소의 최대치라고 본다.

이와는 반대로, 모집단을 예를 들어 340자 정도로 한정한다면 많은 수의 음운대립이 제외된다. 따라서 용자를 조금씩 줄일 때마다 어느 음소가 우선적으로 제외되는지를 확인해 보기로 한다. 먼저 출현 횟수별로 모집단의 크기를 계량해 보면 아래와 같다.

(95) 출현 횟수별 용자 집합

1. 1회 이상 출현하는 용자 – 2,213자
2. 2회 이상 출현하는 용자 – 1,487자
3. 3회 이상 출현하는 용자 – 1,112자
4. 4회 이상 출현하는 용자 – 919자
5. 5회 이상 출현하는 용자 – 764자
6. 6회 이상 출현하는 용자 – 656자
7. 7회 이상 출현하는 용자 – 565자
8. 8회 이상 출현하는 용자 – 507자
9. 9회 이상 출현하는 용자 – 459자
10. 10회 이상 출현하는 용자 – 415자
11. 11회 이상 출현하는 용자 – 385자
12. 12회 이상 출현하는 용자 – 355자
13. 13회 이상 출현하는 용자 – 334자
14. 14회 이상 출현하는 용자 – 309자

그런데 위의 4.1의 순음과 4.2의 설음에서 이미 거론한 바와 같이, 모집단이 작아질수록 설정되는 자음 음소의 수도 줄어든다. 4.4의 치음 파찰음에서 崇母[dʐ]와 船母[dʑ]의 최소대립 쌍이 없다는 사실을 논거로 삼아 이 둘을 하나로 병합하여 船崇/dʑ/이라 했고, 淸母[ʦʰ]와 初母[ʈʂʰ]의 최소대립 쌍이 한 쌍이 있지만 이것을 부정함으로써 이 둘을 淸初/ʦʰ/ 하나로 병합한 바 있다.

(65)[52] 崇母[dʐ]와 船母[dʑ]의 최소대립 쌍, 없음

(57) 淸母[ʦʰ]와 初母[ʈʂʰ]의 최소대립 쌍 (1쌍) (1)

52 이 번호는 위에서 붙인 번호를 그대로 반복했다. 이하 같다.

아래 (18)의 知母[ʈ]와 徹母[ʈ^{h}]의 최소대립 쌍은 비록 두 쌍에 불과하지만, 知母[ʈ]가 端母[t]에 편입되어 端知/t/가 되고 徹母[ʈ^{h}]가 透母[t^{h}]에 편입되어 透徹/t^{h}/이 된다는 점을 감안할 필요가 있다. 따라서 (18)의 최소대립은 모집단의 크기를 줄이더라도 端知/t/와 透徹/t^{h}/의 음운대립으로 여전히 유지된다.

(18) 知母[ʈ]와 徹母[ʈ^{h}]의 최소대립 쌍 (2/4쌍) (1, 1)

그러나 아래에 제시한 (47), (59), (60)의 최소대립은 그렇지 않다. 모집단의 크기를 줄이면 崇母[ɖʐ], 初母[ʈʂ^{h}], 昌母[tɕ^{h}] 등이 음소목록에서 일차적으로 제외된다. (47)의 崇母[ɖʐ]가 독자적 음소가 아님은 앞에서 이미 거론한 바 있다.

(47) 初母[ʈʂ^{h}]와 崇母[ɖʐ]의 최소대립 쌍 (3/6쌍) (1, 1, 1)
(59) 清母[ts^{h}]와 昌母[tɕ^{h}]의 최소대립 쌍 (3/6쌍) (1, 1, 1)
(60) 初母[ʈʂ^{h}]와 昌母[tɕ^{h}]의 최소대립 쌍 (3쌍) (1, 1, 1)

清初/ts^{h}/와 昌母/tɕ^{h}/를 음소로 설정하게 해 주는 (59)와 (60)의 음운대립은 1회 출현하는 용자 집합에서만 실증된다. 따라서 2회 이상 출현하는 1,487자 집합으로 한정하면 이 음운대립이 부정된다. 달리 말하면, (95.2)의 1,487자보다 적은 수의 모집단에서는 昌母[tɕ^{h}]가 음소가 아니라 清初昌/ts^{h}/의 변이음이다. 이때에는 치음의 유기음이 /ts^{h}/ 하나뿐인 자음체계가 된다.

다음으로, 5회 이상 출현하는 764자 집합에서는 幇非/p/와 滂敷/p^{h}/의 음운대립이 부정된다. 아래의 (3~4)에서 볼 수 있듯이, 이 764자 집합에서는 滂敷[p^{h}]가 음소 幇非滂敷/p/의 변이음이다. 달리 말하면 이 집합에서는 순음의 유기음 [p^{h}]가 자음체계에서 제외된다.

(3) 전청 幇母[p]와 차청 滂母[p^{h}]의 최소대립 쌍 (24/25쌍) (4, 3, 3)
(4) 전청 非母[f]와 차청 敷母[f^{h}]의 최소대립 쌍 (15/21쌍) (3, 3, 2)

(5) 전청 幫母[p]와 전탁 並母[b]의 최소대립 쌍 (30/41쌍) (20, 20, 6)

(6) 전청 非母[f]와 전탁 奉母[v]의 최소대립 쌍 (28/38쌍) (9, 8, 7)

그런데 (5~6)에서 볼 수 있듯이, 幫非/p/와 並奉/b/의 음운대립은 20회 이상 출현하는 218자로 한정하더라도 여전히 음운대립이 성립한다. 이것은 상고음으로 거슬러 올라갈수록 淸濁 대립 즉 유·무성 대립이 기원적인 대립이었음을 의미한다. 반면에 送氣 대립 즉 유·무기 대립은 기원적 대립이 아니라 상고음 말기, 구체적으로는 漢代에 와서 새로 발생한 음운대립일 가능성이 크다.

아래의 (45~47)에서 볼 수 있듯이, 5회 이상 출현하는 764자 집합으로 한정하면 치음 파찰음에서 권설음 그룹 내부에서 성립하는 음운대립이 무너진다. 이 집합에서는 권설 파찰음 /tʂ/(구체적으로는 莊母)가 음소가 아니다.

(45) 莊母[tʂ]와 初母[tʂʰ]의 최소대립 쌍 (7/8쌍) (3, 2, 1)

(46) 莊母 [tʂ]와 崇母 [dʐ]의 최소대립 쌍 (5/7쌍) (4, 2, 2)

(47) 初母[tʂʰ]와 崇母[dʐ]의 최소대립 쌍 (3/6쌍) (1, 1, 1)

(55) 莊母[tʂ]와 章母[tɕ]의 최소대립 쌍 (7쌍) (4, 3, 1)

그런데 (55)에서 흥미로운 사실을 발견할 수 있다. 역시 5회 이상 출현하는 764자 집합에서는 이 권설음 음소 /tʂ/와 구개음 음소 /tɕ/의 최소대립 쌍을 찾을 수 없다. 따라서 권설 파찰음 /tʂ/는 764자보다 큰 모집단에서만 음소의 자격을 갖는다고 결론지을 수 있다.

반면에, 극소수의 모집단에서도 여전히 음소의 자격을 가지는 것도 있다. 14회 이상 출현하는 309자 집합에서 이미 음운대립이 성립하는 쌍을 모두 모아 보면 아래의 12종이다.

(5) 幫母[p]와 並母[b]의 최소대립 쌍 (30/41쌍) (20, 20, 6)

(17) 端母[t]와 透母[tʰ]의 최소대립 쌍 (28/32쌍) (17, 9, 6)

(19) 端母[t]와 定母[d]의 최소대립 쌍 (56/63쌍) (22, 6, 6)

(21) 透母[t^h]와 定母[d]의 최소대립 쌍 (36/41쌍) (36, 17, 9)

(27) 心母[s]와 邪母[z]의 최소대립 쌍 (21/22쌍) (14, 14, 7)

(28) 書母 [ɕ]와 常母 [ʑ]의 최소대립 쌍 (43/48쌍) (21, 14, 11)

(30) 心母[s]와 書母[ɕ]의 최소대립 쌍 (45/55쌍) (15, 13, 6)

(32) 邪母[z]와 常母[ʑ]의 최소대립 쌍 (14/16쌍) (14, 5, 2)

(42) 精母[ʦ]와 從母[dz]의 최소대립 쌍 (26/30쌍) (14, 12, 5)

(50) 章母[ʨ]와 船母[dʑ]의 최소대립 쌍 (7/9쌍) (31, 3, 2)

(77) 見母[k]와 溪母[k^h]의 최소대립 쌍 (75/89쌍) (14, 13, 8)

(86) 影母[ʔ]와 匣母[ɦ]의 최소대립 쌍 (25/49쌍) (46, 18, 5)

12종의 음운대립 중에서 淸濁 대립이 9종이나 된다. 더욱이 청탁 대립은 20회 이상 출현하는 218자 집합으로 한정하더라도 여전히 성립한다. 218자의 극소수 常用字 집합에서는 6종의 청탁 대립, 즉 유·무성 대립만 성립한다. 이와는 달리, 送氣 대립 즉 유·무기 대립은 18회 이상 출현하는 집합으로 한정하면 전혀 성립하지 않는다.

극소수의 상용자는 한자가 발생했을 때부터 사용되었다는 명제가 성립한다. 200여 자의 상용자는 漢字 발생의 초창기부터 즉 甲骨시대부터 이미 사용되었다고 할 수 있다. 이것을 감안하면 위의 청탁 대립은 범상한 것이 아니다. 갑골시대로 거슬러 올라갈수록 자음체계에 유·무성 대립만 있었을 가능성을 암시하기 때문이다. 200여 자의 상용자에서는 유·무성 대립만 성립하므로 유·무성 대립을 한어의 起源的 대립이라고 할 수 있다.[53]

그런데 아무리 늦어도 漢代에는 이미 유·무기 대립이 추가되었을 것이다.[54]

---

53 그런데 상고음 연구자들은 중고음의 상당 수 유성음이 기원적 유성음이 아니라고 본다. '*nC, *mC'의 자음 연쇄에서 비음의 영향을 받아 발생한 유성음이 많다고 한다 (Baxter and Sagart 2014: 96~97).

54 Baxter and Sagart(2014: 69)에서는 상고음 시기부터 7종의 유기음을 가정했다.

魏晉南北朝의 전기 중고음 시기에는 유·무성 대립과 유·무기 대립이 공존하기 때문에 이처럼 추론할 수 있다. 후대로 내려올수록 유·무성 대립은 점점 힘을 잃고 유·무기 대립의 힘이 강력해진다. 그리하여 8세기부터는 유·무성 대립이 유·무기 대립으로 교체되기 시작한다. 유·무성 대립이 유·무기 대립으로 바뀌는 변화는 한어의 자음체계 변화에서 가장 중요한 변화이다.

이 변화를 증명해 주는 것이 일본의 吳音과 漢音이다. 일본의 吳音에서는 유성음으로 수용했던 자음을 漢音에서는 갑자기 무성음으로 수용한다. 일본어에서는 古代에서 현재까지 줄곧 유·무성 대립이 유지되므로[55] 8세기 이후의 일본 한음에서 갑자기 유·무성 대립이 사라지는 현상을 일본어 자체 내의 음운변화로는 설명할 수 없다. 따라서 이 현상을 한어에서의 변화로 설명해야만 한다. 즉 8세기 이후의 한어에서 유·무성 대립이 사라지기 시작했다고 기술하면, 이것을 수용한 일본의 한음에서 갑자기 유·무성 대립이 사라지는 원인을 아주 자연스럽게 설명할 수 있다.

한편, 전기 중고음의 치음에서 치조음과 구개음이 음운론적으로 대립하는 것은 /ʦ : ʨ/, /ʦʰ : ʨʰ/, /dz : ʥ/, /s : ɕ/, /z : ʑ/의 5쌍이다. 위진남북조 시기에 이들이 음운론적으로 대립한 것이 분명하다. 그런데 /ʨ, ʨʰ, ʥ, ɕ, ʑ/의 5종의 구개음은 그 분포가 항상 구개 개음 /j-, ɪ-, ɥ-/의 앞으로 한정된다.

이 점을 강조하여 치조음 /ʦ, ʦʰ, dz, s, z/와 구개음 /ʨ, ʨʰ, ʥ, ɕ, ʑ/의 관계를 더 긴밀하게 연결하는 방법이 있다. 구개음 /ʨ, ʨʰ, ʥ, ɕ, ʑ/를 각각 치조음 뒤에 /j/가 온 것으로 재해석하여, 5종의 구개음을 각각 /ʦj, ʦʰj, dzj, sj, zj/로 再音素化하는 방법이다.

상고음을 재구할 때에는 대부분 이 재음소화를 적극적으로 활용한다. 그러나 중고음에서는 이 재음소화에 대한 견해가 일치하지 않는다. 치조음 /ʦ, ʦʰ, dz, s,

55 山口佳紀(1989: 1643~1644)에 따르면, 원래의 고대 일본어에서는 유성음과 무성음이 대립하지만 語頭 위치에서는 이 대립이 없었다고 한다. 그러다가 한자음의 영향을 받아 어두에서도 유·무성 대립이 생겼다고 한다. 이 학설을 가르쳐 주신 伊藤貴祥 교수께 감사드린다.

z/의 뒤에 $_{C}$魚韻, $_{AB}$脂韻, $_{AB}$支韻, $_{C}$之韻, $_{C}$尤韻, $_{C}$鍾韻, $_{C}$陽韻, $_{AB}$鹽韻, $_{C}$侵韻이 오는데, 이들 운모는 항상 구개 개음 /j-/(또는 /ɪ-/)를 가지므로 이들의 운복 모음 앞에는 /ʦj-, $ʦ^{h}$j-, dzj-, sj-, zj-/가 온다. 중요한 것은 이 /ʦj-, $ʦ^{h}$j-, dzj-, sj-, zj-/가 구개음 그룹의 /ʨj-, $ʨ^{h}$j-. ʥj-, ɕj-, ʑj-/와 각각 음운론적으로 대립한다는 점이다. 이 음운대립을 유지하려면 /ʨ, $ʨ^{h}$, ʥ, ɕ, ʑ/를 각각 /ʦj, $ʦ^{h}$j, dzj, sj, zj/로 재음소화하면 안 된다. 첫째 견해와 달리 /ʦj-, $ʦ^{h}$j-, dzj-, sj-, zj-/가 실제로는 /ʨj-, $ʨ^{h}$j-. ʥj-, ɕj-, ʑj-/와 구별되지 않았다고 보는 둘째 견해도 있다. 상고음에서 전기 중고음으로 변화하는 과정에서 1차 구개음화가 일어났기 때문에(河野六郎 1950/79) /ʦj-, $ʦ^{h}$j-, dzj-, sj-, zj-/의 치조음이 이미 구개음으로 바뀌었다는 기술이 가능하다.

우리는 이 두 가지 가능성을 모두 열어 둔다. 첫째로, 구개음의 재음소화를 거부하여 5종의 구개음 /ʨ, $ʨ^{h}$, ʥ, ɕ, ʑ/를 각각 독자적인 음소로 설정하는 방법이다. 둘째로, 구개음의 재음소화를 수용하여, /ʨ, $ʨ^{h}$, ʥ, ɕ, ʑ/를 각각 /ʦj, $ʦ^{h}$j, dzj, sj, zj/로 재해석하는 방법이다. 첫째 방법에 따르면 전기 중고음에 28종의 자음이 있었다고 해야 하지만, 둘째 방법을 따르면 23종의 자음만 인정해도 된다.

5. 韻母

한어의 母音體系를 연구할 때에는 韻을 분석의 대상으로 삼는다. 운은 韻頭(또는 介音), 韻腹, 韻尾의 셋으로 구성된다. 운복은 主母音 또는 核母音이라고 부르기도 하는데, 현대 음운론의 모음에 해당한다. 운두는 이 운복의 앞에 오는 介音을 뜻하고 현대 음운론의 활음에 해당한다. 운미는 운복의 뒤에 오는 자음이나 모음을 지칭한다. 한어의 모음 음소를 찾아낼 때에는 궁극적으로 운두나 운미는 동일하면서도 운복만 서로 다른 최소대립 쌍을 찾아내는 것이 첩경이다. 한마디로 말하면, 운복의 최소대립 쌍은 성모나 성조뿐만 아니라 開合, 等, 韻尾가 동일하면서 오직 운복에서만 차이가 나는 쌍을 가리킨다.

3장에서도 강조한 바 있지만, 예컨대 下[匣開2上麻]라는 음가 표시의 마지막에 둔 '麻'를 韻母라고 한다. 이 운모는 개별적인 운을 가리키는 것이 아니라 韻目 단위에 해당한다. 즉, 代韻이라는 성조별 세부 명칭 대신에 '咍韻 거성'이라 하여 韻目 단위의 명칭만 사용한다. 麻韻에서도 麻韻 2등과 麻韻 3등은 서로 다른 운이다. 이때에도 2등인지 3등인지를 $_{2}$麻韻와 $_{3}$麻韻으로 명시하기 때문에 세분화된 운모 명칭을 사용하지 않는다. 이처럼 운목 단위의 명칭을 사용하면 기억해야 할 단위가 206종에서 64종으로 줄어든다. 우리가 사용하는 용어는 성조별로 세분화된 운 단위가 아니라, 平上去入의 네 가지[1] 성조를 편의상 평성으로 대표한 咍韻이요 麻韻임을 다시 한 번 강조해 둔다.

4장에서 우리는 『세설신어』 대화문 용자의 성모를 분석하여 28종(또는 23종)의 전기 중고음 자음 음소를 확정했다. 여기에 羊母/j/를 포함하면 29종의 자음이다. 전기 중고음의 운을 분석할 때에는 이들이 음운론적 환경이 된다. 달리 말하면 29종의 자음 뒤에 어느 운이 오고 어느 운이 오지 않는지를 검토함으로써 운모의 분포를 분석할 수 있다는 뜻이다. 다음부터는 번거로움을 피하여 29종의 자음을 다음과 같이 약칭하기로 한다.

(1) 『세설신어』 자음의 약칭

1. 幫母·非母/p/ → 幫非/p/
2. 滂母·敷母/p^h/ → 滂敷/p^h/
3. 並母·奉母/b/ → 並奉/b/
4. 明母·微母/m/ → 明微/m/
5. 端母·知母/t/ → 端知/t/
6. 透母·徹母/t^h/ → 透徹/t^h/
7. 定母·澄母/d/ → 定澄/d/
8. 泥母·娘母·日母/n/ → 泥日娘/n/
9. 來母/l/
10. 心母/s/
11. 邪母/z/
12. 生母/ʂ/
13. 書母/ɕ/
14. 常母/ʑ/
15. 羊母/j/
16. 精母/ʦ/
17. 淸母·初母/$ʦ^h$/ → 淸初/$ʦ^h$/
18. 從母/dz/
19. 莊母/ʈʂ/
20. 章母/ʨ/
21. 昌母/$ʨ^h$/
22. 船母·崇母/ʥ/ → 船崇/ʥ/
23. 見母/k/
24. 溪母/k^h/
25. 群母/g/
26. 疑母/ŋ/
27. 影母/ʔ/
28. 曉母/h/
29. 匣母·云母/ɦ/ → 匣云/ɦ/

---

1 네 가지가 아니라, 두 가지 또는 세 가지인 운목도 있다.

위의 성모가 뒤에 오는 운모의 음운론적 환경이 되지만, 이에 못잖은 음운론적 기능을 성조가 담당한다. 따라서 운을 분석할 때에는 성모뿐만 아니라 성조를 잘 활용하는 것이 필수적이다. 모음체계 설정을 위하여 운을 분석할 때에 行에는 성모를 배열하고 列에는 성조를 배열하여 분포 분석표를 작성할 것이다. 이처럼 배열하면 동일 칸에 온 한자는 성모와 성조가 동일하고, 운의 음운론적 성분에서만 차이가 나게 된다.

韻頭 介音은 현대 음운론의 상향 활음(on-glide)을 가리키는 것으로서, 중국 음운학에서는 이것을 開合과 等이라는 술어로 기술하게 된다.

개합은 宋代의 학자들이 韻을 더욱 세분하기 위하여 설정한 것으로서 合口와 開口로 나뉜다. 합구는 상향 활음이 /w-/나 /ɥ-/인 것을 가리키고 개구는 상향 활음이 /w-/ 또는 /ɥ-/가 아닌 것을 일괄하여 가리킨다. 개구는 원순성이 없음을 가리키므로, 상향 활음이 없는 것을 지칭하기도 하고, 상향 활음이 있되 그것이 전설 활음 /j-/나 /ɪ-/인 것을 가리키기도 한다. 우리는 /j-/를 자음적인 전설 평순 활음이라 하고 /ɪ-/를 모음적인 전설 평순 활음이라 하여 두 가지를 구별한다.[2]

宋代에 등장한 等도 중국 음운학 특유의 용어이다. 동일한 운에 속하는 字를 네 줄로 나누어 배치함으로써 字音을 더 세분한 것이 等이다. 이것을 1등, 2등, 3등, 4등이라 지칭한다. 이 네 가지 등이 무엇을 지칭하는지 아직 확실하지 않지만, 현대 언어학의 개구도에 해당한다고 해석할 때가 많다. 1등이 개구도가 크고 4등이 개구도가 작다고 한다.

여기에 덧붙여 강조해 둘 것이 있다. 3등은 항상 구개 개음을 가진다는 사실이다(Karlgren 1954). 앞에서 운두 개음이 개합뿐만 아니라 등이라는 음운자질과도 관련된다고 했는데, 이것은 3등운이 항상 구개 개음을 가진다는 사실을 염두에 둔 것이다. 3등운에는 항상 전설 활음 /j-/ 또는 /ɪ-/가 개재하는데, 1·2·4

2 이 구별은 이른바 重紐 현상에서 비롯된다. 이것은 5.1.3의 止攝에서 자세히 설명할 예정인데, Karlgren(1954)는 중뉴와 전혀 관계없이 자음적 개음과 모음적 개음을 구별했다.

등운에는 이 개음이 없다. 반면에, 합구의 원순 활음 /w-/는 1~4등운에 두루 개재한다.

이 원칙에 따르면, 3등 합구는 전설 활음 /j-/ 또는 /ɪ-/를 가지면서 동시에 /w-/도 가지므로 이론적으로 복합 개음 /jw-/·/ɪw-/ 또는 /wj-/·/wɪ-/가 된다. 이 복합 개음은 淸代의 撮口呼와 현대 병음 표기의 'yu'에[3] 해당한다. 후술하겠지만, 우리는 이 3등 합구가 전설 원순 활음 /ɥ-/로 실현된다고 본다. 우리는 한어 중고음의 개음을 위의 /j-, ɪ-, w-, ɥ-/의 4종으로 한정한다.[4]

韻尾는 운복 모음의 뒤에 오는 것으로서, 모음일 때도 있고 자음일 때도 있다. 운복 모음의 뒤에 /-i/ 또는 /-u/가 오는 운미를 陰聲韻尾라고 하고, /-m, -n, -ŋ/ 등의 콧소리 자음이 온 것을 陽聲韻尾라고 하며, /-p, -t, -k/ 등의 폐쇄음이 온 것을 入聲韻尾라고 한다.

그런데 운미와 관련된 음운론적 성분 중에서 가장 중요한 것은 韻이다. 예컨대, 歌韻 1등은 항상 운미가 없고 즉 /-ø/ 운미이고, 皆韻 2등은 항상 /-i/ 운미를 가진다. 淸韻 3등은 항상 /-ŋ, -k/ 운미를 가지며, 先韻 4등은 항상 /-n, -t/ 운미를 갖는다.[5] 이처럼 /-ø/, /-i/, /-ŋ, -k/, /-n, -t/ 운미가 운에 의해 자동적으로 결정되므로, 운미의 구체적인 종류는 항상 운에 연동되어 있다고 할 수 있다.

운이 핵심적인 역할을 담당한다는 것은 등에서도 마찬가지이다. 歌韻은 항상 1등이고, 皆韻은 항상 2등이며, 淸韻은 항상 3등이고, 先韻은 항상 4등이다. 우리는 이들을 각각 $_1$歌韻, $_2$皆韻, $_3$淸韻, $_4$先韻으로 표기한다. 이처럼 대부분의 등

---

3 현대 普通話의 병음 표기에서는 이 3등 합구가 환경에 따라 'u'로도 표기되기도 한다(예, 全 'quán' [ɕɥɛn^{35}]).

4 한어 상고음에서는 흔히 '*r'을 개음으로 추가한다. 한어 상고음에서는 2등운이 複聲母 *Cr의 '*r'을 가진다고 하는데(董同龢 1972, 李方桂 1980, Pulleyblank 1962, 鄭張尙芳 2003), 이 '*r'을 마치 개음의 일종인 것처럼 기술할 때가 많다. 이것은 상고음에서 3등운이 *Cj를 가지고 이때의 '*j'를 개음이라 하는 것과 같다. 그러나 이것은 한어 상고음에서의 상황일 뿐이다. 우리의 연구 결과에 따르면 전기 중고음에서는 굳이 이 개음 /*r/을 설정할 필요가 없다.

5 자음운미에서는 성조가 평성·상성·거성이면 /-ŋ, -n, -m/의 양성운미를 가지고 입성이면 /-k, -t, -p/의 입성운미를 갖는다.

은 운에 연동되어 있다.[6] 그러나 개합은 운에 의해 바로 결정되지 않는다. 皆韻 2등자와 先韻 4등자에는 개구인 예도 있고 합구인 예도 있다. 따라서 각각의 용자에 개구인지 합구인지를 일일이 명시해 주어야만 한다. 그런데 일부의 운은 한쪽으로 편중되어 있어서, $_1$痕韻처럼 항상 개구인 운이 있는가 하면 $_1$魂韻처럼 항상 합구인 운도 있다.

이제, 운의 분포 분석표를 어떻게 작성하는지를 설명하기로 한다. 이것을 작성할 때에는 중국 음운학의 攝을 기준으로 삼는다. 중국 음운학에서는 운복 모음이 비슷하고 운미가 동일한 것을 한 덩어리로 묶어 섭이라고 지칭한다. 중고음에서는 섭이 16가지로[7] 나뉘지만 둘 이상의 섭을 한 덩어리로 묶어서 분석하는 것이 좋을 때도 있다.

운을 섭 단위로 묶을 때에 운미가 동일한가 서로 다른가 하는 기준이 가장 중요하다.[8] 동일 섭에 드는 여러 운이 운복 모음에서는 조금씩 차이가 나지만 운미는 항상 동일하기 때문이다. 또한 한어 중고음의 운미에 대해서는 학자들의 견해가 거의 일치한다. 따라서 우리는 운미를 분류의 기준으로 삼아 16개의 섭을 아래의 6개 부류로 재분류한다.

(2) 운미별 攝의 분류

1. /-ø/ : 果攝, 假攝, 遇攝, 止攝
2. /-u/ : 效攝, 流攝
3. /-i/ : 蟹攝, (止攝)
4. /-ŋ, -k/ : 通攝, 江攝, 宕攝, 曾攝, 梗攝
5. /-n, -t/ : 山攝, 臻攝

---

6 麻韻, 庚韻, 東韻은 重韻이라서 예외적이다. 즉 東韻에는 1등도 있고 3등도 있다. 麻韻과 庚韻에도 2등과 3등의 두 가지가 있다.

7 元代의 『中原音韻』에서는 13개 섭으로 변한다.

8 한어 상고음의 韻部를 분석할 때에도 운미가 일차적 기준일 때가 많다. 예컨대, 韓炅澔(2014)에서도 상고음의 운미를 일단 '-ø'類, '-[Cor]'類, '-[Lab]'類, '-[Dor]'類, '-[Lab, Dor]'類의 5종으로 분류한 다음에 세부적 논의를 진행한다.

6. /-m, -p/ : 咸攝, 深攝

예컨대, (2.1)의 果攝·假攝·遇攝·止攝은 운미가 없다는 점에서 공통된다. 운미가 없다는 것을 흔히 /-ø/ 운미로 표기한다. 또한 (2.4)의 通攝·江攝·宕攝·梗攝·曾攝의 5종은 운미 /-ŋ, -k/를 가진다는 점에서 공통된다. /-ŋ/은 성조가 평성·상성·거성일 때의 운미이고, /-k/는 입성일 때의 운미이다. 이 공통점을 활용하여 /-ŋ, -k/ 운미의 바로 앞에 오는 모음에 어떤 것이 있었는지를 논의할 수 있다. 즉 운미를 음운론적 환경으로 활용할 수 있다.

韻尾를 위의 6가지로 나누는 것은 중국 음운학의 연구 성과를 두루 참고한 것이다. (2.1)은 운미가 없지만, (2.2)와 (2.3)은 운미에 각각 /-u/와 /-i/의 고모음이 온다. 이 두 고모음은 독립하지 못하므로 사실은 현대 음운론의 하향 활음(off-glide) /-w/나 /-j/에 해당한다. 그런데도 굳이 /-u/나 /-i/로 표기한 것은 운두개음의 표기에 사용한 /w-/나 /j-/와 구별하기 위해서이다. (2.4~6)의 자음운미와 대비할 때에도 활음 표기의 /w-, j-/보다는 모음 표기의 /-u, -i/가 더 효과적이다.

(2)의 여섯 가지 운미에다 독특한 운미를 추가하여 설정한 견해도 있다. 이토 지유키(2011: 190, 이진호 역)에서는 賴惟勤(1953)을 좇아서 '-uŋ'을 운미의 일종으로 보고, 平山久雄(1967)을 좇아서 '-ɯ'도 운미의 일종으로 보았다. Baxter and Sagart(2014: 32~33)에서도 東韻, 冬韻, 江韻을 각각 '-uwng/uwk, -owng/owk, -aewng/aewk'으로 표기하여 '-wng/wk' 운미가 있는 것으로 보았다.[9] 그러나 이들은 宋代의 韻圖에서 서로 구별한 운을 음성학적으로 해석한 것에 지나지 않는다. 운도에서는 음운대립 개념을 전혀 적용하지 않았다. 달리 말하면 최소대립쌍을 제시한 적이 없다. 우리는 음성학적 기술보다 음운론적 기술을 더 중시하므로, '-uŋ'이나 '-wng' 운미를 (2.4)의 /-ŋ/ 운미에 넣고 '-ɯ' 운미를 (2.3)의 /-i/

9 Baxter and Sagart(2014: 66)는 상고음에 '*-wk'는 있지만 '*-wng'는 없다고 했다. 이 불균형 탓으로 이 복합 운미의 존재를 의심할 수 있다. 더욱이 이 '*-wng, *-wk' 운미는 東韻과 冬韻을 구별하기 위한 방편적 조치일 뿐이다.

운미에 넣는다.

또한 일본 학자들은 喉內 운미를 둘로 나누어 연구개음인 /-ŋ, -k/ 운미뿐만 아니라 경구개음인 /-ɲ, -c/ 운미도 있었다고 본다(Hashimoto 1965, 河野六郞 1968/79, 平山久雄 1998: 123). 그 논거 중에서 가장 중요한 것이 한국 한자음이다. '畎[見合4上先] 〉 경~견, 迎[疑開B平庚] 〉 영~연, 仍[日開C平蒸] 〉 잉~싄, 稱[昌開C平蒸] 〉 칭~친' 등의 예에서 /-ㅇ/과 /-ㄴ/이 동요하는 현상을 들어[10] /-ɲ, -c/ 운미를 설정한다(이토 지유키 2011: 311~312, 이진호 역). 그러나 우리는 전기 중고음을 재구하는 데에 목적을 두므로, 이 학설을 수용하지 않는다. 15~16세기의 현상을 5세기 전반기에 바로 대입하는 것은 시대착오적이기 때문이다.[11] 藏漢對音에서도 운미 '-n'과 '-ŋ'의 동요가 발견되는데(高田時雄 1988: 155), 이것도 후기 중고음에서 발견되는 현상이므로 전기 중고음 연구에 바로 대입하지 않는다.

우리는 위에 말한 것처럼 운미의 종류를 6종으로 한정한다. 이처럼 한정하는 까닭은 다음의 두 가지로 요약할 수 있다.

첫째, 운미에는 하나의 분절음만 올 수 있다. 한국 중세 한자음에서 'ㅢ, ㅔ, ㅖ, ㅟ, ㅚ, ㅙ'의 뒤에는 원칙적으로 자음운미가 오지 않는다. 예컨대 한국 한자음에는 '긘, 녱, 뎬, 뤙, 괸, 뫈, 븽, 쇔, 윔, 젠, 첑, 탠, 휜, 훰' 등이 없다. 다만, 'ᆡᆼ/ᆡᆨ, ᅴᆼ/ᅴᆨ' 등의 음절만 허용될 뿐이다. 이 예외적 음절을 기술하기 위하여 Hashimoto(1965), 河野六郞(1968/79), 三根谷徹(1972: 151~2) 등의 일본 학자들이 梗攝에서 구개음화된 운미 '-ɲ, -c'를 운미의 일종으로 간주한다. 그러나 이것은 운미의 전체 체계에서 보면 역시 예외적이다.[12] /-i/ 운미의 바로 뒤에 다시 자음운미가 오는 것을 회피하는 제약이 있다고 말하는 것이 오히려 정확하고도 일반적인 기술이다. 이와 마찬가지로, 두 개의 분절음이 결합된 '-uŋ'이나

---

10 이러한 예들은 전체 한국 한자음에서 보면 극소수의 예외에 해당한다.

11 한국 중세 한자음의 모태를 8세기 말엽의 長安音으로 보거나 10세기경의 唐末音으로 간주하더라도, 5세기 전반기의 한어 연구에 이들을 바로 적용하는 것은 역시 시대착오적이다.

12 한국 한자음에서 예외적으로 '宏, 橫'이 각각 '굉, 횡'으로 표음되는데, 이들 예외는 아후음 뒤에 梗攝이 온 글자로 한정된다.

'-wng'과 같은 운미를 인정하지 않는다. /-u/ 운미의 바로 뒤에 자음운미가 오는 것도 회피하는 제약이 있기 때문이다. 예컨대, '오ᇫ, ᄌᆞ, ᄒᆞ, ᅌ, 거, 허' 등의 바로 뒤에 'ㄱ, ㄴ, ㄹ, ㅁ, ㅂ, ㅇ' 등의 자음이 후속하는 음절이 한국 중세 한자음에는 없다. 이것은 한어에도 적용되는 체계적 공백이다. 결론적으로, 우리는 /-jŋ, -jk/나 /-uŋ, -uk/과 같은 복합 운미를 배제한다.

둘째, 모음 중에서 활음이 될 수 있는 것만 운미로 인정한다. /u/와 /i/ 모음은 기생적 환경에서 보편적으로 활음 /w/와 /j/가 된다. 반면에 'ɯ' 모음이 활음이 되는 것은 흔한 일이 아니므로, '-ɯ' 운미를 인정하지 않는다. 운복 모음의 뒤에 오는 '-ɯ'는 운복 모음 뒤에서 삭제되거나 운복 모음에 흡수되는 것이 오히려 일반적이다. '-ɯ' 운미도 분류를 위한 수단일 뿐이므로, 우리가 지향하는 음운론적 기술에서는 /-i/ 또는 /-u/ 운미에 포괄된다.

『세설신어』 대화문 용자의 운을 분석하는 목적은 궁극적으로 전기 중고음의 모음 음소에 어떤 것들이 있었는지, 이들의 대립 관계가 어떤 것이었는지를 밝히는 데에 있다. 만약에 전기 중고음의 모음 음소가 5종이었다면 아마도 그 모음은 /a, i, u, e, o/의 다섯 가지일 가능성이 가장 크다. 5모음 체계를 구성하는 가장 보편적인 모음은 이 5종이기 때문이다. 여기에 두어 개의 모음이 추가된다면 아마도 그것은 /ɨ, ə, ʌ, ɔ, ɛ/ 등이 우선적인 후보가 된다.

그런데 기존의 중고음 연구에서는 이들보다 우선 순위가 낮은 /ï, ɪ, ĕ, ă, ŏ, ʋ, ü, ö/ 등을 모음체계에 넣으면서도 보편성이 큰 /e/를 제외하기도 했다. 이것은 바람직한 태도가 아니다. 음성적 정밀성을 추구하다 보면 /ï, ɪ, ĕ, ă, ŏ, ʋ, ü, ö/ 등의 음성기호를 사용하게 되지만, 독자들은 대부분 이들 정밀음성기호를 잘 이해하지 못한다. 음성적 정밀성을 추구하다 보면 오히려 음운대립의 본질을 왜곡할 가능성도 커진다. 우리는 음운대립을 기초로 음소 단위를 설정하고 이들의 상호관계를 파악하는 데에 목표를 둘 뿐, 음성적 정밀성을 추구하지 않는다. 따라서 음운론적 대립에 의해 모음 음소가 설정될 때마다 보편성이 큰 기본모음을 우선적으로 배당할 것이다.

그렇다고 하여 기타의 음성기호를 사용하지 않는다는 뜻은 아니다. 중국 음운학에서 자주 사용하는 /ə, ɛ, ɑ, ɔ/와 활음의 /j-, w-/는 물론이요,[13] 기술의 편의를 위하여 전설 원순 활음 /ɥ-/도 자주 사용할 것이다. /ɥ-/는 漢語 併音表記의 'yu'에 대응하는데, 그 음가는 독일어의 전설 원순 고모음 /ü/를 활음(반모음)으로 발음하는 것과 같다.[14] 한어 중고음에서는 이 전설 원순 활음 /ɥ-/가 규칙적으로 3등 합구일 때에 개재하므로 /j-, w-/와 더불어 운두 개음 목록에 들어간다.

중국 음운학에서 韻頭의 개음은 현대 음운론의 활음에 해당한다. /ɥ-, j-, w-/ 등의 개음을 중국 음운학에서는 각각 /iu-, i-, u-/로 표기할 때가 많다. 그런데, 개음 표기의 /iu-, i-, u-/는 韻腹 모음 표기의 /i, u/ 등과 혼동될 때가 많아 불편하다. 따라서 우리는 한어의 활음 표기에는 /ɥ-, j-, w-/ 등을 사용하고 /iu-, i-, u-/ 등은 사용하지 않는다. 우리의 /ɥ-/는 전설 원순 활음을, /j-/는 전설 평순 활음을, /w-/는 후설 원순 활음을 지칭한다.

5.1. /-ø/ 운미인 섭

한어 중고음의 果攝·假攝·遇攝·止攝은 운미가 없는 攝이다. 이 공통점을 기호로 나타내면 (2.1)의 /-ø/ 운미가 된다.

이 네 가지 섭 중에서 止攝이 운미를 가지는지의 여부는 학자들마다 견해가 조금씩 다르다. 예컨대, 이토 지유키(2011: 190, 이진호 역)은 止攝의 微韻과 脂韻이 운미 '-i'를 가지고, 支韻과 之韻이 운미 '-ɯ'를 가진다고 해석했다. 반면에 대부분의 중국 학자들과 마찬가지로 魏國峰(2014: 93~4)는 微韻이 운미 /-i/를 가진다고 했지만 支韻, 脂韻, 之韻 등에는 운미가 없다고 했다. 이 두 견해는 한어 중고음에 대한 기술이지만 5세기 전반기의 전기 중고음으로 한정하면 어느 견해가

13 우리의 활음 /j/를 미국의 언어학계에서는 'y'로 전사할 때가 많다.

14 얜후이린(林燕慧)(2010: 129, 엄익상·이옥주·손남호·이미경 역)에서는 현대 중국어의 모음체계로 /i, y, u, ə, a/의 5모음체계를 주장했다. 이곳의 /y/는 전설 원순 고모음 /ü/에 해당한다.

옳은지 함부로 말할 수 없다. 따라서 우리는 止攝의 네 운모를 먼저 /-ø/ 운미에서 먼저 다루되, 微韻만은 /-i/ 운미에서도 다시 거론할 것이다.

5.1.1. 果攝과 假攝

『韻鏡』에는 外轉과 內轉이라는 용어가 나온다. 이것이 무엇을 지칭하는지 아직 분명하지 않지만, 羅常培(1931)에서는 운복 모음이 상대적으로 고모음인 攝을 內轉이라 하고 상대적으로 저모음인 攝을 外轉이라 했다. 우리의 운복 모음 배당은 대부분 羅常培(1931)의 학설과 일치한다. 16종의 섭 중에서 13종이 일치하고 독특하게도 果攝, 假攝, 宕攝의 3종만 어긋난다. 과섭의 歌韻과 戈韻, 가섭의 麻韻, 탕섭의 唐韻과 陽韻은 운복이 저모음인데도 이상하게도 『韻鏡』에서는 內轉에 속한다. 이처럼 일부의 예에서 어긋나지만, 우리는 섭을 분류할 때에 羅常培(1931)의 학설을 따른다. 내전을 현대 음운론의 [-low] 음운자질로, 외전을 [-high] 음운자질로 치환하여 기술할 것이다.

현대 음운론의 음운자질을 이용하면, 果攝과 假攝은 운미가 없고 운복 모음이 [-high]인 한어음의 집합이라 정의할 수 있다. 이와 유사한 방법으로 후술할 遇攝과 止攝도 정의할 수 있다. 遇攝은 운미가 없고 운복 모음이 [+round]인 한어음의 집합이고, 止攝은 운미가 없고 운복 모음이 [-low]인 한어음의 집합이다. 원순성을 가지는가의 여부도 한어에서는 음운론적으로 아주 중요하다. 후술하겠지만, 중국 음운학의 開合을 현대 음운론의 [G, ±round][15] 자질로 대체하여 이해하는 것이 편리하다.

이제, 『세설신어』의 대화문에 사용된 2,212자 중에서 果攝이나 假攝에 속하는 운모를 분석해 보기로 하자. 과섭에는 $_1$歌韻 23자, $_1$戈韻 21자가 있고, $_3$戈韻字는 없다. 가섭에는 $_2$麻韻 38자, $_3$麻韻 23자가 있다.

그런데 歌韻이 항상 1등인 데에 비하여 麻韻에는 2등과 3등의 두 가지가 있다.

---

15 이곳의 'G'는 활음을 뜻한다. 중국 음운학에서는 대개 Medial의 두음을 따서 'M'이라 지칭한다.

歌韻과 麻韻은 등이 상보적이므로 이 둘을 한꺼번에 기술하는 것이 바람직하다. 戈韻은 1등이지만 항상 합구이므로 /w-/를 가진다.[16] 이 점에서 歌韻 1등과 구별된다.

한어 중고음의 $_1$歌韻의 운복은 후설 저모음 /ɑ/로, $_1$戈韻은 여기에 활음 /w-/가 개재하는 /wɑ/로, $_2$麻韻은 전설 저모음 /ɛ/로 추정하는 것이 일반적이다. 후설 저모음 표기에 /ɑ/ 대신에 /a/를 사용하기도 하고, 전설 저모음 표기에 /ɛ/ 대신에 /a/를 사용하기도 한다. 그러나 우리는 후설 저모음을 /ɑ/, 중설 저모음을 /a/, 전설 저모음을 /ɛ/로 표기한다. 이 세 모음이 전기 중고음에서 음운론적으로 대립했는지, $_1$戈韻의 /wɑ/가 모든 자음 뒤에 올 수 있었는지, $_2$麻韻과 $_3$麻韻이 음운론적으로 대립했는지 등이 우리의 주요 관심사이다.

『세설신어』의 대화문에 사용된 2,212자에는 戈韻 3등자가 없다. 한어의 戈韻 3등자에는 '迦, 伽, 靴, 瘸' 등이 있지만, 이들은 이 대화문에서 사용된 적이 없다. 3등자는 항상 개음 /j-/를 가지고[17] $_1$戈韻은 항상 합구이므로, $_3$戈韻은 이론적으로 전설 활음 /j-/가 부가된 /jwɑ/ 또는 /wjɑ/이다. 이 /jwɑ/·/wjɑ/는 운복 모음 /ɑ/의 앞에서 전설성을 가지는 /j-/와 원순성을 가지는 /w-/가 동시에 조음되는 것을 뜻한다. 따라서 이 개음 /jw-/·/wj-/는 IPA의 전설 원순 활음 /ɥ-/에 대응하고, 더 쉽게 말하면 활음으로 발음되는 독일어의 [ü]에 해당한다. 근대 중국에서는 이 전설 원순 활음 /ɥ-/를 撮口呼라고 부름으로써 開口呼 /ø-/,[18] 合口呼 /w-/, 齊齒呼 /j-/와 구별한다. 중국 음운학에서 누구나 인정하는 중고음 활음으로는 전설 원순 활음 /ɥ-/, 후설 원순 활음 /w-/, 전설 평순 활음 /j-/의 세 가지가 있다.

이왕 韻頭 介音(현대 언어학의 활음)을 거론했으므로 여기에서 한두 가지를 덧붙이기로 한다. 우선, 한어 중고음의 운두 개음에 몇 가지가 있었는지 학자들의 견

16 Karlgren(1954)는 합구음 /w-/도 자음적인 'w-'와 모음적인 'u-'의 두 가지로 나누었지만 우리는 이들을 /w-/ 하나로 아우른다.

17 이 활음 대신에 /ɪ-/를 가지기도 한다. 후술하겠지만, /j-/는 자음적 활음이고 /ɪ-/는 모음적 활음이다.

18 이 /ø/는 아무 음가도 없음을 가리키므로, 실제로는 개음이 없음을 뜻한다.

해가 일치하지 않는다. 예컨대, 일부의 학자들은 한어 상고음과 중고음에서 /r-/, /ɪ-/ 등의 개음을 설정하기도 한다.

/r-/은 流音이 약화되어 /ɹ-/ 또는 /ɻ-/ 등의 활음 또는 전이음으로 발음되는 것을 뜻하는데, 표기의 편의상 /r-/로 적었다. 상고음에서는 2등운에 이 '*r-'이 개재하지만(董同龢 1972, 李方桂 1980, Pulleyblank 1983, 鄭張尙芳 2003, Baxter and Sagart 2014), 중고음에서는 이것이 사라졌다고 보는 것이 통설이고 우리도 이를 따른다. 한편, 후설 평순 활음을 가리키는 /ɪ-/를 설정하기도 한다. /ɪ-/를 설정할 필요가 있다는 데에는 우리도 동의한다. 즉 重紐를[19] 인정한다. 그러나 우리는 자음적 전설 평순 활음 /j-/와 구별되는 모음적 활음을 설정하고, 이 모음적 전설 평순 활음을 표기할 때에 /ɪ-/를 사용한다.[20] 중뉴를 해결하기 위한 것이 아니었지만, Karlgren(1954)도 자음적 활음과 음운론적으로 대립하는 모음적 활음을 설정한 바 있다.

그런데 /r-/, /ɪ-/ 등의 개음을 포함하여 많은 종류의 운두 개음을 인정하면 거꾸로 운복 모음의 종류가 줄어든다. 반면에 운두 개음의 종류를 소수로 한정하면 운복 모음의 종류가 늘어난다. 이처럼 운두 개음의 종류와 운복 모음의 종류는 반비례 관계이다. 따라서 다양한 견해가 나올 수 있고, 학자들의 견해가 일치하지 않는다. 우리의 논의 결과에 따르면, 전기 중고음의 개음에 /r-/을 설정할 필요가 없지만 /ɪ-/는 설정할 필요가 있다. 우리는 『세설신어』의 대화문 용자를 음운론적으로 분석하여 전기 중고음의 운두 개음에 몇 가지가 있었는지를 논의할 것이다.

앞에서 이미 지적한 것처럼 『세설신어』의 대화문에서는 戈韻 3등자가 전혀 사용되지 않았다. 따라서 5세기 전반기의 한어에서는 전설 원순 활음 /ɥ-/가 후설 저모음 /ɑ/의 바로 앞에 오지 않는다고 일반화할 수 있다.

이 음운론적 제약은 음성학적 타당성을 가지고 있다. 전설 원순 활음 /ɥ-/를

19 중뉴의 개념은 뒤에서 거론한다.

20 우리와는 달리, 이토 지유키(2011, 이진호 역)에서는 후설 평순 개음을 표기할 때에 /ɪ-/를 사용했다. 이 차이점에 주의하기를 바란다.

발음하고 나서 바로 이어서 후설 저모음 /ɑ/를 발음하는 것은 아주 어렵기 때문이다. 현대 중국어의 발음에서도 전설 원순 활음 /ɥ-/의 바로 뒤에 전설 저모음 /ɛ/가 온 [ɥɛ]나 [ɥɛn]은 있지만, /ɥ-/의 바로 뒤에 후설 저모음 /ɑ/가 온 [ɥɑ]나 [ɥɑn]은 없다. 이와 마찬가지로 5세기 전반기의 한어에도 /jwɑ/ 즉 /ɥɑ/가 없었다고 본다. 『세설신어』의 대화문에 戈韻 3등자가 전혀 사용되지 않았기 때문이다.

이제, 『세설신어』의 대화문에 사용된 2,212자 중에서 果攝과 假攝에 속하는 것을 골라 분포 분석표에 집어넣기로 한다. 분포 분석표의 行에는 29종의 자음 음소를 배열하고, 列에는 성조를 평성, 상성, 거성, 입성의 넷으로 나누어 배열한다. 이처럼 배열하면 동일 칸에 온 한자는 성모와 성조가 동일하되, 운만 서로 달라진다. 즉 동일 칸에 온 한자를 대상으로 삼아, 운의 최소대립 쌍을 아주 쉽게 찾아낼 수 있다.

대화문 용자를 분포 분석표에 집어넣을 때에는 加[見開2平麻]를 見母/k/ 행의 평성 열에 '${}^{\text{開}}_{2}\text{加}_{\text{麻}}^{L}$'로 고쳐서 넣는다. 이때에 '加'는 평성 열에 넣게 되므로 성조 'L'을 생략하여 '${}^{\text{開}}_{2}\text{加}_{\text{麻}}$'로 고쳐서 넣는다. 이리하면 韻과 연동되어 있는 개합, 등, 운(구체적으로는 운복 모음)의 음운론적 성분만 위첨자와 아래첨자로 표시된다.

아래의 분포 분석표 (3)에는 과섭과 가섭에 속하는 운모뿐만 아니라 蟹攝의 佳韻 2등도 집어넣었다. 佳韻 2등자는 운미 /-i/를 가지지만, 한어의 일부 방언에서는 운미 /-i/가 없다.[21] 그리하여 ${}_{2}$佳韻을 /-ø/ 운미에 넣기도 하므로 ${}_{2}$佳韻도 일단 /-ø/ 운미와 더불어 분석 대상으로 삼았다.

아래의 분포 분석표에서 먼저 ${}_{1}$歌韻과 ${}_{1}$戈韻이 동일 칸에 온 것을 찾아보자. 多音字를 음운대립의 논거에서 제외하면 대립 쌍이 없지만, 다음자를 포함하면 아래의 7쌍이 나온다. 13회 이상 출현하는 334자 집합과 11회 이상 출현하는 385자 집합에서 이미 ${}_{1}$歌韻과 ${}_{1}$戈韻의 음운대립이 성립한다. 이것은 극소수의 상용자 집합에서 이미 이 음운대립이 성립함을 뜻한다.

21 이것은 한국 한자음도 마찬가지이다.

(3) **果攝字와 假攝字의 분포 분석표** ($_{1}$歌韻 23자, $_{1}$戈韻 21자, $_{2}$麻韻 38자, $_{3}$麻韻 23자, $_{2}$佳韻 15자)

성조 성모		평성^{L}	상성^{R}	거성^{D}
순음	幇非/p/	$_{1}波_{戈}$ $_{1}\underline{番}_{戈}$	$_{2}把_{麻}$ $_{2}擺_{佳}$	$_{1}播_{戈}$ $_{1}簸_{戈}$ $_{1}\underline{番}_{戈}$
	滂敷/p^{h}/	$_{1}\underline{頗}_{戈}$	$_{1}\underline{頗}_{戈}$	$_{1}破_{戈}$
	並奉/b/	$_{1}婆_{戈}$ $_{2}琶_{麻}$	$_{2}罷_{佳}$	
	明微/m/		$_{2}馬_{麻}$ $_{2}買_{佳}$	$_{2}罵_{麻}$ $_{2}賣_{佳}$
설음	端知/t/	$^{開}_{1}多_{歌}$	$^{開}_{2}打_{麻}$	
	透徹/t^{h}/	$^{開}_{1}他_{歌}$		
	定澄/d/	$^{開}_{1}跎_{歌}$ $^{開}_{2}\underline{茶}_{麻}$	$^{合}_{1}墮_{戈}$	
	泥日娘/n/	$^{開}_{1}那_{歌}$	$^{開}_{AB}\underline{若}_{麻}$	$^{開}_{1}\underline{奈}_{歌}$ $^{合}_{1}懦_{戈}$
	來母/l/	$^{開}_{1}羅_{歌}$	$^{開}_{1}砢_{歌}$	
치음 마찰	心母/s/	$^{開}_{1}\underline{娑}_{歌}$ $^{合}_{1}撒_{戈}$	$^{開}_{AB}寫_{麻}$	$^{開}_{AB}瀉_{麻}$
	邪母/z/	$^{開}_{AB}\underline{邪}_{麻}$		$^{開}_{AB}謝_{麻}$
	生母/ʂ/	$^{開}_{2}沙_{麻}$ $^{開}_{2}\underline{娑}_{麻}$	$^{開}_{2}灑_{佳}$	$^{開}_{2}\underline{曬}_{佳}$ $^{開}_{2}\underline{洒}_{佳}$
	書母/ɕ/		$^{開}_{AB}捨_{麻}$	$^{開}_{AB}舍_{麻}$
	常母/ʑ/	$^{開}_{AB}闍_{麻}$	$^{開}_{AB}社_{麻}$	
	羊母/j/	$^{開}_{AB}\underline{邪}_{麻}$ $^{開}_{AB}耶_{麻}$	$^{開}_{AB}也_{麻}$ $^{開}_{AB}冶_{麻}$ $^{開}_{AB}野_{麻}$	$^{開}_{AB}\underline{射}_{麻}$ $^{開}_{AB}夜_{麻}$
치음 파찰	精母/ʦ/		$^{開}_{1}左_{歌}$	$^{開}_{1}佐_{歌}$ $^{開}_{AB}借_{麻}$
	清初/$ʦ^{h}$/	$^{開}_{1}蹉_{歌}$ $^{開}_{2}\underline{差}_{麻}$ $^{開}_{2}\underline{差}_{佳}$	$^{開}_{AB}且_{麻}$	
	從母/dz/		$^{合}_{1}\underline{坐}_{戈}$	$^{合}_{1}\underline{坐}_{戈}$ $^{開}_{AB}藉_{麻}$
	莊母/ʈʂ/	$^{開}_{2}樝_{麻}$		
	章母/ʨ/		$^{開}_{AB}者_{麻}$	
	昌母/$ʨ^{h}$/	$^{開}_{AB}\underline{車}_{麻}$		
	船崇/dʑ/	$^{開}_{AB}蛇_{麻}$ $^{開}_{2}\underline{苴}_{麻}$ $^{開}_{2}柴_{佳}$		$^{開}_{AB}\underline{射}_{麻}$

성조 / 성모		평성^{L}	상성^{R}	거성^{D}
아음	見母/k/	$^{開}_{1}$柯$_{歌}$ $^{開}_{1}$歌$_{歌}$ $^{開}_{2}$加$_{麻}$ $^{開}_{2}$嘉$_{麻}$ $^{開}_{2}$家$_{麻}$ $^{合}_{2}$瓜$_{麻}$ $^{開}_{2}$佳$_{佳}$	$^{合}_{1}$果$_{戈}$ $^{開}_{2}$假$_{麻}$ $^{合}_{2}$寡$_{麻}$	$^{合}_{1}$過$_{戈}$ $^{開}_{2}$假$_{麻}$ $^{開}_{2}$架$_{麻}$ $^{開}_{2}$價$_{麻}$ $^{開}_{2}$賈$_{麻}$ $^{開}_{2}$嫁$_{麻}$ $^{合}_{2}$卦$_{佳}$ $^{合}_{2}$獪$_{佳}$
	溪母/k^{h}/		$^{開}_{1}$可$_{歌}$	
	群母/g/			
	疑母/ŋ/	$^{開}_{1}$俄$_{歌}$ $^{開}_{1}$峨$_{歌}$ $^{開}_{2}$牙$_{麻}$	$^{開}_{1}$我$_{歌}$ $^{開}_{2}$雅$_{麻}$ $^{合}_{2}$瓦$_{麻}$	$^{合}_{1}$臥$_{戈}$
후음	影母/ʔ/	$^{開}_{1}$阿$_{歌}$	$^{開}_{2}$啞$_{麻}$	$^{開}_{2}$啞$_{麻}$
	曉母 /h/		$^{合}_{1}$火$_{戈}$	$^{合}_{2}$化$_{麻}$
	匣云 /ɦ/	$^{開}_{1}$何$_{歌}$ $^{開}_{1}$河$_{歌}$ $^{開}_{1}$荷$_{歌}$ $^{合}_{1}$和$_{戈}$ $^{開}_{2}$霞$_{麻}$ $^{開}_{2}$蝦$_{麻}$ $^{合}_{2}$華$_{麻}$	$^{開}_{1}$荷$_{歌}$ $^{合}_{1}$禍$_{戈}$ $^{開}_{2}$解$_{佳}$ $^{開}_{2}$蟹$_{佳}$ $^{開}_{2}$下$_{麻}$ $^{開}_{2}$夏$_{麻}$ $^{開}_{2}$廈$_{麻}$	$^{開}_{1}$賀$_{歌}$ $^{合}_{1}$和$_{戈}$ $^{合}_{2}$畫$_{佳}$ $^{開}_{2}$下$_{麻}$ $^{開}_{2}$夏$_{麻}$ $^{開}_{2}$暇$_{麻}$ $^{合}_{2}$華$_{麻}$

(4) $_{1}$歌韻과 $_{1}$戈韻의 음운대립 쌍 (0/7쌍) (2, 1)

1. 泥日娘/n/의 거성 – $^{開}_{1}$奈$_{歌}$: $^{合}_{1}$懦$_{戈}$ (1 : 1)
2. 心母/s/의 평성 – $^{開}_{1}$娑$_{歌}$: $^{合}_{1}$撒$_{戈}$ (2 : 1)
3. 匣云/ɦ/의 평성 – $^{開}_{1}$何$_{歌}$, $^{開}_{1}$河$_{歌}$, $^{開}_{1}$荷$_{歌}$: $^{合}_{1}$和$_{戈}$ (384, 11, 1 : 13)
4. 匣云/ɦ/의 상성 – $^{開}_{1}$賀$_{歌}$: $^{合}_{1}$和$_{戈}$ (2 : 13)
5. 匣云/ɦ/의 상성 – $^{開}_{1}$荷$_{歌}$: $^{合}_{1}$禍$_{戈}$ (1 : 4)

그런데 위의 대립 항 중에서 (4.1)의 '奈'가 $_{1}$歌韻인 [泥開1去歌]의 음가뿐만 아니라 $_{1}$泰韻인 [泥開1去泰]의 음가도 갖는다. (4.2)의 대립 항 '娑'도 [心開1平歌]뿐만 아니라 [生開2平麻]의 음가도 갖는다. (4.3)과 (4.5)의 대립 항 '荷'도 [匣開1平歌]와 [匣開1上歌]의 두 가지 음가를 가지고 있다. (4.3)과 (4.4)의 대립 항 '和'도 성조 多音字이다. 이처럼 (4)에서는 대립 항의 어느 한 쪽이 항상 多音字이다.

음운대립 쌍을 확인할 때에 이와 같은 다음자가 항상 문제를 제기한다. 다음자를 처리하는 가장 간단한 방법은 음운대립의 논거에서 다음자를 모두 제외하는 방법이다. 우리는 원칙적으로 이 방법을 따른다. 이에 따르면 (4)의 음운대립 쌍이 모두 사라지므로 $_1$歌韻과 $_1$戈韻의 음운대립이 무너진다.

그런데 (4.3~4.4)의 대립 항 '和'는 다음자라 하더라도 음운대립의 논거로 채택한다. 성조로 평성을 택하든 거성을 택하든, 둘 중 하나를 택하면 음운대립이 성립하기 때문이다. 더군다나 '和'는 『세설신어』의 대화문에서 13회나 사용된 상용자이다. 또한 고대의 성조 다음자 중에는 평성이 기본 성조인 것이 많다. 이런 점을 모두 감안하여 (4.3)에서 '$^{開}_{1}$何$_{歌}$: $^{合}_{1}$和$_{戈}$'의 음운대립과 '$^{開}_{1}$河$_{歌}$: $^{合}_{1}$和$_{戈}$'의 음운대립이 성립한다고 할 수 있다. 최소한 두 쌍에서 음운대립이 성립하고 11회 이상 출현하는 상용자 집합에서 대립이 성립하므로 $_1$歌韻과 $_1$戈韻이 음운론적으로 대립한다고 할 수 있다.

(4)의 대립 쌍은 한어 음절의 5가지 음운론적 성분 중에서 두 가지가 차이가 난다. 첫째로 왼쪽 대립 항은 항상 $_1$歌韻인 데에 비하여 오른쪽 대립 항은 항상 $_1$戈韻이다. 둘째로 왼쪽 대립 항이 開合에서 항상 開口인 데에 반하여 오른쪽 대립 항은 항상 合口이다. 이처럼 두 가지 이상의 성분에서 차이가 나는 것은 최소대립 쌍이 아니다. 최소대립 쌍은 여러 음운론적 성분 중에서 오직 한 가지 성분에서만 차이가 나는 쌍이라고 정의하기 때문이다. 따라서 우리는 (4)와 같은 쌍을 최소대립 쌍이라고 부르지 않고, 음운대립 쌍이라고 부른다. 달리 말하면 우리의 음운대립이라는 용어는 漢語音의 5가지 음운론적 성분 중에서 둘 이상의 성분이 서로 다름으로써 성립하는 대립을 가리킨다.

이처럼 2가지 이상의 성분에서 차이가 날 때에는 운복 모음이 서로 달라야 할 절대적 근거가 없다, 예컨대 (4.3)의 '何'와 '和'가 의미가 서로 다른 것은 운모의 운복 모음이 서로 다르기 때문이라고 할 수도 있지만, '何'가 개구인 데에 반하여 '和'가 합구이기 때문이라고 말할 수도 있다. 이 점에서 이러한 음운대립 쌍은 운복 모음을 재구할 때에 적극적으로 이용해서는 안 된다.

(4)처럼 두 가지 이상의 음운론적 성분이 서로 다를 때에 우리는 '介音 차이

우선의 원칙'을 적용한다. 예컨대 (4.3)에서 대립 항 '何'와 '和'가 서로 의미가 다른 것은 운모의 운복 모음이 서로 다르기 때문이 아니라 운두 개음의 유무나 개음 종류의 차이 때문이라고 본다. 즉 '何'는 개구인 데에 반하여 '和'는 합구이므로 이 차이로 말미암아 '何'와 '和'의 음가가 달라지고 의미도 달라진다고 본다. 이에 따르면 $_1$歌韻인 '何'와 $_1$戈韻인 '和'의 운복 모음이 동일하다고 해도 된다.

개음 차이 우선의 원칙은 운모의 명칭과 직접 관련된다. (4)의 대립 쌍에서 $_1$歌韻과 $_1$戈韻은 항상 합구음 /w-/의 유무에서 차이가 나는데, 이 차이가 '$_1$歌韻'과 '$_1$戈韻'이라는 명칭에 직접 반영되어 있다. 후술할 麻韻에는 2등운과 3등운의 두 가지가 있는데, 이 둘에도 운두 개음 /j-/의 유무가 반영되어 있다. 개음이 없으면 麻韻 2등 즉 $_2$麻韻이고, 있으면 麻韻 3등 즉 $_3$麻韻이다. 이처럼 운두 개음의 유무와 종류에서 차이가 나는 것은 중국 음운학에서 바로 운모 명칭의 차이로 직결되므로 운복 모음의 차이보다도 항상 우선한다.

결론적으로, $_1$歌韻과 $_1$戈韻의 운복 모음을 동일하게 /ɑ/라고 하는 대신에, $_1$戈韻은 합구음 /w-/를 가지지만 $_1$歌韻은 /w-/가 없다고 기술한다. 즉 $_1$戈韻은 /wɑ/로, $_1$歌韻은 /ɑ/로 재구한다.

이들의 운복에 /ɑ/ 모음을 배당하는 것은 현대 한어의 여러 방언음, 한국 한자음, 일본의 吳音과 漢音, 베트남 한자음 등을 두루 참고한 것이다. 한어음을 기타의 문자로 音寫하거나 기타의 언어를 한자로 음사한 각종의 對音 자료도 참고한다. 여러 학자들이 $_1$歌韻과 $_1$戈韻의 운복 모음을 후설 평순 저모음 /ɑ/라고 추정한 것도 물론 참고했다.

다음으로, 분포 분석표 (3)에서 $_1$歌韻과 $_1$戈韻의 분포를 기술해 보자. $_1$歌韻은 희한하게도 脣音 뒤에 오지 않는다.[22] 이 분포제약은 음성학적 타당성을 가지고 있다. 순음은 두 입술을 폐쇄하거나 마찰하므로 조음위치가 가장 앞쪽인 데에 반하여 $_1$歌韻의 운복은 입술에서 가장 거리가 먼 후설 저모음이다. 따라서 순음

22 이와는 달리 순음 뒤에는 麻韻 2등이 많이 온다.

과 /ɑ/를 연속하여 발음하는 것은 쉽지 않다. 반면에, $_{1}$戈韻은 아무런 분포 제약이 없다. /wɑ/의 개음 /w-/가 이미 후설성을 가지므로 그 바로 뒤에 후설 저모음이 오더라도 아주 쉽게 발음할 수 있다.

이제, $_{1}$歌韻과 麻韻이 동일 칸에 온 것을 찾아볼 차례이다. 그런데 麻韻에는 2등뿐만 아니라 3등도 있어서 문제가 된다. 이처럼 하나의 운모 명칭이 둘 이상의 운으로 구성될 때가 있는데, 이를 重韻이라 한다(邵榮芬 1982). 麻韻은 東韻, 庚韻과 더불어 중운의 일종이므로 $_{2}$麻韻과 $_{3}$麻韻의 음운론적 관계를 먼저 확인할 필요가 있다.

위의 분포 분석표에서 $_{2}$麻韻과 $_{3}$麻韻이 동일 칸에 온 것을 찾아보면 아래의 한 쌍뿐이다. 대립 항 '苴'와 '蛇'는 성모, 성조, 개합, 운모가 동일하고 등에서만 차이가 난다. 5가지 음운론적 성분 중에서 등에서만 차이가 나므로, (5)의 대립 쌍은 等의 최소대립 쌍이다.

(5) $_{2}$麻韻과 $_{3}$麻韻의 최소대립 쌍 (0/1쌍)

船崇/dʑ/의 평성 – $^{開}_{2}$苴$_{麻}$: $^{開}_{AB}$蛇$_{麻}$ (1 : 1)

그런데 (5)의 대립 항인 '苴'가 [崇開2平麻]의 음가뿐만 아니라 [淸開C平魚], [精開C平魚]의 음가도 가지는 다음자이다. 즉 '苴'의 기원적 운은 麻韻 2등이 아니라 魚韻 3등일 가능성이 더 크다. 이에 따라 대립 항 '苴'를 魚韻 3등자라 하면, $_{2}$麻韻과 $_{3}$麻韻의 최소대립 쌍이 없어진다.

『세설신어』의 대화문 용자 중에는 $_{2}$麻韻과 $_{3}$麻韻의 최소대립 쌍이 없다. 이것을 달리 말하면 $_{2}$麻韻과 $_{3}$麻韻의 분포가 상보적임을 뜻한다. 이 상보적 분포를 구체적으로 제시하면 다음과 같다.

(6) $_{2}$麻韻과 $_{3}$麻韻의 성모별 분포

1. $_{2}$麻韻의 앞에 오는 성모 – 幫非/p/, 並奉/b/, 明微/m/, 端知/t/, 定澄/d/, 生母/ʂ/, 莊母/tʂ/, 見母/k/, 疑母/ŋ/, 影母/ʔ/, 曉母/h/, 匣云/ɦ/

2. ${}_3$麻韻의 앞에 오는 성모 – 泥日娘/n/, 心母/s/, 邪母/z/, 書母/ɕ/, 羊母/j/, 精母/ʦ/, 從母/dz/, 章母/ʨ/, 昌母/ʨʰ/, 船崇/dʑ/

위에 제시한 것처럼, 성모별로 ${}_2$麻韻과 ${}_3$麻韻의 분포를 정리해 보면 그 분포가 확연히 차이가 난다. 이처럼 정리할 때에 문제가 되는 것은 (5)의 대립 항 '$^{開}{}_2$苴$_{麻}$'이다. (6)에 정리한 것처럼, 성모가 船崇/dʑ/일 때에는 그 뒤에 ${}_3$麻韻이 오는 것이 원칙이다. 그런데 (5)의 대립 항 '$^{開}{}_2$苴$_{麻}$'는 ${}_2$麻韻이므로 이 원칙을 위반한다. 여기에서 다음자의 일종인 '苴'가 麻韻 2등자가 아니라 魚韻 3등자임이 드러난다. 따라서 (5)의 최소대립 쌍을 부정할 수 있다.

그렇다면 ${}_2$麻韻과 ${}_3$麻韻이 상보적으로 분포한다고 믿을 수 있다. 상보적 분포를 보이는 것은 하나의 단위로 합친다. 프라그 학파에서 개발한 이 음소 설정 방법은 지금까지도 보편적으로 널리 통용된다. 이에 따라 5세기 전반기의 한어에서는 ${}_2$麻韻과 ${}_3$麻韻이 하나의 단위였던 것으로 수정하고 그 명칭으로는 麻韻 2등 즉 ${}_2$麻韻을 택하기로 한다.

기존의 논의에서는 ${}_2$麻韻을 전설 저모음 /a/(또는 /ɛ/)로 재구한 다음에, 3등은 구개 개음을 가진다는 원칙에 따라 ${}_3$麻韻을 /ja/(또는 /jɛ/)로 재구해 왔다. 그러나 이것은 11~13세기에 편찬된 『韻鏡』, 『七音略』, 『四聲等字』, 『切韻指掌圖』 등의 韻圖에서 麻韻을 2등과 3등으로 나누어 배치한 것을 보고, 이론적이고도 기계적으로 재구한 것에 불과하다. 『韻鏡』의 체계를 고스란히 『절운』 시대에 적용하는 것은 시대착오적이다. 河野六郎(1968/79)를 비롯하여 많은 학자들이 이것을 이미 지적한 바 있다.

우리는 운도를 연구 대상으로 삼는 것이 아니라 口語的 자연언어 자료를 분석 대상으로 삼는다. 그 자료로 『세설신어』의 대화문 용자를 택하여 분석해 봤더니, ${}_2$麻韻과 ${}_3$麻韻의 분포가 상보적이다. 우리는 이것이 5세기 전반기 한어의 언어 현실이라고 본다. 달리 말하면 전기 중고음에서는 ${}_2$麻韻과 ${}_3$麻韻이 음운론적으로 아직 분화하지 않았다고 본다.

3장에서도 강조했듯이 지금부터는 특별한 사유가 없는 한, 다음자는 음운대립의 논거에서 제외한다. 다음자를 논거에서 제외하더라도 음운대립의 성립 여부에 영향을 미치지 않기 때문이다. 즉 다음자가 대립 항인 것은 우리의 논의에서 거의 대부분 잉여적이다.

이제, 위의 분포 분석표에서 ${}_{1}$歌韻과 ${}_{2}$麻韻이 동일 칸에 온 것을 찾아본다. 다음자를 제거하더라도 ${}_{1}$歌韻과 ${}_{2}$麻韻은 아래의 13쌍에서 음운론적으로 대립하고, 11회 이상 출현하는 385자 집합에서 이미 대립이 성립한다.[23] 양적 척도와 질적 척도를 두루 충족한다.

(7) ${}_{1}$歌韻과 ${}_{2}$麻韻의 음운대립 쌍 (13쌍) (11, 3, 2)

1. 見母/k/의 평성 – $^{\text{開}}_{1}$柯$_{\text{歌}}$, $^{\text{開}}_{1}$歌$_{\text{歌}}$: $^{\text{開}}_{2}$加$_{\text{麻}}$, $^{\text{開}}_{2}$嘉$_{\text{麻}}$ (2, 1 : 7, 7)
2. 疑母/ŋ/의 평성 – $^{\text{開}}_{1}$俄$_{\text{歌}}$, $^{\text{開}}_{1}$峨$_{\text{歌}}$: $^{\text{開}}_{2}$牙$_{\text{麻}}$ (2, 5 : 3)
3. 疑母/ŋ/의 상성 – $^{\text{開}}_{1}$我$_{\text{歌}}$: $^{\text{開}}_{2}$雅$_{\text{麻}}$ (162 : 11)
4. 匣云/ɦ/의 평성 – $^{\text{開}}_{1}$何$_{\text{歌}}$, $^{\text{開}}_{1}$河$_{\text{歌}}$: $^{\text{開}}_{2}$霞$_{\text{麻}}$, $^{\text{開}}_{2}$蝦$_{\text{麻}}$ (384, 11 : 2, 1)
5. 匣云/ɦ/의 거성 – $^{\text{開}}_{1}$賀$_{\text{歌}}$: $^{\text{開}}_{2}$暇$_{\text{麻}}$ (2 : 6)

(8) ${}_{1}$歌韻과 ${}_{3}$麻韻의 음운대립 쌍 (1쌍) (1)

精母/ʦ/의 거성 – $^{\text{開}}_{1}$佐$_{\text{歌}}$: $^{\text{開}}_{AB}$借$_{\text{麻}}$ (3 : 1)

위의 예에서 볼 수 있듯이, ${}_{1}$歌韻과 ${}_{2}$麻韻이 동일 칸에 온 것은 적지 않지만 ${}_{1}$歌韻과 ${}_{3}$麻韻이 동일 칸에 온 것은 (8)의 하나뿐이다. 여기에서도 麻韻을 대표하는 것은 ${}_{3}$麻韻이 아니라 ${}_{2}$麻韻임을 알 수 있다.

언뜻 보기에 (7~8)은 최소대립 쌍이 아니라 음운대립 쌍이다. 韻뿐만 아니라 等도 서로 다르기 때문이다. 그런데 歌韻은 항상 1등인 데에 비하여 麻韻은 2등이 기본이라는 점을 감안할 필요가 있다. 5세기 전반기의 한어에서는 麻韻 3등이 아직 분화하지 않은 상태였으므로, 이 시기에는 歌韻이 항상 1등인 데에 반하

23 백제와 고구려의 한자음뿐만 아니라 한국 중세 한자음에서는 이 음운대립이 없다(이승재 2013, 2016).

여 麻韻은 항상 2등이라는 명제가 성립한다.[24]

그렇다면 (7)에 제시한 대립 쌍이 최소대립 쌍이 아니라 음운대립 쌍이라 하더라도, 실질적으로는 운복 모음의 최소대립 쌍이라고 할 수 있다.[25] 이들의 1등과 2등이 운에 연동되어 있고, 1등과 2등에는 공통적으로 개음이 없기 때문이다. 이 운복의 최소대립 쌍을 논거로 삼아 $_1$歌韻의 운복과 $_2$麻韻의 운복에 서로 다른 모음을 배당한다.

아래의 (9.1)과 같이, 우리는 $_2$麻韻에 전설 평순 저모음 /ε/를 배당하고 $_1$歌韻에 후설 평순 저모음 /ɑ/를 배당한다. 이들의 음가를 표기할 때에 (9.2)의 /a/와 /ɑ/를 택하기도 하고, (9.3)의 /ε/와 /a/를 택하기도 한다. 그러나 우리는 (9.1)처럼 전설 저모음을 /ε/로 표기하고 후설 저모음을 /ɑ/로 표기한다. /a/는 특별히 중설 저모음을 지칭할 때에만 사용한다.

(9) $_2$麻韻과 $_1$歌韻의 재구음

1. $_2$麻韻 /ε/ — /ɑ/ $_1$歌韻
2. $_2$麻韻 /a/ — /ɑ/ $_1$歌韻
3. $_2$麻韻 /ε/ — /a/ $_1$歌韻

표기와 관련하여 한 가지 더 일러둘 것이 있다. 우리는 음운대립이 확인되지 않을 때에는 [ ]를 사용하고 음운대립이 확인될 때에는 / /를 사용하여 두 가지 기호를 엄격히 구별한다. 달리 말하면 [ ]은 음성 또는 변이음 표시이고, 대부분 『절운』 音系의 단위이다. 반면에, / /은 음소 표시인데, 이것은 대부분 『세설신어』 대화문 용자를 상호 대비하여 최소대립 쌍을 찾을 수 있을 때에 즉 음소의 자격을 부여할 수 있을 때에 사용한다. $_1$歌韻과 $_2$麻韻의 운복 모음은 (7)의 여러 예에 제시한 것처럼 최소대립 쌍이 존재하므로, 음운론적으로 대립하는 모음이다.

---

24 이 예에서처럼 等이 자동적으로 운모에 연동될 때가 아주 많다는 것은 뒤에서 자연스레 드러날 것이다.

25 이것은 아래의 (11)을 논의하면서 증명할 것이다.

따라서 이들에는 음소의 자격을 부여하여, (9)에서처럼 / /을 사용한다.

위의 (4)에서 이미 $_1$歌韻과 $_1$戈韻의 음운대립 쌍을 제시한 바 있다. 이 대립 쌍에서 $_1$歌韻은 항상 개구였고 $_1$戈韻은 항상 합구였다. 달리 말하면, $_1$戈韻은 $_1$歌韻의 合口韻이다. 따라서 $_1$戈韻을 /wɑ/라고 재구한다.

그런데 $_2$麻韻에는 개구만 있는 것이 아니라 합구도 있다. 그리하여 $_2$麻韻의 개구와 합구가 아래의 4/7쌍에서 음운론적으로 대립한다. 이 대립은 2회 이상 출현하는 1,487자 집합에서 대립이 성립한다.

(10) $_2$麻韻 개구와 합구의 최소대립 쌍 (4/7쌍) (2, 1, 1)

1. 見母/k/의 평성 – $^{開}_{2}$加$_{麻}$, $^{開}_{2}$嘉$_{麻}$, $^{開}_{2}$家$_{麻}$: $^{合}_{2}$瓜$_{麻}$ (7, 7, 73 : 1)
2. 疑母/ŋ/의 상성 – $^{開}_{2}$雅$_{麻}$: $^{合}_{2}$瓦$_{麻}$ (11 : 2)
3. 匣云/ɦ/의 평성 – $^{開}_{2}$霞$_{麻}$, $^{開}_{2}$蝦$_{麻}$: $^{合}_{2}$華$_{麻}$ (2, 1 : 7)
4. 匣云/ɦ/의 거성 – $^{開}_{2}$暇$_{麻}$: $^{合}_{2}$華$_{麻}$ (6 : 7)

이들 대립 쌍은 성모, 성조, 등, 운모가 서로 같고 개합에서만 차이가 난다. 따라서 이들은 개합의 최소대립 쌍이다. 중요한 것은 이들의 최소대립이 아후음 뒤에서만 성립한다는 점이다. 반면에, $_1$歌韻과 $_1$戈韻의 음운대립 쌍은 이처럼 분포가 제한되지 않는다. 따라서 $_2$麻韻 개구와 합구의 최소대립이 아후음 뒤에서만 성립한다는 것은 아주 특이한 것임이 분명하다.

앞에서 $_2$麻韻의 운복을 /ɛ/로 재구한 것은 개구에 한정된 것이었다. (10)에서 개구와 합구가 음운론적으로 대립하므로, 이제 $_2$麻韻 합구를 /wɛ/로 재구한다.

여기에서 새로운 의문이 하나 제기된다. $_2$麻韻 합구가 항상 합구인 $_1$戈韻과 음운론적으로 대립했을까? 이것을 확인하기 위하여 이 두 운이 동일 칸에 온 것을 분포 분석표에서 찾아본다. 2쌍의 음운대립 쌍을 찾을 수 있고, 7회 이상 사용된 565자 집합에서 이미 대립이 성립한다.

(11) $_2$麻韻 합구와 $_1$戈韻의 음운대립 쌍 (2쌍) (7, 5)

1. 見母/k/의 상성 – 合$_2$寡$_{麻}$: 合$_1$果$_{戈}$ (7 : 5)
2. 匣云/ɦ/의 평성과 거성[26] – 合$_2$<u>華</u>$_{麻}$: 合$_1$<u>和</u>$_{戈}$ (7 : 13)

그런데 이처럼 겨우 두 쌍의 논거만으로 $_2$麻韻 합구와 $_1$戈韻이 음운론적으로 대립했다고 할 수 있을까? 우리의 연구 방법에서는 음운대립 쌍이 많을수록 신뢰도가 높고 적을수록 신뢰도가 떨어지기 때문에 이처럼 질문하게 된다. 그러나 (11.1)의 대립 항 '寡'와 '果'는 『세설신어』의 대화문에서 각각 7회와 5회 출현하므로 질적 척도를 충족한다. (11.2)의 대립 항 '華'와 '和'는 성조 다음자이기는 하지만 둘 다 성조가 평성과 거성이다. 따라서 이 대립 쌍을 예외적으로 음운대립의 논거에 넣을 수 있다. 더욱이 대립 항이 각각 7회와 13회 출현하므로 역시 질적 척도를 충족한다. 상용자끼리의 음운대립은 僻字끼리의 음운대립보다 훨씬 신뢰도가 높기 때문에 (11)의 대립 쌍을 신뢰할 수 있다.

이때에 몇 자까지를 상용자라고 할 것인가 하는 문제가 제기된다. 연구의 결과로 밝혀진 것이지만, 3회 이상 출현하는 1,112자를 우리는 상용자라고 본다. 따라서 3회 이상 출현하는 대화문 용자 상호 간의 음운대립은 대립 쌍이 비록 한 쌍에 불과하더라도 신뢰하기로 한다. 이 경험적 증거에 따르면 (11.1)의 대립 항 '寡'와 '果'가 5회 이상 출현하므로 $_2$麻韻 합구와 $_1$戈韻의 음운대립을 믿을 수 있다. (11.2)의 대립 항도 7회 이상 출현하므로 마찬가지이다.

(11)에서 $_2$麻韻 합구와 $_1$戈韻의 음운대립이 성립하므로 이들의 운복 모음이 서로 달라야 한다. 만약에 이 두 운복이 동일한 모음이라고 가정하면 $_2$麻韻 합구와 $_1$戈韻의 음가가 서로 같아진다. 이처럼 가정하면 둘 사이의 음운대립이 무너지므로, 이 가정은 옳지 않다. 따라서 $_2$麻韻의 운복에는 /ɛ/를, $_1$戈韻의 운복에는 /ɑ/를 배당하여 서로 구별한다. 결론적으로, $_2$麻韻 합구는 $_2$麻韻의 운복 모음 /ɛ/에 합구음 /w-/를 더한 /wɛ/로 추정하고, $_1$戈韻은 앞에서 이미 논의한 것

26 대립 항 '華'와 '和'는 둘 다 평성과 거성의 두 가지 성조를 가지는 성조 다음자이다. 따라서 음운대립 쌍을 셀 때에는 한 번만 계산했다. 이하 같다.

처럼 /wɑ/로 추정한다.

$_2$麻韻과 $_1$戈韻의 음운대립을 유지하는 방법에는 두 가지가 있다. 첫째는 앞에서 논의한 것처럼 $_2$麻韻의 운복을 전설 저모음 /ɛ/라 하는 대신에 $_1$歌韻과 $_1$戈韻의 운복을 후설 저모음 /ɑ/라고 하는 방법이다. 이것은 운복 모음의 차이로 음운대립을 유지하는 방법이다. 둘째는 $_2$麻韻의 합구음이 /w-/가 아니라고 보는 방법이다. 예컨대 이 합구음을 전설 원순 활음 /ɥ-/라고 하면, /ɥ-/와 후설 원순 활음 /w-/의 차이로 음운대립을 유지할 수 있다. 그런데 한어 중고음에서는 /ɥ-/가 3등운에만 개재하고 2등운에는 개재하지 않는다.[27] 반면에 /w-/는 이런 분포 제약이 없다. 따라서 $_2$麻韻의 합구음이 /ɥ-/라고 해서는 안 되고 /w-/라고 해야 한다. 이에 따라 우리는 둘째 방법을 버리고 첫째 방법을 택한다. (11)의 음운대립을 통하여 우리는 $_2$麻韻의 운복 모음과 $_1$戈韻(또는 $_1$歌韻)의 운복 모음이 서로 달라야 함을 증명했다.

지금까지 논의한 果攝과 假攝 운모의 음운대립을 하나로 종합하면 아래와 같다. 음운대립이 성립하는 운모 사이에는 실선을 그어 표시했다.

(12) 果攝과 假攝 운모의 음운대립

$_2$麻韻 합구 /wɛ/ —— /wɑ/ $_1$戈韻
|　　　　|
$_2$麻韻 개구 /ɛ/ —— /ɑ/ $_1$歌韻[28]

이제, 佳韻 2등에 대한 논의로 넘어간다. 대부분의 학자들이 $_2$佳韻에 /-i/ 운미가 있다고 보아 $_2$佳韻을 蟹攝에 넣지만, 한어의 일부 방언에서는 $_2$佳韻이 /-ø/ 운미로도 반영되므로[29] $_2$佳韻을 果攝·假攝에 넣기도 한다. 5세기 전반기의 한어

27 이것은 뒤에서 다시 거론할 것이다.

28 이 음가 배당은 韓炅澔(2014: 16)와 같다. 다만, 상고음에서는 이들에 '*-j' 운미가 있었고 麻韻은 2등이므로 개음 '*r-'을 더 가진다고 한다.

29 한국 중세 한자음에서도 일부의 佳韻字에 운미가 없다.

를 반영하는 『세설신어』의 대화문 용자에서는 어느 것이 옳은지 논의해 보기로 한다.

위의 분포 분석표에서 $_{2}$佳韻과 $_{2}$麻韻이 동일 칸에 온 것을 찾아보면 아래와 같다. 7회 이상 출현하는 565자 집합에서 이미 음운대립이 성립한다.

(13) $_{2}$佳韻과 $_{2}$麻韻의 최소대립 쌍 (7/8쌍) (7, 7, 2)

1. 幫非/p/의 상성 – $_{2}$擺$_{\text{佳}}$: $_{2}$把$_{\text{麻}}$ (1 : 1)
2. 明微/m/의 상성 – $_{2}$買$_{\text{佳}}$: $_{2}$馬$_{\text{麻}}$ (2 : 30)
3. 明微/m/의 거성 – $_{2}$賣$_{\text{佳}}$: $_{2}$罵$_{\text{麻}}$ (2 : 2)
4. 淸初/ʦ^{h}/의 평성 – $^{\text{開}}_{2}$差$_{\text{佳}}$: $^{\text{開}}_{2}$差$_{\text{麻}}$ (7 : 7)
5. 見母/k/의 평성 – $^{\text{開}}_{2}$佳$_{\text{佳}}$: $^{\text{開}}_{2}$加$_{\text{麻}}$, $^{\text{開}}_{2}$嘉$_{\text{麻}}$ (28 : 7, 7)
6. 匣云/ɦ/의 상성 – $^{\text{開}}_{2}$解$_{\text{佳}}$, $^{\text{開}}_{2}$蟹$_{\text{佳}}$: $^{\text{開}}_{2}$廈$_{\text{麻}}$ (15, 2 : 1)

위의 대립 쌍은 모두 7/8쌍이다. 그런데 (13.4)는 대립 항이 동일하다. 이러한 대립 쌍을 동일 최소대립 쌍이라 부를 수 있는데, 우리는 이 동일 최소대립 쌍을 음운대립의 논거에서 제외한다. 동일 최소대립 쌍은 잉여적일 때가 많기 때문이다. 이것을 제외하더라도 7쌍에서 $_{2}$佳韻과 $_{2}$麻韻이 음운론적으로 대립한다. $_{2}$佳韻字가 15자에 불과한데도 대립 쌍이 많은 편이다.

위의 7쌍은 성모, 성조, 개합, 등의 네 가지 음운론적 성분이 모두 동일하고, 운모만 차이가 난다. 따라서 이들은 운복 모음의 최소대립 쌍이다. 이에 따르면 $_{2}$佳韻의 운복과 $_{2}$麻韻의 운복이 서로 달라야 한다. 그런데 음가 차이를 운복에서 구하지 않고 韻尾에서 구할 수도 있다. 그리하여 $_{2}$佳韻은 운미가 음성운미 /-i/인 데에 반하여[30] $_{2}$麻韻은 운미가 없는 /-ø/ 운미라고 할 수 있다.

이 두 가지 해석 방법 중에서 우리는 둘째 방법을 택한다. 앞에서 우리는 介音 차이 우선의 원칙을 세운 바 있는데, 이와 마찬가지로 '韻尾 차이 우선의 원칙'을

30 $_{2}$佳韻을 /-i/ 운미에 넣어 'Vi'로 재구하는 학자들이 적지 않다.

세울 수 있다. 여러 운을 하나의 攝으로 묶을 때에 운미가 동일해야 한다는 것이 일차적인 기준이기 때문이다. 뒤에서 자연스럽게 드러나겠지만, 운미의 차이가 운복의 차이보다 우선하고 개음의 차이가 운복의 차이보다 우선한다. 이에 따르면 $_2$佳韻은 /Vi/인 데에 반하여 $_2$麻韻은 /V/(구체적으로는 /ɛ/)라고 할 수 있다. $_2$佳韻을 운미가 있는 /Vi/로 추정하므로 5.3.2의 순수 蟹攝에서 다시 $_2$佳韻을 논의할 것이다.

5.1.2. 遇攝

遇攝에 속하는 『세설신어』의 대화문 용자에는 模韻 1등 81자, 魚韻 3등 C 73자, 虞韻 3등 C 84자가 있다. 模韻은 항상 1등이므로 운두 개음이 없지만, 魚韻과 虞韻은 항상 3등이므로 개음을 가진다. 중요한 것은 이들이 공통적으로 /-ø/ 운미에 속하여 운미가 없다는 점이다. 이들이 마치 /-u/ 운미를 가지는 것처럼 기술하는 학자가 없지 않으나,[31] /-u/ 운미를 가지는 섭은 效攝과 流攝이지 遇攝이 아니다. 따라서 우섭에 속하는 이 세 가지 운을 /-ø/ 운미에 넣어야 마땅하다.

한국 한자음에 익숙한 한국인에게는 $_1$模韻, $_C$魚韻, $_C$虞韻의 셋을 하나의 섭으로 묶은 것 자체가 이상하게 느껴진다. 운복 모음만 고려한다면 模韻은 'ㅗ'에, 魚韻은 'ㅓ'에, 虞韻은 'ㅜ'에 가까울 것이므로 한국 학자들은 이 셋 상호 간의 음가 차이가 아주 크다고 느낀다. 한국 중세 한자음에서는 虞韻이 流攝의 尤韻이나 侯韻과 더불어 동일 음절을 이룰 때가 많지만, 虞韻이 模韻이나 魚韻과 더불어 동일 음절을 이루는 일은 거의 없다. 그런데 한어에서는 虞韻을 模韻이나 魚韻과 더불어 우섭 하나로 묶었으니, 한국인의 인식과 크게 차이가 난다. 그러나 현대 북경어의 발음을 참고하면 이들을 우섭 하나로 묶은 것을 이해할 수 있다. 한어의 관점에서는 $_1$模韻·$_C$魚韻·$_C$虞韻이 비슷한 음가이기 때문이다. 여기에서 한국 한자음의 음절 분석과 한어의 섭 중심의 분석이 서로 달라질 수 있음을 알

31 Karlgren(1954)를 비롯하여, 원순성이 연속되는 'ou, ow, uw' 또는 'wu, uu, uo, wo'를 아무 거리낌 없이 운모에 배당하는 학자가 적지 않다.

수 있다.

『세설신어』의 대화문에 사용된 우섭자를 분포 분석표에 넣어 보면 다음과 같다.

(14) **遇攝字의 분포 분석표** ($_{1}$模韻 81자, $_{C}$魚韻 74자, $_{C}$虞韻 84자)

	성모 \ 성조	평성^{L}	상성^{R}	거성^{D}
순음	幫非/p/	$_{1}$哺$_{\text{模}}$ $_{C}$膚$_{\text{虞}}$ $_{C}$夫$_{\text{虞}}$	$_{1}$補$_{\text{模}}$ $_{C}$甫$_{\text{虞}}$ $_{C}$父$_{\text{虞}}$ $_{C}$府$_{\text{虞}}$	$_{1}$布$_{\text{模}}$ $_{C}$傅$_{\text{虞}}$ $_{C}$賦$_{\text{虞}}$
	滂敷/p^{h}/	$_{C}$孚$_{\text{虞}}$ $_{C}$敷$_{\text{虞}}$	$_{1}$普$_{\text{模}}$ $_{C}$撫$_{\text{虞}}$	$_{C}$赴$_{\text{虞}}$
	並奉/b/	$_{1}$蒲$_{\text{模}}$ $_{1}$捕$_{\text{模}}$ $_{C}$符$_{\text{虞}}$ $_{C}$瓿$_{\text{虞}}$ $_{C}$扶$_{\text{虞}}$ $_{C}$鳧$_{\text{虞}}$	$_{1}$簿$_{\text{模}}$ $_{C}$輔$_{\text{虞}}$ $_{C}$父$_{\text{虞}}$ $_{C}$腐$_{\text{虞}}$ $_{C}$釜$_{\text{虞}}$	$_{1}$步$_{\text{模}}$ $_{1}$哺$_{\text{模}}$
	明微/m/	$_{1}$謨$_{\text{模}}$ $_{C}$亡$_{\text{虞}}$ $_{C}$無$_{\text{虞}}$ $_{C}$蕪$_{\text{虞}}$ $_{C}$誣$_{\text{虞}}$	$_{1}$莽$_{\text{模}}$ $_{1}$姥$_{\text{模}}$ $_{C}$舞$_{\text{虞}}$ $_{C}$武$_{\text{虞}}$	$_{1}$莫$_{\text{模}}$ $_{1}$暮$_{\text{模}}$ $_{1}$慕$_{\text{模}}$ $_{C}$務$_{\text{虞}}$ $_{C}$霧$_{\text{虞}}$
설음	端知/t/	$_{1}$都$_{\text{模}}$ $_{C}$猪$_{\text{魚}}$ $_{C}$誅$_{\text{虞}}$	$_{1}$覩$_{\text{模}}$ $_{1}$賭$_{\text{模}}$ $_{1}$堵$_{\text{模}}$ $_{C}$褚$_{\text{魚}}$	$_{1}$妒$_{\text{模}}$ $_{C}$著$_{\text{魚}}$ $_{C}$駐$_{\text{虞}}$
	透徹/t^{h}/	$_{C}$攄$_{\text{魚}}$	$_{1}$土$_{\text{模}}$	
	定澄/d/	$_{1}$圖$_{\text{模}}$ $_{1}$徒$_{\text{模}}$ $_{1}$途$_{\text{模}}$ $_{1}$屠$_{\text{模}}$ $_{C}$儲$_{\text{魚}}$ $_{C}$除$_{\text{魚}}$	$_{1}$杜$_{\text{模}}$ $_{C}$柱$_{\text{虞}}$	$_{1}$度$_{\text{模}}$ $_{C}$箸$_{\text{魚}}$ $_{C}$住$_{\text{虞}}$
	泥日娘/n/	$_{1}$奴$_{\text{模}}$ $_{1}$駑$_{\text{模}}$ $_{C}$如$_{\text{魚}}$ $_{C}$儒$_{\text{虞}}$ $_{C}$濡$_{\text{虞}}$ $_{C}$襦$_{\text{虞}}$	$_{1}$弩$_{\text{模}}$ $_{1}$怒$_{\text{模}}$ $_{C}$女$_{\text{魚}}$ $_{C}$汝$_{\text{魚}}$ $_{C}$乳$_{\text{虞}}$	$_{C}$女$_{\text{魚}}$
	來母/l/	$_{1}$盧$_{\text{模}}$ $_{1}$轤$_{\text{模}}$ $_{C}$驢$_{\text{魚}}$ $_{C}$廬$_{\text{魚}}$ $_{C}$閭$_{\text{魚}}$		$_{1}$路$_{\text{模}}$ $_{1}$露$_{\text{模}}$ $_{C}$慮$_{\text{魚}}$ $_{C}$屢$_{\text{虞}}$
치음마찰	心母/s/	$_{1}$蘇$_{\text{模}}$ $_{C}$胥$_{\text{魚}}$ $_{C}$須$_{\text{虞}}$ $_{C}$鬚$_{\text{虞}}$		$_{1}$愬$_{\text{模}}$ $_{1}$素$_{\text{模}}$ $_{1}$訴$_{\text{模}}$ $_{1}$泝$_{\text{模}}$ $_{C}$絮$_{\text{魚}}$
	邪母/z/	$_{C}$徐$_{\text{魚}}$	$_{C}$敘$_{\text{魚}}$ $_{C}$緒$_{\text{魚}}$	
	生母/ʂ/	$_{C}$疎$_{\text{魚}}$	$_{C}$所$_{\text{魚}}$ $_{C}$數$_{\text{虞}}$	$_{C}$疎$_{\text{魚}}$ $_{C}$數$_{\text{虞}}$
	書母/ɕ/	$_{C}$書$_{\text{魚}}$ $_{C}$舒$_{\text{魚}}$	$_{C}$暑$_{\text{魚}}$ $_{C}$鼠$_{\text{魚}}$ $_{C}$黍$_{\text{魚}}$	
	常母/ʑ/	$_{C}$殳$_{\text{虞}}$ $_{C}$殊$_{\text{虞}}$	$_{C}$豎$_{\text{虞}}$	$_{C}$署$_{\text{魚}}$ $_{C}$樹$_{\text{虞}}$
	羊母/j/	$_{C}$予$_{\text{魚}}$ $_{C}$與$_{\text{魚}}$ $_{C}$余$_{\text{魚}}$ $_{C}$蜍$_{\text{魚}}$ $_{C}$餘$_{\text{魚}}$ $_{C}$輿$_{\text{魚}}$ $_{C}$譽$_{\text{魚}}$ $_{C}$臾$_{\text{虞}}$ $_{C}$榆$_{\text{虞}}$ $_{C}$愉$_{\text{虞}}$ $_{C}$踰$_{\text{虞}}$	$_{C}$予$_{\text{魚}}$ $_{C}$與$_{\text{魚}}$ $_{C}$庾$_{\text{虞}}$ $_{C}$愈$_{\text{虞}}$	$_{C}$與$_{\text{魚}}$ $_{C}$譽$_{\text{魚}}$ $_{C}$預$_{\text{魚}}$ $_{C}$豫$_{\text{魚}}$ $_{C}$喻$_{\text{虞}}$

성모 \ 성조		평성^L	상성^R	거성^D
치음파찰	精母/ʦ/	$_C$苴$_{魚}$	$_1$祖$_{模}$	$_C$足$_{虞}$
	清初/ʦʰ/	$_1$粗$_{模}$ $_1$麤$_{模}$ $_C$苴$_{魚}$ $_C$初$_{魚}$ $_C$芻$_{虞}$ $_C$趨$_{虞}$	$_C$楚$_{魚}$ $_C$取$_{虞}$	$_C$娶$_{虞}$ $_C$趣$_{虞}$
	從母/dz/		$_1$粗$_{模}$ $_C$聚$_{虞}$	$_1$阼$_{模}$ $_1$祚$_{模}$
	莊母/tʂ/		$_C$俎$_{魚}$	
	章母/ʨ/	$_C$諸$_{魚}$ $_C$珠$_{虞}$ $_C$朱$_{虞}$	$_C$煮$_{魚}$ $_C$渚$_{魚}$ $_C$主$_{虞}$	$_C$注$_{虞}$
	昌母/ʨʰ/	$_C$樞$_{虞}$	$_C$杵$_{魚}$ $_C$處$_{魚}$	$_C$處$_{魚}$
	船崇/ʥ/		$_C$抒$_{魚}$	$_C$助$_{魚}$
아음	見母/k/	$_1$姑$_{模}$ $_1$孤$_{模}$ $_C$居$_{魚}$ $_C$車$_{魚}$ $_C$俱$_{虞}$ $_C$駒$_{虞}$	$_1$古$_{模}$ $_1$羖$_{模}$ $_1$鼓$_{模}$ $_C$擧$_{魚}$	$_1$故$_{模}$ $_1$固$_{模}$ $_1$顧$_{模}$ $_C$倨$_{魚}$ $_C$鋸$_{魚}$ $_C$據$_{魚}$ $_C$句$_{虞}$
	溪母/kʰ/	$_1$枯$_{模}$ $_C$墟$_{魚}$ $_C$區$_{虞}$ $_C$驅$_{虞}$ $_C$軀$_{虞}$	$_1$苦$_{模}$	$_1$庫$_{模}$ $_1$絝$_{模}$ $_C$去$_{魚}$
	群母/g/	$_C$劬$_{虞}$	$_C$巨$_{魚}$ $_C$距$_{魚}$ $_C$詎$_{魚}$	$_C$詎$_{魚}$ $_C$具$_{虞}$ $_C$懼$_{虞}$
	疑母/ŋ/	$_1$梧$_{模}$ $_1$吾$_{模}$ $_1$吳$_{模}$ $_C$魚$_{魚}$ $_C$虞$_{虞}$ $_C$隅$_{虞}$	$_1$五$_{模}$ $_C$語$_{魚}$	$_1$誤$_{模}$ $_1$悟$_{模}$ $_1$忤$_{模}$ $_C$御$_{魚}$ $_C$語$_{魚}$ $_C$寓$_{虞}$ $_C$遇$_{虞}$
후음	影母/ʔ/	$_1$於$_{模}$ $_1$鳴$_{模}$ $_1$汙$_{模}$ $_C$於$_{魚}$ $_C$紆$_{虞}$	$_1$塢$_{模}$ $_C$傴$_{虞}$	$_1$惡$_{模}$ $_1$汙$_{模}$
	曉母/h/	$_C$虛$_{魚}$ $_C$訏$_{虞}$	$_1$虎$_{模}$ $_C$許$_{魚}$	
	匣云/ɦ/	$_1$乎$_{模}$ $_1$狐$_{模}$ $_1$胡$_{模}$ $_1$瑚$_{模}$ $_1$湖$_{模}$ $_1$壺$_{模}$ $_C$于$_{虞}$ $_C$汙$_{虞}$	$_1$戶$_{模}$ $_1$楛$_{模}$ $_C$禹$_{虞}$ $_C$宇$_{虞}$ $_C$雨$_{虞}$	$_1$護$_{模}$

(14)의 분포 분석표에서 볼 수 있듯이, 우섭에 속하는 $_1$模韻, $_C$魚韻, $_C$虞韻에는 공통적으로 開口나 合口 표시가 없다. 중국에서는 개구와 합구의 대립이 없는 운을 獨韻이라고 지칭하는데, 일본 학자들이 이것을 開合에 대해 中立이라 부른 바 있다. 개합이 중립이라는 것은 운모의 운복이 원순 모음임을 뜻한다. 원순 모음의 앞에 온 합구음 /w-/는 기능 부담량이 아주 적기 때문에 /w-/의 존재 여

부가 명시적으로 드러나지 않는다. 예컨대 /wu/나 /wo/는 각각 /u/나 /o/로 인식되었을 가능성이 아주 크다. 따라서 일본 학자들이 遇攝字의 개합을 중립이라 지칭한 것을 이해할 수 있다.

일본 학자들은 脣音 뒤에서도 개구와 합구의 대립이 없다는 점을 들어 순음 뒤에 온 운의 개합을 항상 중립이라 기술한다. 그런데 Pulleyblank(1983: 78)은 脣音 뒤에서 개합이 얼른 구별되지 않는다고 하면서도, 遇攝에서는 개합이 구별된다고 했다. 그 논거로는 Chaozhou(潮州) 방언에서 우섭의 개합을 구별하는 현상을 들었다(Pulleyblank 1983: 108~109). 더욱이, 중국 학자들은 이들 운모의 개합을 분명히 밝혀서 기술한다. 후술하겠지만, 운복이 원순 모음일 때와 선행하는 성모가 순음일 때에도 개합을 명시할 때가 많다.

위의 분포 분석표에서 $_{C}$魚韻의 분포가 아주 특이하다는 점이 먼저 눈에 들어온다. 순음의 바로 뒤에 $_{C}$魚韻이 오지 않는다. 3등은 항상 구개 개음을 가진다는 원칙에 따라 $_{C}$魚韻을 모음적 전설 활음 /ɪ-/가 있는 /ɪo/라 추정한다면, 이 특이한 분포는 /*pɪo, *pʰɪo, *bɪo, *mɪo/ 등의 음절이 없다는 분포 제약이 된다. 한국 중세 한자음에는 '표'와 '묘' 음절이 있기 때문에 이 제약이 의심스럽게 느껴지지만,[32] 5세기 전반기의 한어에서는 이 제약이 있었다고 보아야 한다. 반면에, $_{1}$模韻과 $_{C}$虞韻에는 특별한 분포 제약이 없다.

이제, 위의 분포 분석표에서 $_{1}$模韻과 $_{C}$魚韻의 음운대립 쌍을 찾아보기로 한다. 아래의 (15)에 제시한 것처럼, 모두 56쌍의 음운대립 쌍을 찾을 수 있으므로 이 둘의 음운대립을 믿을 수 있다. 특히 17회 이상 사용된 극소수의 상용자 집합에서 이미 대립이 성립하므로 이 음운대립을 바로 믿을 수 있다.

(15) $_{1}$模韻과 $_{C}$魚韻의 음운대립 쌍 (56쌍) (17, 16, 13)

1. 定澄/d/의 거성 – $_{1}$度$_{模}$: $_{C}$箸$_{魚}$ (23 : 16)

32 한국 중세 한자음에서 '表, 標, 杓, 彪, 飇, 殍' 등을 '표'로, '墓, 廟' 등을 '묘'로 표음한 것은 魚韻과는 관계가 없는 것들이다. 이들은 대개 효섭의 宵韻·蕭韻이나 流攝의 尤韻에 속한다.

2. 泥日娘/n/의 평성 – ${}_{1}$奴$_{模}$, ${}_{1}$駑$_{模}$: ${}_{C}$如$_{魚}$ (17, 4 : 227)

3. 見母/k/의 평성 – ${}_{1}$姑$_{模}$, ${}_{1}$孤$_{模}$: ${}_{C}$居$_{魚}$ (2, 6 : 21)

4. 見母/k/의 상성 – ${}_{1}$古$_{模}$, ${}_{1}$羖$_{模}$, ${}_{1}$鼓$_{模}$: ${}_{C}$擧$_{魚}$ (13, 1, 4 : 26)

5. 疑母/ŋ/의 평성 – ${}_{1}$梧$_{模}$, ${}_{1}$吾$_{模}$, ${}_{1}$吳$_{模}$: ${}_{C}$魚$_{魚}$ (1, 57, 14 : 7)

다음으로, ${}_{1}$模韻과 ${}_{C}$虞韻의 음운대립 쌍을 찾아보면 아래의 66쌍이 나온다. 7회 이상 사용된 565자 집합에서 이미 음운대립이 성립한다. 양적 척도와 질적 척도를 두루 충족하므로 ${}_{1}$模韻과 ${}_{C}$虞韻이 음운론적으로 대립했다고 말할 수 있다.

(16) ${}_{1}$模韻과 ${}_{C}$虞韻의 음운대립 쌍 (66쌍) (7, 6, 5)

1. 幫非/p/의 거성 – ${}_{1}$布$_{模}$: ${}_{C}$傅$_{虞}$, ${}_{C}$賦$_{虞}$ (10 : 4, 7)

2. 明微/m/의 거성 – ${}_{1}$暮$_{模}$, ${}_{1}$慕$_{模}$: ${}_{C}$務$_{虞}$, ${}_{C}$霧$_{虞}$ (2, 5 : 5, 2)

3. 見母/k/의 평성 – ${}_{1}$姑$_{模}$, ${}_{1}$孤$_{模}$: ${}_{C}$俱$_{虞}$, ${}_{C}$駒$_{虞}$ (2, 6 : 6, 2)

4. 見母/k/의 거성 – ${}_{1}$故$_{模}$, ${}_{1}$固$_{模}$, ${}_{1}$顧$_{模}$: ${}_{C}$句$_{虞}$ (108, 15, 17 : 5)

5. 匣云/ɦ/의 평성 – ${}_{1}$乎$_{模}$, ${}_{1}$狐$_{模}$, ${}_{1}$胡$_{模}$, ${}_{1}$瑚$_{模}$, ${}_{1}$湖$_{模}$, ${}_{1}$壺$_{模}$: ${}_{C}$于$_{虞}$ (29, 7, 5, 1, 1, 1, 1 : 5)

마지막으로, ${}_{C}$魚韻과 ${}_{C}$虞韻의 음운대립 쌍을 찾아보면 아래의 49쌍이 나온다. 6회 이상 사용된 656자 집합에서 이미 음운대립이 성립하므로, 이 두 운의 음운대립도 역시 믿을 수 있다.

(17) ${}_{C}$魚韻과 ${}_{C}$虞韻의 음운대립 쌍 (49쌍) (6, 6, 5)

1. 定澄/d/의 거성 – ${}_{C}$箸$_{魚}$: ${}_{C}$住$_{虞}$ (16 : 4)

2. 來母/l/의 거성 – ${}_{C}$慮$_{魚}$: ${}_{C}$屢$_{虞}$ (4 : 3)

3. 清初/ʦ^{h}/의 상성 – ${}_{C}$楚$_{魚}$: ${}_{C}$取$_{虞}$ (5 : 9)

4. 章母/ʨ/의 평성 – ${}_{C}$諸$_{魚}$: ${}_{C}$珠$_{虞}$, ${}_{C}$朱$_{虞}$ (42 : 4, 6)

5. 見母/k/의 평성 – ${}_{C}$居$_{魚}$: ${}_{C}$俱$_{虞}$, ${}_{C}$駒$_{虞}$ (21 : 6, 2)

(15~17)의 대립 쌍에서 볼 수 있듯이, $_1$模韻, $_C$魚韻, $_C$虞韻 상호 간에 3항 대립이 성립한다. 문제는 이들의 음가를 어떻게 추정할 것인가 하는 점이다. 한어의 각종 현대 방언음, 한국 한자음, 일본의 오음과 한음, 베트남 한자음 등을 고려하여 음가를 배당하는 것이 우선적인 방법이지만,[33] 우리는 중고음 자체 내의 논리를 더 중시한다.

우리의 관찰에 따르면, 중고음 내부에서 철저하게 지키는 원칙이 있다. 1등 개구는 개음이 없는 데에 반하여 3등은 항상 구개 개음을 가진다는 원칙이다. 이와 관련하여 주의 깊게 살펴보아야 할 것으로 遇攝이 開合에 대하여 항상 中立인가 하는 점이다. 일본 학자들은 이것을 고수하고 있지만, 중국 학자들은 아래의 (18)과 같이 운모별로 개합을 일일이 명시한다.

(18) 遇攝 운모의 開合[34]

1. $_1$模韻의 개합 = 개구

   駑[泥開1平模], 堵[端開1上模], 麤[淸開1平模], 鴮[影開1上模], 泝[心開1去模], 謨[明開1平模], 袴[溪開1去模], 楛[匣開1上模]

2. $_C$魚韻의 개합 = 개구

   褚[知開C上魚], 暑[書開C上魚], 敍[邪開C上魚], 墟[溪開C平魚], 攄[徹開C平魚], 胥[心開C平魚], 倨[見開C去魚]

3. $_C$虞韻의 개합 = 합구

   屢[來合C去虞], 襦[日合C平虞], 紆[影合C平虞], 駐[知合C去虞], 濡[日合C平虞], 訏[曉合C平虞], 殳[常合C平虞], 孚[敷合C平虞], 瓿[奉合C平虞], 傴[影合C上虞]

위에서 확인할 수 있듯이, $_1$模韻과 $_C$魚韻은 모두 개구로 처리하고,[35] $_C$虞韻은

33 模韻이나 虞韻의 음가를 어떻게 배당하는지는 이토 지유키(2011: 203~209, 이진호 역)이 여러 학자들의 논거를 자세히 소개한 바 있으므로, 여기에서는 번거로움을 피하여 생략한다.

34 여기의 개합은 www.zdic.net, www.ytenx.org에서 정리한 것을 이용했다.

35 魚韻은 항상 개구이므로 한국 중세 한자음에서 'ㅓ, ㅕ'로 반영되는 것이 일반적이다.

모두 합구로 처리했다. 예컨대, 다음자인 '汙'를 ₁模韻에서는 汙[影開1去模]과 汙[影開1平模]로 처리하여 개구라 하면서도, C虞韻에서는 汙[云合C平虞]라 하여 합구로 처리했다.

여기에서 우리는 다음과 같은 원칙을 세울 수 있다. 첫째, 1등 개구는 구개 개음이 없다. 둘째, 3등은 항상 개음을 가진다. 3등 개구는 개음 /j-/ 또는 /ɪ-/를 가지고 3등 합구는 개음 /ɥ-/를 가진다. /ɥ-/는 앞에서 이미 말한 것처럼, 전설 원순 활음이다.

이 원칙과 앞에서 설정한 介音 차이 우선의 원칙에 따르면 이들 세 운모의 음가를 바로 추정할 수 있다. 첫째, 模韻은 항상 1등이고 1등은 개음이 없으므로 $_1$模韻 개구는 /V/라고 할 수 있다. 둘째, 魚韻은 항상 3등 개구이므로 $_C$魚韻의 음가를 /jV/ 또는 /ɪV/라고 할 수 있다. 셋째, 虞韻은 항상 3등 합구이므로 $_C$虞韻의 음가를 /ɥV/라고 할 수 있다. 이 세 운모는 운두 개음의 유무와 종류에서 이미 음가 차이가 나므로, 이들의 운복 모음이 동일하다 하더라도 여전히 음운대립이 성립한다. 이 모음을 잠정적으로 /V/라고 했지만, 일반적으로는 후설 원순 모음 /o/라고 한다. 결론적으로, 우리는 模韻 1등 개구, 魚韻 3등 개구, 虞韻 3등 합구에 각각 /o/, /ɪo/, /ɥo/를 배당한다.

『절운』 이전의 산스크리트 표기에서 模韻인 '烏'로 'o'를 표기하고 尤韻인 '優, 憂'로 'u, ū'를 표기했다(李榮 1956). 이 구별로 보아도 模韻의 운복이 'o' 모음임을 알 수 있는데, 唐代에는 이것이 'u'로 바뀐다(李榮 1956: 142~147). 고노 로쿠로(河野六郎)(2010: 232, 이진호 역주)도 모운을 'o'로 재구했으나 Pulleyblank(1983: 182)은 전기 중고음의 모운을 'ɔ'로 재구했다.[36]

韓昇澔(2014: 14)에서는 模韻에 'o'를, 魚韻에 'ɰɤ'를, 虞韻에 'ɰu'를 각각 배당했다. 이때의 'ɰ'는 우리의 /ɥ/에 해당하므로 魚韻이 합구운이다. 그러나 (18.2)

그런데 正齒音 2등(또는 莊組) 즉 우리의 권설음 뒤에서는 독특하게도 'ㅗ'로 반영된다. 有坂秀世(1957/80)은 이 'ㅗ'가 宋代의 開封音을 반영한 것이라고 했다.

36 상고음에서는 魚韻 운복이 '*a'였다고(邵榮芬 1982: 67) 하고, 模韻의 운복도 '*a'였다고(鄭張尙芳 2003: 162, 韓昇澔 2014: 14) 한다.

에서 볼 수 있듯이, 중국에서는 魚韻을 합구가 아니라 개구라고 보는 것이 일반적이다. 이것을 강조하면 이들 세 운의 운복에 韓炅澔(2014: 14)처럼 각기 서로 다른 모음을 배당할 필요가 없다. 개음 차이 우선의 원칙을 적용하면, 운복 모음이 서로 같아도 되기 때문이다.

平山久雄(1995: 336~337)에서는 魚韻을 'ɪo'가 아니라 'ɪə'로 추정하면서 다음과 같은 점을 그 논거로 들었다. 『韻鏡』에서 魚韻이 개구로 되어 있을 뿐만 아니라, 敦煌 사본의 일종인 毛詩音殘卷, 唐代의 慧琳音義, 北宋의 唱和圖 등에서도 魚韻이 개구음의 특색을 보인다는 점이다. 그런데 이들 자료가 대부분 唐代 또는 北宋의 후기 중고음 자료이다. 이것을 5세기 전반기의 한어에 바로 대입할 수는 없다. 따라서 魚韻이 전기 중고음 시기에는 /ɪo/의 음가였는데, 후기 중고음에서 /ɪə/로 음가가 바뀌었다는(魏國峰 2014: 84~85) 논의가 성립한다.

여기에서 魚韻 3등 C의 개음으로 /j-/를 택하지 않고 /ɪ-/를 택한 까닭을 밝혀 둘 필요를 느낀다. 3등 C는 일본 학자들이 분류한 것으로서, 항상 3등운자에만 통합된다. 3등 C를 따로 설정한 까닭은 韻圖에서 3등 줄에도 오고 4등 줄에도 오는 3등운과, 오직 3등 줄에만 오는 3등운을 구별하기 위한 조치이다. 중국 학자들은 이 구별이 잉여적인 것이라고 보아 따로 3등 C를 설정하지 않는다.

그런데 우리의 연구 결과에 따르면, 5세기 전반기의 『세설신어』 대화문 용자에서는 3등에서 B와 C를 일부러 구별할 필요가 없다. 일본 학자들이 B와 C로 나누어 구별했지만, 이 둘을 동일시하더라도 전혀 문제가 없다. 따라서 우리는 일본 학자의 B와 C에는 개음 /ɪ-/를 배당하고, A에는 개음 /j-/를 배당한다. 이에 따라 魚韻 3등 C 즉 $_{C}$魚韻을 /ɪo/로 추정한다.

(19) **遇攝 운모의 음운대립**

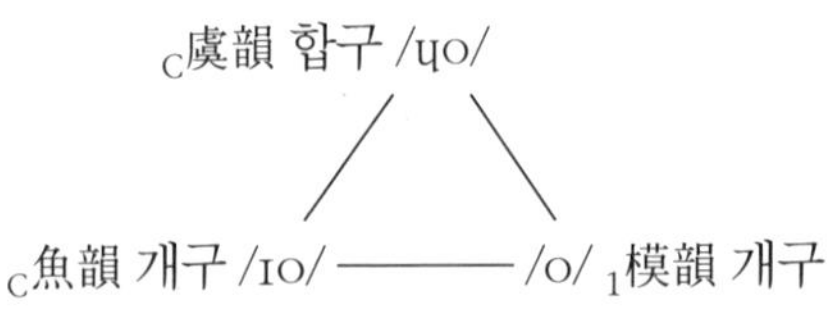

위와 같이 음가를 배당하면, $_{C}$魚韻의 바로 앞에 脣音이 오지 않는 제약을 다음과 같이 설명할 수 있다. 순음은 음운자질로 기술하면 [+labial]인 자음을 가리키는데, 이 자음이 한어에서는 잉여적으로 원순성 즉 [+round] 자질을 갖는다. 이 [+round] 자질의 바로 뒤에 $_{C}$魚韻의 개음 /j-/ 또는 /ɪ-/가 오면, 이 개음에 원순성이 부가되어 /ɥ-/가 될 가능성이 커진다. /ɥ-/는 전설 원순 활음이므로 전설성과 원순성을 동시에 가진다. 그렇게 되면 사실은 $_{C}$魚韻이 순음 뒤에서는 개구가 아니라 합구가 된다. 그 결과로 $_{C}$魚韻의 /ɪo/가 순음 뒤에서는 $_{C}$虞韻의 /ɥo/와 음운론적으로 구별되지 않을 가능성이 커진다. 이 혼동을 방지하기 위한 절차의 하나로 순음의 바로 뒤에는 $_{C}$魚韻이 오지 못한다는 제약이 발생했을 것이다. 이러한 추론이 가능하므로 위의 (19)와 같은 음가 배당이 거꾸로 설득력을 갖는다.

그런데 우리의 결론 (19)와 달리 $_{1}$模韻, $_{C}$魚韻, $_{C}$虞韻의 운복 모음에 /u/를 배당할 수는 없을까? /o/보다는 /u/가 더 보편적인 모음이기 때문에 이 질문을 던지게 된다. 이것은 불가능하다. 우리의 결론인 (210)의 음가 배당표 Q′에 종합되어 있듯이, /u/ 모음 앞에는 개음 /ɥ-/나 /w-/가 올 수 없기 때문이다. 이것은 [+high, +round]인 두 개의 분절음이 연속될 수 없다는 음절구조제약이다. 이 음절구조제약에 따라 /-u/ 운미의 앞에도 /u/ 모음이 오지 않는다. 반면에 $_{1}$模韻, $_{C}$魚韻, $_{C}$虞韻의 운복 모음으로 /o/를 택하면 이 제약을 위반하지 않는다. /o/도 /u/처럼 원순 모음이지만, [-high]인 모음이라는 점에서 /u/와 차이가 나기 때문이다.

5.1.3. 止攝

止攝은 운미가 없고, 운복 모음이 [-low]인 모음이면서 동시에 /i/에 가까운 한어음의 집합이다. 지섭에는 脂韻(87자), 支韻(84자), 之韻(69자), 微韻(49자)의 4종이 있다. 이 네 가지 운은 항상 3등이므로[37] 항상 구개 개음을 가진다. 이 네 운

37 따라서 止攝에는 왜 1등운이 없는지를 물을 수 있다. 그 답을 Pulleyblank(1983: 111~112)은 지섭 운복의 저음화(lowering)에서 찾았다. 이 저음화가 일어나 『韻鏡』 시절에는 일부의 지섭이 해섭과 합류한다고 보았다.

중에서 微韻은 운미 /-i/를 가진다는 견해가 많으므로 5.2에서 후술할 /-i/ 운미에서 다루어야 하지만, 우리는 일단 지섭에서도 微韻을 다루기로 한다.

지섭에서는 이른바 重紐가 가장 중요한 문제이다. 宋代의 韻圖에서 1등운은 첫째 줄에, 2등운은 둘째 줄에, 3등운은 셋째 줄에, 4등운은 넷째 줄에 배열하는 것이 원칙이다. 이것이 원칙이지만 3등운은 다시 두 가지로 나뉜다. 3등운에 속하므로 셋째 줄에 배열해야 하지만 이상하게도 넷째 줄에 배열한 3등운이 있다. 그리하여 3등운이 두 가지 띠로 배열되는데, 이것을 중뉴라고 한다.

重紐는 3등운에서 발견되지만, 중뉴와 관계없는 순수 3등운도 있다. 예컨대, 脂韻과 支韻에서는 중뉴를 이루지만, 之韻은 항상 운도의 3등 줄에 배열한다. 이토 지유키(2011, 이진호 역)에서는 4등 줄에 배열한 重紐 3등운을 3등 A, 3등 줄에 배열한 重紐 3등운을 3등 B, 3등 칸에만 배열한 3등운을 3등 C라고 지칭한다. 우리도 이것을 수용하여 연구의 출발점으로 삼았지만, 음운론의 관점에서는 3등 B와 3등 C를 굳이 구별하지 않아도 된다.[38] 또한 중뉴는 脣音과 牙喉音 뒤에서만 나타난다. 설치음 뒤에서는 이 중뉴 구별이 없기 때문에 설치음 3등은 모두 AB로 표기한다.

이 重紐는 有坂秀世(1957/80)이 가장 먼저 발견했고, 河野六郎(1968/79)가 이것을 적극적으로 수용했다. 3등운의 중뉴를 河野六郎(1968/79)는 개음의 차이로 해석하여, 전설 평순 활음 'j-'(즉 우리의 /j-/)가 개재하는 것을 三等韻 甲이라 하고 후설 평순 활음 'ï-'(즉 우리의 /ɪ-/)가 개재하는 것을 三等韻 乙이라 했다. 그리하여 모든 3등운을 甲과 乙의 둘로 나누었는데, 이토 지유키(2011, 이진호 역)에서는 이 甲과 乙을 각각 3등 A와 3등 B로 표시했다. 그러면서 河野六郎(1968/79)의 3등 專屬韻을 따로 분리하여 3등 C로 표시했다.

우리는 논의의 일관성을 유지하기 위하여 3등운을 일단 A, B, C의 세 가지 하위부류로 나누는 방법을 택하지만, 3등 B와 3등 C가 음운론적으로 구별되지 않는다고 보아 이 둘에 동일한 음가를 부여할 것이다.[39] 藏漢對音 자료를 분석한

38 그 논거는 뒤에서 제시한다.

39 표기로는 A, B, C의 3종으로 나누었지만, 伊藤智ゆき(2002: 111)도 음운론적으로는

高田時雄(1988: 132~140)에서도 3등 C를 3등 B와 동일시하고, 4등은 3등 A와 동일시한 바 있다.[40]

지섭의 脂韻 3등과 支韻 3등은 중뉴를 이루는 대표적인 운이다. 이 두 운에서는 3등 A와 3등 B의 구별이 있다. 이 구별은 순음과 아후음 뒤에서만 유효하며, 설음과 치음 즉 설치음 뒤에서는 이 구별이 없다. 따라서 이토 지유키(2011, 이진호 역)은 설치음 뒤에 온 脂韻과 支韻을 3등 AB라고 표기하여, 순음이나 아후음의 뒤에 온 3등 A나 3등 B와 구별한다.

之韻과 微韻은 항상 운도의 3등 줄에만 배열됨으로써 脂韻이나 支韻과 차이가 난다. 앞에서 말한 이른바 3등 전속운이다. 이것을 드러내기 위하여 이토 지유키(2011, 이진호 역)에서는 之韻과 微韻은 3등 C라고 하여 脂韻 3등 A, B, AB나 支韻 3등 A, B, AB와 구별한다.

그런데 후기 중고음에서는 3등 B와 3등 A가 합류하여 중뉴 구별이 사라진다(河野六郎 1968/79). 따라서 이 중뉴를 상고음의 흔적이라고 말하기도 하는데, 중뉴가 가장 분명하게 드러나는 것은 역시 전기 중고음이다.

중요한 것은 이 전기 중고음에서도 일부의 3등운은 중뉴 대립이 없다는 점이다. 후술하겠지만, 『세설신어』의 대화문 용자에서는 仙韻 3등 A와 3등 B의 최소대립 쌍이 없고 侵韻 3등 A와 3등 B의 최소대립 쌍이 없다. 이것은 전기 중고음에서도 일부의 3등운만 중뉴 대립을 이룬다는 것을 말해 준다. 중뉴 대립이 없는 3등운도 적지 않다는 점을 강조해 둔다.

거꾸로 운모 명칭이 서로 다른데도 중뉴 대립이 성립할 때가 있어서 주목된다. 幽韻 3등 A와 尤韻 3등 C가 중뉴 대립을 이루고, 清韻 3등 A와 庚韻 3등 B가 중뉴 대립을 이룬다. 이 두 짝은 운모 명칭이 서로 다른데도 중뉴를 이룬다. 이것은 동일 운모에만 한정하여 중뉴 대립을 검증해서는 안 된다는 것을 말해 준다. 운모 명칭이 서로 다르더라도 중뉴를 이룰 때가 있기 때문이다. Karlgren(1954)처

3A 즉 /i, y/와 3B=3C 즉 /ɪ, ʏ/의 두 계열의 개음만을 인정한다. 즉 3등 B와 3등 C를 하나로 묶었는데, 우리도 이에 동의한다.

40 권혁준(2002)도 3등을 두 가지로 나누어도 충분하다고 했다.

럼 韻圖를 해석하는 데에 치중하다 보면 이러한 사실을 전혀 거론할 수 없다. 현실 언어 자료를 분석 대상으로 삼아야만 이러한 사실을 찾아낼 수 있다는 점을 먼저 지적해 둔다.

이제, 止攝字을 분포 분석표에 집어넣어 여러 운의 분포를 관찰해 보기로 한다.

(20) 止攝字의 분포 분석표 (脂韻 87, 支韻 84, 之韻 69, 微韻 49)

성모 \ 성조		평성^{L}	상성^{R}	거성^{D}
순음	幫非/p/	${}_{A}$卑${}_{支}$ ${}_{B}$陂${}_{支}$ ${}_{C}$非${}_{微}$ ${}_{C}$飛${}_{微}$	${}_{A}$秕${}_{脂}$ ${}_{B}$鄙${}_{脂}$ ${}_{A}$箄${}_{支}$ ${}_{B}$彼${}_{支}$ ${}_{C}$篚${}_{微}$	${}_{A}$比${}_{脂}$ ${}_{A}$庇${}_{脂}$ ${}_{A}$臂${}_{支}$
	滂敷/p^{h}/	${}_{B}$披${}_{支}$ ${}_{C}$霏${}_{微}$		${}_{A}$譬${}_{支}$ ${}_{A}$辟${}_{支}$ ${}_{C}$費${}_{微}$
	並奉/b/	${}_{A}$琵${}_{脂}$ ${}_{B}$皮${}_{支}$ ${}_{B}$疲${}_{支}$ ${}_{C}$肥${}_{微}$	${}_{A}$婢${}_{支}$ ${}_{B}$被${}_{支}$	${}_{A}$鼻${}_{脂}$ ${}_{B}$備${}_{脂}$ ${}_{A}$辟${}_{支}$ ${}_{A}$避${}_{支}$ ${}_{B}$被${}_{支}$
	明微/m/	${}_{B}$眉${}_{脂}$ ${}_{B}$彌${}_{支}$ ${}_{B}$糜${}_{支}$ ${}_{C}$微${}_{微}$	${}_{B}$美${}_{脂}$ ${}_{B}$靡${}_{支}$ ${}_{C}$亹${}_{微}$	${}_{C}$未${}_{微}$ ${}_{C}$味${}_{微}$
설음	端知/t/	${}^{開}_{AB}$胝${}_{脂}$ ${}^{合}_{AB}$追${}_{脂}$ ${}^{開}_{AB}$知${}_{支}$		${}^{開}_{AB}$致${}_{脂}$ ${}^{開}_{AB}$稚${}_{脂}$ ${}^{開}_{AB}$知${}_{支}$ ${}^{開}_{AB}$智${}_{支}$ ${}^{開}_{C}$置${}_{之}$
	透徹/t^{h}/	${}^{開}_{AB}$螭${}_{支}$ ${}^{開}_{C}$癡${}_{之}$	${}^{開}_{C}$恥${}_{之}$	
	定澄/d/	${}^{開}_{AB}$遲${}_{脂}$ ${}^{合}_{AB}$槌${}_{脂}$ ${}^{開}_{AB}$池${}_{支}$ ${}^{開}_{AB}$馳${}_{支}$ ${}^{開}_{C}$治${}_{之}$ ${}^{開}_{C}$持${}_{之}$	${}^{開}_{AB}$雉${}_{脂}$ ${}^{開}_{C}$峙${}_{之}$	${}^{開}_{AB}$地${}_{脂}$ ${}^{合}_{AB}$墜${}_{脂}$ ${}^{合}_{AB}$槌${}_{支}$ ${}^{開}_{C}$治${}_{之}$ ${}^{開}_{C}$値${}_{之}$
	泥日娘/n/	${}^{開}_{AB}$尼${}_{脂}$ ${}^{開}_{AB}$兒${}_{支}$ ${}^{開}_{C}$而${}_{之}$	${}^{開}_{AB}$爾${}_{支}$ ${}^{開}_{AB}$邐${}_{支}$ ${}^{開}_{C}$耳${}_{之}$	${}^{開}_{AB}$二${}_{脂}$ ${}^{開}_{AB}$膩${}_{脂}$
	來母/l/	${}^{開}_{AB}$梨${}_{脂}$ ${}^{開}_{AB}$離${}_{支}$ ${}^{開}_{AB}$籬${}_{支}$ ${}^{合}_{AB}$羸${}_{支}$ ${}^{開}_{C}$狸${}_{之}$	${}^{開}_{AB}$履${}_{脂}$ ${}^{合}_{AB}$壘${}_{脂}$ ${}^{合}_{AB}$誄${}_{脂}$ ${}^{開}_{C}$理${}_{之}$ ${}^{開}_{C}$里${}_{之}$ ${}^{開}_{C}$裏${}_{之}$ ${}^{開}_{C}$李${}_{之}$	${}^{開}_{AB}$利${}_{脂}$ ${}^{合}_{AB}$類${}_{脂}$ ${}^{合}_{AB}$涙${}_{脂}$ ${}^{開}_{AB}$離${}_{支}$ ${}^{合}_{AB}$累${}_{支}$ ${}^{開}_{C}$吏${}_{之}$

	성조 / 성모	평성^L	상성^R	거성^D
치음마찰	心母/s/	${}^{開}_{AB}私_{脂}$ ${}^{合}_{AB}雖_{脂}$ ${}^{合}_{AB}綏_{脂}$ ${}^{開}_{AB}斯_{支}$ ${}^{開}_{AB}廝_{支}$ ${}^{開}_{C}思_{之}$ ${}^{開}_{C}司_{之}$ ${}^{開}_{C}絲_{之}$	${}^{開}_{AB}死_{脂}$ ${}^{開}_{AB}徙_{支}$ ${}^{開}_{AB}璽_{支}$	${}^{開}_{AB}四_{脂}$ ${}^{開}_{AB}駟_{脂}$ ${}^{開}_{AB}肆_{脂}$ ${}^{合}_{AB}邃_{脂}$ ${}^{合}_{AB}粹_{脂}$
	邪母/z/	${}^{合}_{AB}隨_{支}$ ${}^{開}_{C}辭_{之}$ ${}^{開}_{C}祠_{之}$	${}^{開}_{C}似_{之}$ ${}^{開}_{C}祀_{之}$	${}^{合}_{AB}遂_{脂}$ ${}^{開}_{AB}\underline{食}_{支}$ ${}^{開}_{C}嗣_{之}$
	生母/ʂ/	${}^{開}_{AB}師_{脂}$ ${}^{合}_{AB}\underline{衰}_{脂}$ ${}^{合}_{AB}榱_{脂}$	${}^{開}_{AB}\underline{纚}_{支}$ ${}^{開}_{C}\underline{使}_{之}$ ${}^{開}_{C}史_{之}$ ${}^{開}_{C}\underline{駛}_{之}$	${}^{合}_{AB}\underline{帥}_{脂}$ ${}^{開}_{AB}\underline{躧}_{支}$ ${}^{開}_{C}\underline{使}_{之}$ ${}^{開}_{C}\underline{駛}_{之}$
	書母/ɕ/	${}^{開}_{AB}\underline{蓍}_{脂}$ ${}^{開}_{AB}屍_{脂}$ ${}^{開}_{AB}\underline{施}_{支}$ ${}^{開}_{C}詩_{之}$	${}^{開}_{AB}矢_{脂}$ ${}^{合}_{AB}水_{脂}$ ${}^{開}_{C}始_{之}$	${}^{開}_{AB}\underline{施}_{支}$ ${}^{開}_{AB}翅_{支}$ ${}^{開}_{AB}啻_{支}$ ${}^{開}_{C}試_{之}$
	常母/ʑ/	${}^{合}_{AB}誰_{脂}$ ${}^{合}_{AB}垂_{支}$ ${}^{開}_{C}時_{之}$	${}^{開}_{AB}視_{脂}$ ${}^{開}_{AB}是_{支}$ ${}^{開}_{AB}氏_{支}$	${}^{開}_{C}侍_{之}$
	羊母/j/	${}^{開}_{AB}夷_{脂}$ ${}^{開}_{AB}姨_{脂}$ ${}^{合}_{AB}\underline{唯}_{脂}$ ${}^{合}_{AB}惟_{脂}$ ${}^{合}_{AB}\underline{遺}_{脂}$ ${}^{開}_{AB}移_{支}$ ${}^{開}_{C}貽_{之}$	${}^{合}_{AB}\underline{唯}_{脂}$ ${}^{開}_{C}以_{之}$ ${}^{開}_{C}已_{之}$	${}^{合}_{AB}\underline{遺}_{脂}$ ${}^{開}_{AB}\underline{易}_{支}$ ${}^{開}_{AB}\underline{施}_{支}$ ${}^{開}_{C}異_{之}$
치음파찰	精母/ʦ/	${}^{開}_{AB}姿_{脂}$ ${}^{開}_{AB}資_{脂}$ ${}^{開}_{AB}咨_{脂}$	${}^{開}_{AB}紫_{支}$ ${}^{開}_{C}子_{之}$	${}^{開}_{AB}恣_{脂}$ ${}^{合}_{AB}醉_{脂}$
	清初/ʦ^h/	${}^{開}_{AB}嵯_{支}$	${}^{開}_{AB}此_{支}$	${}^{開}_{AB}次_{脂}$ ${}^{開}_{AB}刺_{支}$
	從母/dz/	${}^{開}_{C}慈_{之}$		${}^{開}_{AB}自_{脂}$ ${}^{合}_{AB}萃_{脂}$ ${}^{合}_{AB}瘁_{脂}$ ${}^{開}_{C}字_{之}$ ${}^{開}_{C}牸_{之}$
	莊母/tʂ/		${}^{開}_{C}滓_{之}$	
	章母/ʨ/	${}^{開}_{AB}脂_{脂}$ ${}^{開}_{AB}支_{支}$ ${}^{開}_{AB}枝_{支}$ ${}^{開}_{C}之_{之}$ ${}^{開}_{C}芝_{之}$	${}^{開}_{AB}旨_{脂}$ ${}^{開}_{AB}指_{脂}$ ${}^{開}_{AB}咫_{支}$ ${}^{合}_{AB}捶_{支}$ ${}^{開}_{C}止_{之}$	${}^{開}_{AB}至_{脂}$ ${}^{開}_{C}志_{之}$
	昌母/ʨ^h/	${}^{開}_{AB}鴟_{脂}$ ${}^{合}_{AB}推_{脂}$ ${}^{合}_{AB}吹_{支}$ ${}^{合}_{AB}炊_{支}$ ${}^{開}_{C}蚩_{之}$	${}^{開}_{C}齒_{之}$	${}^{合}_{AB}\underline{出}_{脂}$
	船崇/ʥ/		${}^{開}_{C}士_{之}$ ${}^{開}_{C}仕_{之}$	${}^{開}_{C}事_{之}$

성모＼성조		평성^L	상성^R	거성^D
아음	見母/k/	開B飢脂 開B祁脂 開B驥脂 開B羈支 合A規支 開C箕之 開C萁之 開C幾微 開C機微 開C饑微 開C譏微 開C璣微 合C歸微	開B几脂 合B軌脂 合B庋支 開C己之 開C幾微 合C鬼微	合A季脂 開B冀脂 合B愧脂 開B寄支 開C既微 合C貴微
	溪母/k^h/	合A闚支 開B崎支 開C欺之	合A企支 開B綺支 開C起之 開C豈微	開A棄脂 開B器脂 開C氣微
	群母/g/	合B騤脂 合B夔脂 開B奇支 開B騎支 開C其之 開C期之 開C旗之 開C棊之 開C萁之 開C崎微	合B揆脂 開B妓支	開C璣微
	疑母/ŋ/	開B宜支 開B儀支 合B危支 開C疑之 開C嶷之 合C巍微	開C擬之 開C顗微	開B義支 開B議支 合C魏微 開C毅微
후음	影母/ʔ/	開A伊脂 開C噫之 開C依微 合C威微	開B倚支 合B委支	開B懿脂 開C意之 開C衣微 合C畏微 合C尉微 合C慰微
	曉母/h/	開C希微 合C暉微 合C揮微 合C煇微	合B毁支 開C喜之 合C虺微 合C卉微	開B戲支 合B毁支 合C諱微
	匣云/ɦ/	合B爲支 合C違微 合C韋微 合C圍微	開C矣之 合C偉微	合B位脂 合B爲支 合C謂微 合C猬微 合C渭微 合C緯微

위의 분포 분석표에서 눈에 띄는 특징적 분포가 있다. 支韻 3등은 항상 개구이면서 순음 뒤에는 오지 않는다. 이처럼 합구가 없으므로, 支韻에는 전설 원순 활음 /ɥ-/가 개재하지 않는다. 微韻 3등은 순음이나 아후음 뒤에만 오고, 설치음의

뒤에는 오지 않는다. 이러한 분포 제약이 무엇을 의미하는지 아직 분명하지 않다. 그러나 전기 중고음의 자음이 일단 순음, 설치음, 아후음의 세 그룹으로 나뉜다는 것을 보여 준다는 점에서 이 두 가지 제약의 의의가 자못 크다.

이제, 脂韻 3등 A 즉 $_{A}$脂韻과 脂韻 3등 B 즉 $_{B}$脂韻이 음운론적으로 대립하는지를 논의하기로 한다. 이것을 확인하기 위하여, 위의 분포 분석표에서 $_{A}$脂韻과 $_{B}$脂韻이 동일 칸에 온 것을 찾아보면 아래의 4쌍이 나온다. 9회 이상 사용된 459자 집합에서 이미 음운대립이 성립한다. 3등 A와 3등 B라는 점에서만 차이가 날 뿐이고 나머지 음운론적 성분은 동일하므로, 이들은 분명히 等의 최소대립 쌍이다.

(21) $_{A}$脂韻와 $_{B}$脂韻의 최소대립 쌍 (4쌍) (9, 5, 2)

1. 幫非/p/의 상성 – $_{A}$秕$_{脂}$: $_{B}$鄙$_{脂}$ (1 : 2)
2. 並奉/b/의 거성 – $_{A}$鼻$_{脂}$: $_{B}$備$_{脂}$ (5 : 9)
3. 見母/k/의 거성 – $^{合}_{A}$季$_{脂}$: $^{合}_{B}$愧$_{脂}$ (9 : 10)
4. 溪母/k^{h}/의 거성 – $^{開}_{A}$棄$_{脂}$: $^{開}_{B}$器$_{脂}$ (2 : 19)

위와 마찬가지로 支韻에도 중뉴가 있다. $_{A}$支韻와 $_{B}$支韻의 최소대립 쌍을 찾아보았더니 아래의 3쌍이 나온다. (22.3)과 (22.4)의 대립 항 '被'가 성조 다음자이므로 (22.3)과 (22.4)를 하나로 묶어서 한 쌍으로 계산했다. '被'의 성조로 상성을 택하든 거성을 택하든, 3회 이상 사용된 1,112자 집합에서 이미 최소대립이 성립한다. 양적 척도와 질적 척도를 두루 충족하므로 支韻 3등에서도 A와 B의 최소대립을 인정하지 않을 수 없다.

(22) $_{A}$支韻와 $_{B}$支韻의 최소대립 쌍 (3쌍) (3, 1, 1)

1. 幫非 /p/의 평성 – $_{A}$卑$_{支}$: $_{B}$陂$_{支}$ (2 : 1)
2. 幫非 /p/의 상성 – $_{A}$箄$_{支}$: $_{B}$彼$_{支}$ (1 : 8)
3. 並奉 /b/의 상성 – $_{A}$婢$_{支}$: $_{B}$<u>被</u>$_{支}$ (4 : 5)
4. 並奉 /b/의 거성 – $_{A}$避$_{支}$: $_{B}$<u>被</u>$_{支}$ (3 : 5)

한어 중고음에서는 等이 운두 개음의 유무나 개음 종류의 차이를 반영하고, 3등은 항상 개음을 가진다. 그렇다면 3등 A와 3등 B는 개음 종류가 다른 것이라고 해야 한다. 만약, 3등 A의 개음을 전설 평순 활음 /j-/라고 하면, 3등 B의 개음은 /j-/ 이외의 것이 되어야 한다. 이것을 우리는 일단 /ɪ-/라고 표기한다. 3장에서 간단히 정의했지만, /j-/는 자음적 활음인 데에 반하여 /ɪ-/는 모음적 활음이다. 이처럼 처리하여 脂韻이나 支韻의 3등 A는 일단 /jV/로 추정하고, 脂韻이나 支韻의 3등 B는 /ɪV/로 추정한다.

이제, 脂韻과 支韻의[41] 운복 모음에 대한 논의로 넘어간다. 이 둘의 韻에서만 차이가 나고, 나머지 음운론적 성분이 동일한 쌍을 위의 분포 분석표에서 찾아보면 아래와 같다. 32쌍의 운복 최소대립 쌍을 찾을 수 있고, 9회 이상 출현하는 459자 집합에서 이미 대립이 성립한다. 여타의 음운론적 성분은 모두 동일하고 운만 차이가 나므로 이들 대립 쌍은 분명히 운복 모음의 최소대립 쌍이다.

(23) $_{3}$脂韻과 $_{3}$支韻의 운복 최소대립 쌍 (32쌍) (9, 8, 6)

1. 定澄/d/의 평성 – ${}^{\text{開}}_{\text{AB}}$遲$_{\text{脂}}$: ${}^{\text{開}}_{\text{AB}}$池$_{\text{支}}$, ${}^{\text{開}}_{\text{AB}}$馳$_{\text{支}}$ (6 : 5, 1)
2. 泥日娘/n/의 평성 – ${}^{\text{開}}_{\text{AB}}$尼$_{\text{脂}}$: ${}^{\text{開}}_{\text{AB}}$兒$_{\text{支}}$ (4 : 37)
3. 常母/ʑ/의 평성 – ${}^{\text{合}}_{\text{AB}}$誰$_{\text{脂}}$: ${}^{\text{合}}_{\text{AB}}$垂$_{\text{支}}$ (13 : 4)
4. 常母/ʑ/의 상성 – ${}^{\text{開}}_{\text{AB}}$視$_{\text{脂}}$: ${}^{\text{開}}_{\text{AB}}$是$_{\text{支}}$, ${}^{\text{開}}_{\text{AB}}$氏$_{\text{支}}$ (9 : 135, 8)
5. 見母/k/의 거성 – ${}^{\text{開}}_{\text{B}}$冀$_{\text{脂}}$: ${}^{\text{開}}_{\text{B}}$寄$_{\text{支}}$ (6 : 7)

그렇다면 脂韻과 支韻의 운복 모음이 서로 달라야만 한다. 대부분의 학자들이 脂韻의 운복에는 전설 고모음 /i/를 배당하고 支韻의 운복에는 전설 중모음 /e/를 배당하여 두 운의 음가 차이를 기술한다. 우리도 이에 동의하여 脂韻의 A와 B에 각각 /ji/와 /ɪi/를 배당하고, 支韻의 A와 B에 각각 /je/와 /ɪe/를 배당한다.

41 脂韻 3등과 支韻 3등에서 구태여 A, B, AB를 구별해서 기술할 필요가 없을 때에는 이처럼 脂韻과 支韻으로 지칭하거나 $_{3}$脂韻과 $_{3}$支韻으로 지칭한다. A, B, AB는 3등의 하위부류이기 때문이다.

위에서 부여한 음가는 모두 개구일 때의 음가이다. 따라서 이 개구가 합구와 최소대립을 이루는지를 다시 확인할 필요가 있다. 이것을 확인하기 위하여 동일 칸에 온 脂韻에서 개합의 최소대립 쌍이 있는지를 찾아보았다. ${}_{A}$脂韻에서는 개합의 최소대립 쌍이 없지만, 흥미롭게도 ${}_{B}$脂韻에서는 개합의 최소대립 쌍이 존재한다. 이것은 支韻에서도 마찬가지이다. ${}_{A}$支韻에서는 개합의 최소대립 쌍이 없지만, ${}_{B}$支韻에서는 개합의 최소대립 쌍을 소수이지만 찾을 수 있다.

(24) ${}_{A}$脂韻 개구와 합구의 최소대립 쌍, 없음

(25) ${}_{B}$脂韻 개구와 합구의 최소대립 쌍 (2쌍) (6, 1)

1. 見母/k/의 상성 – ${}^{開}{}_{B}$几$_{脂}$: ${}^{合}{}_{B}$軌$_{脂}$ (1 : 2)
2. 見母/k/의 거성 – ${}^{開}{}_{B}$冀$_{脂}$: ${}^{合}{}_{B}$愧$_{脂}$ (6 : 10)

(26) ${}_{A}$支韻 개구와 합구의 최소대립 쌍, 없음

(27) ${}_{B}$支韻 개구와 합구의 최소대립 쌍 (3쌍) (6, 4, 2)

1. 疑母/ŋ/의 평성 – ${}^{開}{}_{B}$宜$_{支}$, ${}^{開}{}_{B}$儀$_{支}$: ${}^{合}{}_{B}$危$_{支}$ (26, 4 : 6)
2. 影母/ʔ/의 상성 – ${}^{開}{}_{B}$倚$_{支}$: ${}^{合}{}_{B}$委$_{支}$ (2 : 9)

(25)와 (27)의 최소대립 쌍은 아후음 뒤의 환경에서만 찾은 것이다.[42] 이처럼 음운론적 환경을 한정하더라도 6회 이상 출현하는 656자 집합에서 이미 ${}_{B}$脂韻 개구와 ${}_{B}$脂韻 합구의 최소대립이 성립한다. 따라서 ${}_{B}$脂韻의 개구와 합구에는 각기 다른 음가를 부여해야만 한다. ${}_{B}$支韻에서도 마찬가지이다.

앞에서 우리는 아후음 뒤의 환경에서 개구와 합구가 음운론적으로 대립하는지를 논의했다. 그런데 설치음 뒤의 음운론적 환경으로 확대하면 개합의 최소대립

42 중뉴를 확인해 주는 결정적인 자료가 한국 중세 한자음인데, 여기에서도 중뉴가 분명하게 드러나는 환경은 아후음 뒤의 환경이다.

쌍이 아주 많아진다. 설치음의 뒤에 오는 脂韻과 支韻은 중뉴 구별이 없다. 따라서 脂韻과 支韻은 설치음 뒤에서 3등 A일 수도 동시에 3등 B일 수도 있다. 이토 지유키(2011, 이진호 역)에서는 이것을 3등 AB로 표기했는데, 개합의 음운대립을 통하여 이 3등 AB가 3등 A에 가까운지 3등 B에 가까운지를 논의할 수 있다.

(28) 脂韻 3등 AB인 개구와 합구의 최소대립 쌍 (21쌍) (3, 2, 2)

1. 來母/l/의 상성 – ${}^{開}_{AB}$履$_{脂}$: ${}^{合}_{AB}$壘$_{脂}$, ${}^{合}_{AB}$誄$_{脂}$ (2 : 6, 4)
2. 心母/s/의 평성 – ${}^{開}_{AB}$私$_{脂}$: ${}^{合}_{AB}$雖$_{脂}$, ${}^{合}_{AB}$綏$_{脂}$ (2 : 42, 1)
3. 生母/ʂ/의 평성 – ${}^{開}_{AB}$師$_{脂}$: ${}^{合}_{AB}$榱$_{脂}$ (11 : 2)
4. 書母/ɕ/의 상성 – ${}^{開}_{AB}$矢$_{脂}$: ${}^{合}_{AB}$水$_{脂}$ (3 : 13)
5. 從母/dz/의 거성 – ${}^{開}_{AB}$自$_{脂}$: ${}^{合}_{AB}$萃$_{脂}$, ${}^{合}_{AB}$瘁$_{脂}$ (145 : 2, 2)

(29) 支韻 3등 AB인 개구와 합구의 최소대립 쌍 (3쌍) (3, 2, 1)

1. 來母/l/의 평성 – ${}^{開}_{AB}$離$_{支}$, ${}^{開}_{AB}$籬$_{支}$: ${}^{合}_{AB}$羸$_{支}$ (5, 2 : 3)
2. 來母/l/의 거성 – ${}^{開}_{AB}$離$_{支}$: ${}^{合}_{AB}$累$_{支}$ (5 : 5)
3. 章母/tɕ/의 상성 – ${}^{開}_{AB}$咫$_{支}$: ${}^{合}_{AB}$捶$_{支}$ (1 : 1)

(28~29)에서 확인할 수 있듯이, $_{3}$脂韻의 AB와 $_{3}$支韻의 AB에서도 개합의 최소대립 쌍을 찾을 수 있다. $_{3}$脂韻의 AB에서는 3회 이상 사용된 1,112자 집합에서 개합의 최소대립이 성립하고, $_{3}$支韻의 AB에서도 마찬가지이다. 이처럼 개합의 최소대립이 성립하므로, 이들의 3등 AB는 3등 A에 가까운 것이 아니라 3등 B에 가까운 것이라고 단정할 수 있다. 앞에서 이미 논의한 바 있듯이, 개합의 최소대립이 3등 A에서는 성립하지 않고, 3등 B에서만 성립하기 때문이다.

지금까지 논의한 바를 표로 요약해 보면 다음과 같다. 脂韻과 支韻의 3등 A에서는 개합의 음운대립이 분명하지 않으므로 이 표에서는 이들의 합구음에 ( )를 쳤다.

(30) $_3$脂韻과 $_3$支韻의 음가 추정

운 \ 개합		개구	합구
脂韻 3등	A	ji	(wji, jwi → ɥi)
	B	ɪi	wɪi, ɪwi → ɥi
支韻 3등	A	je	(wje, jwe → ɥe)
	B	ɪe	wɪe, ɪwe → ɥe

우리는 앞에서 $_3$脂韻의 A와 B에 각각 /ji/와 /ɪi/를 배당하고, $_3$支韻의 A와 B에 각각 /je/와 /ɪe/를 배당한 바 있다. 이들의 합구음은 원순성을 더한 것이므로 일반적으로 후설 활음 /w-/가 더해진 것이라고 기술한다. 이에 따르면 /je/와 /ɪe/의 합구음은 이론적으로 /wje/·/wɪe/이거나 /jwe/·/ɪwe/이거나 둘 중의 하나가 된다. 그런데 이 둘 중에서 어느 것을 택해야 할지 확실하지 않다.

이 불확실성은 궁극적으로 전설성과 원순성이 계기적·순차적으로 연결된다고 보기 때문에 야기된다. 그러나 전설성과 원순성이 항상 계기적·순차적으로 연결되는 것은 아니다. 전설성과 원순성이 동시적으로 결속한 전설 원순 활음 /ɥ-/가 있기 때문이다. /w-/는 원순성을 나타내고 /j-/(또는 /ɪ-/)는 전설성을 나타내는데, 이 둘을 동시적으로 결속하면 전설 원순 활음 /ɥ-/가 된다. 따라서 우리는 복합 개음 /wj-/·/wɪ-/ 또는 /jw-/·/ɪw-/를 인정하지 않고, 그 대신에 /ɥ-/를 설정한다.

위에서 제기한 불확실성과 관련하여 두 가지 의문이 제기된다. 첫째, /wj-/·/wɪ-/가 언어 현실에 맞는가, /jw-/·/ɪw-/가 맞는가? 둘째, 개음 /ɪ-/가 과연 후설성을 가지는가?

고노 로쿠로(河野六郎)(2010: 191, 224, 이진호 역주)은 'ï-' 즉 우리의 /ɪ-/가 후설 평순 개음이라고 하면서,[43] 운복 모음이 /i/일 때에는 제 음가를 유지하지만

43 有坂秀世(1944: 342)에서는 이 음을 '非口蓋音'이라고 했는데, 이것을 후설 개음이라 해석할 수 있다. 河野六郎(1968/79)는 이 개음 'ï-' 즉 우리의 /ɪ-/를 명시적으로 '후설 개음'이라 지칭하지 않았지만, 한국 중세 한자음을 기술할 때에는 그 후설성을 인정하고 있다.

나머지 운복 모음 앞에서는 /ɪ-/가 후속하는 운복 모음에 흡수되거나 소실된다고 했다. 이 주장에 따르면, /jw-/·/ɪw-/를 버리고 /wj-/·/wɪ-/를 택해야 한다. 복합 개음 /ɪw-/의 /ɪ-/는 운복 모음의 바로 앞에 오는 것이 아니므로 후속 모음에 흡수될 가능성이 상대적으로 적기 때문이다.

첫째 의문을 해결할 때에는 河野六郎(1968/79)의 주장이 설득력을 가지지만, 둘째 의문에서는 새로운 문제가 제기된다. 그의 'ï̯-' 즉 우리의 /ɪ-/가 후설 개음이라면, 여기에 후설적인 /w-/가 첨가되더라도 후설성을 유지해야 하는 것 아닌가? 즉 /wɪ-/의 /w-/도 후설적이고 /ɪ-/도 후설적이므로 /wɪ-/가 당연히 /w-/ 또는 /ɨ-/ 정도로 실현되어야 한다. 그러나 한어 중고음의 복합 개음 /wɪ-/는 후설적인 /w-/ 또는 /ɨ-/로 실현되는 것이 아니라 전설적인 /ɥ-/로 실현된다. 따라서 /ɪ-/를 후설 개음이라 한 것이 한어에서는 설득력이 떨어진다.

여기에서 河野六郎(1968/79)의 연구 대상이 한어 중고음이 아니라 한국 중세 한자음이라는 점을 고려할 필요가 있다. 한국 중세 한자음에서는 3등의 합구음인 /wɪ-/가 후설의 /w-/로 수용되므로 고노 로쿠로(河野六郎)(2010: 191, 224, 이진호 역주)의 설명이 설득력을 가진다. 한국 중세 한자음에는 전설 원순 개음 /ɥ-/가 없으므로 /wɪ-/를 /w-/로 수용할 수밖에 없다. 그러나 한어 중고음에는 이 설명을 그대로 적용할 수가 없다. 한어 중고음에는 전설 원순 활음 /ɥ-/가 있기 때문에 /wɪ-/가 /ɥ-/로 실현된다고 보아야 하고, 실제로도 /wɪ-/가 /ɥ-/로 실현된다. /ɥ-/는 전설 원순 활음이므로, 그 전설성을 유지하려면 /wɪ-/의 /ɪ-/가 후설 개음이 아니라 전설 개음이라고 보아야 한다.

이러한 비판이 가능하므로 우리는 개음 /ɪ-/를 설정하면서도 /ɪ-/가 /j-/와 마찬가지로 전설성을 가진다고 본다. 그런데 이처럼 /ɪ-/가 전설성을 가진다고 기술하면, 역시 전설적인 /j-/와는 어떻게 구별되는가 하는 의문이 뒤따른다. 이 질문에 답할 때에는 Karlgren(1954)가 운두 개음을 자음적 개음과 모음적 개음으로 구별한 것이 유용하다. 이 구별을 활용하여 우리는 /ɪ-/를 모음적 개음이라 정의하고, /j-/를 자음적 개음이라고 정의한다.

이 정의가 옳다는 것은 羊母/j/를 자음의 일종으로 기술해야 한다는 점에서 찾을 수 있다. 우리는 4장에서 성모를 분석하면서 羊母의 음가를 /j/로 기술했는데, 중국 음운학에서는 羊母가 성모의 일종이므로 이 /j/가 활음이 아니라 자음이다. 모든 한어 음절은 항상 성모를 가지고 그 성모는 현대 음운론의 자음에 해당하므로, 羊母의 /j/가 자음의 일종이라는 것은 분명하다. 따라서 /j-/가 비록 운두의 위치에 왔다 하더라도 이것을 자음으로 분류해도 아무 탈이 없다. 자음적 /j-/와 달리, /ɪ-/는 모음적 개음이다. 이처럼 정의하면 /ɪ-/가 후설성을 가진다고 할 필요가 없다. /j-/와 /ɪ-/는 자음성 즉 [consonantal] 음운자질에서 이미 차이가 나기 때문에 /j-/와 더불어 /ɪ-/도 전설성을 가진다고 해도 무방하다.

$_B$脂韻의 합구음은 이론적으로 일단 /wɪi/가 되고, $_B$支韻의 합구음은 /wɪe/가 된다. 그런데 이들의 복합 개음 /wɪ-/는 원순성과 전설성이 동시에 조음되는 것이므로, 실질적으로는 전설 원순 활음 /ɥ-/와 같다고 할 수 있다. 이것을 위의 (30)에서는 화살표 '→'로 표시했다.

마찬가지로, 脂韻과 支韻의 3등 A는 이론적으로 각각 /wji/와 /wje/의 음가라고 할 수 있다. 이때에도 개음 /wj-/가 /ɥ-/로 교체되어 각각 /ɥi/와 /ɥe/가 된다고 본다. 다만, 3등 A에서는 위에서 논의한 것처럼 개구와 합구의 최소대립 쌍이 없으므로, /ji/와 /ɥi/의 음운대립과 /je/와 /ɥe/의 음운대립을 실증할 수가 없다.

이제, 항상 3등 C인 $_C$之韻과 $_C$微韻에 대한 논의로 넘어간다. 이 두 운은 항상 3등운인 반절자의 성모 뒤에만 오므로 이른바 3등 전속운이다. 이 점에서 이들은 위의 脂韻이나 支韻과 크게 차이가 난다.

앞에서 이미 말한 것처럼 $_C$之韻은 설치음이나 아후음의 뒤에 오고, $_C$微韻은 순음이나 아후음 뒤에만 온다. 따라서 이 두 운모가 음운론적으로 대립하는지를 검토할 때에는 음운론적 환경을 아후음으로 한정한다.

$_C$之韻은 항상 개구이지만, $_C$微韻은 개구와 합구의 구별이 있다. 대부분의 운모에서 개구인 한자가 합구인 한자보다 상대적으로 많은데, 흥미롭게도 대화문 용자의 $_C$微韻에서는 합구가 개구보다 더 많다. 아후음의 뒤에 온 $_C$微韻 합구가 23자이고, 개구가 16자이다. 더 미세하게 관찰해 보면, 후음의 뒤에 온 $_C$微韻은 대

부분 합구이고 아음의 뒤에 온 $_{C}$微韻은 대부분 개구이다.[44]

이제, (20)의 止攝字 분포 분석표에서 $_{C}$之韻과 $_{C}$微韻의 최소대립 쌍을 찾아본다. 아래에서 확인할 수 있는 것처럼 7쌍의 최소대립 쌍이 있고 13회 이상 사용된 334자 집합에서 이미 최소대립이 성립한다.

(31) $_{C}$之韻과 $_{C}$微韻의 최소대립 쌍 (7쌍) (13, 7, 3)

1. 見母/k/의 평성 – $^{開}_{C}$箕$_{之}$: $^{開}_{C}$機$_{微}$, $^{開}_{C}$饑$_{微}$, $^{開}_{C}$譏$_{微}$ (3 : 3, 2, 2)
2. 溪母/k^h/의 상성 – $^{開}_{C}$起$_{之}$: $^{開}_{C}$豈$_{微}$ (7 : 12)
3. 疑母/ŋ/의 상성 – $^{開}_{C}$擬$_{之}$: $^{開}_{C}$顗$_{微}$ (5 : 3)
4. 影母/ʔ/의 평성 – $^{開}_{C}$噫$_{之}$: $^{開}_{C}$依$_{微}$ (2 : 5)
5. 影母/ʔ/의 거성 – $^{開}_{C}$意$_{之}$: $^{開}_{C}$衣$_{微}$ (41 : 13)

(31)의 대립 항은 운에서만 차이가 날 뿐이고 여타의 음운론적 성분은 모두 동일하다. 그렇다면 $_{C}$之韻과 $_{C}$微韻의 음가 차이를 운복에서 구해야 하므로, 이들의 운복 모음에 서로 다른 모음을 배당한다.

그런데 $_{C}$之韻과 $_{C}$微韻의 운복에 각각 /i/ 모음과 /e/ 모음을 배당할 수가 없다. 위에서 이미 $_{3}$脂韻의 운복에 /i/를 배당하고 $_{3}$支韻의 운복에 /e/ 모음을 배당했기 때문이다. 여기에서 $_{C}$之韻과 $_{C}$微韻이 정말로 $_{3}$脂韻이나 $_{3}$支韻과 음운론적으로 대립했는지 확인할 필요를 느낀다.

위의 분포 분석표 (20)에서 먼저 $_{C}$之韻이 $_{3}$脂韻·$_{3}$支韻과 동일 칸에 온 것을 찾아본다. $_{C}$之韻은 항상 3등운자의 성모와 결합하므로 $_{A}$脂韻·$_{A}$支韻은 음운론적 대비의 효과가 떨어진다. 따라서 3등운자의 성모와 결합하는 3등 B를 대비의 대상으로 삼는다. 3등 B는 개음이 전설 평순 활음인 /ɪ/이고 3등 C도 개음이 역시 /ɪ/이므로, $_{C}$之韻과 $_{B}$脂韻의 운복 음운대립 쌍 또는 $_{C}$之韻과 $_{B}$支韻의 운복 음운대립 쌍을 찾는 것이 효과적이다.

---

44 아후음을 아음과 후음의 둘로 나누고자 할 때에 이것을 논거로 삼을 수 있다.

(32) $_{C}$之韻과 $_{B}$脂韻의 음운대립 쌍 (5쌍) (3, 1, 1)

1. 見母/k/의 평성 – $^{開}_{C}$箕$_{之}$: $^{開}_{B}$飢$_{脂}$, $^{開}_{B}$祁$_{脂}$, $^{開}_{B}$驥$_{脂}$ (3 : 1, 1, 1)
2. 見母/k/의 상성 – $^{開}_{C}$己$_{之}$: $^{開}_{B}$几$_{脂}$ (10 : 1)
3. 影母/ʔ/의 거성 – $^{開}_{C}$意$_{之}$: $^{開}_{B}$懿$_{脂}$ (41 : 3)

(33) $_{C}$之韻과 $_{B}$支韻의 음운대립 쌍 (12쌍) (9, 4, 3)

1. 見母/k/의 평성 – $^{開}_{C}$箕$_{之}$: $^{開}_{B}$羈$_{支}$ (3 : 3)
2. 溪母/k^{h}/의 상성 – $^{開}_{C}$起$_{之}$: $^{開}_{B}$綺$_{支}$ (7 : 1)
3. 群母/g/의 평성 – $^{開}_{C}$其$_{之}$, $^{開}_{C}$期$_{之}$, $^{開}_{C}$旗$_{之}$, $^{開}_{C}$棊$_{之}$: $^{開}_{B}$奇$_{支}$, $^{開}_{B}$騎$_{支}$ (141, 12, 1, 1 : 9, 7)
4. 疑母/ŋ/의 평성 – $^{開}_{C}$疑$_{之}$: $^{開}_{B}$宜$_{支}$, $^{開}_{B}$儀$_{支}$ (4 : 26, 4)

위의 음운대립 쌍에서 확인할 수 있듯이 $_{C}$之韻과 $_{B}$脂韻은 5쌍에서 음운론적으로 대립하고, 3회 이상 사용된 1,112자 집합에서 대립이 성립한다.[45] $_{C}$之韻과 $_{B}$支韻의 음운대립 쌍은 12쌍이고, 9회 이상 사용된 459자 집합에서 이미 대립이 성립한다. 따라서 $_{C}$之韻의 운복에는 $_{B}$脂韻의 운복 모음 /i/나 $_{B}$支韻의 운복 모음 /e/를 배당할 수가 없다. 만약에 $_{C}$之韻의 운복에 /i/ 모음이나 /e/ 모음을 배당하면, $_{C}$之韻과 $_{B}$脂韻의 음운대립이나 $_{C}$之韻과 $_{B}$支韻의 음운대립이 무너지기 때문이다.

다음으로, $_{C}$微韻이 $_{B}$脂韻과 동일 칸에 오거나 $_{B}$支韻과 동일 칸에 온 것을 찾아본다. $_{C}$微韻과 $_{B}$脂韻의 음운대립 쌍이 16쌍이나 되고, 14회 이상 출현하는 극소수의 상용자 집합에서 이미 대립이 성립한다. $_{C}$微韻과 $_{B}$支韻의 음운대립 쌍은 19쌍이고 7회 이상 출현하는 565자 집합에서 이미 대립이 성립한다.

---

45 고노 로쿠로(河野六郎)(2010: 234, 이진호 역주)는 "脂韻과 之韻은 六朝 시대에 이미 합류해 버린 方音이 존재했다. 梁의 『玉篇』과 陸德明의 『經典釋文』에서 그러하다"고 했다. 그러나 이것은 方音에 국한된 기술이고, 두 운의 합류가 일반화된 것은 후기 중고음에서의 일이다.

(34) ${}_{C}$微韻과 ${}_{B}$脂韻의 음운대립 쌍 (16쌍) (14, 10, 6)

1. 見母/k/의 상성 – $^{\text{合}}{}_{C}$鬼$_{\text{微}}$: $^{\text{合}}{}_{B}$軌$_{\text{脂}}$ (9 : 2)
2. 見母/k/의 거성 – $^{\text{開}}{}_{C}$旣$_{\text{微}}$: $^{\text{開}}{}_{B}$冀$_{\text{脂}}$ (26 : 6)
3. 見母/k/의 거성 – $^{\text{合}}{}_{C}$貴$_{\text{微}}$: $^{\text{合}}{}_{B}$愧$_{\text{脂}}$ (23 : 10)
4. 溪母/k^h/의 거성 – $^{\text{開}}{}_{C}$氣$_{\text{微}}$: $^{\text{開}}{}_{B}$器$_{\text{脂}}$ (14 : 19)
5. 影母/ʔ/의 거성 – $^{\text{開}}{}_{C}$衣$_{\text{微}}$: $^{\text{開}}{}_{B}$懿$_{\text{脂}}$ (13 : 3)

(35) ${}_{C}$微韻과 ${}_{B}$支韻의 음운대립 쌍 (19쌍) (7, 4, 4)

1. 並奉/b/의 평성 – ${}_{C}$肥$_{\text{微}}$: ${}_{B}$皮$_{\text{支}}$, ${}_{B}$疲$_{\text{支}}$ (3 : 5, 4)
2. 明微/m/의 평성 – ${}_{C}$微$_{\text{微}}$: ${}_{B}$彌$_{\text{支}}$, ${}_{B}$縻$_{\text{支}}$ (6 : 4, 4)
3. 見母/k/의 평성 – $^{\text{開}}{}_{C}$機$_{\text{微}}$, $^{\text{開}}{}_{C}$饑$_{\text{微}}$, $^{\text{開}}{}_{C}$譏$_{\text{微}}$: $^{\text{開}}{}_{B}$羈$_{\text{支}}$ (3, 2, 2 : 3)
4. 見母/k/의 거성 – $^{\text{開}}{}_{C}$旣$_{\text{微}}$: $^{\text{開}}{}_{B}$寄$_{\text{支}}$ (26 : 7)
5. 疑母/ŋ/의 거성 – $^{\text{開}}{}_{C}$毅$_{\text{微}}$: $^{\text{開}}{}_{B}$義$_{\text{支}}$, $^{\text{開}}{}_{B}$議$_{\text{支}}$ (2 : 21, 5)

극소수의 상용자 집합에서 이미 ${}_{C}$微韻이 ${}_{B}$脂韻뿐만 아니라 ${}_{B}$支韻과 음운론적으로 대립하고, 이들의 음운대립 쌍이 아주 많다. 따라서 ${}_{C}$微韻의 운복에도 /i/나 /e/ 모음을 배당할 수가 없다.

위에서 거론한 여러 음운대립을 유지하려면, ${}_{C}$之韻과 ${}_{C}$微韻의 운복에 /i/와 /e/를 제외한 여타의 모음을 배당해야 한다. 止攝이 /i/ 모음에 가까운 모음을 가지는 집합임을 감안하면, /i/ 모음에서 거리가 먼 전설 저모음 /ɛ/나 후설 원순 고모음 /u/는 후보에서 제외된다. 반면에, ${}_{C}$之韻과 ${}_{C}$微韻의 운복 모음 후보로는 중설 고모음 /ɨ/와 중설 중모음 /ə/가 유력하다. 이 두 모음을 각각 다음과 같이 배당할 수 있다.

(36) ${}_{C}$之韻과 ${}_{C}$微韻의 음가 배당 안 (一)

1. ${}_{C}$之韻 = /ɪə/, ${}_{C}$微韻 = /ɪɨ/
2. ${}_{C}$之韻 = /ɪɨ/, ${}_{C}$微韻 = /ɪə/

(36.1)은 $_{C}$之韻의 운복에 /ə/를, $_{C}$微韻의 운복에 /ɨ/를 배당한 방법이다. 거꾸로 (36.2)에서는 $_{C}$之韻의 운복에 /ɨ/를, $_{C}$微韻의 운복에 /ə/를 배당했다. 이 둘 중의 어느 하나를 택하면 위에서 거론한 여러 음운대립을 모두 유지할 수 있다.

이 둘 중에서 어느 것을 택해야 할까? 이것을 결정할 때에는 운복 모음이 /i/인 $_{B}$脂韻을 기준으로 삼으면 된다. $_{B}$脂韻과 $_{C}$之韻의 음운론적 거리가 더 먼지, $_{B}$脂韻과 $_{C}$微韻의 거리가 더 먼지를 계량하면 된다. $_{B}$脂韻과 $_{C}$之韻의 음운대립 쌍은 (32)의 5쌍이고 3회 이상 사용된 집합에서 음운대립이 성립한다. 반면에 $_{B}$脂韻과 $_{C}$微韻의 음운대립 쌍은 (34)의 16쌍이고 14회 이상 사용된 극소수의 상용자 집합에서 이미 음운대립이 성립한다. 이것은 $_{B}$脂韻과 $_{C}$之韻의 음운론적 거리는 아주 가까운 데에 비하여 $_{B}$脂韻과 $_{C}$微韻의 음운론적 거리는 상대적으로 아주 멀다는 것을 뜻한다. 따라서 $_{C}$之韻의 운복에 중설 고모음 /ɨ/를 배당하고 $_{C}$微韻의 운복에 /ə/를 배당하는 것이 맞다.[46] 즉 우리는 (36.1)보다는 (36.2)가 올바른 음가 배당이라고 본다.

지금까지 우리의 분석 방법에 따라 止攝에 속하는 $_{3}$脂韻, $_{3}$支韻, $_{C}$之韻, $_{C}$微韻의 운복 모음을 재구해 보았다. 그런데 문제가 있다. 대부분의 학자들이 $_{C}$微韻이 /-ø/ 운미에 속하는 것이 아니라 /-i/ 운미에 속한다고 본다. 이에 따르면 $_{C}$微韻을 /-ø/ 운미를 가지는 그룹에서 제외해야 한다. $_{C}$微韻을 /-ø/ 운미에서 제외하여 /-i/ 운미에 넣으면, $_{C}$微韻이 止攝에 속하는 것이 아니라 후술할 蟹攝에 속하게 된다.

이와 같이 처리할 때에는 (36)에서처럼 /ɨ/와 /ə/의 두 가지 모음을 모두 설정할 필요가 없다. 둘 중에서 어느 하나만 골라 $_{C}$之韻의 운복에 배당하면 된다. 후술하겠지만, 전기 중고음의 모음체계에 /ə/는 반드시 포함해야 하는 모음이다. 반면에 /ɨ/ 모음을 반드시 설정해야 한다는 논거를 제시하기가 어렵다. 그렇다면 $_{C}$之韻의 운복에 /ə/ 모음을 배당하는 것이 일단은 안전하다. 이처럼 조정하게 되면 (36)의 음가 배당이 다음과 같이 바뀐다.

46 微韻의 운복을 'ə'라고 한 것은 Chao(1941)로 거슬러 올라간다.

(37) $_{C}$之韻과 $_{C}$微韻의 음가 배당 안 (二)

1. $_{C}$之韻 = /ɪə/
2. $_{C}$微韻 = /ɪəi/

(37)에서는 $_{C}$微韻이 운미 /-i/를 가지므로 이 운미의 유무에 의해 $_{C}$微韻과 $_{C}$之韻이 음운론적으로 대립한다. 따라서 두 운의 운복 모음이 동일하다고 해도 무방하다.

지금까지 止攝에 속하는 여러 운모 상호 간의 음운론적 대립을 확인했다.[47] 이것을 표로 그려 보면 아래의 (38)과 같다. 여기에는 $_{B}$脂韻 합구와 $_{B}$支韻 합구를 포함했지만, 이들을 제외하면 이해하기가 더 쉽다.

(38) 止攝 운모 상호 간의 음운대립

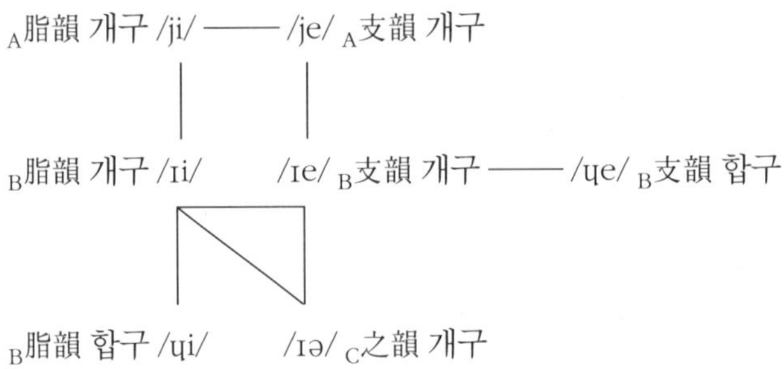

위의 음운대립에서 문제점 하나가 제기된다. 之韻을 굳이 3등 C라고 하여 3등 B와 구별할 필요가 있는가 하는 문제이다. 일본 학자들은 항상 운도의 3등 줄에 배열된다는 점을 강조하여 之韻 3등을 C라고 했다. 그러나 之韻 3등을 B라고 하더라도 음운대립을 기술하는 데에 전혀 지장이 없다. 之韻 3등은 개구만 있고 합구가 없기 때문에 脂韻 3등 B의 합구 또는 支韻 3등 B의 합구와 사실은 배타적 관계이다.

47 고노 로쿠로(河野六郎)(2010: 251, 이진호 역주)에 따르면, 후기 중고음을 반영하는 慧琳의 『一切經音義』에서는 止攝의 脂韻, 支韻, 之韻이 하나로 합류한다.

이 점을 강조하여 우리는 3등 B와 3등 C를 구태여 구별할 필요가 없다는 태도를 취한다. 이 태도에 따르면 3등 B의 개음 /ɪ-/와 3등 C의 개음을 구별하지 않아도 되므로, 3등 C의 개음도 모음적 개음 /ɪ-/라고 할 수 있다. 예컨대, $_{C}$之韻을 $_{B}$之韻라고 하더라도 아무런 문제가 발생하지 않는다. 더욱이 설치음 뒤에 온 脂韻 3등과 支韻 3등을 이토 지유키(2011, 이진호 역)은 3등 AB로 기술했지만, 이것을 대부분 3등 B라고 해도 된다. 결론적으로, 일본 학자들이 重紐를 세 가지로 나눈 것을 중국 학자들처럼 두 가지로 나누어도 전기 중고음의 음운대립을 기술할 때에는 전혀 문제될 것이 없다.

5.1.4. /-ø/ 운미 종합

지금까지 假攝, 果攝, 遇攝, 止攝 등에 속하고 운미가 없는 운모의 음가를 재구해 보았다. 이제 이 /-ø/ 운미에 속하는 운모를 한군데로 모아 우리의 음가 추정을 종합해 보기로 한다.

(39) /-ø/ 운미인 운모의 음가 배당표

운모 \ 등 개합		4등		3등		2등		1등	
		開	合	開	合	開	合	開	合
$_{3}$脂韻	A			ji	ɥi				
	B			ɪi					
$_{3}$支韻	A			je	ɥe				
	B			ɪe					
$_{3}$之韻 C				ɪə					
$_{3}$虞韻 C					ɥo				
$_{3}$魚韻 C				ɪo					
$_{1}$模韻								o	
$_{2}$麻韻						ɛ	wɛ		
$_{1}$戈韻									wɑ
$_{1}$歌韻								ɑ	

이 음가 배당표가 나오기까지 항상 지켰던 원칙을 정리해 보자. 대원칙으로는 상보적 분포의 여부와 최소대립 쌍의 유무를 들 수 있다. 성모, 성조, 개합, 등, 운의 음운론적 성분 중에서 어느 하나의 성분만 차이가 나고 나머지 성분이 동일한 최소대립 쌍이 있는지를 확인한다. 그런데 운모는 개합, 등, 운의 세 가지 성분으로 이루어지므로 개합의 최소대립 쌍, 등의 최소대립 쌍, 운의 최소대립 쌍을 따로따로 찾아낼 필요가 있다. 개합의 최소대립 쌍을 근거로 삼아 /j-/, /w-/ 등의 개음을 설정하고, 등의 최소대립 쌍을 근거로 삼아 여기에다 개음 /ɥ-/와 /ɪ-/를 추가했다. 운의 최소대립 쌍을 논거로 삼아, 대립하는 운모의 운복에 서로 다른 모음을 배당했다.

이러한 대원칙 아래, 음가를 추정할 때에 반드시 지킨 세부 원칙을 정리해 보면 다음과 같다.

첫째, 1등운과 2등운은 운두 개음을 가지지 않는다. 다만, 1등운과 2등운이 합구일 때에는 후설 원순 활음 /w-/를 운복 앞에 더한다.

둘째, 3등운은 항상 운두 개음을 가진다. 그 개음은 자음적 활음 /j-/와 모음적 활음 /ɪ-/이다. 그런데 3등 합구일 때에는 /w-/가 덧붙으므로 복합 개음 /wj-/ 또는 /wɪ-/가 되고, 이것이 실제로는 전설 원순 활음 /ɥ-/로 실현된다. /j-, ɪ-, ɥ-/의 세 가지 개음은 공통적으로 전설성을 가진다. 따라서 한어 중고음의 3등운에는 항상 전설 활음이 개재한다.

脂韻과 支韻에서는 重紐를 음운론적 대립으로 인정하되, 그 종류를 A와 B의 둘로 한정하여 각각 /j-/와 /ɪ-/를 배당한다. 일본 학자들이 3등 C라 한 것이 전기 중고음에서는 3등 B와 구별되지 않는다. 魚韻과 虞韻은 항상 3등 C이므로 개음을 가져야 하는데, $_3$魚韻 C가 $_3$虞韻 C와 음운론적으로 대립한다. 이에 따라 항상 개구인 $_3$魚韻 C에는 모음적 전설 활음 /ɪ-/를 배당하고 항상 합구인 $_3$虞韻 C에는 전설 원순 활음 /ɥ-/를 배당한다.

이처럼 음가를 배정하면 위의 (39)와 같은 결과가 나온다. 여기에 열거된 음가를 기준으로 전기 중고음의 운두 개음을 아래와 같이 정리할 수 있다. 중국 음운학의 개구는 이 표에서 [-원순] 행에 해당하고, 합구는 [+원순] 행에 해당한다. 또한 重紐를 기술하기 위해 설정한 음운자질 [±자음]은 [+전설]에만 적용한다.

(40) 전기 중고음의 介音體系

위치 / 방식	[+전설]		[−전설]
	[+자음]	[−자음]	
[−원순]	j−	ɪ−	(ø−)
[+원순]	ɥ−		w−

앞에서 논의한 것처럼, 개구에서는 자음적 개음 /j−/와 모음적 개음 /ɪ−/가 구별되지만 합구에서는 이 구별이 中和된다. 이것이 (40)의 [+원순] 행에 반영되어 있다. 또한 개구는 운두가 없는 것도 포함하는데, (40)에서는 이것을 (ø−)로 표시했다. 이처럼 한어의 음운론적 특수성을 잘 반영하고 있으므로, (40)의 介音體系를 믿을 수 있다.

다음으로, 위의 음가 배당표 (39)에 등장하는 모음은 /i, e, ə, o, a, ɑ/의 6종이다. 이 6종 상호 간의 음운대립을 다음과 같이 그릴 수 있다.

(41) /−ø/ 운미의 韻腹 모음 체계도

i		
e	ə	o
ɛ		ɑ

이 모음 체계도에서 특이한 것은 후설 원순 고모음 /u/가 보이지 않는다는 점이다. 이제 겨우 /−ø/ 운미인 운모만을 분석한 것이므로 섣불리 단정할 수 없지만, 이 특징은 음절의 마지막 위치에서 /u/와 /o/의 음운론적 대립이 사라지는 현상에 비유할 수 있다. 후술하겠지만, 우리는 /−u/ 운미만 인정하고 /−o/ 운미는 인정하지 않는다. 둘 중에서 어느 하나만 설정해도 한어의 음절구조를 기술하는 데에 지장이 없기 때문이다. 그런데 운미가 없는 /−ø/ 운미에서도 음절의 마지막 위치에서는 /u/ 모음과 /o/ 모음의 음운대립이 없다. 따라서 /−u/ 운미와

/-ø/ 운미의 두 가지 음운론적 환경을 하나로 묶어서 "음절의 마지막 위치에서는 /u/와 /o/의 음운대립이 없다"고 일반화할 수 있다.

음절의 마지막 위치에서는 후설 중모음 /ə/와 후설 고모음 /ɨ/의 음운대립도 없다. 만약에 微韻 3등을 /-ø/ 운미에 속하는 운이라고 기술하면 반드시 고모음 /ɨ/를 설정해야 한다. 그러나 微韻 3등이 /-i/ 운미를 가진다고 보는 것이 일반적이므로 구태여 /ɨ/ 모음을 설정할 필요가 없다.

또 하나 특이한 것이 있다. /-ø/ 운미에 속하는 운모에는 4등운이 전혀 없다. (39)의 음가 배당표에서 4등 자리가 모두 비어 있다. 唐代의 후기 중고음에서는 3등과 4등의 음운론적 구별이 사라져 합류한다(고노 로쿠로(河野六郎) 2010: 180, 이진호 역주). 그러나 『세설신어』가 반영하는 5세기 전반기의 전기 중고음에서는 이 합류가 아직 일어나지 않았다. 이것은 뒤에서 다시 거론할 것이다.

마지막으로 덧붙여야 할 것이 있다. (39)의 음가 배당표에서 볼 수 있듯이, $_C$之韻은 /ɪə/이고, $_C$魚韻은 /ɪo/이다. 이 두 운의 최소대립 쌍이 있는지 아직 확인하지 않았다. 마찬가지로 $_1$模韻의 /o/가 $_1$歌韻의 /ɑ/와 음운론적으로 대립하는지도 아직 확인하지 않았다. 이것을 확인하기 위하여 (14)의 분포 분석표에서 $_1$模韻과 $_C$魚韻을, (3)의 분포 분석표에서 $_1$歌韻과 $_2$麻韻을, (20)의 분포 분석표에서 $_C$之韻과 $_B$支韻을 가져와서 아래와 같이 분포 분석표를 다시 작성해 보았다.

(42) $_1$**模韻**(81자), $_1$**歌韻**(23자), $_2$**麻韻**(37자), $_C$**魚韻**(74자), $_C$**之韻**(69자), $_B$**支韻**(73자)의 **분포 분석표**

성조 성모		평성^L	상성^R	거성^D
순음	幫非/p/	$_1$哺$_{模}$ $_B$陂$_{支}$	$_1$補$_{模}$ $_2$把$_{麻}$ $_B$彼$_{支}$	$_1$布$_{模}$
	滂敷/pʰ/	$_B$披$_{支}$	$_1$普$_{模}$	
	並奉/b/	$_1$蒲$_{模}$ $_1$莆$_{模}$ $_2$琶$_{麻}$ $_B$皮$_{支}$ $_B$疲$_{支}$	$_1$簿$_{模}$ $_B$被$_{支}$	$_1$步$_{模}$ $_1$哺$_{模}$ $_B$被$_{支}$
	明微/m/	$_1$謨$_{模}$ $_B$彌$_{支}$ $_B$縻$_{支}$	$_1$莽$_{模}$ $_1$姥$_{模}$ $_2$馬$_{麻}$ $_B$靡$_{支}$	$_1$莫$_{模}$ $_1$暮$_{模}$ $_1$慕$_{模}$ $_2$罵$_{麻}$

성모 \ 성조		평성^{L}	상성^{R}	거성^{D}
설음	端知/t/	$_{1}$都$_{模}$ $^{開}_{1}$多$_{歌}$ $_{C}$猪$_{魚}$ $^{開}_{AB}$知$_{支}$	$_{1}$覩$_{模}$ $_{1}$睹$_{模}$ $_{1}$堵$_{模}$ $^{開}_{2}$打$_{麻}$ $_{C}$褚$_{魚}$	$_{1}$妬$_{模}$ $_{C}$著$_{魚}$ $^{開}_{C}$置$_{之}$ $^{開}_{AB}$知$_{支}$ $^{開}_{AB}$智$_{支}$
	透徹/tʰ/	$^{開}_{1}$他$_{歌}$ $_{C}$攄$_{魚}$ $^{開}_{C}$癡$_{之}$ $^{開}_{AB}$螭$_{支}$	$_{1}$土$_{模}$ $^{開}_{C}$恥$_{之}$	
	定澄/d/	$_{1}$圖$_{模}$ $_{1}$徒$_{模}$ $_{1}$途$_{模}$ $_{1}$屠$_{模}$ $^{開}_{1}$跎$_{歌}$ $^{開}_{2}$茶 $_{C}$儲$_{魚}$ $_{C}$除$_{魚}$ $^{開}_{C}$治$_{之}$ $^{開}_{C}$持$_{之}$ $^{開}_{AB}$池$_{支}$ $^{開}_{AB}$馳$_{支}$	$_{1}$杜$_{模}$ $^{開}_{C}$峙$_{之}$	$_{1}$度$_{模}$ $_{C}$箸$_{魚}$ $^{開}_{C}$治$_{之}$ $^{開}_{C}$值$_{之}$ $^{合}_{AB}$槌$_{支}$
	泥日娘/n/	$_{1}$奴$_{模}$ $_{1}$駑$_{模}$ $^{開}_{1}$那$_{歌}$ $_{C}$如$_{魚}$ $^{開}_{C}$而$_{之}$ $^{開}_{AB}$兒$_{支}$	$_{1}$努$_{模}$ $_{1}$怒$_{模}$ $_{C}$女$_{魚}$ $_{C}$汝$_{魚}$ $^{開}_{C}$耳$_{之}$ $^{開}_{AB}$爾$_{支}$ $^{開}_{AB}$邇$_{支}$	$^{開}_{1}$奈$_{歌}$ $_{C}$女$_{魚}$
	來母/l/	$_{1}$盧$_{模}$ $_{1}$轤$_{模}$ $^{開}_{1}$羅$_{歌}$ $_{C}$驢$_{魚}$ $_{C}$廬$_{魚}$ $_{C}$閭$_{魚}$ $^{開}_{C}$狸$_{之}$ $^{開}_{AB}$離$_{支}$ $^{開}_{AB}$籬$_{支}$ $^{合}_{AB}$羸$_{支}$	$^{開}_{1}$砢$_{歌}$ $^{開}_{C}$理$_{之}$ $^{開}_{C}$里$_{之}$ $^{開}_{C}$裏$_{之}$ $^{開}_{C}$李$_{之}$	$_{1}$路$_{模}$ $_{1}$露$_{模}$ $_{C}$慮$_{魚}$ $^{開}_{C}$吏$_{之}$ $^{開}_{AB}$離$_{支}$ $^{合}_{AB}$累$_{支}$
치음 마찰	心母/s/	$_{1}$蘇$_{模}$ $^{開}_{1}$娑$_{歌}$ $_{C}$胥$_{魚}$ $^{開}_{C}$思$_{之}$ $^{開}_{C}$司$_{之}$ $^{開}_{C}$絲$_{之}$ $^{開}_{AB}$斯$_{支}$ $^{開}_{AB}$廝$_{支}$	$^{開}_{AB}$徙$_{支}$ $^{開}_{AB}$璽$_{支}$	$_{1}$愬$_{模}$ $_{1}$素$_{模}$ $_{1}$訴$_{模}$ $_{1}$泝$_{模}$ $_{C}$絮$_{魚}$
	邪母/z/	$_{C}$徐$_{魚}$ $^{開}_{C}$辭$_{之}$ $^{開}_{C}$祠$_{之}$ $^{合}_{AB}$隨$_{支}$	$_{C}$敍$_{魚}$ $_{C}$緒$_{魚}$ $^{開}_{C}$似$_{之}$ $^{開}_{C}$祀$_{之}$	$^{開}_{C}$嗣$_{之}$ $^{開}_{AB}$食$_{支}$
	生母/ʂ/	$_{C}$疎$_{魚}$ $^{開}_{2}$沙$_{麻}$ $^{開}_{2}$娑$_{麻}$	$_{C}$所$_{魚}$ $^{開}_{C}$使$_{之}$ $^{開}_{C}$史$_{之}$ $^{開}_{C}$駛$_{之}$ $^{開}_{AB}$纚$_{支}$	$_{C}$疎$_{魚}$ $^{開}_{C}$使$_{之}$ $^{開}_{C}$駛$_{之}$ $^{開}_{AB}$曬$_{支}$
	書母/ɕ/	$_{C}$書$_{魚}$ $_{C}$舒$_{魚}$ $^{開}_{C}$詩$_{之}$ $^{開}_{AB}$施$_{支}$	$_{C}$暑$_{魚}$ $_{C}$鼠$_{魚}$ $_{C}$黍$_{魚}$ $^{開}_{C}$始$_{之}$	$^{開}_{C}$試$_{之}$ $^{開}_{AB}$施$_{支}$ $^{開}_{AB}$翅$_{支}$ $^{開}_{AB}$啻$_{支}$
	常母/ʑ/	$^{開}_{C}$時$_{之}$ $^{合}_{AB}$垂$_{支}$	$^{開}_{AB}$是$_{支}$ $^{開}_{AB}$氏$_{支}$	$_{C}$署$_{魚}$ $^{開}_{C}$侍$_{之}$

성모 \ 성조		평성^{L}	상성^{R}	거성^{D}
치음 마찰	羊母/j/	${}_{C}$予$_{魚}$ ${}_{C}$與$_{魚}$ ${}_{C}$余$_{魚}$ ${}_{C}$蜍$_{魚}$ ${}_{C}$餘$_{魚}$ ${}_{C}$輿$_{魚}$ ${}_{C}$譽$_{魚}$ ${}^{開}_{C}$貽$_{之}$ ${}^{開}_{AB}$移$_{支}$	${}_{C}$予$_{魚}$ ${}_{C}$與$_{魚}$ ${}^{開}_{C}$以$_{之}$ ${}^{開}_{C}$已$_{之}$	${}_{C}$與$_{魚}$ ${}_{C}$譽$_{魚}$ ${}_{C}$預$_{魚}$ ${}_{C}$豫$_{魚}$ ${}^{開}_{C}$異$_{之}$ ${}^{開}_{AB}$易$_{支}$ ${}^{開}_{AB}$施$_{支}$
치음 파찰	精母/ʦ/	${}_{C}$苴$_{魚}$	${}_{1}$祖$_{模}$ ${}^{開}_{1}$左$_{歌}$ ${}^{開}_{C}$子$_{之}$ ${}^{開}_{AB}$紫$_{支}$	${}^{開}_{1}$佐$_{歌}$
	清初/ʦʰ/	${}_{1}$粗$_{模}$ ${}_{1}$麤$_{模}$ ${}^{開}_{1}$蹉$_{歌}$ ${}_{C}$苴$_{魚}$ ${}_{C}$初$_{魚}$ ${}^{開}_{2}$差$_{麻}$ ${}^{開}_{AB}$嵯$_{支}$	${}_{C}$楚$_{魚}$ ${}^{開}_{AB}$此$_{支}$	${}^{開}_{AB}$刺$_{支}$
	從母/dz/	${}^{開}_{C}$慈$_{之}$	${}_{1}$粗$_{模}$	${}_{1}$阼$_{模}$ ${}_{1}$祚$_{模}$ ${}^{開}_{C}$字$_{之}$ ${}^{開}_{C}$牸$_{之}$
	莊母/tʂ/	${}^{開}_{2}$樝$_{麻}$	${}_{C}$俎$_{魚}$ ${}^{開}_{C}$滓$_{之}$	
	章母/tɕ/	${}_{C}$諸$_{魚}$ ${}^{開}_{C}$之$_{之}$ ${}^{開}_{C}$芝$_{之}$ ${}^{開}_{AB}$支$_{支}$ ${}^{開}_{AB}$枝$_{支}$	${}_{C}$煮$_{魚}$ ${}_{C}$渚$_{魚}$ ${}^{開}_{C}$止$_{之}$ ${}^{開}_{AB}$咫$_{支}$ ${}^{合}_{AB}$捶$_{支}$	${}^{開}_{C}$志$_{之}$
	昌母/tɕʰ/	${}^{開}_{C}$蚩$_{之}$ ${}^{合}_{AB}$吹$_{支}$ ${}^{合}_{AB}$炊$_{支}$	${}_{C}$杵$_{魚}$ ${}_{C}$處$_{魚}$ ${}^{開}_{C}$齒$_{之}$	${}_{C}$處$_{魚}$
	船崇/dʐ/	${}^{開}_{2}$苴$_{麻}$	${}_{C}$抒$_{魚}$ ${}^{開}_{C}$士$_{之}$ ${}^{開}_{C}$仕$_{之}$	${}_{C}$助$_{魚}$ ${}^{開}_{C}$事$_{之}$
아음	見母/k/	${}_{1}$姑$_{模}$ ${}_{1}$孤$_{模}$ ${}^{開}_{1}$柯$_{歌}$ ${}^{開}_{1}$歌$_{歌}$ ${}^{開}_{2}$加$_{麻}$ ${}^{開}_{2}$嘉$_{麻}$ ${}^{開}_{2}$家$_{麻}$ ${}^{合}_{2}$瓜$_{麻}$ ${}_{C}$居$_{魚}$ ${}_{C}$車$_{魚}$ ${}^{開}_{C}$箕$_{之}$ ${}^{開}_{C}$萁$_{之}$ ${}^{開}_{B}$羈$_{支}$	${}_{1}$古$_{模}$ ${}_{1}$羖$_{模}$ ${}_{1}$鼓$_{模}$ ${}^{開}_{2}$假$_{麻}$ ${}^{合}_{2}$寡$_{麻}$ ${}_{C}$擧$_{魚}$ ${}^{開}_{C}$己$_{之}$ ${}^{合}_{B}$庋$_{支}$	${}_{1}$故$_{模}$ ${}_{1}$固$_{模}$ ${}_{1}$顧$_{模}$ ${}^{開}_{2}$假$_{麻}$ ${}^{開}_{2}$架$_{麻}$ ${}^{開}_{2}$價$_{麻}$ ${}^{開}_{2}$賈$_{麻}$ ${}^{開}_{2}$嫁$_{麻}$ ${}_{C}$倨$_{魚}$ ${}_{C}$鋸$_{魚}$ ${}_{C}$據$_{魚}$ ${}^{開}_{B}$寄$_{支}$
	溪母/kʰ/	${}_{1}$枯$_{模}$ ${}_{C}$墟$_{魚}$ ${}^{開}_{C}$欺$_{之}$ ${}^{開}_{B}$崎$_{支}$	${}_{1}$苦$_{模}$ ${}^{開}_{1}$可$_{歌}$ ${}^{開}_{C}$起$_{之}$ ${}^{開}_{B}$綺$_{支}$	${}_{1}$庫$_{模}$ ${}_{1}$絝$_{模}$ ${}_{C}$去$_{魚}$
	群母/g/	${}^{開}_{C}$其$_{之}$ ${}^{開}_{C}$期$_{之}$ ${}^{開}_{C}$旗$_{之}$ ${}^{開}_{C}$綦$_{之}$ ${}_{C}$萁$_{之}$ ${}^{開}_{B}$奇$_{支}$ ${}^{開}_{B}$騎$_{支}$	${}_{C}$巨$_{魚}$ ${}_{C}$距$_{魚}$ ${}_{C}$詎$_{魚}$ ${}^{開}_{B}$妓$_{支}$	${}_{C}$詎$_{魚}$

성모 \ 성조		평성[L]	상성[R]	거성[D]
아음	疑母/ŋ/	$_1$梧$_{模}$ $_1$吾$_{模}$ $_1$吳$_{模}$ $^{開}_{1}$俄$_{歌}$ $^{開}_{1}$峨$_{歌}$ $^{開}_{2}$牙$_{麻}$ $_C$魚$_{魚}$ $^{開}_{C}$疑$_{之}$ $^{開}_{C}$嶷$_{之}$ $^{開}_{B}$宜$_{支}$ $^{開}_{B}$儀$_{支}$ $^{合}_{B}$危$_{支}$	$_1$五$_{模}$ $^{開}_{1}$我$_{歌}$ $^{開}_{2}$雅$_{麻}$ $^{合}_{2}$瓦$_{麻}$ $_C$語$_{魚}$ $^{開}_{C}$擬$_{之}$	$_1$誤$_{模}$ $_1$悟$_{模}$ $_1$忤$_{模}$ $_C$御$_{魚}$ $_C$語$_{魚}$ $^{開}_{B}$義$_{支}$ $^{開}_{B}$議$_{支}$
후음	影母/ʔ/	$_1$於$_{模}$ $_1$嗚$_{模}$ $_1$汙$_{模}$ $^{開}_{1}$阿$_{歌}$ $_C$於$_{魚}$ $^{開}_{C}$噫$_{之}$	$_1$塢$_{模}$ $^{開}_{2}$啞$_{麻}$ $^{開}_{B}$倚$_{支}$ $^{合}_{B}$委$_{支}$	$_1$惡$_{模}$ $_1$汙$_{模}$ $^{開}_{2}$啞$_{麻}$ $^{開}_{C}$意$_{之}$
	曉母/h/	$_C$虛$_{魚}$	$_1$虎$_{模}$ $_C$許$_{魚}$ $^{開}_{C}$喜$_{之}$ $^{合}_{B}$毁$_{支}$	$^{合}_{2}$化$_{麻}$ $^{開}_{B}$戱$_{支}$ $^{合}_{B}$毁$_{支}$
	匣云/ɦ/	$_1$乎$_{模}$ $_1$狐$_{模}$ $_1$胡$_{模}$ $_1$瑚$_{模}$ $_1$湖$_{模}$ $_1$壺$_{模}$ $^{開}_{1}$何$_{歌}$ $^{開}_{1}$河$_{歌}$ $^{開}_{1}$荷$_{歌}$ $^{開}_{2}$霞$_{麻}$ $^{開}_{2}$蝦$_{麻}$ $^{合}_{2}$華$_{麻}$ $^{合}_{B}$爲$_{支}$	$_1$戶$_{模}$ $_1$楛$_{模}$ $^{開}_{1}$荷$_{歌}$ $^{開}_{2}$下$_{麻}$ $^{開}_{2}$夏$_{麻}$ $^{開}_{2}$廈$_{麻}$ $^{開}_{C}$矣$_{之}$	$_1$護$_{模}$ $^{開}_{1}$賀$_{歌}$ $^{開}_{2}$下$_{麻}$ $^{開}_{2}$夏$_{麻}$ $^{開}_{2}$暇$_{麻}$ $^{合}_{2}$華$_{麻}$ $^{合}_{B}$爲$_{支}$

이 분포 분석표에서 $_1$模韻과 $_1$歌韻이 동일 칸에 옴으로써 최소대립을 이루는 것을 찾아보면, 아래의 34/41쌍이 나온다. 29회 이상 출현하는 극소수의 상용자 집합에서 대립이 성립하므로 $_1$模韻과 $_1$歌韻의 음운대립이 아주 강력했다고 할 수 있다. 이 대립은 물론 운복 모음 /o/와 /ɑ/의 최소대립을 기반으로 성립한다.

(43) $_1$模韻과 $_1$歌韻의 최소대립 쌍 (34/41쌍) (29, 17, 14)

1. 端知/t/의 평성 – $_1$都$_{模}$: $^{開}_{1}$多$_{歌}$ (14 : 29)
2. 泥日娘/n/의 평성 – $_1$奴$_{模}$, $_1$駑$_{模}$: $^{開}_{1}$那$_{歌}$ (17, 4 : 25)
3. 精母/ts/의 상성 – $_1$祖$_{模}$: $^{開}_{1}$左$_{歌}$ (25 : 7)
4. 溪母/k^h/의 상성 – $_1$苦$_{模}$: $^{開}_{1}$可$_{歌}$ (8 : 211)
5. 匣云/ɦ/의 평성 – $_1$乎$_{模}$, $_1$狐$_{模}$, $_1$胡$_{模}$, $_1$瑚$_{模}$, $_1$湖$_{模}$, $_1$壺$_{模}$: $^{開}_{1}$何$_{歌}$, $^{開}_{1}$河$_{歌}$ (29, 7, 5, 1, 1, 1 : 384, 11)

다음으로, $_{1}$模韻과 $_{2}$麻韻의 음운대립 쌍을 찾아보면, 아래의 46/67쌍이 나오고 11회 이상 출현하는 상용자 집합에서 대립이 성립한다. 따라서 /o/ 모음과 /ɛ/ 모음의 음운대립을 믿을 수 있다.

(44) $_{1}$模韻과 $_{2}$麻韻의 음운대립 쌍 (46/67쌍) (11, 6, 6)

1. 端知/t/의 상성 – $_{1}$覩$_{\text{模}}$, $_{1}$睹$_{\text{模}}$, $_{1}$堵$_{\text{模}}$: $^{\text{開}}_{2}$打$_{\text{麻}}$ (8, 1, 3 : 2)
2. 見母/k/의 평성 – $_{1}$姑$_{\text{模}}$, $_{1}$孤$_{\text{模}}$: $^{\text{開}}_{2}$加$_{\text{麻}}$, $^{\text{開}}_{2}$嘉$_{\text{麻}}$, $^{\text{開}}_{2}$家$_{\text{麻}}$ (2, 6 : 7, 7, 73)
3. 疑母/ŋ/의 평성 – $_{1}$梧$_{\text{模}}$, $_{1}$吾$_{\text{模}}$, $_{1}$吳$_{\text{模}}$: $^{\text{開}}_{2}$牙$_{\text{麻}}$ (1, 57, 14 : 3)
4. 疑母/ŋ/의 상성 – $_{1}$五$_{\text{模}}$: $^{\text{開}}_{2}$雅$_{\text{麻}}$ (19 : 11)
5. 匣云/ɦ/의 평성 – $_{1}$乎$_{\text{模}}$, $_{1}$狐$_{\text{模}}$, $_{1}$胡$_{\text{模}}$, $_{1}$瑚$_{\text{模}}$, $_{1}$湖$_{\text{模}}$, $_{1}$壺$_{\text{模}}$: $^{\text{開}}_{2}$霞$_{\text{麻}}$, $^{\text{開}}_{2}$蝦$_{\text{麻}}$ (29, 7, 5, 1, 1, 1 : 2, 1)

다음으로, $_{C}$魚韻과 $_{B}$支韻의 음운대립 쌍을 찾아본다. 33/62쌍에서 대립이 성립하고 65회 이상 출현하는 극소수의 상용자 집합에서 이미 대립이 성립한다. $_{C}$魚韻은 /ɪo/로 추정하고 $_{B}$支韻은 /ɪe/로 추정했으므로 이 대립 쌍은 실제로는 운복의 /o/ 모음과 /e/ 모음의 대립 쌍이다.

(45) $_{C}$魚韻과 $_{B}$支韻의 음운대립 쌍 (33/62쌍) (65, 37, 7)

1. 泥日娘/n/의 평성 – $_{C}$如$_{\text{魚}}$: $^{\text{開}}_{AB}$兒$_{\text{支}}$ (227 : 37)
2. 泥日娘/n/의 상성 – $_{C}$女$_{\text{魚}}$, $_{C}$汝$_{\text{魚}}$: $^{\text{開}}_{AB}$爾$_{\text{支}}$, $^{\text{開}}_{AB}$邇$_{\text{支}}$ (14, 65 : 74, 1)
3. 淸初/ʦʰ/의 상성 – $_{C}$楚$_{\text{魚}}$: $^{\text{開}}_{AB}$此$_{\text{支}}$ (5 : 269)
4. 章母/ʨ/의 평성 – $_{C}$諸$_{\text{魚}}$: $^{\text{開}}_{AB}$支$_{\text{支}}$, $^{\text{開}}_{AB}$枝$_{\text{支}}$ (42 : 7, 3)

다음으로, 위의 분포 분석표에서 $_{C}$魚韻과 $_{C}$之韻의 최소대립 쌍을 찾아보면 아래의 46/71쌍이 나오고, 147회 이상 출현하는 극소수의 상용자 집합에서 이미 대립이 성립한다. 이 대립은 운복 모음 /o/와 /ə/의 차이에 기반을 두고 있는데, 이 음운대립도 아주 강력했음을 알 수 있다.

(46) $_{C}$魚韻과 $_{C}$之韻의 최소대립 쌍 (46/71쌍) (147, 65, 42)

1. 泥日娘/n/의 평성 – $_{C}$如$_{\text{魚}}$: $^{\text{開}}_{C}$而$_{\text{之}}$ (227 : 147)
2. 泥日娘/n/의 상성 – $_{C}$女$_{\text{魚}}$, $_{C}$汝$_{\text{魚}}$: $^{\text{開}}_{C}$耳$_{\text{之}}$ (14, 65 : 108)
3. 生母/ʂ/의 상성 – $_{C}$所$_{\text{魚}}$: $^{\text{開}}_{C}$使$_{\text{之}}$, $^{\text{開}}_{C}$史$_{\text{之}}$, $^{\text{開}}_{C}$駛$_{\text{之}}$ (160 : 66, 13, 1)
4. 章母/ʨ/의 평성 – $_{C}$諸$_{\text{魚}}$: $^{\text{開}}_{C}$之$_{\text{之}}$, $^{\text{開}}_{C}$芝$_{\text{之}}$ (42 : 425, 1)
5. 見母/k/의 상성 – $_{C}$擧$_{\text{魚}}$: $^{\text{開}}_{C}$已$_{\text{之}}$ (26 : 10)

그렇다면, 음가 배당표 (39)에서 $_{B}$支韻과 $_{C}$之韻에 각각 /ɪe/와 /ɪə/를 배당하고 $_{C}$魚韻에 /ɪo/를 배당하여 서로 구별하고, $_{1}$模韻과 $_{1}$歌韻·$_{2}$麻韻에 각각 /o/와 /ɑ/·/ɛ/를 배당하여 서로 구별한 것에 전혀 잘못될 것이 없다.

후기 중고음에서는 지섭의 $_{AB}$脂韻, $_{AB}$支韻, $_{C}$之韻이 /ji/ 하나로 합류하고 $_{C}$魚韻이 平脣母音化하여 /ɪə/로 바뀐다(河野六郎 1968/79). 이것을 위의 (44~46)의 음운대립 쌍에서 어느 정도 유추할 수 있다. 이 세 음운대립 쌍은 각각 46/67쌍·33/62쌍·46/71쌍에 이를 정도도 대립 쌍이 많지만, 유난히도 多音字에서의 대립 쌍이 많다는 특징이 눈에 들어온다. 다음자에서의 대립 쌍이 각각 21쌍·29쌍·25쌍이나 되므로, 이것을 논거로 삼아 $_{C}$魚韻/ɪo/의 운복 모음 /o/가 $_{2}$麻韻/ɛ/·$_{B}$支韻/ɪe/·$_{C}$之韻/ɪə/의 운복 모음 /ɛ/·/e/·/ə/와 구별되지 않는 변화가 일어났으리라 추론할 수 있다. 이것을 $_{C}$魚韻 운복 모음 /o/의 평순모음화라고 지칭할 수 있다.

이 평순모음화의 징후를 다음자 대립 쌍에서 읽을 수 있지만 그렇다고 하여 (44~46)의 46쌍·33쌍·46쌍의 음운대립 쌍을 무시해서는 안 될 것이다. 이들은 실제로는 운복 모음의 최소대립 쌍이다. 이처럼 많은 대립 쌍에서 /o/ 모음과 /ɛ/·/e/·/ə/ 모음이 음운론적으로 구별되었으므로, $_{C}$魚韻의 /o/ 모음이 /ɛ/·/e/·/ə/ 모음과 합류했다고 단정할 수가 없다.

만약 $_{C}$之韻이 /ɪə/의 음가를 유지한 상태에서 $_{C}$魚韻에 평순모음화가 일어나 /ɪə/가 되면 $_{C}$之韻과 $_{C}$魚韻이 하나로 합류한다. 그런데도 이 합류가 완성되었다고 단정할 수 없으므로, 이 평순모음화를 기술할 때에는 止攝에서 일어난 변화를 반드시 참고해야 한다. 후기 중고음에서는 지섭의 $_{3}$脂韻·$_{3}$支韻·$_{3}$之韻의 운복이 /i/ 모음으로 합류한다(河野六郎 1968/79). 이 합류가 일어난 다음에 연쇄적으로 $_{C}$魚韻의 평순모음화가 일어났다고 해야 한다. 아래의 (47)에 그린 것처럼, ①의 止攝 합류가 먼저 일어난 다음에 ②의 $_{C}$魚韻 평순모음화가 연쇄적으로 일어났다는 뜻이다.

(47) $_{C}$之韻과 $_{C}$魚韻의 연쇄 변화

/ji/
↖ ① ②
/ɪə/ ← /ɪo/

지금까지는 止攝의 합류와 $_{C}$魚韻의 평순모음화를 서로 별개의 음운변화인 것처럼 기술해 왔다. 그러나 지섭의 합류가 전제되지 않은 상태에서는 $_{C}$魚韻의 평순모음화가 일어나기 어렵다는 점에 주목해야 한다. 즉 $_{C}$之韻이 후기 중고음에서도 여전히 /ɪə/의 음가를 유지했다면 $_{C}$之韻과 $_{C}$魚韻의 음운대립을 유지해야 하므로 $_{C}$魚韻의 평순모음화가 일어나지 않았을 것이다.

그런데도 후기 중고음의 $_{C}$魚韻 운복에서 평순모음화가 일어났으므로, 지섭의 합류가 $_{C}$魚韻의 평순모음화보다 먼저 일어났다고 보아야 한다. 후기 중고음에서도 $_{C}$之韻과 $_{C}$魚韻이 엄격히 구별되어 음운대립을 유지하기 때문이다. 또한 (47)의 ①과 ②가 별개의 두 음운변화가 아니라 서로 밀접하게 관련되어 있는 음운변화라는 점도 강조할 필요가 있다. ①의 합류를 유발한 것도 전설 활음 /ɪ-/이고 ②의 非圓脣化(즉, 평순모음화)를 견인한 것도 역시 전설 활음 /ɪ-/이다. ①과 ②의 음운론적 환경이 동일하고 변화의 방향도 동일하므로 기능적 관점에서는 이 두 가지 변화가 동일한 변화라고 할 수 있다.

5.2. /-u/ 운미인 섭

/-u/ 운미는 운복 모음의 뒤에 [-u]나 [-o]가 오는 한어음의 집합이다. 그런데 이 [-u]와 [-o]가 음운론적으로는 구별되지 않으므로 /-u/ 하나로 이 둘을 대표한다. 운미가 /-u/인 섭에는 效攝과 流攝이 있다. 효섭에는 豪韻 1등, 肴韻 2등, 宵韻 3등, 蕭韻 4등이 있고, 流攝에는 侯韻 1등, 尤韻 3등, 幽韻 3등이 있다.

5.2.1. 效攝

效攝은 운미가 /-u/인 것 중에서 운복 모음이 [-high]인 한어음의 집합이다. 현대 북경어에서는 效攝字가 [-o] 운미를 공통적으로 가진다. [-o] 운미가 한어 중고음에서는 陰聲韻尾 /-u/에 대응한다. 『세설신어』의 대화문 용자 중에서 豪韻 1등자는 55자, 肴韻 2등자는 22자, 宵韻 3등자는 51자, 蕭韻 4등자는 19자이다. 이들 운모의 等이 각각 1등, 2등, 3등, 4등이므로 등의 차이는 운의 차이에 항상 연동된다.

(48) 效攝字의 분포 분석표 ($_{1}$豪韻 55자, $_{2}$肴韻 22자, $_{3}$宵韻 51자, $_{4}$蕭韻 19자)

성모 \ 성조		평성^{L}	상성^{R}	거성^{D}
순음	幫非/p/	$_{2}$苞$_{肴}$	$_{1}$保$_{豪}$ $_{1}$寶$_{豪}$ $_{2}$飽$_{肴}$ $_{A}$標$_{宵}$ $_{B}$表$_{宵}$	$_{1}$報$_{豪}$ $_{2}$豹$_{肴}$
	滂敷/p^{h}/	$_{A}$飄$_{宵}$		
	並奉/b/		$_{1}$抱$_{豪}$	$_{1}$暴$_{豪}$ $_{A}$驃$_{宵}$
	明微/m/	$_{1}$毛$_{豪}$ $_{1}$旄$_{豪}$ $_{1}$髦$_{豪}$ $_{B}$苗$_{宵}$	$_{B}$廟$_{宵}$	$_{1}$旄$_{豪}$ $_{1}$冒$_{豪}$ $_{2}$貌$_{肴}$ $_{A}$妙$_{宵}$
설음	端知/t/	$_{1}$刀$_{豪}$ $_{AB}$朝$_{宵}$ $_{4}$刁$_{蕭}$	$_{1}$倒$_{豪}$ $_{1}$搗$_{豪}$ $_{1}$擣$_{豪}$ $_{1}$禱$_{豪}$ $_{4}$鳥$_{蕭}$	$_{1}$到$_{豪}$ $_{1}$倒$_{豪}$ $_{2}$罩$_{肴}$ $_{4}$弔$_{蕭}$ $_{4}$釣$_{蕭}$
	透徹/t^{h}/	$_{1}$條$_{豪}$ $_{1}$洮$_{豪}$ $_{1}$滔$_{豪}$ $_{AB}$超$_{宵}$	$_{1}$討$_{豪}$	

성모 \ 성조		평성^{L}	상성^{R}	거성^{D}
설음	定澄/d/	$_{1}$陶$_{豪}$ $_{1}$濤$_{豪}$ $_{AB}$朝$_{宵}$ $_{4}$調$_{蕭}$ $_{4}$條$_{蕭}$	$_{1}$道$_{豪}$ $_{AB}$旐$_{宵}$ $_{AB}$趙$_{宵}$	$_{1}$盜$_{豪}$ $_{4}$調$_{蕭}$
	泥日娘/n/	$_{AB}$饒$_{宵}$	$_{2}$撓$_{肴}$ $_{AB}$擾$_{宵}$ $_{4}$嬲$_{蕭}$	$_{AB}$饒$_{宵}$
	來母/l/	$_{1}$勞$_{豪}$ $_{4}$料$_{蕭}$ $_{4}$僚$_{蕭}$ $_{4}$聊$_{蕭}$ $_{4}$遼$_{蕭}$	$_{1}$老$_{豪}$ $_{AB}$燎$_{宵}$ $_{4}$了$_{蕭}$	
치음 마찰	心母/s/	$_{1}$騷$_{豪}$ $_{AB}$消$_{宵}$ $_{AB}$霄$_{宵}$ $_{AB}$捎$_{宵}$ $_{4}$蕭$_{蕭}$ $_{4}$簫$_{蕭}$	$_{1}$嫂$_{豪}$ $_{AB}$小$_{宵}$	$_{AB}$笑$_{宵}$ $_{AB}$肖$_{宵}$
	邪母/z/			
	生母/ʂ/	$_{2}$捎$_{肴}$		$_{2}$稍$_{肴}$
	書母/ɕ/	$_{AB}$燒$_{宵}$	$_{AB}$少$_{宵}$	$_{AB}$少$_{宵}$
	常母/ʑ/	$_{AB}$韶$_{宵}$	$_{AB}$紹$_{宵}$	$_{AB}$召$_{宵}$ $_{AB}$劭$_{宵}$
	羊母/j/	$_{AB}$陶$_{宵}$ $_{AB}$瑤$_{宵}$ $_{AB}$遙$_{宵}$ $_{AB}$謠$_{宵}$ $_{AB}$洮$_{宵}$		
치음 파찰	精母/ʦ/	$_{1}$糟$_{豪}$ $_{1}$遭$_{豪}$	$_{1}$蚤$_{豪}$ $_{1}$早$_{豪}$	$_{1}$躁$_{豪}$
	清初/ʦ^{h}/	$_{1}$操$_{豪}$ $_{2}$鈔$_{肴}$	$_{1}$草$_{豪}$	$_{AB}$峭$_{宵}$
	從母/dz/	$_{1}$曹$_{豪}$ $_{AB}$譙$_{宵}$	$_{1}$造$_{豪}$	
	莊母/tʂ/		$_{2}$爪$_{肴}$	
	章母/ʨ/	$_{AB}$昭$_{宵}$		$_{AB}$照$_{宵}$ $_{AB}$詔$_{宵}$
	昌母/ʨ^{h}/			
	船崇/dʑ/	$_{2}$巢$_{肴}$		
아음	見母/k/	$_{1}$高$_{豪}$ $_{1}$膏$_{豪}$ $_{1}$皐$_{豪}$ $_{2}$交$_{肴}$ $_{2}$郊$_{肴}$ $_{B}$驕$_{宵}$ $_{B}$喬$_{宵}$ $_{4}$澆$_{蕭}$	$_{2}$狡$_{肴}$ $_{B}$矯$_{宵}$	$_{1}$告$_{豪}$ $_{2}$覺$_{肴}$ $_{2}$校$_{肴}$ $_{2}$教$_{肴}$
	溪母/k^{h}/		$_{1}$考$_{豪}$ $_{2}$巧$_{肴}$	
	群母/g/	$_{B}$喬$_{宵}$	$_{B}$嶠$_{宵}$	
	疑母/ŋ/	$_{1}$鰲$_{豪}$ $_{1}$敖$_{豪}$ $_{4}$堯$_{蕭}$		$_{1}$敖$_{豪}$ $_{1}$傲$_{豪}$ $_{2}$樂$_{肴}$ $_{4}$澆$_{蕭}$

성조 성모		평성^{L}	상성^{R}	거성^{D}
후음	影母/ʔ/	$_{A}$要$_{宵}$ $_{B}$妖$_{宵}$ $_{B}$夭$_{宵}$	$_{B}$夭$_{宵}$	$_{1}$奧$_{豪}$ $_{A}$要$_{宵}$
	曉母/h/		$_{1}$好$_{豪}$ $_{4}$曉$_{蕭}$	$_{1}$好$_{豪}$ $_{2}$孝$_{肴}$
	匣云/ɦ/	$_{1}$崤$_{豪}$ $_{1}$毫$_{豪}$ $_{1}$濠$_{豪}$ $_{2}$崤$_{肴}$ $_{B}$鴞$_{宵}$ $_{B}$護$_{宵}$	$_{1}$浩$_{豪}$ $_{1}$晧$_{豪}$	$_{2}$效$_{肴}$

위의 분포 분석표에서 效攝 운모의 분포 특징을 살펴보자.

$_{1}$豪韻과 $_{4}$蕭韻은 분포가 넓은 편이지만, 독특하게도 치음에서는 권설음이나 구개음인 성모 뒤에는 오지 않는다. 구체적으로 말하면 이 두 운은 권설음인 生母/ʂ/나 莊母/tʂ/의 뒤에 오지 않고, 구개음인 書母/ɕ/, 常母/ʑ/, 章母/tɕ/, 昌母/tɕʰ/, 船崇/dʑ/의 뒤에도 오지 않는다. 구개음 뒤의 제약은 羊母/j/의 뒤에도 적용되므로 매우 규칙적인 분포 제약이라 할 수 있다. 이것은 권설음과 구개음인 성모 뒤에는 각각 2등운과 3등운이 분포한다는 규칙과 관련되어 있다. 따라서 $_{1}$豪韻이나 $_{4}$蕭韻이 권설음과 구개음인 성모 뒤에 오지 않는 것은 당연한 일에 속한다.

$_{2}$肴韻과 $_{3}$宵韻에는 특별한 분포 제약이 없다. 반면에 $_{4}$蕭韻은 순음 뒤에 오지 않고 치음 뒤에도 거의 오지 않는다. 치음 뒤에 $_{4}$蕭韻이 온 것은 心母/s/의 평성 칸에 온 '$_{4}$蕭$_{蕭}$, $_{4}$簫$_{蕭}$'의 둘뿐이다. 따라서 $_{4}$蕭韻은 주로 설음이나 아후음 뒤에 온다고 말할 수 있다. 아주 독특한 분포임에 틀림없다.

이제, 위의 분포 분석표에서 $_{1}$豪韻과 $_{2}$肴韻의 음운대립 쌍을 찾아보자. 아래에서 확인할 수 있는 것처럼 12쌍의 음운대립 쌍을 찾을 수 있고, 8회 이상 사용된 507자 집합에서 이미 음운대립이 성립한다.

(49) $_{1}$豪韻과 $_{2}$肴韻의 음운대립 쌍 (12쌍) (8, 6, 2)

1. 幫非/p/의 상성 – $_{1}$保$_{豪}$, $_{1}$寶$_{豪}$: $_{2}$飽$_{肴}$ (11, 10 : 1)
2. 幫非/p/의 거성 – $_{1}$報$_{豪}$: $_{2}$豹$_{肴}$ (2 : 2)
3. 淸初/tsʰ/의 평성 – $_{1}$操$_{豪}$: $_{2}$鈔$_{肴}$ (4 : 1)
4. 見母/k/의 평성 – $_{1}$高$_{豪}$, $_{1}$膏$_{豪}$, $_{1}$皐$_{豪}$: $_{2}$交$_{肴}$, $_{2}$郊$_{肴}$ (36, 1, 6 : 8, 2)

5. 溪母/k^h/의 상성 – $_1$考$_{豪}$: $_2$巧$_{肴}$ (1 : 3)

$_1$豪韻과 $_2$肴韻의 등은 항상 운모에 연동되므로 이들의 음운대립을 운복 모음의 차이로 기술할 수 있다. 果攝과 假攝에서 1등의 운복에 후설 저모음 /ɑ/를, 2등의 운복에 전설 저모음 /ɛ/를 배당했으므로, 여기에서도 이를 따라 $_1$豪韻의 운복은 /ɑ/이고 $_2$肴韻의 운복은 /ɛ/라고 추정한다. 즉 $_1$豪韻은 /ɑu/로, $_2$肴韻은 /ɛu/로 추정한다.[48]

다음으로, $_1$豪韻과 $_4$蕭韻의 음운대립 쌍을 찾아본다. 아래에 제시한 것처럼 14쌍의 대립 쌍이 있고, 12회 이상 출현하는 355자 집합에서 이미 음운대립이 성립한다.

(50) $_1$**豪韻과** $_4$**蕭韻의 음운대립 쌍** (14쌍) (12, 3, 3)

1. 端知/t/의 상성 – $_1$搗$_{豪}$, $_1$擣$_{豪}$, $_1$禱$_{豪}$: $_4$鳥$_{蕭}$ (1, 1, 1 : 5)
2. 來母/l/의 평성 – $_1$勞$_{豪}$: $_4$料$_{蕭}$, $_4$僚$_{蕭}$, $_4$聊$_{蕭}$, $_4$遼$_{蕭}$ (5 : 3, 1, 3, 1)
3. 來母/l/의 상성 – $_1$老$_{豪}$: $_4$了$_{蕭}$ (16 : 12)
4. 心母/s/의 평성 – $_1$騷$_{豪}$: $_4$蕭$_{蕭}$, $_4$簫$_{蕭}$ (1 : 12, 1)
5. 疑母/ŋ/의 평성 – $_1$螯$_{豪}$: $_4$堯$_{蕭}$ (2 : 8)

따라서 $_1$豪韻과 $_4$蕭韻의 운복 모음이 서로 다르다고 해야 한다. 더욱이 1등과 4등은 개음이 없으므로 이 두 운의 음운대립은 운복 모음의 차이로 기술해야 한다. 이에 따르면 $_4$蕭韻의 운복은 /ɑ/가 아니다.

여기에 덧붙여 둘 것이 있다. 4등운의 운복은 후설 모음이 아니라 항상 전설 모음이라는 점이다.[49] 따라서 $_4$蕭韻의 운복은 /i, e, ɛ/ 셋 중의 하나이다. 이 중에

48 韓炅澔(2014: 14)는 肴韻을 'aw'로 추정했지만, 이 'aw'는 우리의 /ɛu/와 같다. 우리는 저모음을 후설 저모음 /ɑ/와 전설 저모음 /ɛ/의 둘로 한정하지만, 韓炅澔(2014)는 제3의 중설 저모음 'a'도 설정한다. 이에 따라 'aw'에 肴韻를 배당했는데, 그 대신에 'ɛw'에 배당된 운모는 없다.

49 이것은 뒤에서 경험적으로 확인된다.

서 어느 것을 골라야 할지는 $_{4}$蕭韻과 $_{2}$肴韻의 음운대립이 성립하는지를 확인한 다음에 논의하기로 한다.

아래의 (51)에서 볼 수 있듯이 $_{2}$肴韻과 $_{4}$蕭韻의 음운대립 쌍은 3/6쌍이다. 그런데 『세설신어』의 대화문에 사용된 2,212자를 모두 대상으로 했을 때에만 이들의 음운대립이 성립한다. 따라서 $_{2}$肴韻과 $_{4}$蕭韻의 음운대립을 의심할 수도 있다. 양적 척도는 갖추었지만 질적 척도로는 미흡하기 때문이다.

(51) $_{2}$肴韻과 $_{4}$蕭韻의 음운대립 쌍 (3/6쌍) (1, 1, 1)

1. 端知/t/의 거성 – $_{2}$罩$_{\text{肴}}$: $_{4}$釣$_{\text{蕭}}$, $_{4}$弔$_{\text{蕭}}$ (1 : 1, 2)
2. 泥日娘/n/의 상성 – $_{2}$撓$_{\text{肴}}$: $_{4}$嬲$_{\text{蕭}}$ (1 : 1)
3. 見母/k/의 평성 – $_{2}$交$_{\text{肴}}$, $_{2}$郊$_{\text{肴}}$: $_{4}$澆$_{\text{蕭}}$ (8, 2 : 1)
4. 疑母/ŋ/의 거성 – $_{2}$樂$_{\text{肴}}$: $_{4}$澆$_{\text{蕭}}$ (20 : 1)

그런데 (51.3~4)의 대립 항인 '澆'가 마침 성조 다음자이다. 평성을 택하든 거성을 택하든 하나 이상의 대립 쌍이 추가되어 적어도 4쌍에서 음운대립이 성립한다. 따라서 우리는 이 음운대립을 인정한다. 비록 질적 척도에서는 의심스럽지만 3쌍 이상이라는 양적 척도를 이미 충족하기 때문이다.

이처럼 음운대립의 강도가 약한 상황은 $_{4}$蕭韻과 $_{2}$肴韻의 운복 모음이 아주 가까웠다는 것을 암시한다. 따라서 $_{2}$肴韻의 운복인 /ɛ/와 가장 가까운 모음인 /e/를 $_{4}$蕭韻에 배당한다. 즉 전설 고모음인 /i/를 버리고 전설 중모음인 /e/를 택하여, $_{4}$蕭韻은 /eu/로 추정하고 $_{2}$肴韻은 /ɛu/로 추정한다.

邵榮芬(1982: 126)와 黃笑山(1995: 75~76)는 梵語 音譯과 현대 한어 방언음을 논거로 삼아 4등운의 운복에 전설 저모음 /ɛ/를 배당했다. 그러나 $_{4}$蕭韻과 $_{2}$肴韻의 운복 모음이 거의 구별되지 않을 정도였다 하더라도, (51)에 보인 것처럼 운복의 최소대립이 분명히 성립한다. 따라서 우리는 $_{4}$蕭韻의 운복에 /e/를 배당하여 $_{2}$肴韻의 운복 /ɛ/와 구별한다. 이 배당은 4등운 운복에 /e/를 배당하고 2등운 운복에 /ɛ/를 배당하는 일반 원칙과도 부합한다.[50]

이제, 宵韻 3등에 대한 논의로 넘어간다. 3등에서는 항상 중뉴가 문제가 되므로 $_{A}$宵韻과 $_{B}$宵韻이 음운론적으로 대립하는지가 우선적인 관심사이다. 위의 분포 분석표에서 $_{A}$宵韻과 $_{B}$宵韻이 동일 칸에 온 것을 찾아보면 (52)의 1/3쌍뿐이다.

(52) $_{A}$宵韻과 $_{B}$宵韻의 최소대립 쌍 (1/3쌍) (6)

1. 幫非 /p/의 상성 – $_{A}$標$_{\text{宵}}$: $_{B}$表$_{\text{宵}}$ (9 : 6)
2. 影母 /ʔ/의 평성 – $_{A}$要$_{\text{宵}}$: $_{B}$妖$_{\text{宵}}$, $_{B}$夭$_{\text{宵}}$ (13 : 1, 1)

$_{A}$宵韻과 $_{B}$宵韻이 (52.1)의 한 쌍에서 최소대립을 이루지만, 대립 항 '標'와 '表'가 『세설신어』 대화문에서 6회 이상 출현한다. 6회 이상 출현하는 집합은 656자의 상용자 집합이다. 양적 척도는 미흡하더라도 질적 척도를 충족한다. 더욱이 (52.2)의 대립 항 '要'가 성조 다음자이기는 하지만[51] 평성일 때의 대립 쌍이므로 음운대립의 논거에 넣을 수도 있다. 따라서 $_{A}$宵韻과 $_{B}$宵韻의 최소대립을 믿기로 한다. 3등 A와 3등 B의 重紐 차이는 운두 개음의 차이로 기술하므로 $_{A}$宵韻에는 자음적 개음 /j-/를 배당하고, $_{B}$宵韻에는 모음적 개음 /ɪ-/를 배당한다.

宵韻 3등과 蕭韻 4등이 동일 칸에 옴으로써 음운대립을 이루는 것도 있다. 아래의 6쌍에서 음운대립을 이루고,[52] 5회 이상 사용된 764자 집합에서 이미 대립이 성립한다. 따라서 이 두 운의 음가가 달라야 한다.

(53) $_{AB}$宵韻과 $_{4}$蕭韻의 음운대립 쌍 (6쌍) (5, 1, 1)

1. 泥日娘/n/의 상성 – $_{AB}$擾$_{\text{宵}}$: $_{4}$嬲$_{\text{蕭}}$ (1 : 1)
2. 來母/l/의 상성 – $_{AB}$燎$_{\text{宵}}$: $_{4}$了$_{\text{蕭}}$ (1 : 12)
3. 心母/s/의 평성 – $_{AB}$消$_{\text{宵}}$, $_{AB}$霄$_{\text{宵}}$: $_{4}$蕭$_{\text{蕭}}$, $_{4}$簫$_{\text{蕭}}$ (5, 1 : 12, 1)

50 후술하겠지만, 이 배당은 우리의 결론에 해당한다.
51 '要'는 성조가 평성인 [影中A平宵]와 거성인 [影中A去宵]의 두 가지 음가이다.
52 이들 대립 쌍에서는 宵韻 3등의 대립 항이 항상 3등 AB이다.

다음으로 宵韻 3등과 肴韻 2등의 음운대립 쌍을 찾아보자. $_{A}$宵韻과 $_{2}$肴韻의 음운대립 쌍은 (54)의 2쌍이고, 3회 이상 출현하는 1,112자 집합에서 대립이 성립한다. $_{B}$宵韻과 $_{2}$肴韻의 음운대립 쌍은 4쌍이고, 2,212자 집합에서 대립이 성립한다. 따라서 宵韻 3등과 肴韻 2등의 음운대립을 믿을 수 있다.

(54) $_{A}$宵韻과 $_{2}$肴韻의 음운대립 쌍 (2쌍) (3, 1)

1. 幫非/p/의 상성 – $_{A}$標$_{宵}$: $_{2}$飽$_{肴}$ (9 : 1)
2. 明微/m/의 거성 – $_{A}$妙$_{宵}$: $_{2}$貌$_{肴}$ (6 : 3)

(55) $_{B}$宵韻과 $_{2}$肴韻의 음운대립 쌍 (4/8쌍) (1, 1, 1)

1. 泥日娘/n/의 평성 – $_{AB}$擾$_{宵}$: $_{2}$撓$_{肴}$ (1 : 1)
2. 見母/k/의 평성 – $_{B}$驕$_{宵}$, $_{B}$喬$_{宵}$: $_{2}$交$_{肴}$, $_{2}$郊$_{肴}$ (1, 4 : 8, 2)
3. 見母/k/의 상성 – $_{B}$矯$_{宵}$: $_{2}$狡$_{肴}$ (2 : 1)
4. 匣云/ɦ/의 평성 – $_{B}$鴞$_{宵}$, $_{B}$護$_{宵}$: $_{2}$崤$_{肴}$ (1, 1 : 1)

다음으로, 宵韻 3등은 豪韻 1등과도 동일 칸에 옴으로써 음운대립을 이룬다. 아래의 (56~57)에서 볼 수 있듯이, 설치음 뒤의 환경을 제외하더라도 $_{A}$宵韻과 $_{1}$豪韻의 음운대립 쌍이 2쌍이고, 9회 이상 사용된 459자 집합에서 이미 대립이 성립한다. $_{B}$宵韻과 $_{1}$豪韻의 음운대립 쌍이 9쌍에 이르고, 6회 이상 사용된 656자 집합에서 이미 음운대립을 이룬다. 따라서 $_{3}$宵韻과 $_{1}$豪韻의 음운대립을 믿을 수 있다.

(56) $_{A}$宵韻과 $_{1}$豪韻의 음운대립 쌍 (2쌍) (9, 9)

幫非/p/의 상성 – $_{A}$標$_{宵}$: $_{1}$保$_{豪}$, $_{1}$寶$_{豪}$ (9 : 11, 10)

(57) $_{B}$宵韻과 $_{1}$豪韻의 음운대립 쌍 (9쌍) (6, 6, 2)

1. 幫非/p/의 상성 – $_{B}$表$_{宵}$: $_{1}$保$_{豪}$, $_{1}$寶$_{豪}$ (6 : 11, 10)

2. 明微/m/의 평성 – $_{B}$苗$_{宵}$: $_{1}$毛$_{豪}$, $_{1}$髦$_{豪}$ (2 : 3, 2)

3. 見母/k/의 평성 – $_{B}$驕$_{宵}$: $_{1}$高$_{豪}$, $_{1}$膏$_{豪}$, $_{1}$皐$_{豪}$ (1 : 36, 1, 6)

4. 匣云/ɦ/의 평성 – $_{B}$鴞$_{宵}$: $_{1}$毫$_{豪}$, $_{1}$濠$_{豪}$ (1 : 1, 1)

위에서 논의한 음운대립을 바탕으로 삼아 이제 宵韻 3등의 음가를 추정해 보자. 앞에서 우리는 $_{1}$豪韻의 운복에 /ɑ/를, $_{2}$肴韻의 운복에 /ɛ/를, $_{4}$蕭韻의 운복에 /e/를 배당한 바 있다. 3등운의 운복은 대부분 1·2·4등운의 운복과 동일하므로, $_{3}$宵韻의 운복 모음은 /ɑ, ɛ, e/의 셋 중에서 하나를 고르면 된다. 그런데 실제로는 3등운이 4등운의 개구 짝인 경우가 없으므로, $_{3}$宵韻의 운복은 /e/가 아니다.

그렇다면 $_{3}$宵韻의 운복은 후설 저모음 /ɑ/와 전설 저모음 /ɛ/의 둘 중 하나이다. 3등의 운복 모음은 1등의 운복 모음과 동일할 때가 있으므로, $_{3}$宵韻의 운복에 일단 후설 저모음 /ɑ/를 배당할 수 있다. 이에 따르면, $_{A}$宵韻과 $_{B}$宵韻은 $_{1}$豪韻의 /ɑu/에 각각 개음 /j-/와 /ɪ-/가 덧붙은 /jɑu/와 /ɪɑu/가 된다.

그런데 이처럼 추정할 때에는 음운론적 거리 또는 음운대립의 상대적 강도를 무시하게 된다. (56~57)에서 볼 수 있듯이 $_{3}$宵韻과 $_{1}$豪韻은 음운론적으로 대립하는 힘이 아주 강력하여 음운론적 거리가 멀다. 이에 반하여 (54~55)에서 볼 수 있듯이 $_{3}$宵韻과 $_{2}$肴韻은 음운론적으로 대립하는 힘이 아주 약하여 음운론적 거리가 아주 가깝다. 이것은 $_{3}$宵韻의 음가가 $_{1}$豪韻보다는 상대적으로 $_{2}$肴韻에 훨씬 가까움을 뜻한다. 이 음운론적 거리 또는 음운대립의 상대적 강도를 고려하면 $_{3}$宵韻의 운복은 /ɑ/가 아니라 전설 저모음 /ɛ/일 가능성이 더 크다. 이에 따라 우리는 /ɛ/를 택하여[53] $_{A}$宵韻을 /jɛu/로 추정하고 $_{B}$宵韻을 /ɪɛu/로 추정한다.

3등운의 운복 모음은 1·2·4등운의 운복에 비하여 결정하기가 상대적으로 어렵다. 3등운이 구개 개음을 가진다는 점은 분명하지만, 3등운이 1등운의 짝인지 2등운의 짝인지를 결정하기가 어렵기 때문이다. 이럴 때에 우리는 음운론적 거리 또는 음운대립의 상대적 강도를 이용하여 3등운의 운복 모음을 결정한다. 이

---

53 韓炅澔(2014: 23)도 'ɛ'를 택했다.

방법을 이용한다는 점에서 우리의 음가 추정은 기존의 음가 추정보다 훨씬 객관적·합리적이다.

지금까지, 效攝에 속하는 운모 상호 간의 음운대립을 논의했다. 이들을 종합하면 아래와 같다.

(58) 效攝 운모 상호 간의 음운대립

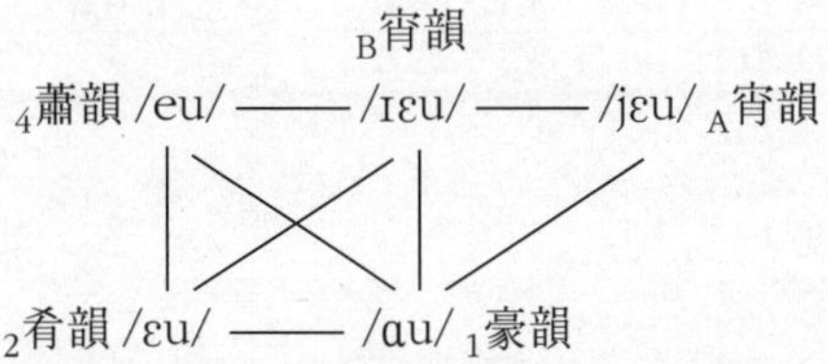

이와 같이 종합할 때에 가장 불안한 음운대립은 $_{4}$蕭韻 /eu/와 $_{2}$肴韻 /ɛu/의 대립이다. 이 음운대립은 3쌍에서만 성립하고 『세설신어』 대화문의 전체 2,212자 집합에서만 대립이 성립하므로, 음운대립의 강도가 상대적으로 아주 약하다. 따라서 5세기 전반기의 한어에서는 이 음운대립이 붕괴 직전이었다고 말할 수 있다.

5.2.2. 流攝

流攝은 /-u/ 운미를 가지면서 운복이 저모음이 아닌 한어음의 집합이다. /-u/ 운미를 가진다는 점에서 流攝의 운복은 [-round]인 모음이고, 저모음이 아니라는 점에서 [-low]인 모음이다. 流攝에는 侯韻 1등 35자, 幽韻 3등의 A와 B 3자, 尤韻 3등 C 96자가 있다. 侯韻은 현대 북경어에서 [ou] 또는 [u]로 발음되고, 尤韻과 幽韻은 [iu], [ou], [u] 등으로 다양하게 발음된다.

『세설신어』의 대화문에 사용된 글자 중에서 侯韻字, 幽韻字, 尤韻字를 골라 분포 분석표에 넣어 보면 다음과 같다.

(59) 流攝字의 분포 분석표 ($_{1}$侯韻 35자, $_{C}$尤韻 96자, $_{A,B}$幽韻 3자)

성모 \ 성조		평성^{L}	상성^{R}	거성^{D}
순음	幫非/p/	$_{C}$不$_{尤}$ $_{C}$彪$_{尤}$	$_{C}$不$_{尤}$ $_{C}$否$_{尤}$	$_{C}$富$_{尤}$
	滂敷/p^{h}/			$_{C}$副$_{尤}$ $_{C}$覆$_{尤}$
	並奉/b/	$_{1}$裒$_{侯}$ $_{C}$浮$_{尤}$	$_{1}$部$_{侯}$ $_{1}$瓿$_{侯}$ $_{C}$負$_{尤}$ $_{C}$婦$_{尤}$ $_{C}$阜$_{尤}$	$_{C}$復$_{尤}$ $_{C}$複$_{尤}$
	明微/m/	$_{C}$矛$_{尤}$ $_{C}$侔$_{尤}$ $_{C}$謀$_{尤}$	$_{1}$母$_{侯}$ $_{1}$某$_{侯}$ $_{1}$畝$_{侯}$	$_{1}$茂$_{侯}$ $_{B}$謬$_{幽}$
설음	端知/t/	$_{C}$譸$_{尤}$	$_{1}$斗$_{侯}$ $_{C}$肘$_{尤}$	$_{1}$鬪$_{侯}$ $_{C}$晝$_{尤}$
	透徹/t^{h}/	$_{1}$偸$_{侯}$		
	定澄/d/	$_{1}$頭$_{侯}$ $_{1}$投$_{侯}$ $_{C}$疇$_{尤}$ $_{C}$籌$_{尤}$	$_{C}$紂$_{尤}$	$_{1}$豆$_{侯}$ $_{1}$竇$_{侯}$ $_{C}$宙$_{尤}$ $_{C}$胄$_{尤}$
	泥日娘/n/	$_{C}$柔$_{尤}$		
	來母/l/	$_{1}$樓$_{侯}$ $_{C}$流$_{尤}$ $_{C}$旒$_{尤}$ $_{C}$劉$_{尤}$ $_{C}$留$_{尤}$	$_{1}$塿$_{侯}$ $_{C}$柳$_{尤}$	$_{1}$漏$_{侯}$ $_{1}$陋$_{侯}$ $_{C}$溜$_{尤}$ $_{C}$餾$_{尤}$
치음 마찰	心母/s/	$_{C}$脩$_{尤}$		$_{1}$漱$_{侯}$ $_{C}$秀$_{尤}$ $_{C}$宿$_{尤}$
	邪母/z/	$_{C}$囚$_{尤}$		$_{C}$囚$_{尤}$ $_{C}$袖$_{尤}$
	生母/ʂ/	$_{C}$瘦$_{尤}$		$_{C}$瘦$_{尤}$
	書母/ɕ/		$_{C}$守$_{尤}$ $_{C}$手$_{尤}$ $_{C}$首$_{尤}$	$_{C}$獸$_{尤}$
	常母/ʑ/	$_{C}$酬$_{尤}$	$_{C}$受$_{尤}$ $_{C}$壽$_{尤}$ $_{C}$綬$_{尤}$	$_{C}$授$_{尤}$ $_{C}$綬$_{尤}$
	羊母/j/	$_{C}$猶$_{尤}$ $_{C}$猷$_{尤}$ $_{C}$蕕$_{尤}$ $_{C}$由$_{尤}$ $_{C}$游$_{尤}$ $_{C}$遊$_{尤}$ $_{C}$繇$_{尤}$	$_{C}$牖$_{尤}$	$_{C}$柚$_{尤}$
치음 파찰	精母/ʦ/	$_{C}$遒$_{尤}$	$_{C}$酒$_{尤}$	$_{1}$奏$_{侯}$
	清初/$ʦ^{h}$/	$_{C}$秋$_{尤}$ $_{C}$鞦$_{尤}$		
	從母/dz/	$_{C}$遒$_{尤}$		$_{C}$就$_{尤}$
	莊母/tʂ/			
	章母/ʨ/	$_{C}$州$_{尤}$ $_{C}$周$_{尤}$ $_{C}$舟$_{尤}$		$_{C}$祝$_{尤}$
	昌母/$ʨ^{h}$/		$_{C}$醜$_{尤}$	$_{C}$臭$_{尤}$
	船崇/ʥ/			

성조 / 성모		평성^{L}	상성^{R}	거성^{D}
아음	見母/k/	$_{1}$鉤$_{侯}$ $_{C}$鳩$_{尤}$	$_{1}$垢$_{侯}$ $_{1}$狗$_{侯}$ $_{1}$苟$_{侯}$ $_{C}$久$_{尤}$ $_{C}$九$_{尤}$ $_{C}$韭$_{尤}$	$_{1}$構$_{侯}$ $_{C}$救$_{尤}$
	溪母/k^{h}/	$_{C}$丘$_{尤}$ $_{C}$邱$_{尤}$	$_{1}$口$_{侯}$ $_{1}$叩$_{侯}$	$_{1}$寇$_{侯}$
	群母/g/	$_{C}$求$_{尤}$ $_{C}$裘$_{尤}$	$_{C}$舅$_{尤}$ $_{C}$臼$_{尤}$	$_{C}$舊$_{尤}$
	疑母/ŋ/	$_{C}$牛$_{尤}$	$_{1}$偶$_{侯}$ $_{1}$耦$_{侯}$	
후음	影母/ʔ/	$_{1}$鷗$_{侯}$ $_{A}$幽$_{幽}$ $_{C}$憂$_{尤}$ $_{C}$優$_{尤}$ $_{C}$耦$_{尤}$		$_{A}$幼$_{幽}$
	曉母/h/	$_{C}$休$_{尤}$		
	匣云/ɦ/	$_{1}$侯$_{侯}$ $_{C}$尤$_{尤}$ $_{C}$郵$_{尤}$	$_{1}$後$_{侯}$ $_{1}$厚$_{侯}$ $_{C}$有$_{尤}$ $_{C}$友$_{尤}$ $_{C}$右$_{尤}$	$_{1}$候$_{侯}$ $_{C}$又$_{尤}$ $_{C}$宥$_{尤}$ $_{C}$囿$_{尤}$

위의 분포 분석표에서 $_{1}$侯韻의 분포를 검토해 보면 아주 독특한 결과가 나온다. 성모가 치음 마찰음인 것은 心母/s/의 거성인 '$_{1}$漱$_{侯}$'뿐이고, 치음 파찰음인 것도 精母/ʦ/의 거성인 '$_{1}$奏$_{侯}$'뿐이다. 치음의 뒤에는 마치 $_{1}$侯韻이 오지 않는 것처럼 보인다. 반면에 $_{C}$尤韻에는 아무런 분포 제약도 없다.

幽韻 3등은 3자에 불과하여 분포 제약을 거론할 수 없다. $_{3}$幽韻에도 원칙적으로 중뉴가 적용되어 A와 B의 두 가지가 있지만, 위의 분포 분석표에서 확인할 수 있듯이 이 둘이 동일 칸에 오지 않는다. 이것은 5세기 전반기의 $_{3}$幽韻에서 A와 B가 상보적 분포임을 뜻하므로 우리는 이 둘을 $_{3}$幽韻 하나로 합친다.[54] 한마디로 말하여, 5세기 전반기의 $_{3}$幽韻에서는 중뉴 대립이 없었다.

$_{3}$幽韻이 $_{1}$侯韻과 동일 칸에 옴으로써 음운대립을 이루는 것은 아래의 두 쌍이다. 2회 이상 출현하는 1,487자 집합에서는 이 대립이 무너지므로 이것은 아주 불안한 대립이다. 이 대립이 성립한다 하더라도 이것은 1등과 3등의 대립 쌍이므로 운두 개음의 유무로 기술할 수 있다. $_{3}$幽韻의 개음으로는 /ɪ-/가 아니라 /j-/

54 5,200여 자를 수록한 이토 지유키(2011, 이진호 역)에 나오는 幽韻字는 아래의 4자뿐인데, 이들에서도 3등 A와 3등 B의 분포가 상보적이다.
幽[影中A平幽], 糾[見中A上幽], 幼[影中A去幽], 謬[明中B去幽]

를 택한다. 후술할 $_{C}$尤韻의 개음이 /ɪ-/이기 때문에, 이 둘을 개음으로 구별하기 위한 조치이다.

(60) $_{3}$幽韻과 $_{1}$侯韻의 음운대립 쌍 (2쌍) (1, 1)

1. 明微/m/의 거성 – $_{B}$謬$_{\text{幽}}$: $_{1}$茂$_{\text{侯}}$ (1 : 6)
2. 影母/ʔ/의 평성 – $_{A}$幽$_{\text{幽}}$: $_{1}$鷗$_{\text{侯}}$ (5 : 1)

다음으로, $_{3}$幽韻과 $_{C}$尤韻이 동일 칸에 온 것을 찾아본다. 2쌍의 대립 쌍이 있고, 5회 이상 사용된 764자 집합에서 이미 대립이 성립한다. 양적 척도에서는 미흡하지만 질적 척도를 충족하므로 이 음운대립을 믿기로 한다. 앞에서 잠깐 언급한 바 있듯이, 이 음운대립이 성립하기 때문에 $_{3}$幽韻의 개음은 /ɪ-/가 아니라 /j-/라고 본다.

(61) $_{3}$幽韻과 $_{C}$尤韻의 음운대립 쌍 (2/3쌍) (5, 4)

影母/ʔ/의 평성 – $_{A}$幽$_{\text{幽}}$: $_{C}$憂$_{\text{尤}}$, $_{C}$優$_{\text{尤}}$, $_{C}$耦$_{\text{尤}}$ (5 : 20, 4, 1)

그런데 (60~61)의 대립만으로는 $_{3}$幽韻의 운복 모음을 결정할 수 없다. $_{A}$幽韻의 개음은 /j-/인 데에 반하여 $_{C}$尤韻의 개음은 /ɪ-/이므로, 개음 차이 우선의 원칙을 적용하여 운복 모음이 서로 같다고 해도 된다. 그 모음이 무엇인지는 $_{1}$侯韻과 $_{C}$尤韻를 모두 논의한 다음에 결정하기로 한다.

다음으로, $_{1}$侯韻이 $_{C}$尤韻와 동일 칸에 온 것을 찾아본다. 그 음운대립 쌍이 49쌍이나 되고, 『세설신어』의 대화문에서 36회 이상 출현하는 극소수의 상용자 집합에서 이미 대립이 성립한다.

(62) $_{1}$侯韻과 $_{C}$尤韻의 음운대립 쌍 (49쌍) (36, 15, 9)

1. 並奉/b/의 평성 – $_{1}$裒$_{\text{侯}}$: $_{C}$浮$_{\text{尤}}$ (3 : 6)
2. 來母/l/의 평성 – $_{1}$樓$_{\text{侯}}$: $_{C}$流$_{\text{尤}}$, $_{C}$劉$_{\text{尤}}$, $_{C}$旒$_{\text{尤}}$, $_{C}$留$_{\text{尤}}$ (2 : 23, 21, 1, 2)

3. 見母/k/의 상성 – $_1$垢$_{\text{侯}}$, $_1$狗$_{\text{侯}}$, $_1$苟$_{\text{侯}}$: $_C$久$_{\text{尤}}$, $_C$九$_{\text{尤}}$, $_C$韭$_{\text{尤}}$ (1, 4, 6 : 17, 5, 2)

4. 匣云/ɦ/의 평성 – $_1$侯$_{\text{侯}}$: $_C$尤$_{\text{尤}}$, $_C$郵$_{\text{尤}}$ (24 : 3, 1)

5. 匣云/ɦ/의 상성 – $_1$後$_{\text{侯}}$, $_1$厚$_{\text{侯}}$: $_C$有$_{\text{尤}}$, $_C$友$_{\text{尤}}$, $_C$右$_{\text{尤}}$ (36, 6 : 242, 15, 9)

侯韻은 항상 1등이고 尤韻은 항상 3등 C라는 점을 고려하면, 위의 음운대립 쌍에 개음 차이 우선의 원칙을 적용할 수 있다. 이 원칙에 따라 두 운의 음가 차이를 구개 개음 /ɪ-/의 유무에서 구할 수 있다. 1등은 운두 개음이 없지만 3등은 개음이 있으므로, $_1$侯韻을 /əu/ 또는 /ɨu/로 재구한다면 $_C$尤韻은 /ɪəu/ 또는 /ɪɨu/가 된다.

그런데 정작 문제가 되는 것은 $_1$侯韻과 $_C$尤韻의 운복이 어느 모음인가 하는 점이다. /-u/ 운미의 앞에는 원순 모음인 /u/나 /o/가 오지 않는다. 이것은 원순성의 연쇄를 회피하는 것으로서 한어 중고음에서는 체계적 음절구조제약이다. 따라서 $_1$侯韻과 $_C$尤韻의 운복은 /u/나 /o/가 아니다.

이 음절구조제약은 한어 중고음을 기술할 때에 아주 중요하므로 이것을 먼저 설명해 둔다. 한국 중세 한자음에는 'ㅁ/ㅂ, ㅁ/ㅂ' 음절이 없는데, 이것은 한어 중고음에서도 마찬가지이다. 이때의 운미 /-m, -p/는 원순성을 수반하므로, 이 제약은 원순성을 가지는 분절음 앞에 원순 모음이 오지 않는 제약이라고 말할 수 있다. 이 제약을 반드시 준수해야 하므로, /-u/ 운미의 바로 앞에 원순 모음이 오지 않는다는 논리가 성립한다. Karlgren(1954)를 비롯하여, 원순성이 연속되는 'ou, ow, uw' 또는 'wu, uu, uo, wo̞'를 아무 거리낌 없이 운모에 배당할 때가 많다. 그러나 이 음가 배당이 중고음의 체계적 음절구조제약을 어긴다는[55] 점에서 우리는 이러한 음가 배당에 동의하지 않는다.

위의 효섭에서 이미 $_1$豪韻, $_2$肴韻, $_4$蕭韻의 운복에 각각 /ɑ, ɛ, e/를 배당했으므로, /ɑ, ɛ, e/도 $_1$侯韻과 $_C$尤韻의 운복 모음 후보에서 제외된다. 이에 따라 후설 평순 중모음 /ə/와 후설 평순 고모음 /ɨ/의 두 가지 후보가 남는데, 이 둘 중에서 어느 것을 택해야 할지 분명하지 않다.

55 韓炅澔(2014: 14)는 이 음절구조제약을 대체로 지켰지만, 侯韻 1등만은 'ow'로 재구하여 이를 어겼다.

이럴 때에 우리는 경제성의 원리를 따른다. 경제학에서는 최소의 비용으로 최대의 효용 가치를 창출하는 원리를 경제성 원리라고 한다. 우리는 이것을 원용하여, 음운론적 단위를 최소화하면서도 음운론적 기술에서 최대의 효과를 거두는 원리를 경제성 원리라고 지칭한다.

/-ø/ 운미에서 이미 후설 중모음 /ə/를 설정한 바 있지만 /ɨ/는 아직 설정된 바가 없다. 설정되는 음소의 종류를 최소화하는 경제성의 원리에 따르면 /-u/ 운미에서도 /ə/ 모음을 택하는 것이 옳다. 이 경제성 원리에 따라 우리는 $_1$侯韻을 /əu/로, $_C$尤韻을 /ɪəu/로 추정한다.[56]

/-ø/ 운미에서 3등 C가 3등 B와 동일한 하나의 부류로 묶였으므로 $_C$尤韻의 운두 개음도 모음적 활음 /ɪ-/라고 하는 것이 평행적인 선택이다. 그런데 이때에 한 가지 의문이 제기된다. 중뉴가 확인될 때에 설정하는 모음적 활음 /ɪ-/을 $_C$尤韻에 바로 배당할 수 있을까? 이 의문을 해소해 주는 것이 幽韻이라고 본다. 幽韻도 항상 3등이므로 개음을 가지는데, 그 개음을 자음적 활음 /j-/라고 하면 공백이었던 /jəu/를 메울 수 있다. 달리 말하면 $_A$幽韻과 $_C$尤韻이 마치 중뉴를 이루는 것처럼 보아 이들에 각각 /jəu/와 /ɪəu/를 배당할 수 있다.

위의 (61)에서 보았듯이, $_A$幽韻과 $_C$尤韻의 음운대립 쌍이 2쌍이고, 5회 이상 출현하는 764자 집합에서 이미 대립이 성립한다. 양적 척도로는 미흡하지만 질적 척도를 충족하므로 이 음운대립을 믿을 수 있다. 이에 따라 우리는 $_A$幽韻과 $_C$尤韻에 각각 /jəu/와 /ɪəu/를 배당하여, 두 운이 마치 중뉴 대립인 것처럼 기술한다.

고노 로쿠로(河野六郎)(2010: 257, 이진호 역주)에서도 幽韻 3등과 尤韻 3등의 독특한 관계를 지적한 바 있다. 『절운』 시절에는 幽韻 3등과 尤韻 3등 甲이 음운론적으로 대립했지만, 慧琳의 『一切經音義』에서는 이 두 운이 하나로 합류했다는 것이다. 그런데 河野六郎가 尤韻에 甲類와 乙類의 重紐 대립이 있다고 본 데에

56 藏漢對音(千字文)에서는 侯韻이 [e'u]뿐만 아니라 [a'o]에 대응한다고(羅常培 1933: 51) 한다. 李榮(1956)에 따르면, 侯韻이 『절운』에서 '-u'였다가 唐代에는 '-əu'가 되었다고 한다. 고구려어 한자음에서는 侯韻과 尤韻을 각각 /u/와 /ju/로 수용한다(이승재 2016: 488~491).

반하여, 이토 지유키(2011, 이진호 역)에서는 尤韻을 3등 專屬韻으로 보아 3등 C라고 했다. 3등 전속운이 맞다면, 『절운』 시절부터 이미 幽韻 3등과 尤韻 3등이 중뉴 대립을 이루게 된다. 바로 이 중뉴 대립이 『세설신어』의 대화문 용자에서 확인되므로, 이미 5세기 전반기부터 $_{A}$幽韻과 $_{C}$尤韻이 중뉴 대립을 이루었다고 할 수 있다.

이와는 다른 해결책도 있다. 流攝에서는 중뉴가 전혀 확인되지 않으므로 $_{C}$尤韻에 자음적 개음 /j-/를 배당하는 방법이다. 그런데 이것은 3등 C가 3등 B처럼 모음적 개음 /ɪ-/를 가진다는 점을 무시한 것이므로 이 방법을 수용하지 않는다. 또 하나의 방법으로는 幽韻 3등의 운두 개음에 전설 원순 활음 /ɥ-/를 배당하는 방법이다. 그런데 幽韻 3등을 /ɥVw/ 또는 /ɥVu/로 추정하면, 단일 운의 내부에 원순성 운두와 원순성 운미가 동시에 오지 않는다는 음절구조제약을(三根谷徹 1956, 이토 지유키 2011: 190, 이진호 역) 위반하게 된다. 이 문제가 제기되므로 幽韻 3등의 운두 개음은 /ɥ-/가 아니라 /j-/이다.

앞에서 이미 거론했듯이 $_{3}$幽韻이 $_{1}$侯韻뿐만 아니라 $_{C}$尤韻과도 음운론적으로 대립한다. $_{1}$侯韻에 /əu/를 배당하고 $_{C}$尤韻에 /ɪəu/를 배당했으므로 $_{3}$幽韻은 이들과 음가가 달라야 한다. 그런데 $_{C}$尤韻과 $_{3}$幽韻은 둘 다 流攝에 속하면서 둘 다 3등이다. 이 공통점을 염두에 둔다면 이 두 운모는 개음의 종류에서만 차이가 난다고 할 수 있다. 따라서 $_{3}$幽韻의 개음으로는 자음적 활음 /j-/를 택하여 $_{3}$幽韻을 /jəu/로 재구한다. 이처럼 추정하면 $_{A}$幽韻의 /jəu/와 $_{C}$尤韻의 /ɪəu/가 마치 중뉴를 이루는 것처럼 보이게 된다.

지금까지 논의한 流攝 운모 상호 간의 음운대립을 알기 쉽게 표로 그려 보면 다음과 같다.

(63) 流攝 운모 상호 간의 음운대립

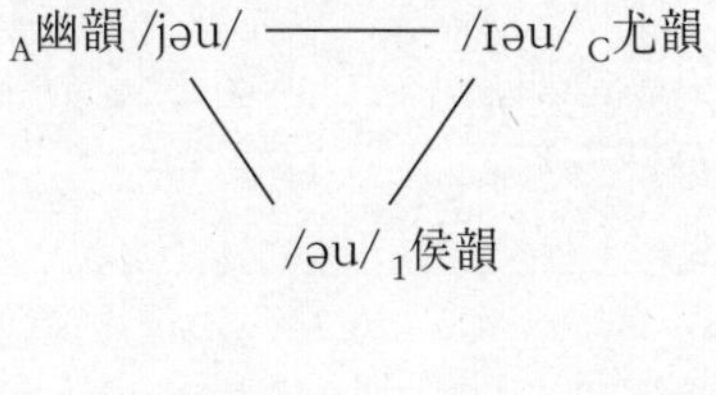

5.2.3. /-u/ 운미 종합

/-u/ 운미를 가지는 섭에는 效攝과 流攝이 있다. 이 두 섭에 속하는 운의 추정음을 위의 (58)과 (63)에 정리했다.

이처럼 정리할 때에는 效攝의 $_{1}$豪韻과 流攝의 $_{1}$侯韻이 음운론적으로 대립했음을 전제해야 한다. 만약 이 음운대립이 성립하지 않는다면 $_{1}$侯韻의 운복에 굳이 /ə/를 배당하지 않고 /ɑ/를 배당해도 되기 때문이다. 따라서 이 두 운이 음운대립을 이루는지 확인하기로 한다. 이를 위하여 效攝字의 분포 분석표 (48)과 流攝字의 분포 분석표 (59)를 하나로 합쳐 본다.

(64) /-u/ 운미의 분포 분석표 ($_{1}$豪韻 55자, $_{2}$肴韻 22자, $_{3}$宵韻 51자, $_{4}$蕭韻 19자, $_{1}$侯韻 35자, $_{C}$尤韻 96자, $_{3}$幽韻 3자)

성조 / 성모		평성[L]	상성[R]	거성[D]
순음	幇非/p/	$_{2}$苞$_{肴}$ $_{C}$不$_{尤}$ $_{C}$彪$_{尤}$	$_{1}$保$_{豪}$ $_{1}$寶$_{豪}$ $_{2}$飽$_{肴}$ $_{A}$標$_{宵}$ $_{B}$表$_{宵}$ $_{C}$不$_{尤}$ $_{C}$否$_{尤}$	$_{1}$報$_{豪}$ $_{2}$豹$_{肴}$ $_{C}$富$_{尤}$
	滂敷/pʰ/	$_{A}$飄$_{宵}$		$_{C}$副$_{尤}$ $_{C}$覆$_{尤}$
	並奉/b/	$_{1}$裒$_{侯}$ $_{C}$浮$_{尤}$	$_{1}$抱$_{豪}$ $_{1}$部$_{侯}$ $_{1}$瓿$_{侯}$ $_{C}$負$_{尤}$ $_{C}$婦$_{尤}$ $_{C}$阜$_{尤}$	$_{1}$暴$_{豪}$ $_{A}$驃$_{宵}$ $_{C}$復$_{尤}$ $_{C}$複$_{尤}$
	明微/m/	$_{1}$毛$_{豪}$ $_{1}$旄$_{豪}$ $_{1}$髦$_{豪}$ $_{B}$苗$_{宵}$ $_{C}$矛$_{尤}$ $_{C}$侔$_{尤}$ $_{C}$謀$_{尤}$	$_{B}$廟$_{宵}$ $_{1}$母$_{侯}$ $_{1}$某$_{侯}$ $_{1}$畝$_{侯}$	$_{1}$旄$_{豪}$ $_{1}$冒$_{豪}$ $_{2}$貌$_{肴}$ $_{A}$妙$_{宵}$ $_{1}$茂$_{侯}$ $_{B}$謬$_{幽}$
설음	端知/t/	$_{1}$刀$_{豪}$ $_{AB}$朝$_{宵}$ $_{4}$刁$_{蕭}$ $_{C}$譸$_{尤}$	$_{1}$倒$_{豪}$ $_{1}$擣$_{豪}$ $_{1}$擣$_{豪}$ $_{1}$禱$_{豪}$ $_{4}$鳥$_{蕭}$ $_{1}$斗$_{侯}$ $_{C}$肘$_{尤}$	$_{1}$到$_{豪}$ $_{1}$倒$_{豪}$ $_{2}$罩$_{肴}$ $_{4}$弔$_{蕭}$ $_{4}$釣$_{蕭}$ $_{1}$鬪$_{侯}$ $_{C}$晝$_{尤}$
	透徹/tʰ/	$_{1}$條$_{豪}$ $_{1}$洮$_{豪}$ $_{1}$滔$_{豪}$ $_{AB}$超$_{宵}$ $_{1}$偸$_{侯}$	$_{1}$討$_{豪}$	
	定澄/d/	$_{1}$陶$_{豪}$ $_{1}$濤$_{豪}$ $_{AB}$朝$_{宵}$ $_{4}$調$_{蕭}$ $_{4}$條$_{蕭}$ $_{1}$頭$_{侯}$ $_{1}$投$_{侯}$ $_{C}$疇$_{尤}$ $_{C}$籌$_{尤}$	$_{1}$道$_{豪}$ $_{AB}$旐$_{宵}$ $_{AB}$趙$_{宵}$ $_{C}$紂$_{尤}$	$_{1}$盜$_{豪}$ $_{4}$調$_{蕭}$ $_{1}$豆$_{侯}$ $_{1}$竇$_{侯}$ $_{C}$宙$_{尤}$ $_{C}$胄$_{尤}$

	성조 / 성모	평성^{L}	상성^{R}	거성^{D}
설음	泥日娘/n/	$_{AB}$饒$_{宵}$ $_{C}$柔$_{尤}$	$_{2}$撓$_{肴}$ $_{AB}$擾$_{宵}$ $_{4}$嬲$_{蕭}$	$_{AB}$饒$_{宵}$
	來母/l/	$_{1}$勞$_{豪}$ $_{4}$料$_{蕭}$ $_{4}$僚$_{蕭}$ $_{4}$聊$_{蕭}$ $_{4}$遼$_{蕭}$ $_{1}$樓$_{侯}$ $_{C}$流$_{尤}$ $_{C}$旒$_{尤}$ $_{C}$劉$_{尤}$ $_{C}$留$_{尤}$	$_{1}$老$_{豪}$ $_{AB}$燎$_{宵}$ $_{4}$了$_{蕭}$ $_{1}$塿$_{侯}$ $_{C}$柳$_{尤}$	$_{1}$漏$_{侯}$ $_{1}$陋$_{侯}$ $_{C}$溜$_{尤}$ $_{C}$餾$_{尤}$
치음마찰	心母/s/	$_{1}$騷$_{豪}$ $_{AB}$消$_{宵}$ $_{AB}$霄$_{宵}$ $_{AB}$捎$_{宵}$ $_{4}$蕭$_{蕭}$ $_{4}$簫$_{蕭}$ $_{C}$脩$_{尤}$	$_{1}$嫂$_{豪}$ $_{AB}$小$_{宵}$	$_{AB}$笑$_{宵}$ $_{AB}$肖$_{宵}$ $_{1}$漱$_{侯}$ $_{C}$秀$_{尤}$ $_{C}$宿$_{尤}$
	邪母/z/	$_{C}$囚$_{尤}$		$_{C}$囚$_{尤}$ $_{C}$袖$_{尤}$
	生母/ʂ/	$_{2}$捎$_{肴}$ $_{C}$瘦$_{尤}$		$_{2}$稍$_{肴}$ $_{C}$瘦$_{尤}$
	書母/ɕ/	$_{AB}$燒$_{宵}$	$_{AB}$少$_{宵}$ $_{C}$守$_{尤}$ $_{C}$手$_{尤}$ $_{C}$首$_{尤}$	$_{AB}$少$_{宵}$ $_{C}$獸$_{尤}$
	常母/ʑ/	$_{AB}$韶$_{宵}$ $_{C}$酬$_{尤}$	$_{AB}$紹$_{宵}$ $_{C}$受$_{尤}$ $_{C}$壽$_{尤}$ $_{C}$綬$_{尤}$	$_{AB}$召$_{宵}$ $_{AB}$劭$_{宵}$ $_{C}$授$_{尤}$ $_{C}$綬$_{尤}$
	羊母/j/	$_{AB}$陶$_{宵}$ $_{AB}$瑤$_{宵}$ $_{AB}$遙$_{宵}$ $_{AB}$謠$_{宵}$ $_{AB}$洮$_{宵}$ $_{C}$猶$_{尤}$ $_{C}$猷$_{尤}$ $_{C}$蕕$_{尤}$ $_{C}$由$_{尤}$ $_{C}$游$_{尤}$ $_{C}$遊$_{尤}$ $_{C}$繇$_{尤}$	$_{C}$牖$_{尤}$	$_{C}$柚$_{尤}$
치음파찰	精母/ʦ/	$_{1}$糟$_{豪}$ $_{1}$遭$_{豪}$ $_{C}$遒$_{尤}$	$_{1}$蚤$_{豪}$ $_{1}$早$_{豪}$ $_{C}$酒$_{尤}$	$_{1}$躁$_{豪}$ $_{1}$奏$_{侯}$
	清初/ʦ^{h}/	$_{1}$操$_{豪}$ $_{2}$鈔$_{肴}$ $_{C}$秋$_{尤}$ $_{C}$鞦$_{尤}$	$_{1}$草$_{豪}$	$_{AB}$峭$_{宵}$
	從母/dz/	$_{1}$曹$_{豪}$ $_{AB}$譙$_{宵}$ $_{C}$遒$_{尤}$	$_{1}$造$_{豪}$	$_{C}$就$_{尤}$
	莊母/tʂ/		$_{2}$爪$_{肴}$	
	章母/ʨ/	$_{AB}$昭$_{宵}$ $_{C}$州$_{尤}$ $_{C}$周$_{尤}$ $_{C}$舟$_{尤}$		$_{AB}$照$_{宵}$ $_{AB}$詔$_{宵}$ $_{C}$祝$_{尤}$
	昌母/ʨ^{h}/		$_{C}$醜$_{尤}$	$_{C}$臭$_{尤}$
	船崇/dʑ/	$_{2}$巢$_{肴}$		

성모 \ 성조		평성^{L}	상성^{R}	거성^{D}
아음	見母/k/	$_1$高$_{豪}$ $_1$膏$_{豪}$ $_1$皐$_{豪}$ $_2$交$_{肴}$ $_2$郊$_{肴}$ $_B$驕$_{宵}$ $_B$喬$_{宵}$ $_4$澆$_{蕭}$ $_1$鉤$_{侯}$ $_C$鳩$_{尤}$	$_2$狡$_{肴}$ $_B$矯$_{宵}$ $_1$垢$_{侯}$ $_1$狗$_{侯}$ $_1$苟$_{侯}$ $_C$久$_{尤}$ $_C$九$_{尤}$ $_C$韭$_{尤}$	$_1$告$_{豪}$ $_2$覺$_{肴}$ $_2$校$_{肴}$ $_2$教$_{肴}$ $_1$構$_{侯}$ $_C$救$_{尤}$
	溪母/k^{h}/	$_C$丘$_{尤}$ $_C$邱$_{尤}$	$_1$考$_{豪}$ $_2$巧$_{肴}$ $_1$口$_{侯}$ $_1$叩$_{侯}$	$_1$寇$_{侯}$
	群母/g/	$_B$喬$_{宵}$ $_C$求$_{尤}$ $_C$裘$_{尤}$	$_B$嶠$_{宵}$ $_C$舅$_{尤}$ $_C$臼$_{尤}$	$_C$舊$_{尤}$
	疑母/ŋ/	$_1$螯$_{豪}$ $_1$敖$_{豪}$ $_4$堯$_{蕭}$ $_C$牛$_{尤}$	$_1$偶$_{侯}$ $_1$耦$_{侯}$	$_1$敖$_{豪}$ $_1$傲$_{豪}$ $_2$樂$_{肴}$ $_4$澆$_{蕭}$
후음	影母/ʔ/	$_A$要$_{宵}$ $_B$妖$_{宵}$ $_B$夭$_{宵}$ $_1$鷗$_{侯}$ $_A$幽$_{幽}$ $_C$憂$_{尤}$ $_C$優$_{尤}$ $_C$耦$_{尤}$	$_B$夭$_{宵}$	$_1$奧$_{豪}$ $_A$要$_{宵}$ $_A$幼$_{幽}$
	曉母/h/	$_C$休$_{尤}$	$_1$好$_{豪}$ $_4$曉$_{蕭}$	$_1$好$_{豪}$ $_2$孝$_{肴}$
	匣云/ɦ/	$_1$崤$_{豪}$ $_1$毫$_{豪}$ $_1$濠$_{豪}$ $_2$崤$_{肴}$ $_B$鴞$_{宵}$ $_B$護$_{宵}$ $_1$侯$_{侯}$ $_C$尤$_{尤}$ $_C$郵$_{尤}$	$_1$浩$_{豪}$ $_1$晧$_{豪}$ $_1$後$_{侯}$ $_1$厚$_{侯}$ $_C$有$_{尤}$ $_C$友$_{尤}$ $_C$右$_{尤}$	$_2$效$_{肴}$ $_1$候$_{侯}$ $_C$又$_{尤}$ $_C$宥$_{尤}$ $_C$囿$_{尤}$

위의 분포 분석표에서 效攝 $_1$豪韻과 流攝 $_1$侯韻의 최소대립 쌍을 찾아보면 아래의 22쌍이 나오고, 2회 이상 사용된 1,487자 집합에서 대립이 성립한다. 따라서 效攝 $_1$豪韻과 流攝 $_1$侯韻의 운복 모음이 서로 달라야 한다. 여기에서 $_1$侯韻의 운복이 후설 저모음 /ɑ/가 아님을 알 수 있다.

(65) $_1$豪韻과 $_1$侯韻의 최소대립 쌍 (22쌍) (2, 2, 2)

1. 透徹/t^{h}/의 평성 – $_1$滔$_{豪}$: $_1$偸$_{侯}$ (2 : 4)
2. 定澄/d/의 평성 – $_1$濤$_{豪}$: $_1$頭$_{侯}$, $_1$投$_{侯}$ (2 : 8, 3)
3. 精母/ʦ/의 거성 – $_1$躁$_{豪}$: $_1$奏$_{侯}$ (2 : 3)
4. 見母/k/의 평성 – $_1$高$_{豪}$, $_1$膏$_{豪}$, $_1$皐$_{豪}$: $_1$鉤$_{侯}$ (36, 1, 6 : 1)
5. 匣云/ɦ/의 상성 – $_1$浩$_{豪}$, $_1$晧$_{豪}$: $_1$後$_{侯}$, $_1$厚$_{侯}$ (2, 2 : 36, 6)

다음으로, 效攝 $_2$肴韻과 流攝 $_1$侯韻의 음운대립 쌍을 찾아보면 아래의 12쌍이 나오고, 3회 이상 사용된 1,112자 집합에서 대립이 성립한다. 肴韻은 항상 2등이고 侯韻은 항상 1등이라서 둘 다 운두 개음이 없다. 따라서 이 대립 쌍은 사실은 운복의 최소대립 쌍이다. 그런데 앞에서 $_2$肴韻에 전설 저모음 /ɛ/를 배당한 바 있으므로, $_1$侯韻의 운복은 /ɛ/가 아니다.

(66) $_2$肴韻과 $_1$侯韻의 음운대립 쌍 (12쌍) (3, 3, 1)

1. 明微/m/의 거성 – $_2$貌$_{肴}$: $_1$茂$_{侯}$ (3 : 6)
2. 見母/k/의 평성 – $_2$交$_{肴}$, $_2$郊$_{肴}$: $_1$鉤$_{侯}$ (8, 2 : 1)
3. 見母/k/의 상성 – $_2$狡$_{肴}$: $_1$垢$_{侯}$, $_1$狗$_{侯}$, $_1$苟$_{侯}$ (1 : 1, 4, 6)
4. 見母/k/의 거성 – $_2$校$_{肴}$, $_2$敎$_{肴}$: $_1$構$_{侯}$ (2, 9 : 1)
5. 溪母/k^h/의 상성 – $_2$巧$_{肴}$: $_1$口$_{侯}$, $_1$叩$_{侯}$ (3 : 8, 1)

다음으로, 效攝 $_4$蕭韻과 流攝 $_1$侯韻의 음운대립 쌍을 찾아보면 아래의 7쌍이 나오고, 5회 이상 사용된 764자 집합에서 이미 대립이 성립한다. 蕭韻은 항상 4등이고 侯韻은 항상 1등이므로 둘 다 운두 개음이 없다. 따라서 이 음운대립 쌍도 사실은 운복의 최소대립 쌍이다. 앞에서 $_4$蕭韻의 운복에 /e/를 배당한 바 있으므로 $_1$侯韻의 운복은 /e/가 아니다.

(67) $_4$蕭韻과 $_1$侯韻의 최소대립 쌍 (7쌍) (5, 2, 2)

1. 端知/t/의 상성 – $_4$鳥$_{蕭}$: $_1$斗$_{侯}$ (5 : 6)
2. 端知/t/의 거성 – $_4$釣$_{蕭}$: $_1$鬪$_{侯}$ (1 : 1)
3. 來母/l/의 평성 – $_4$料$_{蕭}$, $_4$僚$_{蕭}$, $_4$聊$_{蕭}$, $_4$遼$_{蕭}$: $_1$樓$_{侯}$ (3, 1, 3, 1 : 2)
4. 來母/l/의 상성 – $_4$了$_{蕭}$: $_1$塿$_{侯}$ (12 : 1)

위의 논의를 종합하면, $_1$侯韻의 운복에 후설 저모음 /ɑ/, 전설 저모음 /ɛ/, 전설 중모음 /e/를 배당할 수 없다. 뿐만 아니라, 원순 모음인 /u/나 /o/도 $_1$侯韻 운복에 배당할 수 없다. $_1$侯韻은 운미 /-u/를 가지는데, 이 운미의 바로 앞에는 원순 모음이 올 수 없기 때문이다. /uu/, /ou/, /ɔu/ 등은 한어의 음절구조제약 탓으로 실제로는 운미가 없는 /u/나 /o/로 실현될 가능성이 크다.

그렇다면 위에서 이미 논의한 것처럼 $_1$侯韻의 운복에 후설 평순 중모음 /ə/를 배당하는 것이 가장 무난하다. 이렇게 배당하면 모음의 수를 최소화하는 경제성 원리를 지키면서 동시에 $_1$侯韻이 $_1$豪韻·$_2$肴韻·$_4$蕭韻과 각각 음운론적으로 대립하는 현상을 아무 모순 없이 기술할 수 있다.

지금까지 논의한 것을 종합하여 /-u/ 운미를 가지는 운의 음가 배당표를 작성해 보면 아래와 같다.

(68) /-u/ 운미인 운의 음가 배당표

등 개합 / 운모	4등		3등		2등		1등	
	開	合	開	合	開	合	開	合
$_4$蕭韻	eu							
$_A$幽韻			jəu					
$_C$尤韻			ɪəu					
$_1$侯韻							əu	
$_3$宵韻 A			jɛu					
$_3$宵韻 B			ɪɛu					
$_2$肴韻					ɛu			
$_1$豪韻							ɑu	

이 표에서 아주 중요한 특징 하나가 눈에 들어온다. /-u/ 운미에서는 합구 짝이 없다는 점이다. 이 점에서는 效攝과 流攝의 개합을 중립이라 한 일본 학자들의 견해가 설득력을 갖는다. 이것은 또한 운두와 운미가 동시에 원순성을 가지지 못한다는 한어 특유의 음절구조제약에서 비롯된 것이다. 이것은 "입술을 사용하여 조음하는 운미와 合口의 개음이 한 운모에 공존하지 않는다"는 법칙이다(이토 지유키 2011: 190, 이진호 역). 이 법칙은 三根谷徹(1956)이 처음 발견했고, 黃

笑山(2002, 2006)도 이를 따른 바 있다.

한편, 운두 개음을 가지는 效攝의 3등과 流攝의 3등에서도 음운대립이 성립할까? 우문우답이지만 이것도 검토하기로 한다.

먼저, 效攝 $_{A}$宵韻과 流攝 $_{C}$尤韻의 음운대립 쌍을 찾아보면 아래의 1/3쌍이 나오고, 다음자를 제외하면 2,212자 전체 집합에서 겨우 대립이 성립한다. 또한 效攝 $_{B}$宵韻과 流攝 $_{C}$尤韻의 음운대립 쌍을 찾아보면 12/13쌍이 나오고, 다음자를 제외하면 2회 이상 사용된 1,487자 집합에서 대립이 성립한다. 이들을 논거로 삼아 宵韻 3등과 尤韻 3등의 음운대립을 인정할 수 있다.

(69) $_{A}$**宵韻**과 $_{C}$**尤韻**의 음운대립 쌍 (1/3쌍) (1)

1. 幫非/p/의 상성 – $_{A}$標$_{\text{宵}}$: $_{C}$不$_{\text{尤}}$, $_{C}$否$_{\text{尤}}$ (9 : 669, 1)
2. 並奉/b/의 거성 – $_{A}$驃$_{\text{宵}}$: $_{C}$復$_{\text{尤}}$ (1 : 134)

(70) $_{B}$**宵韻**과 $_{C}$**尤韻**의 음운대립 쌍 (12/13쌍) (2, 2, 2)

1. 幫非/p/의 상성 – $_{B}$表$_{\text{宵}}$: $_{C}$不$_{\text{尤}}$, $_{C}$否$_{\text{尤}}$ (6 : 669, 1)
2. 明微/m/의 평성 – $_{B}$苗$_{\text{宵}}$: $_{C}$矛$_{\text{尤}}$, $_{C}$侔$_{\text{尤}}$, $_{C}$謀$_{\text{尤}}$ (2 : 2, 1, 2)
3. 見母/k/의 상성 – $_{B}$矯$_{\text{宵}}$: $_{C}$久$_{\text{尤}}$, $_{C}$九$_{\text{尤}}$, $_{C}$韭$_{\text{尤}}$ (2 : 17, 5, 2)
4. 影母/ʔ/의 평성 – $_{B}$妖$_{\text{宵}}$: $_{C}$憂$_{\text{尤}}$, $_{C}$優$_{\text{尤}}$ (1 : 20, 4)
5. 匣云/ɦ/의 평성 – $_{B}$鴞$_{\text{宵}}$: $_{C}$尤$_{\text{尤}}$, $_{C}$郵$_{\text{尤}}$ (1 : 3, 1)

그런데 宵韻 3등은 肴韻 2등의 짝이고 尤韻 3등은 侯韻 1등의 짝이라는 점을 감안하면, 宵韻 3등과 尤韻 3등은 운복 모음에서 이미 차이가 난다. 즉 $_{A}$宵韻은 /jɛu/이고 $_{B}$宵韻은 /ɪɛu/인 데에 비하여, $_{C}$尤韻은 /ɪəu/이다.

위와 마찬가지로, $_{3}$宵韻과 $_{3}$幽韻의 음운대립 쌍을 찾아보면 아래와 같다. 2쌍의 최소대립 쌍을 찾을 수 있지만, 2,212자 전체 집합에서만 겨우 대립이 성립한다. 이것은 두 운의 음운론적 거리가 아주 가까웠음을 말해 준다. 앞에서 $_{3}$幽韻의 운복에 /ɨ/를 배당할 수도 있고 /ə/를 배당할 수도 있다고 했는데, 이 음운론적 거리를 고려하면 /ə/를 택하는 것이 훨씬 바람직하다. 그래야만 $_3$宵韻의 /jɛu/나 /ɪɛu/가 $_3$幽韻의 /jəu/에 가까워지기 때문이다.

(71) $_3$宵韻과 $_3$幽韻의 음운대립 쌍 (2쌍) (1, 1)

1. 明微/m/의 거성 – $_A$妙$_{宵}$: $_B$謬$_{幽}$ (6 : 1)
2. 影母/ʔ/의 평성 – $_B$妖$_{宵}$: $_A$幽$_{幽}$ (1 : 5)

우리는 遇攝의 $_1$模韻을 /o/로 추정하지만, 이와 달리 /əu/로 재구하는 견해가 있다. 이 견해는 운복 모음 하나만으로 이루어지는 洪音이 한어에 없다는 견해이다.[57] 운복 앞에 운두가 있거나 운복 뒤에 운미가 있거나 적어도 하나는 있다는 견해이므로, 이것은 우리가 앞에서 遇攝의 $_1$模韻을 洪音 /o/로 재구했던 것과 정면으로 충돌한다. 이 견해에서는 $_1$模韻을 /əu/로 재구하고 여기에서 /ə/와 /–u/가 하나로 합쳐져서 표면 음성형 [o]가 유도된다고 기술한다. 이 견해의 시비를 가릴 때에는 $_1$模韻과 $_1$侯韻이 분포 분석표의 동일 칸에 오는지를 알아보면 된다.

(72) 遇攝 $_1$模韻(81자)과 流攝 $_1$侯韻(35자)의 분포 분석표

성모 \ 성조		평성^L	상성^R	거성^D
순음	幫非/p/	$_1$哺$_{模}$	$_1$補$_{模}$	$_1$布$_{模}$
	滂敷/p^h/		$_1$普$_{模}$	
	並奉/b/	$_1$蒲$_{模}$ $_1$捕$_{模}$ $_1$裒$_{侯}$	$_1$簿$_{模}$ $_1$部$_{侯}$ $_1$瓿$_{侯}$	$_1$步$_{模}$ $_1$哺$_{模}$
	明微/m/	$_1$謨$_{模}$	$_1$莽$_{模}$ $_1$姥$_{模}$ $_1$母$_{侯}$ $_1$某$_{侯}$ $_1$畝$_{侯}$	$_1$莫$_{模}$ $_1$暮$_{模}$ $_1$慕$_{模}$ $_1$茂$_{侯}$

57 '洪音'이라는 용어는 董同龢(1972)와 胡安順(2002: 22)에 나온다. 이들은 洪音과 細音을 구별하면서, 介音이 없는 1·2등운을 洪音이라 하고, 介音이 있는 3·4등운을 細音이라 지칭했다. 이들과 달리 우리는 운두뿐만 아니라 운미도 없는 음을 洪音이라 정의한다.

성모 \ 성조		평성L	상성R	거성D
설음	端知/t/	$_1$都$_{模}$	$_1$覩$_{模}$ $_1$睹$_{模}$ $_1$堵$_{模}$ $_1$斗$_{侯}$	$_1$妬$_{模}$ $_1$鬪$_{侯}$
	透徹/tʰ/	$_1$偷$_{侯}$	$_1$土$_{模}$	
	定澄/d/	$_1$圖$_{模}$ $_1$徒$_{模}$ $_1$途$_{模}$ $_1$屠$_{模}$ $_1$頭$_{侯}$ $_1$投$_{侯}$	$_1$杜$_{模}$	$_1$度$_{模}$ $_1$豆$_{侯}$ $_1$竇$_{侯}$
	泥日娘/n/	$_1$奴$_{模}$ $_1$駑$_{模}$	$_1$弩$_{模}$ $_1$怒$_{模}$	
	來母/l/	$_1$盧$_{模}$ $_1$轤$_{模}$ $_1$樓$_{侯}$	$_1$塿$_{侯}$	$_1$路$_{模}$ $_1$露$_{模}$ $_1$漏$_{侯}$ $_1$陋$_{侯}$
치음마찰	心母/s/	$_1$蘇$_{模}$		$_1$愬$_{模}$ $_1$素$_{模}$ $_1$訴$_{模}$ $_1$泝$_{模}$ $_1$漱$_{侯}$
	邪母/z/			
	生母/ʂ/			
	書母/ɕ/			
	常母/ʑ/			
	羊母/j/			
치음파찰	精母/ʦ/		$_1$祖$_{模}$	$_1$奏$_{侯}$
	清初/ʦʰ/	$_1$粗$_{模}$ $_1$麤$_{模}$		
	從母/dz/		$_1$粗$_{模}$	$_1$阼$_{模}$ $_1$祚$_{模}$
	莊母/ʈʂ/			
	章母/ʨ/			
	昌母/ʨʰ/			
	船崇/dʑ/			
아음	見母/k/	$_1$姑$_{模}$ $_1$孤$_{模}$ $_1$鉤$_{侯}$	$_1$古$_{模}$ $_1$羖$_{模}$ $_1$鼓$_{模}$ $_1$垢$_{侯}$ $_1$狗$_{侯}$ $_1$苟$_{侯}$	$_1$故$_{模}$ $_1$固$_{模}$ $_1$顧$_{模}$ $_1$構$_{侯}$
	溪母/kʰ/	$_1$枯$_{模}$	$_1$苦$_{模}$ $_1$口$_{侯}$ $_1$叩$_{侯}$	$_1$庫$_{模}$ $_1$絝$_{模}$ $_1$寇$_{侯}$
	群母/g/			
	疑母/ŋ/	$_1$梧$_{模}$ $_1$吾$_{模}$ $_1$吳$_{模}$	$_1$五$_{模}$ $_1$偶$_{侯}$ $_1$耦$_{侯}$	$_1$誤$_{模}$ $_1$悟$_{模}$ $_1$忤$_{模}$
후음	影母/ʔ/	$_1$於$_{模}$ $_1$嗚$_{模}$ $_1$汙$_{模}$ $_1$鷗$_{侯}$	$_1$塢$_{模}$	$_1$惡$_{模}$ $_1$汙$_{模}$

성조 / 성모		평성^{L}	상성^{R}	거성^{D}
후음	曉母/h/		$_{1}$虎$_{模}$	
	匣云/ɦ/	$_{1}$乎$_{模}$ $_{1}$狐$_{模}$ $_{1}$胡$_{模}$ $_{1}$瑚$_{模}$ $_{1}$湖$_{模}$ $_{1}$壺$_{模}$ $_{1}$侯$_{侯}$	$_{1}$戶$_{模}$ $_{1}$楛$_{模}$ $_{1}$後$_{侯}$ $_{1}$厚$_{侯}$	$_{1}$護$_{模}$ $_{1}$候$_{侯}$

위의 분포 분석표에서 확인할 수 있듯이, 5세기의 전기 중고음에서는 $_{1}$模韻과 $_{1}$侯韻이 분명히 음운론적으로 대립한다. 최소대립 쌍이 50쌍에 달하고, 8회 이상 사용된 507자 집합에서 이미 대립이 성립한다.

(73) $_{1}$模韻과 $_{1}$侯韻의 최소대립 쌍 (50쌍) (8, 6, 6)

1. 明微/m/의 거성 – $_{1}$暮$_{模}$, $_{1}$慕$_{模}$: $_{1}$茂$_{侯}$ (2, 5 : 6)
2. 端知/t/의 상성 – $_{1}$覩$_{模}$, $_{1}$睹$_{模}$, $_{1}$堵$_{模}$: $_{1}$斗$_{侯}$ (8, 1, 3 : 6)
3. 定澄/d/의 거성 – $_{1}$度$_{模}$: $_{1}$豆$_{侯}$, $_{1}$竇$_{侯}$ (23 : 5, 1)
4. 見母/k/의 상성 – $_{1}$古$_{模}$, $_{1}$羖$_{模}$, $_{1}$鼓$_{模}$: $_{1}$垢$_{侯}$, $_{1}$狗$_{侯}$, $_{1}$苟$_{侯}$ (13, 1, 4 : 1, 4, 6)
5. 溪母/k^h/의 상성 – $_{1}$苦$_{模}$: $_{1}$口$_{侯}$, $_{1}$叩$_{侯}$ (8 : 8, 1)

그렇다면 $_{1}$模韻과 $_{1}$侯韻은 음가가 서로 달라야 한다.[58] 1등은 항상 개음이 없으므로 운두 개음의 유무로 이들의 음가를 구별할 수가 없다. 그렇다면 운복 모음이나 운미의 차이로 이들의 음가 차이를 기술할 수밖에 없다. 그런데 $_{1}$模韻이 $_{1}$侯韻과 마찬가지로 운미 /-u/를 가진다고 하면 이들의 운복 모음이 서로 다르다고 기술해야 한다. 운미 /-u/의 앞에 오는 운복을 우리는 평순 모음으로 한정하므로, $_{1}$模韻에 /əu/를 배당한다면 $_{1}$侯韻에는 /ɨu/를 배당할 수밖에 없다.[59] 따라서 이때에는 운복 모음에 후설 평순 고모음 /ɨ/를 반드시 설정해야 한다는 부

---

58 慧琳의『一切經音義』에는 '母, 牧, 拇, 茂, 楙' 등의 虞韻이 模韻으로 옮겨 가는 변화가 반영되어 있다고 한다(黃淬伯 1931).

59 /ɑu/에는 이미 豪韻 1등을 배당했으므로, 또다시 /ɑu/에 模韻 1등을 배당할 수 없다.

담이 따른다.

洪音 /o/의 존재를 부정할 때에는 이러한 부담뿐만 아니라 한어 중고음에서 /o/가 음절의 끝에 오지 않는다는 음절구조제약을 반드시 설정해야 한다. 이 분포제약이 대단히 의심스러우므로 $_1$模韻을 /əu/가 아니라 홍음 /o/로 추정하되, /-u/ 운미가 있는 /əu/에는 $_1$侯韻을 배당한다. 또한 대부분의 학자들이 $_1$模韻을 운미가 없는 /-ø/ 운미로 분류하면서도 $_1$侯韻은 /-u/ 운미로 분류해 왔다. 이 대분류에 맞추기 위해서도, $_1$模韻을 /əu/로 추정해서는 안 되고 /o/로 추정해야 한다. 우리의 $_1$模韻 추정음 /o/와 $_1$侯韻 추정음 /əu/는 이 대분류에 정확히 맞아떨어진다.

5.3. /-i/ 운미인 섭

/-i/ 운미를 가지는 섭은 蟹攝뿐이다. 그런데 이 해섭에는 聲調가 항상 去聲인 운이 있는가 하면, 이 분포제약이 없는 운도 있다. 한어 중고음에서 항상 거성인 운모를 우리는 去聲韻母라고 부르는데, 여기에는 泰韻 1등, 夬韻 2등, 祭韻 3등의 A와 B, 廢韻 3등 C가 속한다. 이 거성운모는 한어 상고음에서 운미가 /*-i/가 아니라 /*-C/ 즉 子音韻尾였다고 한다. 물론, 이때의 자음은 /-m, -n, -ŋ, -p, -t, -k/를 제외한 자음이다. 상고음의 자음운미 /*-C/가[60] 중고음에서 /-i/ 운미로 변했다.

거성운모와는 달리 해섭의 咍韻 1등, 灰韻 1등, 皆韻 2등, 佳韻 2등, 齊韻 4등은 상고음에서부터 /*-i/ 운미를 가진다. 우리는 이것을 순수 해섭이라 불러, 거성운모인 해섭과 구별한다. 5.1의 지섭에서 이미 거론한 바 있듯이, 微韻 3등이 /-i/ 운미를 가진다는 견해가 우세하므로 微韻 3등 C도 순수 해섭에 넣어 다시

60 예컨대, 韓炅澔(2010가)는 泰韻·夬韻의 상고음 운미가 '*-s'임을 말해 주는 한국 고대 한자음 자료를 제시한 바 있다. 그런데 韓炅澔(2014)에서는 이 두 운의 상고음 운미가 '*-ps 〉*-ts'라고 수정했다. 이처럼 구체적으로 어느 자음인지를 확정하기가 어려우므로, 상고음의 자음운미를 막연히 /*-C/로 표기했다.

논의할 것이다.

5.3.1. 거성운모인 蟹攝

蟹攝은 陰聲韻尾 /-i/를 가지는 한어음의 집합이다. /-i/ 운미는 운복 모음 뒤에 기생하므로 음운론적으로는 현대 음운론의 하강 활음(off-glide) /-j/에 해당한다.

그런데 Karlgren(1954)는 해섭의 거성운모가 한어 상고음에서 자음운미를 가졌다고 했다. 유성자음인가 무성자음인가, 구체적으로 어느 자음인가 하는 문제에서 여러 학자의 견해가 갈리지만(李敦柱 1995) 자음운미를 가졌다는 데에는 대부분 동의한다. 상고음 시기의 이 자음운미가 중고음 시기에 들어 음성운미 /-i/로 변했다고 본다는 점에서도 학자들의 견해가 대체적으로 일치한다.[61] 이 거성운모는 $_{1}$泰韻, $_{2}$夬韻, $_{3}$祭韻, $_{3}$廢韻의 네 가지인데, 이들의 상고음 운미를 /*-C/로 표기하여 중고음 운미 /-i/와 구별하기로 한다.

『세설신어』의 대화문에서는 $_{1}$泰韻 17자, $_{2}$夬韻 4자, $_{3}$祭韻 20자, $_{3}$廢韻 3자가 사용되었다. 이들을 분포 분석표에 넣어 보면 아래와 같다.

(74) 去聲韻母字의 분포 분석표 ($_{1}$泰韻 17자, $_{2}$夬韻 4자, $_{3}$祭韻 20자, $_{3}$廢韻 3자)

성모 \ 성조		거성^{D}
순음	幫非/p/	$_{1}$狽$_{泰}$ $_{C}$廢$_{廢}$ $_{A}$蔽$_{祭}$
	滂敷/pʰ/	
	並奉/b/	$_{2}$敗$_{夬}$ $_{A}$弊$_{祭}$
	明微/m/	$_{2}$邁$_{夬}$
설음	端知/t/	$^{開}_{1}$帶$_{泰}$ $^{合}_{AB}$綴$_{祭}$
	透徹/tʰ/	$^{開}_{1}$太$_{泰}$ $^{開}_{1}$泰$_{泰}$ $^{開}_{1}$汰$_{泰}$

61 다만, 王力(1958: 64)은 중고음의 陰聲韻尾 /-i/가 상고음의 자음운미에서 비롯된 것이라는 견해를 부정했다.

성조 성모		거성^{D}
설음	定澄/d/	$^{開}_{1}$大$_{泰}$ $^{開}_{AB}$滯$_{祭}$
	泥日娘/n/	$^{開}_{1}$奈$_{泰}$
	來母/l/	$^{開}_{1}$賴$_{泰}$ $^{開}_{AB}$厲$_{祭}$ $^{開}_{AB}$例$_{祭}$ $^{開}_{AB}$礪$_{祭}$
치음마찰	心母/s/	$^{合}_{AB}$歲$_{祭}$
	邪母/z/	
	生母/ʂ/	
	書母/ɕ/	$^{開}_{AB}$世$_{祭}$ $^{合}_{AB}$說$_{祭}$ $^{開}_{AB}$勢$_{祭}$
	常母/ʑ/	$^{開}_{AB}$逝$_{祭}$ $^{開}_{AB}$誓$_{祭}$
	羊母/j/	$^{開}_{AB}$裔$_{祭}$
치음파찰	精母/ʦ/	$^{合}_{1}$最$_{泰}$ $^{開}_{AB}$際$_{祭}$ $^{開}_{AB}$祭$_{祭}$
	清初/ʦʰ/	$^{開}_{1}$蔡$_{泰}$
	從母/dz/	
	莊母/ʈʂ/	
	章母/ʨ/	$^{開}_{AB}$制$_{祭}$ $^{開}_{AB}$製$_{祭}$
	昌母/ʨʰ/	
	船崇/ʥ/	
아음	見母/k/	$^{開}_{1}$蓋$_{泰}$ $^{合}_{1}$膾$_{泰}$ $^{合}_{1}$獪$_{泰}$
	溪母/kʰ/	$^{合}_{2}$快$_{夬}$
	群母/g/	
	疑母/ŋ/	$^{合}_{1}$外$_{泰}$ $^{開}_{1}$艾$_{泰}$ $^{開}_{C}$乂$_{廢}$
후음	影母/ʔ/	$^{開}_{B}$瘞$_{祭}$ $^{合}_{C}$穢$_{廢}$
	曉母/h/	
	匣云/ɦ/	$^{開}_{1}$害$_{泰}$ $^{合}_{1}$會$_{泰}$ $^{合}_{2}$話$_{夬}$ $^{合}_{B}$衛$_{祭}$

위의 분포 분석표에서 용례가 적은 $_{2}$夬韻부터 검토해 본다. 夬韻字는『세설신어』대화문에서 '敗, 邁, 快, 話'의 4자뿐인데, 이들은 모두 합구이다. '敗, 邁'는 순음의 뒤에 $_{2}$夬韻이 온 것이므로 이들의 개합이 中立이지만[62] 실질적으로 합구라

62 脣音 뒤에서 개합의 구별이 없다는 것은 Chao(1941)에서 이미 논증된 바 있다.

할 수 있다. 이에 따라 $_2$夬韻을 여타 운의 합구운이라 할 수 있다.

합구가 아니라 개구인 夬韻字로는 餲[影開2去夬], 蠆[徹開2去夬], 寨[崇開2去夬] 등이 있지만, 『세설신어』의 대화문에서는 이들이 사용되지 않았다. 이들은 현실 구어에서는 거의 사용되지 않는 僻字이다. 음운대립을 논의할 때에 우리는 이러한 벽자를 신용하지 않는다. 이들 벽자가 현실 구어에서 사용되었을 가능성이 아주 적기 때문이다. 따라서 $_2$夬韻이 여타 운의 합구운일 가능성이 큰데, 후술하겠지만 $_2$皆韻의 합구운일 가능성이 가장 크다.

이제, $_1$泰韻과 $_2$夬韻이 동일 칸에 온 것을 찾아본다. 아래의 한 쌍에서 이 두 운이 음운대립을 이루고, 『세설신어』 대화문 용자의 전체 집합인 2,212자 집합에서만 대립이 성립한다.

(75) $_1$泰韻 합구와 $_2$夬韻 합구의 음운대립 쌍 (1쌍) (1)

匣云/ɦ/의 거성 – $^{合}{}_1$會$_{泰}$: $^{合}{}_2$話$_{夬}$ (15 : 1)

우리의 양적 척도와 질적 척도를 기준으로 삼으면 (75)의 음운대립이 부정되므로, $_1$泰韻과 $_2$夬韻의 운복 모음이 같아도 된다. $_1$泰韻의 운복에 후설 저모음 /ɑ/를 배당하는 것이 일반적이므로 $_2$夬韻을 /wɑi/로 추정해도 된다.

그런데 후술하겠지만 皆韻 2등이 泰韻 1등과 음운론적으로 대립하므로 $_2$皆韻은 /ɛi/로 추정되고 $_1$泰韻은 /ɑi/로 추정된다. 이것을 고려하면 $_2$夬韻을 함부로 /wɑi/라고 추정할 수 없다. 가섭 $_2$麻韻과 효섭 $_2$肴韻의 운복 모음을 전설 저모음 /ɛ/라고 한 바 있으므로, 역시 2등인 $_2$夬韻의 운복에도 평행적으로 이 /ɛ/를 배당할 수 있기 때문이다. 이에 따라 $_2$夬韻을 /wɛi/로 추정하는 것이 더 나을지도 모른다. 따라서 /wɑi/와 /wɛi/의 둘 중에서 하나를 골라 $_2$夬韻에 배당하기로 하되, 자세한 논의는 뒤로 미룬다.

다음으로, 위의 분포 분석표에서 3등끼리 동일 칸에 온 것을 찾아본다. 이때 먼저 강조해 둘 것이 있다. $_3$祭韻에서는 A와 B의 중뉴가 성립한다고 기술하는 것이 일반적이다. 그러나 위의 분포 분석표 (74)에서 확인할 수 있듯이, 『세설신어』의 대화문에 사용된 2,212자 전체 집합에서는 ${}_{3}$祭韻의 A와 B가 동일 칸에 오지 않는다. 따라서 5세기 전반기의 ${}_{3}$祭韻에서는 기존의 논의와 달리 중뉴가 없었다고 본다.

(76) ${}_{A}$祭韻과 ${}_{B}$祭韻의 최소대립 쌍, 없음

이와는 달리, 아래의 (77)에서 廢韻 3등 C와 祭韻 3등 A가 음운론적으로 대립한다. 그런데 대립 쌍이 한 쌍뿐이고 2,212자 집합에서만 겨우 대립이 성립하므로, 이 음운대립은 아주 불안하다. 양적 척도와 질적 척도에서 모두 미흡하므로 ${}_{3}$廢韻과 ${}_{3}$祭韻의 음운대립을 부정할 수 있다.

(77) ${}_{3}$廢韻과 ${}_{3}$祭韻의 음운대립 쌍 (1쌍) (1)
幫非/p/의 거성 – ${}_{C}$廢$_{\text{廢}}$: ${}_{A}$蔽$_{\text{祭}}$ (5 : 1)

이에 따라 우리는 ${}_{3}$祭韻과 ${}_{3}$廢韻을 하나로 병합하여 祭廢韻 3등 또는 ${}_{3}$祭廢韻으로 통칭한다. 이때에는 ${}_{3}$祭廢韻이 A, B, C의 셋 중에서 어느 것인지 결정해야 한다. (76)에 제시한 것처럼 ${}_{A}$祭韻과 ${}_{B}$祭韻이 음운론적으로 대립하지 않고, 동시에 廢韻이 항상 3등 C이다. 이 두 가지를 두루 충족하는 방법은 祭廢韻이 3등 B라고 보는 방법뿐이다. 3등 B는 앞에서 이미 논의한 것처럼 3등 C와 구별되지 않으므로, 우리는 祭廢韻을 3등 B로 간주한다. 이것을 ${}_{B}$祭廢韻으로 표기하고, ${}_{B}$祭廢韻의 개음으로 전설 평순 활음 /ɪ-/를 택한다.

거성운모인 해섭에서는 ${}_{2}$夬韻뿐만 아니라, ${}_{B}$祭廢韻의 운복 모음을 결정하기가 아주 어렵다. 3등운은 1등운이나 2등운의 짝일 때가 많으므로 ${}_{B}$祭廢韻의 운복 모음은 후설 저모음 /ɑ/와 전설 저모음 /ɛ/에서 하나를 고르면 된다. 이것을 결정하기 위하여 ${}_{B}$祭廢韻과 ${}_{1}$泰韻의 음운론적 거리와 ${}_{B}$祭廢韻과 ${}_{2}$夬韻의 음운론적 거리를 측정해 보기로 한다.

이것을 확인하기 위하여, 위의 분포 분석표에서 ${}_{1}$泰韻이 ${}_{3}$祭韻·${}_{3}$廢韻과 동일

칸에 온 것을 찾아본다. $_1$泰韻과 $_3$祭韻의 음운대립 쌍은 (78)의 6쌍이고, 9회 이상 출현하는 극소수의 상용자 집합에서 이미 대립이 성립한다. $_1$泰韻과 $_3$廢韻의 음운대립 쌍은 (79)의 2쌍에 불과하고 2,212자 전체 집합에서 겨우 대립이 성립한다.

(78) $_1$泰韻과 $_3$祭韻의 음운대립 쌍 (6쌍) (9, 2, 1)

1. 幫非/p/ – $_1$狽$_{泰}$: $_A$蔽$_{祭}$ (1 : 1)
2. 定澄/d/ – $^{開}{}_1$大$_{泰}$: $^{開}{}_{AB}$滯$_{祭}$ (58 : 1)
3. 來母/l/ – $^{開}{}_1$賴$_{泰}$: $^{開}{}_{AB}$厲$_{祭}$, $^{開}{}_{AB}$例$_{祭}$, $^{開}{}_{AB}$礪$_{祭}$ (4 : 2, 1, 1)
4. 匣云/ɦ/ – $^{合}{}_1$會$_{泰}$: $^{合}{}_B$衛$_{祭}$ (15 : 9)

(79) $_1$泰韻과 $_3$廢韻의 음운대립 쌍 (2쌍) (1, 1)

1. 幫非/p/ – $_1$狽$_{泰}$: $_C$廢$_{廢}$ (1 : 5)
2. 疑母/ŋ/ – $^{開}{}_1$艾$_{泰}$: $^{開}{}_C$乂$_{廢}$ (6 : 1)

祭韻과 廢韻을 하나로 묶어서 $_B$祭廢韻이라 하면, 전체의 대립 쌍은 8쌍이고 9회 이상 출현하는 극소수의 상용자 집합에서 $_B$祭廢韻과 $_1$泰韻의 음운대립이 성립한다. 이 정도면 대립의 강도가 아주 강한 편에 속하므로 $_B$祭廢韻의 운복 모음은 $_1$泰韻의 운복 모음과 서로 달랐을 가능성이 크다.

반면에 아래에서 볼 수 있듯이, $_2$夬韻이 $_B$祭廢韻과 대립하는 힘은 상대적으로 약한 편이다. $_2$夬韻과 $_3$祭韻의 음운대립 쌍이 겨우 2쌍에 불과하고, 4회 이상 출현하는 집합에서 대립이 성립한다. 더 중요한 것은 $_2$夬韻과 $_3$廢韻의 음운대립 쌍을 전혀 찾을 수 없다는 점이다.

(80) $_2$夬韻과 $_3$祭韻의 음운대립 쌍 (2쌍) (4, 1)

1. 並奉/b/ – $_2$敗$_{夬}$: $_A$弊$_{祭}$ (9 : 4)
2. 匣云/ɦ/ – $^{合}{}_2$話$_{夬}$: $^{合}{}_B$衛$_{祭}$ (1 : 9)

(81) $_2$夬韻과 $_3$廢韻의 음운대립 쌍, 없음

(80~81)의 음운대립은 (78~79)의 음운대립에 비하여 대립의 강도가 현저하게 약하다. 이것은 물론 $_2$夬韻字가 4자에 불과한 데에 그 원인이 있지만, $_B$祭廢韻이 $_2$夬韻과 음운론적 거리가 가까운 데에 비하여 $_1$泰韻과는 거리가 상대적으로 멀었다는 것만은 분명하다. 따라서 $_B$祭廢韻의 운복 모음은 $_2$夬韻의 운복 모음처럼 /ɛ/였을 가능성이 훨씬 크다.

결론적으로, $_1$泰韻을 /ɑi/로, $_2$夬韻을 /ɛi/로, $_B$祭廢韻을 /ɪɛi/로 추정한다. 그런데 『세설신어』의 대화문 용자에서는 夬韻字가 모두 합구이므로 아래의 표에서는 $_2$夬韻을 /wɛi/로 표시했다.

(82) 蟹攝 거성운모의 음운대립

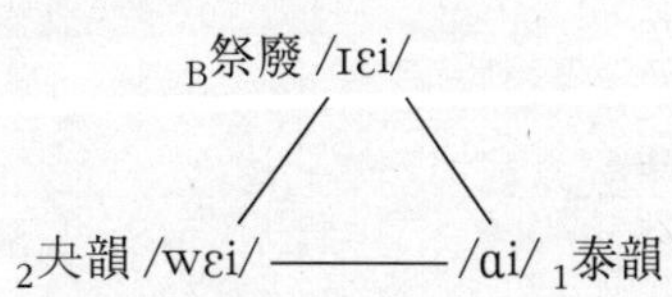

5.3.2. 순수 蟹攝

거성운모인 蟹攝과는 달리 순수 해섭의 $_1$咍韻, $_1$灰韻, $_2$皆韻, $_2$佳韻, $_4$齊韻은 상고음 시기부터 /-i/ 운미를 가진다. 흥미롭게도, 이 순수 해섭에서는 1·2·4등만 있고 3등이 없다. 이를 통하여 다음과 같이 추론할 수 있다. "아주 이른 시기의 한어에서는 운미에 /-i/가 있으면 구개 개음을 가지지 않았을 것이다." 이 추론은 앞에서 거론한 원순성 개음의 분포제약과 유사하다. 원순 운미 /-u/를 가지면서 동시에 원순 개음을 가지는 음절이 한어 중고음에는 없다. 이와 마찬가지로, 구개 운미 /-i/를 가지면서 동시에 구개 운두를 가지는 음절이 이른 시기의 한어에는 없었다고 추정할 수 있다. 중고음에서도 운미 /-i/를 가지면서 구개 운두를 가지는 것은 앞에서 거론한 거성운모로 한정된다.

(83) **순수 蟹攝字의 분포 분석표** ($_1$咍韻 33자, $_1$灰韻 35자, $_2$皆韻 20자, $_2$佳韻 15자, $_4$齊韻 60자, $_3$微韻 49자)

성조 / 성모		평성^L	상성^R	거성^D
순음	幫非/p/	$_1$栝$_{灰}$ $_C$非$_{微}$ $_C$飛$_{微}$	$_2$擺$_{佳}$ $_C$篚$_{微}$	$_1$輩$_{灰}$ $_1$背$_{灰}$ $_2$拜$_{皆}$
	滂敷/p^h/	$_1$裴$_{灰}$ $_1$培$_{灰}$ $_C$霏$_{微}$		$_1$配$_{灰}$ $_C$費$_{微}$
	並奉/b/	$_2$排$_{皆}$ $_C$肥$_{微}$	$_1$倍$_{灰}$ $_2$罷$_{佳}$ $_4$陛$_{齊}$	$_1$倍$_{灰}$ $_1$悖$_{灰}$ $_1$佩$_{灰}$ $_1$背$_{灰}$
	明微/m/	$_1$每$_{灰}$ $_1$梅$_{灰}$ $_2$埋$_{皆}$ $_4$迷$_{齊}$ $_C$微$_{微}$	$_1$每$_{灰}$ $_2$買$_{佳}$ $_4$米$_{齊}$ $_C$亹$_{微}$	$_1$昧$_{灰}$ $_2$賣$_{佳}$ $_C$未$_{微}$ $_C$味$_{微}$ $_C$微$_{微}$
설음	端知/t/	開$_4$低$_{齊}$	開$_4$詆$_{齊}$ 開$_4$抵$_{齊}$	開$_1$戴$_{咍}$ 合$_1$對$_{灰}$ 開$_4$帝$_{齊}$
	透徹/t^h/	開$_1$台$_{咍}$ 開$_4$梯$_{齊}$	開$_4$體$_{齊}$	合$_1$退$_{灰}$ 開$_4$替$_{齊}$
	定澄/d/	開$_1$臺$_{咍}$ 合$_1$頹$_{灰}$ 合$_1$穨$_{灰}$ 開$_4$啼$_{齊}$ 開$_4$提$_{齊}$ 開$_4$題$_{齊}$	開$_1$待$_{咍}$ 開$_1$殆$_{咍}$ 開$_4$弟$_{齊}$	開$_1$代$_{咍}$ 開$_1$岱$_{咍}$ 開$_4$弟$_{齊}$ 開$_4$第$_{齊}$ 開$_4$逮$_{齊}$ 開$_4$悌$_{齊}$
	泥日娘 /n/	開$_4$泥$_{齊}$	開$_1$乃$_{咍}$ 開$_1$迺$_{咍}$ 開$_4$禰$_{齊}$	合$_1$內$_{灰}$ 開$_4$泥$_{齊}$
	來母/l/	開$_1$來$_{咍}$ 合$_1$雷$_{灰}$ 開$_4$梨$_{齊}$	合$_1$磊$_{灰}$ 開$_4$禮$_{齊}$	開$_1$賚$_{咍}$ 開$_1$睞$_{咍}$ 開$_4$儷$_{齊}$ 開$_4$淚$_{齊}$ 開$_4$唳$_{齊}$
치음 마찰	心母/s/	開$_4$西$_{齊}$ 開$_4$棲$_{齊}$	開$_4$洗$_{齊}$	合$_1$碎$_{灰}$ 開$_4$壻$_{齊}$ 開$_4$細$_{齊}$
	邪母/z/			
	生母/ʂ/		開$_2$灑$_{佳}$	開$_2$洒$_{佳}$ 開$_2$曬$_{佳}$ 開$_2$殺$_{皆}$
	書母/ɕ/			
	常母/ʑ/			
	羊母/j/			
치음 파찰	精母/ʦ/	開$_1$哉$_{咍}$ 開$_1$災$_{咍}$ 開$_4$齏$_{齊}$	開$_1$載$_{咍}$ 開$_1$宰$_{咍}$ 開$_4$濟$_{齊}$ 開$_4$齏$_{齊}$	開$_1$載$_{咍}$ 開$_4$濟$_{齊}$
	淸初/ʦ^h/	開$_1$猜$_{咍}$ 合$_1$衰$_{灰}$ 合$_1$崔$_{灰}$ 合$_1$催$_{灰}$ 開$_2$差$_{佳}$ 開$_4$妻$_{齊}$ 開$_4$悽$_{齊}$	開$_1$采$_{咍}$	開$_4$妻$_{齊}$
	從母/dz/	開$_1$才$_{咍}$ 開$_1$裁$_{咍}$ 開$_1$財$_{咍}$ 合$_1$摧$_{灰}$ 開$_4$齊$_{齊}$	開$_1$在$_{咍}$ 合$_1$罪$_{灰}$	

성모 \ 성조		평성^{L}	상성^{R}	거성^{D}
치음 파찰	莊母/ʈʂ/	開$_{2}$齋$_{\text{皆}}$		
	章母/ʨ/			
	昌母/ʨʰ/			
	船崇/ʥ/	開$_{2}$柴$_{\text{佳}}$ 開$_{2}$豺$_{\text{皆}}$		
아음	見母/k/	開$_{2}$佳$_{\text{佳}}$ 開$_{2}$皆$_{\text{皆}}$ 開$_{2}$楷$_{\text{皆}}$ 開$_{2}$階$_{\text{皆}}$ 合$_{2}$乖$_{\text{皆}}$ 開$_{4}$稽$_{\text{齊}}$ 開$_{4}$鷄$_{\text{齊}}$ 合$_{4}$閨$_{\text{齊}}$ 合$_{4}$珪$_{\text{齊}}$ 開$_{C}$幾$_{\text{微}}$ 開$_{C}$機$_{\text{微}}$ 開$_{C}$饑$_{\text{微}}$ 開$_{C}$譏$_{\text{微}}$ 開$_{C}$璣$_{\text{微}}$ 合$_{C}$歸$_{\text{微}}$	開$_{1}$改$_{\text{咍}}$ 開$_{C}$幾$_{\text{微}}$ 合$_{C}$鬼$_{\text{微}}$	合$_{1}$憒$_{\text{灰}}$ 合$_{2}$卦$_{\text{佳}}$ 合$_{2}$獪$_{\text{佳}}$ 開$_{2}$介$_{\text{皆}}$ 合$_{2}$壞$_{\text{皆}}$ 開$_{2}$戒$_{\text{皆}}$ 合$_{2}$怪$_{\text{皆}}$ 開$_{4}$計$_{\text{齊}}$ 開$_{4}$繼$_{\text{齊}}$ 開$_{4}$契$_{\text{齊}}$ 開$_{4}$繫$_{\text{齊}}$ 合$_{4}$桂$_{\text{齊}}$ 開$_{C}$旣$_{\text{微}}$ 合$_{C}$貴$_{\text{微}}$
	溪母/kʰ/	開$_{1}$開$_{\text{咍}}$ 開$_{4}$溪$_{\text{齊}}$ 開$_{4}$繫$_{\text{齊}}$ 合$_{4}$睽$_{\text{齊}}$	開$_{1}$凱$_{\text{咍}}$ 合$_{1}$傀$_{\text{灰}}$ 開$_{4}$稽$_{\text{齊}}$ 開$_{4}$啓$_{\text{齊}}$ 開$_{C}$豈$_{\text{微}}$	開$_{1}$慨$_{\text{咍}}$ 開$_{1}$咳$_{\text{咍}}$ 合$_{1}$塊$_{\text{灰}}$ 合$_{2}$蒯$_{\text{皆}}$ 開$_{C}$氣$_{\text{微}}$
	群母/g/	開$_{C}$崎$_{\text{微}}$		開$_{C}$璣$_{\text{微}}$
	疑母/ŋ/	合$_{C}$巍$_{\text{微}}$	開$_{C}$顗$_{\text{微}}$	開$_{1}$閡$_{\text{咍}}$ 開$_{4}$詣$_{\text{齊}}$ 開$_{4}$翳$_{\text{齊}}$ 開$_{C}$毅$_{\text{微}}$ 合$_{C}$魏$_{\text{微}}$
후음	影母/ʔ/	開$_{1}$哀$_{\text{咍}}$ 開$_{C}$依$_{\text{微}}$ 合$_{C}$威$_{\text{微}}$	合$_{1}$猥$_{\text{灰}}$	開$_{1}$愛$_{\text{咍}}$ 開$_{C}$衣$_{\text{微}}$ 合$_{C}$畏$_{\text{微}}$ 合$_{C}$尉$_{\text{微}}$ 合$_{C}$慰$_{\text{微}}$
	曉母/h/	開$_{C}$希$_{\text{微}}$ 合$_{C}$暉$_{\text{微}}$ 合$_{C}$揮$_{\text{微}}$ 合$_{C}$煇$_{\text{微}}$	開$_{1}$海$_{\text{咍}}$ 合$_{C}$虺$_{\text{微}}$ 合$_{C}$卉$_{\text{微}}$	合$_{1}$晦$_{\text{灰}}$ 合$_{C}$諱$_{\text{微}}$
	匣云/ɦ/	開$_{1}$孩$_{\text{咍}}$ 合$_{1}$回$_{\text{灰}}$ 合$_{1}$槐$_{\text{灰}}$ 開$_{2}$骸$_{\text{皆}}$ 合$_{2}$懷$_{\text{皆}}$ 合$_{2}$淮$_{\text{皆}}$ 開$_{4}$嵇$_{\text{齊}}$ 開$_{4}$兮$_{\text{齊}}$ 開$_{4}$奚$_{\text{齊}}$ 合$_{C}$違$_{\text{微}}$ 合$_{C}$韋$_{\text{微}}$ 合$_{C}$圍$_{\text{微}}$	開$_{2}$解$_{\text{佳}}$ 開$_{2}$蟹$_{\text{佳}}$ 開$_{2}$駭$_{\text{皆}}$ 合$_{C}$偉$_{\text{微}}$	合$_{2}$畫$_{\text{佳}}$ 合$_{2}$壞$_{\text{皆}}$ 合$_{4}$惠$_{\text{齊}}$ 合$_{4}$慧$_{\text{齊}}$ 合$_{C}$謂$_{\text{微}}$ 合$_{C}$猬$_{\text{微}}$ 合$_{C}$緯$_{\text{微}}$ 合$_{C}$渭$_{\text{微}}$

『세설신어』의 대화문에서는 $_{1}$咍韻字 33자, $_{1}$灰韻字 35자, $_{2}$皆韻字 20자, $_{2}$佳韻字 15자, $_{4}$齊韻字 60자가 사용되었다. 이들을 분포 분석표에 넣어 보면 위와 같다. 여기에다 微韻 3등자도 추가해서 검토하기로 한다. $_{3}$微韻도 상고음에서 이미 /-i/ 운미를 가진다는 견해가 우세하기 때문이다.

위의 분포 분석표에서 발견되는 분포제약을 찾아보자. $_1$咍韻은 순음이나 치음 마찰음의 뒤에 오지 않는다. 반면에 $_1$灰韻은 분포제약이 없다. 널리 알려져 있듯이, $_1$咍韻은 항상 개구인 데에 반하여 $_1$灰韻은 항상 합구이다. 따라서 $_1$灰韻을 $_1$咍韻의 합구운이라 하고, $_1$灰韻은 $_1$咍韻에 /w-/가 덧붙은 음가라고 본다.

$_2$皆韻과 $_2$佳韻은 설음의 뒤에 오지 않는다. 성모별로 더 자세히 기술하면 분포제약을 더 자세히 기술할 수 있으나 이것이 체계적인 분포제약일지 확신하기가 어렵다. 따라서 설음 뒤에 $_2$皆韻과 $_2$佳韻이 오지 않는다는 것만 체계적인 공백으로 기술해 둔다. 또한 $_2$皆韻과 $_2$佳韻의 합구는 아후음의 뒤에만 온다. 이것도 음운론적 의의를 가지는 체계적인 현상이다. 이 두 가지 체계적인 현상에서 $_2$皆韻과 $_2$佳韻이 아주 긴밀한 관계임을 알 수 있다. 이에 따르면 $_2$佳韻을 /-ø/ 운미에 속하는 운이 아니라, $_2$皆韻과 마찬가지로 /-i/ 운미에 속하는 운이라고 할 수 있다.

$_4$齊韻은 치음의 치조음(精組) 뒤에만 오고 권설음(莊組)이나 구개음(章組)의 뒤에는 오지 않는다. 이것도 체계적 공백임이 분명하다. 이것은 $_4$齊韻의 앞에는 원래부터 구개 개음이 올 수 없었음을 뜻한다. 따라서 $_4$齊韻이 $_3$脂韻과 합류하는 것은 후대에 새로 일어난 변화일 뿐이고, 전기 중고음에서는 이 합류가 일어나지 않았다고 보아야 한다.

위의 분포 분석표에 微韻 3등 C도 포함했지만, $_C$微韻을 구태여 $_1$咍韻, $_1$灰韻, $_2$皆韻, $_2$佳韻, $_4$齊韻과 대비할 필요가 없다. 3등은 항상 운두 개음을 가지지만 1·2·4등은 개음이 없으므로, 개음 차이 우선의 원칙에 따라 $_C$微韻의 음가를 추정하면 되기 때문이다.

이제, 위의 분포 분석표에서 동일 칸에 온 것을 대비해 보기로 한다. 우선 $_1$咍韻과 $_2$皆韻이 동일 칸에 온 것을 찾아보면 아래의 한 쌍이 나온다. 오직 이 한 쌍뿐이고 2,212자 집합에서만 대립이 성립하므로, 이 대립은 의심스러울 수밖에 없다.

(84) $_1$咍韻과 $_2$皆韻의 음운대립 쌍 (1쌍) (1)

匣云/ɦ/의 평성 – $^{開}{}_1$孩$_{咍}$: $^{開}{}_2$骸$_{皆}$ (1 : 2)

홍미롭게도, $_1$咍韻과 $_2$佳韻의 음운대립 쌍도 아래의 한 쌍뿐이다. 역시 2,212자 집합에서만 대립이 성립하므로 이 대립도 의심스럽다.

(85) $_1$咍韻과 $_2$佳韻의 음운대립 쌍 (0/1쌍)

淸初/ʦʰ/의 평성 – $^{開}{}_1$猜$_{咍}$: $^{開}{}_2$差$_{佳}$ (1 : 7)

더군다나 이 대립 쌍의 '差'가 [初開2平麻]와 [初開2平佳]의 두 가지 음가를 가지는 다음자이다. 이 둘 중에서 麻韻인 [初開2平麻]를 택하면 $_1$咍韻과 $_2$佳韻의 음운대립 쌍이 모두 사라진다. 따라서 이 음운대립을 부정하기로 한다.

이번에는 $_2$皆韻과 $_2$佳韻이 동일 칸에 온 것을 찾아본다. 이 두 운의 음운대립 쌍이 6쌍이고, 21회 이상 사용된 극소수의 집합에서 이미 대립이 성립한다. 이 두 운모는 공통적으로 2등이므로 이 대립 쌍은 실제로 운복 모음의 최소대립 쌍이다.

(86) $_2$皆韻과 $_2$佳韻의 음운대립 쌍 (6쌍) (21, 5, 3)

1. 船崇/dʑ/의 평성 – $^{開}{}_2$豺$_{皆}$: $^{開}{}_2$柴$_{佳}$ (1 : 1)
2. 見母/k/의 평성 – $^{開}{}_2$皆$_{皆}$, $^{開}{}_2$楷$_{皆}$, $^{開}{}_2$階$_{皆}$: $^{開}{}_2$佳$_{佳}$ (21, 5, 3 : 28)
3. 見母/k/의 거성 – $^{合}{}_2$怪$_{皆}$: $^{合}{}_2$卦$_{佳}$ (1 : 2)
4. 匣云/ɦ/의 상성 – $^{開}{}_2$駭$_{皆}$: $^{開}{}_2$解$_{佳}$ (1 : 15)

따라서 $_2$皆韻과 $_2$佳韻의 운복 모음이 서로 다른 것이 분명하다. 반면에 $_1$咍韻과 $_2$佳韻의 음운대립 쌍은 다음자를 제외하면 전혀 보이지 않는다. $_1$咍韻과 $_2$皆韻의 음운대립 쌍도 딱 한 쌍뿐이다. 그렇다면 $_1$咍韻을 $_2$皆韻이나 $_2$佳韻의 어느 하나로 병합해도 아무런 문제가 발생하지 않는다.

이때에 우리는 $_1$咍韻과 $_2$佳韻을 하나로 병합하는 방법을 택한다. 비록 하나의

에에 불과하지만 $_{2}$皆韻이 $_{1}$咍韻과 음운론적으로 대립할 수 있지만, $_{2}$佳韻은 $_{1}$咍韻과 대립하는 쌍이 전혀 없기 때문이다. $_{2}$佳韻은 $_{1}$咍韻과 상보적 분포이므로 이 둘을 하나로 묶어서 咍佳韻 또는 咍佳라고[63] 지칭하기로 한다.

그런데, 우리의 관찰과 다른 견해가 있어 여기에 소개해 둔다. 藤堂明保(1951: 41~42)은 『經典釋文』에서 佳韻과 麻韻의 구별이 없으며, 『刊謬補缺切韻』에서도 佳韻은 歌韻·戈韻·麻韻과 동렬이고 泰韻·夬韻·皆韻과는 부류가 다르다고 했다. 다시 말해 佳韻은 『절운』 음계와 다른 어떤 중고 방언에서 분명히 'a' 형이고 'ai' 형이 아니었다고 한다. 이것은 佳韻을 蟹攝에 넣어서는 안 되고 果攝·假攝에 넣어야 함을 뜻하고, 韓炅澔(2014: 14)도 이것을 택했다.

그러나 5세기 전반기의 『세설신어』 대화문 용자에서는 $_{2}$佳韻이 $_{1}$咍韻과 상보적으로 분포했음이 분명하다. 이것을 합구운에서 확인해 보기로 한다. 앞에서 이미 말했듯이 $_{1}$灰韻은 $_{1}$咍韻의 합구운이므로, $_{1}$灰韻을 $_{2}$皆韻의 합구와 대비하거나 $_{2}$佳韻의 합구와 대비할 수 있다. 항상 합구인 $_{1}$灰韻이 음운론적으로 $_{2}$皆韻 합구와 가까운지 $_{2}$佳韻 합구와 가까운지를 검토하고, $_{2}$皆韻 합구와 $_{2}$佳韻 합구의 최소대립 여부도 검토해 본다.

(87) $_{1}$灰韻과 $_{2}$皆韻 합구의 음운대립 쌍 (6/7쌍) (9, 2, 1)

1. 見母/k/의 거성 – $^{合}_{1}$憒$_{灰}$: $^{合}_{2}$壞$_{皆}$, $^{合}_{2}$怪$_{皆}$ (4 : 1)
2. 溪母/k^{h}/의 거성 – $^{合}_{1}$塊$_{灰}$: $^{合}_{2}$蒯$_{皆}$ (2 : 1)
3. 匣云/ɦ/의 평성 – $^{合}_{1}$回$_{灰}$, $^{合}_{1}$槐$_{灰}$: $^{合}_{2}$懷$_{皆}$, $^{合}_{2}$淮$_{皆}$ (9, 1 : 25, 2)

(88) $_{1}$灰韻과 $_{2}$佳韻 합구의 음운대립 쌍 (1/2쌍) (2)

見母 /k/의 거성 – $^{合}_{1}$憒$_{灰}$: $^{合}_{2}$卦$_{佳}$, $^{合}_{2}$獪$_{佳}$ (4 : 2, 1)

63 이 咍佳韻이 1등운인지 2등운인지는 뒤에서 후술한다. 우리의 결론으로는 1등운이다.

(89) $_2$皆韻 합구와 $_2$佳韻 합구의 최소대립 쌍 (1/3쌍) (2)

1. 見母/k/의 거성 – $^{合}{}_2$<u>壞</u>$_{皆}$: $^{合}{}_2$卦$_{佳}$, $^{合}{}_2$<u>獪</u>$_{佳}$ (3 : 2, 1)

2. 匣云/ɦ/의 거성 – $^{合}{}_2$<u>壞</u>$_{皆}$: $^{合}{}_2$畫$_{佳}$ (3 : 3)

(87)은 $_1$灰韻과 $_2$皆韻 합구의 대립 쌍인데, 이들은 사실상 운복의 최소대립 쌍이다. 이들의 1등과 2등은 공통적으로 개음이 없고 항상 운모에 연동되기 때문이다. 다음자를 제외하더라도 이 운복 최소대립 쌍이 6쌍이나 되고, 9회 이상 출현하는 459자 집합에서 이미 대립이 성립한다.

반면에 (88)은 $_1$灰韻과 $_2$佳韻 합구의 음운대립 쌍인데, 대립 쌍이 1/2쌍뿐이고 2회 이상 출현하는 1,487자 집합에서 겨우 대립이 성립한다. 따라서 이 대립은 양적 척도뿐만 아니라 질적 척도에서도 미흡하다. 그런데 (89)에서 볼 수 있듯이, $_2$皆韻 합구와 $_2$佳韻 합구의 최소대립도 마찬가지이다. (89.1~2)의 대립 항 '壞'는 성모가 見母와 匣母의 두 가지인 다음자인데, 둘 중에서 어느 것을 택하더라도 한 번은 최소대립이 성립한다. 그러나 이 대립 역시 양적 척도뿐만 아니라 질적 척도에서도 미흡하다.

합구의 상황인 (87~89)는 개구의 상황인 (84~86)과 거의 같다. 개구뿐만 아니라 합구에서도 $_2$佳韻이 독자적인 운이 아님이 확인된다. 음운대립의 양적 척도와 질적 척도를 충족하지 못하기 때문이다. 따라서 $_2$佳韻을 $_1$咍韻에 병합하거나 $_2$皆韻에 병합할 수밖에 없다. 개구에서 $_2$佳韻을 $_1$咍韻에 병합했는데, 합구에서도 $_2$佳韻이 $_2$皆韻보다는 $_1$灰韻에 병합될 가능성이 더 크다. 이에 따라 $_2$佳韻을 $_1$咍韻에 병합하여, 咍佳韻 또는 咍佳라고 부르기로 한다.[64]

이제, $_4$齊韻을 논의하기로 한다. 咍佳韻과 $_4$齊韻이 동일 칸에 옴으로써 음운대립을 이루는 것은 아래의 32쌍이고, 10회 이상 사용된 415자 집합에서 이미 대립이 성립한다.

---

64 이때에 (88)의 대립 항을 어떻게 처리할 것인가 하는 문제가 숙제로 남는다. 이 문제는 대립 항 '$^{合}{}_1$憒$_{灰}$'와 '$^{合}{}_2$卦$_{佳}$'가 동음이의어라고 하면 해결된다. 후술하겠지만, 咍佳韻은 1등운으로 분류한다.

(90) 咍佳韻과 $_{4}$齊韻의 음운대립 쌍 (32쌍) (10, 5, 3)

1. 端知/t/의 거성 – ${}^{開}_{1}$戴$_{咍}$: ${}^{開}_{4}$帝$_{齊}$ (2 : 7)
2. 從母/dz/의 평성 – ${}^{開}_{1}$才$_{咍}$, ${}^{開}_{1}$裁$_{咍}$, ${}^{開}_{1}$財$_{咍}$: ${}^{開}_{4}$齊$_{齊}$ (46, 5, 3 : 10)
3. 見母/k/의 평성 – ${}^{開}_{2}$佳$_{佳}$: ${}^{開}_{4}$鷄$_{齊}$ (28 : 3)
4. 溪母/k^h/의 평성 – ${}^{開}_{1}$開$_{咍}$: ${}^{開}_{4}$溪$_{齊}$ (7 : 3)
5. 匣云/ɦ/의 거성 – ${}^{合}_{2}$畫$_{佳}$: ${}^{合}_{4}$惠$_{齊}$, ${}^{合}_{4}$慧$_{齊}$ (3 : 4, 1)

다음으로, $_{2}$皆韻과 $_{4}$齊韻이 동일 칸에 옴으로써 음운대립을 이루는 것을 찾아 본다. 齊韻은 항상 4등이므로, 등은 운복 모음에 연동된다. $_{2}$皆韻과 $_{4}$齊韻의 음운 대립 쌍은 아래의 12쌍이고, 4회 이상 출현하는 919자 집합에서 이미 대립이 성립한다.

(91) $_{2}$皆韻과 $_{4}$齊韻의 음운대립 쌍 (12쌍) (4, 3, 3)

1. 明微/m/의 평성 – $_{2}$埋$_{皆}$: $_{4}$迷$_{齊}$ (1 : 1)
2. 見母/k/의 평성 – ${}^{開}_{2}$皆$_{皆}$, ${}^{開}_{2}$楷$_{皆}$, ${}^{開}_{2}$階$_{皆}$: ${}^{開}_{4}$鷄$_{齊}$ (21, 5, 3 : 3)
3. 見母/k/의 거성 – ${}^{開}_{2}$介$_{皆}$, ${}^{開}_{2}$戒$_{皆}$: ${}^{開}_{4}$計$_{齊}$, ${}^{開}_{4}$契$_{齊}$ (4, 1 : 12, 2)
4. 見母/k/의 거성 – ${}^{合}_{2}$怪$_{皆}$: ${}^{合}_{4}$桂$_{齊}$ (1 : 2)
5. 匣云/ɦ/의 평성 – ${}^{開}_{2}$骸$_{皆}$: ${}^{開}_{4}$嵇$_{齊}$, ${}^{開}_{4}$兮$_{齊}$, ${}^{開}_{4}$奚$_{齊}$ (2 : 15, 4, 2)

그렇다면 운복 모음에 관한 한, 순수 蟹攝에서는 咍佳韻, $_{2}$皆韻, $_{4}$齊韻이 3항 대립을 이룬다. 이 세 운의 운복 모음이 서로 달라야 한다는 것이 논증된 셈이다. 그러나 이들에 어느 모음을 배당해야 할지 아직은 결정할 수 없다. 이들 순수 해섭과 거성운모인 해섭을 합쳐서, 상호 간의 음운대립을 다시 확인해야 하기 때문이다.

5.3.3. /-i/ 운미 종합

이제 거성운모인 해섭과 순수 해섭을 합쳐서 음운대립을 검토한다. 이때에는 거성 열에 온 한자만을 대상으로 음운대립 쌍을 찾으면 된다.

(92) 去聲韻母字와 순수 蟹攝字의 거성 분포 분석표

성조 / 성모		거성^{D}	
		거성운모	순수 해섭
순음	幫非 /p/	$_{1}$狽$_{泰}$ $_{C}$廢$_{廢}$ $_{A}$蔽$_{祭}$	$_{1}$輩$_{灰}$ $_{1}$背$_{灰}$ $_{2}$拜$_{皆}$
	滂敷 /p^{h}/	$_{C}$費$_{微}$	$_{1}$配$_{灰}$
	並奉 /b/	$_{2}$敗$_{夬}$ $_{A}$弊$_{祭}$	$_{1}$倍$_{灰}$ $_{1}$悖$_{灰}$ $_{1}$佩$_{灰}$ $_{1}$背$_{灰}$
	明微 /m/	$_{2}$邁$_{夬}$ $_{C}$未$_{微}$ $_{C}$味$_{微}$ $_{C}$微$_{微}$	$_{1}$味$_{灰}$ $_{2}$賣$_{佳}$
설음	端知 /t/	${}^{開}_{1}$帶$_{泰}$ ${}^{合}_{AB}$綴$_{祭}$	${}^{開}_{1}$戴$_{咍}$ ${}^{合}_{1}$對$_{灰}$ ${}^{開}_{4}$帝$_{齊}$
	透徹 /t^{h}/	${}^{開}_{1}$太$_{泰}$ ${}^{開}_{1}$泰$_{泰}$ ${}^{開}_{1}$汰$_{泰}$	${}^{合}_{1}$退$_{灰}$ ${}^{開}_{4}$替$_{齊}$
	定澄 /d/	${}^{開}_{1}$大$_{泰}$ ${}^{開}_{AB}$滯$_{祭}$	${}^{開}_{1}$代$_{咍}$ ${}^{開}_{1}$岱$_{咍}$ ${}^{開}_{4}$弟$_{齊}$ ${}^{開}_{4}$第$_{齊}$ ${}^{開}_{4}$逮$_{齊}$ ${}^{開}_{4}$悌$_{齊}$
	泥日娘 /n/	${}^{開}_{1}$奈$_{泰}$	${}^{合}_{1}$內$_{灰}$ ${}^{開}_{4}$泥$_{齊}$
	來母 /l/	${}^{開}_{1}$賴$_{泰}$ ${}^{開}_{AB}$厲$_{祭}$ ${}^{開}_{AB}$例$_{祭}$ ${}^{開}_{AB}$礪$_{祭}$	${}^{開}_{1}$賚$_{咍}$ ${}^{開}_{1}$睞$_{咍}$ ${}^{開}_{4}$儷$_{齊}$ ${}^{開}_{4}$淚$_{齊}$ ${}^{開}_{4}$唳$_{齊}$
치음 마찰	心母 /s/	${}^{合}_{AB}$歲$_{祭}$	${}^{合}_{1}$碎$_{灰}$ ${}^{開}_{4}$壻$_{齊}$ ${}^{開}_{4}$細$_{齊}$
	邪母 /z/		
	生母 /ʂ/		${}^{開}_{2}$洒$_{佳}$ ${}^{開}_{2}$曬$_{佳}$ ${}^{開}_{2}$殺$_{皆}$
	書母 /ɕ/	${}^{開}_{AB}$世$_{祭}$ ${}^{合}_{AB}$說$_{祭}$ ${}^{開}_{AB}$勢$_{祭}$	
	常母 /ʑ/	${}^{開}_{AB}$逝$_{祭}$ ${}^{開}_{AB}$誓$_{祭}$	
	羊母 /j/	${}^{開}_{AB}$裔$_{祭}$	
치음 파찰	精母 /ʦ/	${}^{合}_{1}$最$_{泰}$ ${}^{開}_{AB}$際$_{祭}$ ${}^{開}_{AB}$祭$_{祭}$	${}^{開}_{1}$載$_{咍}$ ${}^{開}_{4}$濟$_{齊}$
	淸初 /$ʦ^{h}$/	${}^{開}_{1}$蔡$_{泰}$	${}^{開}_{4}$妻$_{齊}$
	從母 /dz/		
	莊母 /tʂ/		

성조 / 성모		거성^{D}	
		거성운모	순수 해섭
치음 파찰	章母 /ʨ/	${}^{開}_{AB}$制$_{祭}$ ${}^{開}_{AB}$製$_{祭}$	
	昌母 /ʨ^{h}/		
	船崇 /ʥ/		
아음	見母 /k/	${}^{開}_{1}$蓋$_{泰}$ ${}^{合}_{1}$膾$_{泰}$ ${}^{合}_{1}$獪$_{泰}$ ${}^{開}_{C}$旣$_{微}$ ${}^{合}_{C}$貴$_{微}$	${}^{合}_{1}$憒$_{灰}$ ${}^{合}_{2}$卦$_{佳}$ ${}^{合}_{2}$獪$_{佳}$ ${}^{開}_{2}$介$_{皆}$ ${}^{開}_{2}$戒$_{皆}$ ${}^{合}_{2}$壞$_{皆}$ ${}^{合}_{2}$怪$_{皆}$ ${}^{開}_{4}$計$_{齊}$ ${}^{合}_{4}$桂$_{齊}$ ${}^{開}_{4}$繼$_{齊}$ ${}^{開}_{4}$契$_{齊}$ ${}^{開}_{4}$繫$_{齊}$
	溪母 /k^{h}/	${}^{合}_{2}$快$_{夬}$ ${}^{開}_{C}$氣$_{微}$	${}^{開}_{1}$慨$_{咍}$ ${}^{開}_{1}$咳$_{咍}$ ${}^{合}_{1}$塊$_{灰}$ ${}^{合}_{2}$蒯$_{皆}$
	群母 /g/	${}^{開}_{C}$璣$_{微}$	
	疑母 /ŋ/	${}^{合}_{1}$外$_{泰}$ ${}^{開}_{1}$艾$_{泰}$ ${}^{開}_{C}$乂$_{廢}$ ${}^{開}_{C}$毅$_{微}$ ${}^{合}_{C}$魏$_{微}$	${}^{開}_{1}$閡$_{咍}$ ${}^{開}_{4}$詣$_{齊}$ ${}^{開}_{4}$翳$_{齊}$
후음	影母 /ʔ/	${}^{開}_{B}$瘞$_{祭}$ ${}^{合}_{C}$穢$_{廢}$ ${}^{開}_{C}$衣$_{微}$ ${}^{合}_{C}$畏$_{微}$ ${}^{合}_{C}$尉$_{微}$ ${}^{合}_{C}$慰$_{微}$	${}^{開}_{1}$愛$_{咍}$
	曉母 /h/	${}^{合}_{C}$諱$_{微}$	${}^{合}_{1}$晦$_{灰}$
	匣云 /ɦ/	${}^{開}_{1}$害$_{泰}$ ${}^{合}_{1}$會$_{泰}$ ${}^{合}_{2}$話$_{夬}$ ${}^{合}_{B}$衛$_{祭}$ ${}^{合}_{C}$謂$_{微}$ ${}^{合}_{C}$猬$_{微}$	${}^{合}_{2}$畫$_{佳}$ ${}^{合}_{2}$壞$_{皆}$ ${}^{合}_{4}$惠$_{齊}$ ${}^{合}_{4}$慧$_{齊}$

이 분포 분석표에서 $_{1}$泰韻과 咍佳韻의 음운대립 쌍을 찾아보면 아래의 8쌍이 나오고, 3회 이상 사용된 1,112자 집합에서 대립이 성립한다. $_{1}$泰韻과 咍佳韻의 음운대립 쌍은 실제로는 운복 모음의 최소대립 쌍이므로 이 둘의 운복 모음은 서로 달라야 한다.[65]

(93) $_{1}$**泰韻과 咍佳韻의 음운대립 쌍** (8쌍) (3, 2, 2)

1. 定澄/d/의 거성 – ${}^{開}_{1}$大$_{泰}$: ${}^{開}_{1}$代$_{咍}$, ${}^{開}_{1}$岱$_{咍}$ (58 : 2, 1)

65 이와는 달리, 베트남 한자음에서는 泰韻 개구와 咍韻이 합류하여 /aj/가 된다(三根谷徹 1972: 397).

2. 來母/l/의 거성 – ${}^{開}_{1}$賴$_{泰}$: ${}^{開}_{1}$賚$_{咍}$, ${}^{開}_{1}$睞$_{咍}$ (4 : 1, 1)

3. 見母/k/의 거성 – ${}^{合}_{1}$膾$_{泰}$: ${}^{合}_{2}$卦$_{佳}$ (3 : 2)

4. 疑母/ŋ/의 거성 – ${}^{開}_{1}$艾$_{泰}$: ${}^{開}_{1}$閡$_{咍}$ (6 : 1)

5. 匣云/ɦ/의 거성 – ${}^{合}_{1}$會$_{泰}$: ${}^{合}_{2}$畫$_{佳}$ (15 : 3)

다음으로, $_{1}$泰韻과 $_{2}$皆韻의 음운대립 쌍을 찾아보면 아래의 4쌍이 나오고 4회 이상 사용된 919자 집합에서 이미 대립이 성립한다. 이 음운대립 쌍도 사실은 운복 모음의 최소대립 쌍이므로 $_{1}$泰韻과 $_{2}$皆韻의 운복 모음도 서로 달라야 한다.

(94) $_{1}$**泰韻**과 $_{2}$**皆韻**의 음운대립 쌍 (4쌍) (4, 1, 1)

1. 幫非/p/의 거성 – $_{1}$狽$_{泰}$: $_{2}$拜$_{皆}$ (1 : 11)

2. 見母/k/의 거성 – ${}^{開}_{1}$蓋$_{泰}$: ${}^{開}_{2}$介$_{皆}$, ${}^{開}_{2}$戒$_{皆}$ (5 : 4, 1)

3 見母/k/의 거성 – ${}^{合}_{1}$膾$_{泰}$: ${}^{合}_{2}$怪$_{皆}$ (3 : 1)

다음으로, $_{1}$泰韻과 $_{4}$齊韻의 음운대립 쌍을 찾아보면 아래의 15쌍이 나오고 6회 이상 출현하는 656자 집합에서 이미 대립이 성립한다. 이 대립 쌍은 사실은 운복 모음의 최소대립 쌍이므로 $_{1}$泰韻과 $_{4}$齊韻의 운복 모음도 서로 달라야 한다.

(95) $_{1}$**泰韻**과 $_{4}$**齊韻**의 음운대립 쌍 (15쌍) (6, 6, 4)

1. 定澄/d/의 거성 – ${}^{開}_{1}$大$_{泰}$: ${}^{開}_{4}$第$_{齊}$, ${}^{開}_{4}$悌$_{齊}$, ${}^{開}_{4}$逮$_{齊}$ (58 : 6, 1, 4)

2. 來母/l/의 거성 – ${}^{開}_{1}$賴$_{泰}$: ${}^{開}_{4}$儷$_{齊}$ (4 : 3)

3. 見母/k/의 거성 – ${}^{開}_{1}$蓋$_{泰}$: ${}^{開}_{4}$計$_{齊}$, ${}^{開}_{4}$契$_{齊}$ (5 : 12, 2)

4. 疑母/ŋ/의 거성 – ${}^{開}_{1}$艾$_{泰}$: ${}^{開}_{4}$詣$_{齊}$, ${}^{開}_{4}$翳$_{齊}$ (6 : 8, 1)

5. 匣云/ɦ/의 거성 – ${}^{合}_{1}$會$_{泰}$: ${}^{合}_{4}$惠$_{齊}$, ${}^{合}_{4}$慧$_{齊}$ (15 : 4, 1)

지금까지 $_{1}$泰韻이 咍佳韻, $_{2}$皆韻, $_{4}$齊韻과 두루 음운론적으로 대립함을 논의했다. 그렇다면 /-i/ 운미의 바로 앞에서 4항 대립이 성립하므로, 蟹攝의 운복 모음은 4종이다.

저 위에서 우리는 $_{2}$夬韻이 항상 합구라고 한 바 있다. 이 $_{2}$夬韻이 咍佳韻, $_{2}$皆韻, $_{4}$齊韻의 합구와 동일 칸에 오는 것을 찾아보면 다음과 같다.

(96) $_{2}$**夬韻과 咍佳韻 합구의 음운대립 쌍** (5쌍) (2, 2, 1)

1. 並奉/b/의 거성 – $_{2}$敗$_{夬}$: $_{1}$悖$_{灰}$, $_{1}$佩$_{灰}$ (9 : 1, 1)
2. 明微/m/의 거성 – $_{2}$邁$_{夬}$: $_{2}$賣$_{佳}$ (4 : 2)
3. 溪母/kʰ/의 거성 – $^{合}{}_{2}$快$_{夬}$: $^{合}{}_{1}$塊$_{灰}$ (3 : 2)
4. 匣云/ɦ/의 거성 – $^{合}{}_{2}$話$_{夬}$: $^{合}{}_{2}$畫$_{佳}$ (1 : 3)

(97) $_{2}$**夬韻과** $_{2}$**皆韻 합구의 음운대립 쌍** (1/2쌍) (1, 1)

1. 溪母/kʰ/의 거성 – $^{合}{}_{2}$快$_{夬}$: $^{合}{}_{2}$蒯$_{皆}$ (3 : 1)
2. 匣云/ɦ/의 거성 – $^{合}{}_{2}$話$_{夬}$: $^{合}{}_{2}$<u>壞</u>$_{皆}$ (1 : 3)

(98) $_{2}$**夬韻과** $_{4}$**齊韻 합구의 음운대립 쌍** (2쌍) (1, 1)

匣云/ɦ/의 거성 – $^{合}{}_{2}$話$_{夬}$: $^{合}{}_{4}$惠$_{齊}$, $^{合}{}_{4}$慧$_{齊}$ (1 : 4, 1)

(96.1∼2)는 대립 항이 개합에서 중립이지만 순음 뒤의 환경이므로 합구라고 해도 무방하다. 이 공통점은 『세설신어』의 대화문에 나오는 夬韻字가 모두 합구자라는 데에 그 원인이 있다. 합구는 개구에 비해 용례가 적은 것이 일반적이므로[66] (97∼98)에서 대립 쌍이 각각 2쌍에 불과하더라도 음운대립을 긍정할 수 있다.

여기에서 咍佳韻, $_{2}$皆韻, $_{4}$齊韻 중에서 어느 것이 $_{2}$夬韻의 개구 짝일까 하는 문제를 제기할 수 있다. 이때에는 앞에서 말한 음운론적 거리 또는 음운대립의 상대적 강도를 활용한다. (96)에서 볼 수 있듯이 $_{2}$夬韻과 咍佳韻의 음운대립 쌍은

66 예외적으로 합구가 개구보다 용례가 많을 때가 있다. 후술할 山攝이 대표적이다.

5쌍이고, 2회 이상 사용된 1,487자 집합에서 대립이 성립한다. 따라서 $_2$夬韻은 咍佳韻의 합구음 짝이 아니다. 더욱이 咍佳韻의 합구음 짝으로 $_1$灰韻이 있으므로, $_2$夬韻의 개구 짝은 咍佳韻이 아니다.

(97~98)에서 $_2$皆韻이나 $_4$齊韻이 음운론적으로 $_2$夬韻과 대립하는 것은 각각 2쌍이고, 전체 집합인 2,212자에서 겨우 대립이 성립한다. 따라서 이 두 운모가 $_2$夬韻과 대립을 이루는 힘이 공통적으로 약하다고 할 수 있다. 그런데 皆韻은 항상 2등인 데에 비하여 齊韻은 항상 4등이다. 夬韻은 항상 2등이므로, $_2$夬韻이 $_2$皆韻의 합구운일 가능성이[67] $_4$齊韻의 합구운일 가능성보다 훨씬 더 크다.

이처럼 $_2$夬韻이 $_2$皆韻의 합구운이라고 할 때에는 (97)의 음운대립 쌍을 어떻게 기술할 것인가 하는 문제가 제기된다. 이때에는 대립 항 '快'와 '蒯'가 동음이의어이고 '話'와 '壞'가 동음이의어라고 보면 된다. 어느 언어에든 동음이의어가 존재하기 마련이고 漢語도 예외가 아니다. 한어에서는 단어가 항상 1음절이므로 동음이의어가 여타의 언어보다 많을 수밖에 없다.

요컨대, $_2$夬韻의 운복 모음은 $_2$皆韻의 운복 모음과 동일하다. 즉, $_2$夬韻은 $_2$皆韻의 합구운이다.

이 결론에 따르면 /-i/ 운미를 가지는 攝에서는 $_1$泰韻, 咍佳韻, $_2$皆韻, $_4$齊韻의 운복 모음이 서로 대립을 이룬다.[68] 이 4항 대립에서는 4종의 모음만 있으면 상호 간의 음운대립을 두루 충족할 수 있다.

이제, 이들의 운복에 모음을 배당해 보자. 위의 (82)에서 이미 우리는 $_1$泰韻을 /ɑi/로, $_2$夬韻을 /wɛi/로 추정한 바 있다. $_2$夬韻이 $_2$皆韻의 합구운이라 했으므로 $_2$皆韻은 당연히 /ɛi/가 된다. (91)에서 $_2$皆韻과 $_4$齊韻의 음운대립 쌍을 제시한 바 있는데, 4등은 항상 전설모음이므로 $_4$齊韻의 운복에 전설 중모음 /e/를 배당하여 그 음가를 /ei/로 추정할 수 있다.

---

67 고노 로쿠로(河野六郎)(2010: 210, 이진호 역주)의 표에 따르면, 혜림의 『일체경음의』에서도 夬韻 합구와 皆韻 합구가 서로 구별되지 않는다.

68 朴炳采(1971)은 한국 중세 한자음에서 咍韻 1등과 泰韻 1등이 구별된다는 점을 들어 그 모태가 『切韻』이라고 보았다. 慧琳音義에서는 이 두 운이 합류하기 때문이다.

남은 것은 咍佳韻의 운복에 어느 모음을 배당할 것인가 하는 문제뿐이다. 우리는 경제성 원리에 따라 후설 중모음 /ə/를 택한다. 이 모음은 /-ø/ 운미와 /-u/ 운미에서 이미 설정한 바 있으므로 새로이 중설 평순 저모음 /a/나 후설 원순 저모음 /ɔ/를 설정하는 것보다 경제적이다. 만약에 /a/나 /ɔ/를 택하면, 저모음에 /ɛ, a, ɑ/ 또는 /ɛ, ɑ, ɔ/의 세 가지씩을 설정하게 되는데, 이처럼 저모음이 세 개나 되는 모음체계는 아주 드물다. 또한 후설과 중설을 다시 나누어 전설, 중설, 후설의 3가지 평순 저모음을 가지는 언어도 많지 않다. 따라서 전설 저모음 /ɛ/뿐만 아니라 후설 저모음 /ɑ/와도 대립하는 제3의 저모음을 배제한다. 이처럼 중설 평순 저모음 /a/나 후설 원순 저모음 /ɔ/를 배제하면, 남는 방법은 咍佳韻의 운복에 후설 평순 중모음 /ə/를 배당하는 방법뿐이다.[69]

이제, 3등운에 대한 논의로 넘어간다. 위에서 우리는 ${}_{3}$祭韻의 운복을 잠정적으로 /ɛ/라고 했는데, 이제 이것을 증명해 보기로 한다. 이것을 증명할 때에는 ${}_{3}$祭韻과 ${}_{1}$泰韻의 음운론적 거리와 ${}_{3}$祭韻과 ${}_{2}$皆韻의 음운론적 거리를 측정하면 된다. 이 측정을 위하여 분포 분석표 (92)에서 ${}_{3}$祭廢韻과 ${}_{1}$泰韻의 음운대립 쌍과 ${}_{3}$祭廢韻과 ${}_{2}$皆韻의 음운대립 쌍을 찾아본다.

앞의 (78~79)에서 이미 ${}_{3}$祭廢韻과 ${}_{1}$泰韻의 음운대립 쌍이 8쌍이고, 9회 이상 출현하는 극소수의 상용자 집합에서 대립이 성립한다고 했다. 이것은 이 음운대립의 강도가 아주 강함을 뜻한다. 반면에 ${}_{3}$祭廢韻과 ${}_{2}$皆韻의 대립 쌍은 아래의 2/3쌍에 불과하고 5회 이상 출현하는 상용자 집합에서 대립이 성립한다.

(99) ${}_{3}$祭廢韻과 ${}_{2}$皆韻의 음운대립 쌍 (2/3쌍) (5, 1)

1. 幫非/p/의 거성 – ${}_{A}$蔽$_{祭}$, ${}_{C}$廢$_{廢}$: ${}_{2}$拜$_{皆}$ (1, 5 : 11)
2. 匣云/ɦ/의 거성 – ${}^{合}_{B}$衛$_{祭}$: ${}^{合}_{2}$壞$_{皆}$ (9 : 3)

69 이처럼 음가를 배정할 때에 咍韻 1등의 운복이 한국 한자음에서 대부분 'ㆍ'로 반영된다는 점을 염두에 두었다. 佳韻 2등의 운복이 한국 한자음에서는 'ㅏ'로 반영되는 것이 일반적이지만 일부에서는 'ㆍ'로도 반영된다.

이것은 $_{3}$祭廢韻이 $_{1}$泰韻과는 음운론적 거리가 상대적으로 멀지만 $_{2}$皆韻과는 거리가 아주 가까웠음을 뜻한다. 이 음운대립의 상대적 강도에 따라 $_{3}$祭廢韻의 운복에는 $_{2}$皆韻의 운복과 마찬가지로 /ɛ/를 배당하는 것이 합리적이다.

지금까지의 논의를 종합하여 蟹攝 운모 상호 간의 음운대립을 표로 그려 보면 다음과 같다.

(100) 蟹攝 운모 상호 간의 음운대립

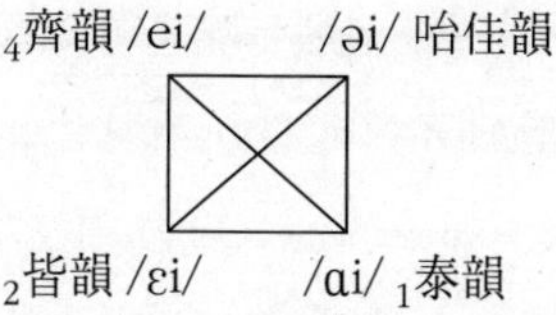

3등운이나 합구운은 번거로움을 피하여 여기에 넣지 않았는데, 이들도 포함하여 /-i/ 운미인 운의 음가를 배당해 보면 아래와 같다.

(101) /-i/ 운미인 운모의 음가 배당표

운모 \ 등 개합		4등		3등		2등		1등	
		開	合	開	合	開	合	開	合
$_{4}$齊韻		ei	wei						
$_{3}$微韻 C				ɪəi	ɥəi				
$_{1}$灰韻									wəi
咍佳韻								əi	
$_{3}$祭韻	A								
	B			ɪɛi	ɥɛi				
$_{3}$廢韻 C									
$_{2}$夬韻							wɛi		
$_{2}$皆韻						ɛi			
$_{1}$泰韻								ɑi	wɑi

이 음가 배당표는 /-u/ 운미의 음가 배당표인 (68)과 아주 유사하다. /-i/ 운미에서는 ${}_{1}$泰韻, 咍佳韻, ${}_{2}$皆韻, ${}_{4}$齊韻이 각각 /ɑi, əi, ɛi, ei/인 데에 비하여, /-u/ 운미에서는 ${}_{1}$豪韻, ${}_{1}$侯韻, ${}_{2}$肴韻, ${}_{4}$蕭韻이 각각 /ɑu, əu, ɛu, eu/이다. 이러한 평행관계가 뚜렷하다는 점에서 우리의 음가 배당이 설득력을 갖는다. 또한 이 평행관계에서 咍佳韻이 ${}_{1}$侯韻에 대응하므로, 咍佳韻의 등이 2등이 아니라 1등이라고 할 수 있다.

/-i/ 운미의 음가 배당표인 (101)이 /-u/ 운미의 음가 배당표인 (68)과 차이가 난다면 그것은 합구음의 유무뿐이다. /-u/ 운미를 가지는 섭에서는 운미가 /-u/이므로 운두의 위치에 합구 /w-/가 오지 않는다. 앞에서 이미 말한 것처럼, 이것은 하나의 운 안에 합구인 운두와 합구인 운미가 동시에 오지 않는다는 제약에서 비롯된다. 반면에, /-i/ 운미를 가지는 섭에서는 이 원순성 제약이 없다. 따라서 咍佳韻의 합구운인 ${}_{1}$灰韻의 /wəi/가 존재하고, ${}_{2}$皆韻의 합구운인 ${}_{2}$夬韻의 /wɛi/가 존재한다. ${}_{1}$泰韻에도 합구인 /wɑi/가 있다.[70] '$^{\text{合}}{}_{1}$最$_{\text{泰}}$, $^{\text{合}}{}_{1}$膾$_{\text{泰}}$, $^{\text{合}}{}_{1}$獪$_{\text{泰}}$, $^{\text{合}}{}_{1}$外$_{\text{泰}}$, $^{\text{合}}{}_{1}$會$_{\text{泰}}$' 등이 그 예이다. 이것은 ${}_{4}$齊韻도 마찬가지여서, '$^{\text{合}}{}_{4}$桂$_{\text{齊}}$, $^{\text{合}}{}_{4}$惠$_{\text{齊}}$, $^{\text{合}}{}_{4}$慧$_{\text{齊}}$' 등의 예가 있다. 그렇다면 /-i/ 운미와 /-u/ 운미는 음가 배당이 평행적이되, 합구의 유무에서만 차이가 난다고 결론지을 수 있다.

(101)의 음가 배당표에서 祭韻 3등 B와 廢韻 3등 C의 음운대립이 확인되지 않으므로 이들을 ${}_{3}$祭廢韻으로 병합하고 여기에 /ɪɛi/를 배당했다. 이와 일치하는 현상을 趙翠陽(2009: 103)가 논의한 바 있어 잠깐 소개한다. 혜림의 『일체경음의』에서 祭韻 3등 B끼리의 互切은 8개이고, 祭韻 3등 B와 廢韻 3등 C의 호절은 37개이며, 廢韻끼리의 호절은 32개이다. 이것을 논거로 삼아 趙翠陽(2009: 103)는 祭韻 3등 B가 廢韻 3등 C와 합류했다고 했다. 이것은 우리의 논의와 완전히 일치하는데, 서로 차이가 난다면 이 합류가 5세기 전반기로 거슬러 올라간다는 점뿐이다. 더욱이 ${}_{3}$祭韻과 ${}_{3}$廢韻의 합구음에서도 최소대립 쌍을 찾을 수 없으므로, 우리의 논의가 설득력을 가진다.

70 한국 중세 한자음에서는 ${}_{1}$泰韻의 합구가 대부분 'ㅚ'로 반영되어 ${}_{1}$灰韻과 구별되지 않는다.

그런데 우리는 해섭의 3등운인 祭廢韻과 지섭의 3등운인 微韻 상호 간의 관계를 자세히 거론하지 않았다. 이제 이들의 음운론적 대립관계를 논의하기로 한다. 분포 분석표 (92)에서 $_{3}$祭廢韻이 $_{3}$微韻과 동일 칸에 온 것을 찾아보면 다음과 같다.

(102) $_{C}$廢韻과 $_{C}$微韻의 최소대립 쌍 (4쌍) (4, 3, 2)

1. 疑母/ŋ/의 거성 – $^{開}_{C}$乂$_{廢}$: $^{開}_{C}$毅$_{微}$ (1 : 2)
2. 影母/ʔ/의 거성 – $^{合}_{C}$穢$_{廢}$: $^{合}_{C}$畏$_{微}$, $^{合}_{C}$尉$_{微}$, $^{合}_{C}$慰$_{微}$ (7 : 4, 3, 2)

(103) $_{B}$祭韻과 $_{C}$微韻의 음운대립 쌍 (3쌍) (9, 1, 1)

1. 影母/ʔ/의 거성 – $^{開}_{B}$瘞$_{祭}$: $^{開}_{C}$衣$_{微}$ (1 : 13)
2. 匣云/ɦ/의 거성 – $^{合}_{B}$衛$_{祭}$: $^{合}_{C}$謂$_{微}$, $^{合}_{C}$猬$_{微}$ (9 : 45, 1)

(102)에서 볼 수 있듯이, $_{C}$廢韻과 $_{C}$微韻의 음운대립 쌍은 4쌍이고, 4회 이상 출현하는 919자 집합에서 이미 대립이 성립한다. 이 두 운은 사실은 운복의 최소대립 쌍이므로, $_{C}$廢韻과 $_{C}$微韻의 운복 모음은 서로 달라야 한다. (103)에서도 $_{B}$祭韻과 $_{C}$微韻이 음운론적으로 대립한다. 3쌍의 대립 쌍이 있고, 9회 이상 사용된 459자 집합에서 이미 대립이 성립한다. 그런데 3등 B와 3등 C는 동일한 개음이므로 이 대립 쌍도 실질적으로는 운복의 최소대립 쌍이다. 따라서 $_{B}$祭韻과 $_{C}$微韻의 운복에 서로 다른 모음을 배당해야 한다.

앞에서 우리는 $_{3}$祭廢韻의 운복에 전설 저모음 /ɛ/를 배당한 바 있다. 이에 따라 $_{C}$微韻의 운복은 /ɛ/를 제외한 여타의 모음이어야 한다. 그런데 (102.2)와 (103.2)의 대립 항이 독특하게도 합구이다. 따라서 원순 모음인 /u/와 /o/는 $_{C}$微韻의 운복에 배당할 수가 없다. 일본 학자들의 中立이란 용어에서 볼 수 있듯이, 운복 모음이 원순 모음일 때에는 개합의 구별이 뚜렷하지 않기 때문이다. 그런데도 $_{3}$祭廢韻과 $_{C}$微韻은 개합의 구별이 뚜렷한 운이므로 이들의 운복은 원순 모음이 아니다.

그렇다면 $_C$微韻의 운복에 배당할 수 있는 모음은 후설 중모음 /ə/나 전설 중모음 /e/로 한정된다. 그런데 해섭 $_4$齊韻의 운복에 이미 /e/를 배당했으므로, $_C$微韻의 운복은 /e/가 아니다. 결국 $_C$微韻의 운복은 /ə/일 수밖에 없고, 그 개음은 모음적 개음 /ɪ-/이다. 즉 $_C$微韻을 /ɪəi/로 추정한다.

(102.2)와 (103.2)의 대립 항이 독특하게도 모두 합구라는 점에서 3등운의 합구를 어떻게 처리할 것인가 하는 문제가 새로이 제기된다. 운두 개음이 자음적 개음 /j-/일 때에는 여기에 합구가 더해지면 이론적으로 복합 개음 /wj-/가 된다. 우리는 이 /wj-/를 단일 활음 /ɥ-/로 해석한다.

마찬가지로, 운두 개음이 모음적 개음 /ɪ-/일 때에도 여기에 합구가 가해지면 이론적으로 /wɪ-/가 된다. 그런데 이 복합 개음 /wɪ-/를 /ɥ-/로 해석해야 할까 /w-/로 해석해야 할까? 만약에 河野六郎(1968/79)의 주장대로 3등 乙類의 개음 'ï̯-'(즉 우리의 /ɪ-/)가 후설 평순 활음이라면, /ɪ-/의 합구인 /wɪ-/를 후설 원순 활음 /w-/로 해석해도 무방하다. /ɪ-/와 /w-/가 둘 다 후설성을 가지기 때문이다.

그런데 대부분의 운에서 /ɪ-/에 합구가 더해진 것이 한어 중고음에서는 전설 원순 활음 /ɥ-/로 실현된다. 따라서 /ɪ-/를 후설 평순 활음이라고 규정하면 한어의 현실음을 제대로 기술할 수가 없다. 이런 까닭에 우리는 /ɪ-/를 후설 평순 개음이라 하지 않고 전설성을 가지는 모음적 개음이라고 정의한다. 이 정의에서는 복합 개음 /wɪ-/가 전설성에 원순성을 더한 것이 되고, /ɪ-/의 전설성을 유지하여 /wɪ-/가 전설 원순 활음 /ɥ-/로 실현된다고 자연스럽게 해석할 수 있다.

이것을 경험적으로 확인하기 위하여 $_3$祭韻 합구와 $_3$廢韻 합구가 음운론적으로 대립하는지를 분포 분석표 (92)에서 확인해 보았다. 열심히 찾아보아도 아래의 한 쌍뿐이다.

(104) $_3$祭韻 합구와 $_3$廢韻 합구의 음운대립 쌍 (1쌍) (1)

幫非/p/의 평성 – $_A$蔽$_{祭}$: $_C$廢$_{廢}$ (1 : 5)

(104)의 대립 항은 순음 뒤의 환경이므로 개구와 합구가 잘 구별되지 않는 환경이다. 이 대립 쌍을 인정한다 하더라도 양적 척도뿐만 아니라 질적 척도에서도 미흡하다. 따라서 $_{3}$祭韻 합구와 $_{3}$廢韻 합구가 『세설신어』의 대화문 용자에서는 음운론적으로 대립하지 않았다고 본다. 이것은 복합 개음 /wj-/뿐만 아니라 /wɪ-/도 /ɥ-/가 된다는 것을 뜻한다. 이에 따라 (101)의 음가 배당표에서 $_{3}$祭韻 합구와 $_{3}$廢韻 합구에다 모두 /ɥɛi/를 배당했다.

/ɪ-/가 후설 활음이 아니라 전설 활음이라는 사실은 $_{3}$微韻의 합구에서도 확인된다. $_{3}$微韻의 /ɪəi/에 합구가 더해지면 이론적으로 일단 /wɪəi/가 된다. 이때의 복합 개음 /wɪ-/가 전설의 /ɥ-/가 아니라 후설의 /w-/가 된다면 $_{3}$微韻 합구는 /wəi/가 된다. 이것은 물론 /ɪ-/를 후설 평순 활음이라고 가정할 때에만 성립한다. 그런데 이 /wəi/는 咍佳韻의 합구운인 $_{1}$灰韻에 이미 배당한 음가이다. 따라서 $_{3}$微韻 합구와 $_{1}$灰韻이 상보적 분포인지 그렇지 않고 음운론적으로 대립하는지 다시 검토해야만 한다.

(105) $_{3}$微韻 합구와 $_{1}$灰韻의 음운대립 쌍 (8쌍) (4, 3, 1)

1. 見母/k/의 거성 – $^{合}{}_{C}$貴$_{微}$: $^{合}{}_{1}$憒$_{灰}$ (23 : 4)
2. 曉母/h/의 거성 – $^{合}{}_{C}$諱$_{微}$: $^{合}{}_{1}$晦$_{灰}$ (3 : 1)
3. 匣云/ɦ/의 평성 – $^{合}{}_{C}$違$_{微}$, $^{合}{}_{C}$韋$_{微}$, $^{合}{}_{C}$圍$_{微}$: $^{合}{}_{1}$回$_{灰}$, $^{合}{}_{1}$槐$_{灰}$ (3, 1, 1 : 9, 1)

위의 음운대립 쌍에서 볼 수 있듯이 $_{3}$微韻 합구와 $_{1}$灰韻은 8쌍에서 음운론적으로 대립하고, 4회 이상 사용된 919자 집합에서 이미 대립이 성립한다. 따라서 이 음운대립을 반드시 유지할 필요가 있으므로, $_{3}$微韻의 합구를 $_{1}$灰韻과 동일하게 /wəi/로 추정해서는 안 된다. 이 예에서도 복합 개음 /wɪ-/를 후설의 /w-/와 동일시해서는 안 되고 반드시 전설의 /ɥ-/로 추정해야 함을 알 수 있다.

그렇다면 다음과 같은 결론이 나온다. 전설 활음인 /j-/나 /ɪ-/에 합구가 더해지면 둘 다 전설 원순 활음 /ɥ-/가 된다. 이 결론에 따르면 $_{3}$微韻의 합구는 /ɥəi/가 되고, 이곳의 전설 활음 /ɥ-/가 $_{1}$灰韻 /wəi/의 후설 활음 /w-/와 음운론적으로 대립한다.

이와는 달리 /ɪ-/가 후설성을 가진다고 가정한다면, 여기에 원순성이 더해진 /wɪ-/가 결과적으로 /w-/가 될 것이므로 이 가정은 옳지 않다. 따라서 /ɪ-/를 전설 개음이라 해야 한다. 그런데 이때에는 /j-/도 전설 개음이고 /ɪ-/도 전설 개음이라는 모순을 만나게 된다. 이 모순을 해소하기 위해 우리는 /j-/를 자음적 전설 개음이라 하고 /ɪ-/를 모음적 전설 개음이라 규정한다. 이에 따르면, /j-/와 /ɪ-/를 구별하는 음운자질은 전설/후설 즉 [back]이 아니라 자음성/모음성 즉 [consonantal]이다.

5.4. /-ŋ, -k/ 운미인 섭

이제, 운미가 자음인 섭을 논의하기로 한다. 자음운미는 /-ŋ, -k/, /-n, -t/, /-m, -p/의 세 가지가 있는데, 중국 음운학에서는 이들의 조음위치를 각각 喉內, 舌內, 脣內라고 지칭한다. 자음운미가 /-ŋ, -n, -m/의 鼻音일 때에는 陽聲韻尾라고 부르고, /-k, -t, -p/의 폐쇄음일 때에는 入聲韻尾라고 부른다. 양성운미는 성조가 평성·상성·거성일 때의 운미이고, 입성운미는 성조가 입성일 때의 운미이다.

5.4.1. 通攝과 江攝

通攝은 양성운미 /-ŋ/이나 입성운미 /-k/를 가지면서 운복 모음이 원순 모음인 한어음의 집합이다. 통섭에는 東韻 1등(47자)과 東韻 3등 C(58자), 冬韻 1등(8자), 鍾韻 3등 C(55자)가 있다. 東韻은 1등과 3등의 두 가지가 있는 重韻이다. 江攝에 속하는 운모는 江韻 2등(22자) 하나뿐이다.[71] 이 江韻의 음가를 Karlgren,

71 Pulleyblank(1983: 121)은 $_1$冬韻, $_2$江韻, $_3$鍾韻이 원래는 하나의 섭(rhyme group)이었으나, 후기 중고음에서 $_1$冬韻과 $_3$鍾韻이 通攝으로 이동했다고 보았다.

王力, 董同龢 등이 원순 모음을 가지는 /-ɔŋ, -ɔk/으로 재구한 바 있으므로, 강섭을 통섭과 함께 다루기로 한다. 통섭과 강섭에서는 $_{1}$東韻, $_{3}$東韻, $_{1}$冬韻, $_{2}$江韻, $_{3}$鍾韻이 서로 변별되었는지 여부와 더불어, 이들의 운복 모음이 /o/, /u/, /ɔ/의 어느 것에 해당하는지가 주요 관심사이다.

(106) **通攝字**($_{1}$東韻 47자, $_{3}$東韻 58자, $_{1}$冬韻 8자, $_{3}$鍾韻 55자)와 **江攝字**($_{2}$江韻 22자)의 **분포 분석표**

성모 \ 성조		평성^{L}	상성^{R}	거성^{D}	입성^{E}
순음	幫非/p/	$_{2}$邦$_{江}$ $_{C}$風$_{東}$ $_{C}$楓$_{東}$ $_{C}$封$_{鍾}$		$_{C}$風$_{東}$ $_{C}$諷$_{東}$	$_{1}$卜$_{東}$ $_{1}$濮$_{東}$ $_{C}$腹$_{東}$ $_{C}$複$_{東}$ $_{C}$福$_{東}$
	滂敷/p^{h}/	$_{C}$豊$_{東}$ $_{C}$鋒$_{鍾}$ $_{C}$峯$_{鍾}$ $_{C}$蜂$_{鍾}$			$_{2}$璞$_{江}$ $_{C}$覆$_{東}$
	並奉/b/	$_{1}$蓬$_{東}$ $_{C}$汎$_{東}$ $_{C}$馮$_{東}$ $_{C}$逢$_{鍾}$	$_{C}$奉$_{鍾}$	$_{C}$鳳$_{東}$	$_{1}$僕$_{東}$ $_{1}$暴$_{東}$ $_{C}$復$_{東}$ $_{C}$馥$_{東}$ $_{C}$服$_{東}$ $_{C}$伏$_{東}$
	明微/m/	$_{1}$蒙$_{東}$		$_{C}$夢$_{東}$	$_{1}$木$_{東}$ $_{2}$邈$_{江}$ $_{C}$目$_{東}$ $_{C}$穆$_{東}$ $_{C}$牧$_{東}$
설음	端知/t/	$_{1}$東$_{東}$ $_{1}$冬$_{冬}$ $_{C}$中$_{東}$ $_{C}$忠$_{東}$	$_{1}$董$_{東}$	$_{1}$棟$_{東}$ $_{C}$中$_{東}$	$_{1}$篤$_{冬}$ $_{2}$卓$_{江}$ $_{C}$竹$_{東}$
	透徹/t^{h}/	$_{1}$通$_{東}$	$_{C}$寵$_{鍾}$	$_{1}$痛$_{東}$	
	定澄/d/	$_{1}$同$_{東}$ $_{1}$銅$_{東}$ $_{1}$童$_{東}$ $_{1}$瞳$_{東}$ $_{C}$重$_{鍾}$ $_{C}$沖$_{東}$	$_{1}$動$_{東}$ $_{C}$重$_{鍾}$	$_{1}$慟$_{東}$ $_{1}$洞$_{東}$ $_{C}$仲$_{東}$ $_{C}$重$_{鍾}$	$_{1}$獨$_{東}$ $_{1}$讀$_{東}$ $_{1}$犢$_{東}$ $_{2}$濯$_{江}$ $_{2}$濁$_{江}$ $_{C}$逐$_{東}$ $_{C}$軸$_{東}$ $_{C}$柚$_{東}$
	泥日娘/n/	$_{C}$戎$_{東}$ $_{C}$濃$_{鍾}$			$_{C}$肉$_{東}$ $_{C}$辱$_{鍾}$
	來母/l/	$_{C}$隆$_{東}$ $_{C}$龍$_{鍾}$	$_{1}$籠$_{東}$		$_{1}$碌$_{東}$ $_{1}$鹿$_{東}$ $_{1}$轆$_{東}$ $_{1}$漉$_{東}$ $_{2}$觸$_{江}$ $_{2}$犖$_{江}$ $_{C}$陸$_{東}$ $_{C}$戮$_{東}$ $_{C}$六$_{東}$ $_{C}$錄$_{鍾}$ $_{C}$碌$_{鍾}$
치음 마찰	心母/s/	$_{C}$嵩$_{東}$		$_{1}$送$_{東}$	$_{1}$速$_{東}$ $_{C}$肅$_{東}$ $_{C}$宿$_{東}$ $_{C}$夙$_{東}$ $_{C}$粟$_{鍾}$

성조 / 성모		평성^{L}	상성^{R}	거성^{D}	입성^{E}
치음 마찰	邪母/z/	$_{C}$松$_{\text{鍾}}$		$_{C}$頌$_{\text{鍾}}$	$_{C}$俗$_{\text{鍾}}$
	生母/ʂ/	$_{2}$雙$_{\text{江}}$			$_{2}$槊$_{\text{江}}$ $_{C}$謖$_{\text{東}}$
	書母/ɕ/	$_{C}$舂$_{\text{鍾}}$			$_{C}$叔$_{\text{東}}$ $_{C}$菽$_{\text{東}}$ $_{C}$束$_{\text{鍾}}$
	常母/ʑ/				$_{C}$孰$_{\text{東}}$ $_{C}$熟$_{\text{東}}$ $_{C}$屬$_{\text{鍾}}$ $_{C}$蜀$_{\text{鍾}}$
	羊母/j/	$_{C}$融$_{\text{東}}$ $_{C}$容$_{\text{鍾}}$ $_{C}$庸$_{\text{鍾}}$	$_{C}$勇$_{\text{鍾}}$	$_{C}$用$_{\text{鍾}}$	$_{C}$育$_{\text{東}}$ $_{C}$毓$_{\text{東}}$ $_{C}$欲$_{\text{鍾}}$ $_{C}$谷$_{\text{鍾}}$
치음 파찰	精母/ʦ/	$_{1}$宗$_{\text{冬}}$ $_{C}$縱$_{\text{鍾}}$ $_{C}$蹤$_{\text{鍾}}$		$_{1}$綜$_{\text{冬}}$ $_{C}$縱$_{\text{鍾}}$	$_{1}$鏃$_{\text{東}}$ $_{C}$足$_{\text{鍾}}$
	淸初/ʦʰ/	$_{1}$聰$_{\text{東}}$ $_{2}$囱$_{\text{江}}$			$_{C}$趣$_{\text{鍾}}$ $_{C}$促$_{\text{鍾}}$
	從母/dz/			$_{C}$從$_{\text{鍾}}$	$_{1}$族$_{\text{東}}$
	莊母/tʂ/				$_{2}$捉$_{\text{江}}$
	章母/ʨ/	$_{C}$終$_{\text{東}}$ $_{C}$鍾$_{\text{鍾}}$ $_{C}$鐘$_{\text{鍾}}$	$_{C}$種$_{\text{鍾}}$	$_{C}$衆$_{\text{東}}$ $_{C}$種$_{\text{鍾}}$	$_{C}$祝$_{\text{東}}$ $_{C}$粥$_{\text{東}}$ $_{C}$屬$_{\text{鍾}}$ $_{C}$囑$_{\text{鍾}}$
	昌母/ʨʰ/	$_{C}$充$_{\text{東}}$			$_{C}$觸$_{\text{鍾}}$
	船崇/dʑ/	$_{C}$崇$_{\text{東}}$			$_{C}$贖$_{\text{鍾}}$
아음	見母/k/	$_{1}$公$_{\text{東}}$ $_{1}$功$_{\text{東}}$ $_{1}$工$_{\text{東}}$ $_{1}$攻$_{\text{冬}}$ $_{2}$江$_{\text{江}}$ $_{C}$宮$_{\text{東}}$ $_{C}$弓$_{\text{東}}$ $_{C}$恭$_{\text{鍾}}$	$_{2}$講$_{\text{江}}$ $_{C}$拱$_{\text{鍾}}$	$_{1}$貢$_{\text{東}}$ $_{2}$降$_{\text{江}}$	$_{1}$谷$_{\text{東}}$ $_{1}$穀$_{\text{東}}$ $_{1}$告$_{\text{冬}}$ $_{2}$覺$_{\text{江}}$ $_{2}$角$_{\text{江}}$ $_{2}$桷$_{\text{江}}$
	溪母/kʰ/	$_{1}$空$_{\text{東}}$	$_{1}$孔$_{\text{東}}$ $_{C}$恐$_{\text{鍾}}$		$_{1}$哭$_{\text{東}}$ $_{1}$酷$_{\text{冬}}$ $_{C}$麴$_{\text{東}}$ $_{C}$曲$_{\text{鍾}}$
	群母/g/	$_{C}$窮$_{\text{東}}$		$_{C}$共$_{\text{鍾}}$	$_{C}$局$_{\text{鍾}}$
	疑母/ŋ/				$_{2}$樂$_{\text{江}}$ $_{2}$岳$_{\text{江}}$ $_{C}$玉$_{\text{鍾}}$ $_{C}$獄$_{\text{鍾}}$
후음	影母/ʔ/	$_{1}$翁$_{\text{東}}$ $_{C}$饔$_{\text{鍾}}$		$_{1}$甕$_{\text{東}}$	$_{1}$屋$_{\text{東}}$ $_{2}$握$_{\text{江}}$
	曉母/h/	$_{C}$胸$_{\text{鍾}}$ $_{C}$凶$_{\text{鍾}}$			
	匣云/ɦ/	$_{1}$洪$_{\text{東}}$ $_{1}$鴻$_{\text{東}}$ $_{C}$雄$_{\text{東}}$			$_{1}$斛$_{\text{東}}$ $_{1}$鵠$_{\text{冬}}$ $_{2}$學$_{\text{江}}$

위의 분포 분석표에서, 둘 다 1등인 東韻과 冬韻이 동일 칸에 온 것을 찾아보면 아래의 6쌍이 나온다. 4회 이상 사용된 919자 집합에서 이미 대립이 성립하므로 이 최소대립을 믿을 만하다. 이에 따르면 $_1$東韻과 $_1$冬韻의 운복 모음이 서로 달랐다고 보아야 한다. (107)은 실제로 운복의 최소대립 쌍이기 때문이다.

(107) $_1$**東韻과** $_1$**冬韻의 최소대립 쌍** (6쌍) (4, 2, 2)

1. 端知/t/의 평성 – $_1$東$_{東}$: $_1$冬$_{冬}$ (22 : 1)
2. 見母/k/의 평성 – $_1$公$_{東}$, $_1$功$_{東}$, $_1$工$_{東}$: $_1$攻$_{冬}$ (123, 11, 1 : 2)
3. 溪母/k^h/의 입성 – $_1$哭$_{東}$: $_1$酷$_{冬}$ (7 : 4)
4. 匣云/ɦ/의 입성 – $_1$斛$_{東}$: $_1$鵠$_{冬}$ (2 : 1)

다음으로, $_1$冬韻과 $_2$江韻이 동일 칸에 온 것을 찾아보면 아래의 3쌍이 나온다. 2회 이상 사용된 1,487자 집합에서 비로소 이 대립이 성립한다. 대립 쌍이 적고 3회 이상 출현하는 용자 집합에서는 대립이 무너진다는 점에서 $_1$冬韻과 $_2$江韻의 음운대립을 일단 의심할 수 있다.

(108) $_1$**冬韻과** $_2$**江韻의 음운대립 쌍** (3쌍) (2, 1, 1)

1. 端知/t/의 입성 – $_1$篤$_{冬}$: $_2$卓$_{江}$ (1 : 5)
2. 見母/k/의 평성 – $_1$攻$_{冬}$: $_2$江$_{江}$ (2 : 26)
3. 匣云/ɦ/의 입성 – $_1$鵠$_{冬}$: $_2$學$_{江}$ (1 : 16)

이 의심에 따라 대화문 문맥을 확인해 보니, (108)의 대립 항 '篤, 攻, 鵠'이 직접화법의 대화문이 아니라 독백문에 사용된 것 같다. 대립 항 '篤'이 사용된 (109.1)은 대화문이 아니라 지문이나 독백문의 성격이 강하다. 문맥으로 보아 문답이 전제되지 않은 상황이기 때문이다. 이것은 (109.2)의 ①도 마찬가지이다. 대립 항 '鵠'이 사용된 (109.3)은 길게 이어진 인물평의 일부분이다. 張威伯, 陸士衡, 陸士龍의 인품을 劉義慶이 평가한 것으로서 대화문이라는 보장이 없다. 반면에, (109.2)의 ②는 대화의 문맥을 확인할 수 있으므로 대화문임이 분명하다.

(109) 대립 항 '篤, 攻, 鵠'의 용례

1. 篤 – 新出門戶, 篤而無禮. (24:09)

신출내기 가문은 진솔하지만 예의가 없군.

2. 攻 – ① 惡! 卿不欲作將, 善雲梯仰攻. (4:26)

음! 그대는 구름사다리를 이용해 상향공격을 잘하는 장군이 되고 싶지 않나 보군.

② 阿奴火攻, 固出下策耳! (6:21)

아우의 화공은 진실로 하책에서 나온 것일 뿐이야!

3. 鵠 – 張威伯, 歲寒之茂松, 幽夜之逸光; 陸士衡士龍, 鴻鵠之裴回, 懸鼓之待槌. (8:20)

장위백은 추운 겨울에도 무성한 소나무고 어두운 밤에도 빛나는 빛이며, 유사형과 육사룡은 창공을 배회하는 큰 기러기와 고니고 북채로 치기를 기다리는 매달린 북입니다.

그렇다면 (108)에서 $_{1}$冬韻과 $_{2}$江韻의 음운대립 쌍 중에서 믿을 만한 것은 (108.2)의 한 쌍에 지나지 않는다. 양적 척도와 질적 척도에서 두루 미흡하므로, 우리는 $_{1}$冬韻과 $_{2}$江韻의 음운대립을 부정한다.

이것은 둘 중의 하나임을 암시한다. 첫째, 이 두 운이 원래는 하나의 단위인 江冬韻이었는데, 5세기 전반기에 $_{2}$江韻과 $_{1}$冬韻의 둘로 분화하기 시작했다. 둘째, $_{2}$江韻과 $_{1}$冬韻이 원래부터 구별되었지만, 5세기 전반기에는 두 운의 합류가 완성되는 단계였다. 이 둘 중에서 王力(1936)이 첫째의 해석을 택한 바 있는데, 우리도 이를 따른다.

우리의 해석과 달리, Baxter and Sagart(2014: 244, 250)에서는 $_{2}$江韻을 $_{1}$東韻과 하나로 묶어서 그 상고음을 '*-oŋ, *-ok'으로 재구하면서, $_{1}$冬韻의 상고음은 '*-uŋ, *-uk'으로 재구했다. 중고음에서는 $_{2}$江韻이 '-aeŋ, -aek'으로 분화하

고, $_1$冬韻이 '-owŋ, -owk'의 음가를 가진다고 하여 이 둘을 구별했다. 그러나 6세기 시인들의 압운에서는 $_2$江韻이 $_1$東韻과 압운되는 것이 아니라 $_1$冬韻이나 $_3$鍾韻과 압운되었다(王力 1936). 이것은 전기 중고음 시기에는 $_2$江韻이 $_1$冬韻과 음운론적으로 거리가 아주 가까운 데에 반하여 $_1$東韻과는 상대적으로 거리가 멀었음을 의미한다.[72]

아래의 대립 쌍에서 볼 수 있듯이, $_1$東韻과 $_2$江韻의 음운대립은 확실하다. 22쌍의 대립 쌍을 찾을 수 있고, 26회 이상 출현하는 극소수의 상용자 집합에서 이미 대립이 성립한다. 따라서 이 두 운의 운복 모음은 서로 달라야 한다.

(110) $_1$東韻과 $_2$江韻의 음운대립 쌍 (22쌍) (26, 11, 4)

1. 定澄/d/의 입성 - $_1$獨$_{東}$, $_1$讀$_{東}$, $_1$犢$_{東}$: $_2$濯$_{江}$, $_2$濁$_{江}$ (11, 8, 1 : 4, 2)
2. 見母/k/의 평성 - $_1$公$_{東}$, $_1$功$_{東}$, $_1$工$_{東}$: $_2$江$_{江}$ (123, 11, 1 : 26)
3. 見母/k/의 입성 - $_1$穀$_{東}$: $_2$角$_{江}$, $_2$桷$_{江}$ (2 : 21, 6, 1)
4. 影母/ʔ/의 입성 - $_1$屋$_{東}$: $_2$握$_{江}$ (9 : 1)
5. 匣云/ɦ/의 입성 - $_1$斛$_{東}$: $_2$學$_{江}$ (2 : 16)

위의 논의를 종합하면 $_1$東韻은 $_2$江韻과 차이가 아주 큰 데에 반하여 $_1$冬韻은 $_2$江韻과 거의 차이가 없다는 결론이 나온다. 이에 따라 우리는 $_1$東韻과 $_2$江韻의 운복에 우선적으로 각각 /u/ 모음과 /o/ 모음을 배당한다. 두 개의 원순 모음이 있을 때에 제일 먼저 배당해야 하는 모음이 /u/와 /o/이기 때문이다.[73]

우리는 $_1$東韻을 /uŋ, uk/으로 추정한다. 이와 달리, 對譯音 자료에서는 $_1$東韻의 운복이 대부분 /o/에 대응한다. 한국 중세 한자음에서는 $_1$東韻의 운복이 주로 'ㅗ'

72 粵 방언에서 $_2$江韻이 [oŋ]이나 [œŋ]으로 나타난다(黃笑山 1995: 214). 周法高(1983)이 $_2$江韻과 $_1$冬韻의 관계를 개합 관계로 보아 'oŋ, ok'으로 재구한 바 있지만, 周傲生(2008: 33)은 개합 관계가 아니라 음운론적 경제성을 고려하여 둘 다 /oŋ, ok/으로 재구했다.

73 韓炅澔(2014: 21, 23)에서는 $_2$江韻의 중고음 운복에 전설 원순 모음 'œ'를 배당했다. 이것은 음성학적 분류에 치중한 것으로서, 우리의 음운론적 기술에서는 'œ'가 /o/의 변이음이다.

에 대응하고 $_3$東韻은 주로 'ㅜ'에 대응한다. 베트남 한자음에서도 $_1$東韻은 /oŋ, ok/에 대응하고 $_3$東韻은 /uŋ, uk/에 대응한다(三根谷徹 1972: 338, 355). 이것은 藏漢對音에서도 마찬가지이다(高田時雄 1988: 176~177). 일본 漢音에서도 $_1$東韻이 'オウ, オク'에, $_3$東韻이 'イウ, イク'에 대응한다(沼本克明 1997: 347).[74] 이들 대역음을 중시하면 $_1$東韻을 /oŋ, ok/으로 재구할 수 있다. 그러나 Karlgren(1954: 50~51)를 비롯하여 대부분의 중국 학자들은 $_1$東韻에 /uŋ, uk/을 배당한다. 이것은 한어 중고음 자체 내의 논리를 중시한 것으로서, 우리도 이를 따른다.

대화문 용자 상호 간의 음운론적 대립관계에 따르면, $_1$冬韻의 운복 모음은 $_2$江韻의 운복 모음과 같았거나 차이가 나더라도 5세기 전반기에 분화가 막 시작된 것이다. 이 분화가 후기 중고음 시기에 완성되므로, $_2$江韻의 운복 /o/가 2등운의 개음 '*r-'의 영향으로 전설 저모음 /ɛ/ 또는 후설 저모음 /ɑ/로 바뀌는 변화가 있었다고 할 수 있다.

(108)의 음운대립 쌍을 신빙하여 $_2$江韻의 운복에 제3의 원순 모음 /ɔ/를 배당할 수도 있다. 이것은 $_1$東韻의 운복에 /u/, $_1$冬韻의 운복에 /o/, $_2$江韻의 운복에 /ɔ/를 각각 배당하여 원순 모음이 3종이었다고 보는 방법이다. 그러나 우리는 체계적인 관점에서 이 방법을 따르지 않는다. 여타의 攝에서 후설 원순 저모음 /ɔ/가 설정되지 않기 때문이다. 무엇보다도 중요한 것은 (108)의 음운대립이 양적 척도와 질적 척도를 두루 충족하지 못한다는 점이다.

이 점을 중시하여 우리는 $_1$冬韻을 $_2$江韻에 편입하는 방법을 택한다. 그리하여 江冬韻 또는 江冬이라 지칭하고,[75] 그 운복에 /o/를 배당한다. 이 배당에 따르면 江冬韻 /oŋ, ok/이 $_1$東韻의 /uŋ, uk/과 운복 모음에서 대립한다. 고노 로쿠로(河野六郎)(2010: 263, 이진호 역주)에서는 『절운』의 $_1$東韻을 'ung'으로 추정하고 $_1$冬韻을 'ong'으로 추정하면서,[76] 慧琳의 『一切經音義』에서는 이 두 운이 하나로 합

74 이들에서 $_3$東韻의 운복이 각각 'ㅜ'나 /u/, 'イ'나 /i/로 반영된 것은 앞에 오는 운두 개음 /ɪ-/에 이끌려 고모음화 또는 전설화가 일어난 것이라고 해석할 수 있다.

75 병합된 江冬韻이 2등이 아니라 1등일 것이다. 이에 대해서는 후술한다.

76 韓炅澔(2014: 21~23)도 중고음의 $_1$東韻을 'uŋ'으로 보았지만, $_1$冬韻을 'woŋ'으로 본 것이 독특하다. $_1$東韻에는 'w-'가 없지만 $_1$冬韻에는 'w-'가 있다고 한 논거가 무엇일

류했다고 보았다.

이제, 3등운을 논의하기로 한다. 東韻에는 1등운뿐만 아니라 3등운도 있는데, 東韻 3등은 항상 C이다. 여기에서 ${}_{1}$東韻과 ${}_{C}$東韻이 음운론적으로 대립했는지를 먼저 검토할 필요가 있다. 위의 분포 분석표에서 ${}_{1}$東韻과 ${}_{C}$東韻이 동일 칸에 온 것을 찾아보면 아래와 같다. 43쌍의 최소대립 쌍을 찾을 수 있고, 19회 이상 출현하는 극소수의 상용자 집합에서 이미 대립이 성립한다.

(111) ${}_{1}$東韻과 ${}_{C}$東韻의 최소대립 쌍 (43쌍) (19, 8, 8)

1. 並奉/b/의 입성 – ${}_{1}$僕$_{東}$: ${}_{C}$覆$_{東}$, ${}_{C}$服$_{東}$, ${}_{C}$伏$_{東}$ (11 : 1, 8, 7)
2. 明微/m/의 입성 – ${}_{1}$木$_{東}$: ${}_{C}$目$_{東}$, ${}_{C}$穆$_{東}$, ${}_{C}$牧$_{東}$ (8 : 15, 4, 2)
3. 端知/t/의 평성 – ${}_{1}$東$_{東}$: ${}_{C}$忠$_{東}$ (22 : 19)
4. 心母/s/의 입성 – ${}_{1}$速$_{東}$: ${}_{C}$肅$_{東}$, ${}_{C}$夙$_{東}$ (5 : 10, 1)
5. 見母/k/의 평성 – ${}_{1}$公$_{東}$, ${}_{1}$功$_{東}$, ${}_{1}$工$_{東}$: ${}_{C}$宮$_{東}$, ${}_{C}$弓$_{東}$ (123, 11, 1 : 4, 1)

위의 최소대립 쌍을 논거로 삼아 ${}_{1}$東韻과 ${}_{C}$東韻의 음가가 서로 다르다고 본다. 3등은 항상 운두 개음을 가진다는 원칙에 따르면 이 대립 쌍을 개음의 유무 차이로 기술할 수 있다. 앞에서 이미 ${}_{1}$東韻에 /uŋ, uk/을 배당했으므로, ${}_{C}$東韻은 개음 /ɪ-/가 있는 /ɪuŋ, ɪuk/이라고 추정한다. 3등 C는 개음으로 /j-/가 아니라 /ɪ-/를 가지므로 여기에서도 모음적 개음 /ɪ-/를 택한다.

다음으로, 위의 분포 분석표에서 ${}_{C}$東韻과 ${}_{C}$鍾韻이 동일 칸에 온 것을 찾아보면 27쌍이 나오고, 4회 이상 사용된 919자 집합에서 대립이 성립한다. 이들은 운복의 최소대립 쌍이므로, ${}_{C}$東韻과 ${}_{C}$鍾韻의 운복 모음이 서로 달라야 한다. 고노 로쿠로(河野六郎)(2010: 263, 이진호 역주)에서도 ${}_{C}$東韻과 ${}_{C}$鍾韻이 완벽하게 구별된다고 했고, 沼本克明(1997: 362, 413~415)도 일본의 漢音과 新漢音에서 ${}_{C}$東韻과 ${}_{C}$鍾韻이 구별된다고 했다.

지 궁금하다.

(112) ${}_{C}$東韻과 ${}_{C}$鍾韻의 최소대립 쌍 (27쌍) (4, 4, 4)

1. 滂敷/p^{h}/의 평성 – ${}_{C}$豊$_{東}$: ${}_{C}$鋒$_{鍾}$, ${}_{C}$峯$_{鍾}$, ${}_{C}$蜂$_{鍾}$ (5 : 3, 2, 1)
2. 泥日娘/n/의 입성 – ${}_{C}$肉$_{東}$: ${}_{C}$辱$_{鍾}$ (7 : 3)
3. 羊母/j/의 평성 – ${}_{C}$融$_{東}$: ${}_{C}$容$_{鍾}$, ${}_{C}$庸$_{鍾}$ (2 : 15, 1)
4. 章母/ʨ/의 평성 – ${}_{C}$終$_{東}$, ${}_{C}$粥$_{東}$: ${}_{C}$鍾$_{鍾}$, ${}_{C}$鐘$_{鍾}$ (17, 1 : 4, 4)
5. 見母/k/의 평성 – ${}_{C}$宮$_{東}$, ${}_{C}$弓$_{東}$: ${}_{C}$恭$_{鍾}$ (4, 1 : 11)

${}_{C}$東韻의 운복에 이미 /u/를 배당했으므로 ${}_{C}$鍾韻의 운복에는 /u/를 배당할 수 없다. 이에 따라 ${}_{C}$鍾韻의 운복에 /o/를 배당하여 우리는 ${}_{C}$鍾韻을 /ɪoŋ, ɪok/으로 추정한다. 鍾韻이 항상 3등 C이므로 그 개음은 /j-/가 아니라 /ɪ-/이다.

앞에서 우리는 ${}_{1}$冬韻을 ${}_{2}$江韻에 편입하여 하나의 운모 江冬韻을 설정한 바 있다. 이 江冬韻의 3등 짝이 바로 ${}_{3}$鍾韻이다. 한시의 압운에서 ${}_{1}$冬韻과 ${}_{3}$鍾韻을 同用했으므로(Pulleyblank 1983: 183~184) 이 논의가 성립한다. 이렇게 처리하면 ${}_{1}$冬韻의 3등 짝이 없는 현상도 명쾌하게 기술할 수 있다. 즉, 『세설신어』의 5세기 전반기 한어에서는 ${}_{1}$冬韻과 ${}_{2}$江韻이 거의 미분화 상태였으므로, 이 江冬韻의 3등 짝이 ${}_{3}$鍾韻이 된다.

위에서 논의한 바를 표로 요약하면 다음과 같다.

(113) 通攝·江攝 운모 상호 간의 음운대립

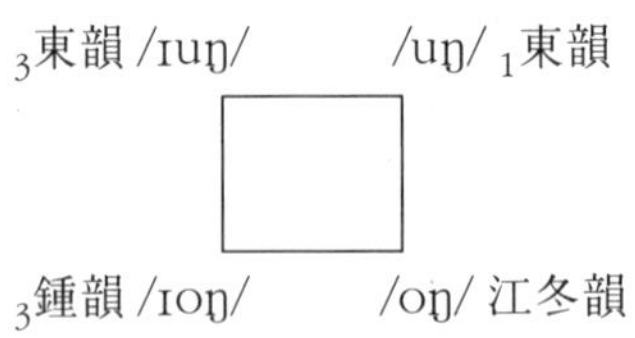

${}_{2}$江韻은 6세기 詩의 압운에서 이미 ${}_{1}$唐韻과 합류하기 시작한다(王力 1957: 27). 그런데도 11세기의 『韻鏡』에는 여전히 ${}_{2}$江韻과 ${}_{1}$唐韻이 구별되는 것처럼 기술되어 있다. 이것은 韻書나 韻圖의 보수성을 말해 줄 뿐만 아니라, 현실 구어에 대

한 연구가 반드시 필요함을 말해 준다. $_2$江韻과는 달리 $_1$冬韻은 후기 중고음에서 $_1$東韻과 합류한다(고노 로쿠로(河野六郎) 2010: 263, 이진호 역주, Pulleyblank 1983: 123). 그러나 $_3$鍾韻은 한국 중세 한자음이나 일본의 漢音에서 볼 수 있듯이, 제 음가를 그대로 유지한다.

5.4.2. 宕攝과 曾攝

宕攝과 曾攝은 운미에 /-ŋ, -k/가 오되, 운복 모음이 평순 모음인 한자음의 집합이다. 이 집합에는 梗攝도 포함되지만 경섭에 속하는 운모가 아주 많기 때문에 경섭은 뒤에서 따로 다룬다.

탕섭에는 唐韻 1등(74자)과 陽韻 3등 C(119자)가 있다. 唐韻은 항상 1등이지만 陽韻은 항상 3등 C이다. 이 둘은 1등운과 3등운의 짝이므로, 그 음가는 개음 /ɪ-/의 유무에서만 차이가 난다. 증섭에는 登韻 1등(29자)과 蒸韻 3등 B, C(51자)가 있고, 이 둘도 1등운과 3등운의 짝이므로 개음 /ɪ-/의 유무에서만 차이가 난다. 이토 지유키(2011, 이진호 역)에서 3등운이 B와 C의 둘로 나뉘는 운은 蒸韻뿐이므로, 蒸韻은 매우 독특하다.

이들을 분포 분석표에 넣어 보면 아래와 같다.

(114) 宕攝字와 曾攝字의 분포 분석표 ($_1$唐韻 74자, $_3$陽韻 119자, $_1$登韻 29자, $_3$蒸韻 51자)

<table>
<tr><th colspan="2">성조 / 성모</th><th>평성^L</th><th>상성^R</th><th>거성^D</th><th>입성^E</th></tr>
<tr><td rowspan="3">순음</td><td>幫非/p/</td><td>$_C$方$_{陽}$ $_1$崩$_{登}$
$_C$氷$_{蒸}$</td><td>$_1$榜$_{唐}$</td><td>$_1$謗$_{唐}$
$_C$放$_{陽}$</td><td>$_1$博$_{唐}$ $_1$北$_{登}$
$_B$逼$_{蒸}$</td></tr>
<tr><td>滂敷/pʰ/</td><td>$_C$妨$_{陽}$ $_C$芳$_{陽}$</td><td>$_C$仿$_{陽}$</td><td>$_C$妨$_{陽}$</td><td></td></tr>
<tr><td>並奉/b/</td><td>$_1$傍$_{唐}$ $_C$房$_{陽}$
$_C$防$_{陽}$ $_1$朋$_{登}$
$_B$憑$_{蒸}$</td><td></td><td></td><td>$_1$薄$_{唐}$ $_1$簿$_{唐}$
$_C$縛$_{陽}$ $_B$愎$_{蒸}$</td></tr>
</table>

성모 \ 성조		평성^{L}	상성^{R}	거성^{D}	입성^{E}
순음	明微/m/	1茫唐 C亡陽 C忘陽 C芒陽	1莽唐 C網陽 C罔陽	C望陽 C妄陽	1莫唐 1幕唐 1寞唐 1默登 1冒登
설음	端知/t/	開1當唐 開C張陽 開1登登 開C徵蒸	開1黨唐 開C長陽 開1等登	開1當唐 開C帳陽	開C著陽 開1得登 開1德登
	透徹/tʰ/	開1湯唐		開1儻唐 開C暘陽 開C暢陽	開1託唐 開C敕蒸
	定澄/d/	開1堂唐 開1唐唐 開1棠唐 開1塘唐 開C場陽 開C長陽 開C澄蒸	開1蕩唐 開C丈陽 開C杖陽 開C仗陽	開C仗陽 開1鄧登	開C著陽 開1特登 開C直蒸 開C値蒸
	泥日娘/n/	開1囊唐 開1能登	開C壤陽	開C讓陽 開C釀陽	開C若陽 開C弱陽 開C匿蒸
	來母/l/	開1郞唐 開1狼唐 開1琅唐 開1廊唐 開1瑯唐 開C梁陽 開C良陽 開C量陽 開1稜登 開C陵蒸	開1朗唐 開C兩陽	開C亮陽 開C量陽	開1樂唐 開1落唐 開1洛唐 開1酪唐 開C略陽 開C力蒸
치음 마찰	心母/s/	開1喪唐 開1桑唐 開C相陽 開C廂陽 開1僧登	開C想陽	開1喪唐 開C相陽	開1索唐 開C息蒸
	邪母/z/	開C祥陽	開C象陽		
	生母/ʂ/	開C霜陽	開C爽陽		開B色蒸
	書母/ɕ/	開C傷陽 開C商陽 開C觴陽 開C升蒸	開C賞陽	開C餉陽 開C勝蒸	開C識蒸 開C拭蒸 開C式蒸
	常母/ʑ/	開C常陽 開C尙陽 開C嘗陽 開C裳陽 開C承蒸 開C丞蒸	開C上陽	開C上陽 開C尙陽	開C寔蒸

성조 성모		평성^{L}	상성^{R}	거성^{D}	입성^{E}
치음 마찰	羊母/j/	$^{開}_{C}陽_{陽}$ $^{開}_{C}羊_{陽}$ $^{開}_{C}楊_{陽}$ $^{開}_{C}揚_{陽}$ $^{開}_{C}颺_{陽}$	$^{開}_{C}\underline{養}_{陽}$	$^{開}_{C}\underline{養}_{陽}$ $^{開}_{C}恙_{陽}$	$^{開}_{C}躍_{陽}$ $^{開}_{C}藥_{陽}$ $^{開}_{C}籥_{陽}$ $^{開}_{C}翼_{蒸}$
치음 파찰	精母/ʦ/	$^{開}_{1}臧_{唐}$ $^{開}_{C}\underline{將}_{陽}$ $^{開}_{C}漿_{陽}$ $^{開}_{1}\underline{曾}_{登}$ $^{開}_{1}憎_{登}$ $^{開}_{1}增_{登}$	$^{開}_{C}獎_{陽}$	$^{開}_{1}葬_{唐}$ $^{開}_{C}\underline{將}_{陽}$ $^{開}_{C}甑_{蒸}$	$^{開}_{1}\underline{作}_{唐}$ $^{開}_{C}爵_{陽}$ $^{開}_{C}雀_{陽}$ $^{開}_{1}則_{登}$ $^{開}_{C}即_{蒸}$ $^{開}_{C}稷_{蒸}$
	淸初/ʦ^{h}/	$^{開}_{1}蒼_{唐}$		$^{開}_{C}創_{陽}$	$^{開}_{B}測_{蒸}$ $^{開}_{B}惻_{蒸}$
	從母/dz/	$^{開}_{1}\underline{藏}_{唐}$ $^{開}_{C}牆_{陽}$ $^{開}_{C}廧_{陽}$ $^{開}_{1}\underline{曾}_{登}$ $^{開}_{1}層_{登}$		$^{開}_{1}\underline{藏}_{唐}$ $^{開}_{C}匠_{陽}$	$^{開}_{1}\underline{作}_{唐}$ $^{開}_{1}昨_{唐}$ $^{開}_{1}怍_{唐}$ $^{開}_{1}賊_{登}$
	莊母/tʂ/	$^{開}_{C}莊_{陽}$		$^{開}_{C}壯_{陽}$	$^{開}_{B}側_{蒸}$ $^{開}_{B}仄_{蒸}$
	章母/ʨ/	$^{開}_{C}章_{陽}$ $^{開}_{C}彰_{陽}$ $^{開}_{C}璋_{陽}$ $^{開}_{C}烝_{蒸}$		$^{開}_{C}障_{陽}$	$^{開}_{C}酌_{陽}$ $^{開}_{C}斫_{陽}$ $^{開}_{C}灼_{陽}$ $^{開}_{C}職_{蒸}$
	昌母/ʨ^{h}/	$^{開}_{C}\underline{稱}_{蒸}$		$^{開}_{C}唱_{陽}$ $^{開}_{C}\underline{稱}_{蒸}$	
	船崇/dʑ/	$^{開}_{C}牀_{陽}$ $^{開}_{C}\underline{乘}_{蒸}$ $^{開}_{C}繩_{蒸}$		$^{開}_{C}狀_{陽}$ $^{開}_{C}\underline{乘}_{蒸}$	$^{開}_{C}\underline{食}_{蒸}$
아음	見母/k/	$^{開}_{1}\underline{綱}_{唐}$ $^{開}_{1}剛_{唐}$ $^{合}_{1}光_{唐}$ $^{開}_{C}疆_{陽}$ $^{開}_{C}矜_{蒸}$	$^{合}_{1}廣_{唐}$		$^{開}_{1}各_{唐}$ $^{開}_{1}閣_{唐}$ $^{合}_{1}郭_{唐}$ $^{開}_{C}脚_{陽}$ $^{開}_{C}\underline{卻}_{陽}$ $^{合}_{1}國_{登}$ $^{開}_{C}棘_{蒸}$
	溪母/k^{h}/	$^{開}_{1}康_{唐}$ $^{開}_{1}糠_{唐}$ $^{開}_{C}羌_{陽}$ $^{合}_{C}匡_{陽}$ $^{合}_{C}筐_{陽}$	$^{開}_{1}慷_{唐}$ $^{開}_{1}肯_{登}$	$^{開}_{1}\underline{抗}_{唐}$ $^{開}_{1}伉_{唐}$ $^{合}_{1}曠_{唐}$	$^{開}_{C}\underline{卻}_{陽}$ $^{開}_{1}克_{登}$ $^{開}_{1}刻_{登}$
	群母/g/	$^{開}_{C}\underline{彊}_{陽}$ $^{開}_{C}\underline{强}_{陽}$ $^{合}_{C}狂_{陽}$	$^{開}_{C}\underline{彊}_{陽}$ $^{開}_{C}\underline{强}_{陽}$		$^{開}_{C}極_{蒸}$
	疑母/ŋ/	$^{開}_{1}昂_{唐}$ $^{開}_{C}凝_{蒸}$	$^{開}_{C}\underline{仰}_{陽}$	$^{開}_{C}\underline{仰}_{陽}$	$^{開}_{C}瘧_{陽}$ $^{開}_{C}\underline{嶷}_{蒸}$
후음	影母/ʔ/	$^{合}_{1}汪_{唐}$ $^{開}_{C}\underline{應}_{蒸}$ $^{開}_{C}鷹_{蒸}$ $^{開}_{C}膺_{蒸}$	$^{開}_{C}鞅_{陽}$	$^{開}_{C}\underline{應}_{蒸}$	$^{開}_{1}\underline{惡}_{唐}$ $^{開}_{C}約_{陽}$ $^{開}_{C}憶_{蒸}$

성조 / 성모		평성^{L}	상성^{R}	거성^{D}	입성^{E}
후음	曉母/h/	${}^{合}_{1}$荒$_{唐}$ ${}^{開}_{C}$鄉$_{陽}$ ${}^{開}_{C}$香$_{陽}$ ${}^{開}_{C}$興$_{蒸}$	${}^{開}_{C}$響$_{陽}$	${}^{開}_{C}$向$_{陽}$ ${}^{合}_{C}$況$_{陽}$ ${}^{開}_{C}$興$_{蒸}$	${}^{開}_{1}$壑$_{唐}$ ${}^{開}_{1}$郝$_{唐}$ ${}^{合}_{1}$霍$_{唐}$ ${}^{開}_{1}$黑$_{登}$
	匣云/ɦ/	${}^{開}_{1}$行$_{唐}$ ${}^{開}_{1}$抗$_{唐}$ ${}^{合}_{1}$黃$_{唐}$ ${}^{合}_{1}$皇$_{唐}$ ${}^{合}_{1}$惶$_{唐}$ ${}^{合}_{C}$王$_{陽}$ ${}^{開}_{1}$恒$_{登}$ ${}^{合}_{1}$弘$_{登}$	${}^{合}_{C}$往$_{陽}$	${}^{開}_{1}$行$_{唐}$ ${}^{合}_{C}$王$_{陽}$	${}^{開}_{1}$鶴$_{唐}$ ${}^{開}_{1}$狢$_{唐}$ ${}^{合}_{1}$或$_{登}$ ${}^{合}_{C}$域$_{蒸}$

위의 분포 분석표에서 ${}_{1}$唐韻과 ${}_{3}$陽韻의 음운대립 쌍을 찾아보면 35쌍이 나오고, 8회 이상 출현하는 507자 집합에서 이미 대립이 성립한다.

(115) **${}_{1}$唐韻과 ${}_{3}$陽韻의 음운대립 쌍** (35쌍) (8, 6, 6)

1. 定澄/d/의 평성 – ${}^{開}_{1}$堂$_{唐}$, ${}^{開}_{1}$唐$_{唐}$, ${}^{開}_{1}$棠$_{唐}$, ${}^{開}_{1}$塘$_{唐}$: ${}^{開}_{C}$場$_{陽}$ (4, 3, 1, 1 : 1, 60)
2. 來母/l/의 평성 – ${}^{開}_{1}$郎$_{唐}$, ${}^{開}_{1}$狼$_{唐}$, ${}^{開}_{1}$琅$_{唐}$, ${}^{開}_{1}$廊$_{唐}$, ${}^{開}_{1}$瑯$_{唐}$: ${}^{開}_{C}$梁$_{陽}$, ${}^{開}_{C}$良$_{陽}$ (27, 3, 3, 2, 1 : 8, 5)
3. 來母/l/의 상성 – ${}^{開}_{1}$朗$_{唐}$: ${}^{開}_{C}$兩$_{陽}$ (17 : 3)
4. 來母/l/의 입성 – ${}^{開}_{1}$落$_{唐}$, ${}^{開}_{1}$洛$_{唐}$, ${}^{開}_{1}$酪$_{唐}$: ${}^{開}_{C}$略$_{陽}$ (7, 6, 2 : 6)
5. 見母/k/의 입성 – ${}^{開}_{1}$各$_{唐}$, ${}^{開}_{1}$閣$_{唐}$: ${}^{開}_{C}$脚$_{陽}$ (5, 2 : 4)

그런데 唐韻은 항상 1등이고 陽韻은 항상 3등 C이므로 ${}_{3}$陽韻은 ${}_{1}$唐韻의 3등 짝이다. 대부분의 학자들이 ${}_{1}$唐韻의 운복을 후설 평순 저모음 /ɑ/라고 하므로, ${}_{1}$唐韻을 /ɑŋ, ɑk/으로 추정하고 그 3등 짝인 ${}_{3}$陽韻을 /ɪɑŋ, ɪɑk/으로 추정한다.

宕攝의 陽韻은 항상 3등 C 한 가지이지만, 曾攝의 蒸韻에서는 3등 B와 3등 C의 두 가지가 있다. 따라서 蒸韻의 3등 B와 3등 C가 음운론적으로 대립하는지를 먼저 검토할 필요가 있다. 그런데 『세설신어』의 대화문에 사용된 2,212자에서는 ${}_{B}$蒸韻과 ${}_{C}$蒸韻이 동일 칸에 오지 않는다.

(116) $_{B}$蒸韻과 $_{C}$蒸韻의 최소대립 쌍, 없음

이처럼 두 운이 상보적 분포일 때에는 둘을 하나로 합쳐서 기술하는 것이[77] 우리의 일관된 태도이다. 이 두 운을 蒸韻 3등 즉 $_{3}$蒸韻으로 통칭하되, 그 개음은 모음적 개음 /ɪ-/를 택한다. 3등 B와 3등 C는 공통적으로 운도의 3등 줄에 배열되고, 이 B와 C의 개음은 /ɪ-/이기 때문이다.

이제, 위의 분포 분석표에서 曾攝의 $_{1}$登韻과 $_{3}$蒸韻이 동일 칸에 옴으로써 음운론적으로 대립하는 쌍을 찾아본다. 아래의 7쌍을 찾을 수 있고, 5회 이상 사용된 764자 집합에서 이미 대립이 성립한다.

(117) $_{1}$登韻과 $_{3}$蒸韻의 음운대립 쌍 (7쌍) (5, 4, 3)

1. 幫非/p/의 입성 – $_{1}$北$_{登}$: $_{B}$逼$_{蒸}$ (14 : 4)
2. 並奉/b/의 평성 – $_{1}$朋$_{登}$: $_{B}$憑$_{蒸}$ (3 : 3)
3. 端知/t/의 평성 – $^{開}_{1}$登$_{登}$: $^{開}_{C}$徵$_{蒸}$ (4 : 3)
4. 定澄/d/의 입성 – $^{開}_{1}$特$_{登}$: $^{開}_{C}$直$_{蒸}$ (5 : 8)
5. 來母/l/의 평성 – $^{開}_{1}$稜$_{登}$: $^{開}_{C}$陵$_{蒸}$ (3 : 13)

$_{1}$登韻의 운복 모음을 아직 정할 수 없는 상태이지만 $_{3}$蒸韻이 그 3등 짝이라는 것은 확실하다. 따라서 $_{1}$登韻을 일단 /Vŋ, Vk/이라 하면, $_{3}$蒸韻은 /ɪVŋ, ɪVk/이 된다. 이 V가 어느 모음일지는 아래의 5.4.3에서 梗攝을 분석한 다음에 결정하기로 한다.

그런데 아래의 운복 최소대립 쌍을 감안하면, $_{1}$登韻의 운복 모음은 /ɑ/가 아니다. $_{1}$登韻과 $_{1}$唐韻의 최소대립 쌍이 22쌍이나 되고, 8회 이상 출현하는 507자 집합에서 이미 이 두 운이 음운론적으로 대립하기 때문이다.

77 이것은 蒸韻 3등을 B와 C의 둘로 나눈 이토 지유키(2011, 이진호 역)의 분류가 지나치게 세분화된 것임을 암시한다.

(118) $_1$唐韻과 $_1$登韻의 최소대립 쌍 (22쌍) (8, 8, 7)

1. 幫非/p/의 입성 – $_1$博$_{\text{唐}}$: $_1$北$_{\text{登}}$ (7 : 14)
2. 從母/dz/의 입성 – ${}^{\text{開}}_{1}$昨$_{\text{唐}}$, ${}^{\text{開}}_{1}$怍$_{\text{唐}}$: ${}^{\text{開}}_{1}$賊$_{\text{登}}$ (8, 1 : 14)
3. 見母/k/의 입성 – ${}^{\text{合}}_{1}$郭$_{\text{唐}}$: ${}^{\text{合}}_{1}$國$_{\text{登}}$ (5 : 34)
4. 曉母/h/의 입성 – ${}^{\text{開}}_{1}$壑$_{\text{唐}}$: ${}^{\text{開}}_{1}$黑$_{\text{登}}$ (5 : 4)
5. 匣云/ɦ/의 평성 – ${}^{\text{合}}_{1}$黃$_{\text{唐}}$, ${}^{\text{合}}_{1}$皇$_{\text{唐}}$, ${}^{\text{合}}_{1}$惶$_{\text{唐}}$: ${}^{\text{合}}_{1}$弘$_{\text{登}}$ (8, 5, 2 : 15)

이것은 3등운에서 다시 확인된다. 앞에서 말한 것처럼, $_1$唐韻과 $_1$登韻의 3등 짝은 각각 $_3$陽韻과 $_3$蒸韻이다. 그런데 $_3$陽韻과 $_3$蒸韻의 최소대립 쌍이 36쌍이나 되고, 8회 이상 출현하는 507자 집합에서 이미 대립이 성립한다.

(119) $_3$陽韻과 $_3$蒸韻의 최소대립 쌍 (36쌍) (8, 7, 7)

1. 來母/l/의 평성 – ${}^{\text{開}}_{C}$粱$_{\text{陽}}$, ${}^{\text{開}}_{C}$良$_{\text{陽}}$: ${}^{\text{開}}_{C}$陵$_{\text{蒸}}$ (8, 5 : 13)
2. 來母/l/의 입성 – ${}^{\text{開}}_{C}$略$_{\text{陽}}$: ${}^{\text{開}}_{C}$力$_{\text{蒸}}$ (6 : 5)
3. 書母/ɕ/의 평성 – ${}^{\text{開}}_{C}$傷$_{\text{陽}}$, ${}^{\text{開}}_{C}$商$_{\text{陽}}$, ${}^{\text{開}}_{C}$觴$_{\text{陽}}$: ${}^{\text{開}}_{C}$升$_{\text{蒸}}$ (6, 4, 1 : 3)
4. 常母/ʑ/의 평성 – ${}^{\text{開}}_{C}$常$_{\text{陽}}$, ${}^{\text{開}}_{C}$嘗$_{\text{陽}}$, ${}^{\text{開}}_{C}$裳$_{\text{陽}}$: ${}^{\text{開}}_{C}$承$_{\text{蒸}}$, ${}^{\text{開}}_{C}$丞$_{\text{蒸}}$ (32, 22, 16, 3 : 7, 4)
5. 精母/ʦ/의 입성 – ${}^{\text{開}}_{C}$爵$_{\text{陽}}$, ${}^{\text{開}}_{C}$雀$_{\text{陽}}$: ${}^{\text{開}}_{C}$卽$_{\text{蒸}}$, ${}^{\text{開}}_{C}$稷$_{\text{蒸}}$ (4, 3 : 5, 4)

위에서 논의한 바를 표로 요약하면 아래의 (120)과 같다. 이 표는 (113)에 정리한 通攝·江攝 운모 상호 간의 음운대립과 평행적이다. 이처럼 通攝·江攝과 宕攝·曾攝이 동궤를 달리기 때문에, 通攝에서 $_2$江韻과 $_1$冬韻을 하나로 묶어 江冬韻이라 한 것이 설득력을 갖는다.

(120) 宕攝과 曾攝 운모 상호 간의 음운대립

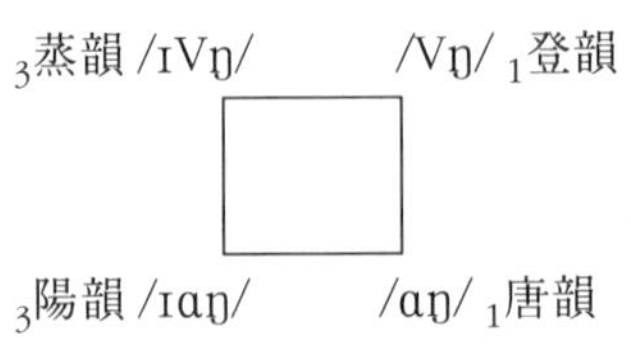

5.4.3. 梗攝

梗攝도 /-ŋ, -k/ 운미를 가지면서 운복 모음이 원순 모음이 아닌 한어음의 집합이다. 이 점에서는 위에서 분석한 宕攝이나 曾攝과 같다. 따라서 뒤에서 경섭의 분석 결과를 탕섭이나 증섭과 합하여 다시 종합하기로 한다.

그런데 梗攝의 일부 운미가 /-ŋ, -k/가 아니라 이들이 구개음화된 '-ɲ, -c'라는 견해가 Hashimoto(1965), 河野六郎(1968/79), 三根谷徹(1972: 151~152) 등을 비롯하여 일본 학자들 사이에 널리 퍼져 있다. 이 구개화된 운미는 Pulleyblank(1983: 119)이 제안한 것처럼 복합 운미 '-iŋ, -ik'(음운론적으로는 /-jŋ, -jk/)으로 해석할 수 있다. 이것을 가장 잘 보여 주는 것이 한국 중세 한자음의 梗攝字 '更[ᄀᆡᆼ]/客[ᄀᆡᆨ], 生[ᄉᆡᆼ]/索[ᄉᆡᆨ], 孟[ᄆᆡᆼ]/百[ᄇᆡᆨ]' 등이다. 따라서 후기 중고음에서는 이러한 복합 운미를 설정할 수 있지만, 전기 중고음에서는 이 복합 운미가 아직 검증된 바 없다. 따라서 전기 중고음에 관한 한, 우리는 일단 복합 운미를 허용하지 않는 태도로 일관한다.

梗攝字에는 庚韻 2등의 33자, 耕韻 2등의 18자, 庚韻 3등 B인 33자, 淸韻 3등의 A와 B인 71자, 靑韻 4등의 54자가 있다. 庚韻은 2등과 3등 B의 重韻인데 이 둘이 음운론적으로 대립했는지, 庚韻 2등과 耕韻 2등이 대립했는지, 淸韻 3등 A와 淸韻 3등 B가 대립했는지 등이 주요 관심사이다. 먼저 이들 梗攝字를 분포 분석표에 넣어 보면 다음과 같다.

(121) 梗攝字의 분포 분석표 (${}_{2}$庚韻 33자, ${}_{2}$耕韻 18자, ${}_{3}$庚韻 33자, ${}_{3}$淸韻 71자, ${}_{4}$靑韻 54자)

성조 / 성모		평성[L]	상성[R]	거성[D]	입성[E]
순음	幫非/p/	${}_{B}$兵${}_{庚}$ ${}_{A}$<u>幷</u>${}_{淸}$	${}_{B}$秉${}_{庚}$ ${}_{A}$<u>屛</u>${}_{淸}$ ${}_{A}$鞞${}_{淸}$	${}_{B}$柄${}_{庚}$ ${}_{A}$<u>幷</u>${}_{淸}$ ${}_{A}$聘${}_{淸}$	${}_{2}$伯${}_{庚}$ ${}_{2}$百${}_{庚}$ ${}_{2}$柏${}_{庚}$ ${}_{2}$迫${}_{庚}$ ${}_{A}$<u>辟</u>${}_{淸}$ ${}_{A}$璧${}_{淸}$ ${}_{4}$壁${}_{靑}$

	성조 성모	평성^{L}	상성^{R}	거성^{D}	입성^{E}
순음	滂敷/p^{h}/	$_{2}$烹$_{庚}$			$_{2}$魄$_{庚}$ $_{2}$拍$_{庚}$ $_{2}$泊$_{庚}$
	並奉/b/	$_{B}$平$_{庚}$ $_{B}$評$_{庚}$ $_{4}$屛$_{青}$ $_{4}$蓱$_{青}$	$_{4}$竝$_{青}$	$_{B}$病$_{庚}$	$_{2}$白$_{庚}$ $_{A}$辟$_{清}$
	明微/m/	$_{2}$孟$_{庚}$ $_{2}$盲$_{庚}$ $_{2}$猛$_{庚}$ $_{B}$明$_{庚}$ $_{B}$鳴$_{庚}$ $_{A}$名$_{清}$ $_{4}$冥$_{青}$ $_{4}$溟$_{青}$	$_{4}$茗$_{青}$ $_{4}$溟$_{青}$	$_{B}$命$_{庚}$	$_{2}$陌$_{庚}$ $_{2}$麥$_{耕}$ $_{2}$脈$_{耕}$ $_{4}$覓$_{青}$
설음	端知/t/	$^{開}_{AB}$貞$_{清}$ $^{開}_{4}$丁$_{青}$	$^{開}_{4}$鼎$_{青}$		$^{開}_{4}$適$_{青}$ $^{開}_{4}$的$_{青}$
	透徹/t^{h}/	$^{開}_{4}$聽$_{青}$ $^{開}_{4}$艼$_{青}$	$^{開}_{4}$艼$_{青}$ $^{開}_{4}$珽$_{青}$	$^{開}_{4}$聽$_{青}$	$^{開}_{4}$剔$_{青}$
	定澄/d/	$^{開}_{AB}$酲$_{清}$ $^{開}_{4}$廷$_{青}$ $^{開}_{4}$亭$_{青}$ $^{開}_{4}$停$_{青}$ $^{開}_{4}$渟$_{青}$ $^{開}_{4}$庭$_{青}$ $^{開}_{4}$挺$_{青}$	$^{開}_{4}$珽$_{青}$	$^{開}_{AB}$鄭$_{清}$ $^{開}_{4}$定$_{青}$	$^{開}_{2}$宅$_{庚}$ $^{開}_{2}$澤$_{庚}$ $^{開}_{2}$擇$_{庚}$ $^{開}_{AB}$擲$_{清}$ $^{開}_{4}$滌$_{青}$ $^{開}_{4}$荻$_{青}$ $^{開}_{4}$笛$_{青}$ $^{開}_{4}$敵$_{青}$
	泥日娘/n/	$^{開}_{4}$寧$_{青}$		$^{開}_{4}$佞$_{青}$	
	來母/l/	$^{開}_{AB}$令$_{清}$ $^{開}_{4}$靈$_{青}$ $^{開}_{4}$伶$_{青}$ $^{開}_{4}$齡$_{青}$ $^{開}_{4}$鈴$_{青}$ $^{開}_{4}$醽$_{青}$	$^{開}_{2}$冷$_{庚}$ $^{開}_{AB}$領$_{清}$	$^{開}_{AB}$令$_{清}$	$^{開}_{4}$礫$_{青}$ $^{開}_{4}$櫪$_{青}$ $^{開}_{4}$歷$_{青}$
치음 마찰	心母/s/	$^{開}_{AB}$性$_{清}$ $^{開}_{4}$星$_{青}$	$^{開}_{AB}$省$_{清}$	$^{開}_{AB}$姓$_{清}$	$^{開}_{AB}$昔$_{清}$ $^{開}_{AB}$惜$_{清}$ $^{開}_{4}$析$_{青}$ $^{開}_{4}$淅$_{青}$
	邪母/z/				$^{開}_{AB}$夕$_{清}$ $^{開}_{AB}$席$_{清}$
	生母/ʂ/	$^{開}_{2}$生$_{庚}$ $^{開}_{2}$甥$_{庚}$	$^{開}_{2}$省$_{庚}$		$^{開}_{2}$索$_{庚}$
	書母/ɕ/	$^{開}_{AB}$聲$_{清}$		$^{開}_{AB}$聖$_{清}$	$^{開}_{AB}$郝$_{清}$ $^{開}_{AB}$釋$_{清}$
	常母/ʑ/	$^{開}_{AB}$成$_{清}$ $^{開}_{AB}$盛$_{清}$ $^{開}_{AB}$誠$_{清}$ $^{開}_{AB}$城$_{清}$		$^{開}_{AB}$盛$_{清}$	$^{開}_{AB}$石$_{清}$ $^{開}_{AB}$碩$_{清}$
	羊母/j/	$^{合}_{AB}$營$_{清}$ $^{開}_{AB}$盈$_{清}$	$^{開}_{AB}$郢$_{清}$		$^{開}_{AB}$亦$_{清}$ $^{開}_{AB}$易$_{清}$ $^{開}_{AB}$射$_{清}$ $^{開}_{AB}$奕$_{清}$
치음 파찰	精母/ʦ/	$^{開}_{AB}$精$_{清}$	$^{開}_{AB}$井$_{清}$		$^{開}_{AB}$積$_{清}$ $^{開}_{AB}$迹$_{清}$ $^{開}_{AB}$跡$_{清}$

성조 성모		평성^{L}	상성^{R}	거성^{D}	입성^{E}
치음 파찰	清初/ʦʰ/	$^{開}_{2}$鎗$_{庚}$ $^{開}_{AB}$淸$_{清}$ $^{開}_{4}$靑$_{青}$	$^{開}_{AB}$請$_{清}$		$^{開}_{2}$策$_{耕}$
	從母/dz/	$^{開}_{AB}$情$_{清}$ $^{開}_{AB}$晴$_{清}$	$^{開}_{AB}$靜$_{清}$ $^{開}_{AB}$靖$_{清}$	$^{開}_{AB}$淨$_{清}$	$^{開}_{AB}$籍$_{清}$ $^{開}_{4}$寂$_{青}$
	莊母/tʂ/	$^{開}_{2}$爭$_{耕}$ $^{開}_{2}$箏$_{耕}$		$^{開}_{2}$爭$_{耕}$	$^{開}_{2}$責$_{耕}$
	章母/ʨ/	$^{開}_{AB}$正$_{清}$ $^{開}_{AB}$征$_{清}$		$^{開}_{AB}$正$_{清}$ $^{開}_{AB}$政$_{清}$	
	昌母/ʨʰ/				$^{開}_{AB}$尺$_{清}$ $^{開}_{AB}$郝$_{清}$ $^{開}_{AB}$赤$_{清}$
	船崇/ʥ/	$^{開}_{2}$傖$_{庚}$ $^{開}_{2}$崢$_{庚}$ $^{開}_{2}$崢$_{耕}$			$^{開}_{AB}$射$_{清}$
아음	見母/k/	$^{開}_{2}$羹$_{庚}$ $^{開}_{2}$更$_{庚}$ $^{開}_{2}$耕$_{耕}$ $^{開}_{B}$京$_{庚}$ $^{開}_{B}$驚$_{庚}$ $^{開}_{B}$荊$_{庚}$ $^{開}_{A}$勁$_{清}$ $^{開}_{4}$經$_{青}$	$^{開}_{2}$耿$_{耕}$ $^{開}_{B}$景$_{庚}$ $^{開}_{B}$警$_{庚}$ $^{開}_{B}$境$_{庚}$ $^{開}_{A}$頸$_{清}$	$^{開}_{2}$更$_{庚}$ $^{開}_{B}$敬$_{庚}$ $^{開}_{B}$竟$_{庚}$ $^{開}_{B}$鏡$_{庚}$ $^{開}_{A}$勁$_{清}$ $^{開}_{4}$徑$_{青}$	$^{開}_{2}$假$_{庚}$ $^{開}_{2}$革$_{耕}$ $^{開}_{2}$隔$_{耕}$ $^{開}_{B}$戟$_{庚}$
	溪母/kʰ/	$^{開}_{B}$卿$_{庚}$ $^{合}_{A}$傾$_{清}$ $^{開}_{A}$輕$_{清}$	$^{合}_{A}$頃$_{清}$	$^{開}_{B}$慶$_{庚}$	$^{開}_{2}$客$_{庚}$ $^{開}_{B}$郤$_{庚}$ $^{開}_{4}$喫$_{青}$
	群母/g/	$^{合}_{A}$瓊$_{清}$		$^{開}_{B}$競$_{庚}$	$^{開}_{B}$屐$_{庚}$ $^{開}_{B}$劇$_{庚}$
	疑母/ŋ/				$^{開}_{B}$逆$_{庚}$
후음	影母/ʔ/	$^{開}_{B}$英$_{庚}$ $^{合}_{2}$泓$_{耕}$ $^{開}_{A}$嬰$_{清}$	$^{開}_{B}$影$_{庚}$	$^{開}_{B}$映$_{庚}$	$^{開}_{2}$啞$_{庚}$ $^{開}_{2}$啞$_{耕}$ $^{開}_{2}$厄$_{耕}$ $^{開}_{A}$益$_{清}$
	曉母/h/	$^{合}_{B}$兄$_{庚}$ $^{合}_{2}$訇$_{耕}$ $^{開}_{4}$馨$_{青}$			
	匣云/ɦ/	$^{開}_{2}$行$_{庚}$ $^{開}_{2}$衡$_{庚}$ $^{合}_{2}$橫$_{庚}$ $^{合}_{B}$榮$_{庚}$ $^{開}_{4}$形$_{青}$ $^{開}_{4}$刑$_{青}$ $^{開}_{4}$邢$_{青}$ $^{合}_{4}$熒$_{青}$	$^{開}_{2}$幸$_{耕}$ $^{合}_{B}$永$_{庚}$	$^{合}_{B}$詠$_{庚}$	$^{開}_{2}$覈$_{耕}$

庚韻은 麻韻이나 東韻처럼 하나의 운모 명칭에 두 가지 운이 들어가 있는 重韻이다. 즉 庚韻에는 $_2$庚韻과 $_3$庚韻의 두 가지가 있다. 이 둘이 음운론적으로 대립했는지를 확인하기 위하여 동일 칸에 온 것을 찾아본다. 동일 칸에 온 것이 있다면, 이 둘은 등에서만 차이가 나므로 등의 최소대립 쌍이다.

(122) $_2$庚韻과 $_3$庚韻의 최소대립 쌍 (6쌍) (3, 2, 2)

1. 明微/m/의 평성 – $_2$孟$_{庚}$, $_2$盲$_{庚}$, $_2$猛$_{庚}$: $_B$明$_{庚}$ (3, 2, 1 : 53)
2. 見母/k/의 평성 – $^{開}_{2}$羹$_{庚}$: $^{開}_{B}$京$_{庚}$, $^{開}_{B}$驚$_{庚}$, $^{開}_{B}$荊$_{庚}$ (2 : 6, 2, 13)

위에서 볼 수 있듯이 $_2$庚韻과 $_3$庚韻의 최소대립 쌍이 6쌍이고, 3회 이상 사용된 1,112자 집합에서 대립이 성립한다. (122)에서는 제외했지만 성조 다음자인 '更'을 대립 항으로 인정하여 평성과 거성의 어느 하나를 택하든, 10회 이상 출현하는 용자 상호 간의 음운대립이 성립한다. 따라서 $_2$庚韻과 $_3$庚韻의 음운대립을 믿을 만하다. 이에 따라 이 둘의 음가가 서로 다르다고 보아야 하는데, 이때에도 3등은 항상 개음을 가진다는 원칙을 적용하면 된다. 즉 운복 모음은 동일하되, $_3$庚韻은 $_2$庚韻에 개음 /ɪ-/가 덧붙은 음가이다.

다음으로, $_2$庚韻과 $_2$耕韻이 동일 칸에 온 것을 찾아본다. 아래의 3/7쌍이 나오지만[78] 이 음운대립은 『세설신어』 대화문에 사용된 2,212자 전체 집합에서 겨우 성립한다. 이것은 이 음운대립의 상대적 강도가 아주 약함을 뜻한다.

(123) $_2$庚韻과 $_2$耕韻의 최소대립 쌍 (3/7쌍) (1, 1, 1)

1. 明微/m/의 입성 – $_2$陌$_{庚}$: $_2$麥$_{耕}$, $_2$脈$_{耕}$ (1 : 1, 1)
2. 見母/k/의 평성 – $^{開}_{2}$羹$_{庚}$, $^{開}_{2}$<u>更</u>$_{庚}$: $^{開}_{2}$耕$_{耕}$ (2, 10 : 1)
3. 見母/k/의 거성 – $^{開}_{2}$<u>假</u>$_{庚}$: $^{開}_{2}$革$_{耕}$, $^{開}_{2}$隔$_{耕}$ (7 : 1, 1)
4. 影母/ʔ/의 입성 – $^{開}_{2}$<u>啞</u>$_{庚}$: $^{開}_{2}$戹$_{耕}$ (2 : 2)

---

78 이것은 다음자인 '更, 啞' 등을 대립 항에서 제외한 결과이다.

(124) 대립 항 '麥'의 용례

麥 – 豆至難煮, 唯豫作熟末, 客至, 作白粥而投之. 韭蓱虀, 是搗韭根, 雜以麥苗爾. (30:05)

콩은 삶기가 매우 어렵기 때문에 미리 익혀서 가루로 만들어 놓았다가 손님이 오면 흰죽을 끓일 때에 집어넣는 것입니다. 다진 부추와 부평초 절임은 찧은 부추 뿌리에 부평초 대신 보리싹을 섞은 것입니다.

이번에는, $_{2}$耕韻과 $_{4}$青韻이 동일 칸에 온 것을 찾아본다. 아래의 3쌍을 찾을 수 있지만, 3쌍 모두 『세설신어』의 대화문에 사용된 2,212자를 모두 검토할 때에 비로소 대립이 성립한다. 耕韻은 항상 2등이고 青韻은 항상 4등이므로, 이 대립 쌍은 사실은 운복의 최소대립 쌍이지만, 음운대립의 강도가 상대적으로 아주 약하다.

(125) $_{2}$耕韻과 $_{4}$青韻의 음운대립 쌍 (3쌍) (1, 1, 1)

1. 明微/m/의 입성 – $^{開}{}_{2}$麥$_{耕}$, $^{開}{}_{2}$脈$_{耕}$: $^{開}{}_{4}$覓$_{青}$ (1, 1 : 3)
2. 見母/k/의 평성 – $^{開}{}_{2}$耕$_{耕}$: $^{開}{}_{4}$經$_{青}$ (1 : 12)

(126) 대립 항 '脈'과 '耕'의 용례

1. 脈 – 小人母, 年垂百歲, 抱疾來久; 若蒙官一脈, 便有活理. 訖就屠戮無恨. (20:11)

   소인의 모친은 백 세 가까이 되었는데 오랫동안 병을 앓고 있습니다. 만약 주인어르신의 진맥을 한 번만 받을 수 있다면 곧 살아날 가망이 있을 것이오니 그렇게만 된다면 일이 끝나고 나서 죽임을 당하더라도 여한이 없겠습니다.

2. 耕 – 昔伯成耦耕, 不慕諸侯之榮 (2:9)

   옛날에 백성은 짝하여 밭을 갈면서도 제후의 영화 따위는 부러워하지 않았다.

그런데 (123.1)과 (125.1)의 대립 항 '麥'은 대화문이라기보다 간접화법으로 인용한 문장에 나오고, (123.2)와 (125.2)의 대립 항 '耕'도 전해지는 옛날이야기를 인용한 것임이 분명하다. 그렇다면 (123)과 (125)에서 신뢰할 수 있는 대립 쌍은 각각 한 쌍뿐이다. (123)에서는 '$_2$陌$_{庚}$: $_2$脈$_{耕}$'의 한 쌍이고, (125)에서는 '$^{開}{}_2$脈$_{耕}$: $^{開}{}_4$覓$_{青}$'의 한 쌍이다. 이것은 $_2$庚韻과 $_2$耕韻의 음운대립뿐만 아니라 $_2$耕韻과 $_4$靑韻의 음운대립도 몹시 불안했음을 말해 준다.

그런데 $_2$耕韻은 $_2$庚韻보다는 $_4$靑韻과 음운론적 거리가 상대적으로 더 가깝다. 기존의 논의에서는 대부분 $_2$耕韻과 $_2$庚韻이 음운론적으로 구별되지 않는다고 해 왔다. 둘 다 2등운이기 때문이다. 그런데 『세설신어』의 대화문 용자를 기준으로 하면 $_2$耕韻과 $_4$靑韻의 음운대립 쌍을 찾기가 더 어렵다. 이 두 가지 음운대립이 공통적으로 모두 2,212자 집합에서만 확인되지만, 다음자를 논거에 포함하면 $_2$耕韻과 $_2$庚韻의 최소대립 쌍이 7쌍으로 늘어난다. 반면에 $_2$耕韻과 $_4$靑韻의 음운대립 쌍은 다음자를 포함하더라도 여전히 (125)의 3쌍에 불과하다. 이것은 두 음운대립의 상대적 강도가 차이가 난다는 것을 의미하므로, 우리는 $_2$耕韻을 $_4$靑韻에 편입하는 방법을 택한다.[79] 그리하여 이것을 靑耕韻 또는 靑耕이라 부른다.

이제, $_2$庚韻과 $_4$靑韻의 음운대립으로 넘어간다. 26쌍의 음운대립 쌍을 찾아낼 수 있을 뿐만 아니라, 3회 이상 사용된 1,112자 집합에서 대립이 성립한다. 따라서 $_2$庚韻과 $_4$靑韻의 음운대립을 믿을 만하다.

(127) $_2$庚韻과 $_4$靑韻의 음운대립 쌍 (26쌍) (3, 3, 3)

1. 幫非/p/의 입성 – $_2$伯$_{庚}$, $_2$百$_{庚}$, $_2$柏$_{庚}$, $_2$迫$_{庚}$: $_4$壁$_{青}$ (31, 25, 5, 1 : 3)
2. 明微/m/의 평성 – $_2$盂$_{庚}$, $_2$盲$_{庚}$, $_2$猛$_{庚}$: $_4$冥$_{青}$ (3, 2, 1 : 3)
3. 淸初/ʦʰ/의 평성 – $^{開}{}_2$鎗$_{庚}$: $^{開}{}_4$靑$_{青}$ (1 : 4)
4. 見母/k/의 평성 – $^{開}{}_2$羹$_{庚}$: $^{開}{}_4$經$_{青}$ (2 : 12)

79 고노 로쿠로(河野六郎)(2010: 209, 이진호 역주)도 耕韻을 "四等韻인 靑韻과 혼동하기 쉽다"고 했다.

5. 匣云/ɦ/의 평성 – $^{開}_{2}$衡$_{庚}$: $^{開}_{4}$形$_{青}$, $^{開}_{4}$刑$_{青}$, $^{開}_{4}$邢$_{青}$ (3 : 22, 6, 1)

위의 논의를 종합하면 梗攝의 운복 모음에서는 $_{2}$庚韻과 青耕韻이 2항 대립을 이룬다. $_{2}$耕韻은 $_{4}$青韻에 편입되므로 독자적인 대립 항이 아니다. 우리는 $_{2}$庚韻의 운복에 전설 저모음 /ɛ/를 배당하고 青耕韻의 운복에 /e/를 배당한다. 위의 /-ø/ 운미, /-i/ 운미, /-u/ 운미에서도 2등운의 운복에 /ɛ/를 배당하고 4등운의 운복에 /e/를 배당한 바 있다. 이처럼 평행적으로 배당한 것일 뿐인데도, 이 음가 배당은 $_{2}$耕韻의 운복 모음이 [ɛ]와 [e]의 사이에서 동요하는 음성이었음을 효과적으로 반영한다.

周祖謨(1966: 464)이 지적한 것처럼, $_{2}$耕韻은 梗攝의 다른 운과 달리 시의 압운에서 독자적으로 행동한다. 이 독자성과 (123)과 (125)의 음운대립 쌍을 인정하여 $_{2}$耕韻이 $_{2}$庚韻이나 $_{4}$青韻과 음운론적으로 대립했다고 기술해야 할지도 모른다.[80] 더욱이 한국 중세 한자음에는 독특하게도 梗攝에 '깅, 싱, 힝' 등의 음절이 있다.

$_{2}$耕韻이 $_{2}$庚韻이나 $_{4}$青韻과 음운론적으로 대립하는 현상을 기술하는 방법이 없지는 않다. '깅, 싱, 힝' 등의 음절에서 複合 운미 /-iŋ, -ik/을[81] 인정하여 $_{2}$耕韻을 /ɛiŋ, ɛik/이라 추정하는 방법이 있다. 일본의 많은 학자들과 Pulleyblank(1983: 193)이 이 방법을 택한 바 있다. 이때에는 구개 운미 /-i/의 유무로 $_{2}$耕韻과 $_{2}$庚韻이 음운론적으로 대립한다. 이와 비슷하게 $_{2}$耕韻의 운미에 독특하게 '-ə'가 삽입되었다고 보는 기술도 가능하다. $_{2}$耕韻을 'eəŋ, eək'이라 추정하면 $_{2}$耕韻과 $_{4}$青韻이 '-ə'의 유무로 대립한다. Baxter and Sagart(2014)가 이 방법을 택한 바 있다. 우리는 운복 모음을 7종으로 엄격히 제한하는데, 복합 운미 /-iŋ, -ik/이나 /-əŋ, -ək/을 인정한다 하더라도 운복 모음의 종류가 늘어나지 않는다는 점에서 이 복합 운미설이 분명히 매력적이다.

80 $_{2}$庚韻, $_{2}$耕韻, $_{4}$青韻이 元代의 『中原音韻』에서는 하나로 합류한다(Pulleyblank 1983: 119).

81 이것은 河野六郎(1968/79)와 平山久雄(1998)이 설정한 '-ɲ, -c' 운미에 해당한다.

그러나 이처럼 복합 운미를 활용하는 방법은 운미를 6종으로 한정하는 우리의 논의와 정면으로 충돌한다. 복합 운미를 허용하면 우선 논의의 일관성을 해치게 된다. 더욱이 복합 운미 /-iŋ, -ik/이나 /-əŋ, -ək/을 인정하는 학설에서는 대개 후기 중고음 자료가 그 논거가 된다. 전기 중고음에서는 이를 입증해 줄 논거가 아직 제시된 바 없다. 따라서 우리는 이들 복합운미설을 택하지 않는다.

이제, 3등운에 대한 논의로 넘어간다. 淸韻에는 3등 A와 3등 B의 두 가지가 있다. 이 두 운에서 중뉴가 성립하는지를 논의하기 위해 이 두 운이 동일 칸에 오는지를 살펴보았다. 그랬더니, 淸韻 3등의 A와 B가 동일 칸에 오지 않는다.

(128) $_{3}$淸韻 A와 $_{3}$淸韻 B의 최소대립 쌍, 없음

이것은 5세기 전반기의 淸韻에서는 重紐가 없었다는 것을 뜻한다. $_{3}$淸韻에서는 B를 A에 편입하는 것이 옳다는 것을 위의 분포 분석표에서 확인할 수 있다. 중뉴는 아후음의 뒤에서 확인되는 것이 일반적인데, $_{3}$淸韻은 아후음뿐만 아니라 순음 뒤에서도 항상 3등 A이다. 이토 지유키(2011, 이진호 역)에서는 설치음 뒤의 $_{3}$淸韻을 AB로 표기했지만, 이것은 설치음 뒤에서는 A와 B가 구별되지 않는다는 것을 $_{3}$淸韻에도 그대로 적용한 것에 불과하다. 우리는 $_{3}$淸韻에 관한 한 5세기 전반기의 淸韻이 3등 A 하나였다고 판단한다.

다음으로, $_{3}$庚韻과 $_{A}$淸韻이 동일 칸에 옴으로써 음운대립을 이루는 쌍을 찾아본다. 아래의 5쌍 중에서 (129.3)의 대립 항인 '明'과 '名'은 둘 다 53회 이상 출현한다. 따라서 $_{3}$庚韻과 $_{A}$淸韻의 음운대립은 극소수의 상용자 집합에서 이미 대립이 성립한다.

(129) $_{B}$庚韻과 $_{A}$淸韻의 음운대립 쌍 (5쌍) (53, 7, 1)

1. 幫非/p/의 상성 - $_{B}$秉$_{庚}$: $_{A}$鉼$_{淸}$ (1 : 1)
2. 幫非/p/의 거성 - $_{B}$柄$_{庚}$: $_{A}$聘$_{淸}$ (2 : 1)

3. 明微/m/의 평성 – $_{B}$明$_{庚}$: $_{A}$名$_{清}$ (53 : 56)

4. 溪母/k^h/의 평성 – $^{開}_{B}$卿$_{庚}$: $^{開}_{A}$輕$_{清}$ (196 : 7)

5. 影母/ʔ/의 평성 – $^{開}_{B}$英$_{庚}$: $^{開}_{A}$嬰$_{清}$ (9 : 1)

그런데 $_{B}$庚韻과 $_{A}$淸韻의 음운대립은 개음 종류의 대립일 수도 있고, 운복 모음의 대립일 수도 있다. (129)의 대립 항에서 볼 수 있듯이. $_{3}$庚韻의 대립 항은 항상 B이지만 $_{3}$淸韻의 대립 항은 항상 A이기 때문이다.

첫째로, 위의 음운대립을 개음 종류의 차이로 해석하면, $_{B}$庚韻과 $_{A}$淸韻의 개음은 각각 /ɪ-/와 /j-/이다. 이처럼 等에서 상보적임을 강조하여 平山久雄(1967: 156~157)은 $_{B}$庚韻과 $_{A}$淸韻을 중뉴 관계로 보았다. 이 견해에서는 두 운의 운복 모음이 동일해도 되므로, $_{3}$庚韻 B를 /ɪɛŋ, ɪɛk/으로 $_{3}$淸韻 A를 /jɛŋ, jɛk/으로 추정하게 된다.

둘째로, 이와는 달리 (129)의 대립 쌍을 운복 모음의 대립 쌍이라고 해석할 수도 있다. 운두 개음뿐만 아니라 운복 모음도 서로 다르다고 하면, (129.3)의 대립 항인 '明'과 '名'처럼 극소수의 상용자에서 음운대립이 성립하는 현상을 기술할 때에 안성맞춤이다. 이에 따라 $_{3}$庚韻 B를 /ɪɛŋ, ɪɛk/으로 재구하고 $_{3}$淸韻 A를 /jeŋ, jek/으로 추정하여, 운두 개음뿐만 아니라 운복 모음도 서로 달랐다고 할 수 있다.

그런데 위의 두 가지 해석 중에서 둘째 해석은 일반 원칙을 어기게 된다. 한어 중고음에서 1등운이나 2등운은 3등 짝을 가질 수 있지만, 4등운은 3등 짝을 가지지 않는 것이 원칙이다. 만약에 둘째 해석을 택하면, $_{3}$淸韻 A의 /jeŋ, jek/이 $_{4}$青韻 /eŋ, ek/의 3등 짝이 된다. 이처럼 3등운이 4등운의 짝이 되는 것은 여타의 攝에서는 전혀 발견되지 않으므로 우리는 둘째 해석을 버린다. 반면에, $_{3}$淸韻 A를 /jɛŋ, jɛk/로 추정하는 첫째 해석은 여러 일반 원칙을 어기지 않으므로 문제될 것이 없다.

지금까지의 논의를 종합하여 梗攝 운모의 음운대립을 정리해 보면 아래와 같다. 이것은 위의 通攝·江攝과 宕攝·曾攝에서 보았던 대립구조와 평행적이다.

(130) 梗攝 운모의 음운대립

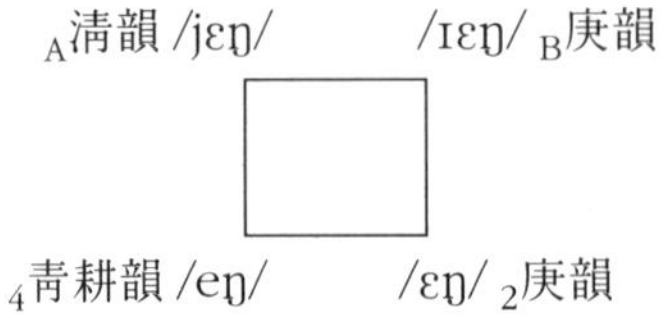

(130)에서는 靑耕韻을 4등이라 했다. $_{2}$庚韻과 $_{4}$靑韻의 음운론적 거리는 아주 멀다. 그런데 $_{2}$耕韻은 $_{2}$庚韻보다는 상대적으로 $_{4}$靑韻과 음운론적 거리가 가깝다. 이 점을 중시하여 靑耕韻의 등을 4등이라 했다. 이렇게 처리하면 梗攝 운모의 대립구조가 여타 섭의 대립구조와 평행적이므로, (130)의 음가 배당이 설득력을 갖는다.

5.4.4. /-ŋ, -k/ 운미 종합

지금까지 /-ŋ, -k/ 운미에 속하는 通攝, 江攝, 宕攝, 曾攝, 梗攝을 셋으로 나누어 분석해 보았다. 그런데 이들을 모두 합하여 음운대립을 확인할 필요가 있다. 예컨대, 통섭의 $_{1}$東韻과 증섭의 $_{1}$登韻이 음운론적으로 대립했는지, 경섭의 $_{2}$庚韻이 탕섭의 $_{1}$唐韻과 대립했는지를 확인해야만 /-ŋ, -k/ 운미 전체에 대한 논의가 완성되기 때문이다. 또한 증섭의 $_{1}$登韻 운복에는 아직 모음을 배당하지 않은 상태이므로, 음운대립을 종합적으로 고려하여 $_{1}$登韻의 운복 모음도 결정할 필요가 있다.

/-ŋ, -k/ 운미를 가지는 운모를 모두 논의 대상으로 삼을 때에는 (106)의 通攝과 江攝, (114)의 宕攝과 曾攝, (121)의 梗攝으로 나누어 작성한 분포 분석표를 하나로 합치면 된다. 아래의 전체 분포 분석표는 분량이 많아 번거롭지만, /-ŋ, -k/ 운미를 가지는 운 상호 간의 음운대립 쌍을 한눈에 파악할 수 있다는 점에서 오히려 가치가 크다.

(131) /-ŋ, -k/ 운미자 전체의 분포 분석표

성모 \ 성조		평성^{L}	상성^{R}	거성^{D}	입성^{E}
순음	帮非/p/	$_{2}\text{邦}_{\text{江}}$ $_{C}\underline{\text{風}}_{\text{東}}$ $_{C}\text{楓}_{\text{東}}$ $_{C}\text{封}_{\text{鍾}}$ $_{C}\underline{\text{方}}_{\text{陽}}$ $_{1}\text{崩}_{\text{登}}$ $_{C}\text{氷}_{\text{蒸}}$ $_{B}\text{兵}_{\text{庚}}$ $_{A}\underline{\text{幷}}_{\text{清}}$	$_{1}\text{榜}_{\text{唐}}$ $_{B}\text{秉}_{\text{庚}}$ $_{A}\underline{\text{屛}}_{\text{清}}$ $_{A}\text{䴵}_{\text{清}}$	$_{C}\underline{\text{風}}_{\text{東}}$ $_{C}\text{諷}_{\text{東}}$ $_{1}\text{謗}_{\text{唐}}$ $_{C}\text{放}_{\text{陽}}$ $_{B}\text{柄}_{\text{庚}}$ $_{A}\underline{\text{幷}}_{\text{清}}$ $_{A}\text{聘}_{\text{清}}$	$_{1}\text{卜}_{\text{東}}$ $_{1}\text{濮}_{\text{東}}$ $_{C}\text{腹}_{\text{東}}$ $_{C}\underline{\text{複}}_{\text{東}}$ $_{C}\text{福}_{\text{東}}$ $_{1}\text{博}_{\text{唐}}$ $_{1}\text{北}_{\text{登}}$ $_{B}\text{逼}_{\text{蒸}}$ $_{2}\text{伯}_{\text{庚}}$ $_{2}\text{百}_{\text{庚}}$ $_{2}\text{柏}_{\text{庚}}$ $_{2}\text{迫}_{\text{庚}}$ $_{A}\underline{\text{辟}}_{\text{清}}$ $_{A}\text{璧}_{\text{清}}$ $_{4}\text{壁}_{\text{青}}$
	滂敷/p^{h}/	$_{C}\text{豊}_{\text{東}}$ $_{C}\text{鋒}_{\text{鍾}}$ $_{C}\text{峯}_{\text{鍾}}$ $_{C}\text{蜂}_{\text{鍾}}$ $_{C}\underline{\text{妨}}_{\text{陽}}$ $_{C}\underline{\text{芳}}_{\text{陽}}$ $_{2}\text{烹}_{\text{庚}}$	$_{C}\text{仿}_{\text{陽}}$	$_{C}\underline{\text{妨}}_{\text{陽}}$	$_{2}\text{璞}_{\text{江}}$ $_{C}\underline{\text{覆}}_{\text{東}}$ $_{2}\text{魄}_{\text{庚}}$ $_{2}\text{拍}_{\text{庚}}$ $_{2}\text{泊}_{\text{庚}}$
	並奉/b/	$_{1}\text{蓬}_{\text{東}}$ $_{C}\underline{\text{汎}}_{\text{東}}$ $_{C}\text{馮}_{\text{東}}$ $_{C}\text{逢}_{\text{鍾}}$ $_{1}\text{傍}_{\text{唐}}$ $_{C}\text{房}_{\text{陽}}$ $_{C}\text{防}_{\text{陽}}$ $_{1}\text{朋}_{\text{登}}$ $_{B}\text{憑}_{\text{蒸}}$ $_{B}\text{平}_{\text{庚}}$ $_{B}\text{評}_{\text{庚}}$ $_{4}\underline{\text{屛}}_{\text{青}}$ $_{4}\text{洴}_{\text{青}}$	$_{C}\text{奉}_{\text{鍾}}$ $_{4}\text{竝}_{\text{青}}$	$_{C}\text{鳳}_{\text{東}}$ $_{B}\text{病}_{\text{庚}}$	$_{1}\text{僕}_{\text{東}}$ $_{1}\underline{\text{暴}}_{\text{東}}$ $_{C}\underline{\text{復}}_{\text{東}}$ $_{C}\text{馥}_{\text{東}}$ $_{C}\text{服}_{\text{東}}$ $_{C}\text{伏}_{\text{東}}$ $_{1}\text{薄}_{\text{唐}}$ $_{1}\underline{\text{簿}}_{\text{唐}}$ $_{C}\text{縛}_{\text{陽}}$ $_{B}\text{愎}_{\text{蒸}}$ $_{2}\text{白}_{\text{庚}}$ $_{A}\underline{\text{辟}}_{\text{清}}$
	明微/m/	$_{1}\text{蒙}_{\text{東}}$ $_{1}\text{茫}_{\text{唐}}$ $_{C}\underline{\text{亡}}_{\text{陽}}$ $_{C}\text{忘}_{\text{陽}}$ $_{C}\text{芒}_{\text{陽}}$ $_{2}\text{孟}_{\text{庚}}$ $_{2}\text{盲}_{\text{庚}}$ $_{2}\text{猛}_{\text{庚}}$ $_{B}\text{明}_{\text{庚}}$ $_{B}\underline{\text{鳴}}_{\text{庚}}$ $_{A}\text{名}_{\text{清}}$ $_{4}\text{冥}_{\text{青}}$ $_{4}\underline{\text{溟}}_{\text{青}}$	$_{1}\underline{\text{莽}}_{\text{唐}}$ $_{C}\underline{\text{網}}_{\text{陽}}$ $_{C}\text{罔}_{\text{陽}}$ $_{4}\text{茗}_{\text{青}}$ $_{4}\underline{\text{溟}}_{\text{青}}$	$_{C}\text{夢}_{\text{東}}$ $_{C}\text{望}_{\text{陽}}$ $_{C}\text{妄}_{\text{陽}}$ $_{B}\text{命}_{\text{庚}}$	$_{1}\text{木}_{\text{東}}$ $_{2}\text{邈}_{\text{江}}$ $_{C}\text{目}_{\text{東}}$ $_{C}\text{穆}_{\text{東}}$ $_{C}\text{牧}_{\text{東}}$ $_{1}\underline{\text{莫}}_{\text{唐}}$ $_{1}\text{幕}_{\text{唐}}$ $_{1}\text{寞}_{\text{唐}}$ $_{1}\text{默}_{\text{登}}$ $_{1}\underline{\text{瞢}}_{\text{登}}$ $_{2}\text{陌}_{\text{庚}}$ $_{2}\text{麥}_{\text{耕}}$ $_{2}\text{脈}_{\text{耕}}$ $_{4}\text{覓}_{\text{青}}$

성모 \ 성조		평성^L	상성^R	거성^D	입성^E
설음	端知/t/	$_1$東$_{東}$ $_1$冬$_{冬}$ $_C$中$_{東}$ $_C$忠$_{東}$ $^{開}{}_1$當$_{唐}$ $^{開}{}_C$張$_{陽}$ $^{開}{}_1$登$_{登}$ $^{開}{}_C$徵$_{蒸}$ $^{開}{}_{AB}$貞$_{清}$ $^{開}{}_4$丁$_{青}$	$_1$董$_{東}$ $^{開}{}_1$黨$_{唐}$ $^{開}{}_C$長$_{陽}$ $^{開}{}_1$等$_{登}$ $^{開}{}_4$鼎$_{青}$	$_1$棟$_{東}$ $_C$中$_{東}$ $^{開}{}_1$當$_{唐}$ $^{開}{}_C$帳$_{陽}$	$_1$篤$_{冬}$ $_2$卓$_{江}$ $_C$竹$_{東}$ $^{開}{}_C$著$_{陽}$ $^{開}{}_1$得$_{登}$ $^{開}{}_1$德$_{登}$ $^{開}{}_4$適$_{青}$ $^{開}{}_4$的$_{青}$
	透徹/t^h/	$_1$通$_{東}$ $^{開}{}_1$湯$_{唐}$ $^{開}{}_4$聽$_{青}$ $^{開}{}_4$艼$_{青}$	$_C$寵$_{鍾}$ $^{開}{}_4$艼$_{青}$ $^{開}{}_4$珽$_{青}$	$_1$痛$_{東}$ $^{開}{}_1$儻$_{唐}$ $^{開}{}_C$暘$_{陽}$ $^{開}{}_C$暢$_{陽}$ $^{開}{}_4$聽$_{青}$	$^{開}{}_1$託$_{唐}$ $^{開}{}_C$敕$_{蒸}$ $^{開}{}_4$剔$_{青}$
	定澄/d/	$_1$同$_{東}$ $_1$銅$_{東}$ $_1$童$_{東}$ $_1$瞳$_{東}$ $_C$重$_{鍾}$ $_C$沖$_{東}$ $^{開}{}_1$堂$_{唐}$ $^{開}{}_1$唐$_{唐}$ $^{開}{}_1$棠$_{唐}$ $^{開}{}_1$塘$_{唐}$ $^{開}{}_C$場$_{陽}$ $^{開}{}_C$長$_{陽}$ $^{開}{}_C$澄$_{蒸}$ $^{開}{}_{AB}$酲$_{清}$ $^{開}{}_4$廷$_{青}$ $^{開}{}_4$亭$_{青}$ $^{開}{}_4$停$_{青}$ $^{開}{}_4$渟$_{青}$ $^{開}{}_4$庭$_{青}$ $^{開}{}_4$挺$_{青}$	$_1$動$_{東}$ $_C$重$_{鍾}$ $^{開}{}_1$蕩$_{唐}$ $^{開}{}_C$丈$_{陽}$ $^{開}{}_C$杖$_{陽}$ $^{開}{}_C$仗$_{陽}$ $^{開}{}_4$珽$_{青}$	$_1$慟$_{東}$ $_1$洞$_{東}$ $_C$仲$_{東}$ $_C$重$_{鍾}$ $^{開}{}_C$仗$_{陽}$ $^{開}{}_1$鄧$_{登}$ $^{開}{}_{AB}$鄭$_{清}$ $^{開}{}_4$定$_{青}$	$_1$獨$_{東}$ $_1$讀$_{東}$ $_1$犢$_{東}$ $_2$濯$_{江}$ $_2$濁$_{江}$ $_C$逐$_{東}$ $_C$軸$_{東}$ $_C$柚$_{東}$ $^{開}{}_C$著$_{陽}$ $^{開}{}_1$特$_{登}$ $^{開}{}_C$直$_{蒸}$ $^{開}{}_C$值$_{蒸}$ $^{開}{}_2$宅$_{庚}$ $^{開}{}_2$澤$_{庚}$ $^{開}{}_2$擇$_{庚}$ $^{開}{}_{AB}$擲$_{清}$ $^{開}{}_4$滌$_{青}$ $^{開}{}_4$荻$_{青}$ $^{開}{}_4$笛$_{青}$ $^{開}{}_4$敵$_{青}$
	泥日娘/n/	$_C$戎$_{東}$ $_C$濃$_{鍾}$ $^{開}{}_1$囊$_{唐}$ $^{開}{}_1$能$_{登}$ $^{開}{}_4$寧$_{青}$	$^{開}{}_C$壤$_{陽}$	$^{開}{}_C$讓$_{陽}$ $^{開}{}_C$釀$_{陽}$ $^{開}{}_4$佞$_{青}$	$_C$肉$_{東}$ $_C$辱$_{鍾}$ $^{開}{}_C$若$_{陽}$ $^{開}{}_C$弱$_{陽}$ $^{開}{}_C$匿$_{蒸}$
	來母/l/	$_C$隆$_{東}$ $_C$龍$_{鍾}$ $^{開}{}_1$郎$_{唐}$ $^{開}{}_1$狼$_{唐}$ $^{開}{}_1$琅$_{唐}$ $^{開}{}_1$廊$_{唐}$ $^{開}{}_1$瑯$_{唐}$ $^{開}{}_C$梁$_{陽}$ $^{開}{}_C$良$_{陽}$ $^{開}{}_C$量$_{陽}$	$_1$籠$_{東}$ $^{開}{}_1$朗$_{唐}$ $^{開}{}_C$兩$_{陽}$ $^{開}{}_2$冷$_{庚}$ $^{開}{}_{AB}$領$_{清}$	$^{開}{}_C$亮$_{陽}$ $^{開}{}_C$量$_{陽}$ $^{開}{}_{AB}$令$_{清}$	$_1$碌$_{東}$ $_1$鹿$_{東}$ $_1$轆$_{東}$ $_1$漉$_{東}$ $_2$觻$_{江}$ $_2$犖$_{江}$ $_C$陸$_{東}$ $_C$戮$_{東}$ $_C$六$_{東}$ $_C$錄$_{鍾}$

성모 \ 성조		평성^{L}	상성^{R}	거성^{D}	입성^{E}
설음	來母/l/	開1稜登 開C陵蒸 開AB令清 開4靈青 開4伶青 開4齡青 開4鈴青 開4醽青			C碌鍾 開1樂唐 開1落唐 開1洛唐 開1酪唐 開C略陽 開C力蒸 開4礫青 開4櫪青 開4歷青
치음 마찰	心母/s/	C嵩東 開1喪唐 開1桑唐 開C相陽 開C廂陽 開1僧登 開AB性清 開4星青	開C想陽 開AB省清	1送東 開1喪唐 開C相陽 開AB姓清	1速東 C肅東 C宿東 C夙東 C粟鍾 開1索唐 開C息蒸 開AB昔清 開AB惜清 開4析青 開4淅青
	邪母/z/	C松鍾 開C祥陽	開C象陽	C頌鍾	C俗鍾 開AB夕清 開AB席清
	生母/ʂ/	2雙江 開C霜陽 開2生庚 開2甥庚	開C爽陽 開2省庚		2槊江 C謖東 開B色蒸 開2索庚
	書母/ɕ/	C舂鍾 開C傷陽 開C商陽 開C觴陽 開C升蒸 開AB聲清	開C賞陽	開C餉陽 開C勝蒸 開AB聖清	C叔東 C菽東 C束鍾 開C識蒸 開C拭蒸 開C式蒸 開AB郝清 開AB釋清
	常母/ʑ/	開C常陽 開C尙陽 開C嘗陽 開C裳陽 開C承蒸 開C丞蒸 開AB成清 開AB盛清 開AB誠清 開AB城清	開C上陽	開C上陽 開C尙陽 開AB盛清	C孰東 C熟東 C屬鍾 C蜀鍾 開C寔蒸 開AB石清 開AB碩清
	羊母/j/	C融東 C容鍾 C庸鍾 開C陽陽 開C羊陽 開C楊陽 開C揚陽 開C颺陽 合AB營清 開AB盈清	C勇鍾 開C養陽 開AB郢清	C用鍾 開C養陽 開C恙陽	C育東 C毓東 C欲鍾 C谷鍾 開C躍陽 開C藥陽 開C籥陽 開C翼蒸 開AB亦清 開AB易清 開AB射清 開AB奕清

성모 \ 성조		평성^{L}	상성^{R}	거성^{D}	입성^{E}
치음 파찰	精母/ʦ/	$_{1}宗_{冬}$ $_{C}\underline{縱}_{鍾}$ $_{C}蹤_{鍾}$ $^{開}_{1}臧_{唐}$ $^{開}_{C}\underline{將}_{陽}$ $^{開}_{C}漿_{陽}$ $^{開}_{1}\underline{曾}_{登}$ $^{開}_{1}憎_{登}$ $^{開}_{1}增_{登}$ $^{開}_{AB}精_{清}$	$^{開}_{C}奬_{陽}$ $^{開}_{AB}井_{清}$	$_{1}綜_{冬}$ $_{C}\underline{縱}_{鍾}$ $^{開}_{1}葬_{唐}$ $^{開}_{C}\underline{將}_{陽}$ $^{開}_{C}甑_{蒸}$	$_{1}鏃_{東}$ $_{C}\underline{足}_{鍾}$ $^{開}_{1}\underline{作}_{唐}$ $^{開}_{C}爵_{陽}$ $^{開}_{C}雀_{陽}$ $^{開}_{1}則_{登}$ $^{開}_{C}卽_{蒸}$ $^{開}_{C}稷_{蒸}$ $^{開}_{AB}積_{清}$ $^{開}_{AB}迹_{清}$ $^{開}_{AB}跡_{清}$
	淸初/ʦʰ/	$_{1}聰_{東}$ $_{2}窗_{江}$ $^{開}_{1}蒼_{唐}$ $^{開}_{2}鎗_{庚}$ $^{開}_{AB}淸_{清}$ $^{開}_{4}青_{青}$	$^{開}_{AB}請_{清}$	$^{開}_{C}創_{陽}$	$_{C}\underline{趣}_{鍾}$ $_{C}促_{鍾}$ $^{開}_{B}測_{蒸}$ $^{開}_{B}惻_{蒸}$ $^{開}_{2}策_{耕}$
	從母/dz/	$^{開}_{1}\underline{藏}_{唐}$ $^{開}_{C}牆_{陽}$ $^{開}_{C}廧_{陽}$ $^{開}_{1}\underline{曾}_{登}$ $^{開}_{1}層_{登}$ $^{開}_{AB}情_{清}$ $^{開}_{AB}晴_{清}$	$^{開}_{AB}靜_{清}$ $^{開}_{AB}靖_{清}$	$_{C}從_{鍾}$ $^{開}_{1}\underline{藏}_{唐}$ $^{開}_{C}匠_{陽}$ $^{開}_{AB}淨_{清}$	$_{1}族_{東}$ $^{開}_{1}\underline{作}_{唐}$ $^{開}_{1}昨_{唐}$ $^{開}_{1}怍_{唐}$ $^{開}_{1}賊_{登}$ $^{開}_{AB}籍_{清}$ $^{開}_{4}寂_{青}$
	莊母/ʈʂ/	$^{開}_{C}莊_{陽}$ $^{開}_{2}\underline{爭}_{耕}$ $^{開}_{2}箏_{耕}$		$^{開}_{C}壯_{陽}$ $^{開}_{2}\underline{爭}_{耕}$	$_{2}捉_{江}$ $^{開}_{B}側_{蒸}$ $^{開}_{B}仄_{蒸}$ $^{開}_{2}責_{耕}$
	章母/ʨ/	$_{C}終_{東}$ $_{C}鍾_{鍾}$ $_{C}鐘_{鍾}$ $^{開}_{C}章_{陽}$ $^{開}_{C}彰_{陽}$ $^{開}_{C}璋_{陽}$ $^{開}_{C}烝_{蒸}$ $^{開}_{AB}\underline{正}_{清}$ $^{開}_{AB}征_{清}$	$_{C}\underline{種}_{鍾}$	$_{C}衆_{東}$ $_{C}\underline{種}_{鍾}$ $^{開}_{C}障_{陽}$ $^{開}_{AB}\underline{正}_{清}$ $^{開}_{AB}政_{清}$	$_{C}\underline{祝}_{東}$ $_{C}粥_{東}$ $_{C}\underline{屬}_{鍾}$ $_{C}矚_{鍾}$ $^{開}_{C}酌_{陽}$ $^{開}_{C}斫_{陽}$ $^{開}_{C}灼_{陽}$ $^{開}_{C}職_{蒸}$
	昌母/ʨʰ/	$_{C}充_{東}$ $^{開}_{C}\underline{稱}_{蒸}$		$^{開}_{C}唱_{陽}$ $^{開}_{C}\underline{稱}_{蒸}$	$_{C}觸_{鍾}$ $^{開}_{AB}尺_{清}$ $^{開}_{AB}\underline{郝}_{清}$ $^{開}_{AB}赤_{清}$
	船崇/dʑ/	$_{C}崇_{東}$ $^{開}_{C}牀_{陽}$ $^{開}_{C}\underline{乘}_{蒸}$ $^{開}_{C}繩_{蒸}$ $^{開}_{2}傖_{庚}$ $^{開}_{2}\underline{崢}_{庚}$ $^{開}_{2}\underline{崢}_{耕}$		$^{開}_{C}狀_{陽}$ $^{開}_{C}\underline{乘}_{蒸}$	$_{C}贖_{鍾}$ $^{開}_{C}\underline{食}_{蒸}$ $^{開}_{AB}\underline{射}_{清}$
아음	見母/k/	$_{1}公_{東}$ $_{1}功_{東}$ $_{1}工_{東}$ $_{1}攻_{冬}$ $_{2}江_{江}$ $_{C}宮_{東}$ $_{C}弓_{東}$ $_{C}恭_{鍾}$	$_{2}講_{江}$ $_{C}拱_{鍾}$ $^{合}_{1}廣_{唐}$ $^{開}_{2}耿_{耕}$	$_{1}貢_{東}$ $_{2}降_{江}$ $^{開}_{2}\underline{更}_{庚}$ $^{開}_{B}敬_{庚}$	$_{1}\underline{谷}_{東}$ $_{1}穀_{東}$ $_{1}\underline{告}_{冬}$ $_{2}\underline{覺}_{江}$ $_{2}角_{江}$ $_{2}桷_{江}$ $^{開}_{1}各_{唐}$ $^{開}_{1}閣_{唐}$

성조 / 성모		평성^{L}	상성^{R}	거성^{D}	입성^{E}
아음	見母/k/	${}^{開}_{1}$網${}_{唐}$ ${}^{開}_{1}$剛${}_{唐}$ ${}^{合}_{1}$光${}_{唐}$ ${}^{開}_{C}$疆${}_{陽}$ ${}^{開}_{C}$矜${}_{蒸}$ ${}^{開}_{2}$羹${}_{庚}$ ${}^{開}_{2}$更${}_{庚}$ ${}^{開}_{2}$耕${}_{耕}$ ${}^{開}_{B}$京${}_{庚}$ ${}^{開}_{B}$驚${}_{庚}$ ${}^{開}_{B}$荊${}_{庚}$ ${}^{開}_{A}$勁${}_{清}$ ${}^{開}_{4}$經${}_{青}$	${}^{開}_{B}$景${}_{庚}$ ${}^{開}_{B}$警${}_{庚}$ ${}^{開}_{B}$境${}_{庚}$ ${}^{開}_{A}$頸${}_{清}$	${}^{開}_{B}$竟${}_{庚}$ ${}^{開}_{B}$鏡${}_{庚}$ ${}^{開}_{A}$勁${}_{清}$ ${}^{開}_{4}$徑${}_{青}$	${}^{合}_{1}$郭${}_{唐}$ ${}^{開}_{C}$脚${}_{陽}$ ${}^{開}_{C}$卻${}_{陽}$ ${}^{合}_{1}$國${}_{登}$ ${}^{開}_{C}$棘${}_{蒸}$ ${}^{開}_{2}$假${}_{庚}$ ${}^{開}_{2}$革${}_{耕}$ ${}^{開}_{2}$隔${}_{耕}$ ${}^{開}_{B}$戟${}_{庚}$
	溪母/k^{h}/	${}_{1}$空${}_{東}$ ${}^{開}_{1}$康${}_{唐}$ ${}^{開}_{1}$糠${}_{唐}$ ${}^{開}_{C}$羌${}_{陽}$ ${}^{合}_{C}$匡${}_{陽}$ ${}^{合}_{C}$筐${}_{陽}$ ${}^{開}_{B}$卿${}_{庚}$ ${}^{合}_{A}$傾${}_{清}$ ${}^{開}_{A}$輕${}_{清}$	${}_{1}$孔${}_{東}$ ${}_{C}$恐${}_{鍾}$ ${}^{開}_{1}$慷${}_{唐}$ ${}^{開}_{1}$肯${}_{登}$ ${}^{合}_{A}$頃${}_{清}$	${}^{開}_{1}$抗${}_{唐}$ ${}^{開}_{1}$伉${}_{唐}$ ${}^{合}_{1}$曠${}_{唐}$ ${}^{開}_{B}$慶${}_{庚}$	${}_{1}$哭${}_{東}$ ${}_{1}$酷${}_{冬}$ ${}_{C}$麴${}_{東}$ ${}_{C}$曲${}_{鍾}$ ${}^{開}_{C}$卻${}_{陽}$ ${}^{開}_{1}$克${}_{登}$ ${}^{開}_{1}$刻${}_{登}$ ${}^{開}_{2}$客${}_{庚}$ ${}^{開}_{B}$郤${}_{庚}$ ${}^{開}_{4}$喫${}_{青}$
	群母/g/	${}_{C}$窮${}_{東}$ ${}^{開}_{C}$彊${}_{陽}$ ${}^{開}_{C}$强${}_{陽}$ ${}^{合}_{C}$狂${}_{陽}$ ${}^{合}_{A}$瓊${}_{清}$	${}^{開}_{C}$彊${}_{陽}$ ${}^{開}_{C}$强${}_{陽}$	${}_{C}$共${}_{鍾}$ ${}^{開}_{B}$競${}_{庚}$	${}_{C}$局${}_{鍾}$ ${}^{開}_{C}$極${}_{蒸}$ ${}^{開}_{B}$屐${}_{庚}$ ${}^{開}_{B}$劇${}_{庚}$
	疑母/ŋ/	${}^{開}_{1}$昂${}_{唐}$ ${}^{開}_{C}$凝${}_{蒸}$	${}^{開}_{C}$仰${}_{陽}$	${}^{開}_{C}$仰${}_{陽}$	${}_{2}$樂${}_{江}$ ${}_{2}$岳${}_{江}$ ${}_{C}$玉${}_{鍾}$ ${}_{C}$獄${}_{鍾}$ ${}^{開}_{C}$瘧${}_{陽}$ ${}^{開}_{C}$嶷${}_{蒸}$ ${}^{開}_{B}$逆${}_{庚}$
후음	影母/ʔ/	${}_{1}$翁${}_{東}$ ${}_{C}$饔${}_{鍾}$ ${}^{合}_{1}$汪${}_{唐}$ ${}^{開}_{C}$應${}_{蒸}$ ${}^{開}_{C}$鷹${}_{蒸}$ ${}^{開}_{C}$膺${}_{蒸}$ ${}^{合}_{2}$泓${}_{耕}$ ${}^{開}_{B}$英${}_{庚}$ ${}^{開}_{A}$嬰${}_{清}$	${}^{開}_{C}$鞅${}_{陽}$ ${}^{開}_{B}$影${}_{庚}$	${}_{1}$甕${}_{東}$ ${}^{開}_{C}$應${}_{蒸}$ ${}^{開}_{B}$映${}_{庚}$	${}_{1}$屋${}_{東}$ ${}_{2}$握${}_{江}$ ${}^{開}_{1}$惡${}_{唐}$ ${}^{開}_{C}$約${}_{陽}$ ${}^{開}_{C}$憶${}_{蒸}$ ${}^{開}_{2}$啞${}_{庚}$ ${}^{開}_{2}$啞${}_{耕}$ ${}^{開}_{2}$厄${}_{耕}$ ${}^{開}_{A}$益${}_{清}$
	曉母/h/	${}_{C}$胸${}_{鍾}$ ${}_{C}$凶${}_{鍾}$ ${}^{合}_{1}$荒${}_{唐}$ ${}^{開}_{C}$鄕${}_{陽}$ ${}^{開}_{C}$香${}_{陽}$ ${}^{開}_{C}$興${}_{蒸}$ ${}^{合}_{2}$渹${}_{耕}$ ${}^{合}_{B}$兄${}_{庚}$ ${}^{開}_{4}$馨${}_{青}$	${}^{開}_{C}$響${}_{陽}$	${}^{開}_{C}$向${}_{陽}$ ${}^{合}_{C}$況${}_{陽}$ ${}^{開}_{C}$興${}_{蒸}$	${}^{開}_{1}$壑${}_{唐}$ ${}^{開}_{1}$郝${}_{唐}$ ${}^{合}_{1}$霍${}_{唐}$ ${}^{開}_{1}$黑${}_{登}$

성조 성모		평성^{L}	상성^{R}	거성^{D}	입성^{E}
후음	匣云/ɦ/	${}_{1}$洪${}_{東}$ ${}_{1}$鴻${}_{東}$ ${}_{C}$雄${}_{東}$ ${}^{開}_{1}$行${}_{唐}$ ${}^{開}_{1}$抗${}_{唐}$ ${}^{合}_{1}$黃${}_{唐}$ ${}^{合}_{1}$皇${}_{唐}$ ${}^{合}_{1}$惶${}_{唐}$ ${}^{合}_{C}$王${}_{陽}$ ${}^{開}_{1}$恒${}_{登}$ ${}^{合}_{1}$弘${}_{登}$ ${}^{開}_{2}$行${}_{庚}$ ${}^{開}_{2}$衡${}_{庚}$ ${}^{合}_{2}$橫${}_{庚}$ ${}^{合}_{B}$榮${}_{庚}$ ${}^{開}_{4}$形${}_{青}$ ${}^{開}_{4}$刑${}_{青}$ ${}^{開}_{4}$邢${}_{青}$ ${}^{合}_{4}$滎${}_{青}$	${}^{合}_{C}$往${}_{陽}$ ${}^{開}_{2}$幸${}_{耕}$ ${}^{合}_{B}$永${}_{庚}$	${}^{開}_{1}$行${}_{唐}$ ${}^{合}_{C}$王${}_{陽}$ ${}^{合}_{B}$詠${}_{庚}$	${}_{1}$斛${}_{東}$ ${}_{1}$鵠${}_{冬}$ ${}_{2}$學${}_{江}$ ${}^{開}_{1}$鶴${}_{唐}$ ${}^{開}_{1}$狢${}_{唐}$ ${}^{合}_{1}$或${}_{登}$ ${}^{合}_{C}$域${}_{蒸}$ ${}^{開}_{2}$覈${}_{耕}$

위의 종합 분포 분석표에서 먼저 ${}_{1}$唐韻과 ${}_{2}$庚韻이 동일 칸에 온 것을 찾아본다. 15쌍의 대립 쌍을 찾을 수 있고, 『세설신어』의 대화문에서 7회 이상 출현하는 565자 집합에서 이미 대립이 성립한다. ${}_{1}$唐韻과 ${}_{2}$庚韻은 운두 개음이 없으므로, 이들은 사실상 운복 모음의 최소대립 쌍이다.

(132) ${}_{1}$唐韻과 ${}_{2}$庚韻의 음운대립 쌍 (15쌍) (7, 7, 5)

1. 幫非/p/의 입성 – ${}_{1}$博${}_{唐}$: ${}_{2}$伯${}_{庚}$, ${}_{2}$百${}_{庚}$, ${}_{2}$柏${}_{庚}$, ${}_{2}$迫${}_{庚}$ (7 : 31, 25, 5, 1)
2. 並奉/b/의 입성 – ${}_{1}$薄${}_{唐}$: ${}_{2}$白${}_{庚}$ (5 : 20)
3. 明微/m/의 평성 – ${}_{1}$茫${}_{唐}$: ${}_{2}$孟${}_{庚}$, ${}_{2}$盲${}_{庚}$, ${}_{2}$猛${}_{庚}$ (2 : 3, 2, 1)
4. 來母/l/의 상성 – ${}^{開}_{1}$朗${}_{唐}$: ${}^{開}_{2}$冷${}_{庚}$ (17 : 3)
5. 見母/k/의 평성 – ${}^{開}_{1}$剛${}_{唐}$: ${}^{開}_{2}$羹${}_{庚}$ (2 : 2)

다음으로, ${}_{1}$唐韻과 ${}_{4}$青韻의 음운대립 쌍을 찾아보면 72쌍이 나오고, 5회 이상 사용된 764자 집합에서 이미 대립이 성립한다. ${}_{1}$唐韻과 ${}_{4}$青韻도 운두 개음이 없으므로 아래의 대립 쌍도 사실은 운복 모음의 최소대립 쌍이다.

(133) $_{1}$唐韻과 $_{4}$青韻의 음운대립 쌍 (72쌍) (5, 4, 4)

1. 幫非/p/의 입성 – $_{1}$博$_{\text{唐}}$: $_{4}$壁$_{\text{青}}$ (7 : 3)
2. 定澄/d/의 평성 – $^{\text{開}}_{1}$堂$_{\text{唐}}$, $^{\text{開}}_{1}$唐$_{\text{唐}}$, $^{\text{開}}_{1}$棠$_{\text{唐}}$, $^{\text{開}}_{1}$塘$_{\text{唐}}$: $^{\text{開}}_{4}$廷$_{\text{青}}$, $^{\text{開}}_{4}$亭$_{\text{青}}$, $^{\text{開}}_{4}$停$_{\text{青}}$, $^{\text{開}}_{4}$渟$_{\text{青}}$, $^{\text{開}}_{4}$庭$_{\text{青}}$ (4, 3, 1, 1 : 6, 5, 1, 1, 4)
3. 來母/l/의 평성 – $^{\text{開}}_{1}$郎$_{\text{唐}}$, $^{\text{開}}_{1}$狼$_{\text{唐}}$, $^{\text{開}}_{1}$琅$_{\text{唐}}$, $^{\text{開}}_{1}$廊$_{\text{唐}}$, $^{\text{開}}_{1}$瑯$_{\text{唐}}$: $^{\text{開}}_{4}$靈$_{\text{青}}$, $^{\text{開}}_{4}$伶$_{\text{青}}$, $^{\text{開}}_{4}$齡$_{\text{青}}$, $^{\text{開}}_{4}$鈴$_{\text{青}}$, $^{\text{開}}_{4}$酃$_{\text{青}}$ (27, 3, 3, 2, 1 : 5, 2, 2, 1, 1)
4. 清初/$ʦ^{h}$/의 평성 – $^{\text{開}}_{1}$蒼$_{\text{唐}}$: $^{\text{開}}_{4}$青$_{\text{青}}$ (4 : 4)
5. 從母/dz/의 입성 – $^{\text{開}}_{1}$昨$_{\text{唐}}$, $^{\text{開}}_{1}$怍$_{\text{唐}}$: $^{\text{開}}_{4}$寂$_{\text{青}}$ (8, 1 : 4)

다음으로, $_{1}$唐韻과 $_{2}$江韻의 음운대립 쌍을 찾아보면 16쌍을 찾을 수 있고, 5회 이상 출현하는 764자 집합에서 이미 대립이 성립한다. 이 대립 쌍도 사실은 운복 모음의 최소대립 쌍이다.

(134) $_{1}$唐韻과 $_{2}$江韻의 음운대립 쌍 (16쌍) (5, 5, 2)

1. 來母/l/의 입성 – $^{\text{開}}_{1}$落$_{\text{唐}}$, $^{\text{開}}_{1}$洛$_{\text{唐}}$, $^{\text{開}}_{1}$酪$_{\text{唐}}$: $_{2}$鰯$_{\text{江}}$, $_{2}$犖$_{\text{江}}$ (7, 6, 2 : 1, 1)
2. 清初/$ʦ^{h}$/의 평성 – $^{\text{開}}_{1}$蒼$_{\text{唐}}$: $_{2}$窗$_{\text{江}}$ (4 : 1)
3. 見母/k/의 평성 – $^{\text{開}}_{1}$剛$_{\text{唐}}$: $_{2}$江$_{\text{江}}$ (2 : 26)
4. 見母/k/의 입성 – $^{\text{開}}_{1}$各$_{\text{唐}}$, $^{\text{開}}_{1}$閣$_{\text{唐}}$: $_{2}$角$_{\text{江}}$, $_{2}$桷$_{\text{江}}$ (5, 2 : 6, 1)
5. 匣云/ɦ/의 입성 – $^{\text{開}}_{1}$鶴$_{\text{唐}}$, $^{\text{開}}_{1}$狢$_{\text{唐}}$: $_{2}$學$_{\text{江}}$ (5, 1 : 16)

다음으로, $_{1}$唐韻과 $_{1}$東韻의 음운대립 쌍은 모두 53쌍인데, 7회 이상 출현하는 565자 집합에서 이미 대립이 성립한다. 이 쌍도 역시 운복의 최소대립 쌍이다.

(135) $_{1}$唐韻과 $_{1}$東韻의 음운대립 쌍 (53쌍) (7, 5, 4)

1. 並奉/b/의 입성 – $_{1}$薄$_{\text{唐}}$: $_{1}$僕$_{\text{東}}$ (5 : 11)
2. 定澄/d/의 평성 – $^{\text{開}}_{1}$堂$_{\text{唐}}$, $^{\text{開}}_{1}$唐$_{\text{唐}}$, $^{\text{開}}_{1}$棠$_{\text{唐}}$, $^{\text{開}}_{1}$塘$_{\text{唐}}$: $_{1}$同$_{\text{東}}$, $_{1}$銅$_{\text{東}}$, $_{1}$童$_{\text{東}}$, $_{1}$瞳$_{\text{東}}$ (4, 3, 1, 1 : 32, 2, 3, 2)

3. 來母/l/의 상성 – $^{開}_{1}$朗$_{唐}$: $_{1}$籠$_{東}$ (17 : 3)

4. 從母/dz/의 입성 – $^{開}_{1}$昨$_{唐}$, $^{開}_{1}$怍$_{唐}$: $_{1}$族$_{東}$ (8, 1 : 3)

5. 溪母/k^h/의 평성 – $^{開}_{1}$康$_{唐}$, $^{開}_{1}$糠$_{唐}$: $_{1}$空$_{東}$ (14, 1 : 7)

다음으로, $_{1}$登韻과 $_{1}$東韻의 음운대립 쌍은 17쌍이고, 7회 이상 출현하는 565자 집합에서 이미 대립이 성립한다. 이 쌍도 역시 운복 모음의 최소대립 쌍이다.

(136) $_{1}$**登韻과** $_{1}$**東韻의 음운대립 쌍** (17쌍) (7, 6, 5)

1. 端知/t/의 평성 – $^{開}_{1}$登$_{登}$: $_{1}$東$_{東}$ (4 : 22)

2. 定澄/d/의 입성 – $^{開}_{1}$特$_{登}$: $_{1}$獨$_{東}$, $_{1}$讀$_{東}$, $_{1}$犢$_{東}$ (5 : 11, 8, 1)

3. 溪母/k^h/의 상성 – $^{開}_{1}$肯$_{登}$: $_{1}$孔$_{東}$ (6 : 12)

4. 溪母/k^h/의 입성 – $^{開}_{1}$克$_{登}$, $^{開}_{1}$刻$_{登}$: $_{1}$哭$_{東}$ (8, 3 : 7)

5. 匣云/ɦ/의 평성 – $^{開}_{1}$恒$_{登}$: $_{1}$洪$_{東}$ (11 : 4)

다음으로, $_{1}$登韻과 江冬韻의 음운대립 쌍은 11쌍이고, 5회 이상 출현하는 764자 집합에서 이미 대립이 성립한다. 이 쌍도 역시 운복 모음의 최소대립 쌍이다.

(137) $_{1}$**登韻과 江冬韻의 음운대립 쌍** (11쌍) (5, 5, 4)

1. 幇非/p/의 평성 – $_{1}$崩$_{登}$: $_{2}$邦$_{江}$ (7 : 2)

2. 端知/t/의 평성 – $^{開}_{1}$登$_{登}$: $_{1}$冬$_{冬}$ (4 : 1)

3. 端知/t/의 입성 – $^{開}_{1}$得$_{登}$, $^{開}_{1}$德$_{登}$: $_{1}$篤$_{冬}$, $_{2}$卓$_{江}$ (137, 33 : 1, 5)

4. 定澄/d/의 입성 – $^{開}_{1}$特$_{登}$: $_{2}$濯$_{江}$, $_{2}$濁$_{江}$ (5 : 4, 2)

5. 溪母/k^h/의 입성 – $^{開}_{1}$克$_{登}$, $^{開}_{1}$刻$_{登}$: $_{1}$酷$_{冬}$ (8, 3 : 4)

다음으로, $_{1}$登韻과 $_{2}$庚韻의 음운대립 쌍은 11쌍이고, 14회 이상 출현하는 극소수의 상용자 집합에서 이미 대립이 성립한다. 이 쌍도 역시 운복의 최소대립 쌍이다.

(138) $_{1}$登韻과 $_{2}$庚韻의 음운대립 쌍 (11쌍) (14, 14, 8)

1. 幫非/p/의 입성 – $_{1}$北$_{\text{登}}$: $_{2}$伯$_{\text{庚}}$, $_{2}$百$_{\text{庚}}$, $_{2}$柏$_{\text{庚}}$, $_{2}$迫$_{\text{庚}}$ (14 : 31, 25, 5, 1)
2. 明微/m/의 입성 – $_{1}$默$_{\text{登}}$: $_{2}$陌$_{\text{庚}}$ (3 : 1)
3. 定澄/d/의 입성 – $^{\text{開}}_{1}$特$_{\text{登}}$: $^{\text{開}}_{2}$宅$_{\text{庚}}$, $^{\text{開}}_{2}$澤$_{\text{庚}}$, $^{\text{開}}_{2}$擇$_{\text{庚}}$ (5 : 3, 3, 1)
4. 溪母/k^h/의 입성 – $^{\text{開}}_{1}$克$_{\text{登}}$, $^{\text{開}}_{1}$刻$_{\text{登}}$: $^{\text{開}}_{2}$客$_{\text{庚}}$ (8, 3 : 15)
5. 匣云/ɦ/의 평성 – $^{\text{開}}_{1}$恒$_{\text{登}}$: $^{\text{開}}_{2}$衡$_{\text{庚}}$ (11 : 3)

다음으로, $_{1}$登韻과 $_{4}$青韻의 음운대립 쌍은 27쌍이고, 18회 이상 출현하는 극소수의 상용자 집합에서 이미 대립이 성립한다. 이 쌍도 역시 운복 모음의 최소대립 쌍이다.

(139) $_{1}$登韻과 $_{4}$青韻의 음운대립 쌍 (27쌍) (18, 11, 6)

1. 幫非/p/의 입성 – $_{1}$北$_{\text{登}}$: $_{4}$壁$_{\text{青}}$ (14 : 3)
2. 端知/t/의 입성 – $^{\text{開}}_{1}$得$_{\text{登}}$, $^{\text{開}}_{1}$德$_{\text{登}}$: $^{\text{開}}_{4}$適$_{\text{青}}$, $^{\text{開}}_{4}$的$_{\text{青}}$ (137, 33 : 4, 1)
3. 泥日娘/n/의 평성 – $^{\text{開}}_{1}$能$_{\text{登}}$: $^{\text{開}}_{4}$寧$_{\text{青}}$ (89 : 18)
4. 從母/dz/의 입성 – $^{\text{開}}_{1}$賊$_{\text{登}}$: $^{\text{開}}_{4}$寂$_{\text{青}}$ (14 : 4)
5. 匣云/ɦ/의 평성 – $^{\text{開}}_{1}$恒$_{\text{登}}$: $^{\text{開}}_{4}$形$_{\text{青}}$, $^{\text{開}}_{4}$刑$_{\text{青}}$, $^{\text{開}}_{4}$邢$_{\text{青}}$ (11 : 22, 6, 1)

다음으로, $_{1}$東韻과 $_{2}$庚韻의 음운대립 쌍은 28쌍이고, 7회 이상 출현하는 565자 집합에서 이미 대립이 성립한다. 이 쌍도 역시 운복 모음의 최소대립 쌍이다.

(140) $_{1}$東韻과 $_{2}$庚韻의 음운대립 쌍 (28쌍) (7, 4, 3)

1. 明微/m/의 평성 – $_{1}$蒙$_{\text{東}}$: $_{2}$孟$_{\text{庚}}$, $_{2}$盲$_{\text{庚}}$, $_{2}$猛$_{\text{庚}}$ (6 : 3, 2, 1)
2. 定澄/d/의 입성 – $_{1}$獨$_{\text{東}}$, $_{1}$讀$_{\text{東}}$, $_{1}$犢$_{\text{東}}$: $^{\text{開}}_{2}$宅$_{\text{庚}}$, $^{\text{開}}_{2}$澤$_{\text{庚}}$, $^{\text{開}}_{2}$擇$_{\text{庚}}$ (11, 8, 1 : 3, 3, 1)
3. 來母/l/의 상성 – $_{1}$籠$_{\text{東}}$: $^{\text{開}}_{2}$冷$_{\text{庚}}$ (3 : 3)
4. 溪母/k^h/의 입성 – $_{1}$哭$_{\text{東}}$: $^{\text{開}}_{2}$客$_{\text{庚}}$ (7 : 15)
5. 匣云/ɦ/의 평성 – $_{1}$洪$_{\text{東}}$: $^{\text{開}}_{2}$衡$_{\text{庚}}$ (4 : 35, 3)

다음으로, $_{1}$東韻과 $_{4}$青韻의 음운대립 쌍은 64쌍이고, 12회 이상 출현하는 355자 집합에서 이미 대립이 성립한다. 이 쌍도 역시 운복 모음의 최소대립 쌍이다.

(141) $_{1}$東韻과 $_{4}$青韻의 음운대립 쌍 (64쌍) (12, 11, 6)

1. 明微/m/의 평성 – $_{1}$蒙$_{\text{東}}$: $_{4}$冥$_{\text{青}}$ (6 : 3)
2. 明微/m/의 입성 – $_{1}$木$_{\text{東}}$: $_{2}$脈$_{\text{耕}}$, $_{4}$覓$_{\text{青}}$ (8 : 1, 3)
3. 定澄/d/의 평성 – $_{1}$同$_{\text{東}}$, $_{1}$銅$_{\text{東}}$, $_{1}$童$_{\text{東}}$, $_{1}$瞳$_{\text{東}}$: $^{\text{開}}_{4}$廷$_{\text{青}}$, $^{\text{開}}_{4}$亭$_{\text{青}}$, $^{\text{開}}_{4}$停$_{\text{青}}$, $^{\text{開}}_{4}$渟$_{\text{青}}$, $^{\text{開}}_{4}$庭$_{\text{青}}$ (32, 2, 3, 2 : 6, 5, 1, 1, 4)
4. 見母/k/의 평성 – $_{1}$公$_{\text{東}}$, $_{1}$功$_{\text{東}}$, $_{1}$工$_{\text{東}}$: $^{\text{開}}_{4}$經$_{\text{青}}$ (123, 11, 1 : 12)
5. 匣云/ɦ/의 평성 – $_{1}$洪$_{\text{東}}$: $^{\text{開}}_{4}$形$_{\text{青}}$, $^{\text{開}}_{4}$刑$_{\text{青}}$, $^{\text{開}}_{4}$邢$_{\text{青}}$ (4 : 22, 6, 1)

다음으로, $_{2}$江韻과 $_{2}$庚韻의 음운대립 쌍은 19쌍이고, 3회 이상 출현하는 1,112자 집합에서 대립이 성립한다. 이 쌍도 역시 운복 모음의 최소대립 쌍이다.[82]

(142) $_{2}$江韻과 $_{2}$庚韻의 음운대립 쌍 (15쌍) (3, 3, 2)

1. 滂敷/p^{h}/의 입성 – $_{2}$璞$_{\text{江}}$: $_{2}$魄$_{\text{庚}}$, $_{2}$拍$_{\text{庚}}$, $_{2}$泊$_{\text{庚}}$ (1 : 1, 1, 1)
2. 定澄/d/의 입성 – $_{2}$濯$_{\text{江}}$, $_{2}$濁$_{\text{江}}$: $^{\text{開}}_{2}$宅$_{\text{庚}}$, $^{\text{開}}_{2}$澤$_{\text{庚}}$, $^{\text{開}}_{2}$擇$_{\text{庚}}$ (4, 2 : 3, 3, 1)
3. 生母/ʂ/의 평성 – $_{2}$雙$_{\text{江}}$: $^{\text{開}}_{2}$生$_{\text{庚}}$, $^{\text{開}}_{2}$甥$_{\text{庚}}$ (2 : 53, 1)
4. 清初/ʦ^{h}/의 평성 – $_{2}$窗$_{\text{江}}$: $^{\text{開}}_{2}$鎗$_{\text{庚}}$ (1 : 1)
5. 見母/k/의 평성 – $_{2}$江$_{\text{江}}$: $^{\text{開}}_{2}$羹$_{\text{庚}}$, $^{\text{開}}_{2}$耕$_{\text{耕}}$ (26 : 2, 1)

마지막으로, $_{2}$江韻과 $_{4}$青韻의 음운대립 쌍으로 20쌍을 찾을 수 있고, 12회 이

82 여러 일본 학자들과 마찬가지로, 고노 로쿠로(河野六郎)(2010: 209, 이진호 역주)도 $_{2}$江韻과 $_{2}$庚韻의 구별을 F(운미)의 차이로 설명한다. '-ng' 운미를 연구개음인 것과 경구개음인 것의 두 가지로 나누는데, $_{2}$江韻은 연구개음의 운미를 가지고 $_{2}$庚韻은 경구개음의 운미를 가진다고 보았다.

상 출현하는 355자 집합에서 이미 대립이 성립한다. 이 쌍도 역시 운복 모음의 최소대립 쌍이다.

(143) $_2$江韻과 $_4$青韻의 음운대립 쌍 (20쌍) (12, 4, 1)

1. 明微/m/의 입성 – $_2$邈$_{江}$: $_4$覓$_{青}$ (1 : 3)
2. 端知/t/의 입성 – $_2$卓$_{江}$: $^{開}{}_4$適$_{青}$, $^{開}{}_4$的$_{青}$ (5 : 4, 1)
3. 定澄/d/의 입성 – $_2$濯$_{江}$, $_2$濁$_{江}$: $^{開}{}_4$滌$_{青}$, $^{開}{}_4$荻$_{青}$, $^{開}{}_4$笛$_{青}$, $^{開}{}_4$敵$_{青}$ (4, 2 : 1, 1, 1, 1)
4. 清初/ʦ^h/의 평성 – $_2$窗$_{江}$: $^{開}{}_4$青$_{青}$ (1 : 4)
5. 見母/k/의 평성 – $_2$江$_{江}$: $^{開}{}_4$經$_{青}$ (26 : 12)

지금까지, $_1$唐韻, $_1$登韻, $_1$東韻, 江冬韻, $_4$青耕韻 상호 간의 음운대립 쌍을 모두 찾아내었는데, 이들은 모두 운두 개음이 없으므로 사실은 운복 모음의 최소대립 쌍이다. 이 최소대립 쌍을 논거로 삼아, /-ŋ, -k/ 운미를 가지는 여러 운의 운복에 모음을 배당할 수 있다.

우리는 通攝을 분석하여 $_1$東韻에 /uŋ, uk/을, 江冬韻에 /oŋ, ok/을 배당했고, 梗攝을 분석하여 $_2$庚韻에 /ɛŋ, ɛk/을, $_4$青耕韻에 /eŋ, ek/을 각각 배당했다. 그런데 宕攝에서는 $_1$唐韻에 /ɑŋ, ɑk/을 배당하면서도 $_1$登韻의 운복 모음을 결정하지 않았다. 즉 그 운복 모음을 미지의 모음이라 하여 /Vŋ, Vk/이라 추정하는 데에서 그친 바 있다.

이제, 그 미지의 모음 /V/를 /ə/로 추정하기로 한다. /ə/ 모음은 /-ø/ 운미, /-u/ 운미, /-i/ 운미를 분석하면서 이미 설정했던 모음이므로 경제성 원리에 따라 $_1$登韻의 운복에 /ə/ 모음을 우선적으로 배당할 수 있다. 실제로 이렇게 배당하더라도 아무런 부담이 추가되지 않는다. 반면에 $_1$登韻의 운복에 후설 평순 고모음 /ɨ/를 배당하는 방법은 좋지 않다. /-ŋ, -k/ 운미의 앞에만 이 /ɨ/ 모음이 분포하는 까닭을 설명할 수 있어야 하는데, 이것을 설명하기가 쉽지 않기 때문이다.

결론적으로, /-ŋ, -k/ 운미에서는 通攝의 $_1$東韻과 江冬韻에 각각 /uŋ, uk/과

/oŋ, ok/을 배당하고, 梗攝의 ${}_{2}$庚韻과 ${}_{4}$青耕韻에 각각 /ɛŋ, ɛk/과 /eŋ, ek/을 배당하며, 曾攝의 ${}_{1}$唐韻과 ${}_{1}$登韻에 각각 /ɑŋ, ɑk/과 /əŋ, ək/을 배당한다. 이 6종의 운 사이에는 항상 최소대립이 성립하므로 이들의 대립관계를 다음과 같은 표로 나타낼 수 있다.

(144) /-ŋ, -k/ 운미를 가지는 운모 상호 간의 운복 음운대립

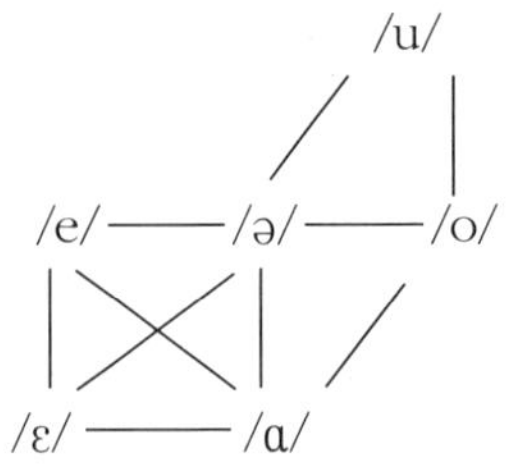

이 표에서 멀리 떨어져 있어서 실선을 긋지 못한 것이 있다. /u/는 /e, ɛ, ɑ/ 등과도 음운론적으로 대립하고, /e/는 /u, o, ɑ/와 대립하며, /ɛ/는 /u, o/와 대립한다. 따라서 이들 사이에도 실선을 그어야 하지만 (144)에서는 번거로움을 피하여 생략했다. 여기에서 볼 수 있듯이 5세기 전반기의 한어에서는 적어도 6종의 모음이 /-ŋ, -k/ 운미 앞에서 음운론적으로 대립했다.

이제, /-ŋ, -k/ 운미에 속하는 여러 운모를 종합하여 음가 배당표를 작성하기로 한다.

아래의 음가 배당표에서 한눈에 들어오는 것이 있다. 우선, 1·2등운과 3등운의 짝이 항상 성립한다는 점이다. ${}_{1}$唐韻과 ${}_{3}$陽韻, ${}_{1}$東韻과 ${}_{3}$東韻, ${}_{1}$登韻과 ${}_{3}$蒸韻이 각각 1등운과 3등운의 짝이라는 사실은 널리 알려져 있다. 이와 마찬가지로 ${}_{3}$庚韻은 ${}_{2}$庚韻의 3등 짝이고, ${}_{3}$鍾韻은 江冬韻의 3등 짝이다. 이처럼 일관되게 운모 상호 간의 관계를 기술할 수 있다는 점이 우리의 장점이다.

(145) /-ŋ, -k/ 운미인 운모의 음가 배당표

운모 \ 등	4등		3등		2등		1등	
	開	合	開	合	開	合	開	合
$_4$青耕韻	eŋ	weŋ						
$_3$東韻 C			ɪuŋ					
$_1$東韻							uŋ	
$_3$蒸韻 C			ɪəŋ					
$_1$登韻							əŋ	wəŋ
$_3$淸韻 A			jɛŋ					
$_3$庚韻 B			ɪɛŋ					
$_2$庚韻					ɛŋ			
$_3$鍾韻 C			ɪoŋ					
江冬韻							oŋ	
$_3$陽韻 C			ɪɑŋ	ɥɑŋ				
$_1$唐韻							ɑŋ	wɑŋ

이때에 주의할 것이 있는데, $_3$淸韻 A와 $_3$庚韻 B의 관계이다. (129)에서 이 두 운의 음운대립이 아주 강력하다는 것을 알 수 있는데, 마치 이 두 운이 重紐를 이루는 것처럼 보여 흥미롭다. 실제로 平山久雄(1967: 156~157)은 이 두 운을 중뉴 관계라고 했다. 이처럼 서로 다른 운모 명칭인데도 중뉴를 이루는 것에는 流攝의 $_3$幽韻 A와 $_3$尤韻 C도 있다. 따라서 $_3$淸韻 A와 $_3$庚韻 B의 중뉴 관계를 믿어도 될 것이다.

마지막으로, 합구음을 기술하기로 한다. 위의 종합 분포 분석표 (131)에서 동일 칸에 오면서 개구와 합구의 차이로 음운대립을 이루는 것을 찾아 합구음의 설정 여부를 확인하기로 한다.

위의 종합 분포 분석표에서 $_1$唐韻 개구와 합구의 최소대립 쌍을 찾아보면 5쌍이 나오고, 5회 이상 출현하는 764자 집합에서 이미 대립이 성립한다. 따라서 $_1$唐韻의 합구음 /wɑŋ, wɑk/을 인정한다.

(146) $_1$唐韻 개구과 합구의 최소대립 쌍 (5쌍) (5, 3, 2)

1. 見母/k/의 평성 – $^{開}{}_1$剛$_{唐}$: $^{合}{}_1$光$_{唐}$ (2 : 10)
2. 見母/k/의 입성 – $^{開}{}_1$各$_{唐}$, $^{開}{}_1$閣$_{唐}$: $^{合}{}_1$郭$_{唐}$ (5, 2 : 5)
3. 溪母/k^h/의 거성 – $^{開}{}_1$伉$_{唐}$: $^{合}{}_1$曠$_{唐}$ (2 : 4)
4. 曉母/h/의 입성 – $^{開}{}_1$壑$_{唐}$: $^{合}{}_1$霍$_{唐}$ (5 : 3)

다음으로, $_3$陽韻에서 개구와 합구의 최소대립 쌍은 아래의 3쌍이고, 9회 이상 출현하는 459자 집합에서 이미 대립이 성립한다. 따라서 $_3$陽韻의 합구음을 설정할 필요가 있다.

(147) $_3$陽韻 개구와 합구의 최소대립 쌍 (3쌍) (9, 2, 2)

1. 溪母/k^h/의 평성 – $^{開}{}_C$羌$_{陽}$: $^{合}{}_C$匡$_{陽}$, $^{合}{}_C$筐$_{陽}$ (2 : 5, 2)
2. 曉母/h/의 거성 – $^{開}{}_C$向$_{陽}$: $^{合}{}_C$況$_{陽}$ (24 : 9)

$_3$陽韻은 /ɪaŋ/인데 여기에 합구를 더하면 /wɪaŋ/(또는 /ɪwaŋ/)이 된다. 앞에서 이미 논의한 것처럼 복합 개음 /wɪ-/는 후설의 /w-/로 실현되는 것이 아니라 전설 원순 활음 /ɥ-/가 되어야 한다. /wɪ-/가 후설의 /w-/로 실현된다면 $_3$陽韻의 합구음이 /waŋ, wak/이 되는데, 이것은 바로 $_1$唐韻의 합구음이다. 이 두 가지 합구음의 음운대립을 유지해야 하므로, $_3$陽韻의 합구음을 후설 개음을 가지는 /waŋ, wak/으로 재구해서는 안 되고 전설 개음을 가지는 /ɥaŋ, ɥak/으로 재구해야 한다.

여기에서 전기 중고음에서 독특하게 설정한 운두 개음 /ɪ-/의 정체가 또다시 드러난다. 이것을 후설 평순 개음이라고 보는 견해가 있지만 이 견해는 옳지 않다. $_3$陽韻의 합구음은 논리적으로 /wɪaŋ/(또는 /ɪwaŋ/)이다. 그런데 위에서 논의한 것처럼, 이곳의 복합 개음 /wɪ-/가 후설의 /w-/로 실현되는 것이 아니라 전설의 /ɥ-/로 실현된다. 따라서 /ɪ-/가 후설성을 가지는 것이 아니라 전설성을 가진다고 해야 한다. 이 전설성을 전제해야만 여기에 원순성이 추가된 /wɪ-/가 전설의 /ɥ-/로 실현될 수 있기 때문이다.

다음으로, ${}_{1}$登韻 개구와 합구의 최소대립 쌍을 찾아본다. 비록 아래의 한 쌍에 불과하지만, 11회 이상 출현하는 385자 집합에서 대립이 성립한다. 양적 척도는 갖추지 못했지만 질적 척도는 충족한다. 따라서 ${}_{1}$登韻의 합구음을 인정하여 /wəŋ, wək/으로 추정한다.

(148) ${}_{1}$登韻 개구와 합구의 최소대립 쌍 (1쌍) (11)

匣云/ɦ/의 평성 – 開 ${}_{1}$恒$_{登}$: 合 ${}_{1}$弘$_{登}$ (11 : 15)

다음으로, ${}_{2}$庚韻 개구와 합구의 최소대립 쌍을 찾아보았더니, 최소대립 쌍이 없다.[83] 이것은 ${}_{2}$庚韻의 합구음 [wɛŋ, wɛk]이 존재한다 하더라도 이것은 후술할 ${}_{4}$青耕韻 합구 /weŋ, wek/의 변이음임을 암시한다.

(149) ${}_{2}$庚韻 개구와 합구의 최소대립 쌍, 없음

다음으로, ${}_{4}$青韻 개구와 합구의 최소대립 쌍은 아래의 4쌍이고, 11회 이상 출현하는 385자 집합에서 이미 대립이 성립한다. 따라서 ${}_{4}$青韻의 합구음을 인정하고, 그 음가를 /weŋ/으로 추정한다.

(150) ${}_{4}$青韻 개구와 합구의 최소대립 쌍 (4쌍) (11, 6, 1)

1. 曉母/h/의 평성 – 開 ${}_{4}$馨$_{青}$: 合 ${}_{2}$淎$_{耕}$ (4 : 1)
2. 匣云/ɦ/의 평성 – 開 ${}_{4}$形$_{青}$, 開 ${}_{4}$刑$_{青}$, 開 ${}_{4}$邢$_{青}$: 合 ${}_{4}$熒$_{青}$[84] (22, 6, 1 : 11)

마지막으로, ${}_{3}$清韻 개구와 합구의 최소대립 쌍을 찾아보면 아래의 한 쌍이 나

83 다음자를 포함하면 아래의 예에서 최소대립이 성립한다.
匣云 /ɦ/의 평성 – 開 ${}_{2}$行$_{庚}$, 開 ${}_{2}$衡$_{庚}$: 合 ${}_{2}$横$_{庚}$ (35, 3 : 3)

84 이토 지유키(2011, 이진호 역)에서는 '熒'을 다음자로 보아 [云合B平庚]과 [匣合4平青]의 두 가지 음가가 있다고 했다. 그런데 漢典(www.zdic.net)에서는 다음자가 아니다. 云母와 匣母가 우리의 분석에서는 동일한 성모이기 때문에 우리는 漢典을 따른다.

온다. 겨우 1/2쌍뿐이고 2,212자 집합에서만 대립이 성립하므로, 이 최소대립을 의심하게 된다.

(151) $_3$淸韻 개구와 합구의 최소대립 쌍 (1/2쌍) (1)

1. 羊母/j/의 평성 – $^{開}{}_{AB}$盈$_{淸}$: $^{合}{}_{AB}$營$_{淸}$ (1 : 1)
2. 溪母 /k^h/의 평성 – $^{開}{}_{A}$輕$_{淸}$: $^{合}{}_{A}$傾$_{淸}$ (7 : 6)

$_3$淸韻의 /jɛŋ/에 합구를 더하면 이론적으로 /wjɛŋ/이 되는데, /wjɛŋ/을 우리는 /ɥɛŋ/으로 해석해 왔다. 그런데 $_3$淸韻 개구과 합구의 최소대립이 불안하다는 것은 이 /ɥɛŋ/이 실제로는 [weŋ]으로 실현되었을 가능성이 크다는 것을 암시한다. 따라서 우리는 음소 차원에서는 /ɥɛŋ/을 설정하지 않고, 그 표면 음성형 [ɥɛŋ]이 青韻 4등의 합구음 /weŋ/으로 인식되었다고 본다.

위에서 개구와 합구의 최소대립 쌍을 모두 열거했는데, 다음자에서의 최소대립 쌍까지 포함하면 이들이 대개 아후음 뒤의 환경에서 음운론적으로 대립한다는 사실이 드러난다. 아후음이 아닌 환경은 (151.1)의 羊母/j/ 하나뿐이다.[85] 이 예외를 제외하면, /–ŋ, –k/ 운미에서 개구와 합구가 음운론적으로 대립하는 것은 모두 아후음 뒤의 환경이라고 일반화할 수 있다. 아후음 뒤의 환경은 운미 /–ŋ, –k/가 역시 아음 운미라는 점에서 더욱 흥미롭다.

그런데 (145)의 음가 배당표에서 확인할 수 있듯이, 합구가 없는 운모가 있다. $_1$東韻, 江冬韻, $_3$鍾韻, $_3$東韻의 합구는 확인되지 않는다. 이들은 운복 모음이 원순모음이므로 이들의 합구가 없다는 것은 당연하다. 그러나 $_2$庚韻, $_3$淸韻, $_3$蒸韻에서는 사정이 다르다. 이 세 운에는 합구가 있을 수 있는데도 합구가 개구와 최소대립을 이루지 못한다.

$_2$庚韻과 $_3$淸韻의 합구음이 $_4$青韻의 합구음 /weŋ, wek/에 합류한 것임을 앞에

85 그런데 이 羊母/j/는 중국 음운학에서 以母 또는 喩母 4등이라고 부르는 것으로서, 기원적으로는 후음에 속한다(藤堂明保 1957: 161~165). 이것을 치음 마찰음에 넣은 것은 현대 음운론에 맞추어 재해석한 것일 뿐이다.

서 거론한 바 있다. 반면에, $_3$蒸韻의 합구가 개구와 음운대립을 이루지 못하는 것은 독특하다. 匣云/ɦ/의 입성인 '$^{合}{}_{C}$域$_{蒸}$'이 있기는 하지만 동일 칸에 온 $_3$蒸韻의 개구가 없다. 우연한 공백일지 체계적 공백일지 확인할 수 없다.

마지막으로, 반드시 검토하고 넘어가야 할 것이 있다. 일부의 학자들이 한어 중고음의 운복 모음에 /u/와 /o/의 두 가지가 있었던 것이 아니라, /u/와 /o/가 하나로 병합된 /U/ 하나뿐이었다고 주장한다. 이 주장은 위의 (107)에 제시한 $_1$東韻과 $_1$冬韻의 음운대립을 무시하고, (110)에 제시한 $_1$東韻과 $_2$江韻의 음운대립 쌍을 외면했다는 점에서 일단 비판의 대상이 된다.

이 비판을 극복하기 위하여 후설 원순 모음 /U/에다 후설 원순 저모음 /ɔ/를 더하여, $_1$東韻의 운복은 /U/ 모음인 데에 비하여 $_1$冬韻과 $_2$江韻의 운복은 /ɔ/라고 기술할 수도 있다. 그러나 이것은 2개의 원순 모음을 설정했다는 점에서 우리의 견해와 차이가 없다. 우리가 가장 보편적인 원순 모음 /u/와 /o/ 모음을 설정한 데에 비하여 이 주장은 보편성에서 뒤떨어지는 /U/와 /ɔ/ 모음을 설정했다는 점에서 우리의 견해보다 오히려 설득력이 떨어진다.

이와는 다른 방법으로, 후설 원순 모음으로 /U/와 /O/ 중에서 하나만을 설정하기도 한다. 예컨대, 江冬韻의 운복에는 /O/를 배당하되, $_1$東韻을 /wəŋ, wək/으로 재분석하는 방법이 있다. 1등에는 대개 합구 짝이 있으므로, $_1$東韻의 운복을 합구음 /w-/의 바로 뒤에 후설 평순 중모음 /ə/가 온 /wə/라고 할 수 있다는 견해이다. 이것은 /U/를 /wə/로 재음소화하는 기술 방법이다.

그런데 이 再音素化 방법은 $_1$登韻의 합구가 $_1$東韻과 음운론적으로 대립한다는 사실을 간과한 방법이다. 아래에서 볼 수 있듯이, 이 둘의 음운대립 쌍이 2쌍이고, 4회 이상 출현하는 919자 집합에서 이미 대립이 성립한다.

(152) $_1$登韻 합구와 $_1$東韻의 음운대립 (2/3쌍) (4, 2)

1. 匣云/ɦ/의 평성 – $^{合}{}_{1}$弘$_{登}$: $_1$洪$_{東}$, $_1$鴻$_{東}$[86] (15 : 4, 2)

---

86 이토 지유키(2011, 이진호 역)에서는 이것이 다음자가 아니지만, 漢典(www.zdic.net)에서는 다음자이다.

2. 匣云/ɦ/의 입성 – $^{合}{}_{1}$或$_{登}$: $_{1}$斛$_{東}$ (6 : 2)

재음소화 방법에 따르면 위의 대립 항 ‘弘’도 /ɦwəŋ^{L}/으로 재구해야 할 뿐만 아니라 ‘洪’도 /ɦwəŋ^{L}/으로 재구해야 한다. 이것은 $_{1}$登韻 합구와 $_{1}$東韻의 음운대립을 파괴하는 결과를 가져오므로, 우리는 이 방법을 따르지 않는다.

5.5. /–n, –t/ 운미인 섭

이제, 운미가 /–n/이나 /–t/인 攝에 대한 기술로 넘어간다. /–n/ 운미는 평성·상성·거성에 분포하고, /–t/ 운미는 입성에 분포한다. 이 舌內 운미 /–n, –t/를 가지는 것으로는 山攝과 臻攝이 있다.

5.5.1. 山攝

山攝은 양성운미 /–n/이나 입성운미 /–t/를 가지면서 운복이 [–high]인 모음 즉 고모음이 아닌 한어음의 집합이다. 山攝에 속하는 운에는 寒韻 1등(45자), 桓韻 1등(46자), 山韻 2등(15자), 删韻 2등(21자), 先韻 4등(52자), 仙韻 3등 A와 B(97자), 元韻 3등 C(46자)가 있다.

『세설신어』의 대화문에 사용된 산섭자를 분포 분석표에 넣어 보면 (153)과 같다.

아래의 분포 분석표에서 山攝에 속하는 운의 분포제약을 알아보자. $_{1}$桓韻은 치음 뒤에는 거의 오지 않는다. 心母/s/ 행의 평성인 ‘$^{合}{}_{1}$酸$_{桓}$’, 거성인 ‘$^{合}{}_{1}$筭$_{桓}$’과, 淸初/ʦ^{h}/ 행의 입성인 ‘$^{合}{}_{1}$撮$_{桓}$’이 예외이므로 체계적 공백은 아니지만, 어찌된 일인지 치음의 바로 뒤에 $_{1}$桓韻이 온 예는 많지 않다. 이보다 더 중요한 것은 $_{1}$桓韻이 항상 합구라는 점이다. 순음 뒤에서는 개합이 중립이므로 이것이 잘 드러나지 않지만 여타의 환경에서는 $_{1}$桓韻이 항상 합구이다. 여기에서 $_{1}$桓韻이 $_{1}$寒韻의 합구운이라는 논의가 성립한다.

(153) **山攝字의 분포 분석표** ($_{1}$寒韻 45자, $_{1}$桓韻 46자, $_{2}$山韻 15자, $_{2}$刪韻 21자, $_{3}$仙韻 97자, $_{3}$元韻 46자, $_{4}$先韻 52자)

	성조 / 성모	평성^{L}	상성^{R}	거성^{D}	입성^{E}
순음	幫非 /p/	$_{2}$攀$_{\text{刪}}$ $_{2}$班$_{\text{刪}}$ $_{2}$斑$_{\text{刪}}$ $_{2}$頒$_{\text{刪}}$ $_{A}$鞭$_{\text{仙}}$ $_{C}$蕃$_{\text{元}}$ $_{4}$邊$_{\text{先}}$	$_{2}$版$_{\text{刪}}$ $_{C}$反$_{\text{元}}$ $_{C}$返$_{\text{元}}$	$_{1}$半$_{\text{桓}}$ $_{B}$變$_{\text{仙}}$ $_{4}$遍$_{\text{先}}$	$_{1}$撥$_{\text{桓}}$ $_{1}$鉢$_{\text{桓}}$ $_{2}$八$_{\text{山}}$ $_{B}$別$_{\text{仙}}$ $_{C}$發$_{\text{元}}$ $_{C}$髮$_{\text{元}}$
	滂敷 /pʰ/	$_{1}$潘$_{\text{桓}}$ $_{1}$番$_{\text{桓}}$ $_{A}$偏$_{\text{仙}}$ $_{C}$番$_{\text{元}}$ $_{C}$反$_{\text{元}}$		$_{1}$判$_{\text{桓}}$	$_{4}$瞥$_{\text{先}}$
	並奉 /b/	$_{1}$盤$_{\text{桓}}$ $_{A}$便$_{\text{仙}}$ $_{C}$煩$_{\text{元}}$ $_{C}$番$_{\text{元}}$ $_{C}$繁$_{\text{元}}$ $_{C}$樊$_{\text{元}}$ $_{C}$蕃$_{\text{元}}$ $_{4}$胼$_{\text{先}}$	$_{B}$辯$_{\text{仙}}$ $_{B}$辨$_{\text{仙}}$ $_{C}$飯$_{\text{元}}$	$_{1}$叛$_{\text{桓}}$ $_{2}$辦$_{\text{山}}$ $_{A}$便$_{\text{仙}}$ $_{B}$卞$_{\text{仙}}$ $_{C}$飯$_{\text{元}}$	$_{2}$拔$_{\text{刪}}$ $_{B}$別$_{\text{仙}}$ $_{C}$伐$_{\text{元}}$
	明微 /m/	$_{2}$蠻$_{\text{刪}}$ $_{A}$綿$_{\text{仙}}$ $_{4}$眠$_{\text{先}}$	$_{1}$滿$_{\text{桓}}$ $_{B}$免$_{\text{仙}}$ $_{B}$冕$_{\text{仙}}$ $_{C}$晩$_{\text{元}}$	$_{1}$漫$_{\text{桓}}$ $_{2}$慢$_{\text{刪}}$ $_{A}$面$_{\text{仙}}$ $_{C}$萬$_{\text{元}}$	$_{1}$末$_{\text{桓}}$ $_{A}$滅$_{\text{仙}}$
설음	端知 /t/	$^{\text{開}}_{1}$丹$_{\text{寒}}$ $^{\text{開}}_{1}$單$_{\text{寒}}$ $^{\text{合}}_{1}$端$_{\text{桓}}$ $^{\text{開}}_{4}$顚$_{\text{先}}$	$^{\text{合}}_{1}$短$_{\text{桓}}$ $^{\text{合}}_{AB}$轉$_{\text{仙}}$	$^{\text{開}}_{1}$旦$_{\text{寒}}$ $^{\text{合}}_{1}$斷$_{\text{桓}}$ $^{\text{合}}_{AB}$轉$_{\text{仙}}$	$^{\text{合}}_{1}$咄$_{\text{桓}}$ $^{\text{合}}_{1}$掇$_{\text{桓}}$ $^{\text{合}}_{AB}$掇$_{\text{仙}}$ $^{\text{合}}_{AB}$輟$_{\text{仙}}$ $^{\text{合}}_{AB}$綴$_{\text{仙}}$ $^{\text{開}}_{AB}$哲$_{\text{仙}}$
	透徹 /tʰ/	$^{\text{合}}_{1}$猯$_{\text{桓}}$ $^{\text{開}}_{4}$天$_{\text{先}}$	$^{\text{開}}_{1}$坦$_{\text{寒}}$	$^{\text{開}}_{1}$歎$_{\text{寒}}$ $^{\text{開}}_{1}$炭$_{\text{寒}}$	$^{\text{開}}_{1}$撻$_{\text{寒}}$ $^{\text{開}}_{AB}$徹$_{\text{仙}}$ $^{\text{開}}_{4}$鐵$_{\text{先}}$
	定澄 /d/	$^{\text{開}}_{1}$彈$_{\text{寒}}$ $^{\text{開}}_{1}$檀$_{\text{寒}}$ $^{\text{開}}_{AB}$纏$_{\text{仙}}$ $^{\text{合}}_{AB}$傳$_{\text{仙}}$ $^{\text{開}}_{4}$田$_{\text{先}}$	$^{\text{開}}_{1}$但$_{\text{寒}}$ $^{\text{開}}_{1}$誕$_{\text{寒}}$ $^{\text{合}}_{1}$斷$_{\text{桓}}$ $^{\text{開}}_{4}$殄$_{\text{先}}$	$^{\text{開}}_{1}$但$_{\text{寒}}$ $^{\text{開}}_{1}$彈$_{\text{寒}}$ $^{\text{開}}_{1}$憚$_{\text{寒}}$ $^{\text{合}}_{AB}$傳$_{\text{仙}}$ $^{\text{開}}_{4}$電$_{\text{先}}$ $^{\text{開}}_{4}$殿$_{\text{先}}$	$^{\text{開}}_{1}$達$_{\text{寒}}$ $^{\text{合}}_{1}$奪$_{\text{桓}}$ $^{\text{開}}_{AB}$徹$_{\text{仙}}$ $^{\text{開}}_{AB}$轍$_{\text{仙}}$
	泥日娘 /n/	$^{\text{開}}_{1}$難$_{\text{寒}}$ $^{\text{開}}_{AB}$然$_{\text{仙}}$ $^{\text{開}}_{AB}$燃$_{\text{仙}}$ $^{\text{開}}_{4}$年$_{\text{先}}$	$^{\text{合}}_{1}$煗$_{\text{桓}}$	$^{\text{開}}_{1}$難$_{\text{寒}}$	$^{\text{開}}_{AB}$熱$_{\text{仙}}$
	來母 /l/	$^{\text{開}}_{1}$蘭$_{\text{寒}}$ $^{\text{合}}_{1}$巒$_{\text{桓}}$ $^{\text{開}}_{AB}$連$_{\text{仙}}$ $^{\text{開}}_{4}$憐$_{\text{先}}$	$^{\text{合}}_{1}$卵$_{\text{桓}}$ $^{\text{開}}_{AB}$璉$_{\text{仙}}$ $^{\text{合}}_{AB}$臠$_{\text{仙}}$	$^{\text{開}}_{1}$爛$_{\text{寒}}$ $^{\text{合}}_{1}$亂$_{\text{桓}}$ $^{\text{合}}_{AB}$戀$_{\text{仙}}$ $^{\text{開}}_{4}$練$_{\text{先}}$ $^{\text{開}}_{4}$錬$_{\text{先}}$	$^{\text{開}}_{AB}$烈$_{\text{仙}}$ $^{\text{開}}_{AB}$列$_{\text{仙}}$ $^{\text{開}}_{AB}$裂$_{\text{仙}}$ $^{\text{合}}_{AB}$劣$_{\text{仙}}$ $^{\text{開}}_{4}$唳$_{\text{先}}$

성모 \ 성조		평성^{L}	상성^{R}	거성^{D}	입성^{E}
치음마찰	心母 /s/	$^{合}_{1}$酸$_{桓}$ $^{開}_{AB}$鮮$_{仙}$ $^{開}_{AB}$仙$_{仙}$ $^{合}_{AB}$宣$_{仙}$ $^{開}_{4}$先$_{先}$	$^{開}_{1}$散$_{寒}$ $^{開}_{AB}$鮮$_{仙}$ $^{合}_{AB}$選$_{仙}$	$^{開}_{1}$散$_{寒}$ $^{合}_{1}$筭$_{桓}$ $^{開}_{4}$先$_{先}$	$^{開}_{AB}$紲$_{仙}$ $^{開}_{AB}$渫$_{仙}$ $^{合}_{AB}$雪$_{仙}$
	邪母 /z/	$^{合}_{AB}$旋$_{仙}$		$^{合}_{AB}$旋$_{仙}$	
	生母 /ʂ/	$^{開}_{2}$山$_{山}$	$^{開}_{2}$產$_{山}$		$^{開}_{2}$殺$_{山}$
	書母 /ɕ/			$^{開}_{AB}$扇$_{仙}$	$^{開}_{AB}$設$_{仙}$ $^{合}_{AB}$說$_{仙}$
	常母 /ʑ/	$^{開}_{AB}$蟬$_{仙}$	$^{開}_{AB}$善$_{仙}$		
	羊母 /j/	$^{開}_{AB}$延$_{仙}$ $^{開}_{AB}$筵$_{仙}$ $^{合}_{AB}$緣$_{仙}$ $^{合}_{AB}$捐$_{仙}$		$^{合}_{AB}$掾$_{仙}$	$^{合}_{AB}$說$_{仙}$ $^{合}_{AB}$悅$_{仙}$
치음파찰	精母 /ʦ/	$^{開}_{AB}$煎$_{仙}$		$^{開}_{1}$讚$_{寒}$ $^{開}_{1}$贊$_{寒}$ $^{開}_{AB}$煎$_{仙}$	$^{開}_{4}$節$_{先}$
	清初 /ʦʰ/	$^{開}_{AB}$遷$_{仙}$ $^{合}_{AB}$悛$_{仙}$ $^{開}_{4}$千$_{先}$ $^{開}_{4}$阡$_{先}$	$^{開}_{AB}$淺$_{仙}$	$^{開}_{1}$粲$_{寒}$ $^{合}_{2}$篡$_{刪}$ $^{開}_{4}$倩$_{先}$	$^{合}_{1}$撮$_{桓}$ $^{開}_{2}$察$_{山}$ $^{開}_{4}$竊$_{先}$
	從母 /dz/	$^{開}_{1}$殘$_{寒}$ $^{開}_{AB}$悛$_{仙}$ $^{合}_{AB}$全$_{仙}$ $^{合}_{AB}$泉$_{仙}$ $^{開}_{4}$前$_{先}$	$^{開}_{AB}$踐$_{仙}$	$^{開}_{AB}$賤$_{仙}$	$^{合}_{AB}$絶$_{仙}$ $^{開}_{4}$截$_{先}$
	莊母 /tʂ/				
	章母 /ʨ/	$^{開}_{AB}$旃$_{仙}$		$^{開}_{AB}$戰$_{仙}$	$^{開}_{AB}$折$_{仙}$ $^{合}_{AB}$拙$_{仙}$
	昌母 /ʨʰ/	$^{合}_{AB}$川$_{仙}$ $^{合}_{AB}$穿$_{仙}$	$^{合}_{AB}$喘$_{仙}$		
	船崇 /dʑ/	$^{合}_{AB}$船$_{仙}$	$^{合}_{2}$饌$_{刪}$		$^{開}_{AB}$舌$_{仙}$
아음	見母 /k/	$^{開}_{1}$干$_{寒}$ $^{開}_{1}$肝$_{寒}$ $^{合}_{1}$官$_{桓}$ $^{合}_{1}$觀$_{桓}$ $^{合}_{1}$寬$_{桓}$ $^{合}_{1}$棺$_{桓}$	$^{合}_{1}$管$_{桓}$ $^{開}_{2}$簡$_{山}$ $^{開}_{B}$蹇$_{仙}$	$^{開}_{1}$幹$_{寒}$ $^{合}_{1}$觀$_{桓}$ $^{合}_{1}$館$_{桓}$ $^{合}_{1}$冠$_{桓}$ $^{開}_{2}$間$_{山}$ $^{開}_{2}$諫$_{刪}$	$^{開}_{1}$葛$_{寒}$ $^{開}_{1}$割$_{寒}$ $^{開}_{1}$犗$_{寒}$ $^{開}_{4}$結$_{先}$ $^{開}_{4}$潔$_{先}$ $^{合}_{4}$駃$_{先}$

	성조 성모	평성^L	상성^R	거성^D	입성^E
아음	見母 /k/	合$_1$冠$_{桓}$ 開$_2$艱$_{山}$ 開$_2$間$_{山}$ 開$_2$閒$_{山}$ 開$_2$姦$_{删}$ 合$_2$關$_{删}$ 開$_B$甄$_{仙}$ 開$_4$鑒$_{先}$ 開$_4$肩$_{先}$ 開$_4$堅$_{先}$	合$_B$捲$_{仙}$ 開$_C$蹇$_{元}$	合$_2$患$_{删}$ 合$_A$絹$_{仙}$ 合$_B$眷$_{仙}$ 開$_C$建$_{元}$ 開$_4$見$_{先}$ 合$_4$狷$_{先}$	合$_4$決$_{先}$
아음	溪母 /k^h/	開$_1$看$_{寒}$ 開$_1$褰$_{寒}$ 開$_B$褰$_{仙}$ 開$_4$牽$_{先}$	開$_A$遣$_{仙}$	合$_C$勸$_{元}$ 合$_C$勧$_{元}$ 開$_4$牽$_{先}$	開$_1$渴$_{寒}$ 合$_1$闊$_{桓}$ 合$_C$闕$_{元}$
아음	群母 /g/	合$_B$權$_{仙}$ 合$_B$捲$_{仙}$		開$_C$健$_{元}$	開$_B$竭$_{仙}$ 開$_B$傑$_{仙}$ 開$_C$竭$_{元}$ 開$_C$碣$_{元}$
아음	疑母 /ŋ/	開$_2$顏$_{删}$ 合$_2$頑$_{删}$ 開$_C$言$_{元}$ 合$_C$元$_{元}$ 合$_C$源$_{元}$ 合$_C$原$_{元}$ 開$_4$研$_{先}$ 開$_4$妍$_{先}$	開$_2$眼$_{山}$ 合$_C$阮$_{元}$	合$_1$玩$_{桓}$ 合$_1$翫$_{桓}$ 開$_B$彥$_{仙}$ 合$_C$願$_{元}$ 開$_4$研$_{先}$	開$_1$櫱$_{寒}$ 開$_B$櫱$_{仙}$ 合$_C$月$_{元}$
후음	影母 /ʔ/	開$_1$安$_{寒}$ 開$_B$焉$_{仙}$ 合$_C$宛$_{元}$ 開$_4$燕$_{先}$ 合$_4$淵$_{先}$	合$_1$盌$_{桓}$ 合$_C$宛$_{元}$	開$_1$案$_{寒}$ 開$_1$按$_{寒}$ 開$_2$晏$_{删}$ 開$_4$燕$_{先}$ 開$_4$宴$_{先}$	開$_1$遏$_{寒}$
후음	曉母 /h/	合$_1$歡$_{桓}$ 開$_C$軒$_{元}$	開$_4$顯$_{先}$ 開$_4$憲$_{先}$	開$_1$漢$_{寒}$ 合$_1$喚$_{桓}$ 開$_C$獻$_{元}$	合$_1$豁$_{桓}$ 開$_2$瞎$_{删}$
후음	匣云 /ɦ/	開$_1$寒$_{寒}$ 開$_1$韓$_{寒}$ 合$_1$桓$_{桓}$ 合$_1$完$_{桓}$ 開$_2$間$_{山}$ 開$_2$閑$_{山}$ 合$_2$還$_{删}$ 開$_B$焉$_{仙}$ 合$_B$圓$_{仙}$ 合$_C$袁$_{元}$ 合$_C$援$_{元}$ 合$_C$轅$_{元}$ 合$_C$猿$_{元}$ 合$_C$園$_{元}$ 開$_4$弦$_{先}$ 開$_4$賢$_{先}$ 合$_4$玄$_{先}$ 合$_4$懸$_{先}$	合$_1$緩$_{桓}$ 開$_2$限$_{山}$ 合$_C$遠$_{元}$	開$_1$汗$_{寒}$ 開$_1$翰$_{寒}$ 開$_1$釬$_{寒}$ 合$_2$患$_{删}$ 合$_2$宦$_{删}$ 合$_B$援$_{仙}$ 合$_C$遠$_{元}$ 開$_4$見$_{先}$	合$_1$活$_{桓}$ 合$_C$越$_{元}$ 合$_C$曰$_{元}$ 合$_C$鉞$_{元}$ 合$_4$穴$_{先}$

$_1$寒韻은 독특하게도 순음의 바로 뒤에는 오지 않는다. 이와는 반대로 순음 뒤에 $_1$桓韻이 온 대화문 용자가 아주 많다는 점에서 $_1$寒韻은 $_1$桓韻과 對蹠的이다. 그

런데 여기에는 그럴 만한 원인이 있다. $_1$寒韻이 항상 개구라는 점이다. 순음은 잉여적으로 합구음 /w-/를 가지므로 순음 뒤에서는 개구인 $_1$寒韻이 오지 않는다고 해석할 수 있다. 즉 순음의 뒤에 온 $_1$寒韻은 사실은 항상 합구인 $_1$桓韻으로 실현될 수밖에 없다. 따라서 이 분포제약은 $_1$寒韻의 합구운이 $_1$桓韻임을 증명해 준다.

$_2$山韻은 설음의 바로 뒤에 오지 않는다. $_2$山韻字가 15자에 불과하므로 이것이 체계적 공백인지는 확실하지 않다. 그런데 역시 2등인 $_2$删韻도 설음의 바로 뒤에 오지 않는다. 이 점에서 $_2$山韻과 $_2$删韻이 공통되므로[87] 이들이 설음의 뒤에 오지 않는 것을 체계적인 공백이라 할 수 있다. 특이하게도 $_2$删韻은 치음 마찰음의 바로 뒤에 오지 않는다. 이것도 체계적인 공백일 가능성이 있다.

$_3$仙韻에는 A와 B가 있는데, 이들에는 분포 제약이 없다. 반면에, $_3$元韻 C는 설치음 뒤에는 오지 않고 순음이나 아후음의 뒤에만 온다. 이처럼 설치음과 여타 자음이 서로 다르게 행동하는 것은 여러 곳에서 확인되므로, 이것은 체계적인 공백임이 분명하다.

$_4$先韻은 치음의 권설음(莊組)과 구개음(章組)의 바로 뒤에는 오지 않는다. 권설음(莊組)의 바로 뒤에는 2등운이 오고 구개음(章組)의 바로 뒤에는 3등운이 오는 것이 원칙이므로 이것도 체계적인 공백임이 분명하다. $_4$先韻의 합구음은 아후음의 뒤에만 분포한다. 여타의 환경에서는 $_4$先韻이 항상 개구이다.

9세기 초엽에 편찬된 慧琳의 『一切經音義』에서 이미 $_3$仙韻, $_3$元韻, $_4$先韻이 하나로 합류했다. 따라서 11세기의 『韻鏡』에서 이들을 각각 3등, 3등, 4등에 배치한 것은 음운론적으로 무의미하다고 보기도 한다(Pulleyblank 1983: 71). $_3$元韻은 특히 시의 압운에서 $_3$仙韻·$_4$先韻과 同用되지 않고 $_1$魂韻·$_1$痕韻과 동용되었다는 점에서 아주 독특하다(Pulleyblank 1983: 141).

본격적인 논의에 들어가기 전에 $_3$仙韻의 A와 B가 음운론적으로 대립했는지를 먼저 검토하기로 한다. 止攝에서 이미 重紐를 확인한 바 있으므로 山攝의 $_3$仙韻

87 5세기와 6세기 전반기에, 删韻은 寒韻과 압운되고 山韻은 先韻이나 仙韻과 압운되었다고 한다(Pulleyblank 1983: 191). 이처럼 山韻과 删韻이 서로 다른 행동을 보이는 것은 『세설신어』 대화문 용자를 관찰한 우리의 견해와 일치하지 않는다.

에서도 이것을 먼저 확인할 필요가 있다. 위의 분포 분석표에서 $_3$仙韻 A와 $_3$仙韻 B가 동일 칸에 온 것을 찾아보면 다음과 같다.

(154) $_3$仙韻 A와 $_3$仙韻 B의 최소대립 쌍 (1/2쌍) (1)

1. 並奉/b/의 거성 – $_A$便$_{仙}$: $_B$卞$_{仙}$ (34 : 1)
2. 見母/k/의 거성 – $^{合}_{A}$絹$_{仙}$: $^{合}_{B}$眷$_{仙}$ (1 : 1)

(154′) 대립 항 '絹'의 용례

"黃絹", 色絲也, 於字爲"絶"; "幼婦", 少女也, 於字爲"妙"; "外孫", 女子也, 於字爲"好"; "韲臼", 受辛也, 於字爲"辭"; 所謂"絶妙好辭"也. (11:3)

'黃絹'은 색실이니 글자로는 '絶'이 되고, '幼婦'는 젊은 여자이니 글자로는 '妙'가 되며, '外孫'은 딸의 아들이니 글자로는 '好'가 되고, '韲臼[제구]'는 매운 양념을 담으니 글자로는 '辭'가 되므로, 이른바 '絶妙好辭'라는 뜻입니다.

한 쌍의 최소대립 쌍을 찾을 수 있지만, (154.2)의 대립 항 '絹'이 대화문에 사용된 것인지 의심스럽다. (154′)에 제시한 것처럼, 대립 항 '絹'이 글자를 절묘하게 조합하여 '絶妙好辭'라는 四字成語를 지어내는 상황에서 사용되었기 때문이다. 더욱이 『세설신어』의 대화문에 사용된 2,212자 전체 집합에서만 비로소 대립이 성립하므로, $_3$仙韻에서는 A와 B가 대립하지 않았다고 보는 것이 좋을 것이다. 이에 따라 우리는 $_3$仙韻 A와 $_3$仙韻 B를 하나로 합쳐 $_3$仙韻이라 통칭한다.

山攝에는 2등인 운모가 $_2$山韻과 $_2$刪韻의 두 가지가 있는데, 이 둘의 음운대립을 확인하기 위하여 이 두 운모가 동일 칸에 온 것을 찾아본다. 다음자 '間'을 논거에서 제외하면 2쌍의 최소대립 쌍을 찾을 수 있고, 2회 이상 사용된 1,487자 집합에서 대립이 성립한다.

(155) $_2$山韻과 $_2$刪韻의 최소대립 쌍 (2/4쌍) (2, 2)

1. 見母/k/의 평성 – $^{開}_{2}$艱$_{山}$, $^{開}_{2}$間$_{山}$, $^{開}_{2}$閒$_{山}$: $^{開}_{2}$姦$_{刪}$ (2, 6, 10 : 2)
2. 見母/k/의 거성 – $^{開}_{2}$間$_{山}$: $^{開}_{2}$諫$_{刪}$ (2 : 1)

위의 최소대립 쌍을 보고 ${}_{2}$山韻과 ${}_{2}$刪韻이 음운론적으로 대립한다고 할 수 있을까? 위의 대립 항 중에서 '間, 閒, 姦, 諫' 등이 상고음에서는 공통적으로 元部에 속하고, '艱'만 文部에 속한다. 이것은 상고음에서는 오직 '艱 : 姦'에서만 음운대립이 성립했음을 뜻하므로 상고음으로 거슬러 올라갈수록 ${}_{2}$山韻과 ${}_{2}$刪韻의 음운대립이 없었음을 암시한다. 더욱이 (155.1)의 대립 항 '間'이 [見開2去山]뿐만 아니라 [匣開2平山]의 음가도 가지는 다음자이고, 고대에는 '閒'과 '間'이 통용자 관계였다. 또한 고노 로쿠로(河野六郎)(2010: 210, 이진호 역주)의 표를 참고하면 혜림의 『일체경음의』에서도 ${}_{2}$山韻과 ${}_{2}$刪韻의 구별이 없다. 이것은 후기 중고음에서도 이 두 운이 음운론적으로 대립하지 않았음을 말해 준다.

위의 여러 가지를 고려하면 ${}_{2}$山韻과 ${}_{2}$刪韻의 음운대립을 믿기가 어렵다. 위에서 우리는 일관하여 3쌍 이상의 음운대립 쌍이 존재하거나 3회 이상 출현하는 1,112자 집합에서 이미 대립이 성립할 때만 음운대립을 인정해 왔다. 양적 척도와 질적 척도를 두루 충족하지 못하므로 우리는 ${}_{2}$山韻과 ${}_{2}$刪韻을 하나로 병합하고, 이것을 ${}_{2}$山刪韻이라 통칭한다.

이제, 山攝 운모 상호 간의 음운대립에 대한 논의로 넘어간다. 먼저, ${}_{1}$寒韻과 ${}_{2}$山刪韻이 동일 칸에 온 것을 찾아보면 아래의 9/11쌍이 나오고, 2회 이상 사용된 1,487자 집합에서 대립이 성립한다. 대립 쌍은 많지만 3회 이상 출현하는 상용자 집합에서는 음운대립을 확인할 수 없으므로, ${}_{1}$寒韻과 ${}_{2}$山刪韻의 음운대립을 의심할 수도 있다.

(156) ${}_{1}$寒韻과 ${}_{2}$山刪韻의 음운대립 쌍 (9/11쌍) (2, 2, 2)

1. 見母/k/의 평성 – ${}^{開}_{1}$干$_{寒}$, ${}^{開}_{1}$肝$_{寒}$: ${}^{開}_{2}$艱$_{山}$, ${}^{開}_{2}$間$_{山}$, ${}^{開}_{2}$姦$_{刪}$ (2, 1 : 2, 10, 2)
2. 見母/k/의 거성 – ${}^{開}_{1}$榦$_{寒}$: ${}^{開}_{2}$諫$_{刪}$ (2 : 1)
3. 影母 /ʔ/의 거성 – ${}^{開}_{1}$案$_{寒}$, ${}^{開}_{1}$按$_{寒}$: ${}^{開}_{2}$晏$_{刪}$ (1, 1 : 3)[88]
4. 匣云/ɦ/의 평성 – ${}^{開}_{1}$寒$_{寒}$, ${}^{開}_{1}$韓$_{寒}$: ${}^{開}_{2}$閑$_{山}$ (2, 3 : 6, 2)

88 漢典(www.zdic.net)에서는 '晏'이 [影開2去刪]과 [影開1去寒]의 두 가지 음가를 가지는 다음자이다.

그러나 $_1$寒韻의 합구 짝이 $_1$桓韻이라는 사실을 고려하면 이 의심을 떨쳐 버릴 수 있다. 합구운인 $_1$桓韻이 $_2$山删韻 합구와 음운론적으로 대립하기 때문이다. 이 대립 쌍은 아래의 10쌍이나 되고, 12회 이상 출현하는 355자 집합에서 이미 대립이 성립한다. 따라서 $_1$桓韻의 개구 짝인 $_1$寒韻 1등이 음운론적으로 $_2$山删韻과 대립하는 것을 믿을 수 있다.

(157) $_1$桓韻과 $_2$山删韻 합구의 음운대립 쌍 (10쌍) (12, 10, 3)

1. 幫非/p/의 입성 – $_1$撥$_{\text{桓}}$, $_1$鉢$_{\text{桓}}$: $_2$八$_{\text{山}}$ (2, 1 : 2)
2. 並奉/b/의 거성 – $_1$叛$_{\text{桓}}$: $_2$辦$_{\text{山}}$ (1 : 2)
3. 見母/k/의 평성 – $^{\text{合}}_1$官$_{\text{桓}}$, $^{\text{合}}_1$寬$_{\text{桓}}$, $^{\text{合}}_1$棺$_{\text{桓}}$: $^{\text{合}}_2$關$_{\text{删}}$ (20, 1, 3 : 10)
4. 見母/k/의 거성 – $^{\text{合}}_1$館$_{\text{桓}}$: $^{\text{合}}_2$患$_{\text{删}}$ (2 : 8)
5. 匣云/ɦ/의 평성 – $^{\text{合}}_1$桓$_{\text{桓}}$, $^{\text{合}}_1$完$_{\text{桓}}$: $^{\text{合}}_2$還$_{\text{删}}$ (15, 1 : 12)

위의 음운대립을 논거로 삼아, 우리는 $_1$寒韻과 $_2$山删韻의 운복 모음을 구별한다. $_1$寒韻과 $_1$桓韻의 운복에 후설 저모음 /ɑ/를 배당하고 $_2$山删韻의 운복에 전설 저모음 /ɛ/를 배당한다. /-ø/ 운미의 $_2$麻韻, /-u/ 운미의 $_2$肴韻, /-i/ 운미의 $_2$皆韻, /-ŋ, -k/ 운미의 $_2$庚韻은 모두 2등운인데, 여기에도 전설 저모음 /ɛ/를 배당한 바 있다. 결론적으로, 우리는 $_1$寒韻과 $_1$桓韻을 각각 /ɑn, ɑt/과 /wɑn, wɑt/으로 추정하고,[89] $_2$山删韻을 /ɛn, ɛt/으로 추정한다.

다음으로, 위의 분포 분석표에서 $_1$寒韻과 $_4$先韻이 동일 칸에 온 것을 찾아본다. 아래의 22쌍을 찾을 수 있고, 3회 이상 출현하는 1,112자 집합에서 대립이 성립한다. 寒韻은 항상 1등이고 先韻은 항상 4등이므로, 이 대립 쌍은 사실상 운복 모음의 최소대립 쌍이다. 따라서 先韻 4등의 운복은 /ɑ/가 아니다.

---

89 王仁昫의 『刊謬補缺切韻』에서는 /-ɑn : -wɑn/, /-ɑt : -wɑt/, /-ɑ : -wɑ/의 음운대립이 없지만, 『광운』에는 이 구별이 반영되어 있다(Baxter and Sagart 2014: 33).

(158) ${}_{1}$寒韻과 ${}_{4}$先韻의 음운대립 쌍 (22쌍) (3, 3, 2)

1. 端知/t/의 평성 – $^{開}_{1}$丹$_{寒}$, $^{開}_{1}$單$_{寒}$: $^{開}_{4}$顚$_{先}$ (2, 1 : 2)
2. 來母/l/의 거성 – $^{開}_{1}$爛$_{寒}$: $^{開}_{4}$練$_{先}$, $^{開}_{4}$鍊$_{先}$ (5 : 2, 1)
3. 見母/k/의 평성 – $^{開}_{1}$干$_{寒}$, $^{開}_{1}$肝$_{寒}$: $^{開}_{4}$肩$_{先}$, $^{開}_{4}$堅$_{先}$ (2, 1 : 2, 2)
4. 見母/k/의 입성 – $^{開}_{1}$葛$_{寒}$, $^{開}_{1}$割$_{寒}$, $^{開}_{1}$犗$_{寒}$: $^{開}_{4}$結$_{先}$, $^{開}_{4}$潔$_{先}$ (6, 2, 1 : 2, 1)
5. 匣云/ɦ/의 평성 – $^{開}_{1}$寒$_{寒}$, $^{開}_{1}$韓$_{寒}$: $^{開}_{4}$弦$_{先}$ (5, 3 : 3)

다음으로, ${}_{2}$山刪韻과 ${}_{4}$先韻의 음운대립 쌍을 찾아보면 아래의 13쌍이 나오고, 2회 이상 사용된 1,487자 집합에서 대립이 성립한다. 이들의 등도 항상 운에 연동되어 있으므로, 사실은 이들도 운복 모음의 최소대립 쌍이다. 앞에서 ${}_{2}$山刪韻의 운복에 전설 저모음 /ɛ/를 배당한 바 있으므로 ${}_{4}$先韻의 운복은 /ɛ/가 아니다.

(159) ${}_{2}$山刪韻과 ${}_{4}$先韻의 음운대립 쌍 (13쌍) (2, 2, 2)

1. 幇非/p/의 평성 – ${}_{2}$攀$_{刪}$, ${}_{2}$班$_{刪}$, ${}_{2}$斑$_{刪}$: ${}_{4}$邊$_{先}$ (2, 2, 1 : 5)
2. 淸初/ʦ^{h}/의 입성 – $^{開}_{2}$察$_{山}$: $^{開}_{4}$竊$_{先}$ (6 : 2)
3. 見母/k/의 평성 – $^{開}_{2}$艱$_{山}$, $^{開}_{2}$閒$_{山}$, $^{開}_{2}$姦$_{刪}$: $^{開}_{4}$肩$_{先}$, $^{開}_{4}$堅$_{先}$ (2, 6, 10, 2 : 2, 2)
4. 疑母/ŋ/의 평성 – $^{開}_{2}$顔$_{刪}$: $^{開}_{4}$研$_{先}$, $^{開}_{4}$姸$_{先}$ (10 : 2, 1)
5. 匣云/ɦ/의 평성 – $^{開}_{2}$閑$_{山}$: $^{開}_{4}$弦$_{先}$ (2 : 2)

그렇다면 ${}_{4}$先韻의 운복 모음은 전설 중모음 /e/ 또는 후설 평순 중모음 /ə/의 두 가지가 우선적인 후보이다. 山攝의 운복 모음은 원순 모음도 아니요 고모음도 아니기 때문이다. 그런데 4등은 대부분 그 운복 모음이 전설 중모음 /e/이다. 따라서 우리는 안심하고 ${}_{4}$先韻의 운복에 /e/를 배정한다.

이제, 3등인 仙韻과 元韻을 논의하기로 한다. 일반적으로 ${}_{3}$仙韻에는 중뉴가 적용되어 A와 B의 구별이 있다고 한다. 그러나 앞에서 이미 논의한 것처럼 5세기 전반기의 한어를 반영하는 『세설신어』의 대화문 용자에서는 이 구별이 없다.

${}_{3}$仙韻과 ${}_{3}$元韻이 음운론적으로 대립했는지를 확인하기 위하여 이들이 동일 칸

에 온 쌍을 찾아본다. 8/25쌍의 음운대립 쌍을 찾을 수 있고,[90] 15회 이상 출현하는 극수수의 상용자 집합에서 이미 대립이 성립한다.

(160) $_3$仙韻과 $_3$元韻의 음운대립 쌍 (8/25쌍) (15, 2, 1)

1. 明微/m/의 상성 – $_B$免$_{仙}$, $_B$冕$_{仙}$: $_C$晩$_{元}$ (9, 1 : 2)
2. 明微/m/의 거성 – $_A$面$_{仙}$: $_C$萬$_{元}$ (15 : 30)
3. 群母/g/의 입성 – $^{開}_{B}$傑$_{仙}$: $^{開}_{C}$碣$_{元}$ (2 : 1)
4. 匣云/ɦ/의 평성 – $^{合}_{B}$圓$_{仙}$: $^{合}_{C}$袁$_{元}$, $^{合}_{C}$<u>援</u>$_{元}$, $^{合}_{C}$轅$_{元}$, $^{合}_{C}$猿$_{元}$, $^{合}_{C}$園$_{元}$ (1 : 13, 1, 1, 1, 1)

위의 대립 쌍에서 볼 수 있듯이 $_3$元韻 C는 $_3$仙韻의 A뿐만 아니라 B와도 대립을 이룬다. 그렇다면 $_3$仙韻과 $_3$元韻의 음가 차이를 개음뿐만 아니라 운복 모음에서 구하는 것이 맞다. 3등운은 1등운이나 2등운의 구개 개음 짝일 때가 많으므로 $_3$元韻 C가 1등운의 짝인지 2등운의 짝인지를 가리기 위하여, $_3$元韻과 $_1$寒韻의 음운대립 쌍과 $_3$元韻과 $_2$山删韻의 음운대립 쌍을 찾아본다.

(161) $_3$元韻과 $_1$寒韻(91자)의 음운대립 쌍 (16/20쌍) (13, 11, 3)

1. 見母/k/의 거성 – $^{開}_{C}$建$_{元}$: $^{開}_{1}$幹$_{寒}$ (2 : 2)
2. 疑母/ŋ/의 거성 – $^{合}_{C}$願$_{元}$: $^{合}_{1}$玩$_{桓}$, $^{合}_{1}$翫$_{桓}$ (6 : 2, 1)
3. 曉母/h/의 거성 – $^{開}_{C}$獻$_{元}$: $^{開}_{1}$漢$_{寒}$ (3 : 7)
4. 匣云/ɦ/의 평성 – $^{合}_{C}$袁$_{元}$, $^{合}_{C}$<u>援</u>$_{元}$, $^{合}_{C}$轅$_{元}$, $^{合}_{C}$猿$_{元}$, $^{合}_{C}$園$_{元}$: $^{合}_{1}$桓$_{桓}$, $^{合}_{1}$完$_{桓}$ (13, 1, 1, 1, 11 : 15, 1)
5. 匣云/ɦ/의 입성 – $^{合}_{C}$越$_{元}$, $^{合}_{C}$曰$_{元}$, $^{合}_{C}$鉞$_{元}$: $^{合}_{1}$活$_{桓}$ (2, 2, 1 : 4)

90 이 두 운의 음운대립 쌍 중에는 다음자가 대립 항인 것이 유난히 많다.

(162) $_{3}$元韻과 $_{2}$山刪韻(36자)의 음운대립 쌍 (13/24쌍) (12, 11, 10)

1. 幫非/p/의 입성 – $_{C}$發$_{元}$, $_{C}$髮$_{元}$: $_{2}$八$_{山}$ (8, 4 : 2)
2. 明微/m/의 거성 – $_{C}$萬$_{元}$: $_{2}$慢$_{刪}$ (30 : 1)
3. 疑母/ŋ/의 평성 – $^{開}_{C}$言$_{元}$: $^{開}_{2}$顔$_{刪}$ (93 : 10)
4. 疑母/ŋ/의 평성 – $^{合}_{C}$元$_{元}$, $^{合}_{C}$源$_{元}$, $^{合}_{C}$原$_{元}$: $^{合}_{2}$頑$_{刪}$ (20, 14, 4 : 1)
5. 匣云/ɦ/의 평성 – $^{合}_{C}$袁$_{元}$, $^{合}_{C}$<u>援</u>$_{元}$, $^{合}_{C}$轅$_{元}$, $^{合}_{C}$猿$_{元}$, $^{合}_{C}$園$_{元}$: $^{合}_{2}$還$_{刪}$ (13, 1, 1, 1, 11 : 12)

(161)에서 $_{3}$元韻과 $_{1}$寒韻/桓韻의 음운대립 쌍이 16/20쌍이고, (13, 11, 3)의 출현횟수를 보이는 집합에서 대립이 성립한다. (162)에서 $_{3}$元韻과 $_{2}$山刪韻의 음운대립 쌍이 13/24쌍이고, (12, 11, 10)의 출현횟수를 보이는 집합에서 대립이 성립한다. 따라서 이 두 음운대립의 강도가 별로 차이가 없는 것처럼 보인다.

그런데 이 두 음운대립에서 아주 큰 차이를 보이는 것이 있다. (161)의 음운대립에서는 $_{1}$寒韻/桓韻의 용례가 모두 91자인 데에 비하여, (162)의 음운대립에서는 $_{2}$山刪韻의 용례가 36자에 불과하다. 이것을 고려하면 $_{3}$元韻이 $_{2}$山刪韻과 음운론적으로 대립하는 강도가 $_{1}$寒韻/桓韻과 대립하는 강도보다 훨씬 세다고 할 수 있다. 달리 말하면, $_{3}$元韻과 $_{2}$山刪韻의 음운론적 거리는 상대적으로 멀고, $_{3}$元韻과 $_{1}$寒韻/桓韻의 음운론적 거리는 상대적으로 가깝다. 그렇다면 $_{3}$元韻의 운복에는 $_{1}$寒韻/桓韻의 운복 모음 /ɑ/를 배당하는 것이 바람직하다.[91]

이와 마찬가지 방법으로 $_{3}$仙韻의 운복 모음을 추정해 보자. 아래의 (163)에서 $_{3}$仙韻과 $_{1}$寒韻/桓韻의 음운대립 쌍은 18/52쌍이고, 5회 이상 출현하는 764자 집합에서 대립이 성립한다. 반면에, (164)에서 $_{3}$仙韻과 $_{2}$山刪韻의 음운대립 쌍은 11/21쌍이고, 3회 이상 출현하는 1,112자 집합에서 대립이 성립한다.

91 韓炅澔(2014: 17)가 元韻 3등을 'ɰɐn'으로 추정한 것처럼, 음성학적 연구에서는 元韻 3등의 운복을 寒韻 1등이나 山刪韻 2등의 운복과 구별한다.

(163) $_3$仙韻과 $_1$寒韻/桓韻의 음운대립 쌍 (18/52쌍) (5, 3, 2)

1. 滂敷/pʰ/의 평성 – $_A$偏$_{仙}$: $_1$潘$_{桓}$, $_1$番$_{桓}$ (5 : 6, 1)
2. 明微/m/의 상성 – $_B$免$_{仙}$, $_B$冕$_{仙}$: $_1$滿$_{桓}$ (9, 1 : 3)
3. 明微/m/의 거성 – $_A$面$_{仙}$: $_1$漫$_{桓}$ (15 : 1)
4. 明微/m/의 입성 – $_A$滅$_{仙}$: $_1$末$_{桓}$ (2 : 5)
5. 匣云/ɦ/의 평성 – 合$_B$圓$_{仙}$: 合$_1$桓$_{桓}$, 合$_1$完$_{桓}$ (1 : 15, 1)

(164) $_3$仙韻과 $_2$山刪韻의 음운대립 쌍 (11/21쌍) (3, 2, 2)

1. 幫非/p/의 평성 – $_A$鞭$_{仙}$: $_2$攀$_{刪}$, $_2$班$_{刪}$, $_2$斑$_{刪}$, $_2$頒$_{刪}$ (2 : 2, 2, 1, 1)
2. 明微/m/의 평성 – $_A$綿$_{仙}$: $_2$蠻$_{刪}$ (3 : 5)
3. 明微/m/의 거성 – $_A$面$_{仙}$: $_2$慢$_{刪}$ (15 : 1)
4. 見母/k/의 평성 – 開$_B$謇$_{仙}$: 開$_2$艱$_{山}$, 開$_2$<u>間</u>$_{山}$, 開$_2$閒$_{山}$, 開$_2$姦$_{刪}$ (1 : 2, 6, 10, 2)
5. 匣云/ɦ/의 평성 – 合$_B$圓$_{仙}$: 合$_2$還$_{刪}$ (1 : 12)

(163~164)에서는 음운론적 거리가 상대적으로 뚜렷하게 부각되지 않는다. 그렇다면 (160)과 (161~162)를 참고하여 $_3$仙韻의 운복을 추정할 수밖에 없다. (160)에서 15회 이상 출현하는 극소수의 상용자 집합에서 $_3$仙韻과 $_3$元韻이 음운대립을 이루었으므로, 이 두 운의 운복 모음이 서로 달랐을 가능성이 아주 크다. 그런데 (161~162)의 음운대립을 이용하여 $_3$元韻의 운복에 /ɑ/ 모음을 배당했으므로, (163~164)의 $_3$仙韻에는 /ɑ/ 대신에 /ɛ/를 배당하는 것이 합리적이다. 이에 따라 $_1$寒韻의 3등 짝이 $_3$元韻이고, $_2$山刪韻의 3등 짝이 $_3$仙韻이라 할 수 있다. 결론적으로 $_3$元韻 C을 /ɪɑn, ɪɑt/으로 추정하고,[92] $_3$仙韻을 /ɪɛn, ɪɛt/으로 추정한다.[93]

92 베트남 한자음에서는 元韻이 순음 뒤에서 'iən, iət' 또는 'an, at'으로 실현된다(三根谷徹 1972: 350). 이처럼 두 가지로 대응하는 것을 이토 지유키(2011: 302, 이진호 역)은 성조 차이로 설명했다.

93 韓昊澔(2014: 17)도 운복 모음으로 'ɛ'를 택했다.

$_{C}$元韻은 여타의 3등 C와 마찬가지로 모음적 개음 /ɪ-/를 갖는다. 반면에 $_{3}$仙韻은 앞에서 이미 논의한 것처럼, 3등 A와 3등 B의 구별이 없다. 따라서 이 둘을 $_{3}$仙韻으로 병합할 때에 그 개음을 자음적 개음 /j-/라고 해야 할지 모음적 개음 /ɪ-/라고 해야 할지를 논의할 필요가 있다. 이 문제를 해결할 때에 결정적인 역할을 담당하는 것이 아래의 동일 최소대립 쌍이다. 동일 최소대립 쌍에서는 운복 모음이 서로 다르다 하더라도 개음은 동일할 가능성이 크기 때문이다. 아래의 대립항 '蹇'과 '竭'이 3등 B임을 논거로 삼아 $_{3}$仙韻에서도 그 운두 개음으로 모음적 개음 /ɪ-/를 택한다.

(165) $_{3}$仙韻과 $_{3}$元韻의 동일 최소대립 쌍

1. 見母/k/의 상성 – $^{開}_{B}$蹇$_{仙}$: $^{開}_{C}$蹇$_{元}$ (1)
2. 群母/g/의 입성 – $^{開}_{B}$竭$_{仙}$: $^{開}_{C}$竭$_{元}$ (4)

위에서 논의한 바를 종합하여 山攝 운모의 음운대립을 표로 그려 보면 다음과 같다.

(166) 山攝 운모의 음운대립

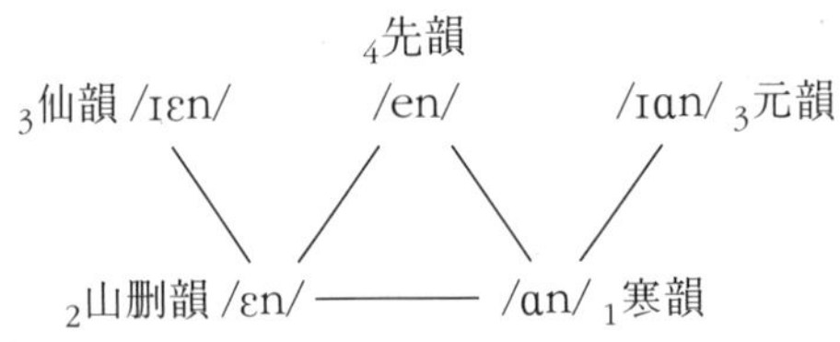

이와 같이 山攝 운모의 음가를 추정할 때에, 반드시 검토해야 할 것이 하나 남아 있다. $_{3}$元韻에는 개구보다 합구가 더 많으므로 이에 대한 논의가 필요하다. 즉 $_{3}$元韻 합구와 $_{1}$桓韻의 관계를 논의할 필요가 있다. $_{1}$桓韻은 앞에서 이미 지적한 것처럼 $_{1}$寒韻의 합구운이므로 /wɑn, wɑt/의 음가이다. 이에 비하여 $_{3}$元韻 합구는 이론적으로 /wɪɑn, wɪɑt/이지만, 복합 개음 /wɪ-/가 /ɥ-/로 실현되는 것

이 원칙이므로 실제로는 전설 원순 활음을 가지는 /ɥɑn, ɥɑt/이다.

(167) $_{3}$元韻 합구와 $_{1}$桓韻의 음운대립 쌍 (23쌍) (13, 3, 2)

1. 幫非/p/의 입성 – $_{C}$發$_{元}$, $_{C}$髮$_{元}$: $_{1}$撥$_{桓}$, $_{1}$鉢$_{桓}$ (8, 4 : 2, 1)
2. 並奉/b/의 평성 – $_{C}$煩$_{元}$, $_{C}$繁$_{元}$, $_{C}$樊$_{元}$: $_{1}$盤$_{桓}$ (11, 1, 1 : 3)
3. 疑母/ŋ/의 거성 – $^{合}_{C}$願$_{元}$: $^{合}_{1}$玩$_{桓}$, $^{合}_{1}$翫$_{桓}$ (6 : 2, 1)
4. 匣云/ɦ/의 평성 – $^{合}_{C}$袁$_{元}$, $^{合}_{C}$轅$_{元}$, $^{合}_{C}$猿$_{元}$, $^{合}_{C}$園$_{元}$: $^{合}_{1}$桓$_{桓}$, $^{合}_{1}$完$_{桓}$ (13, 1, 1, 1 : 15, 1)
5. 匣云/ɦ/의 입성 – $^{合}_{C}$越$_{元}$, $^{合}_{C}$曰$_{元}$, $^{合}_{C}$鉞$_{元}$: $^{合}_{1}$活$_{桓}$ (2, 2, 1 : 4)

위에서 볼 수 있듯이, $_{3}$元韻 합구와 $_{1}$桓韻의 음운대립 쌍이 23쌍이나 되고 13회 이상 출현하는 극소수의 상용자 집합에서 이미 대립이 성립한다. 이것은 $_{3}$元韻 합구의 /ɥɑn, ɥɑt/과 $_{1}$桓韻의 /wɑn, wɑt/이 음운론적으로 대립하는 것이므로, 사실은 전설 원순 활음 /ɥ-/와 후설 원순 활음 /w-/의 최소대립 쌍이라고 할 수 있다. 이 대립 쌍은 전설의 /ɥ-/와 후설의 /w-/가 5세기 전반기의 한어에서 음운론적으로 대립했음을 증명해 주는 결정적인 논거가 된다.

마지막으로, $_{3}$仙韻과 $_{4}$先韻의 음운대립 쌍을 덧붙여 둔다. 이 두 운은 13쌍에서 음운론적으로 대립하고, 40회 이상 출현하는 극소수의 상용자 집합에서 이미 대립이 성립한다.

(168) $_{3}$仙韻과 $_{4}$先韻의 음운대립 쌍 (13/26쌍) (40, 3, 2)

1. 幫非/p/의 평성 – $_{A}$鞭$_{仙}$: $_{4}$邊$_{先}$ (2 : 5)
2. 明微/m/의 평성 – $_{A}$綿$_{仙}$: $_{4}$眠$_{先}$ (3 : 5)
3. 定澄/d/의 평성 – $^{開}_{AB}$纏$_{仙}$: $^{開}_{4}$田$_{先}$ (2 : 9)
4. 泥日娘/n/의 평성 – $^{開}_{AB}$然$_{仙}$ $^{開}_{AB}$燃$_{仙}$: $^{開}_{4}$年$_{先}$ (61, 1 : 40)
5. 匣云/ɦ/의 평성 – $^{合}_{B}$圓$_{仙}$: $^{合}_{4}$玄$_{先}$ $^{合}_{4}$懸$_{先}$ (1 : 18, 3)

이 대립 쌍은 介音 차이 우선의 원칙으로 이미 구별되지만, 『절운』의 서문에서 "先과 仙, 尤와 侯가 함께 같은 反切을 쓴다"고[94] 한 것으로 보아, 『절운』 시절에는 이미 $_{3}$仙韻의 운복 /ɛ/와 $_{4}$先韻의 운복 /e/를 서로 구별하기 어려웠을 것이다. 절반 정도의 대립 쌍에서 다음자가 대립 항이라는 사실도 이것을 암시한다. 그러나 5세기 전반기에는 /ɛ/와 /e/ 모음이 여타의 운에서도 구별되므로 $_{3}$仙韻과 $_{4}$先韻에서도 구별되었다고 보는 것이 좋을 것이다.

5.5.2. 臻攝

臻攝은 운미가 /-n/이나 /-t/이면서 운복이 [-low]인 모음 즉 저모음이 아닌 한어음의 집합이다. 여기에는 痕韻 1등(4자), 魂韻 1등(49자), 欣韻 3등 C(11자), 文韻 3등 C(36자), 諄韻 3등 A와 B(28자), 臻韻 3등의 A와 B(1자), 眞韻 3등의 A와 B(76자)가 있다. 山攝과 달리 臻攝에는 2등운과 4등운이 없다.

『세설신어』의 대화문에 사용된 臻攝字를 분포 분석표에 넣어 보면 다음과 같다.

(169) 臻攝字의 분포 분석표 ($_{1}$痕韻 4자, $_{1}$魂韻 49자, $_{3}$欣韻 11자, $_{3}$文韻 36자, $_{3}$諄韻 28자, $_{3}$臻韻 1자, $_{3}$眞韻 76자)

성조 / 성모		평성^{L}	상성^{R}	거성^{D}	입성^{E}
순음	幫非/p/	$_{1}$奔$_{魂}$ $_{1}$賁$_{魂}$ $_{C}$分$_{文}$ $_{A}$賓$_{眞}$ $_{A}$彪$_{眞}$	$_{1}$本$_{魂}$	$_{C}$糞$_{文}$ $_{C}$奮$_{文}$ $_{A}$殯$_{眞}$ $_{A}$鬢$_{眞}$	$_{C}$不$_{文}$ $_{A}$必$_{眞}$ $_{A}$畢$_{眞}$ $_{B}$筆$_{眞}$
	滂敷/p^{h}/	$_{C}$紛$_{文}$			$_{C}$拂$_{文}$ $_{A}$匹$_{眞}$
	並奉/b/	$_{C}$焚$_{文}$ $_{C}$墳$_{文}$ $_{B}$貧$_{眞}$		$_{C}$分$_{文}$	$_{1}$勃$_{魂}$ $_{C}$佛$_{文}$ $_{B}$佛$_{眞}$ $_{B}$弼$_{眞}$

94 先仙 尤侯 具論是切.

성모 \ 성조		평성^{L}	상성^{R}	거성^{D}	입성^{E}
순음	明微 /m/	$_{1}$門$_{魂}$ $_{1}$亹$_{魂}$ $_{C}$聞$_{文}$ $_{C}$文$_{文}$ $_{A}$民$_{眞}$	$_{C}$吻$_{文}$ $_{B}$愍$_{眞}$ $_{B}$閔$_{眞}$ $_{B}$敏$_{眞}$	$_{C}$聞$_{文}$ $_{C}$問$_{文}$	$_{1}$沒$_{魂}$ $_{1}$歿$_{魂}$ $_{C}$物$_{文}$ $_{C}$勿$_{文}$ $_{B}$密$_{眞}$
설음	端知/t/	$^{合}_{1}$敦$_{魂}$		$^{合}_{1}$頓$_{魂}$ $^{開}_{AB}$鎭$_{眞}$	$^{合}_{1}$咄$_{魂}$
	透徹/t^{h}/	$^{開}_{1}$吞$_{痕}$			$^{合}_{AB}$黜$_{諄}$
	定澄/d/	$^{合}_{1}$屯$_{魂}$ $^{合}_{1}$豘$_{魂}$ $^{合}_{1}$豚$_{魂}$ $^{開}_{AB}$陳$_{眞}$ $^{開}_{AB}$塵$_{眞}$	$^{合}_{1}$遁$_{魂}$	$^{合}_{1}$鈍$_{魂}$ $^{合}_{1}$遁$_{魂}$ $^{開}_{AB}$陳$_{眞}$	$^{合}_{1}$突$_{魂}$
	泥日娘 /n/	$^{開}_{AB}$人$_{眞}$ $^{開}_{AB}$仁$_{眞}$	$^{開}_{AB}$忍$_{眞}$	$^{合}_{AB}$潤$_{諄}$ $^{開}_{AB}$仞$_{眞}$ $^{開}_{AB}$刃$_{眞}$	$^{合}_{1}$訥$_{魂}$ $^{開}_{AB}$日$_{眞}$
	來母/l/	$^{合}_{1}$論$_{魂}$ $^{合}_{1}$崙$_{魂}$ $^{合}_{AB}$倫$_{諄}$ $^{合}_{AB}$綸$_{諄}$ $^{合}_{AB}$淪$_{諄}$ $^{開}_{AB}$隣$_{眞}$		$^{合}_{1}$論$_{魂}$ $^{開}_{AB}$藺$_{眞}$ $^{開}_{AB}$吝$_{眞}$	$^{開}_{AB}$慄$_{眞}$
치음마찰	心母/s/	$^{合}_{1}$孫$_{魂}$ $^{合}_{AB}$荀$_{諄}$ $^{合}_{AB}$珣$_{諄}$ $^{開}_{AB}$新$_{眞}$ $^{開}_{AB}$辛$_{眞}$ $^{開}_{AB}$薪$_{眞}$	$^{合}_{1}$損$_{魂}$	$^{合}_{1}$孫$_{魂}$ $^{合}_{1}$遜$_{魂}$ $^{合}_{AB}$峻$_{諄}$ $^{合}_{AB}$濬$_{諄}$ $^{開}_{AB}$信$_{眞}$	$^{合}_{1}$窣$_{魂}$ $^{開}_{AB}$悉$_{眞}$ $^{開}_{AB}$膝$_{眞}$
	邪母/z/				
	生母/ʂ/				$^{合}_{AB}$率$_{眞}$ $^{合}_{AB}$帥$_{眞}$ $^{開}_{AB}$瑟$_{臻}$
	書母/ɕ/	$^{開}_{AB}$身$_{眞}$ $^{開}_{AB}$申$_{眞}$ $^{開}_{AB}$紳$_{眞}$		$^{合}_{AB}$舜$_{諄}$	$^{開}_{AB}$失$_{眞}$ $^{開}_{AB}$室$_{眞}$
	常母/ʑ/	$^{合}_{AB}$蓴$_{諄}$ $^{合}_{AB}$純$_{諄}$ $^{合}_{AB}$淳$_{諄}$ $^{開}_{AB}$臣$_{眞}$ $^{開}_{AB}$晨$_{眞}$ $^{開}_{AB}$辰$_{眞}$		$^{開}_{AB}$愼$_{眞}$	
	羊母/j/		$^{合}_{AB}$尹$_{諄}$ $^{合}_{AB}$允$_{諄}$ $^{合}_{AB}$狁$_{諄}$ $^{開}_{AB}$引$_{眞}$		$^{開}_{AB}$逸$_{眞}$

성모 \ 성조		평성^{L}	상성^{R}	거성^{D}	입성^{E}
치음파찰	精母/ʦ/	$^{合}_{1}$尊$_{魂}$ $^{開}_{AB}$津$_{眞}$		$^{合}_{AB}$儁$_{諄}$ $^{合}_{AB}$駿$_{諄}$ $^{開}_{AB}$進$_{眞}$ $^{開}_{AB}$晉$_{眞}$ $^{開}_{AB}$縉$_{眞}$	$^{合}_{1}$卒$_{魂}$ $^{合}_{AB}$卒$_{諄}$
	淸初 /ʦʰ/	$^{開}_{AB}$親$_{眞}$		$^{合}_{1}$寸$_{魂}$	$^{合}_{1}$卒$_{魂}$ $^{開}_{AB}$七$_{眞}$ $^{開}_{AB}$漆$_{眞}$
	從母 /dz/	$^{合}_{1}$存$_{魂}$ $^{開}_{AB}$秦$_{眞}$	$^{開}_{AB}$盡$_{眞}$		$^{開}_{AB}$疾$_{眞}$ $^{開}_{AB}$嫉$_{眞}$
	莊母 /tʂ/				
	章母/ʨ/	$^{開}_{AB}$眞$_{眞}$	$^{合}_{AB}$準$_{諄}$	$^{開}_{AB}$震$_{眞}$ $^{開}_{AB}$振$_{眞}$	$^{開}_{AB}$質$_{眞}$
	昌母 /ʨʰ/	$^{合}_{AB}$春$_{諄}$ $^{開}_{AB}$瞋$_{眞}$	$^{合}_{AB}$蠢$_{諄}$		$^{合}_{AB}$出$_{諄}$
	船崇 /ʥ/	$^{合}_{AB}$脣$_{諄}$ $^{開}_{AB}$神$_{眞}$			$^{合}_{AB}$述$_{諄}$ $^{合}_{AB}$術$_{諄}$ $^{合}_{AB}$秫$_{諄}$ $^{開}_{AB}$實$_{眞}$
아음	見母/k/	$^{開}_{1}$根$_{痕}$ $^{合}_{1}$惲$_{魂}$ $^{合}_{1}$昆$_{魂}$ $^{合}_{1}$崑$_{魂}$ $^{開}_{C}$斤$_{欣}$ $^{合}_{C}$君$_{文}$ $^{合}_{C}$軍$_{文}$ $^{開}_{B}$巾$_{眞}$	$^{開}_{C}$謹$_{欣}$	$^{開}_{C}$靳$_{欣}$	$^{合}_{1}$骨$_{魂}$ $^{開}_{C}$訖$_{欣}$ $^{合}_{A}$橘$_{諄}$ $^{開}_{A}$吉$_{眞}$
	溪母 /kʰ/			$^{合}_{1}$困$_{魂}$	$^{合}_{1}$窟$_{魂}$ $^{開}_{C}$乞$_{欣}$ $^{合}_{C}$屈$_{文}$
	群母/g/	$^{開}_{C}$勤$_{欣}$ $^{合}_{C}$群$_{文}$	$^{開}_{C}$近$_{欣}$	$^{開}_{C}$近$_{欣}$ $^{合}_{C}$郡$_{文}$	
	疑母/ŋ/				$^{合}_{1}$兀$_{魂}$
후음	影母/ʔ/	$^{開}_{1}$恩$_{痕}$ $^{合}_{1}$溫$_{魂}$ $^{合}_{1}$穩$_{魂}$ $^{開}_{C}$殷$_{欣}$ $^{開}_{A}$因$_{眞}$ $^{開}_{A}$茵$_{眞}$ $^{開}_{A}$姻$_{眞}$	$^{開}_{C}$隱$_{欣}$ $^{合}_{C}$蘊$_{文}$	$^{合}_{C}$愠$_{文}$ $^{開}_{A}$印$_{眞}$	$^{合}_{C}$蔚$_{文}$ $^{合}_{C}$熨$_{文}$ $^{開}_{A}$一$_{眞}$
	曉母/h/	$^{合}_{1}$婚$_{魂}$ $^{合}_{1}$昏$_{魂}$ $^{開}_{C}$欣$_{欣}$ $^{合}_{C}$勳$_{文}$ $^{合}_{C}$薰$_{文}$		$^{合}_{C}$訓$_{文}$ $^{合}_{C}$薰$_{文}$ $^{開}_{B}$釁$_{眞}$	$^{合}_{1}$忽$_{魂}$ $^{合}_{C}$欻$_{文}$

성모 \ 성조		평성^{L}	상성^{R}	거성^{D}	입성^{E}
후음	匣云/ɦ/	$^{合}_{1}$渾$_{魂}$ $^{合}_{C}$云$_{文}$ $^{合}_{C}$雲$_{文}$ $^{合}_{C}$紜$_{文}$	$^{合}_{1}$混$_{魂}$ $^{合}_{1}$惲$_{魂}$ $^{合}_{1}$渾$_{魂}$ $^{合}_{B}$殞$_{眞}$	$^{開}_{1}$恨$_{痕}$ $^{合}_{1}$溷$_{魂}$ $^{合}_{C}$運$_{文}$ $^{合}_{C}$韻$_{文}$	

위의 분포 분석표에서 먼저 1등운인 痕韻과 魂韻의 분포를 검토해 본다. $_1$痕韻은 4자뿐이므로 분포를 거론하기가 어렵지만 모두 개구인 것만은 분명하다. 반면에 $_1$魂韻은 항상 합구이다. 여기에서 $_1$魂韻이 $_1$痕韻의 합구운임을 바로 알 수 있다.

이 분포 제약에서 바로 $_1$痕韻과 $_1$魂韻의 운복 모음을 추정할 수 있다. 痕韻이 항상 1등이라는 점에서 운복이 전설 모음이 아니다. 1등은 항상 후설 모음이기 때문이다. 그런데 $_1$痕韻은 항상 개구이므로 운복이 원순 모음이 아니다. 여기에서 $_1$痕韻의 운복은 /ɑ, ə, ɨ/ 셋 중의 하나라고 할 수 있다. 그런데 역시 /-n, -t/ 운미를 가지는 山攝을 논의하면서 후설 저모음 /ɑ/를 $_1$寒韻에 이미 배당한 바 있으므로 $_1$痕韻의 운복은 /ə/ 또는 /ɨ/일 것이다. /ɨ/는 전혀 설정되지 않은 모음인 데에 반하여 /ə/는 이미 설정된 모음이다. 마침, 山攝의 어느 운복에도 이 /ə/를 배당한 바가 없으므로, 안심하고 臻攝의 $_1$痕韻 운복에 /ə/를 배당할 수 있다.

결론적으로 우리는 $_1$痕韻을 /ən, ət/으로 추정한다. 이 결론에 따르면, $_1$魂韻은 $_1$痕韻의 합구운이므로 /wən, wət/으로 추정된다.[95] Pulleyblank(1983: 85)도 전기 중고음의 $_1$魂韻을 이처럼 추정하면서, 활음 강화(glide strengthening) 규칙에 의해 'wən, wət'이 'on, ot' 또는 'un, ut'으로 실현된다고 했다.

Baxter and Sagart(2014: 17, 200)에서는 $_1$痕韻과 $_1$魂韻의 운복을 아예 'o'와 'wo'

95 藏漢對音에서 痕韻인 '根'이 '-in'으로 전사된(羅常培 1933: 54~55) 것은 痕韻의 운복이 /ə/였음을 암시한다.

로 추정했다.[96] 그런데 이 음가 추정에서는 'o'와 'wo'가 음운론적으로 잘 구별되었을지 의심스럽다. 'w'가 후설성과 원순성을 동시에 가지는데, 이 점에서는 'o'도 마찬가지이기 때문이다. 더욱이 $_3$元韻의 운복도 'o'로 추정했는데, 한국 중세 한자음에서는 $_3$元韻의 운복을 'ㅗ'로 수용하지 않고 대부분 'ㅓ'로 수용한다. $_1$痕韻도 'ㅗ'로 수용하지 않고 'ㅡ'나 'ㅣ'로 수용하는 것이 원칙이다. 이 점을 강조하면 $_1$痕韻과 $_3$元韻의 운복에 원순 모음 'o'를 배당할 수 없다. 뿐만 아니라, $_1$痕韻은 항상 개구인데도 운복을 원순 모음 'o'라고 했으므로 Baxter and Sagart(2014: 17, 200)의 음가 추정에는 문제가 많다. 우리처럼 $_1$痕韻을 /ən, ət/으로 추정하고 $_3$元韻을 /ɪɑn, ɪɑt/으로 추정하면, 이러한 문제를 모두 해소할 수 있다.

3등운에서도 흥미로운 것이 발견된다. $_3$欣韻은 아후음 뒤에만 분포하고, 순음이나 설치음의 뒤에는 오지 않는다. 마침 $_1$痕韻의 4자 중에서 3자가 아후음의 뒤에 온다.[97] 또한 $_3$欣韻은 항상 개구이고 합구가 아니다. 그렇다면 $_3$欣韻은 $_1$痕韻의 3등 짝일 가능성이 크다. 3등은 항상 구개 개음을 가지지만 1등은 구개 개음이 없기 때문이다. 이에 따르면 $_3$欣韻 C를 /ɪən, ɪət/으로 추정할 수 있다.

$_3$文韻 C는 항상 순음이나 아후음의 뒤에 오고, 설치음의 뒤에는 오지 않는다. 이와는 거꾸로, $_3$諄韻의 A와 B는 항상 설치음의 뒤에만 오고 순음이나 아후음의 뒤에는 오지 않는다.[98] 이처럼 $_3$文韻과 $_3$諄韻이 상보적 분포이므로, 음운론적으로는 이 둘을 하나로 합칠 수 있다.

대부분의 학자들이 이 상보적 분포를 중시하지 않는다. 그 대신에, 왕인구의 『刊謬補缺切韻』에서는 단일 운이었던 $_3$眞韻이 『광운』에서는 $_3$眞韻과 $_3$諄韻의 둘로 분리되었다는 점만 강조한다(Baxter and Sagart 2014: 35). 그러나 $_3$眞韻은 개구가 기본인 데에 반하여 $_3$文韻과 $_3$諄韻은 항상 합구이다. 이 점을 강조하면 $_3$文韻과 $_3$諄韻을 안심하고 하나의 단위로 합칠 수 있다. 이것을 우리는 $_3$文諄韻이라

96 韓炅澔(2014: 16)는 痕韻 1등을 'ən'이라 하고 魂韻 1등을 'won'이라 했다. 이 'won'에는 魂韻 1등이 痕韻 1등의 합구음이라는 점이 반영되지 않았다.

97 透徹/t^h/의 평성 열에 온 '$^{開}{}_1$呑$_{痕}$'은 이 점에서 예외적이다. '呑'이 예외적인 행동을 보인다는 것은 널리 알려져 있다.

98 딱 하나의 예외가 있다. 見母 /k/의 입성 열에 온 '$^{合}{}_A$橘$_{諄}$'이다.

지칭한다.

그런데 저 위의 (19)에서 遇攝 운모의 음운대립을 기술하면서, 우리는 $_{1}$模韻 개구, $_{C}$魚韻 개구, $_{C}$虞韻 합구의 음가 차이를 모두 운두 개음에서 구한 바 있다. 즉, 이들을 각각 /o/, /ɪo/, /ɥo/로 추정했던 것이다. 臻攝에서도 이와 마찬가지로 처리할 수 있다. $_{1}$痕韻을 /ən, ət/로 추정하면, 자동적으로 $_{C}$欣韻은 항상 개구이므로 /ɪən, ɪət/이 되고, $_{C}$文諄韻은 항상 합구이므로 /ɥən, ɥət/이 된다.

이제, $_{3}$眞韻과 $_{3}$臻韻만 남았다. $_{3}$眞韻의 A와 B에는 특별한 분포 제약이 없다. 대부분 개구이지만, 합구인 眞韻字가 셋이나 되므로,[99] 분포 제약이 없었다고 보아야 한다. $_{3}$臻韻은 生母/ʂ/의 입성 열에 온 '$^{開}{}_{AB}$瑟$_{臻}$' 하나뿐이다.[100] 마침 이 칸에는 $_{3}$眞韻 합구만 오므로 $_{3}$臻韻을 $_{3}$眞韻에 편입해도 아무런 문제가 제기되지 않는다.

이제 $_{3}$眞韻에서 중뉴가 성립하는가 하는 문제로 넘어간다. 이것을 확인하기 위하여 위의 분포 분석표에서 $_{3}$眞韻의 A와 B가 동일 칸에 온 것을 찾아본다. 아래의 2쌍을 찾을 수 있지만, 모두가 『세설신어』 대화문 용자의 전체 집합인 2,212자 집합에서만 대립이 성립한다.

(170) $_{3}$眞韻 A와 $_{3}$眞韻 B의 최소대립 쌍 (2쌍) (1, 1)

幫非/p/의 입성 – $_{A}$必$_{眞}$, $_{A}$畢$_{眞}$: $_{B}$筆$_{眞}$ (70, 2 : 1)

우리는 음운대립 쌍이 1~2쌍이면 음운대립을 의심하고, 대립 항이 3회 이상 출현하는지를 검토한다. (170)의 대립 항 '筆'이 『세설신어』의 대화문에 딱 한 번 나오므로 질적 척도도 충족하지 못한다. 따라서 이 음운대립을 부정하기로 한다.

마지막으로 $_{3}$眞韻의 운복에 어느 모음을 배당할 것인가 하는 문제를 논의한다. 이때에는 $_{3}$眞韻의 A나 B와 동일 칸에 온 운 중에서 역시 3등인 운과 대비하

99 이토 지유키(2011, 이진호 역)이 정리한 5,200여 자 중에서 $_{3}$眞韻 합구인 것은 '帥, 蟀, 率, 麏, 囷, 筠, 菌, 窘, 殞, 隕'의 10자이다.

100 고노 로쿠로(河野六郎)(2010: 240, 이진호 역주)도 臻韻이 원래는 眞韻에 속했다고 보았다. '瑟'이 예외적인 행동을 보인다는 것은 이토 지유키(2011: 313, 이진호 역)에서도 거론한 바 있다.

는 것이 효과적이다. $_3$眞韻과 $_3$欣韻의 음운대립 쌍을 찾아보면 다음과 같다.

(171) $_3$眞韻 B와 $_3$欣韻 C의 최소대립 쌍 (1쌍) (2)

見母/k/의 평성 – 開$_B$巾$_眞$: 開$_C$斤$_欣$ (2 : 3)

(172) $_3$眞韻 A와 $_3$欣韻 C의 음운대립 쌍 (4쌍) (10, 1, 1)

1. 見母/k/의 입성 – 開$_A$吉$_眞$: 開$_C$訖$_欣$ (3 : 1)
2. 影母/ʔ/의 평성 – 開$_A$因$_眞$, 開$_A$茵$_眞$, 開$_A$姻$_眞$: 開$_C$殷$_欣$ (10, 1, 1 : 12)

(171)의 대립 쌍은 사실은 운복의 최소대립 쌍이다. 3등 B와 3등 C는 공통적으로 운두 개음 /ɪ-/를 가지기 때문이다. 그런데 이 최소대립 쌍이 한 쌍뿐이고, 2회 이상 출현하는 1,487자 집합에서 대립이 성립한다. 양적 척도와 질적 척도를 기준으로 삼으면 이 음운대립을 부정할 수 있다.[101]

그런데 (172)의 대립 쌍을 고려하면 $_3$眞韻과 $_3$欣韻의 음운대립을 믿을 만하다. $_3$眞韻 A와 $_3$欣韻 C의 음운대립 쌍이 4쌍이나 되고, 10회 이상 출현하는 415자 집합에서 이미 대립이 성립한다. (172)의 대립 쌍이 운복 모음의 최소대립 쌍이 아니라는 것은 분명하지만, (171)의 음운대립 성립 여부를 판단할 때에 참고로 삼을 수 있다. 이 음운대립을 인정하여 우리는 $_3$眞韻의 운복과 $_3$欣韻의 운복이 서로 달랐다고 판단한다. 결론적으로 $_3$欣韻의 운복이 /ə/이므로 $_3$眞韻의 운복은 /ə/가 아니다.

이것을 활용하여 $_3$眞韻의 운복 모음을 결정할 수 있다. 山攝에서 배당한 모음은 $_1$寒韻의 /ɑ/, $_2$山删韻의 /ɛ/, $_4$先韻의 /e/ 세 가지이고, 臻攝에서 배당한 모음은 $_1$痕韻·$_1$魂韻·$_3$欣韻의 운복 모음 /ə/ 한 가지이다. 이들은 모두 평순 모음인데, 평순 모음 중에서 아직 배당하지 않은 것으로 /i/ 모음이 있다. 우리는 주인이 없는

101 이것을 반영한 것인지는 확실하지 않으나, 후기 중고음에서는 $_3$眞韻 B와 $_3$欣韻 C가 합류한다(河野六郎 1968/79). 藏漢對音에서도 $_3$眞韻과 $_3$欣韻이 대부분 'in, yin(ir, yir)'에 대응하고, 드물게 'en, on'에 대응한다(高田時雄 1988: 159).

것처럼 남아 있는 /i/ 모음을 $_3$眞韻의 운복에 배당한다.

앞에서 $_3$眞韻에서 A와 B의 음운대립을 부정했으므로 하나로 병합한 $_3$眞韻의 음가를 /jin, jit/으로 추정할 것인지 /ɪin, ɪit/으로 추정할 것인지를 논의해야 한다. 이때에 우리는 (171)과 (172)를 대비한다. $_3$欣韻 C와 음운론적 거리가 상대적으로 먼 것은 역시 $_3$眞韻 A이므로, $_3$眞韻을 대표하는 것은 A라 할 수 있고 이에 따라 $_3$眞韻을 /jin, jit/으로 추정한다.

마지막으로, $_3$眞韻과 $_3$文諄韻의 최소대립 쌍이 있는지를 (169)의 분포 분석표에서 찾아본다. 이때에는 $_3$眞韻 합구가 대립 항이 되는데, 『세설신어』 대화문에 출현하는 $_3$眞韻 합구자는 3자에 불과하다. 生母/ʂ/의 입성자인 '$^{\text{合}}_{AB}$率$_{\text{眞}}$, $^{\text{合}}_{AB}$帥$_{\text{眞}}$'과 匣云/ɦ/의 상성자인 '$^{\text{合}}_{B}$殞$_{\text{眞}}$'이 그것이다. 그런데 이들과 동일 칸에 오는 $_3$文諄韻의 예가 없다. 이것은 $_3$眞韻 합구와 $_3$文諄韻의 분포가 상보적임을 뜻한다. 이 상보적 분포를 활용하여 기존의 논의에서는 $_3$眞韻과 $_3$諄韻을 하나의 덩어리로 병합한다. 그리하여 왕인구의 『刊謬補缺切韻』에서는 단일 운이었던 眞韻이 『광운』에서는 眞韻과 諄韻의 둘로 분리되었다고(Baxter and Sagart 2014: 35) 기술한다.

그러나 이것은 만족할 만한 기술이 아니다. 첫째로, 이 견해에서는 $_3$諄韻의 분포 특징을 전혀 고려하지 않고 있다. 앞에서 이미 거론한 것처럼 $_3$諄韻은 설치음의 뒤에 분포하고, $_3$文韻은 순음과 아후음의 뒤에 분포한다. 이 배타적 분포를 우선적으로 고려할 필요가 있다. 둘째, 臻攝에서는 개합을 기준으로 운모의 명칭이 결정될 때가 많다. 예컨대 $_1$痕韻은 항상 개구이지만 $_1$魂韻은 항상 합구이다. 또한 $_1$寒韻은 항상 개구이고 $_1$桓韻은 항상 합구이다. 이에 따르면 합구운인 $_1$魂韻이나 $_1$桓韻에 분포 제약이 없듯이 $_3$諄韻이나 $_3$文韻도 분포 제약이 없어야 하는데, 실제로는 이 둘의 분포가 상보적이다. 셋째, $_3$眞韻에서 항상 합구인 $_3$諄韻이 분리되었다고 기술할 때에는 예외가 적잖아 문제가 된다. '$^{\text{合}}_{AB}$率$_{\text{眞}}$, $^{\text{合}}_{AB}$帥$_{\text{眞}}$, $^{\text{合}}_{B}$殞$_{\text{眞}}$'의 3자가 $_3$諄韻으로 바뀌지 않고 여전히 $_3$眞韻 합구로 남아 있기 때문이다.

이러한 문제가 제기되기 때문에 우리는 단일 운이었던 $_3$眞韻이 둘로 나뉘어 $_3$眞韻과 $_3$諄韻이 되었다는 논의에 동의하지 않는다. 그 대신에 항상 합구인 $_3$諄韻이 항상 합구인 $_3$文韻과 상보적으로 분포한다는 점을 훨씬 더 중시한다. $_3$諄韻과 $_3$文韻은 3등이면서 항상 합구이므로, 그 운두 개음이 전설 원순 활음 /ɥ-/이다.

5.5.3. /-n, -t/ 운미 종합

이제, 山攝과 臻攝에서 논의한 바를 종합하여 운복 모음의 음운대립을 확인하기로 한다. 이때에는 (153)의 山攝字 분포 분석표와 (169)의 臻攝字 분포 분석표를 하나로 합쳐서 /-n, -t/ 운미의 종합 분포 분석표를 작성하는 것이 첩경이다.

(173) /-n, -t/ 운미의 종합 분포 분석표

성조 / 성모		평성^L	상성^R	거성^D	입성^E
순음	幫非 /p/	$_2$攀$_{刪}$ $_2$班$_{刪}$ $_2$斑$_{刪}$ $_2$頒$_{刪}$ $_A$鞭$_{仙}$ $_C\underline{\text{蕃}}_{元}$ $_4$邊$_{先}$ $_1$奔$_{魂}$ $_1$賁$_{魂}$ $_C\underline{\text{分}}_{文}$ $_A$賓$_{眞}$ $_A$彬$_{眞}$	$_2$版$_{刪}$ $_C\underline{\text{反}}_{元}$ $_C$返$_{元}$ $_1$本$_{魂}$	$_1$半$_{桓}$ $_B$變$_{仙}$ $_4$遍$_{先}$ $_C$糞$_{文}$ $_C$奮$_{文}$ $_A$殯$_{眞}$ $_A$鬢$_{眞}$	$_1$撥$_{桓}$ $_1$鉢$_{桓}$ $_2$八$_{山}$ $_B\underline{\text{別}}_{仙}$ $_C$發$_{元}$ $_C$髮$_{元}$ $_C\underline{\text{不}}_{文}$ $_A$必$_{眞}$ $_A$畢$_{眞}$ $_B$筆$_{眞}$
	滂敷 /pʰ/	$_1$潘$_{桓}$ $_1\underline{\text{番}}_{桓}$ $_A$偏$_{仙}$ $_C\underline{\text{番}}_{元}$ $_C\underline{\text{反}}_{元}$ $_C$紛$_{文}$		$_1$判$_{桓}$	$_4$瞥$_{先}$ $_C$拂$_{文}$ $_A$匹$_{眞}$
	並奉 /b/	$_1$盤$_{桓}$ $_A\underline{\text{便}}_{仙}$ $_C$煩$_{元}$ $_C\underline{\text{番}}_{元}$ $_C$繁$_{元}$ $_C$樊$_{元}$ $_C\underline{\text{蕃}}_{元}$ $_4$胼$_{先}$ $_C$焚$_{文}$ $_C$墳$_{文}$ $_B$貧$_{眞}$	$_B$辯$_{仙}$ $_B$辨$_{仙}$ $_C\underline{\text{飯}}_{元}$	$_1$叛$_{桓}$ $_2$辦$_{山}$ $_A\underline{\text{便}}_{仙}$ $_B$卞$_{仙}$ $_C\underline{\text{飯}}_{元}$ $_C\underline{\text{分}}_{文}$	$_2$拔$_{刪}$ $_B\underline{\text{別}}_{仙}$ $_C$伐$_{元}$ $_1$勃$_{魂}$ $_C\underline{\text{佛}}_{文}$ $_B\underline{\text{佛}}_{眞}$ $_B$弼$_{眞}$
	明微 /m/	$_2$蠻$_{刪}$ $_A$綿$_{仙}$ $_4$眠$_{先}$ $_1$門$_{魂}$ $_1\underline{\text{亹}}_{魂}$ $_C\underline{\text{聞}}_{文}$ $_C$文$_{文}$ $_A$民$_{眞}$	$_1$滿$_{桓}$ $_B$免$_{仙}$ $_B$冕$_{仙}$ $_C$晩$_{元}$ $_C$吻$_{文}$ $_B$愍$_{眞}$ $_B$閔$_{眞}$ $_B$敏$_{眞}$	$_1$漫$_{桓}$ $_2$慢$_{刪}$ $_A$面$_{仙}$ $_C$萬$_{元}$ $_C\underline{\text{聞}}_{文}$ $_C$問$_{文}$	$_1$末$_{桓}$ $_A$滅$_{仙}$ $_1$沒$_{魂}$ $_1$歿$_{魂}$ $_C$物$_{文}$ $_C$勿$_{文}$ $_B$密$_{眞}$

성조 / 성모		평성^{L}	상성^{R}	거성^{D}	입성^{E}
설음	端知 /t/	開1丹寒 開1單寒 合1端桓 開4顚先 合1敦魂	合1短桓 合AB轉仙	開1旦寒 合1斷桓 合AB轉仙 合1頓魂 開AB鎭眞	合1咄桓 合1掇桓 合AB掇仙 合AB輟仙 合AB綴仙 開AB哲仙 合1咄魂
	透徹 /tʰ/	合1猯桓 開4天先 開1呑痕	開1坦寒	開1歎寒 開1炭寒	開1撻寒 開AB徹仙 開4鐵先 合AB黜諄
	定澄 /d/	開1彈寒 開1檀寒 開AB纏仙 合AB傳仙 開4田先 合1屯魂 合1豘魂 合1豚魂 開AB陳眞 開AB塵眞	開1但寒 開1誕寒 合1斷桓 開4殄先 合1遁魂	開1但寒 開1彈寒 開1憚寒 合AB傳仙 開4電先 開4殿先 合1鈍魂 合1遁魂 開AB陳眞	開1達寒 合1奪桓 開AB徹仙 開AB轍仙 合1突魂
	泥日娘 /n/	開1難寒 開AB然仙 開AB燃仙 開4年先 開AB人眞 開AB仁眞	合1煗桓 開AB忍眞	開1難寒 合AB潤諄 開AB仞眞 開AB刃眞	開AB熱仙 合1訥魂 開AB日眞
	來母 /l/	開1蘭寒 合1圝桓 開AB連仙 開4憐先 合1論魂 合1崙魂 合AB倫諄 合AB綸諄 合AB淪諄 開AB隣眞	合1卵桓 開AB璉仙 合AB圝仙	開1爛寒 合1亂桓 合AB戀仙 開4練先 開4鍊先 合1論魂 開AB藺眞 開AB吝眞	開AB烈仙 開AB列仙 開AB裂仙 合AB劣仙 開4唳先 開AB慄眞
치음마찰	心母 /s/	合1酸桓 開AB鮮仙 開AB仙仙 合AB宣仙 開4先先 合1孫魂 合AB荀諄 合AB珣諄 開AB新眞 開AB辛眞 開AB薪眞	開1散寒 開AB鮮仙 合AB選仙 合1損魂	開1散寒 合1筭桓 開4先先 合1孫魂 合1遜魂 合AB峻諄 合AB濬諄 開AB信眞	開AB紲仙 開AB渫仙 合AB雪仙 合1窣魂 開AB悉眞 開AB膝眞
	邪母 /z/	合AB旋仙		合AB旋仙	

성모 \ 성조		평성^{L}	상성^{R}	거성^{D}	입성^{E}
치음마찰	生母 /ʂ/	$^{開}_{2}$山$_{山}$	$^{開}_{2}$産$_{山}$		$^{開}_{2}$殺$_{山}$ $^{合}_{AB}$率$_{眞}$ $^{合}_{AB}$帥$_{眞}$ $^{開}_{AB}$瑟$_{臻}$
	書母 /ɕ/	$^{開}_{AB}$身$_{眞}$ $^{開}_{AB}$申$_{眞}$ $^{開}_{AB}$紳$_{眞}$		$^{開}_{AB}$扇$_{仙}$ $^{合}_{AB}$舜$_{諄}$	$^{開}_{AB}$設$_{仙}$ $^{合}_{AB}$說$_{仙}$ $^{開}_{AB}$失$_{眞}$ $^{開}_{AB}$室$_{眞}$
	常母 /ʑ/	$^{開}_{AB}$蟬$_{仙}$ $^{合}_{AB}$蓴$_{諄}$ $^{合}_{AB}$純$_{諄}$ $^{合}_{AB}$淳$_{諄}$ $^{開}_{AB}$臣$_{眞}$ $^{開}_{AB}$晨$_{眞}$ $^{開}_{AB}$辰$_{眞}$	$^{開}_{AB}$善$_{仙}$	$^{開}_{AB}$慎$_{眞}$	
	羊母 /j/	$^{開}_{AB}$延$_{仙}$ $^{開}_{AB}$筵$_{仙}$ $^{合}_{AB}$緣$_{仙}$ $^{合}_{AB}$捐$_{仙}$	$^{合}_{AB}$尹$_{諄}$ $^{合}_{AB}$允$_{諄}$ $^{合}_{AB}$狁$_{諄}$ $^{開}_{AB}$引$_{眞}$	$^{合}_{AB}$掾$_{仙}$	$^{合}_{AB}$說$_{仙}$ $^{合}_{AB}$悅$_{仙}$ $^{開}_{AB}$逸$_{眞}$
치음파찰	精母 /ʦ/	$^{開}_{AB}$煎$_{仙}$ $^{合}_{1}$尊$_{魂}$ $^{開}_{AB}$津$_{眞}$		$^{開}_{1}$讚$_{寒}$ $^{開}_{1}$贊$_{寒}$ $^{開}_{AB}$煎$_{仙}$ $^{合}_{AB}$儁$_{諄}$ $^{合}_{AB}$駿$_{諄}$ $^{開}_{AB}$進$_{眞}$ $^{開}_{AB}$晉$_{眞}$ $^{開}_{AB}$縉$_{眞}$	$^{開}_{4}$節$_{先}$ $^{合}_{1}$卒$_{魂}$ $^{合}_{AB}$卒$_{諄}$
	淸初 /ʦʰ/	$^{開}_{AB}$遷$_{仙}$ $^{合}_{AB}$悛$_{仙}$ $^{開}_{4}$千$_{先}$ $^{開}_{4}$阡$_{先}$ $^{開}_{AB}$親$_{眞}$	$^{開}_{AB}$淺$_{仙}$	$^{開}_{1}$粲$_{寒}$ $^{合}_{2}$篡$_{刪}$ $^{開}_{4}$倩$_{先}$ $^{合}_{1}$寸$_{魂}$	$^{合}_{1}$撮$_{桓}$ $^{開}_{2}$察$_{山}$ $^{開}_{4}$竊$_{先}$ $^{合}_{1}$卒$_{魂}$ $^{開}_{AB}$七$_{眞}$ $^{開}_{AB}$漆$_{眞}$
	從母 /dz/	$^{開}_{1}$殘$_{寒}$ $^{開}_{AB}$悛$_{仙}$ $^{合}_{AB}$全$_{仙}$ $^{合}_{AB}$泉$_{仙}$ $^{開}_{4}$前$_{先}$ $^{合}_{1}$存$_{魂}$ $^{開}_{AB}$秦$_{眞}$	$^{開}_{AB}$踐$_{仙}$ $^{開}_{AB}$盡$_{眞}$	$^{開}_{AB}$賤$_{仙}$	$^{合}_{AB}$絶$_{仙}$ $^{開}_{4}$截$_{先}$ $^{開}_{AB}$疾$_{眞}$ $^{開}_{AB}$嫉$_{眞}$
	莊母 /tʂ/				

	성조 성모	평성^{L}	상성^{R}	거성^{D}	입성^{E}
치음파찰	章母 /tɕ/	$^{開}_{AB}$旃$_{仙}$ $^{開}_{AB}$眞$_{眞}$	$^{合}_{AB}$準$_{諄}$	$^{開}_{AB}$戰$_{仙}$ $^{開}_{AB}$震$_{眞}$ $^{開}_{AB}$振$_{眞}$	$^{開}_{AB}$折$_{仙}$ $^{合}_{AB}$拙$_{仙}$ $^{開}_{AB}$質$_{眞}$
	昌母 /tɕ^{h}/	$^{合}_{AB}$川$_{仙}$ $^{合}_{AB}$穿$_{仙}$ $^{合}_{AB}$春$_{諄}$ $^{開}_{AB}$瞋$_{眞}$	$^{合}_{AB}$喘$_{仙}$ $^{合}_{AB}$蠢$_{諄}$		$^{合}_{AB}$出$_{諄}$
	船崇 /dʑ/	$^{合}_{AB}$船$_{仙}$ $^{合}_{AB}$脣$_{諄}$ $^{開}_{AB}$神$_{眞}$	$^{合}_{2}$僎$_{刪}$		$^{開}_{AB}$舌$_{仙}$ $^{合}_{AB}$述$_{諄}$ $^{合}_{AB}$術$_{諄}$ $^{合}_{AB}$秫$_{諄}$ $^{開}_{AB}$實$_{眞}$
아음	見母 /k/	$^{開}_{1}$干$_{寒}$ $^{開}_{1}$肝$_{寒}$ $^{合}_{1}$官$_{桓}$ $^{合}_{1}$觀$_{桓}$ $^{合}_{1}$寬$_{桓}$ $^{合}_{1}$棺$_{桓}$ $^{合}_{1}$冠$_{桓}$ $^{開}_{2}$艱$_{山}$ $^{開}_{2}$間$_{山}$ $^{開}_{2}$閒$_{山}$ $^{開}_{2}$姦$_{刪}$ $^{合}_{2}$關$_{刪}$ $^{開}_{B}$㨻$_{仙}$ $^{開}_{4}$鑒$_{先}$ $^{開}_{4}$肩$_{先}$ $^{開}_{4}$堅$_{先}$ $^{開}_{1}$根$_{痕}$ $^{合}_{1}$惲$_{魂}$ $^{合}_{1}$昆$_{魂}$ $^{合}_{1}$崑$_{魂}$ $^{開}_{C}$斤$_{欣}$ $^{合}_{C}$君$_{文}$ $^{合}_{C}$軍$_{文}$ $^{開}_{B}$巾$_{眞}$	$^{合}_{1}$管$_{桓}$ $^{開}_{2}$簡$_{山}$ $^{開}_{B}$蹇$_{仙}$ $^{合}_{B}$捲$_{仙}$ $^{開}_{C}$蹇$_{元}$ $^{開}_{C}$謹$_{欣}$	$^{開}_{1}$榦$_{寒}$ $^{合}_{1}$觀$_{桓}$ $^{合}_{1}$館$_{桓}$ $^{合}_{1}$冠$_{桓}$ $^{開}_{2}$間$_{山}$ $^{開}_{2}$諫$_{刪}$ $^{合}_{2}$患$_{刪}$ $^{合}_{A}$絹$_{仙}$ $^{合}_{B}$眷$_{仙}$ $^{開}_{C}$建$_{元}$ $^{開}_{4}$見$_{先}$ $^{合}_{4}$狷$_{先}$ $^{開}_{C}$靳$_{欣}$	$^{開}_{1}$葛$_{寒}$ $^{開}_{1}$割$_{寒}$ $^{開}_{1}$犗$_{寒}$ $^{開}_{4}$結$_{先}$ $^{開}_{4}$潔$_{先}$ $^{合}_{4}$駃$_{先}$ $^{合}_{4}$決$_{先}$ $^{合}_{1}$骨$_{魂}$ $^{開}_{C}$訖$_{欣}$ $^{合}_{A}$橘$_{諄}$ $^{開}_{A}$吉$_{眞}$
	溪母 /k^{h}/	$^{開}_{1}$看$_{寒}$ $^{開}_{1}$褰$_{寒}$ $^{開}_{B}$褰$_{仙}$ $^{開}_{4}$牽$_{先}$	$^{開}_{A}$遣$_{仙}$	$^{合}_{C}$勸$_{元}$ $^{合}_{C}$勤$_{元}$ $^{開}_{4}$牽$_{先}$ $^{合}_{1}$困$_{魂}$	$^{開}_{1}$渴$_{寒}$ $^{合}_{1}$闊$_{桓}$ $^{合}_{C}$闕$_{元}$ $^{合}_{1}$窟$_{魂}$ $^{開}_{C}$乞$_{欣}$ $^{合}_{C}$屈$_{文}$
	群母 /g/	$^{合}_{B}$權$_{仙}$ $^{合}_{B}$捲$_{仙}$ $^{開}_{C}$勤$_{欣}$ $^{合}_{C}$群$_{文}$	$^{開}_{C}$近$_{欣}$	$^{開}_{C}$健$_{元}$ $^{開}_{C}$近$_{欣}$ $^{合}_{C}$郡$_{文}$	$^{開}_{B}$竭$_{仙}$ $^{開}_{B}$傑$_{仙}$ $^{開}_{C}$竭$_{元}$ $^{開}_{C}$碣$_{元}$
	疑母 /ŋ/	$^{開}_{2}$顔$_{刪}$ $^{合}_{2}$頑$_{刪}$ $^{開}_{C}$言$_{元}$ $^{合}_{C}$元$_{元}$ $^{合}_{C}$源$_{元}$ $^{合}_{C}$原$_{元}$ $^{開}_{4}$研$_{先}$ $^{開}_{4}$妍$_{先}$	$^{開}_{2}$眼$_{山}$ $^{合}_{C}$阮$_{元}$	$^{合}_{1}$玩$_{桓}$ $^{合}_{1}$翫$_{桓}$ $^{開}_{B}$彥$_{仙}$ $^{合}_{C}$願$_{元}$ $^{開}_{4}$研$_{先}$	$^{開}_{1}$櫱$_{寒}$ $^{開}_{B}$櫱$_{仙}$ $^{合}_{C}$月$_{元}$ $^{合}_{1}$兀$_{魂}$

성모 \ 성조		평성[L]	상성[R]	거성[D]	입성[E]
후음	影母 /ʔ/	$^{開}_{1}$安$_{寒}$ $^{開}_{B}$焉$_{仙}$ $^{合}_{C}$宛$_{元}$ $^{開}_{4}$燕$_{先}$ $^{合}_{4}$淵$_{先}$ $^{開}_{1}$恩$_{痕}$ $^{合}_{1}$溫$_{魂}$ $^{合}_{1}$穩$_{魂}$ $^{開}_{C}$殷$_{欣}$ $^{開}_{A}$因$_{眞}$ $^{開}_{A}$茵$_{眞}$ $^{開}_{A}$姻$_{眞}$	$^{合}_{1}$盌$_{桓}$ $^{合}_{C}$宛$_{元}$ $^{開}_{C}$隱$_{欣}$ $^{合}_{C}$蘊$_{文}$	$^{開}_{1}$案$_{寒}$ $^{開}_{1}$按$_{寒}$ $^{開}_{2}$晏$_{删}$ $^{開}_{4}$燕$_{先}$ $^{開}_{4}$宴$_{先}$ $^{合}_{C}$慍$_{文}$ $^{開}_{A}$印$_{眞}$	$^{開}_{1}$遏$_{寒}$ $^{合}_{C}$蔚$_{文}$ $^{合}_{C}$熨$_{文}$ $^{開}_{A}$一$_{眞}$
	曉母 /h/	$^{合}_{1}$歡$_{桓}$ $^{開}_{C}$軒$_{元}$ $^{合}_{1}$婚$_{魂}$ $^{合}_{1}$昏$_{魂}$ $^{開}_{C}$欣$_{欣}$ $^{合}_{C}$勳$_{文}$ $^{合}_{C}$薰$_{文}$	$^{開}_{4}$顯$_{先}$ $^{開}_{4}$憲$_{先}$	$^{開}_{1}$漢$_{寒}$ $^{合}_{1}$喚$_{桓}$ $^{開}_{C}$獻$_{元}$ $^{合}_{C}$訓$_{文}$ $^{合}_{C}$薰$_{文}$ $^{開}_{B}$釁$_{眞}$	$^{合}_{1}$豁$_{桓}$ $^{開}_{2}$瞎$_{删}$ $^{合}_{1}$忽$_{魂}$ $^{合}_{C}$欻$_{文}$
	匣云 /ɦ/	$^{開}_{1}$寒$_{寒}$ $^{開}_{1}$韓$_{寒}$ $^{合}_{1}$桓$_{桓}$ $^{合}_{1}$完$_{桓}$ $^{開}_{2}$間$_{山}$ $^{開}_{2}$閑$_{山}$ $^{合}_{2}$還$_{删}$ $^{開}_{B}$焉$_{仙}$ $^{合}_{B}$圓$_{仙}$ $^{合}_{C}$袁$_{元}$ $^{合}_{C}$援$_{元}$ $^{合}_{C}$轅$_{元}$ $^{合}_{C}$猿$_{元}$ $^{合}_{C}$園$_{元}$ $^{開}_{4}$弦$_{先}$ $^{開}_{4}$賢$_{先}$ $^{合}_{4}$玄$_{先}$ $^{合}_{4}$懸$_{先}$ $^{合}_{1}$渾$_{魂}$ $^{合}_{C}$云$_{文}$ $^{合}_{C}$雲$_{文}$ $^{合}_{C}$紜$_{文}$	$^{合}_{1}$緩$_{桓}$ $^{開}_{2}$限$_{山}$ $^{合}_{C}$遠$_{元}$ $^{合}_{1}$混$_{魂}$ $^{合}_{1}$渾$_{魂}$ $^{合}_{1}$渾$_{魂}$ $^{合}_{B}$殞$_{眞}$	$^{開}_{1}$汗$_{寒}$ $^{開}_{1}$翰$_{寒}$ $^{開}_{1}$釬$_{寒}$ $^{合}_{2}$患$_{删}$ $^{合}_{2}$宦$_{删}$ $^{合}_{B}$援$_{仙}$ $^{合}_{C}$遠$_{元}$ $^{開}_{4}$見$_{先}$ $^{開}_{1}$恨$_{痕}$ $^{合}_{1}$溷$_{魂}$ $^{合}_{C}$運$_{文}$ $^{合}_{C}$韻$_{文}$	$^{合}_{1}$活$_{桓}$ $^{合}_{C}$越$_{元}$ $^{合}_{C}$曰$_{元}$ $^{合}_{C}$鉞$_{元}$ $^{合}_{4}$穴$_{先}$

우리는 山攝에서 (156~159)의 최소대립 쌍을 이용하여 $_{1}$寒韻을 /ɑn, ɑt/로, $_{2}$山删韻을 /ɛn, ɛt/으로, $_{4}$先韻을 /en, et/으로 추정한 바 있다. 그런데 /-n, -t/ 운미에서는 /ə/ 모음을 운복으로 하는 $_{1}$痕韻 /ən, ət/과 $_{1}$魂韻 /wən, wət/이 臻攝에 속한다. 따라서 臻攝의 운복 모음 /ə/가 山攝의 /ɑ, ɛ, e/ 모음과 음운론적으로 대립하는지 확인할 필요가 있다.

위의 분포 분석표에서 먼저 $_1$寒韻 /ɑn, ɑt/과 $_1$痕韻 /ən, ət/의 운복 최소대립 쌍을 찾아보면 아래와 같다. 6쌍의 최소대립 쌍을 찾을 수 있고, 5회 이상 출현하는 764자 집합에서 대립이 성립한다. 따라서 $_1$寒韻의 /ɑn, ɑt/과 $_1$痕韻의 /ən, ət/에서 운복 모음 /ɑ/와 /ə/가 음운론적으로 대립한다는 것을 믿을 수 있다.

(174) 1寒韻과 1痕韻의 최소대립 쌍 (6쌍) (5, 2, 1)

1. 見母/k/의 평성 – $^{開}_{1}$干$_{寒}$, $^{開}_{1}$肝$_{寒}$: $^{開}_{1}$根$_{痕}$ (2, 1 : 3)
2. 影母/ʔ/의 평성 – $^{開}_{1}$安$_{寒}$: $^{開}_{1}$恩$_{痕}$ (48 : 1)
3. 匣云/ɦ/의 거성 – $^{開}_{1}$汗$_{寒}$, $^{開}_{1}$翰$_{寒}$, $^{開}_{1}$釬$_{寒}$: $^{開}_{1}$恨$_{痕}$ (5, 1, 1 : 15)

다음으로, 둘 다 항상 합구인 $_1$桓韻과 $_1$魂韻의 최소대립 쌍은 아래의 18/36쌍이고, 5회 이상 출현하는 764자 집합에서 대립이 성립한다. 따라서 $_1$桓韻 /wɑn, wɑt/과 $_1$魂韻 /wən, wət/에서 운복 모음 /ɑ/와 /ə/가 음운론적으로 대립한다는 것을 믿을 수 있다.

(175) $_1$桓韻과 $_1$魂韻의 최소대립 쌍 (18/36쌍) (5, 3, 2)

1. 端知/t/의 평성 – $^{合}_{1}$端$_{桓}$: $^{合}_{1}$敦$_{魂}$ (2 : 6)
2. 定澄/d/의 입성 – $^{合}_{1}$奪$_{桓}$: $^{合}_{1}$突$_{魂}$ (1 : 3)
3. 見母/k/의 평성 – $^{合}_{1}$官$_{桓}$, $^{合}_{1}$觀$_{桓}$, $^{合}_{1}$寬$_{桓}$, $^{合}_{1}$棺$_{桓}$, $^{合}_{1}$冠$_{桓}$: $^{合}_{1}$惲$_{魂}$, $^{合}_{1}$昆$_{魂}$, $^{合}_{1}$崑$_{魂}$ (20, 11, 1, 3, 1 : 5, 1, 1)
4. 曉母/h/의 평성 – $^{合}_{1}$歡$_{桓}$: $^{合}_{1}$婚$_{魂}$, $^{合}_{1}$昏$_{魂}$ (1 : 8, 1)
5. 曉母/h/의 입성 – $^{合}_{1}$豁$_{桓}$: $^{合}_{1}$忽$_{魂}$ (1 : 5)

다음으로, $_2$山删韻 /ɛn, ɛt/과 $_1$痕韻 /ən, ət/의 최소대립 쌍을 찾아본다. 아래의 3/4쌍을 찾을 수 있고 3회 이상 출현하는 1,112자 집합에서 대립이 성립한다. 양적 척도와 질적 척도를 두루 충족하므로 /ɛ/와 /ə/의 음운대립을 믿을 수 있다.

(176) ${}_{2}$山刪韻과 ${}_{1}$痕韻의 최소대립 쌍 (3/4쌍) (3, 2, 2)

見母/k/의 평성 – $^{開}_{2}$艱$_{山}$, $^{開}_{2}$間$_{山}$, $^{開}_{2}$閒$_{山}$, $^{開}_{2}$姦$_{刪}$: $^{開}_{1}$根$_{痕}$ (2, 6, 10, 2 : 3)

이 음운대립은 합구음에서도 확인된다. ${}_{2}$山刪韻 합구 /wɛn, wɛt/와 ${}_{1}$魂韻 /wən, wət/은 운복 모음에서만 차이가 난다. 그런데 이 둘의 최소대립 쌍이 아래의 5/6쌍이고, 5회 이상 출현하는 764자 집합에서 대립이 성립한다. 따라서 이 대립 쌍에서도 /ɛ/와 /ə/의 음운대립을 확인할 수 있다.

(177) ${}_{2}$山刪韻 합구와 ${}_{1}$魂韻의 최소대립 쌍 (5/6쌍) (5, 2, 1)

1. 淸初/ʦʰ/의 거성 – $^{合}_{2}$篡$_{刪}$: $^{合}_{1}$寸$_{魂}$ (1 : 2)
2. 見母/k/의 평성 – $^{合}_{2}$關$_{刪}$: $^{合}_{1}$幝$_{魂}$, $^{合}_{1}$昆$_{魂}$, $^{合}_{1}$崑$_{魂}$ (10 : 5, 1, 1)
3. 匣云/ɦ/의 거성 – $^{合}_{2}$患$_{刪}$, $^{合}_{2}$宦$_{刪}$: $^{合}_{1}$溷$_{魂}$ (8, 2 : 2)

앞에서 우리는 ${}_{3}$文諄韻과 ${}_{3}$仙韻 합구를 각각 /ɥən, ɥət/과 /ɥɛn, ɥɛt/으로 재구했다. 이들의 운복 최소대립 쌍이 있는지 찾아보았더니 아래의 5/9쌍이 나오고, 3회 이상 출현하는 1,112자 집합에서 대립이 성립한다. 따라서 이 대립 쌍도 /ə/와 /ɛ/의 음운대립을 증명해 준다.

(178) ${}_{3}$文諄韻과 ${}_{3}$仙韻 합구의 최소대립 쌍 (5/9쌍) (3, 2, 1)

1. 心母/s/의 평성 – $^{合}_{AB}$荀$_{諄}$, $^{合}_{AB}$珣$_{諄}$: $^{合}_{AB}$宣$_{仙}$ (6, 1 : 3)
2. 昌母/ʨʰ/의 평성 – $^{合}_{AB}$春$_{諄}$: $^{合}_{AB}$川$_{仙}$, $^{合}_{AB}$穿$_{仙}$ (4 : 5, 2)
3. 昌母/ʨʰ/의 상성 – $^{合}_{AB}$蠢$_{諄}$: $^{合}_{AB}$喘$_{仙}$ (1 : 2)
4. 船崇/ʥ/의 평성 – $^{合}_{AB}$脣$_{諄}$: $^{合}_{AB}$船$_{仙}$ (2 : 1)
5. 群母/g/의 평성 – $^{合}_{C}$群$_{文}$: $^{合}_{B}$權$_{仙}$, $^{合}_{B}$捲$_{仙}$ (11 : 2, 1)

다음으로, ${}_{1}$痕韻 /ən, ət/과 ${}_{4}$先韻 /en, et/의 최소대립 쌍을 찾아본다. 아래의 3/6쌍을 찾을 수 있고, 2회 이상 출현하는 1,487자 집합에서 대립이 성립한다.

양적 척도를 충족하므로 운복 모음 /ə/와 /e/의 음운대립을 믿을 수 있다.

(179) $_{1}$痕韻과 $_{4}$先韻의 최소대립 쌍 (3/6쌍) (2, 2, 2)

1. 透徹/t^{h}/의 평성 – ${}^{開}_{1}$呑$_{痕}$: ${}^{開}_{4}$天$_{先}$ (2 : 53)
2. 見母/k/의 평성 – ${}^{開}_{1}$根$_{痕}$: ${}^{開}_{4}$鑒$_{先}$, ${}^{開}_{4}$肩$_{先}$, ${}^{開}_{4}$堅$_{先}$ (3 : 6, 2, 2)
3. 影母/ʔ/의 평성 – ${}^{開}_{1}$恩$_{痕}$: ${}^{開}_{4}$燕$_{先}$ (1 : 1)
4. 匣云/ɦ/의 거성 – ${}^{開}_{1}$恨$_{痕}$: ${}^{開}_{4}$見$_{先}$ (15 : 113)

위의 (174~179)의 음운대립 쌍을 통하여 /-n, -t/ 운미 바로 앞에서 /ɑ, ɛ, e/ 모음과 /ə/ 모음이 음운론적으로 대립했음을 확신할 수 있다.

이제, 3등운끼리의 음운대립으로 넘어간다. 우리는 山攝에서 $_{3}$元韻을 /ɪɑn, ɪɑt/으로 추정하고 臻攝에서 $_{3}$欣韻을 /ɪən, ɪət/으로 추정한 바 있다. 따라서 이 두 운은 운복의 최소대립 쌍임이 분명하다. 그런데도 최소대립 쌍이 아래의 1/3 쌍에 불과하고, 2회 이상 출현하는 1,487자 집합에서 겨우 대립이 성립한다.

(180) $_{3}$元韻 B와 $_{3}$欣韻 C의 최소대립 쌍 (1/3쌍) (2)

1. 見母/k/의 상성 – ${}^{開}_{C}$蹇$_{元}$: ${}^{開}_{C}$謹$_{欣}$ (1 : 2)
2. 群母/g/의 거성 – ${}^{開}_{C}$健$_{元}$: ${}^{開}_{C}$近$_{欣}$ (1 : 24)
3. 曉母/h/의 평성 – ${}^{開}_{C}$軒$_{元}$: ${}^{開}_{C}$欣$_{欣}$ (2 : 4)

이와 마찬가지로, 아래의 음운대립도 아주 불안하다. $_{3}$仙韻 B는 /ɪɛn, ɪɛt/로 추정하고 $_{3}$欣韻 C는 /ɪən, ɪət/으로 추정했으므로, 이 둘은 운복의 최소대립 쌍임이 분명하다. 그런데도 최소대립 쌍이 1/3쌍에 불과하고, 2,212자 집합에서만 대립이 성립한다.

(181) $_{3}$仙韻 B와 $_{3}$欣韻 C의 최소대립 쌍 (1/3쌍) (1)

1. 見母/k/의 평성 – ${}^{開}_{B}$騫$_{仙}$: ${}^{開}_{C}$斤$_{欣}$ (1 : 3)

2. 見母/k/의 상성 – $^{開}_{B}$蹇$_{仙}$: $^{開}_{C}$謹$_{欣}$ (1 : 2)

3. 影母/ʔ/의 평성 – $^{開}_{B}$焉$_{仙}$: $^{開}_{C}$殷$_{欣}$ (13 : 12)

위의 (180)과 (181)은 전설 활음 /ɪ-/가 앞에 올 때에는 운복에서 /ɑ : ə/와 /ɛ : ə/의 음운대립이 불투명해진다는 것을 암시한다. 그렇다고 하여 모든 전설 활음 뒤에서 /ə/ 모음과 여타 모음의 음운대립이 불투명해지는 것은 아니다. 아래의 최소대립 쌍에서는 /ə/와 /ɑ/의 음운대립이 확고하기 때문이다.

(182) $_{3}$文諄韻과 $_{3}$元韻 합구의 최소대립 쌍 (13/19쌍) (13, 13, 3)

1. 溪母/k^{h}/의 입성 – $^{合}_{C}$屈$_{文}$: $^{合}_{C}$闕$_{元}$ (5 : 1)
2. 影母/ʔ/의 상성 – $^{合}_{C}$蘊$_{文}$: $^{合}_{C}$宛$_{元}$ (1 : 2)
3. 匣云/ɦ/의 평성 – $^{合}_{C}$云$_{文}$, $^{合}_{C}$雲$_{文}$, $^{合}_{C}$紜$_{文}$: $^{合}_{C}$袁$_{元}$, $^{合}_{C}$援$_{元}$, $^{合}_{C}$轅$_{元}$, $^{合}_{C}$猿$_{元}$, $^{合}_{C}$園$_{元}$ (26, 19, 3 : 13, 1, 1, 1, 1)
4. 匣云/ɦ/의 거성 – $^{合}_{C}$遠$_{元}$: $^{合}_{C}$運$_{文}$, $^{合}_{C}$韻$_{文}$ (30 : 5, 3)

위에서 볼 수 있듯이, $_{3}$文諄韻 /ɥən, ɥət/과 $_{3}$元韻 합구 /ɥɑn, ɥɑt/의 최소대립 쌍은 13/19쌍이나 되고 13회 이상 출현하는 극소수의 상용자 집합에서 이미 대립이 성립한다. 이것은 전설 원순 활음 /ɥ-/의 뒤에서는 /ə/와 /ɑ/의 음운대립이 확고함을 말해 준다. 따라서 모든 전설 활음 뒤에서 /ə : ɑ/의 음운대립이나 /ə : ɛ/의 음운대립이 불투명해진다고 일반화할 수가 없다. 그렇다면 (180~181)과 (182)에서 음운대립의 강도가 현격하게 차이가 나는 원인을 원순성에서 찾아야 할 것이다.

이제, $_{3}$眞韻 /jin, jit/과 $_{4}$先韻 /en, et/의 음운대립 쌍을 찾아본다. 이 대립 쌍은 운복의 최소대립 쌍이 아니지만, /i/ 모음과 /e/ 모음이 음성학적으로 가까워서 $_{3}$眞韻과 $_{4}$先韻이 혹시 하나로 합류했던 것은 아닌지 확인할 필요가 있다. 이 음운대립 쌍으로 아래의 26/39쌍을 찾을 수 있고, 40회 이상 출현하는 극소수의 상용자 집합에서 이미 대립이 성립한다. 따라서 5세기 전반기의 한어에서는 이 합류가 일어나지 않았다고 단정할 수 있다.

(183) $_{3}$眞韻과 $_{4}$先韻의 음운대립 쌍 (26/39쌍) (40, 28, 20)

1. 幇非/p/의 평성 – $_{A}$賓$_{\text{眞}}$, $_{A}$彬$_{\text{眞}}$: $_{4}$邊$_{\text{先}}$ (7, 1 : 5)
2. 明微/m/의 평성 – $_{A}$民$_{\text{眞}}$: $_{4}$眠$_{\text{先}}$ (15 : 5)
3. 定澄/d/의 평성 – $^{\text{開}}_{AB}$陳$_{\text{眞}}$, $^{\text{開}}_{AB}$塵$_{\text{眞}}$: $^{\text{開}}_{4}$田$_{\text{先}}$ (10, 5 : 9)
4. 泥日娘/n/의 평성 – $^{\text{開}}_{AB}$人$_{\text{眞}}$, $^{\text{開}}_{AB}$仁$_{\text{眞}}$: $^{\text{開}}_{4}$年$_{\text{先}}$ (340, 20 : 40)
5. 清初/ʦʰ/의 평성 – $^{\text{開}}_{AB}$親$_{\text{眞}}$: $^{\text{開}}_{4}$千$_{\text{先}}$, $^{\text{開}}_{4}$阡$_{\text{先}}$ (28 : 28, 1)

臻攝과 山攝에서의 음가 배당에 따르면, $_{3}$眞韻의 /jin, jit/과 $_{3}$仙韻 B /ɪɛn, ɪɛt/의 음운대립은 개음의 차이일 수도 있고 운복 모음의 차이일 수도 있다. 그런데 아래의 34/47쌍에서 음운대립이 성립하고, 더욱이 61회 이상 출현하는 '人'과 '然'이 대립 항이다. 이것은 두 운의 음운론적 거리가 아주 멀었음을 의미하므로, 운두 개음뿐만 아니라 운복 모음도 서로 달랐다고 할 수 있다. 음운대립의 상대적 강도가 아주 강하기 때문에, $_{3}$眞韻의 운복 /i/ 모음과 $_{3}$仙韻의 운복 /ɛ/ 모음의 음운대립을 확신할 수 있다.

(184) $_{3}$眞韻과 $_{3}$仙韻의 최소대립 쌍 (34/47쌍) (61, 20, 4)

1. 明微/m/의 상성 – $_{B}$愍$_{\text{眞}}$, $_{B}$閔$_{\text{眞}}$, $_{B}$敏$_{\text{眞}}$: $_{B}$免$_{\text{仙}}$, $_{B}$冕$_{\text{仙}}$ (2, 1, 1 : 9, 1)
2. 泥日娘/n/의 평성 – $^{\text{開}}_{AB}$人$_{\text{眞}}$, $^{\text{開}}_{AB}$仁$_{\text{眞}}$: $^{\text{開}}_{AB}$然$_{\text{仙}}$, $^{\text{開}}_{AB}$燃$_{\text{仙}}$ (340, 20 : 61, 1)
3. 泥日娘/n/의 입성 – $^{\text{開}}_{AB}$日$_{\text{眞}}$: $^{\text{開}}_{AB}$熱$_{\text{仙}}$ (66 : 3)
4. 清初/ʦʰ/의 평성 – $^{\text{開}}_{AB}$親$_{\text{眞}}$: $^{\text{開}}_{AB}$遷$_{\text{仙}}$ (28 : 4)
5. 船崇/ʥ/의 입성 – $^{\text{開}}_{AB}$實$_{\text{眞}}$: $^{\text{開}}_{AB}$舌$_{\text{仙}}$ (10 : 3)

지금까지 山攝과 臻攝을 하나로 묶어서 기술할 때에 새로 확인해야 하는 음운대립을 논의했다. 그 결과 산섭에서 배당했던 여러 운의 음가와 진섭에서 배당했던 음가가 서로 모순되지 않는다. 이것은 우리의 음가 배당 방법이 신빙성을 갖추었음을 뜻한다. /-n, -t/ 운미를 가지는 운을 모두 종합하여 정리해 보면 아래와 같다.

(185) /-n, -t/ 운미인 운모의 음가 배당표

<table>
<tr><th colspan="2" rowspan="2">등 개합
운모</th><th colspan="2">4등</th><th colspan="2">3등</th><th colspan="2">2등</th><th colspan="2">1등</th></tr>
<tr><th>開</th><th>合</th><th>開</th><th>合</th><th>開</th><th>合</th><th>開</th><th>合</th></tr>
<tr><td rowspan="2">$_{3}$眞韻</td><td>A</td><td></td><td></td><td rowspan="2">jin</td><td rowspan="2">ɥin</td><td></td><td></td><td></td><td></td></tr>
<tr><td>B</td><td></td><td></td><td></td><td></td><td></td><td></td></tr>
<tr><td colspan="2">$_{4}$先韻</td><td>en</td><td>wen</td><td></td><td></td><td></td><td></td><td></td><td></td></tr>
<tr><td colspan="2">$_{3}$文諄韻 C</td><td></td><td></td><td></td><td>ɥən</td><td></td><td></td><td></td><td></td></tr>
<tr><td colspan="2">$_{3}$欣韻 C</td><td></td><td></td><td>ɪən</td><td></td><td></td><td></td><td></td><td></td></tr>
<tr><td colspan="2">$_{1}$魂韻</td><td></td><td></td><td></td><td></td><td></td><td></td><td></td><td>wən</td></tr>
<tr><td colspan="2">$_{1}$痕韻</td><td></td><td></td><td></td><td></td><td></td><td></td><td>ən</td><td></td></tr>
<tr><td rowspan="2">$_{3}$仙韻</td><td>A</td><td></td><td></td><td rowspan="2">ɪɛn</td><td rowspan="2">ɥɛn</td><td></td><td></td><td></td><td></td></tr>
<tr><td>B</td><td></td><td></td><td></td><td></td><td></td><td></td></tr>
<tr><td colspan="2">$_{2}$山刪韻</td><td></td><td></td><td></td><td></td><td>ɛn</td><td>wɛn</td><td></td><td></td></tr>
<tr><td colspan="2">$_{3}$元韻 C</td><td></td><td></td><td>ɪɑn</td><td>ɥɑn</td><td></td><td></td><td></td><td></td></tr>
<tr><td colspan="2">$_{1}$桓韻</td><td></td><td></td><td></td><td></td><td></td><td></td><td></td><td>wɑn</td></tr>
<tr><td colspan="2">$_{1}$寒韻</td><td></td><td></td><td></td><td></td><td></td><td></td><td>ɑn</td><td></td></tr>
</table>

위의 음가 배당표는 여러 가지를 암시한다.

첫째, /-n, -t/ 운미에서는 /-ŋ, -k/ 운미와 달리 운복 모음이 원순 모음 /u/나 /o/가 아니다. 여기에서 한 가지 의문이 제기된다. 앞에서 우리는 1·2·4등에는 운두 개음이 없다는 점을 강조해 왔다. 그런데 $_{1}$桓韻의 /wɑn/, $_{1}$魂韻의 /wən/, $_{2}$山刪韻의 합구음 /wɛn/, $_{4}$先韻의 합구음 /wen/에서 개음 /w-/가 있지 않은가? 1등운에 개음이 없다고 하면 적어도 $_{1}$魂韻을 /wən/으로 재구하지 말고, 바로 /on/으로[102] 재구해야 하는 것 아닌가? 이러한 의문이 제기되기 때문

102 한국 한자음에서는 $_{1}$魂韻이 대부분 'ㅗ'로 반영된다.

에 1등운에 운두 개음이 없다고 할 때에는 개음의 범위를 한정할 필요가 있다. 우리는 이때의 개음을 '/w-/를 제외한 활음'으로 한정한다. 이렇게 한정하면 실제로 /j-, ɪ-, ɥ-/의 전설 활음이 1·2·4등운의 운복 앞에 오지 않으므로 한어의 음절구조제약을 정확하게 그려낼 수 있다.

둘째, 1·2·4등의 합구운은 후설 원순 활음 /w-/를 가지는 데에 반하여, 3등의 합구운은 항상 전설 원순 활음 /ɥ-/를 가진다. 이 상보적 분포를 논거로 삼아 대부분의 학자들이 /ɥ-/를 /jw-/ 또는 /wj-/로 再音素化한다. 이 재음소화를 활용하면 음운론적으로 개음의 종류를 하나 줄일 수 있다는 장점이 있다. 그런데 이처럼 재분석할 때에는 3등의 합구음을 /jw-/로 해석해야 할지 /wj-/로 해석해야 할지를 결정하기가 어렵다. 객관적 논거를 제시하기가 어려우므로 우리는 /w-/와 /j-/가 동시에 조음됨을 뜻하는 /ɥ-/를 택한다.

셋째, /-n, -t/ 운미에서는 개구와 합구의 짝이 항상 성립한다. $_3$眞韻의 개구 /jin/과 합구 /ɥin/, 개구인 $_3$欣韻 /ɪən/과 합구인 $_3$文諄韻 /ɥən/, 개구인 $_1$痕韻 /ən/과 합구인 $_1$魂韻의 /wən/, $_4$先韻의 개구인 /en/과 합구인 /wen/, 개구인 $_1$寒韻 /ɑn/과 합구인 $_1$桓韻 /wɑn/에서 개구와 합구가 짝을 이룬다.

넷째, /-n, -t/ 운미에서는 합구운이 독자적 운모 명칭을 가질 때가 많다. 위의 음가 배당표에 드러나 있듯이, $_1$痕韻(4자)의 합구운은 $_1$魂韻(49자)이고, $_3$欣韻(11자)의 합구운은 $_3$文諄韻(64자)이며, $_1$寒韻(45자)의 합구운은 $_1$桓韻(46자)이다.

그런데 이들의 공통점이 하나 눈에 들어온다. 합구가 개구보다 항상 용례가 많다는 점이다. 운모 단위의 명칭을 정할 때에 용례의 계량적 총량이 무시할 수 없는 기준이었음을 여기에서 알 수 있다. 이것을 가장 잘 드러내어 보여주는 것이 (180~181)과 (182)의 차이이다. (180~181)에서 볼 수 있듯이, 전설 평순 활음 /ɪ-/를 가지는 운끼리는 음운대립의 강도가 상대적으로 약하고 불투명하다. 반면에 (182)에서 전설 원순 활음 /ɥ-/를 가지는 $_3$元韻 합구 /ɥɑn, ɥɑt/과 $_3$文諄韻 /ɥən, ɥət/의 음운대립 강도는 아주 세다. /-n, -t/ 운미를 가지는 운에서는 합구의 비중이 상대적으로 크다는 점을 여기에서도 다시 확인할 수 있다.

5.6. /-m, -p/ 운미인 섭

운미가 /-m, -p/인 섭에는[103] 咸攝과 深攝이 있다. 咸攝은 양성운미 /-m/이나 입성운미 /-p/를 가지면서 운복 모음이 [-high] 즉 고모음이 아닌 한어음의 집합이다. 深攝은 /-m, -p/ 운미를 가지면서 운복 모음이 [-low] 즉 저모음이 아닌 한어음의 집합이다.

5.6.1. 咸攝과 深攝

咸攝과 深攝은 운미가 동일하고 운복 모음에서만 차이가 나므로, 이 둘을 한꺼번에 논의하기로 한다. 특히 심섭에 속하는 운모는 侵韻 3등 하나뿐이므로 함섭과 한꺼번에 분석하는 것이 효율적이다.

함섭에는 覃韻 1등(22자), 談韻 1등(18자), 銜韻 2등(2자), 咸韻 2등(11자), 鹽韻 3등 A와 B(32자), 嚴韻 3등 C(5자), 凡韻 3등 C(8자), 添韻 4등(11자)이 있다. 심섭에는 侵韻 3등 A와 B(57자)가 있다. 이들을 분포 분석표에 넣어 보면 다음과 같다.

(186) 咸攝字와 深攝字의 분포 분석표 ($_1$覃韻 22자, $_1$談韻 18자, $_2$銜韻 2자, $_2$咸韻 11자, $_3$鹽韻 32자, $_3$嚴韻 5자, $_3$凡韻 8자, $_4$添韻 11자, $_3$侵韻 57자)

성모 \ 성조		평성^L	상성^R	거성^D	입성^E
순음	幫非/p/		$_B$貶$_{鹽}$ $_B$稟$_{侵}$		$_C$法$_{凡}$
	滂敷/p^h/		$_B$品$_{侵}$	$_C$汎$_{凡}$	
	並奉/b/	$_2$颿$_{咸}$ $_C$凡$_{凡}$	$_C$犯$_{凡}$ $_C$范$_{凡}$ $_C$範$_{凡}$	$_C$颿$_{凡}$	$_C$乏$_{凡}$
	明微/m/				

103 /-m/ 운미는 元代의 『中原音韻』에서 /-n/ 운미로 합류하지만(Pulleyblank 1983: 127), 이것은 보수적인 운서에서의 일이므로, 실제로는 이보다 훨씬 이른 宋代 이전에 이미 이 합류가 일어났을 것이다(金完鎭 1983).

성모 \ 성조		평성^{L}	상성^{R}	거성^{D}	입성^{E}
설음	端知/t/	${}_{1}$湛${}_{覃}$ ${}_{1}$耽${}_{覃}$ ${}_{1}$儋${}_{談}$ ${}_{AB}$霑${}_{鹽}$ ${}_{AB}$椹${}_{侵}$	${}_{4}$點${}_{添}$		${}_{1}$答${}_{覃}$ ${}_{AB}$輒${}_{鹽}$
	透徹/t^h/	${}_{1}$貪${}_{覃}$ ${}_{1}$探${}_{覃}$	${}_{AB}$諂${}_{鹽}$ ${}_{4}$忝${}_{添}$	${}_{AB}$覘${}_{鹽}$	${}_{1}$榻${}_{談}$ ${}_{1}$榼${}_{談}$
	定澄/d/	${}_{1}$潭${}_{覃}$ ${}_{1}$談${}_{談}$ ${}_{1}$澹${}_{談}$ ${}_{AB}$沈${}_{侵}$ ${}_{AB}$湛${}_{侵}$ ${}_{4}$恬${}_{添}$	${}_{1}$噉${}_{談}$ ${}_{1}$澹${}_{談}$ ${}_{2}$湛${}_{咸}$ ${}_{AB}$朕${}_{侵}$	${}_{1}$淡${}_{談}$	
	泥日娘/n/	${}_{1}$南${}_{覃}$ ${}_{1}$男${}_{覃}$ ${}_{AB}$髯${}_{鹽}$		${}_{AB}$任${}_{侵}$ ${}_{4}$念${}_{添}$	${}_{1}$納${}_{覃}$ ${}_{AB}$入${}_{侵}$ ${}_{4}$捻${}_{添}$
	來母/l/	${}_{1}$藍${}_{談}$ ${}_{AB}$廉${}_{鹽}$ ${}_{AB}$獫${}_{鹽}$ ${}_{AB}$林${}_{侵}$ ${}_{AB}$臨${}_{侵}$ ${}_{AB}$琳${}_{侵}$	${}_{1}$覽${}_{談}$ ${}_{AB}$獫${}_{鹽}$ ${}_{AB}$斂${}_{鹽}$ ${}_{AB}$懍${}_{侵}$	${}_{AB}$獫${}_{鹽}$ ${}_{AB}$斂${}_{鹽}$	${}_{1}$拉${}_{覃}$ ${}_{1}$臘${}_{談}$ ${}_{AB}$獵${}_{鹽}$ ${}_{AB}$立${}_{侵}$
치음마찰	心母/s/	${}_{1}$三${}_{談}$ ${}_{AB}$心${}_{侵}$			
	邪母/z/	${}_{AB}$尋${}_{侵}$			${}_{AB}$習${}_{侵}$ ${}_{AB}$襲${}_{侵}$
	生母/ʂ/	${}_{AB}$參${}_{侵}$ ${}_{AB}$森${}_{侵}$			
	書母/ɕ/	${}_{AB}$深${}_{侵}$ ${}_{AB}$甚${}_{侵}$ ${}_{AB}$斟${}_{侵}$	${}_{AB}$閃${}_{鹽}$ ${}_{AB}$陝${}_{鹽}$ ${}_{AB}$審${}_{侵}$		${}_{AB}$攝${}_{鹽}$
	常母/ʑ/			${}_{AB}$甚${}_{侵}$	${}_{AB}$十${}_{侵}$
	羊母/j/	${}_{AB}$鹽${}_{鹽}$ ${}_{AB}$淫${}_{侵}$			
치음파찰	精母/ʦ/	${}_{AB}$漸${}_{鹽}$			${}_{AB}$接${}_{鹽}$
	淸初/$ʦ^h$/	${}_{1}$參${}_{覃}$ ${}_{AB}$侵${}_{侵}$	${}_{1}$慘${}_{覃}$ ${}_{AB}$寢${}_{侵}$		${}_{AB}$妾${}_{鹽}$
	從母/dz/	${}_{1}$蠶${}_{覃}$ ${}_{1}$慙${}_{談}$ ${}_{AB}$潛${}_{鹽}$	${}_{1}$暫${}_{談}$ ${}_{AB}$漸${}_{鹽}$		${}_{1}$雜${}_{覃}$ ${}_{AB}$捷${}_{鹽}$ ${}_{AB}$集${}_{侵}$
	莊母/ʈʂ/				${}_{AB}$戢${}_{侵}$
	章母/ʨ/	${}_{AB}$瞻${}_{鹽}$ ${}_{AB}$箴${}_{侵}$	${}_{AB}$枕${}_{侵}$	${}_{AB}$枕${}_{侵}$	${}_{AB}$執${}_{侵}$ ${}_{AB}$汁${}_{侵}$
	昌母/$ʨ^h$/				
	船崇/dʑ/				${}_{2}$渫${}_{咸}$
아음	見母/k/	${}_{1}$甘${}_{談}$ ${}_{B}$今${}_{侵}$ ${}_{B}$衿${}_{侵}$ ${}_{B}$金${}_{侵}$ ${}_{4}$兼${}_{添}$	${}_{1}$感${}_{覃}$ ${}_{1}$敢${}_{談}$ ${}_{2}$鑒${}_{銜}$ ${}_{2}$減${}_{咸}$ ${}_{B}$檢${}_{鹽}$ ${}_{B}$錦${}_{侵}$	${}_{C}$劍${}_{嚴}$ ${}_{B}$禁${}_{侵}$	${}_{C}$劫${}_{嚴}$ ${}_{B}$急${}_{侵}$ ${}_{B}$給${}_{侵}$ ${}_{4}$頰${}_{添}$

성모 \ 성조		평성^{L}	상성^{R}	거성^{D}	입성^{E}
아음	溪母/kʰ/	$_1$堪$_{\text{覃}}$ B欽$_{\text{侵}}$ B嶔$_{\text{侵}}$ B衾$_{\text{侵}}$			$_2$帢$_{\text{咸}}$ B泣$_{\text{侵}}$
	群母/g/	B琴$_{\text{侵}}$ B禽$_{\text{侵}}$	B儉$_{\text{鹽}}$		B及$_{\text{侵}}$
	疑母/ŋ/	$_2$巖$_{\text{銜}}$ C嚴$_{\text{嚴}}$ B吟$_{\text{侵}}$		B驗$_{\text{鹽}}$	C業$_{\text{嚴}}$ C鄴$_{\text{嚴}}$
후음	影母/ʔ/	$_1$陰$_{\text{覃}}$ $_1$諳$_{\text{覃}}$ B淹$_{\text{鹽}}$ B音$_{\text{侵}}$ B愔$_{\text{侵}}$ B陰$_{\text{侵}}$	$_2$黯$_{\text{咸}}$ A厭$_{\text{鹽}}$ B掩$_{\text{鹽}}$ B飮$_{\text{侵}}$	$_1$闇$_{\text{覃}}$ $_1$暗$_{\text{覃}}$ B飮$_{\text{侵}}$	B邑$_{\text{侵}}$
	曉母/h/	$_1$歛$_{\text{談}}$ B歆$_{\text{侵}}$	B險$_{\text{鹽}}$ B獫$_{\text{鹽}}$		
	匣云/ɦ/	$_1$函$_{\text{覃}}$ $_1$酣$_{\text{談}}$ $_2$咸$_{\text{咸}}$ $_2$函$_{\text{咸}}$ $_4$嫌$_{\text{添}}$	$_2$減$_{\text{咸}}$		$_1$合$_{\text{覃}}$ $_2$狹$_{\text{咸}}$ $_2$陜$_{\text{咸}}$ $_4$協$_{\text{添}}$ $_4$挾$_{\text{添}}$ $_4$俠$_{\text{添}}$

위의 분포 분석표를 이용하여 여러 운모의 분포 특징을 검토해 본다.

우선, $_1$覃韻은 순음이나 치음 마찰음의 뒤에 오지 않는다. $_1$談韻도 순음의 뒤에는 오지 않으므로, $_1$覃韻과 $_1$談韻이 순음의 뒤에 오지 않는 것은 체계적인 공백이다. 이 공백은 성모도 순음이고 운미도 순음인 음절을 회피하는 음절구조제약에서 비롯된다. 반면에 $_1$覃韻이 치음 마찰음 뒤에 오지 않는 것은 우연한 공백이다.

그런데 $_1$談韻과 $_1$覃韻이 동일 칸에 옴으로써 음운대립을 이룬다. 5쌍의 운복 최소대립 쌍을 찾을 수 있고, 3회 이상 사용된 1,112자 집합에서 대립이 성립한다. 양적 척도와 질적 척도를 두루 충족하므로 $_1$談韻과 $_1$覃韻의 운복 모음은 서로 달라야 한다.

(187) $_1$談韻과 $_1$覃韻의 최소대립 쌍 (5쌍) (3, 1, 1)

1. 端知/t/의 평성 – $_1$儋$_{\text{談}}$: $_1$耽$_{\text{覃}}$ (1 : 1)
2. 定澄/d/의 평성 – $_1$談$_{\text{談}}$: $_1$潭$_{\text{覃}}$ (22 : 1)

3. 來母/l/의 입성 – $_1$臘$_{\text{談}}$: $_1$拉$_{\text{覃}}$ (1 : 1)

4. 從母/dz/의 평성 – $_1$慙$_{\text{談}}$: $_1$蠶$_{\text{覃}}$ (3 : 1)

5. 見母/k/의 상성 – $_1$敢$_{\text{談}}$: $_1$感$_{\text{覃}}$ (18 : 3)

그런데 $_1$談韻과 $_1$覃韻의 대립이 玄應의 『一切經音義』와 顔師古의 『漢書注』·『匡謬正俗』에서 이미 사라졌다고 한다(馬德强 2008: 71).[104] 이것은 7세기 중엽에 이 대립이 사라졌음을 뜻한다. 그러나 『세설신어』의 대화문 용자에서는 즉 5세기 전반기의 한어에서는 이 대립이 유지되었으므로 우리는 이 차이를 통시적 변화로 기술한다. 5세기 전반기에는 이 대립이 성립했지만, /–m, –p/ 운미 앞에서 이 두 운의 운복이 합류하는 변화가 일어나 7세기 중엽에는 이 대립이 사라졌다고 본다.

$_2$咸韻은 치음 마찰음의 뒤에 오지 않는다. $_2$銜韻은 예가 둘뿐인데, 둘 다 아음의 뒤에 분포한다. 그런데 희한하게도 $_2$咸韻과 $_2$銜韻의 최소대립 쌍이 존재한다. 최소대립 쌍이 한 쌍에 불과하므로 이 대립을 바로 부정할 수 있지만, 대립 항 '減'이 15회, '鑒'이 6회나 사용되어 이 대립을 함부로 부정할 수 없다.

(188) $_2$咸韻과 $_2$銜韻의 최소대립 쌍 (0/1쌍)

見母/k/의 상성 – $_2$<u>減</u>$_{\text{咸}}$: $_2$<u>鑒</u>$_{\text{銜}}$ (15 : 6)

그런데 대립 항 '減'이 [匣開2上咸]과 [見開2上咸]의 두 가지 음가를 가지는 다음자이고, 대립 항 '鑒'도 [見開2上銜]과 [見開4平先]의 음가를 가지는 다음자이다. 우리는 다음자를 음운대립의 논거에서 제외해 왔으므로, 여기에서도 이 태도를 따른다. 즉 $_2$咸韻과 $_2$銜韻이 음운론적으로 대립하지 않았다고 보아, 이 둘을 하나로 합쳐서 $_2$咸銜韻이라 지칭한다.[105]

---

104 魏國峰(2014: 121)에서 재인용했다.

105 고노 로쿠로(河野六郎)(2010: 210, 이진호 역주)의 표에 따르면, 후기 중고음을 반영하는 혜림의 『일체경음의』에서도 咸韻과 銜韻은 구별되지 않았다.

다음으로, 위의 분포 분석표에서 $_1$談韻과 $_2$咸銜韻이 동일 칸에 온 것을 찾아본다. 모두 6쌍이 나오지만, 대립 항인 '湛, 鑒, 減, 函'이 다음자이다. 다음자는 음운대립의 논거에서 제외하므로 실제로는 '$_1$酣$_{\text{談}}$: $_2$咸$_{\text{咸}}$'의 한 쌍에서만 대립이 성립하여 양적 척도에 미달한다. 더욱이 이 한 쌍도 2,212자 전체 집합에서만 대립이 성립하므로 질적 척도를 충족하지 못한다. 따라서 $_1$談韻과 $_2$咸銜韻의 운복 모음이 서로 같다고 할 수 있다.

(189) **$_1$談韻과 $_2$咸銜韻의 음운대립 쌍** (1/6쌍) (1)

1. 定澄/d/의 상성 – $_1$噉$_{\text{談}}$, $_1$澹$_{\text{談}}$: $_2$湛$_{\text{咸}}$ (7, 2 : 2)
2. 見母/k/의 상성 – $_1$敢$_{\text{談}}$: $_2$鑒$_{\text{銜}}$, $_2$減$_{\text{咸}}$ (18 : 6, 15)
3. 匣云/ɦ/의 평성 – $_1$酣$_{\text{談}}$: $_2$咸$_{\text{咸}}$, $_2$函$_{\text{咸}}$ (2 : 1, 1)

다음으로, $_1$覃韻과 $_2$咸銜韻의 음운대립 쌍을 찾아보면 아래의 6쌍이 나온다. 그런데 다음자인 '鑒, 減, 函, 陝'을 음운대립의 논거에서 제외하면, '$_1$合$_{\text{覃}}$: $_2$狹$_{\text{咸}}$'의 한 쌍만 음운대립의 논거가 된다. 더욱이 2회 이상 출현하는 1,487자 집합에서 비로소 음운대립이 성립하므로, $_1$覃韻과 $_2$咸銜韻의 음운대립을 믿기 어렵다. 따라서 이 두 운의 운복 모음이 서로 같아도 된다.

(190) **$_1$覃韻과 $_2$咸銜韻의 음운대립 쌍** (1/6쌍) (2)

1. 見母/k/의 상성 – $_1$感$_{\text{覃}}$: $_2$鑒$_{\text{銜}}$, $_2$減$_{\text{咸}}$ (3 : 6, 15)
2. 匣云/ɦ/의 평성 – $_1$函$_{\text{覃}}$: $_2$咸$_{\text{咸}}$, $_2$函$_{\text{咸}}$ (1 : 1, 1)
3. 匣云/ɦ/의 평성 – $_1$合$_{\text{覃}}$: $_2$狹$_{\text{咸}}$, $_2$陝$_{\text{咸}}$ (7 : 2, 1)

위의 논의를 종합하면 $_1$談韻과 $_1$覃韻의 2항이 음운론적으로 대립하고, $_2$咸銜韻은 이들과 음운론적으로 대립하지 않는다. 따라서 $_2$咸銜韻을 $_1$談韻이나 $_1$覃韻에 편입해야 한다.

앞에서 우리는 음운론적 거리 또는 음운대립의 상대적 강도를 기준으로 삼아 편입의 방향을 결정해 왔다. 그런데 $_1$談韻과 $_2$咸銜韻의 대립 강도와 $_1$覃韻과 $_2$咸銜韻의 대립 강도가 거의 차이가 나지 않는다. 둘 다 1/6쌍에서 대립이 성립하기 때문이다. 그렇더라도 $_1$談韻과 $_2$咸銜韻의 대립은 2,212자 집합에서 성립하고 $_1$覃韻과 $_2$咸銜韻의 대립은 1,487자 집합에서 성립한다. 이 미세한 차이를 고려하면 $_2$咸銜韻을 $_1$談韻에 병합하는 것이 안전할 것이다. 이처럼 병합한 운을 우리는 談咸銜韻 또는 談咸銜이라 지칭한다.

이제, 위에서 거론한 운과 $_4$添韻이 음운대립을 이루는지를 논의한다. $_4$添韻은 독특하게도 순음이나 치음의 뒤에 오지 않는다. 순음과 치음이 한 덩어리로 행동하는 일은 거의 없으므로 이 분포 제약은 분명히 독특한 것이다. $_4$添韻이 談咸銜과 동일 칸에 온 것과, $_4$添韻이 $_1$覃韻과 동일 칸에 온 것을 정리하면 아래와 같다. 번거로움을 피하여 다음자는 대부분 생략했다.

(191) 談咸銜과 $_4$添韻의 음운대립 쌍 (7/8쌍) (4, 2, 2)

1. 定澄/d/의 평성 – $_1$談$_{談}$, $_1$澹$_{談}$: $_4$恬$_{添}$ (22, 2 : 1)
2. 見母/k/의 평성 – $_1$甘$_{談}$: $_4$兼$_{添}$ (5 : 4)
3. 匣云/ɦ/의 평성 – $_1$酣$_{談}$, $_2$咸$_{咸}$: $_4$嫌$_{添}$ (2, 1 : 2)
4. 匣云/ɦ/의 입성 – $_2$狹$_{咸}$: $_4$協$_{添}$, $_4$挾$_{添}$, $_4$俠$_{添}$ (2 : 3, 1, 1)

(192) $_1$覃韻과 $_4$添韻의 음운대립 쌍 (5쌍) (3, 1, 1)

1. 定澄/d/의 평성 – $_1$潭$_{覃}$: $_4$恬$_{添}$ (1 : 1)
2. 泥日娘/n/의 입성 – $_1$納$_{覃}$: $_4$捻$_{添}$ (2 : 1)
3. 匣云/ɦ/의 입성 – $_1$合$_{覃}$: $_4$協$_{添}$, $_4$挾$_{添}$, $_4$俠$_{添}$ (7 : 3, 1, 1)

위의 두 가지 음운대립은 양적 척도와 질적 척도를 두루 충족하므로 믿을 수 있다. 따라서 $_4$添韻의 운복 모음은 談咸銜이나 $_1$覃韻의 운복 모음과 달라야 한다. (191~192)의 대립 쌍은 운두 개음이 아니라 운복 모음에서 음가 차이가 나는 대립 쌍이기 때문이다.

그렇다면 咸攝에서는 운복이 3항 대립을 이루므로 3종의 모음이 설정되어야 하고 이 3종의 모음은 모두 평순 모음이어야 한다. 한어에는 /-m, -p/ 운미의 바로 앞에 원순 모음이 오지 않는다는 음절구조제약이 있기 때문이다. 이 제약에 따라 한국 한자음에도 'ᆷ/ᆸ, ᇝ/ᇣ'을 가지는 음절이 전혀 없다. 이 제약을 지키면서 우리는 談咸銜의 운복에 /ɑ/를, $_{1}$覃韻의 운복에 /ə/를, $_{4}$添韻의 운복에 /e/를 각각 배당한다.

이 음가 배당에서 문제가 되는 것은 $_{1}$談韻과 $_{1}$覃韻의 운복이다. 어느 운에 후설 저모음 /ɑ/를 배당하고 어느 운에 후설 중모음 /ə/를 배당해야 할지 객관적 기준이 없다. 이때에는 한어의 여러 방언음, 한국 한자음, 일본의 오음과 한음, 베트남 한자음 등을 참고한다. 이들과 기존의 여러 학설을 두루 참고하여, 우리는 $_{1}$談韻의 운복에 /ɑ/를 배당하고 $_{1}$覃韻의 운복에 /ə/를 배당한다.[106]

위의 논의를 종합하여 여러 음운대립을 표로 나타내면 다음과 같다. 주의할 것은 $_{1}$談韻과 $_{2}$咸銜韻이 하나로 병합된다는 점이다. 병합된 談咸銜에 우리는 /ɑm, ɑp/을 배당한다.

(193) 咸攝 운미의 음운대립

$_{4}$添韻 /em, ep/ ——— /əm, əp/ $_{1}$覃韻

(가) 談咸銜 /ɑm, ɑp/

(나) 談咸銜 /ɛm, ɛp/

(193.가)에서는 談咸銜의 운복에 후설 저모음 /ɑ/를 배당했다. 이 /ɑ/ 모음과 뒤따르는 /-m, -p/ 운미는 음성학적으로 조음위치가 가장 멀다. 따라서 운미 /-m, -p/의 조음위치에 이끌려서 談咸銜의 운복 모음이 표면 음성형에서 후설

106 韓炅澔(2014: 19~20)에서도 $_{1}$覃韻과 $_{1}$談韻의 운복에 각각 'ʌ'와 'ɑ'를 배당했다. $_{2}$咸韻과 $_{2}$銜韻의 운복은 각각 'ɛ'와 'a'로 구별했지만, 우리는 이 둘을 하나의 음소로 병합한다.

저모음 [ɑ]가 아니라 중설 저모음 [a]로 발음되었을 가능성이 크다. 이것은 談咸銜이 1등과 2등이 합류한 운이라는 점에서도 확인된다. 談韻은 1등운이므로 그 운복에 후설 저모음 /ɑ/를 배당하고, 咸銜韻은 2등운이므로 (193.나)처럼 그 운복에 전설 저모음 /ɛ/를 배당하는 것이 원칙이다. 그런데 $_1$談韻이 $_2$咸銜韻과 구별되지 않고 하나로 합류했으므로 談咸銜의 운복이 표면 음성형에서는 중설 저모음 [a]였을 가능성이 크다. 그런데도 談咸銜의 운복에 음운론적으로 후설 저모음 /ɑ/를 배당한 것은 여타의 운미에서 중설 저모음 /a/를 음소로 설정한 바 없기 때문이다. 따라서 /-m, -p/ 운미를 가지는 咸攝에서는 기저형의 후설 저모음 /ɑ/가 음성학적으로는 중설 저모음 [a]로 실현된다는 별도의 음성 규칙이 필요하다.

이와는 달리 談咸銜의 운복에 후설 저모음 /ɑ/ 대신에 (193.나)처럼 아예 전설 저모음 /ɛ/를 배당하는 방법도 고려해 볼 수 있다. 咸攝 운미에서는 운복 모음이 3항 대립이므로 談咸銜의 운복에 /ɛ/를, $_1$覃韻의 운복에 /ə/를, $_4$添韻의 운복에 /e/를 각각 배당할 수 있기 때문이다. 그런데도 /ɛ/를 버리고 /ɑ/를 택한 것은 기본모음부터 배당한다는 원칙 때문이다. 『세설신어』의 대화문 용자에서는 유독 /-m, -p/ 운미 앞에서만 전설 저모음과 후설 저모음이 대립하지 않는다. 그런 운복에 모음을 배당할 때에는 전설 저모음보다는 후설 저모음이 더 일반적인 모음이라는 보편성을 감안하지 않을 수 없다. 이에 따라 우리는 談咸銜의 운복에 /ɑ/를 배당한다.

이제, 3등운을 논의하기로 하자. 3등운에는 $_3$嚴韻 C, $_3$凡韻 C, $_3$鹽韻 A와 B, $_3$侵韻 A와 B가 있다.

이 중에서 용례가 적은 $_3$嚴韻과 $_3$凡韻의 분포를 먼저 확인해 본다. $_3$嚴韻字는 5자 모두 아음의 뒤에만 분포한다. 반면에, $_3$凡韻字는 8자 모두 순음의 뒤에 분포한다. 분포가 상보적이고 둘 다 3등 C이므로 $_3$嚴韻과 $_3$凡韻을 하나로 묶을 수 있다. 그런데 흥미롭게도 이들이 $_3$鹽韻과 동일 칸에 오지 않는다. 그렇다면 이 세 운모가 사실은 상보적 분포라고 할 수 있으므로, 이 셋을 鹽嚴凡 하나로 묶을 수 있다.[107]

107 Baxter and Sagart(2014: 35)에서는 嚴韻, 凡韻, 鹽韻의 운복이 서로 구별되는 것으로 보아, 그 운복을 각각 'ae[æ], o, e'로 표기했다. 그런데 순음 뒤에만 분포하는 凡

(194) $_3$鹽韻, $_3$嚴韻, $_3$凡韻의 음운대립 쌍, 없음

그런데 $_3$鹽韻에는 A와 B의 두 종류가 있으므로, 중뉴를 이루는 A와 B가 음운론적으로 대립했는지 확인할 필요가 있다. 딱 하나의 대립 쌍뿐인데, 3회 이상 출현하는 1,112자 집합에서 대립이 성립한다. 질적 척도를 충족하므로, $_3$鹽韻의 A와 B가 음운론적으로 대립했다고 보아야 한다.

(195) $_A$鹽韻과 $_B$鹽韻의 최소대립 쌍 (1쌍) (3)

影母/ʔ/의 상성 – $_A$厭$_{鹽}$: $_B$掩$_{鹽}$ (4 : 3)

이때에, 앞에서 논의한 $_3$嚴韻 C와 $_3$凡韻 C를 어느 쪽으로 병합할 것인가 하는 문제가 제기된다. 이 두 운은 3등 C이므로 $_3$鹽韻 B와 병합하는 것이 맞다. 3등 B와 3등 C는 운도에서 3등 줄에 배열된다는 점에서 공통되기 때문이다. 이것을 우리는 $_3$鹽嚴凡 B라고 부른다. 3등운에서 $_3$鹽韻 A와 음운론적으로 대립하는 $_3$鹽嚴凡 B가 있었으므로, 咸攝의 $_3$鹽韻에서도 중뉴가 확인된다고 하겠다.

이제, 深攝으로 넘어간다. 심섭의 侵韻에도 3등 A와 3등 B의 두 가지가 있다. 여기에서도 중뉴가 확인되는지 검토해 보기로 한다. 열심히 찾아보아도 $_3$侵韻 A와 $_3$侵韻 B가 동일 칸에 온 것이 없다.

(196) $_3$侵韻 A와 $_3$侵韻 B의 최소대립 쌍, 없음

순음이나 아후음의 뒤에 온 $_3$侵韻은 항상 B이다. 따라서 5세기 전반기의 한어를 반영하는 『세설신어』의 대화문에서는 $_3$侵韻이 항상 B라고 말할 수 있다.[108]

韻을 'jom'으로 표기한 것은 脣內 운미 바로 앞에 원순 모음이 오지 않는다는 음절구조제약을 위반한 것이므로 옳지 않다. 이 음절구조제약은 5.6.2에서 자세히 기술하기로 한다.

108 이 점에서 일본 학자들이 설치음 뒤에 온 $_3$侵韻을 AB로 표시한 것은 이론적·기계적 처리일 것이다.

마지막으로, 咸攝과 深攝을 하나로 묶어서 음운대립을 확인한다. 3등운 중에서 深攝의 $_{3}$侵韻字와 동일 칸에 옴으로써 음운대립을 이루는 咸攝의 예를 찾아보자. 3등 A와 3등 B가 확연히 구별되는 순음과 아후음의 뒤로 음운론적 환경을 한정하면, $_{3}$鹽韻 A와 $_{3}$侵韻 B의 음운대립 쌍은 (197)의 0/1쌍이다. 다음자를 제외하면 이 대립이 성립하지 않는다.

(197) $_{3}$鹽韻 A와 $_{3}$侵韻 B의 음운대립 쌍 (0/1쌍) (0)

影母/ʔ/의 상성 – $_{A}$厭$_{鹽}$: $_{B}$<u>飲</u>$_{侵}$ (4 : 21)

(198) $_{3}$鹽嚴凡 B와 $_{3}$侵韻 B의 최소대립 쌍 (8쌍) (2, 2, 1)

1. 見母/k/의 상성 – $_{B}$檢$_{鹽}$: $_{B}$錦$_{侵}$ (2 : 4)
2. 見母/k/의 거성 – $_{C}$劍$_{嚴}$: $_{B}$禁$_{侵}$ (2 : 3)
3. 見母/k/의 입성 – $_{C}$劫$_{嚴}$: $_{B}$急$_{侵}$, $_{B}$給$_{侵}$ (1 : 4, 1)
4. 疑母/ŋ/의 평성 – $_{C}$嚴$_{嚴}$: $_{B}$吟$_{侵}$ (7 : 1)
5. 影母/ʔ/의 평성 – $_{B}$淹$_{鹽}$: $_{B}$音$_{侵}$, $_{B}$愔$_{侵}$ (1 : 14, 4)

반면에 (198)의 $_{3}$鹽嚴凡 B와 $_{3}$侵韻 B에서는 8쌍에서 대립이 성립하고 2회 이상 출현하는 1,487자 집합에서 대립이 성립한다. 따라서 $_{3}$鹽嚴凡 B와 $_{3}$侵韻 B의 음운대립을 믿을 만하다. 이 대립은 특히 운복 모음의 최소대립이므로, 이 두 운의 운복 모음은 서로 달라야 한다.

다음으로, 위의 분포 분석표에서 $_{4}$添韻과 $_{3}$侵韻이 동일 칸에 옴으로써 음운대립을 이루는 쌍을 찾아본다. 아래의 8/9쌍을 찾을 수 있고, 5회 이상 출현하는 764자 집합에서 이미 대립이 성립한다. 이처럼 음운대립의 상대적 강도가 세므로, 이 두 운의 운복 모음도 서로 다르다고 추론할 수 있다. 즉 $_{3}$侵韻의 운복은 /e/가 아니다.

(199) $_4$添韻과 $_3$侵韻의 음운대립 쌍 (8/9쌍) (5, 4, 4)

1. 定澄/d/의 평성 – $_4$恬$_{添}$: $_{AB}$沈$_{侵}$, $_{AB}$湛$_{侵}$ (1 : 4, 2)

2. 泥日娘/n/의 거성 – $_4$念$_{添}$: $_{AB}$任$_{侵}$ (5 : 19)

3. 泥日娘/n/의 입성 – $_4$捻$_{添}$: $_{AB}$入$_{侵}$ (1 : 21)

4. 見母/k/의 평성 – $_4$兼$_{添}$: $_B$今$_{侵}$, $_B$衿$_{侵}$, $_B$金$_{侵}$ (4 : 72, 2, 15)

5. 見母/k/의 입성 – $_4$頰$_{添}$: $_B$急$_{侵}$, $_B$給$_{侵}$ (3 : 4, 1)

대부분의 학자들이 $_3$侵韻 B의 운복에 /i/ 또는 /ə/ 모음을 배당한다. 먼저 /ə/를 선택해 보자. 앞에서 이미 $_1$覃韻의 운복에 /ə/를 배당한 바 있는데, $_3$侵韻 B의 운복으로 /ə/를 택하면 $_3$侵韻이 $_1$覃韻의 3등 짝이 된다. 그런데 이때에는 談咸銜의 3등 짝이 없다는 문제가 제기된다. 즉 운복이 후설 저모음인 談咸銜 /ɑm, ɑp/의 3등 짝은 없는데, 후설 중모음인 $_1$覃韻 /əm, əp/의 3등 짝은 있다고 말할 수 있을까? 이 의문이 제기되기 때문에 $_3$侵韻 B의 운복에 /ə/ 모음을 배당하는 방법이 썩 내키지 않는다.

근원을 따진다면, /-m, -p/ 운미에서 1등운에 $_1$談韻과 $_1$覃韻의 두 가지가 있어서 이러한 의문이 제기된다. 이 의문을 해소하는 방법 중의 하나가 $_3$侵韻 B의 운복에 /i/ 모음을 배당하는 방법이다. 이 방법에서는 $_3$侵韻 B가 /ɪim, ɪip/으로 재구되므로 $_3$侵韻 B가 1등운이나 2등운의 3등 짝이 아니다. 운복 모음 /i/가 독자성을 가지기 때문이다. 우리는 위의 $_3$眞韻에서도 운복 모음의 독자성을 택한 바 있는데, $_3$侵韻에서도 이 방법을 택하여 그 운복에 /i/ 모음을 배당한다.

이제, $_3$鹽韻 A와 $_3$鹽嚴凡 B의 운복만 남았다. $_3$鹽嚴凡의 운복 모음을 배당하는 것도 $_3$侵韻만큼이나 어렵다. $_3$鹽韻 B, $_3$嚴韻 C, $_3$凡韻 C가 하나로 병합됨으로써 이 $_3$鹽嚴凡이 어느 운의 개구 짝인지 밝히기가 어렵다. 더욱이 $_3$鹽嚴凡은 운두 개음을 가지지만 談咸銜, $_1$覃韻, $_4$添韻은 개음이 없으므로, 介音 차이 우선의 원칙만으로는 $_3$鹽嚴凡의 운복에 /ɑ, ə, e/의 세 모음 중에서 어느 것이든 하나를 골라 배당할 수 있다.

이때에 주의할 것이 있다. 앞에서도 간단히 말한 바 있지만, 3등운이 4등운의 짝인 경우가 없다는 점이다. 이에 따르면, $_{3}$鹽嚴凡의 운복은 $_{4}$添韻 /em, ep/의 /e/가 아니다. 이 두 운의 음운대립 쌍이 많지 않고 대립의 힘이 약하다는 것을 아래에서 알 수 있다.

(200) $_{3}$鹽嚴凡과 $_{4}$添韻의 음운대립 쌍 (2쌍) (1, 1)

1. 透徹/t^h/의 상성 – $_{AB}$諂$_{鹽}$: $_{4}$忝$_{添}$ (1 : 1)
2. 見母/k/의 입성 – $_{C}$劫$_{嚴}$: $_{4}$頰$_{添}$ (1 : 3)

대립 쌍이 겨우 2쌍이고, 2,212자 전체 집합에서만 대립이 성립한다. 이것은 $_{3}$鹽嚴凡의 운복이 $_{4}$添韻의 운복 /e/에 아주 가까운 것임을 암시한다. 이에 따라 $_{3}$鹽嚴凡의 운복에 전설 저모음 /ɛ/을 배당할 수 있다. 그리하면 $_{4}$添韻이 /em, ep/인 데에 비하여, $_{3}$鹽嚴凡은 /ɪɛm, ɪɛp/으로 추정된다. 이 두 음가는 아주 가깝다고 할 수 있다. /ɪɛm, ɪɛp/의 구개 개음 /ɪ-/는 저모음 /ɛ/를 중모음 /e/로 끌어올리는 힘을 가지기 때문이다.

이와는 다른 방법으로 $_{3}$鹽嚴凡의 운복을 결정할 수도 있다. $_{3}$鹽韻 A와 음운대립을 이루는 운을 기준으로 삼아 $_{3}$鹽嚴凡 B의 운복을 결정하는 방법이다.

(201) $_{3}$鹽嚴凡과 談咸銜의 음운대립 쌍 (8/14쌍) (7, 3, 2)

1. 端知/t/의 평성 – $_{AB}$霑$_{鹽}$: $_{1}$儋$_{談}$ (1 : 1)
2. 來母/l/의 평성 – $_{AB}$廉$_{鹽}$: $_{1}$藍$_{談}$ (4 : 3)
3. 來母/l/의 입성 – $_{AB}$獵$_{鹽}$: $_{1}$臘$_{談}$ (1 : 1)
4. 從母/dz/의 평성 – $_{AB}$潛$_{鹽}$: $_{1}$慙$_{談}$ (1 : 3)
5. 見母/k/의 상성 – $_{B}$檢$_{鹽}$: $_{1}$敢$_{談}$ (2 : 18)
6. 疑母/ŋ/의 평성 – $_{C}$嚴$_{嚴}$: $_{2}$巖$_{銜}$ (7 : 11)
7. 影母/ʔ/의 상성 – $_{A}$厭$_{鹽}$, $_{B}$掩$_{鹽}$: $_{2}$黯$_{咸}$ (4, 3 : 2)

(202) $_3$鹽嚴凡과 $_1$覃韻의 음운대립 쌍 (9/11쌍) (4, 2, 1)

1. 端知/t/의 입성 – $_{AB}$輒$_{\text{鹽}}$: $_1$答$_{\text{覃}}$ (8 : 4)
2. 泥日娘/n/의 평성 – $_{AB}$髥$_{\text{鹽}}$: $_1$南$_{\text{覃}}$, $_1$男$_{\text{覃}}$ (1 : 12, 4)
3. 來母/l/의 입성 – $_{AB}$獵$_{\text{鹽}}$: $_1$拉$_{\text{覃}}$ (1 : 1)
4. 從母/dz/의 입성 – $_{AB}$捷$_{\text{鹽}}$: $_1$雜$_{\text{覃}}$ (1 : 3)
5. 見母/k/의 상성 – $_B$檢$_{\text{鹽}}$: $_1$感$_{\text{覃}}$ (2 : 3)

위의 (201~202)의 음운대립 쌍 중에서, $_3$鹽韻 A가 대립 항인 것은 (201.7)의 '$_A$厭$_{\text{鹽}}$' 하나뿐임을 알 수 있다. 위의 분포 분석표에서 影母/ʔ/의 상성 열에 '$_2$黯$_{\text{咸}}$, $_A$厭$_{\text{鹽}}$, $_B$掩$_{\text{鹽}}$'가 온다. 이곳의 '$_A$厭$_{\text{鹽}}$'이 음운론적으로 '$_B$掩$_{\text{鹽}}$'과 대립할 뿐만 아니라 '$_2$黯$_{\text{咸}}$'과도 대립한다. 그렇다면 $_3$鹽韻 A와 $_3$鹽嚴凡 B의 운복 모음은 $_2$咸銜韻의 운복에서 구하는 것이 안전할 것이다. $_3$鹽韻 A와 $_3$鹽嚴凡 B의 운복 모음은 동일해야 하는데, 이 두 운이 공통적으로 $_2$咸銜韻과 음운론적으로 대립하기 때문이다. 이에 따라 $_3$鹽嚴凡의 운복이 /ε/라고 추론할 수 있다.

또 다른 방법으로 $_3$鹽嚴凡의 운복 모음을 배당할 수도 있다. 위의 (201)에서 볼 수 있듯이, $_3$鹽嚴凡과 談咸銜의 음운대립 쌍은 8/14쌍이고 7회 이상 출현하는 565자 집합에서 이미 대립이 성립한다. (202)에서 $_3$鹽嚴凡과 $_1$覃韻의 음운대립 쌍은 9/11쌍이고 4회 이상 출현하는 919자 집합에서 대립이 성립한다. 이처럼 음운대립의 상대적 강도가 센 것은 대개 운복 모음에서 이미 차이가 난다. 이에 따라 $_3$鹽嚴凡의 운복에 전설 저모음 /ε/를 배당하여, 談咸銜의 운복 /ɑ/나 $_1$覃韻의 운복 /ə/와 구별할 수 있다.

결론적으로, 우리는 $_3$鹽韻 A와 $_3$鹽嚴凡 B·C를 각각 /jεm, jεp/과 /ɪεm, ɪεp/으로 추정한다. 王力(1957), 鄭張尙芳(2003), 韓炅澔(2014: 20) 등이 鹽韻, 嚴韻, 凡韻의 운복으로 각각 'ε, ɐ, ɐ'를 택했지만, 이들의 저모음 'ε'와 'ɐ'가 우리의 음운론적 분석에서는 /ε/ 하나로 병합된다.

$_3$鹽韻 A의 /jεm, jεp/과 $_3$鹽嚴凡 B·C의 /ɪεm, ɪεp/은 談咸銜 /ɑm, ɑp/의 3등 짝도 아니고 $_1$覃韻 /əm, əp/의 3등 짝도 아니다. 운복 모음에서 이미 차이가 나

기 때문이다. 이것은 앞에서 $_{3}$侵韻 /ɪim, ɪip/이 $_{1}$覃韻 /əm, əp/의 3등 짝이 아니라고 한 것과 평행적이다.

5.6.2. /-m, -p/ 운미 종합

이제, /-m, -p/ 운미를 가지는 운을 종합하여 음가 배당표를 작성해 보자. $_{3}$侵韻은 A와 B의 구별이 없으므로 하나로 묶고, $_{3}$鹽韻 B는 $_{3}$嚴韻 C뿐만 아니라 $_{3}$凡韻 C와도 구별되지 않으므로 $_{3}$鹽嚴凡 하나로 묶었다. $_{1}$談韻, $_{2}$咸韻, $_{2}$銜韻도 서로 구별되지 않는 것으로 보아 談咸銜 하나로 묶었다.

(203) /-m, -p/ 운미인 운모의 음가 배당표

등 개합 / 운모		4등		3등		2등		1등	
		開	合	開	合	開	合	開	合
$_{3}$侵韻	A			ɪim					
	B								
$_{4}$添韻		em							
$_{1}$覃韻								əm	
$_{3}$鹽韻 A				jɛm					
$_{3}$鹽嚴凡 B·C				ɪɛm					
談咸銜								ɑm	

이 음가 배당표에서 가장 먼저 눈에 띄는 것은 공통적으로 합구운이 없다는 점이다. 이것은 저 위의 (68)에 제시한 /-u/ 운미인 운모의 음가 배당표에서 보았던 것과 동일하다. /-m, -p/ 운미와 /-u/ 운미의 두 그룹에서 공통적으로 합구운을 찾을 수 없다. 이것은 개합에 관한 한 /-m, -p/ 운미가 /-u/ 운미와 동일하게 행동한다는 것을 뜻한다. 이것을 중시하여 일본 학자들은 /-m, -p/ 운미를 가지는 운모의 개합을 모두 중립이라 한 바 있다.

이와 관련된 현상을 한국 한자음에서도 찾을 수 있다. 한국 한자음에는 '곰/굽,

놈/눕, 돔/둡, 롬/룹, 몸/뭅, 봄/붑, 솜/숩, 옴/웁, 좀/줍, 촘/춥, 톰/툽, 폼/풉, 홈/훕' 등의 음절이 없다. 이들의 음절말 자음 '-ㅁ, -ㅂ'은 위의 /-m, -p/ 운미에 해당한다. 따라서 한국 한자음의 이 음절구조제약은 한어의 음절구조제약에 그 기원을 두고 있다고 해석해야 한다.

여기에서 우리는 /-m, -p/ 운미를 가지는 운의 운복 모음은 원순 모음이 아니라는 결론을 도출할 수 있다. 만약에 /-m, -p/ 운미를 가지는 운의 운복을 원순 모음으로 재구한 견해가 있다면, 이것은 한어의 음절구조제약을 제대로 파악하지 못한 것이라고 평가할 수 있다.

한편, /-m, -p/ 운미에서는 1·2등운의 3등 짝이 없다. 談咸銜과 $_{1}$覃韻의 운복에 각각 /ɑ/와 /ə/ 모음을 배당했지만, 3등운인 $_{3}$侵韻과 $_{3}$鹽嚴凡의 운복에는 각각 /i/와 /ɛ/ 모음을 배당했기 때문이다. 이처럼 3등 짝이 없는 현상은 /-m, -p/ 운미에서만 발견된다.

이 특수성의 근본적인 원인은 『세설신어』의 대화문 용자 2,212자 중에서 /-m, -p/ 운미를 가지는 표음자가 166자에 지나지 않는다는 데에서 찾을 수 있다. /-ø/ 운미자는 584자, /-u/ 운미자는 281자, /-i/ 운미자는 256자, /-ŋ, -k/ 운미자는 672자, /-n, -t/ 운미자는 527자이다. 이 중에서 /-m, -p/ 운미자가 양적으로 가장 적을 뿐만 아니라, 특히 자음운미 중에서 /-m, -p/ 운미가 차지하는 비율이 현저하게 낮다. 따라서 /-m, -p/ 운미에서는 여러 모음 상호 간의 음운대립 쌍을 찾아내기가 가장 어렵다. 그 결과로 $_{1}$談韻·$_{2}$咸韻·$_{2}$銜韻을 하나로 병합하여 談咸銜이라 했고, $_{3}$鹽韻 B·$_{3}$嚴韻 C·$_{3}$凡韻 C를 하나로 병합하여 $_{3}$鹽嚴凡이라 했다. 나아가서 이 병합의 결과로 /-m, -p/ 운미에서는 1·2등운의 3등 짝을 찾을 수 없다.

/-m, -p/ 운미를 가지는 운의 운복 모음에 우리는 /ɑ, ə, e, i/의 4가지 모음을 배당했다. 이 네 모음은 여타의 운미를 가지는 운에서도 이미 설정된 것이므로 우리의 음가 배당에 잘못되거나 서로 모순될 것이 전혀 없다.

5.7. 母音體系

우리는 운복 모음의 음운론적 대립 여부를 최소대립 쌍으로 검증함으로써 전기 중고음의 모음체계를 재구하는 데에 목표를 두었다. 운두 개음의 음운대립 체계 즉 현대 음운론의 활음체계도 물론 주요 연구 대상이다. 이 목표를 달성하기 위해 지금까지 모든 운을 분석 대상으로 삼아 일일이 그 음가를 추정해 보았다. 이제 이들을 한군데로 모아 전기 중고음의 모음체계와 활음체계를 재구하기로 한다.

5.7.1. 韻母 종합

지금까지 우리는 운미를 기준으로 삼아 전기 중고음의 운모를 /-ø, -u, -i, -ŋ(k), -n(t), -m(p)/의 6가지로 분류하여 분석해 보았다. 각종의 운에 부여했던 음가를 하나로 종합하면 아래와 같다.

(204) 종합 음가 배당표 P

운 \ 등 개합		4등 開	4등 合	3등 開	3등 合	2등 開	2등 合	1등 開	1등 合
$_3$脂韻	A			ji	ɥi				
	B			ɪi					
$_3$支韻	A			je	ɥe				
	B			ɪe					
$_3$之韻 C				ɪə					
$_3$虞韻 C					ɥo				
$_3$魚韻 C				ɪo					
$_1$模韻								o	
$_2$麻韻						ɛ	wɛ		
$_1$戈韻									wɑ

<table>
<tr><th colspan="2">등 개합
운</th><th colspan="2">4등</th><th colspan="2">3등</th><th colspan="2">2등</th><th colspan="2">1등</th></tr>
<tr><th colspan="2"></th><th>開</th><th>合</th><th>開</th><th>合</th><th>開</th><th>合</th><th>開</th><th>合</th></tr>
<tr><td colspan="2">$_{1}$歌韻</td><td></td><td></td><td></td><td></td><td></td><td></td><td>ɑ</td><td></td></tr>
<tr><td colspan="10"></td></tr>
<tr><td colspan="2">$_{4}$蕭韻</td><td>eu</td><td></td><td></td><td></td><td></td><td></td><td></td><td></td></tr>
<tr><td colspan="2">$_{3}$幽韻 A</td><td></td><td></td><td>jəu</td><td></td><td></td><td></td><td></td><td></td></tr>
<tr><td colspan="2">$_{3}$尤韻 C</td><td></td><td></td><td>ɪəu</td><td></td><td></td><td></td><td></td><td></td></tr>
<tr><td colspan="2">$_{1}$侯韻</td><td></td><td></td><td></td><td></td><td></td><td></td><td>əu</td><td></td></tr>
<tr><td rowspan="2">$_{3}$宵韻</td><td>A</td><td></td><td></td><td>jɛu</td><td></td><td></td><td></td><td></td><td></td></tr>
<tr><td>B</td><td></td><td></td><td>ɪɛu</td><td></td><td></td><td></td><td></td><td></td></tr>
<tr><td colspan="2">$_{2}$肴韻</td><td></td><td></td><td></td><td></td><td>ɛu</td><td></td><td></td><td></td></tr>
<tr><td colspan="2">$_{1}$豪韻</td><td></td><td></td><td></td><td></td><td></td><td></td><td>ɑu</td><td></td></tr>
<tr><td colspan="10"></td></tr>
<tr><td colspan="2">$_{4}$齊韻</td><td>ei</td><td>wei</td><td></td><td></td><td></td><td></td><td></td><td></td></tr>
<tr><td colspan="2">$_{3}$微韻 C</td><td></td><td></td><td>ɪəi</td><td>ɥəi</td><td></td><td></td><td></td><td></td></tr>
<tr><td colspan="2">$_{1}$灰韻</td><td></td><td></td><td></td><td></td><td></td><td></td><td></td><td rowspan="2">wəi</td></tr>
<tr><td colspan="2">咍佳韻</td><td></td><td></td><td></td><td></td><td></td><td></td><td>əi</td></tr>
<tr><td rowspan="2">$_{3}$祭韻</td><td>A</td><td></td><td></td><td rowspan="3">ɪɛi</td><td rowspan="3">ɥɛi</td><td></td><td></td><td></td><td></td></tr>
<tr><td>B</td><td></td><td></td><td></td><td></td><td></td><td></td></tr>
<tr><td colspan="2">$_{3}$廢韻 C</td><td></td><td></td><td></td><td></td><td></td><td></td></tr>
<tr><td colspan="2">$_{2}$夬韻</td><td></td><td></td><td></td><td></td><td></td><td rowspan="2">wɛi</td><td></td><td></td></tr>
<tr><td colspan="2">$_{2}$皆韻</td><td></td><td></td><td></td><td></td><td>ɛi</td><td></td><td></td></tr>
<tr><td colspan="2">$_{1}$泰韻</td><td></td><td></td><td></td><td></td><td></td><td></td><td>ɑi</td><td>wɑi</td></tr>
<tr><td colspan="10"></td></tr>
<tr><td colspan="2">青耕韻</td><td>eŋ</td><td>weŋ</td><td></td><td></td><td></td><td></td><td></td><td></td></tr>
<tr><td colspan="2">$_{3}$蒸韻 C</td><td></td><td></td><td>ɪəŋ</td><td></td><td></td><td></td><td></td><td></td></tr>
<tr><td colspan="2">$_{1}$登韻</td><td></td><td></td><td></td><td></td><td></td><td></td><td>əŋ</td><td>wəŋ</td></tr>
<tr><td colspan="2">$_{3}$東韻 C</td><td></td><td></td><td>ɪuŋ</td><td></td><td></td><td></td><td></td><td></td></tr>
<tr><td colspan="2">$_{1}$東韻</td><td></td><td></td><td></td><td></td><td></td><td></td><td>uŋ</td><td></td></tr>
<tr><td colspan="2">$_{3}$鍾韻 C</td><td></td><td></td><td>ɪoŋ</td><td></td><td></td><td></td><td></td><td></td></tr>
</table>

등 개합 / 운		4등		3등		2등		1등	
		開	合	開	合	開	合	開	合
江冬韻								oŋ	
$_{3}$清韻	A			jɛŋ					
	B			ɪɛŋ					
$_{3}$庚韻 B									
$_{2}$庚韻						ɛŋ			
$_{3}$陽韻 C				ɪɑŋ	ɥɑŋ				
$_{1}$唐韻								ɑŋ	wɑŋ
$_{3}$眞韻	A			jin	ɥin				
	B								
$_{4}$先韻		en	wen						
$_{3}$文諄韻 C					ɥən				
$_{3}$欣韻 C				ɪən					
$_{1}$魂韻									wən
$_{1}$痕韻								ən	
$_{3}$仙韻	A			ɪɛn	ɥɛn				
	B								
$_{2}$山删韻						ɛn	wɛn		
$_{3}$元韻 C				ɪɑn	ɥɑn				
$_{1}$桓韻									wɑn
$_{1}$寒韻								ɑn	
$_{3}$侵韻	A			ɪim					
	B								
$_{4}$添韻		em							
$_{1}$覃韻								əm	
$_{3}$鹽韻 A				jɛm					
$_{3}$嚴凡韻 B·C				ɪɛm					
談咸銜								ɑm	

위의 배당표에는 /i, e, ɛ, ə, ɑ, u, o/의 7가지 운복 모음, /j-, ɪ-, ɥ-, w-/의 4가지 운두 활음이 나온다. 간단히 말하면, 『세설신어』의 대화문 용자에 반영되어 있는 5세기 전반기의 전기 중고음은 7모음 4활음 체계이다.

그런데 위의 종합 음가 배당표 P처럼 작성하면 각각의 모음이나 활음 상호 간의 관계가 잘 드러나지 않을뿐더러 장황하고 번거롭다. 따라서 이 음가 배당표를 더 간단하고도 체계적으로 조정할 필요가 있다. 여러 운모 상호 간의 관계를 파악하려고 할 때에는 아래의 배당표처럼 행에 운두 개음과 운복 모음을 배열하고 열에 운미를 배열한 표가 더 편리하다.

(205) 종합 음가 배당표 Q

MV \ F		-ø	-i	-u	-ŋ (k)	-n (t)	-m (p)
j	i	$_{A}$脂				$_{A}$眞	
	e	$_{A}$支					
	ɛ			$_{A}$宵	$_{A}$淸		$_{A}$鹽
	ə			$_{A}$幽			
	ɑ						
	u						
	o						
ɪ	i	$_{B}$脂					$_{B}$侵
	e	$_{B}$支					
	ɛ		$_{B}$祭, $_{C}$廢	$_{B}$宵	$_{B}$庚	$_{B}$仙	$_{B}$鹽, $_{C}$嚴凡
	ə	$_{C}$之	$_{C}$微	$_{C}$尤	$_{C}$蒸	$_{C}$欣	
	ɑ				$_{C}$陽	$_{C}$元	
	u				$_{C}$東		
	o	$_{C}$魚			$_{C}$鍾		
ɥ	i	$^{合}_{B}$脂				$^{合}_{B}$眞	
	e	$^{合}_{B}$支					

MV \ F		−ø	−i	−u	−ŋ (k)	−n (t)	−m (p)
ɥ	ε		$^{合}_{B}$祭, $^{合}_{C}$廢			$^{合}_{B}$仙	
	ə		$^{合}_{C}$微			$_{C}$文諄	
	ɑ				$^{合}_{C}$陽	$^{合}_{C}$元	
	u						
	o	$_{C}$虞					
w	i						
	e		$^{合}_{4}$齊		$^{合}_{4}$青	$^{合}_{4}$先	
	ε	$^{合}_{2}$麻	$^{合}_{2}$夬, $^{合}_{2}$皆			$^{合}_{2}$山, $^{合}_{2}$刪	
	ə		$_{1}$灰, ^{合}咍佳		$^{合}_{1}$登	$_{1}$魂	
	ɑ	$_{1}$戈	$^{合}_{1}$泰		$^{合}_{1}$唐	$_{1}$桓	
	u						
	o						
ø	i						
	e		$_{4}$齊	$_{4}$蕭	青耕	$_{4}$先	$_{4}$添
	ε	$_{2}$麻	$_{2}$皆	$_{2}$肴	$_{2}$庚	$_{2}$山刪	
	ə		咍佳	$_{1}$侯	$_{1}$登	$_{1}$痕	$_{1}$覃
	ɑ	$_{1}$歌	$_{1}$泰	$_{1}$豪	$_{1}$唐	$_{1}$寒	談咸銜
	u				$_{1}$東		
	o	$_{1}$模			江冬		

이 종합 음가 배당표 Q에는 等이 운두 개음의 유무나 종류로 이미 반영되어 있고, 개합도 사실은 활음 /j−, ɪ−, ɥ−, w−, ø−/로[109] 반영되어 있다. 1·2·4등운은 항상 개음이 없으므로 운두가 /ø−/인 행에 오게 되고, 3등운은 항상 구개 개음을 가지므로 /j−, ɪ−, ɥ−/의 행에 오게 된다. 또한 합구운은 원순 활음인 /ɥ−,

109 /ø−/는 개음이 없음을 가리킨다.

w-/의 행에 오고, 필요에 따라 운모의 왼쪽 어깨에 '合'을 부가하여 개구와 구별하였다.

이 배당표에서는 둘 이상의 운이 동일 칸에 오기도 한다. /ø-/ 운두의 행에 온 青耕, 山刪, 談咸銜, 咍佳, 江冬이 그러하다. 이들은 $_4$青韻·$_2$耕韻, $_2$山韻·$_2$刪韻, $_1$談韻·$_2$咸韻·$_2$銜韻, $_1$咍韻·$_2$佳韻, $_2$江韻·$_1$冬韻을 각각 하나의 단위로 병합한 것이다. 이들은 宋代의 韻圖에서는 서로 구별되어 있지만, 『세설신어』 대화문 용자의 전체 집합에서는 이들 상호 간의 음운대립이 성립하지 않는다. 이에 따라 동일한 음가를 배당했으므로, 음가 배당표 Q에서 각각 동일 칸에 온다.

하나로 병합된 山刪韻은 山韻과 刪韻이 둘 다 2등이므로 山刪韻도 2등이라고 바로 말할 수 있다. 그런데, 等이 서로 다른 운끼리 병합한 青耕韻, 談咸銜, 咍佳韻, 江冬韻의 등은 어떻게 결정할까? 이 질문에 답할 때에 기준이 되는 것이 종합 음가 배당표 Q이다. 이들의 등은 음가 배당표 Q의 行을 기준으로 배당한다. 이에 따르면 青耕韻만 4등이고, 談咸銜·咍佳韻·江冬韻의 셋은 1등이다. 병합된 운 중에는 2등운이 가장 많은데, 이들 2등운은 원래의 2등 자리를 지키지 못하고 4등이나 1등으로 편입된다. 이것은 통시적으로 2등운이 가장 크게 변화했음을 암시한다.

동일 칸에 온 운을 통시적으로 해석하는 방법에는 두 가지가 있다. 첫째, 후대에는 분화가 일어나지만 5세기 전반기의 한어에서는 아직 미분화 상태였다. 둘째, 5세기 이전에는 두 가지 운으로 구별되었지만 5세기 전반기의 한어에서는 이미 하나로 합류한 상태였다. 동일 칸에 온 운이 이 둘 중에서 어느 것에 해당하는지는 한어 음운사 전반을 두루 조망한 다음에야 비로소 판단할 수 있다. 통시적 관점에서 이것을 해명하는 연구가 이어지기를 기대한다.

5.7.2. 음절구조제약

그런데 위의 음가 배당표 Q에는 '/'으로 표시한 칸이 적지 않다. 이것은 한어의 음절구조에서는 허용되지 않는 체계적 공백임을 의미한다. 이것은 한어 음운론을 이해할 때에 아주 중요한 기초가 되므로 이제 이 음절구조제약을 하나씩 자세히 기술해 보기로 한다.

첫째, 운두 위치에 원순성을 가지는 /ɥ-, w-/가 오면서 동시에 운미 위치에 원순성을 가지는 /-u/ 운미가 오지 못한다. 이에 해당하는 음절은 /*ɥVu, *wVu, *ɥVo, *wVo/인데,[110] 운복 모음 즉 V가 7가지이므로 모두 28칸이 체계적 공백이 된다. 따라서 한어 음운론을 기술할 때에 이것은 아주 중요한 음절구조제약이 아닐 수 없다.

둘째, 운두 위치에 원순성을 가지는 /ɥ-, w-/가 오면서 동시에 운미 위치에 원순성을 가지는 /-m, -p/ 운미가 오지 못한다. 이에 해당하는 음절은 /*ɥVm(p), *wVm(p)/이므로 모두 14칸이 체계적 공백이 된다. 이것도 역시 아주 중요한 음절구조제약이다.

이 첫째와 둘째의 공백은 별개의 두 가지 음절구조제약이 아니라 동일 운 안에서 원순성을 회피하는 제약이므로 하나의 제약으로 묶어서 기술하는 것이 좋다. 우리는 이것을 다음과 같이 기술한다.

(206) 원순성 운두와 원순성 운미의 음절구조제약

$*[M_{+round} + V + F_{+round}]$

이것은 원순성 운두와 원순성 운미가 동시에 나타날 수 없다는 제약이다. 이 때, 순음은 자음에 속하지만 잉여적으로 원순성을 가지는데, 이때의 원순성은 (206)의 'M_{+round}'에 해당한다. 이 음절구조제약에 따라 공백이 되는 칸이 무려 42칸이나 되므로 이 제약은 아주 강력한 것이라고 할 수 있다. 만약에 이 제약을 위반하는 음절을 재구했다면 그 재구는 잘못된 것이다.

셋째, /-i, -u/ 운미의 바로 앞에는 고모음이 오지 않는다. 구체적으로 말하면 /jVi, jVu, ɪVi, ɪVu, ɥVi, ɥVu, wVi, wVu, Vi, Vu/의 V 자리에 고모음인 /i/나 /u/

110 이들의 '*'은 허용되지 않는다는 의미로 사용한다. 이하 같다.

가 오지 않는다. 이 중에서 /*ɥVu, *wVu/는 첫째의 음절구조제약으로 이미 배제되지만 나머지는 이 셋째 제약으로 기술해야 한다. 이 제약으로 공백이 되는 칸이 20칸이나 되므로 이것도 아주 강력한 음절구조제약이다. 이것은 아래와 같이 표시할 수 있다.

(207) 고모음의 음절구조제약

$*[V_{+high} + F_{+vocalic,\ +high}]$

넷째, /-i/ 운미의 앞에는 원순 모음이 오지 않는다. 음가 배당표 Q에서 /*jui, *joi, *ɪui, *ɪoi, *ɥui, *ɥoi, *wui, *woi, *ui, *oi/ 등이 모두 공백이다. 모두 10칸의 공백과 관련되므로 이것도 매우 강력한 음절구조제약이다.

다섯째, 원순성을 가지는 /-u/ 운미의 바로 앞에는 원순 모음이 오지 않는다. 이 음절구조제약에 따라 /*juu, *jou, *ɪuu, *ɪou, *ɥuu, *ɥou, *wuu, *wou, *uu, *ou/ 등은 체계적 공백이다. 물론 이 중에서 /*ɥuu, *ɥou, *wuu, *wou/의 4가지 공백은 (206)의 음절구조제약만으로도 기술할 수 있다. 또한 /*juu, *ɪuu, *ɥuu, *wuu, *uu/의 5가지 공백은 셋째의 제약으로도 기술할 수 있다. 그러나 /*jou, *ɪou, *ou/의 공백은 (207)의 제약으로만 기술할 수 있다. 이 다섯째의 음절구조제약은 많게는 10칸의 공백을, 적게는 3칸의 공백을 기술할 때에 필요하다.

그런데 넷째와 다섯째 제약은 둘 다 원순성 분포제약에 속한다. /-i/ 운미와 /-u/ 운미는 [+vocalic, +high]라는 점에서 공통되므로, 이 둘을 아래와 같이 하나로 묶을 수 있다.

(208) 원순 모음의 음절구조제약

$*[V_{+round} + F_{+vocalic,\ +high}]$

여섯째, /-m, -p/ 운미의 앞에는 원순 모음이 오지 않는다. 이 음절구조제약에 따라 /*jum, *jom, *ɪum, *ɪom, *ɥum, *ɥom, *wum, *wom, *um, *om/ 등은 체계적 공백이다. 이 중에서 /*ɥum, *ɥom, *wum, *wom/은 (206)의 제약으로 기술할 수 있으나 나머지 6가지 공백을 기술할 때에는 이 제약이 필요하다.

(209) /-m, -p/ 운미의 음절구조제약

$*[V_{+round} + m(p)]$

위의 음절구조제약이 정확한 것인지를 확인하기 위하여 구개 활음 /j-/와 /ɪ-/를 하나로 묶고, 원순 활음 /ɥ-/와 /w-/를 하나로 묶어서 위의 음가 배당표 Q를 아래와 같이 수정해 보았다. ':'의 앞에 둔 것은 운두 개음 /j-/나 /ɥ-/를 가지는 운이고 ':'의 뒤에 둔 것은 운두 개음이 /ɪ-/나 /w-/인 운이다. 그랬더니 공백인 칸은 여전히 공백으로 남는다. 그렇다면 위의 음절구조제약을 믿을 만하다.

(210) 종합 음가 배당표 Q′

MV \ F		-ø	-i	-u	-ŋ	-n	-m
j : ɪ	i	$_A$脂 : $_B$脂				$_A$眞 :	: $_B$侵
	e	$_A$支 : $_B$支					
	ɛ		: $_B$祭, $_C$廢	$_A$宵 : $_B$宵	$_A$淸 : $_B$庚	: $_B$仙	$_A$鹽 : $_B$鹽, $_C$嚴凡
	ə	: $_C$之	: $_C$微	$_A$幽 : $_C$尤	: $_C$蒸	: $_C$欣	
	ɑ				: $_C$陽	: $_C$元	
	u				: $_C$東		
	o	: $_C$魚			: $_C$鍾		

MV \ F		-ø	-i	-u	-ŋ	-n	-m
ɥ : w	i	$^{合}_{B}$脂 :				$^{合}_{B}$眞 :	
	e	$^{合}_{B}$支 :	: $^{合}_{4}$齊		: $^{合}_{4}$青	: $^{合}_{4}$先	
	ɛ	: $^{合}_{2}$麻	$^{合}_{B}$祭, $^{合}_{C}$廢 : $^{合}_{2}$夬, $^{合}_{2}$皆			$^{合}_{B}$仙 : $^{合}_{2}$山刪	
	ə		$^{合}_{C}$微 : $_{1}$灰, ^{合}咍佳		: $^{合}_{1}$登	$_{C}$文諄 : $_{1}$魂	
	ɑ	: $_{1}$戈	: $^{合}_{1}$泰		$^{合}_{C}$陽 : $^{合}_{1}$唐	$^{合}_{C}$元 : $_{1}$桓	
	u						
	o	$_{C}$虞 :					
ø	i						
	e		$_{4}$蕭	$_{4}$蕭	青耕	$_{4}$先	$_{4}$添
	ɛ	$_{2}$麻	$_{2}$皆	$_{2}$肴	$_{2}$庚	$_{2}$山刪	
	ə		咍佳	$_{1}$侯	$_{1}$登	$_{1}$痕	$_{1}$覃
	ɑ	$_{1}$歌	$_{1}$泰	$_{1}$豪	$_{1}$唐	$_{1}$寒	談咸銜
	u				$_{1}$東		
	o	$_{1}$模			江冬		

그런데 (205)의 종합 음가 배당표 Q에서는 역사선 '\'을 긋지 않았지만 (210)의 종합 음가 배당표 Q'에서는 역사선 '\'을 그어 체계적 공백임을 표시한 칸이 있다.

위의 (210)에서 볼 수 있듯이, /ɥu-/와 /wu-/ 행은 항상 공백이다. 이것은 운두의 원순 활음은 운복 모음 /u/의 앞에 오지 않는다는 제약이다. 따라서 원순성 운두 뒤에서는 원순 고모음 /u/가 오지 않는다는 음절구조제약을 설정할 수 있다. 이 제약에 따라 공백이 된 것을 위의 (210)에서는 역사선 '\'으로 표시했다. 이 제약을 기준으로 삼으면 $_{3}$文諄韻을 /*ɥun/으로 재구할 수 없다. 반면에 우리처럼 /ɥən/으로 재구하면 이 음절구조제약을 어기지 않는다.

한편, /-n(t)/ 운미의 앞에는 원순 모음이 오지 않는다는 제약도 찾을 수 있다. 이것은 /*jun, *jon, *ɪun, *ɪon, *ɥun, *ɥon, *wun, *won, *un, *on/ 등의 칸이 모두 공백이므로 설정한 제약이다. 그런데 이것이 우연적 공백인지 체계적 공백인지 분명하지 않다. 특히 운두 개음이 없는 /*un, *on/이 체계적 공백이라고 할 수 있을지 의문이다.

/*un, *on/ 음절이 없다는 공백은 $_3$文諄韻을 /*ɥun/으로 재구하지 않고 /ɥən/으로 재구하고, $_1$魂韻을 /*on/으로 재구하지 않고 /wən/으로 재구한 데에서 비롯된다. 그런데 $_3$文諄韻을 /*ɥun/으로 재구할 수 있을까? 앞에서 원순성 운두 바로 뒤에 /u/ 모음이 오지 않는다고 했으므로 /*ɥun/은 분명히 잘못된 재구형이다. 따라서 우리의 재구형 /ɥən/이 맞다. 한편, $_1$魂韻은 항상 합구이므로 /w-/를 가진다. $_1$戈韻이 $_1$歌韻 /ɑ/의 합구운이라서 /wɑ/로 재구한 것처럼, $_1$魂韻은 $_1$痕韻 /ən/의 합구운이므로 /wən/으로 재구해야 한다. 1등이 개음을 가지지 않는다는 원칙은 앞에서 강조한 바 있듯이 합구음 /w-/에는 적용되지 않는다. 따라서 $_1$魂韻을 /wən/으로 재구하는 우리의 재구 방법에 잘못된 것이 없다.

그렇다면 /-n(t)/ 운미의 앞에 원순 모음이 오지 않는다는 제약을 체계적 공백이라고 할 수 있다. 이것을 위의 음가 배당표 Q′에서는 역사선 '\'을 이용하여 표시했다. 이처럼 처리하다 보면 이 제약이 원순 활음 뒤에서는 /u/가 오지 않는다는 음절구조제약과 겹치게 된다. 즉 음가 배당표 (210)에서 /*ɥun, *wun/은 두 가지 제약을 동시에 위반한 것이 된다. 따라서 우리가 설정한 이 두 가지 음절구조제약을 믿을 만하다.

음가 배당표 (210)에서 사선 '/'이나 역사선 '\'을 긋지 않고 비워 둔 칸은 우연한 공백이다. 이 중에서 반드시 언급해 두어야 할 공백이 있다. /ø-/ 운두, 즉 개음이 없는 /i/ 모음 행에는 아무 운도 오지 않는데, 이것을 체계적 공백이라 할 수 있을까? 우리는 이것을 체계적인 공백이라고 보지 않는다. $_3$脂韻 A와 B뿐만 아니라 $_3$眞韻에서는 운두 개음 /j-, ɪ-, ɥ-/의 바로 뒤에 /i/ 모음이 올 수 있기 때문이다. 현대 북경어와 여러 방언에서 '明, 民, 信, 徵, 稱' 등의 운복 모음이 /i/이므로, 이 공백은 우연한 공백이라고 해야 한다.

한어음의 통시적 변화 중에는 이 우연한 공백을 중심으로 일어나는 것이 많다. 우연한 공백이 채워지기도 하고 새로이 발생하기도 하면서 통시적 변화가 일어난다. 예컨대, (210)에서 /jɛ~ɪɛ/ 자리가 우연적 공백인데, 이 공백을 메우기 위하여 ${}_{2}$麻韻에서 ${}_{3}$麻韻이 분화한다. /jiŋ~ɪiŋ/, /jen~ɪen/, /ɥə~wə/, /ɥəŋ~wəŋ/ 자리도 우연한 공백이지만 후대의 한어에서는 이 빈 칸을 채우는 변화가 일어난다.

또한 인접한 칸이 우연한 공백으로 비어 있으면 후대의 한어에서는 두 칸이 하나로 병합되기도 한다. /u/와 /o/ 모음은 서로 인접해 있으면서, /u/는 우연적 공백이고 /o/는 ${}_{1}$模韻의 자리이다. 따라서 ${}_{1}$模韻이 /o/ 모음뿐만 아니라 /u/ 모음도 아우르는 변화가 일어나, 일부의 ${}_{1}$模韻은 /u/로 음가가 바뀐다. /ɪɛn/의 자리에는 ${}_{3}$仙韻 B가 차지하고 있지만 /ɪen/의 자리는 비어 있다. 이 공백도 ${}_{3}$仙韻 B가 차지할 가능성이 크다.

유독 독특하게 분포하는 운모에도 통시적 변화가 일어날 가능성이 있다. /ɪo/와 /ɥo/의 음가를 가지는 ${}_{3}$魚韻과 ${}_{3}$虞韻은 분포가 고립되어 있어서 아주 독특하다. 따라서 /ɪo/와 /ɥo/가 각각 /ɪə/와 /ɥu~u/로 변화할 가능성이 크다. 실제로 후기 중고음에서 ${}_{3}$魚韻이 /ɪə/로 변화하고(魏國峰 2014: 84~85), 혜림의 『일체경음의』에서 ${}_{3}$虞韻의 운복이 /u/로 변한다(河野六郎 1968/79).

그러나 무엇보다도 중시해야 할 통시적 변화는 동일 칸에 온 두 운이 하나로 합류하는 中和라 할 수 있다. 5세기 전반기의 한어에서는 서로 대립했지만, 후대의 한어에서는 하나로 합류하는 重紐가 아주 많다. ${}_{3}$脂韻, ${}_{3}$支韻, ${}_{3}$宵韻, ${}_{3}$鹽韻이 중뉴를 이루어 개음 /j-/와 /ɪ-/의 차이로 구별되지만 후기 중고음에서는 이 구별이 없어진다. 운의 통시적 변화에서는 이 변화가 가장 큰 변화라고 할 수 있다.

반면에, 체계적 공백은 음운변화의 영향을 거의 받지 않는다. 앞의 (206)에서 $*[M_{+round} + V + F_{+round}]$의 음절구조가 한어 중고음에서 허용되지 않는다고 했는데, 이 제약은 현재의 한어에서도 그대로 유지된다.

5.7.3. 운복 모음의 분포

이제 우리의 추정음을 운복 모음별로 다시 종합함으로써 전기 중고음의 음운론적 특징을 논의해 보자.

먼저, 운복 모음이 후설 저모음 /ɑ/인 운을 한군데로 모아 본다. /ɑ/ 모음은 중고음 이래로 현재까지 변하지 않고 옛날의 음소 지위를 유지하므로,[111] 한어의 모음체계를 재구할 때에는 항상 기준이 된다.

(211) 운복 모음이 /ɑ/인 운

등 개합 / 운	4등		3등		2등		1등	
	開	合	開	合	開	合	開	合
$_{1}$戈韻								wɑ
$_{1}$歌韻							ɑ	
$_{1}$泰韻							ɑi	wɑi
$_{1}$豪韻							ɑu	
$_{3}$陽韻 C			ɪɑŋ	ɥɑŋ				
$_{1}$唐韻							ɑŋ	wɑŋ
$_{3}$元韻 C			ɪɑn	ɥɑn				
$_{1}$桓韻								wɑn
$_{1}$寒韻							ɑn	
$_{1}$談咸銜							ɑm	

위에서 볼 수 있듯이, /ɑ/ 모음의 앞에는 /ɪ-, ɥ-, w-/ 등의 개음이 두루 올 수 있지만, 독특하게도 /j-/는 /ɑ/ 모음의 앞에 오지 않는다. 이것은 음성학적

111 음운론적 환경에 따라 /ɑ/가 여타의 모음으로 음가가 바뀌기도 한다. 歌韻字 '歌'의 현대 북경음이 'ge'[kə]이고, 元韻字 '言'의 현대 북경음이 'yan'[ɥɛn]이다. 그런데 이들의 [ə] 모음과 [ɛ] 모음은 음운론적 환경에 따라 변이한 음성이라고 할 수 있다. 음운론적으로는 앤후이린(林燕慧)(2010, 엄익상·이옥주·손남호·이미경 역)처럼 이들도 음소 /a/에 넣을 수 있다.

타당성을 가지고 있다. 자음적 전설 평순 활음 /j-/를 발음하고 바로 이어서 후설 저모음 /ɑ/를 발음하는 것은 쉽지 않다. 이 둘은 조음위치가 가장 멀기 때문이다.

/ɑ/ 모음의 뒤에 오는 운미에는 제약이 없어서, /-ø, -i, -u, -ŋ(k), -n(t), -m(p)/ 운미가 두루 후속한다.

/ɑ/ 모음은 대부분 1등운에 분포한다. 운복이 /ɑ/ 모음인 $_1$戈韻, $_1$歌韻, $_1$豪韻, $_1$泰韻, $_1$唐韻, $_1$桓韻, $_1$寒韻, $_1$談韻이 모두 1등운이다. 다만, 談韻은 1등이지만 談咸銜으로 병합된 咸韻과 銜韻은 2등운이다. 여기에서 談咸銜이 1등운인지 2등운인지를 결정할 필요가 있다. 우리는 談咸銜이 여타의 1등운과 유사한 행동을 보인다는 점에서 1등운으로 간주한다.

한편, 陽韻과 元韻은 3등운이지만 이 3등운은 1등운의 구개 개음 짝이다. 陽韻과 元韻은 항상 3등 C이므로 운두 개음이 자음적 전설 활음 /j-/가 아니라 모음적 전설 개음 /ɪ-/이다. 앞에서 지적한 것처럼 /j-/와 /ɑ/의 조음위치가 가장 멀기 때문에 운두 개음으로 /j-/ 대신에 /ɪ-/를 택한 것이라 할 수 있다.

(211)에는 $_1$豪韻 /ɑu/의 3등 짝이 없다. 이 3등 짝은 이론적으로 /*ɪɑu/인데, 전설 개음 /ɪ-/의 영향으로 운복의 /ɑ/ 모음이 전설모음으로 변했던 것이 아닌가 한다. 이 전설모음화가 일어났다면 $_1$豪韻 /ɑu/의 3등 짝이 후술할 $_3$宵韻 A의 /jɛu/나 $_3$宵韻 B의 /ɪɛu/로 실현될 수밖에 없다. $_1$泰韻 /ɑi/와 $_1$談咸銜 /ɑm, ɑp/의 3등 짝이 없다는 사실도 이 추론을 지지해 준다. /ɑi/와 /ɑm, ɑp/의 3등 짝은 이론적으로 각각 /*ɪɑi/와 /*ɪɑm, *ɪɑp/인데, 이때에도 전설 개음 /ɪ-/의 영향으로 운복 /ɑ/가 전설모음화를 일으켜 각각 [jɛi, ɪɛi]와 [ɪɛm, ɪɛp]으로 실현되었을 것이다. 이때의 [jɛi, ɪɛi]는 $_3$祭韻 B의 /ɪɛi/로 변화하고, [ɪɛm, ɪɛp]은 $_3$鹽嚴凡의 /ɪɛm, ɪɛp/로 변화했을 것이다.

개합과 관련하여 또 하나 거론해야 할 것이 있다. (211)에서는 $_1$歌韻과 $_1$戈韻을 서로 다른 행에 배열했지만 이 둘이 개구와 합구의 짝이므로 하나로 묶어서 동일 행에 배열할 수도 있다. 이것은 $_1$寒韻과 $_1$桓韻에서도 마찬가지이다. 아래의 (211′)에서 볼 수 있는 것처럼, 이 병합을 $_1$唐韻과 그 3등 짝인 $_3$陽韻에도 적용할 수 있다.

(211′) 운복 모음이 /ɑ/인 운 (수정 안)

운 \ 등 개합	4등		3등		2등		1등	
	開	合	開	合	開	合	開	合
$_1$歌(戈)韻							ɑ	wɑ
$_1$泰韻							ɑi	wɑi
$_1$豪韻							ɑu	
$_3$陽/$_1$唐韻			ɪɑŋ	ɥɑŋ			ɑŋ	wɑŋ
$_3$元/$_1$寒(桓)韻			ɪɑn	ɥɑn			ɑn	wɑn
$_1$談咸銜							ɑm	

이처럼 여러 운모의 상호 관계를 최대한 활용하면 위의 (211)을 수정하여 (211′)로 조정할 수도 있다. 이 수정 안에서는 개합 관계로 병합되는 운모는 ( )로 표시하고, 3등 짝인 운모는 '/'의 앞에 두었다. 이처럼 수정하면[112] $_1$豪韻과 $_1$談咸銜에 합구가 없다는 공통점이 한눈에 들어온다. 이것은 /-u/ 운미와 /-m, -p/ 운미가 동일하게 행동한다는 것을 명시적으로 보여 주므로 아주 효과적이다.

다음으로, 우리가 후설 중모음이라 지칭한 /ə/는 (212)의 여러 운에 분포한다. 아래의 표에서 확인할 수 있듯이, 운복 모음 /ə/의 앞에는 /j-, ɪ-, ɥ-, w-/의 네 가지 활음이 모두 올 수 있다. /ə/의 뒤에는 /-ø, -i, -u, -ŋ(k), -n(t), -m(p)/의 6가지 운미가 두루 올 수 있다. 이처럼 /ə/ 모음은 분포 제약이 거의 없다.

/ə/ 모음도 대부분 1등운에 분포한다. $_1$侯韻, $_1$灰韻, $_1$登韻, $_1$魂韻, $_1$痕韻, $_1$覃韻이 모두 1등운이다. 다만, 哈佳韻은 $_1$哈韻과 $_2$佳韻이 음운론적으로 구별되지 않아서 하나로 병합한 것이므로 1등운이라 해야 할지 2등운이라 해야 할지 분명하지 않다.

112 아래에서는 번거로움을 피하여 이러한 수정 안을 제시하지 않는다.

(212) 운복 모음이 /ə/인 운

등 개합 / 운	4등		3등		2등		1등	
	開	合	開	合	開	合	開	合
$_3$之韻 C			ɪə					
$_3$微韻 C			ɪəi	ɥəi				
$_1$灰韻								wəi
$_1$咍佳韻							əi	wəi
$_3$幽韻 A			jəu					
$_3$尤韻 C			ɪəu					
$_1$侯韻							əu	
$_3$蒸韻 C			ɪəŋ					
$_1$登韻							əŋ	wəŋ
$_3$文諄韻 C				ɥən				
$_3$欣韻 C			ɪən					
$_1$魂韻								wən
$_1$痕韻							ən	
$_1$覃韻							əm	

그런데 $_2$佳韻은 음운론적으로 $_2$皆韻의 /ɛi/와 구별되므로, $_2$佳韻을 /ɑi/ 또는 /a/로 추정할 수도 있다. 이때의 /a/는 제3의 저모음이라 할 수 있는 중설 저모음인데, 이것을 모음체계에서 제외하는 학자들은 대개 $_2$佳韻을 /ɑi/로 재구한다. 이때의 모음 /ɑ/는 위에서 보았던 것처럼 대부분 1등운의 운복 모음이다. 따라서 『세설신어』의 대화문 용자에서는 咍韻뿐만 아니라 佳韻도 1등운이라고 할 수 있다. 이 해석이 가능하므로 /ə/ 모음이 1등운에 분포한다고 일반화할 수 있다.

$_3$微韻 C, $_3$幽韻 A, $_3$尤韻 C, $_3$蒸韻 C, $_3$文諄韻 C, $_3$欣韻 C는 모두 3등운인데, 이들은 모두 1등 짝이 있다. $_3$微韻과 $_1$咍佳韻, $_3$幽韻·$_3$尤韻과 $_1$侯韻, $_3$蒸韻과 $_1$登韻, $_3$欣韻과 $_1$痕韻은 각각 3등운과 1등운의 짝이다. 그런데 독특하게도 $_3$幽韻 A와 $_3$尤韻 C가 중뉴를 이루고 있다. 고노 로쿠로(河野六郎)(2010: 257, 이진호 역주)

도 이것을 지적한 바 있으므로 이 중뉴를 믿을 수 있다. $_3$文諄韻 C는 항상 합구이므로 역시 항상 합구인 $_1$魂韻의 3등 짝이라고 할 수 있다.

그런데 /ə/ 모음이 단독으로 하나의 운을 이루는 예가 없다. 우리는 운두도 가지지 않고 운미도 가지지 않는 운복 모음을 洪音이라 지칭하는데,[113] 위의 /ɑ/나 후술할 /ɛ/·/o/ 모음이 홍음이다. /ɑ·ɛ·o/ 모음과 달리 /ə/ 모음은 홍음으로 실현되지 않는다. 한국 중세 한자음에는 '그/ᄀᆞ, 느/ᄂᆞ, 드/ᄃᆞ, 르/ᄅᆞ, 므/ᄆᆞ, 브/ᄇᆞ, 스, 으/ᄋᆞ, 즈, 츠, 트/ᄐᆞ, 프/ᄑᆞ, 흐/ᄒᆞ' 등의 음절이 없는데,[114] 이것은 한어 중고음의 /ə/ 모음이 홍음으로 실현되지 않는다는 제약에서 비롯된 것이다. 이 제약은 /ə/ 모음이 독자성이 약하여 주변의 운두나 운미에 영향을 받아 다른 모음으로 변할 가능성이 크다는 것을 암시한다. 예컨대, $_1$侯韻 /əu/는 뒤에 오는 운미의 영향을 받아 표면 음성형에서 [ɨu] 또는 [uu]로 실현되었을 가능성이 있다.

다음으로, 운복 모음으로 전설 저모음 /ɛ/를 가지는 것을 한군데로 모아 보면 아래의 (213)과 같다.

(213)의 배당표에서 볼 수 있듯이, 전설 저모음 /ɛ/의 앞에는 /j-, ɪ-, ɥ-, w-/의 네 가지 활음이 모두 올 수 있다. /ɛ/의 뒤에는 /-ø, -i, -u, -ŋ(k), -n(t), -m(p)/의 운미가 두루 올 수 있다. 이 점에서 /ɛ/ 모음은 위의 /ə/ 모음과 차이가 없다.

중요한 것은 /ɛ/ 모음이 2등운에 분포한다는 점이다. $_2$麻韻, $_2$夬韻, $_2$皆韻, $_2$肴韻, $_2$庚韻, $_2$山刪韻이 모두 2등운이다. 따라서 2등운을 기술할 때에 가장 중요한 것은 그 운복 모음이 전설 저모음 /ɛ/ 하나로 고정된다는 점이다.[115] 여기에는 예외가 없으므로 한어 중고음을 기술할 때에 아주 중요한 기준이 된다.

---

113 胡安順(2002: 22)는 '洪音'과 '細音'이라는 용어를 사용하면서, 介音이 없는 1·2등운을 '洪音'이라 하고, 介音이 있는 3·4등운을 '細音'이라 지칭했다. 여기에서는 개음의 유무만이 기준이지만, 우리는 운미의 유무도 기준으로 삼는다. 따라서 우리의 '홍음'이 훨씬 더 좁은 개념이다.

114 치찰음 뒤에 'ᆞ'가 온 'ᄉᆞ, ᄌᆞ, ᄎᆞ' 음절은 후대에 止攝의 음가가 변하여 새로 발생한 음절이다.

115 이것을 가장 먼저 제안한 것은 Maspero라고 한다(Pulleyblank 1983: 74).

(213) 운복 모음이 /ε/인 운

<table>
<tr><th colspan="2" rowspan="2">등 개합
운</th><th colspan="2">4등</th><th colspan="2">3등</th><th colspan="2">2등</th><th colspan="2">1등</th></tr>
<tr><th>開</th><th>合</th><th>開</th><th>合</th><th>開</th><th>合</th><th>開</th><th>合</th></tr>
<tr><td colspan="2">$_2$麻韻</td><td></td><td></td><td></td><td></td><td>ε</td><td>wε</td><td></td><td></td></tr>
<tr><td colspan="2">$_3$祭廢韻</td><td></td><td></td><td>ɪεi</td><td>ɥεi</td><td></td><td></td><td></td><td></td></tr>
<tr><td colspan="2">$_2$夬韻</td><td></td><td></td><td></td><td></td><td></td><td rowspan="2">wεi</td><td></td><td></td></tr>
<tr><td colspan="2">$_2$皆韻</td><td></td><td></td><td></td><td></td><td>εi</td><td></td><td></td></tr>
<tr><td rowspan="2">$_3$宵韻</td><td>A</td><td></td><td></td><td>jεu</td><td></td><td></td><td></td><td></td><td></td></tr>
<tr><td>B</td><td></td><td></td><td>ɪεu</td><td></td><td></td><td></td><td></td><td></td></tr>
<tr><td colspan="2">$_2$肴韻</td><td></td><td></td><td></td><td></td><td>εu</td><td></td><td></td><td></td></tr>
<tr><td rowspan="2">$_3$清韻</td><td>A</td><td></td><td></td><td>jεŋ</td><td></td><td></td><td></td><td></td><td></td></tr>
<tr><td>B</td><td></td><td></td><td rowspan="2">ɪεŋ</td><td></td><td></td><td></td><td></td><td></td></tr>
<tr><td>$_3$庚韻</td><td>B</td><td></td><td></td><td></td><td></td><td></td><td></td><td></td></tr>
<tr><td colspan="2">$_2$庚韻</td><td></td><td></td><td></td><td></td><td>εŋ</td><td>wεŋ</td><td></td><td></td></tr>
<tr><td colspan="2">$_3$仙韻 A·B</td><td></td><td></td><td>ɪεn</td><td>ɥεn</td><td></td><td></td><td></td><td></td></tr>
<tr><td colspan="2">$_2$山刪韻</td><td></td><td></td><td></td><td></td><td>εn</td><td>wεn</td><td></td><td></td></tr>
<tr><td colspan="2">$_3$鹽韻 A</td><td></td><td></td><td>jεm</td><td></td><td></td><td></td><td></td><td></td></tr>
<tr><td colspan="2">$_3$鹽嚴凡 B·C</td><td></td><td></td><td>ɪεm</td><td></td><td></td><td></td><td></td><td></td></tr>
</table>

2등운도 3등 짝을 가진다. $_2$皆韻·$_3$祭韻, $_2$肴韻·$_3$宵韻, $_2$庚韻·$_3$庚韻, $_2$山刪韻·$_3$仙韻은 각각 2등운·3등운의 짝이다. 이때에 중요한 것은 $_3$庚韻 B와 $_3$淸韻 A가 마치 중뉴인 것처럼 대립한다는 점이다. 이 두 3등운은 운모 명칭은 다르지만 모음적 전설 활음 /ɪ-/와 자음적 전설 활음 /j-/의 차이만으로 대립한다.

$_3$祭韻과 $_3$廢韻의 분석 결과는 아주 독특하다. $_3$祭韻은 A와 B가 서로 구별되지 않는데, $_3$祭韻과 $_3$廢韻 C의 운복 최소대립 쌍을 찾을 수가 없다. 또한 $_3$祭韻 A의 합구운, $_3$祭韻 B의 합구운, $_3$廢韻 C의 합구운에서도 운복 최소대립 쌍을 찾을 수 없다. 따라서 이 3가지 운의 개구음은 /ɪεi/으로, 합구음은 /ɥεi/로 추정했다.

한편, 위의 배당표에서 2등운의 합구 짝이 항상 존재한다는 것을 알 수 있다. 다만, /-m, -p/ 또는 /-u/ 운미를 가지는 운은 (206)의 음절구조제약에 따라 합구음 짝이 없다.

다음으로, 우리가 전설 중모음이라 지칭한 /e/ 모음은 아래의 운에 분포한다.

(214) 운복 모음이 /e/인 운

<table>
<tr><th colspan="2" rowspan="2">등 개합
운</th><th colspan="2">4등</th><th colspan="2">3등</th><th colspan="2">2등</th><th colspan="2">1등</th></tr>
<tr><th>開</th><th>合</th><th>開</th><th>合</th><th>開</th><th>合</th><th>開</th><th>合</th></tr>
<tr><td rowspan="2">$_3$支韻</td><td>A</td><td></td><td></td><td>je</td><td rowspan="2">ɥe</td><td></td><td></td><td></td><td></td></tr>
<tr><td>B</td><td></td><td></td><td>ɪe</td><td></td><td></td><td></td><td></td></tr>
<tr><td colspan="2">$_4$齊韻</td><td>ei</td><td>wei</td><td></td><td></td><td></td><td></td><td></td><td></td></tr>
<tr><td colspan="2">$_4$蕭韻</td><td>eu</td><td></td><td></td><td></td><td></td><td></td><td></td><td></td></tr>
<tr><td colspan="2">青耕韻</td><td>eŋ</td><td>weŋ</td><td></td><td></td><td></td><td></td><td></td><td></td></tr>
<tr><td colspan="2">$_4$先韻</td><td>en</td><td>wen</td><td></td><td></td><td></td><td></td><td></td><td></td></tr>
<tr><td colspan="2">$_4$添韻</td><td>em</td><td></td><td></td><td></td><td></td><td></td><td></td><td></td></tr>
</table>

위의 배당표에서 볼 수 있듯이, 전설 중모음 /e/의 앞에는 /j-, ɪ-, ɥ-, w-/의 네 가지 활음이 모두 올 수 있다. 이 중에서 /j-, ɪ-, ɥ-/는 $_3$支韻에만 개재하고 여타의 4등운에는 개재하지 않는다.[116] 여기에서 4등운은 개음을 가지지 않는다는(李榮 1956) 논의가 성립한다. /e/의 뒤에는 /-ø, -i, -u, -ŋ(k), -n(t), -m(p)/의 6가지 운미가 두루 올 수 있다.

/e/ 모음은 기본적으로 4등운에 분포한다. $_4$齊韻, $_4$蕭韻, $_4$青韻, $_4$先韻, $_4$添韻이 모두 4등운이므로 이것은 확실하다. 다만, 문제가 되는 것은 青耕韻의 $_2$耕韻이다. 耕韻은 2등이지만 $_4$青韻과 음운론적으로 대립했는지 불분명하다. 이에 따라 $_2$耕韻을 $_4$青韻에 편입했는데, 이 편입 방향이 아마도 옳을 것이다. $_4$青韻은 여타의 운과 대립하는 힘이 강하지만, $_2$耕韻은 그렇지 않기 때문이다. 이 青耕韻이 몇 등인지를 굳이 밝히라고 하면 우리는 4등을 택한다.

$_3$支韻의 A와 B를 각각 /je/와 /ɪe/로 추정했지만, $_3$支韻은 4등의 짝이 아니다.

116 이것은 止攝의 支韻이 독특한 운임을 말해 준다.

『세설신어』가 반영하는 전기 중고음에는 운두도 없고 운미도 없는 洪音 /e/가 없기 때문이다. (204)의 종합 음가 배당표 P에서 확인할 수 있듯이, 3등운이 4등운의 짝인 예가 없다. 따라서 4등운은 대응하는 3등운 짝을 가지지 않는다고 일반화할 수 있다.

앞에서 /ɑ/와 /ɛ/ 모음은 홍음이 될 수 있지만 /ə/ 모음은 홍음이 아니라고 했다. 이와 마찬가지로 /e/ 모음도 홍음이 아니다. 한국 중세 한자음에서도 '너, 더/터, 러, 머, 버/퍼, 커' 음절이 없는데, 그 원인을 /e/ 모음이 홍음이 아니라는 데에서 찾을 수 있다. 한국 중세 한자음에서 허용되는 '거/허, 서, 어, 저/처' 음절은 대개 $_{3}$魚韻 /ɪo/에 평순모음화가 적용된 /ɪe~e/에 기반을 두고 있다.

위의 (214)에서 볼 수 있듯이, $_{3}$支韻 A의 합구음과 $_{3}$支韻 B의 합구음은 음운론적으로 대립하지 않는다. 따라서 이들의 합구음에서는 중뉴가 中和된다고 할 수 있다. 합구음에서 둘 이상의 운이 중화되는 현상은 $_{3}$祭韻과 $_{3}$廢韻, $_{1}$灰韻과 $_{1}$咍佳韻, $_{2}$夬韻과 $_{2}$皆韻에서도 볼 수 있다.

다음으로, 운복 모음이 전설 고모음 /i/인 운을 한군데에 모아 본다.

(215) 운복 모음이 /i/인 운

등 개합 / 운		4등		3등		2등		1등	
		開	合	開	合	開	合	開	合
$_{3}$脂韻	A	(ji)		ji	ɥi				
	B			ɪi					
$_{3}$眞韻 A·B				jin	ɥin				
$_{3}$侵韻 A·B				ɪim					

운복에 /i/ 모음을 가지는 운에는 $_{3}$脂韻, $_{3}$眞韻, $_{3}$侵韻이 있고 이들은 모두 3등운이다. 운복 모음 /i/의 앞에는 /j-, ɪ-, ɥ-/의 전설 활음만 올 수 있고, 후설 활음인 /w-/는 오지 않는다. 이것은 전기 중고음에서 전설과 후설의 음운대립이 매우 중요한 것임을 암시한다. 운복 모음 /i/의 뒤에는 운미가 없거나 /-n(t), -m(p)/ 운미만 올 수 있다. /i/는 항상 운두 개음을 가진다는 점에서 홍음이 아니

고, 운복 모음 /i/의 뒤에는 음성운미 /-i, -u/와 양성운미 /-ŋ(k)/가 오지 않는다. 한어 중고음에서는 위의 여러 음절구조제약에서 논의한 것처럼 고모음의 연속체인 /*ii, *iu, *ui, *uu/를 허용하지 않는다. 이 제약이 적용된 결과로, 운복이 /i/ 모음인 /*ii, *iu/ 연속체는 찾을 수 없다.

/i/ 모음의 뒤에 喉內 운미 /-ŋ, -k/가 오지 않는다는 것은 아마도 우연한 공백일 것이다. 그러나 /iŋ, ik/이 없다는 공백은 운미의 종류를 한정할 때에 중요한 기준이 된다. /iŋ, ik/의 /i/ 모음은 음운론적으로 복합 운미 /-jŋ, -jk/의 /-j/와 유사하고, 구개 운미 '-ɲ, -c' 즉 /-jŋ, -jk/의 /-j/와 유사하다. /i/와 /j/가 공통적으로 구개음화를 일으키므로 이렇게 말할 수 있다. 그런데 5세기 전반기의 한어에는 /iŋ, ik/이 없으므로, /-jŋ, -jk/의 /-j/를 가정하는 것은 옳지 않다. 이것은 복합 운미 /-jŋ, -jk/ 또는 구개 운미 '-ɲ, -c'을 가정하는 방법이 자의적임을 말해 준다.

$_3$脂韻은 중뉴가 있는 대표적인 운인데, 합구에서는 중뉴가 중화된다. 또한, $_3$侵韻에는 합구가 없는데, 이것은 원순성 운두와 원순성 운미가 동시에 오지 않는다는 제약에 따른 것이다.

다음으로, 운복 모음이 /o/인 운을 한군데로 모아 본다. 遇攝과 通攝에만 /o/ 모음이 설정된다.

(216) 운복 모음이 /o/인 운

운 \ 등 개합	4등		3등		2등		1등	
	開	合	開	合	開	合	開	合
$_3$虞韻 C				ɥo				
$_3$魚韻 C			ɪo					
$_1$模韻							o	
$_3$鍾韻 C			ɪoŋ					
江冬韻							oŋ	

운복 모음 /o/의 앞에는 모음적 전설 활음인 /ɪ-/와 전설 원순 활음 /ɥ-/가 올

수 있으나, 자음적 전설 활음 /j-/와 후설 원순 활음 /w-/는 오지 않는다. /j-/가 /o/의 바로 앞에 오지 않는 까닭은 설명하기가 어렵지만, /w-/가 오지 않는 까닭은 설명할 수 있다. /o/가 후설 원순 모음이기 때문에 역시 후설 원순 활음인 /w-/를 앞에 두지 않는다. 한편, 운복 모음 /o/의 뒤에는 독특하게도 /-ŋ(k)/ 운미만 온다. 江冬韻과 $_3$鍾韻이 바로 그것이다.

江冬韻은 $_2$江韻과 $_1$冬韻을 병합한 것인데, 江冬韻 /oŋ, ok/을 1등운에 넣어야 할지 2등운에 넣어야 할지를 확정하기로 한다. 위에서 우리는 2등운의 운복 모음이 /ɛ/로 고정된다고 했다. 이 사실과 운복 모음이 /o/인 模韻이 1등운이라는 사실을 참고하면, 江冬韻을 1등운에 넣는 것이 바람직하다.

/o/는 홍음으로도 존재하는데, $_1$模韻의 운복이 바로 이에 해당한다. 그렇다면 운두도 없고 운미도 없는 홍음에는 이 /o/와 위에서 거론한 저모음 /ɑ/·/ɛ/가 있다. 이 세 가지 모음이 공유하는 음운자질에 [-high]가 있다. 즉 이 세 모음은 고모음이 아니다. 그러나 현대 음운론의 음운자질인 [high, back, round, low]로는 이 세 모음을 간단하고도 자연스럽게 묶을 수가 없다. 생성음운론의 α-규약을 활용하여 [-high, βback, -αround, αlow]인 모음이라고 정의할 수 있지만, 이것은 아주 복잡하다. 더군다나 이 α-규약은 전설 원순 중모음 /ö/도 모음체계에 포함하게 되므로 정확한 것이 아니다. /ö/는 우리의 모음체계에서는 배제되기 때문이다.

그런데 공통적으로 홍음인 /ɑ, ɛ, o/의 세 모음이 『訓民正音』의 용어로는 舌縮에 해당하는 모음이라서 무척 흥미롭다. 해례본 『훈민정음』에서는 모음을 舌縮, 舌小縮, 舌不縮의 세 가지로 나누었는데,[117] /ɑ, ɛ, o/ 모음은 모두 설축에 해당한다. 이것을 활용하여 홍음인 운복 모음은 모두 설축 모음이라고 정의해 둔다. 이 정의는 전기 중고음뿐만 아니라 후기 중고음에서도 유효할 것이다.

마지막으로, 운복 모음이 /u/인 운을 한군데로 모아 보기로 한다. 아래에 제시한 것처럼, 운복 모음이 /u/인 운은 東韻뿐이다. $_3$東韻 C는 물론 $_1$東韻의 3등

117 이 舌縮이라는 용어가 『廣韻』의 서문에 이미 나오므로, 『훈민정음』 해례본에서 독창적으로 사용한 용어가 아니라는 논의가 성립한다(김주원·남권희 2017).

짝이다.

(217) 운복 모음이 /u/인 운

운 \ 등 개합	4등		3등		2등		1등	
	開	合	開	合	開	合	開	合
$_3$東韻 C			ɪuŋ					
$_1$東韻							uŋ	

/u/ 모음의 분포가 이처럼 극도로 한정되므로, /u/ 모음을 한어 중고음의 모음 체계에서 제외하려는 시도가 이어져 왔다. 그 시초를 연 것이 賴惟勤(1953)이다. 독특하게도 그는 $_1$東韻의 운미를 '-ŋ'이 아니라 '-uŋ'이라 했다. 그리하여 $_1$東韻을 운복 모음 'ə'의[118] 뒤에 운미의 일종인 '-u'가 오고 여기에 다시 운미 '-ŋ'이 부가된 것으로 보았다. 그러나 우리는 복합 운미 '-uŋ'을 인정하지 않는다. 이처럼 복합 운미를 허용하게 되면 운복 모음을 완전히 다른 방법으로 기술해야 하는 부담이 따르기 때문이다.

그 대신에 우리는 후설 원순 고모음 /u/의 분포가 $_1$東韻과 $_3$東韻으로 한정되는 것을 자연스럽다고 기술한다. 위에서 이미 보았듯이, 전설 고모음인 /i/의 분포도 $_3$脂韻, $_3$眞韻, $_3$侵韻으로 한정되고, /i/ 모음이 홍음이 아니다. 이와 마찬가지로, 후설 고모음인 /u/도 분포가 東韻으로 한정되고, /u/ 모음도 또한 홍음이 아니다. 이 평행 관계를 고려하면 모음체계에서 굳이 /u/ 모음을 제외하려고 노력할 필요가 없다.

무엇보다도 중요한 것은 $_1$東韻과 $_1$江冬韻이 음운론적으로 대립한다는 사실이다. 이들이 각각 $_1$唐韻, $_1$登韻, $_2$庚韻과 음운대립을 이루므로 적어도 두 가지 원순 모음이 필요하다. 이 두 가지 원순 모음을 우리는 /u/와 /o/라고 했다.[119]

그런데 원순 모음 /u/와 /o/를 각각 /wɨ/와 /wə/로 再音素化하는 방법도 있

118 이때의 운복 모음을 후설 평순 고모음 'ɨ'라고 할 수도 있다.

119 대부분의 현대 한어 방언에서 /ju/와 /jo/가 구별되지 않는다. 그러나 閩과 吳 방언에서는 이 둘이 구별된다(羅常培 1931, 周祖謨 1966, 董同龢 1960: 1041).

다. 이때에도 스스로 모순에 빠지게 된다. $_{1}$東韻의 /uŋ, uk/을 /wɨŋ, wɨk/ 또는 /wəŋ, wək/으로 재음소화하면, 이 재음소화한 추정음이 $_{1}$登韻의 합구음 /wɨŋ, wɨk/ 또는 /wəŋ, wək/과 서로 충돌하게 된다. 위의 (152)에서 이미 제시한 바 있듯이, $_{1}$登韻 합구와 $_{1}$東韻의 음운대립 쌍이 엄연히 존재한다. 이처럼 $_{1}$東韻을 재음소화할 때마다 스스로 모순에 빠지게 되므로, 우리는 /u/ 모음의 분포가 東韻 하나로 한정되더라도 $_{1}$東韻을 /uŋ, uk/으로 재구한다.

5.7.4. 모음체계와 활음체계

『세설신어』의 대화문 용자를 분석해 보면, 그 운복 모음이 /i, e, ɛ, ə, ɑ, u, o/의 7가지로 한정되고 활음이 /j-, ɪ-, ɥ-, w-/의 4가지로 한정된다. 이제 이들 상호 간의 관계를 설정하여 5세기 전반기 한어의 음운체계를 완성하기로 한다.

7가지 모음 상호 간의 대립관계를 논의할 때에는 等이 핵심적인 역할을 담당한다. 1등운의 운복 모음에는 /ɑ, ə, o, u/의 네 가지가 있다. 그런데 이 4가지 모음이 모두 후설모음이다. 2등운의 운복 모음은 전설 저모음 /ɛ/ 하나로 고정되고, 4등운의 운복 모음은 전설 중모음 /e/ 하나로 고정된다. 3등운은 1등운이나 2등운의 짝일 때가 많으므로 모음체계를 논의할 때에는 핵심적인 논거가 아니다. 운복 모음이 /i/인 운은 3등운인 脂韻, 眞韻, 侵韻으로 한정된다.

이처럼 등이 운복 모음과 긴밀한 관계를 맺고 있으므로 아주 쉽게 전기 중고음의 모음체계를 확정할 수 있다.

(218) 전기 중고음의 모음체계

A

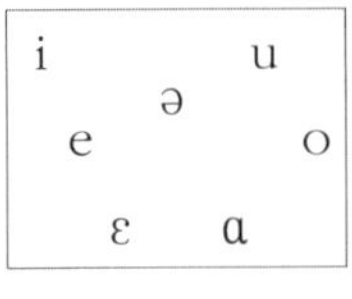

B

i		u
e	ə	o
ɛ		ɑ

(218.A)는 모음 음성도에 가깝다. 이곳의 [ə] 모음은 [ɨ]뿐만 아니라 [ʌ]의 음역까지도 포괄할 것이다. 이와 비슷하게, 이곳의 [ɑ]는 후설 저모음이지만 중설 저모음 [a]의 음역까지도 포괄한다. 이때에 음운론적으로는 [ə]가 후설 고모음인지, 중모음인지, 저모음인지를 확정해 주어야 한다. 마찬가지로 [ɑ]가 후설 저모음인지 중설 중모음인지를 확정해 주어야 한다.

우리는 음운론적으로 /ə/를 후설 평순 중모음으로 규정한다. 이에 따르면 후설 평순 중모음인 /ə/가 후설 원순 모음인 /u/·/o/와 음운론적으로 대립한다. 또한 후설 모음인 /ə/는 전설 모음인 /i/·/e/와 음운론적으로 대립한다. 우리는 /ɑ/를 음운론적으로 후설 평순 저모음이라고 규정한다. 이 /ɑ/ 모음이 전설 평순 저모음 /ɛ/와 음운론적으로 대립한다. 또한 이 /ɑ/ 모음과 /ə/ 모음은 각각 저모음과 중모음의 차이로 대립한다. 이러한 음운대립 관계가 더 선명하게 드러나도록 조정한 것이 (218.B)이다.[120]

우리가 재구하는 5세기 전반기 한어의 모음체계는 한마디로 말하여 (218.B)이다. 이 모음체계는 宋代 等韻學의 等을 적극적으로 활용한 것이다. 기존의 연구에서 이 等이 무엇을 지칭하는지 구체적으로 밝혀진 바가 없다. 개구도에 해당할 것이라고 막연히 추정해 왔을 뿐이다. 그러나 우리는 1등, 2등, 3등, 4등을 각각 아래와 같이 해석한다. 아래에서는 해당 모음을 음영으로 표시했다. 3등은 1등이나 2등에 구개 개음이 첨가된 것이다.

(219) 等의 현대 음운론적 해석[121]

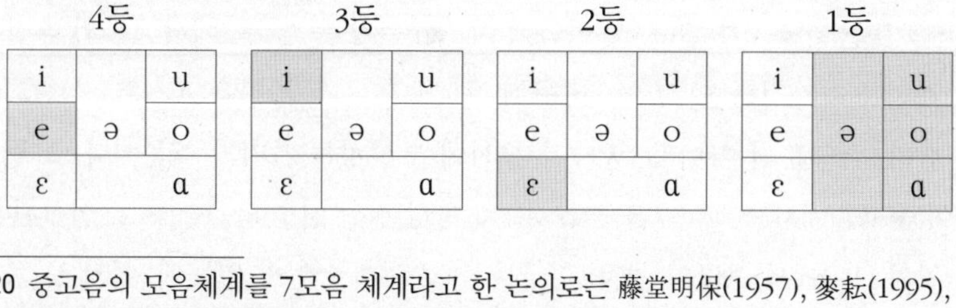

---

120 중고음의 모음체계를 7모음 체계라고 한 논의로는 藤堂明保(1957), 麥耘(1995), 黃笑山(2002, 2006) 등이 있다. 그러나 藤堂明保(1957)의 7모음은 /a, ə, e, ɛ, ʌ, o, ɔ/의 7종이므로, 우리와 차이가 크다.

121 이승재(2016: 649~650)에서 이미 이와 동일한 결론을 내린 바 있다.

1등운의 운복은 대부분 후설 모음 /ɑ, o, ə, u/이다. 2등운의 운복은 전설 저모음 /ɛ/이고, 4등운의 운복은 전설 중모음 /e/이다.[122] 전설 고모음 /i/는 3등운의 운복에만 분포한다. 경험적 논거를 들어 우리는 宋代 학자들이 세운 等을 이와 같이 해석한다.

이제, 활음체계에 대한 논의로 넘어간다. 앞에서 우리는 5세기 전반기의 한어에 /j-, ɪ-, ɥ-, w-/의 네 가지 활음을 설정한 바 있다. 한어 중고음에서는 독특하게도 활음 /ɪ-/가 설정된다. 3등운에서 중뉴가 확인되기 때문이다.

그런데 /ɪ-/가 전설적 활음인가 후설적 활음인가가 문제가 된다. 河野六郎(1968/79)는 이 개음 'ï̯-'(즉 우리의 /ɪ-/)가 후설성을 가진다고 하면서, 그 논거로 止攝에 속하는 운이 한국 한자음에서 'ㅢ'로 반영되는 현상을 들었다. 즉 한어 중고음의 /ɪi/가 한국 한자음에서 'ㅢ'로 반영되므로 개음 /ɪ-/가 후설성을 가진다고 본 것이다. 그리하여 /i/ 모음을 제외한 나머지 모음 앞에서는 이 /ɪ-/가 후속하는 모음에 흡수된다고 하였다.

이 학설은 한국 중세 한자음을 기술할 때에는 적합하지만, 한어 중고음을 기술할 때에는 옳지 않다. 한국 중세 한자음과는 달리 한어 중고음에서는 3등운의 합구가 /ɥ-/로 실현되기 때문이다. 3등운의 B와 C가 규칙적으로 전설 활음 /ɪ-/를 가지는데, 5세기 전반기의 한어에서는 3등 B와 C의 합구음이 항상 전설의 /ɥ-/로 실현된다. 따라서 /ɪ-/가 후설성을 가지는 것이 아니라 전설성을 가진다고 보아야 한다.

이것을 더 자세히 풀이해 보자. 3등 B와 C의 합구음은 이론적으로 복합 개음 /wɪ-/ 또는 /ɪw-/가 된다.[123] 만약에 이 /wɪ-/ 또는 /ɪw-/에서 /ɪ-/가 후설성을 가진다고 가정하면, /wɪ-/ 또는 /ɪw-/가 후설 원순 활음 /w-/로 실현되어야 한다. /ɪ-/뿐만 아니라 /w-/가 동시에 후설성을 가지기 때문이다. 그런데 한어 중고음에서는 /wɪ-/ 또는 /ɪw-/가 항상 전설 원순 활음 /ɥ-/로 실현된다. 저 위의 (19)에서 遇攝의 $_3$虞韻 합구를 /ɥo/로 재구한 바 있는데, 이것은 $_3$魚韻

122 독특하게도, 支韻 3등의 운복도 /e/ 모음이다.

123 이것을 음성과 음소의 구분 없이 'ɪw-' 또는 'wɪ-'로 표기하기도 한다.

/ɪo/의 합구 짝이다. /ɪo/에 합구의 /w-/가 첨가되면 이론적으로 /wɪo/가 되는데, 이것이 실제로는 /ɥo/로 실현된다. 만약에 /wɪo/의 /ɪ-/가 후설성을 가진다면 /wɪo/가 /wo/로 실현되어야 한다. 그런데도 /ɪo/의 합구 짝이 실제로는 전설 원순 활음 /ɥ-/를 가지는 /ɥo/로 실현되므로, /wɪo/나 /wo/는 옳지 않다.

/ɪ-/가 후설 개음이 아니라 전설 개음이라는 사실은 (105)에서 논의한 $_{3}$微韻 C의 합구와 $_{1}$灰韻의 음운대립 쌍에서도 확인된다. $_{3}$灰韻은 항상 합구이므로 /wəi/로 재구된다. $_{3}$微韻 C의 /ɪəi/에 합구 /w-/가 첨가되면 이론적으로 /wɪəi/ 또는 /ɪwəi/가 된다. 그런데 $_{1}$灰韻의 /wəi/가 $_{3}$微韻 C의 /wɪəi/ 또는 /ɪwəi/와 음운론적으로 대립한다. 이 대립을 유지하기 위해서는 /wɪəi/ 또는 /ɪwəi/의 /ɪ-/가 후설성을 가진다고 보아서는 안 된다. /ɪ-/가 전설성을 가진다고 해야만, /wɪəi/ 또는 /ɪwəi/가 전설 원순 활음을 가지는 /ɥəi/가 되어 $_{1}$灰韻의 /wəi/와 음운론적으로 대립할 수 있기 때문이다. 전설 원순 활음 /ɥ-/를 가지는 $_{3}$微韻 C의 합구음 /ɥəi/와는 달리 $_{1}$灰韻은 후설 원순 활음 /w-/를 가지는 /wəi/이므로, 이 두 운이 음운론적으로 대립한다. 이와 같은 논거가 있으므로 한어 중고음에서는 /wɪ-/나 /ɪw-/를 후설의 /w-/와 동일시해서는 안 되고, 반드시 전설의 /ɥ-/가 된다고 기술해야 한다. 이것은 나아가서 /wj-/·/jw-/ 또는 /wɪ-/·/ɪw-/와 같은 복합 개음을 부정하는 결정적인 논거가 된다.

여기에서 운두 개음 /ɪ-/가 전설성을 가진다는 것이 분명해진다. 이 결론에 따르면 전설 평순 활음에 /j-/와 /ɪ-/의 두 가지가 있다는 새로운 문제를 만나게 된다. 3등 A에도 전설의 /j-/가 배당되고 3등의 B와 C에도 전설의 /ɪ-/가 배당되는데, 이 모순을 어떻게 극복할 것인가? 이 문제를 해결할 때에 우리는 Karlgren(1954)가 운두 개음을 자음적 활음과 모음적 활음의 둘로 나눈 것을 활용한다. 마침 羊母/j/가 중국 음운학에서는 자음의 일종이다. 따라서 /j-/를 자음적 활음이라 하고 /ɪ-/를 모음적 활음이라 하면 두 가지 활음을 서로 구별할 수 있다. 이 구별에 따르면, 3등의 重紐를 아주 간단하게 정의할 수 있다. 즉, 중뉴는 자음적 활음과 모음적 활음이 음운론적으로 서로 대립하는 현상이다. 이것을 표로 나타낸 것이 저 위의 (40)인데, 이것을 (220.A)에 반복해 둔다.

(220) 활음체계(개음체계)

A.

<table>
<tr><td rowspan="2">위치
방식</td><td colspan="2">[+전설]</td><td rowspan="2">[−전설]</td></tr>
<tr><td>[+자음]</td><td>[−자음]</td></tr>
<tr><td>[−원순]</td><td>j−</td><td>ɪ−</td><td>(ø−)</td></tr>
<tr><td>[+원순]</td><td colspan="2">ɥ−</td><td>w−</td></tr>
</table>

B.

<table>
<tr><td colspan="2">방식 위치</td><td>[+전설]</td><td>[−전설]</td></tr>
<tr><td colspan="2">[+자음]</td><td>j−</td><td></td></tr>
<tr><td rowspan="2">[−자음]</td><td>[−원순]</td><td>ɪ−</td><td></td></tr>
<tr><td>[+원순]</td><td>ɥ−</td><td>w−</td></tr>
</table>

(220.A)는 한어 중고음에서 開合이 아주 중요한 음운자질이라는 점을 강조한 활음체계이다. 개합에서 합구음 /w−/가 있으면 합구이고, 없으면 개구이다. 이 개구에는 다시 운두 개음이 없는 것과 있는 것의 두 가지가 있다. 운두 개음이 없는 것을 (220.A)에서는 (ø−)로 표시했다. 운두 개음이 있다면 그것은 전설 구개활음인데, 여기에는 /j−/와 /ɪ−/의 두 가지가 있으므로 다시 자음성인지 모음성인지를 묻는다. 이 순서대로 활음체계를 그린 것이 (220.A)이다.

(220.A)의 활음체계는 자음적 전설 활음 /j−/와 모음적 전설 활음 /ɪ−/의 음운대립, 즉 重紐 대립을 보여줄 때에 아주 효과적이다. 더욱이 전기 중고음에서는 원순성 즉 합구음 /w−/가 부가되면 이 중뉴 대립이 中和되는데, 이것도 효과적으로 보여준다. 또한 음가가 없는 개구, 즉 (ø−)인 개구에도 자리를 배당할 수 있으므로, 전기 중고음의 활음체계로 (220.A)는 안성맞춤이다.

반면에 (220.B)는 언어 보편성을 강조한 활음체계이다. 현대 음운론에서는 자음성 즉 [consonantal] 자질이 원순성 즉 [round] 자질보다 상위에 온다. 또한 [round] 자질은 모음이나 활음에만 적용하는 것이 원칙이다. 이것을 반영하여 (220.B)에서는 [±자음] 자질의 하위에 [±원순] 자질을 두었다. 음운자질 상호 간의 이 위계는 언어 보편성에 부합하지만, 전기 중고음에는 부적합하다. 한어 중고음에서는 자음인 순음이 마치 원순성을 가지는 것처럼 행동하는데, 이 특징을 (220.B)는 반영하지 못한다. 따라서 전기 중고음의 활음체계로 우리는 한어의 특수성을 강조한 (220.A)를 택하고, 보편성을 강조한 (220.B)를 버린다.

5.7.5. 대립 성립의 요건 검증

위에서 우리는 상보적 분포와 최소대립 쌍을 체계적이고도 빠짐없이 찾아내는 방법을 제시하고, 이 방법으로 여러 음성 상호 간의 음운대립을 인정하기도 하고 부정하기도 했다. 이때에 최소대립 쌍이 양적으로 3쌍 이상이면 대립 항을 바로 음소로 인정했다. 최소대립 쌍이 1~2쌍에 불과하더라도 대립 항의 출현 횟수가 3회 이상이면, 이 음운대립도 인정했다. 출현 횟수가 많은 대립 항끼리의 음운대립은 상용자에서 이미 음운대립이 성립함을 의미하기 때문이다.

요컨대, 3쌍 이상이라는 양적 척도를 충족하거나 3회 이상 출현한다는 질적 척도를 충족하면 음운대립이 성립한다고 했다. 그런데 3쌍 3회 이상이라는 성립 요건을 제시하면서도 이것이 경험적 타당성을 갖춘 것인지를 논의한 바 없다. 이제 음운 분석을 모두 마쳤으므로 3쌍 3회 이상이라는 요건이 타당한 것인지를 경험적으로 확인해 보기로 한다.

4장에서 이미 논의한 바 있듯이, 자음 상호 간의 음운대립을 논의할 때에는 양적 척도와 질적 척도가 정확하게 들어맞는다. 문제가 되는 것은 아래의 (221.15) 하나뿐이다. 이 최소대립 쌍은 2/3쌍에 불과하지만, 대립 항이 14회 이상 출현하므로 질적 척도를 충족한다. 따라서 娘母[ɳ]와 日母[ɲ]의 음운대립을 인정해야 하지만, 대립 항 '女'가 다음자였다. 다음자를 음운대립의 논거에서 제외해야 하므로, (221.15)의 음운대립도 덩달아서 부정된다. 또한 설음의 차탁을 대표하는 泥母[n]가 음운론적으로 娘母[ɳ]와도 대립하지 않고 日母[ɲ]와도 대립하지 않는다. 이 점을 강조하면 (221.15)의 최소대립 쌍을 인정한다 하더라도 娘母[ɳ]와 日母[ɲ]에 음소의 자격을 부여할 수 없다.

(221) 부정한 최소대립 쌍 - 성모

15.[124] 娘母[ɳ]와 日母[ɲ]의 최소대립 쌍, (2/3쌍) (14, 1)

---

124 4장의 번호를 반복했다.

57. 淸母[ʦ^{h}]와 初母[ʈʂ^{h}]의 최소대립 쌍, (1/2쌍) (1)

65. 崇母[ɖʐ]와 船母[ʥ]의 최소대립 쌍, 없음

뿐만 아니라, 위의 (221.57)과 (221.65)에서도 3쌍 3회 이상이라는 요건을 갖추지 못했으므로, 당연히 이들의 음운대립이 부정된다. (221)의 경험적 증거를 토대로 음운대립의 성립 요건을 3쌍 3회 이상이라 했다. 이처럼 聲母에서는 3쌍 3회 이상이라는 요건이 경험적 타당성을 갖는다.

그런데 5장의 韻母에서는 상황이 달라진다. 3쌍 3회 이상이라는 요건이 대부분의 음운대립에서 합당하다는 것이 확인되지만, 그 경계선에 놓여서 음운대립의 성립 여부를 판단하기 어려울 때가 적지 않다.

먼저 3쌍 3회 이상이라는 요건을 충족하지 못하여 음운대립을 부정한 것을 모아 보면 아래와 같다.

(222) 부정한 음운대립 - 운모

5.[125] $_{2}$麻韻과 $_{3}$麻韻의 최소대립 쌍, (0/1쌍) → /ɛ/

76. $_{A}$祭韻과 $_{B}$祭韻의 최소대립 쌍, 없음 → /ɪɛ/

77. $_{3}$廢韻과 $_{3}$祭韻의 음운대립 쌍, (1쌍) (1) → /ɪɛ/

85. $_{1}$咍韻과 $_{2}$佳韻의 음운대립 쌍, (0/1쌍) → /əi/

88. $_{1}$灰韻과 $_{2}$佳韻 합구의 음운대립 쌍, (1/2쌍) (2) → /wəi/

97. $_{2}$夬韻과 $_{2}$皆韻 합구의 음운대립 쌍, (1/2쌍) (1) → /wɛi/

104. $_{3}$祭韻 합구와 $_{3}$廢韻 합구의 음운대립 쌍, (1쌍) (1) → /ɥɛi/

116. $_{B}$蒸韻과 $_{C}$蒸韻의 최소대립 쌍, 없음 → /ɪəŋ, ɪək/

128. $_{3}$淸韻 A와 $_{3}$淸韻 B의 최소대립 쌍, 없음 → /jɛŋ, jɛk/

154. $_{3}$仙韻 A와 $_{3}$仙韻 B의 최소대립 쌍, (1/2쌍) (1) → /ɪɛn, ɪɛk/

155. $_{2}$山韻과 $_{2}$刪韻의 최소대립 쌍, (2/4쌍) (2, 2) → /ɛn, ɛt/

125 5장의 번호를 반복했다. 이하 같다.

170. $_{3}$眞韻 A와 $_{3}$眞韻 B의 최소대립 쌍, (2쌍) (1, 1) → /jin, jit/

188. $_{2}$咸韻과 $_{2}$銜韻의 최소대립 쌍, (0/1쌍) → /ɑm, ɑp/

189. $_{1}$談韻과 $_{2}$咸銜韻의 음운대립 쌍, (1/6쌍) (1) → /ɑm, ɑp/

194. $_{3}$嚴韻, $_{3}$凡韻, $_{3}$鹽韻의 음운대립 쌍, 없음 → /ɪɛm, ɪɛp/

196. $_{3}$侵韻 A와 $_{3}$侵韻 B의 최소대립 쌍, 없음 → /jim, jip/

위의 최소대립 또는 음운대립은 3쌍 3회 이상의 기준에 미달하므로 대립이 성립하지 않는다고 보았다. 이에 따라 두 가지 운에 동일 음가를 배당했다. 16종의 대립이 이 부류에 속한다.

아래의 대립에서는 3쌍의 음운대립 쌍이 있으므로 원칙적으로는 음운대립이 성립한다고 보아 두 대립 항에 서로 다른 음소를 배당해야 한다. 그런데 아래의 (223.108)에서는 대립 항 '篤, 攻, 鵠' 등이 대화문이 아니라 독백문에 사용된 것 같다. 表音性이 없다고 보아 '篤, 攻, 鵠'을 대화문 용자에서 제외하면 $_{1}$冬韻과 $_{2}$江韻의 음운대립이 무너지므로 이 두 운의 음운대립을 부정했다.

(223) 대립 항의 표음성 여부 재검토 - 음운대립 부정

108. $_{1}$冬韻과 $_{2}$江韻의 음운대립 쌍, (3쌍) (2, 1, 1) → /oŋ, ok/

125. $_{2}$耕韻과 $_{4}$靑韻의 음운대립 쌍, (3쌍) (1, 1, 1) → /eŋ, ek/

(223.125)에서도 $_{2}$耕韻과 $_{4}$靑韻의 음운대립을 긍정하여 운복에 서로 다른 모음을 배당해야 한다. 그런데 이때에는 대립 항인 '脈'과 '耕'이 대화문에 사용된 것이 아니라 인용문이나 지문에 사용되었다는 문제가 제기된다. 우리는 직접화법의 대화문에 사용된 것만 표음성을 인정하므로 '脈'과 '耕'을 대화문 용자 집합에서 제외해야 한다. 이에 따르면 $_{2}$耕韻과 $_{4}$靑韻의 음운대립을 부정해야 하므로, 이 두 운을 하나로 병합하여 동일한 음가를 배당했다.

반면에, 아래의 최소대립 또는 음운대립은 3쌍 3회 이상의 기준을 충족하므로 대립이 성립하는 것으로 보아, 두 운에 서로 다른 음가를 배당했다.

(224) 긍정한 음운대립 - 운모

11. ${}_{2}$麻韻 합구와 ${}_{1}$戈韻의 음운대립 쌍, (2쌍) (7, 5) → /wɛ/ : /wɑ/

22. ${}_{A}$支韻와 ${}_{B}$支韻의 최소대립 쌍, (3쌍) (3, 1, 1) → /ji/ : /ɪi/

25. ${}_{B}$脂韻 개구와 합구의 최소대립 쌍, (2쌍) (6, 1) → /ɪi/ : /ɥi/

27. ${}_{B}$支韻 개구와 합구의 최소대립 쌍, (3쌍) (6, 4, 2) → /ɪe/ : /ɥe/

51. ${}_{2}$肴韻과 ${}_{4}$蕭韻의 음운대립 쌍, (3/6쌍) (1, 1, 1) → /ɛu/ : /eu/

52. ${}_{A}$宵韻과 ${}_{B}$宵韻의 최소대립 쌍, (1/3쌍) (6) → /jɛu/ : /ɪɛu/

56. ${}_{A}$宵韻과 ${}_{1}$豪韻의 음운대립 쌍, (2쌍) (9, 9) → /jɛu/ : /ɑu/

61. ${}_{3}$幽韻과 ${}_{3}$尤韻의 음운대립 쌍, (2/3쌍) (5, 4) → /jəu/ : /ɪəu/

80. ${}_{2}$夬韻과 ${}_{3}$祭韻의 음운대립 쌍, (2쌍), (4, 1) → /wɛi/ : /ɪɛi/

99. ${}_{3}$祭廢韻과 ${}_{2}$皆韻의 음운대립 쌍, (2/3쌍) (5, 1) → /ɪɛi/ : /ɛi/

123. ${}_{2}$庚韻과 ${}_{2}$耕韻의 최소대립 쌍, (3/7쌍) (1, 1, 1) → /ɛŋ, ɛk/ : /eŋ, ek/

148. ${}_{1}$登韻 개구와 합구의 최소대립 쌍, (1쌍) (11) → /əŋ, ək/ : /wəŋ, wək/

152. ${}_{1}$登韻 합구와 ${}_{1}$東韻의 음운대립 쌍, (2/3쌍) (4, 2) → /wəŋ, wək/ : /uŋ, uk/

195. ${}_{A}$鹽韻과 ${}_{B}$鹽韻의 최소대립 쌍, (1쌍) (3) → /jɛm, jɛp/ : /ɪɛm, ɪɛp/

위에 열거한 14종의 대립은 3쌍 3회 이상의 요건을 충족한다. 특히 (224.195)의 대립 쌍은 딱 한 쌍에 불과하지만 3회 이상 출현하는 용자끼리 대립한다. 따라서 음운대립의 성립 요건을 충족한다고 보아 ${}_{A}$鹽韻과 ${}_{B}$鹽韻의 음운대립을 인정했다.

(222)와 (224)에 열거한 30종의 음운대립에서 3쌍 3회 이상이라는 요건이 유효하므로 이 요건이 경험적 타당성을 갖췄다고 할 수 있다. 여기에서는 열거하지 않았지만 음운대립 쌍이 4쌍 이상인 것은 모두 음운대립을 인정했으므로, 이 경험적 타당성이 더욱 커진다.

그런데 아래의 대립에서는 3쌍 3회의 요건에 미달하는 데도 음운대립이 성립하는 것으로 보았다. 우리가 세운 대립 성립의 요건에 따르면 (225)에 열거한 대립은 3쌍 3회 이상을 충족하지 못하므로, 두 운을 하나로 병합하여 동일한 음가를 부여해야 마땅하다. 그런데도 예외적으로 음운대립이 성립한다고 보아 서로 다른 음가를 배당했다.

(225) 요건 미달이지만 긍정한 음운대립 – 개합 대립

24. A脂韻 개구와 합구의 최소대립 쌍, 없음 → /ji/ : /ɥi/

26. A支韻 개구와 합구의 최소대립 쌍, 없음 → /je/ : /ɥe/

81. 2夬韻과 3廢韻의 음운대립 쌍, 없음 → /wɛi/ : /ɪɛi/

149. 2庚韻 개구와 합구의 최소대립 쌍, 없음 → /ɛŋ, ɛk/ : /wɛŋ, wɛk/

151. 3淸韻 개구와 합구의 최소대립 쌍, (1/2쌍) (1) → /jɛŋ, jɛk/ : /ɥɛŋ, ɥɛk/

그러나 (225)의 대립이 모두 개합의 최소대립임을 강조할 필요가 있다. 합구이면 等에 관계없이 규칙적으로 운두 위치에 /w-/가 개재하며, 1·2·4등 개구이면 개음이 없고 3등 개구이면 전설 개음 /j-, ɪ-/가 개재한다. 뿐만 아니라 운두 개음의 차이는 운복 모음의 차이보다 항상 우선한다. 이 두 가지 음가 배당 원칙을 지키려면, 최소대립 쌍이 거의 없다 하더라도 개구와 합구에 서로 다른 음가를 배당할 수밖에 없다.

이와 마찬가지로, 아래의 대립 쌍도 3쌍 3회 이상이라는 요건에 미달한다. 그런데도 대립 항에 서로 다른 음가를 배당했으므로 이들도 사실은 예외적이다.

(226) 요건 미달이지만 긍정한 음운대립 – 等 대립

60. 3幽韻과 1侯韻의 음운대립 쌍, (2쌍) (1, 1) → /jəu/ : /əu/

79. 1泰韻과 3廢韻의 음운대립 쌍, (2쌍) (1, 1) → /ɑi/ : /ɪɛi/

200. 3鹽嚴凡과 4添韻의 음운대립 쌍, (2쌍) (1, 1) → /ɪɛm, ɪɛp/ : /em, ep/

그러나 이들 대립 쌍은 等에서 서로 차이가 난다. 1·2·4등에는 운두 개음이 없고 3등 개구에는 /j-, ɪ-/가 개재한다는 일반 원칙에[126] 따라 음가를 배당하다

126 6장의 (8)에서 이 일반 원칙을 종합하여 제시할 예정이다.

보면 위와 같은 예외가 나올 수밖에 없다.

요컨대, 이 성립 요건을 위반한 것에는 두 가지가 있다. 첫째, 표음성이 의심스러운 용자가 음운대립의 논거에 포함되어 있는 경우이다. (223)의 대립에서는 3쌍 3회 이상이라는 요건을 충족하지만, 대립 항이 직접화법의 표음자가 아니라고 의심할 수 있다. 이 의심에 따라 이들을 논거에서 제외하면, 음운대립이 성립하지 않는다. 둘째, 3쌍 3회에 미달하더라도 음가 배당의 일반 원칙에 따라 서로 다른 음가를 배당한 경우이다. (225)의 開合 대립이나 (226)의 等 대립에는 일관하여 介音을 배당하는 원칙이 적용된다. 이 원칙에 따라 음가를 배당하다 보면, 3쌍 3회 이상이라는 요건을 충족하지 못하는데도 음운대립이 성립한다고 기술해야 하는 때가 있다.

이 두 가지 예외는 전체의 관점에서는 사소한 예외에 속한다. 또한 이들 예외는 3쌍 3회 이상이라는 요건이 경험적으로 타당함을 증명해 주기도 한다. 이들 예외가 開合 대립과 等 대립으로 한정되기 때문이다. 이처럼 예외적 환경을 음운론적으로 정확히 제시할 수 있으므로, 3쌍 3회 이상이라는 대립 성립의 요건은 경험적으로 타당하다.

6. 결론

漢語의 前期 中古音은 일반적으로 3~6세기의 한어음을 가리키는데, 이에 대한 음운론적 연구가 많지 않다. 기존의 연구에서는 『切韻』의 반절, 魏晉南北朝 시의 압운, 梵語 불경을 한어로 번역할 때에 사용했던 對譯音을 중심으로 전기 중고음을 연구해 왔다. 그런데 『절운』의 반절자를 系聯法으로 분류하면서도 반절자에 음운대립 이론을 적용한 연구가 여태껏 없었다. 또한, 압운과 대역 자료는 매우 단편적이라서 전반적·체계적인 연구로 이어지지 못했다.

劉義慶(403~444년)의 저서인 『世說新語』는 魏晉南北朝 시기의 한어를 연구할 때에 가장 중시하는 자료이다. 이 일화집의 對話文을 대상으로 한어의 문법사를 연구한 논문이 수백 편에 이른다는 점이 이것을 증명해 준다. 그런데도 이 대화문 용자를 대상으로 삼아 前期 중고음의 音韻體系를 체계적으로 연구한 논문은 하나도 눈에 띄지 않는다. 대화문에 사용된 한자는 표음성을 가지므로 당연히 음운론 연구의 대상이다. 우리는 이것을 연구 자료로 삼아, 전기 중고음의 음운체계를 再構하는 데에 목표를 두었다.

高句麗·百濟·新羅의 고대 삼국은 전기 중고음을 대량으로 받아들인다. 이때에 차용되어 들어온 전기 중고음이 古代 韓國 漢字音의 기반이 되었을 가능성이 아주 크다(朴炳采 1971, 姜信沆 2011). 일본의 吳音도 전기 중고음을 모태로 한다고 알려져 있다. 만약에 전기 중고음을 전반적·체계적으로 연구하지 않은 상태에서 한국의 고대 한자음이나 일본 吳音을 재구하면 자칫하면 모래 위에 집을 짓는 결과를 가져 온다. 한국이나 일본에서 차용한 한자음을 재구할 때에는 모태가 되는 한어의 음운체계가 기반이 되기 때문이다.

요컨대, 연구 필요성은 다음의 두 가지로 요약할 수 있다. 첫째, 『세설신어』의 대화문 용자를 대상으로 삼아 전기 중고음을 음운론적으로 연구한 업적이 세계적으로도 전무하다. 둘째, 고대 삼국의 한자음과 일본의 오음은 한어의 전기 중고음을 기반으로 하는데, 전기 중고음을 먼저 정확히 이해해야만 고대 한국이나 일본의 한자음을 정확하게 재구할 수 있다.

5세기 전반기의 한어를 반영하는 『세설신어』는 전체 六萬千餘 자의 분량이고, 대화문은 二萬千餘 자의 분량이다. 이 대화문에 2,212자가 사용되었는데, 이들은 표음문자의 성격을 갖는다. 한어에서 대화문에 사용된 글자라면 당시의 현실 구어에서 그 글자를 발음했다는 가정이 성립한다. 詩에서 압운자로 사용된 한자와 元代의 희곡에 나오는 대화문 용자가 음운론 연구의 대상이라는 것은 두말할 필요도 없다. 따라서 『세설신어』의 2,212자도 일종의 表音字로서, 음운론 연구의 대상임이 분명하다. 그런데도 한어 음운사 연구에서 이들을 방치한 것은 연구 방법론의 부재에 그 원인이 있다.

기존의 한어 음운사 연구에서는 宋代의 韻圖에 분류된 것을 토대로 개별 한자의 음가를 추정해 왔다. 이 等韻學的 연구에 따르면 한어 중고음의 子音이 35~42종이나 되고, 206개의 韻에 나오는 母音이 9~16종이나 된다. 이처럼 많은 수의 자음과 모음을 가지는 언어는 세계적으로도 아주 드물다. 이들 자음과 모음은 음운론적 단위 즉 音素가 아니라 음성학적 단위 즉 音聲이다. Karlgren(1954)가 한어의 중고음을 음성학적으로 연구한 방법론에 따라 후대의 학자들도 이것을 답습해 왔다.

그러나 한어 중고음을 음운론적으로 연구하는 것이 불가능한 것은 아니다. 미지의 언어를 대상으로 음소를 설정할 때에는 프라그 학파의 相補的 分布와 最小

對立 雙이라는 음소 설정 방법론을 가장 많이 적용한다. 이 보편적 방법론을 『세설신어』의 대화문 용자인 2,212(2,486)자에[1] 적용하여 전기 중고음의 음운체계를 설정할 수 있다.

이 방법론을 적용한 결과, 5세기 전반기의 전기 중고음에는 28종의 자음이 音素로 설정된다. 羊母/j/를 자음에 포함하면 아래의 29종이다.

(1) 5세기 전반기 한어의 자음 음소 (중국 음운학)[2]

위치＼방식		전청	차청	전탁	차탁	%
순음		幇非/p/	滂敷/p^h/	並奉/b/	明微/m/	15.8
설음	치조	端知/t/	透徹/t^h/	定澄/d/	泥日娘/n/	15.5
	반설				來/l/	6.0
치음	파찰	精/ʦ/	清初/ʦ^h/	從/dz/		8.5
		莊/tʂ/				0.6
		章/ʨ/	昌/ʨ^h/	船崇/dʑ/		5.2
	마찰	心/s/		邪/z/		5.4
		生/ʂ/				1.8
		書/ɕ/		常俟/ʑ/		4.8
아음		見/k/	溪/k^h/	群/g/	疑/ŋ/	18.6
후음		影/ʔ/	曉/h/	匣云/ɦ/	羊/j/	17.8
%		37.3	14.0	27.6	21.1	100

위의 분석표는 전통적 중국 음운학의 자음 분류 방법을 따른 것이다. 전기 중고음에서는 순음의 脣重音과 脣輕音(또는 脣齒音)이 서로 구별되지 않았고, 설음의 舌頭音(치조음)과 舌上音도 서로 구별되지 않았다. 泥母[n]와 娘母[ɳ]가 상보적

1 2,486자는 다음자를 일일이 분리하여 계산한 수치이다.

2 설음과 치음의 세부 분류에 사용한 '치조, 반설, 파찰, 마찰' 등의 용어는 중국 음운학의 전통적 용어가 아니지만, 이해의 편의를 위해 이들 용어를 사용했다.

분포이고, 泥母[n]와 日母[ɲ]도 분포가 상보적이다.[3] 이것은 기존의 연구에서 이미 밝혀진 것이므로 특별히 새로울 것이 없다.

그러나 기존의 연구에서는 이상하게도 치음에서는 상보적 분포인지 아닌지, 최소대립 쌍이 있는지 없는지를 묻지 않았다. 『세설신어』의 2,212(2,486)자를 대상으로 이것을 확인해 본 결과, 차청(무성유기음)에서 치조음 淸母[ʦʰ]와 권설음[4] 初母[ʈʂʰ]의 최소대립 쌍이 없다. 이것은 두 성모가 상보적 분포임을 뜻하므로 이 둘을 하나의 단위인 淸初/ʦʰ/로 병합해야 한다. 이와 마찬가지로 전탁(유성무기음)에서 구개음 船母[ʥ]와 권설음 崇母[ɖʐ]의 최소대립 쌍도 없으므로, 이 두 음성도 하나의 음소 船崇/ʥ/으로 병합해야 한다. 이 2,212(2,486)자 집합에서는 또한 치음 마찰음의 전탁자 중에서 성모가 권설음 俟母[ʐ]인 것이 하나도 없다. 따라서 전기 중고음에서는 권설음 俟母[ʐ]를 독자적인 음소로 설정할 수가 없고, 권설음 俟母[ʐ]를 구개음 常母[ʑ]에 병합하여 常俟/ʑ/가 된다고 기술해야 한다.

결론적으로, 기존의 논의에서 권설음 그룹의 初母[ʈʂʰ], 崇母[ɖʐ], 俟母[ʐ]를 독자적 음소라고 기술한 것은 5세기 전반기의 한어에서는 옳지 않다. 이들을 각각 淸初/ʦʰ/, 船崇/ʥ/, 常俟/ʑ/의 변이음이라고 해야, 이 시기의 언어 현실에 부합하기 때문이다. 이것을 새로 논증했다는 점에서 우리의 연구는 기존의 연구와 크게 차이가 난다.

후음의 云母[ɦ]를 어떻게 처리할 것인가 하는 문제도 한어 중고음 연구에서는 아주 중요하다. Karlgren(1954)와 李方桂(1980)은 云母[ɦ]가 항상 3등운의 앞에 오므로 역시 항상 3등운의 앞에 오는 아음의 群母[g]와 병합하여 상고음 /*g/를 재구한 바 있다. 이와는 달리, 董同龢(1944)·王力(1983: 146, 李鍾振·李鴻鎭 역)·鄭張尙芳(2003)은 云母[ɦ]가 항상 3등운의 앞에 오고 匣母[ɦ]가 항상 1·2·4등운

3 그런데 독특하게도 娘母[ɳ]와 日母[ɲ]의 최소대립이 성립한다. 그렇더라도 이들이 泥母[n]와 음운론적으로 대립하지 않으므로, 우리는 이들을 泥母에 편입하여 泥日娘/n/이라 지칭했다.

4 이것을 치조구개음이라 지칭하기도 한다.

의 앞에 온다는 점을 더 중시한다. 이들은 云母[ɦ]와 匣母[ɦ]가 상보적 분포임을 논거로 들어, 이 둘의 상고음을 /*ɦ/ 하나로 병합했다.

그런데 우리의 분포 분석에 따르면 『세설신어』의 2,212(2,486)자에서, 아음의 群母[g]와 후음의 云母[ɦ]가 음운론적으로 대립한다. 이 두 성모의 최소대립 쌍을 찾을 수 있으므로 5세기 전반기의 한어에서는 이미 群母[g]와 云母[ɦ]의 분화가 일어났다고 보아야 한다. 이에 따르면 云母[ɦ]를 等에서 상보적인 匣母[ɦ]와 병합하는 것이 옳다. 나아가서 5세기 전반기에는 아음과 후음이 이미 분화된 상태였다고 보아야 한다.

이러한 논의에 이르기까지, 우리의 연구는 다음의 두 가지에서 기존의 중고음 연구와 크게 차이가 난다. 첫째는, 현실 자연언어 자료를 분석의 대상으로 삼았다는 점이요, 둘째는 음성학적 분석이 아니라 음운론적 분석을 택했다는 점이다.

11~12세기의 韻圖만을 기준으로 분석한다면, 권설음 그룹의 初母[tʂ^h], 崇母[dʐ], 俟母[ʐ]가 독자적인 음소가 아니었다는 점을 논증할 수 없다. 云母[ɦ]가 群母[g]와 병합되는 것이 아니라 匣母[ɦ]에 병합된다는 사실도 운도만을 연구 대상으로 삼으면 결정할 수 없다. 그러나 『세설신어』 대화문 용자처럼 현실 자연언어에서 사용된 표음자를 분석의 대상으로 삼으면 위와 같은 사실이 잘 드러난다. 王力(1956/87: 318)이 杜甫와 白居易의 시에서 압운자만 따로 모아 上去通押이라[5] 했던 것처럼, 우리는 현실 언어 자료의 일종인 『세설신어』의 대화문 용자를 분석의 대상으로 삼았다. 이것이 첫 번째 차이이다.

현실 자연언어를 분석의 대상으로 삼으면 표음자 집합에 등장하는 두 음성을 서로 대비할 수 있다. 상보적 분포이면 하나의 단위로 묶고, 최소대립을 이루는 것은 각각 독자적인 음소로 설정했다. 기존의 음성학적 연구에서는 清母[ts^h]와 初母[tʂ^h]를 병렬하고 船母[dz]와 崇母[dʐ]를 열거하는 데에서 그쳤지만, 우리는 이 쌍이 상보적 분포인지 아닌지를 실증적 언어 자료를 통하여 검증했다. 프라그 학파의 상보적 분포와 최소대립 쌍이라는 음소설정 방법론으로 한어의 전기

5 押韻에서 상성과 거성이 구별되지 않고, 서로 압운된다는 뜻이다. 한국 중세 한자음에서도 상성과 거성이 음운론적으로는 구별되지 않는다(金完鎭 1973/77).

중고음 음운체계를 재구한 것이다. 이것이 두 번째 차이이다.

위의 (1)에 제시한 5세기 전반기의 자음체계는 현대 음운론의 관점에서는 다음과 같이 수정할 수 있다. 현대 음운론에서 /j/를 자음이 아니라 활음으로 분류하는 것이 일반적이므로 여기에서는 羊母/j/를 제외했다.

(2) 5세기 전반기 한어의 자음 음소 (현대 음운론)

<table>
<tr><th colspan="3">조음위치
조음방식</th><th>양순음</th><th>치조음</th><th>경구개음</th><th>연구개음</th><th>후음</th></tr>
<tr><td rowspan="3">폐쇄</td><td colspan="2">무성무기</td><td>p</td><td>t</td><td></td><td>k</td><td>ʔ</td></tr>
<tr><td colspan="2">무성유기</td><td>p^{h}</td><td>t^{h}</td><td></td><td>k^{h}</td><td></td></tr>
<tr><td colspan="2">유성무기</td><td>b</td><td>d</td><td></td><td>g</td><td></td></tr>
<tr><td rowspan="4">파찰</td><td rowspan="2">무성무기</td><td>비권설</td><td rowspan="2"></td><td rowspan="2">ʦ</td><td>(ʨ)</td><td rowspan="2"></td><td rowspan="2"></td></tr>
<tr><td>권설</td><td>tʂ</td></tr>
<tr><td colspan="2">무성유기</td><td></td><td>ʦ^{h}</td><td>(ʨ^{h})</td><td></td><td></td></tr>
<tr><td colspan="2">유성무기</td><td></td><td>dz</td><td>(ʥ)</td><td></td><td></td></tr>
<tr><td rowspan="3">마찰</td><td rowspan="2">무성</td><td>비권설</td><td rowspan="2"></td><td rowspan="2">s</td><td>(ɕ)</td><td rowspan="2"></td><td rowspan="2">h</td></tr>
<tr><td>권설</td><td>ʂ</td></tr>
<tr><td colspan="2">유성</td><td></td><td>z</td><td>(ʑ)</td><td></td><td>ɦ</td></tr>
<tr><td colspan="3">비음</td><td>m</td><td>n</td><td></td><td>ŋ</td><td></td></tr>
<tr><td colspan="3">유음</td><td></td><td>l</td><td></td><td></td><td></td></tr>
</table>

5세기 전반기의 한어에서 음소의 자격을 가지는 자음은 위의 28종이다. 재음소화를 활용하여 경구개음을 치조음과 구개 개음이 복합된 것으로 재해석하는 방법에서는 23종의 자음만 설정하면 된다. 즉 경구개음 /ʨ, ʨ^{h}, ʥ, ɕ, ʑ/의 5종을 /ʦj, ʦ^{h}j, dzj, sj, zj/로 재해석하여 자음 목록에서 제외할 수 있다. 이 5종을 (2)에서는 ( )로 표시했다.

전기 중고음의 조음 위치는 양순음, 치조음, 경구개음, 연구개음, 후음의 다섯으로 나뉜다. 권설음(莊組)을 치조경구개음으로 간주하기도 하므로, (2)에서는 권설음의 조음 위치를 경구개라고 보았다. 한어 상고음에서는 아음과 후음의 분리가 불투명하지만, 5세기 전반기의 한어에서는 이 두 가지가 뚜렷이 구별된다.

조음 방식은 일단 폐쇄음, 파찰음, 마찰음, 비음, 유음의 다섯으로 나뉜다. 폐쇄음과 파찰음은 다시 무성무기음(전청), 무성유기음(차청), 유성무기음(전탁)의 셋으로 나뉘어 三肢的 相關束을 이룬다. 마찰음은 무성음과 유성음의 둘로 나뉘는 것이 원칙이다. 그런데 마찰음과 파찰음에는 독특하게도 권설음 /ʂ/와 /tʂ/가 있다. 이 권설음은 무성무기음에서만 독자적 음소의 자격을 가지고, 무성유기음이나 유성무기음에는 존재하지 않는다. 이것은 기존의 논의에서 거론된 바 없는 新說이다.

우리의 연구 방법에서는 모집단이 커질수록 설정되는 음소의 수가 늘어나고 작아질수록 음소의 수가 줄어든다. 『세설신어』의 2,212자 집합에서는 28종의 자음이 음소목록에 등록되지만, 2회 이상 출현하는 1,487자 집합으로 한정하면 淸初/ʦ^h/와 昌母/ʨ^h/가 음소목록에서 제외된다. 5회 이상 출현하는 764자 집합에서는 滂敷/p^h/와 莊母/tʂ/가 음소목록에서 제외된다. 이처럼 우선적으로 제외될 가능성이 큰 음소를 예측할 수 있다는 점도 우리의 연구 방법이 가지는 장점이다.

반면에, 극소수의 상용자 집합에서 이미 음운대립이 성립함으로써, 음운대립의 기원적인 모습을 재구할 수도 있다. 14회 이상 출현하는 극소수 상용자 집합(구체적으로는 309자)에서 이미 성립하는 음운대립은 모두 12종인데, 그중에서 9종이 무성음과 유성음의 대립이다. 따라서 기원적 한어에서는 유·무성 대립(淸濁 대립)이 기본적인 음운대립이었고, 유·무기 대립(送氣 대립)은 없었으리라 추정할 수 있다. 한어 상고음의 유·무성 대립이 현대 한어의 유·무기 대립으로 바뀌는 변화, 즉 濁音淸化는 한어 음운사에서 가장 큰 변화에 속한다. 5세기 전반기는 그 중간 시기에 해당하여 유·무성 대립과 유·무기 대립이 공존한다.

이제, 韻母의 분석 결과를 정리하기로 한다. 운의 음운론적 성분에는 개합, 등, 운복 모음, 운미 등이 있는데, 우리는 운미를 기준으로 삼아 16종의 攝을 아래와 같이 분류했다. 한어 중고음의 운미 분류에서 학자들의 견해가 대부분 일치하기 때문이다.

(3) 韻尾 기준의 섭 분류

1. /-ø/ : 果攝, 假攝, 遇攝, 止攝
2. /-u/ : 效攝, 流攝
3. /-i/ : 蟹攝, (止攝)
4. /-ŋ, -k/ : 通攝, 江攝, 宕攝, 曾攝, 梗攝
5. /-n, -t/ : 山攝, 臻攝
6. /-m, -p/ : 咸攝, 深攝

漢語 上古音 연구자들이 /*-b, *-d, *-g/ 등의 유성자음뿐만 아니라 /*-l, *-r, *-s, *-ʔ/ 등의 자음도 韻尾 위치에 올 수 있었다고 가정하지만, 中古音에서는 이들이 모두 사라졌다고 보는 것이 통설이다. 이에 따라 우리는 위의 여섯 가지 운미만 인정한다.

(3.4)의 通攝·江攝·宕攝·曾攝·梗攝은 운미가 모두 /-ŋ, -k/이므로 이들에 속하는 각종의 운이 어떤 운복 모음을 가지는지를 논의할 때에는 이 5가지의 섭을 한꺼번에 논의해야 한다. 이처럼 운미를 /-ŋ, -k/로 고정하면 그 앞에 몇 가지의 운복 모음이 오는지를 아주 쉽게 논의할 수 있다.

이러한 방법으로 운복 모음의 대립관계를 확인해 보았더니 다음과 같은 결과가 나왔다. (3.1)의 /-ø/ 운미 앞에 오는 운복 모음 상호 간의 음운대립을 반영하기 위해서는 /ɑ, ɛ, o, ə, e, i/의 6가지 모음이 필요하다. (3.2)의 /-u/ 운미나 (3.3)의 /-i/ 운미의 앞에 오는 운복 모음 상호 간의 음운대립에는 공통적으로 /ɑ, ɛ, ə, e/의 4가지 모음이 필요하다. (3.4)의 /-ŋ, -k/ 운미 앞에 오는 운복 모음 상호 간의 음운대립에는 /ɑ, ɛ, o, ə, e, u/의 6가지 모음이 필요하다. (3.5)의 /-n, -t/ 운미에서는 /ɑ, ɛ, ə, e, i/의 5가지 모음이, (3.6)의 /-m, -p/ 운미에서는 /ɑ, ə, e, i/의 4가지 모음이 필요하다. 이들을 종합하면, 5세기 전반기의 한어에서는 /ɑ, ɛ, o, ə, e, u, i/의 7가지 모음이 있었다고 말할 수 있다.

音素의 자격을 가지는 이 7가지 모음은 다음과 같이 도식화할 수 있다. 아래의 (4.A)는 모음 음성도라고 지칭할 수 있는데, 이처럼 그리면 모음 상호 간의 음운론적 대립관계가 잘 드러나지 않는다. 따라서 7가지 모음의 음운론적 대립관계가 잘 드러나도록 수정하면 (4.B)가 되고, 우리는 이것을 5세기 전반기 한어의 모음체계라고 본다.

(4) 전기 중고음의 모음체계

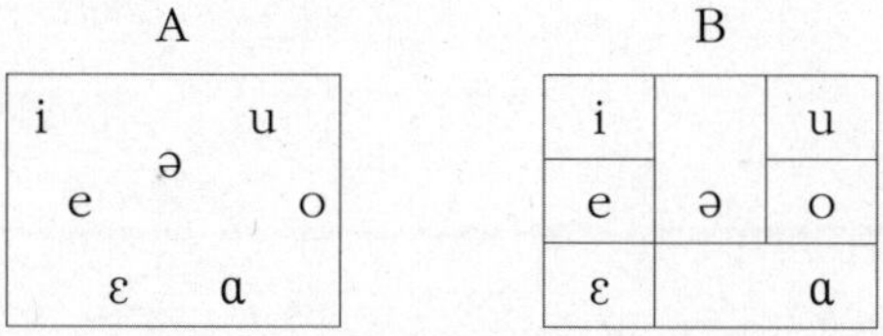

(4.A)의 모음 음성도를 (4.B)의 모음 체계도로 수정할 때에 가장 중시했던 것은 等이다. 우리가 운복 모음 상호 간의 음운론적 대립을 분석한 결과에 따르면, 1등운의 운복은 거의 대부분 후설 모음 /ɑ, ə, o, u/이다. 2등운의 운복은 전설 저모음 /ɛ/이고, 4등운의 운복은 전설 중모음 /e/이다. 전설 고모음 /i/는 일부 3등운의 운복에만 분포한다.[6] 아래의 모음 체계도에서는 等에 대응하는 모음을 음영으로 표시했다.

(5) 等의 현대 음운론적 해석

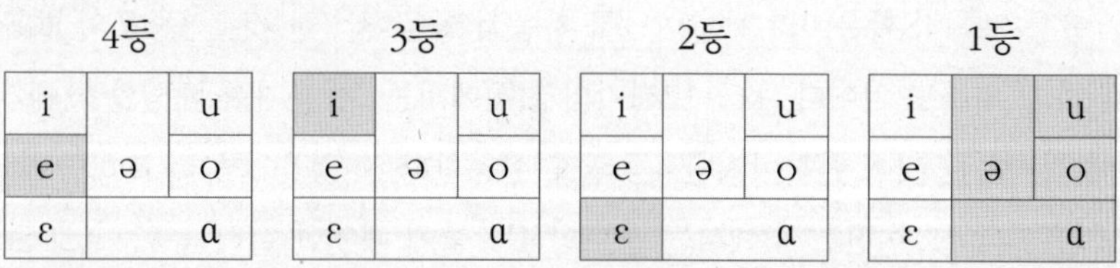

이제, 운두 위치의 활음체계를 종합하기로 한다. 운복 모음의 종류가 많아질수록 개음(활음)의 종류는 줄어들고, 운복 모음의 종류가 줄어들수록 개음(활음)의 종류는 많아진다. 이처럼 운복 모음의 종류와 개음의 종류는 반비례 관계이다.

6 3등운은 항상 개음을 가지므로 운복 모음을 추정할 때에는 결정적 논거에서 제외된다.

우리의 논의에 따르면 5세기 전반기의 한어에서 운복 모음의 앞에 오는 개음은 /j-, ɪ-, ɥ-, w-/의 4가지이다. 이 활음 상호 간의 음운론적 대립관계는 아래의 (6)과 같이 나타낼 수 있다. (6.A)는 [+전설]에서만 [±자음] 자질을 적용한 체계이고, (6.B)는 [±자음] 자질을 [±원순] 자질보다 상위에 둔 체계이다. 언어 보편성에 따르면 (6.B)가 맞지만, 한어의 특수성을 강조하면 (6.A)의 분류가 더 바람직하다.

(6) 활음체계

A.

<table>
<tr><th rowspan="2">위치 / 방식</th><th colspan="2">[+전설]</th><th rowspan="2">[-전설]</th></tr>
<tr><th>[+자음]</th><th>[-자음]</th></tr>
<tr><td>[-원순]</td><td>j-</td><td>ɪ-</td><td>(ø-)</td></tr>
<tr><td>[+원순]</td><td colspan="2">ɥ-</td><td>w-</td></tr>
</table>

B.

<table>
<tr><th colspan="2">방식 / 위치</th><th>[+전설]</th><th>[-전설]</th></tr>
<tr><td colspan="2">[+자음]</td><td>j-</td><td></td></tr>
<tr><td rowspan="2">[-자음]</td><td>[-원순]</td><td>ɪ-</td><td></td></tr>
<tr><td>[+원순]</td><td>ɥ-</td><td>w-</td></tr>
</table>

한어 중고음의 활음체계에서 중요한 것은 보편적인 활음인 /j-, w-/뿐만 아니라 /ɪ-, ɥ-/가 필요하다는 점이다. 우리는 /ɪ-/를 모음적 전설 평순 활음이라 정의하고, /ɥ-/를 전설 원순 활음이라고 정의한다.

/ɪ-/를 모음적 활음이라 하고 /j-/를 자음적 활음이라 한 것은 3등운의 重紐를 해결하기 위한 조치이다. 11~12세기의 韻圖에서는 3등운자를 배열할 때에 3등 줄에 배열하는 것이 원칙이지만 4등 줄도 활용한다. 이것을 중뉴라고 하는데, 이토 지유키(2011, 이진호 역)에서는 운도의 4등 줄에 배열한 한자를 3등 A로 표시하고, 운도의 3등 줄에 배열한 한자를 3등 B로 표시했다.[7] 3등 줄에만 배열되는 3등 專屬韻을 3등 C라 표시했다.

『세설신어』의 2,212자 집합에서 중뉴 대립이 확인되는 것은 脂韻, 支韻, 宵韻, 鹽韻이다. 모든 3등운에서 중뉴 대립이 있었던 것처럼 기술할 때도 있지만, 이

7 일본의 전통적 표시에서는 이들이 각각 三等甲과 三等乙이다.

2,212자 집합에서는 위의 네 가지 3등운에서만 중뉴 대립이 확인된다. 그런데 운모 명칭이 서로 다를 때에도 중뉴가 성립한다. $_{3}$幽韻 A와 $_{3}$尤韻 C가 중뉴를 이루고(고노 로쿠로(河野六郎) 2010: 257, 이진호 역주), $_{3}$淸韻 A와 $_{3}$庚韻 B가 중뉴를 이룬다(平山久雄 1967: 156~157). 2,212자 집합에서 이것을 정확히 찾아냈다는 점에서 우리의 독자적 연구 방법이 객관성·보편성을 갖추었다고 할 수 있다.

중뉴 대립은 운두 개음의 종류를 활용하여 그 음가 차이를 기술하는 것이 일반적이므로 우리도 이를 좇아 3등 A의 개음을 /j-/라고 하고 3등 B·C의 개음을 /ɪ-/라고 하였다. 『세설신어』의 2,212자 집합에서는 3등 B와 3등 C가 동일하게 행동하므로 동일한 개음 /ɪ-/를 가진다고 보았다.

두 가지 개음 /j-/와 /ɪ-/를 음운론적으로 구별하기 위하여 河野六郎(1968/79)는 'j-'를 전설 개음이라 하되, 'ɪ̯-' 즉 우리의 /ɪ-/를 후설 개음이라 하여 이 둘의 음운대립을 전·후설 대립으로 기술했다. 이것은 한국 중세 한자음을 기술할 때에는 정확하고도 유용하지만, 한어 중고음을 기술할 때에는 옳지 않다. 중고음에서 3등 B의 합구음을 기술할 때에는 /ɪ-/를 후설 개음이라 할 수가 없다. 3등 B의 개음인 /ɪ-/에 합구 /w-/가 부가되면 이론적으로 복합 개음 /ɪw-/ 또는 /wɪ-/가 되는데, 이들이 중고음에서는 전설 원순 활음 /ɥ-/로 실현되기 때문이다. /ɪw-/ 또는 /wɪ-/가 전설 활음 /ɥ-/가 된다는 것은 /ɪ-/가 전설성을 가진다는 것을 바로 증명해 준다.

이에 따라 /ɪ-/를 전설 평순 활음이라 하면 이때에는 /ɪ-/와 /j-/의 음운론적 대립을 어떻게 기술할 것인가 하는 문제가 제기된다. 이 문제를 해결할 때에는 Karlgren(1954)가 개음에 자음적 개음과 모음적 개음의 두 가지가 있다고 한 것을 활용한다. /ɪ-/는 모음적 개음이고, /j-/는 자음적 개음이라 하면 이 둘의 음운대립을 유지할 수 있다. /j-/가 자음성을 가진다는 것은 한어 중고음에서 羊母 /j/가 실제로 자음의 일종인 것처럼 행동하므로 전혀 문제가 되지 않는다.

위에서 정리한 결론은 모두 아래의 음가 배당표를 기반으로 한다. 이 표의 M은 운두 개음을, V는 운복 모음을, F는 운미를 가리킨다.

(7) 韻의 종합 음가 배당표

MV \ F		-ø	-i	-u	-ŋ(k)	-n(t)	-m(p)
j : ɪ	i	$_A$脂 :$_B$脂				$_A$眞 :	:$_B$侵
	e	$_A$支 :$_B$支					
	ɛ		:$_B$祭, $_C$廢	$_A$宵 :$_B$宵	$_A$淸 :$_B$庚	:$_B$仙	$_A$鹽 :$_B$鹽, $_C$嚴凡
	ə	:$_C$之	:$_C$微	$_A$幽 :$_C$尤	:$_C$蒸	:$_C$欣	
	ɑ				:$_C$陽	:$_C$元	
	u				:$_C$東		
	o	:$_C$魚			:$_C$鍾		
ɥ : w	i	$^{合}_{B}$脂 :				$^{合}_{B}$眞 :	
	e	$^{合}_{B}$支 :	:$^{合}_{4}$齊		:$^{合}_{4}$青	:$^{合}_{4}$先	
	ɛ	:$^{合}_{2}$麻	$^{合}_{B}$祭, $^{合}_{C}$廢 :$^{合}_{2}$夬, $^{合}_{2}$皆			$^{合}_{B}$仙 : $^{合}_{2}$山, $^{合}_{2}$刪	
	ə		$^{合}_{C}$微 :$_1$灰, $^{合}_{1}$咍, $^{合}_{2}$佳		:$^{合}_{1}$登	$_C$文, $_C$諄 : $_1$魂	
	ɑ	:$_1$戈	:$^{合}_{1}$泰		$^{合}_{C}$陽 :$^{合}_{1}$唐	$^{合}_{C}$元 :$_1$桓	
	u						
	o	$_C$虞 :					
ø	i						
	e		$_4$齊	$_4$蕭	青耕	$_4$先	$_4$添
	ɛ	$_2$麻	$_2$皆	$_2$肴	$_2$庚	$_2$山刪	
	ə		咍佳	$_1$侯	$_1$登	$_1$痕	$_1$覃
	ɑ	$_1$歌	$_1$泰	$_1$豪	$_1$唐	$_1$寒	談咸銜
	ụ				$_1$東		
	o	$_1$模			江冬		

위의 음가 배당표에서 동일 칸에 온 韻은 운복 모음과 운미가 동일하다. 예컨대, 운두가 없는 행에서 즉 /ø-/ 개음인 행에서 青耕韻, 山删韻, 談咸銜, 咍佳韻, 江冬韻은 각각 青韻·耕韻, 山韻·删韻, 談韻·咸韻·銜韻, 咍韻·佳韻, 江韻·冬韻이 음운론적으로 대립하지 않았음을 뜻한다. 11~12세기의 운도에서는 이들이 별개의 운으로 구별되어 있지만, 『세설신어』의 2,212자 집합에서는 이들 상호 간의 음운대립이 부정된다.

위의 음가 배당표에는 ':'의 앞에 둔 운이 있는가 하면 뒤에 둔 운도 있다. 앞에 둔 운은 운두 개음으로 /j-/나 /ɥ-/를 가지는 데에 반하여, 뒤에 둔 운은 개음으로 /ɪ-/나 /w-/를 가진다. 달리 말하면 ':'의 앞에 둔 운과 뒤에 둔 운은 개음에서만 차이가 난다. 예컨대, 맨 처음의 '$_{A}$脂 : $_{B}$脂'에서 $_{A}$脂(즉 脂韻 3등 A)는 /ji/이고, $_{B}$脂(즉 脂韻 3등 B)는 /ɪi/이다. 그런데 /-m(p)/ 운미의 셋째 행에서는 $_{3}$鹽韻 B와 $_{3}$嚴凡 C가 동일 위치에 왔다. $_{B}$鹽韻·$_{C}$嚴韻·$_{C}$凡韻의 세 가지 운이 음운론적으로 대립하지 않으므로, 이들에는 동일한 음가 /ɪɛm, ɪɛp/을 배당했다.

이 예에서 3등 B와 3등 C가 동일한 개음 /ɪ-/를 가진다는 사실이 잘 드러난다. 일반화하여 말한다면 3등운 중에서 ':'의 앞에 온 운은 항상 3등 A이지만, ':'의 뒤에 온 운은 항상 3등 B 또는 3등 C이다. 이것은 3등운의 개음을 굳이 A, B, C의 셋으로 나눌 필요가 없음을 뜻한다. B와 C는 대부분 동일하게 행동하므로 이 둘을 하나로 합칠 필요가 있다. 즉 중뉴의 구별에는 A와 B의 둘이면 충분하다.

위의 음가 배당표에는 사선 '/'이나 역사선 '\'으로 표시한 칸이 있다. 이것은 한어 중고음의 음절구조에서 허용되지 않음을 나타낸다. 사선 '/'으로 표시한 칸은 음절구조제약에 따라 원천적으로 배제됨을 뜻하고, 역사선 '\'으로 표시한 칸은 5세기 전반기의 한어에서 역시 배제됨을 뜻한다. 이들은 모두 음절구조제약에 의해 배제되는 체계적 공백이다. 반면에 韻으로 채우지도 않고 線도 긋지 않은 빈 칸이 있다. 이 빈 칸은 전기 중고음의 음절구조에서 우연히 공백으로 남아 있는 음절임을 뜻한다. 이 우연한 공백에는 한어의 통시적 변화에 따라 새로운 운이 들어설 수 있다.

지금까지 우리의 논의를 요약했는데, 논의 과정에서 일관하여 지킨 원칙이 있다. 상보적 분포인 음성은 하나의 단위로 묶고, 최소대립 쌍을 찾을 수 있을 때에만 그 대립 항에 음소의 자격을 부여한다는 원칙이다. 이 책이 학술적 가치를 가진다면, 프라그 학파의 음운대립 이론을 한어 중고음의 분석에 도입했다는 데에서 그 가치를 찾아야 할 것이다.

널리 알려져 있듯이, Karlgren(1954)는 한어 음운론에서 음운론적 분석을 배격하고 음성학적 분석을 지지한 것으로 유명하다. 그 뒤로 많은 연구자들이 이를 추종해 왔다. 그러나 Karlgren(1954)뿐만 아니라 그 추종자들도 정도의 차이는 있으나 상보적 분포와 최소대립 쌍이라는 음소 설정 방법론을 부분적으로 수용해 왔다. 예컨대, 전기 중고음에서 설두음[t]과 설상음[ʈ]이 상보적 분포임을 확인하고 이 둘을 't' 하나로 병합하거나, $_1$桓韻이 항상 합구인 데에 반하여 $_1$寒韻이 항상 개구라는 상보적 분포를 활용하여 $_1$桓韻을 $_1$寒韻의 합구운이라고 해 왔다. 그리하여 $_1$寒韻을 [ɑn, ɑt]으로, $_1$桓韻을 [wɑn, wɑt]으로 추정해 왔다.

우리는 이 상보적 분포와 최소대립 쌍이라는 음소 설정 방법론을 전면적으로 적용했다는 점에서 기존의 연구와 차이가 난다. 또한 분석 자료를 5세기 전반기의 한어 자료, 즉 『세설신어』의 대화문 용자인 2,212자로 한정함으로써 공시적 연구에 충실했다.

통시적 연구가 공시적 연구를 바탕으로 한다는 것은 두말할 필요도 없다. 따라서 魏晉南北朝의 전기 중고음이 어떻게 唐代의 후기 중고음으로 변화하는지를 연구할 때에 우리의 연구 결과는 하나의 지침이 될 것이다. 나아가서 고대 三國의 한자음과 고대 일본의 吳音을 연구할 때에도 아주 중요한 지침이 될 것이다. 이들 고대 한자음의 모태가 되는 전기 중고음을 고려하지 않고 이들의 음운체계를 운위한다는 것은 語不成說이다.

5세기 전반기의 전기 중고음은 (2)의 자음체계, (4.B)의 모음체계, (6.A)의 활음체계를 가진다. 자음체계는 성모 상호 간의 음운대립을 정리한 (1)을 기반으로 하고, 모음체계와 활음체계는 (7)에 제시한 韻의 종합 음가 배당표를 기반으로 한다.

이 결론에 이르기까지, 우리가 일관하여 지킨 원칙이 있다. 상보적 분포의 여부와 최소대립 쌍의 유무가 가장 중요한 기준이지만 여기에 덧붙일 수 있는 원칙을 정리해 둔다.

(8) 분석 원칙

1. 多音字는 음운대립의 논거에서 제외했다. 다만, 다음자의 어느 음가를 택하더라도 음운대립이 성립할 때에는 예외적으로 논거에 포함했다.
2. 항상 보편성 원리를 따랐다. 음소 단위에 음가를 배당할 때에 보편성이 큰 자음이나 모음을 우선적으로 배당했다.
3. 항상 경제성 원리를 따랐다. 그래야만 음소를 최소한으로 설정하면서도 음운대립을 가장 효과적으로 기술할 수 있다. 이 원리에 따라 후설 평순 고모음 /ɨ/나 중설 저모음 /a/를 배제했다.
4. 음운대립을 이루지 못하여 여타의 음소에 병합해야 할 때에는 有標項을 無標項에 병합했다. 병합의 방향이 두 가지 이상일 때에는 음운론적 거리가 상대적으로 가까운 쪽으로 병합했다.
5. 3쌍 이상의 음운대립 쌍이 있으면 그 음운대립을 바로 인정했다. 대립 쌍이 1~2쌍에 불과하더라도 3회 이상 출현하는 용자 집합에서 대립이 성립하면 그 음운대립도 인정했다. 이 두 가지를 각각 양적 척도와 질적 척도라고 지칭했다.
6. 介音 차이 우선의 원칙과 韻尾 차이 우선의 원칙을 적용했다. 이 원칙에 따라 운의 명칭이 달라지므로, 기존의 연구에서도 사실은 이 원칙을 지켜 왔다.
7. 복합 개음이나 복합 운미를 배제했다. 복합 개음 /wj-, wɪ-/ 또는 /jw-, jɪ-/가 항상 전설 원순 활음 /ɥ-/로 실현된다고 보았다. 복합 운미에 속하는 /-uŋ/이나 /-jŋ/도 설정하지 않았다.
8. 한어 중고음의 음절구조제약을 반드시 준수했다. 운모의 음가를 추정할 때에 이 음절구조제약을 준수해야만 한어의 음운체계를 정확히 이해했다고 말할 수 있다.

9. 1·2·4등운은 운두 개음이 없고, 3등운은 항상 전설 개음을 갖는다. 그러나 합구 /w-/는 등에 관계없이 부가된다.

10. 1·2등운은 3등 짝을 가질 수 있지만, 4등운은 그렇지 않다.

(8.5)의 양적 척도와 질적 척도는 경험적으로 설정한 것이지, 선험적으로 설정한 것이 아니다. 음운대립의 성립 여부를 선험적으로 결정한다면, 단 하나의 최소대립 쌍만 있어도 그 음운대립을 인정하는 것이 원칙이다. 그런데도 우리는 신중을 기하여 3쌍 3회 이상을 기준으로 삼아 음운대립의 성립 여부를 판정했다.

대부분의 음운대립이 양적 척도와 질적 척도를 두루 충족했지만, 1～2쌍의 최소대립 쌍밖에 없고 대립 항의 출현 횟수가 1～2회에 불과할 때도 있었다. 이럴 때에는 음운대립이 성립하지 않는다고 했는데, 이것이 지나치게 강력한 기준이 아니냐고 반문할 수 있다. $_{2}$耕韻과 $_{4}$青韻의 음운대립이 대표적인 예이다. 이 두 운의 음운대립 쌍이 1～2쌍에 불과하더라도 이 음운대립을 인정하여 $_{2}$耕韻과 $_{4}$青韻의 운복에 서로 다른 모음을 배당해야 한다고 주장할 수 있다.

이 주장에 따라 이 음운대립을 인정하여 $_{2}$耕韻의 운복에 독자적인 제8의 모음을 배당하거나 $_{2}$耕韻에만 복합 운미 /-jŋ, -jk/을 설정해야 할지도 모른다. 그런데도 $_{2}$耕韻과 $_{4}$青韻의 음운대립을 인정하지 않은 것은 (8.4)의 경제성 원리와 (8.6)의 복합 운미 배제 원칙을 지키기 위한 조치였다. 이 음운대립을 인정하지 않는 것이 오히려 전반적 원칙에 부합한다.

우리는 음운대립의 성립 여부를 판정할 때에 항상 전체 음운체계를 고려했다. 우리의 연구 결과에 따르면, /-i/ 운미일 때의 운복 모음 상호 간의 음운대립과 /-u/ 운미일 때의 음운대립이 평행적이다. 마찬가지로 /-u/ 운미와 /-m, -p/ 운미도 운복 모음의 음운대립이 평행적일 때가 많다. 이처럼 전체 체계를 고려하다 보면 예외적인 처리가 불가피할 때도 있다. $_{2}$耕韻과 $_{4}$青韻의 음운대립이 그런 예이다. 구조주의 언어학에서는 전체 체계를 우선적으로 고려해야 한다는 점을 강조해 둔다.

참고문헌

姜信沆(1980), 中國에서의 方言硏究, 『方言』 3, 城南: 韓國精神文化硏究院.

姜信沆(2011), 韓國漢字音(15·16世紀 現實音)과 魏晉南北朝時代音과의 比較, 『震檀學報』 112, 서울: 震檀學會.

姜信沆(2015), 전탁음에 대하여, 『韓國語硏究』 12, 서울: 韓國語硏究會.

고노 로쿠로(河野六郎)(2010, 李珍昊 譯註), 『한국 한자음의 연구』, 서울: 역락.

권혁준(2002), 後期中古漢語의 음운체계, 『中國語文論叢』 第38輯, 서울: 중국어문연구회.

金完鎭(1973/77), 『中世國語聲調의 硏究』, 서울: 塔出版社.

金完鎭(1983), 『鷄林類事』와 音節末 子音, 『國語學』 12, 서울: 國語學會.

김장환(역주)(2008), 『세상의 참신한 이야기: 세설신어』(전3권), 서울: 신서원.

김주원·남권희(2017), 훈민정음해례본(상주본)의 서지와 묵서 내용, 『어문논총』 72, 대구: 한국문학언어학회.

南豊鉉(2001), 韓國 古代語의 單母音化에 대하여, 『韓日語文學論叢』(梅田博之教授 古稀記念), 서울: 太學社.

朴炳采(1966), 鄕歌 表記의 源流的 考察, 『국어국문학』 32, 서울: 국어국문학회.

朴炳采(1971),『古代國語의 硏究』, 서울: 高麗大學校 出版部.

宋基中(1995), 古代國語 漢字音에 관련된 몇 가지 관찰,『韓日語學論叢』(南鶴 李鍾徹先生 回甲紀念論叢), 서울: 國學資料院.

앤후이린(林燕慧)(2010, 엄익상·이옥주·손남호·이미경 역),『중국어 말소리』, 서울: 역락.

엄익상(2015),『백제에서 현대까지 한국한자음 중국식으로 다시보기』(2판), 서울: 한국문화사.

王力(1983, 李鍾振·李鴻鎭 역),『中國言語學史』, 大邱: 啓明大學校出版部.

魏國峰(2014), 고대 한국어 음운체계 연구: 전승 한자음을 대상으로, 서강대학교 박사학위논문.

兪昌均(1980),『韓國 古代漢字音 硏究 I』, 대구: 계명대학교 출판부.

李基文(1972/77),『國語音韻史硏究』, 서울: 韓國文化硏究所.

李敦柱(1995), 中國 上古漢字音의 子音韻尾 問題,『國語史와 借字表記』(素谷南豊鉉先生 回甲紀念論叢), 서울: 태학사.

李敦柱(2003),『韓中漢字音硏究』, 서울: 태학사.

李方桂(2003, 전광진 역), 중국어 상고음 연구 (1),『口訣硏究』11, 서울: 口訣學會.

이승재(2013),『漢字音으로 본 백제어 자음체계』, 서울: 태학사.

이승재(2016),『漢字音으로 본 고구려어 음운체계』, 서울: 일조각.

이재돈(2007),『中國語 音韻學』, 서울: 學古房.

이토 지유키(伊藤智ゆき)(2011, 이진호 역),『한국 한자음 연구: 본문편』, 서울: 역락.

이토 지유키(伊藤智ゆき)(2011, 이진호 역),『한국 한자음 연구: 자료편』, 서울: 역락.

임종욱·김해명·엄소탕(2010),『중국역대인명사전』, 서울: 이회문화사.

崔玲愛(2000),『中國語音韻學』, 서울: 통나무.

칼그렌, 버나드(Karlgren, Bernhard)(1985, 崔玲愛 譯),『古代 漢語音韻學 概要』, 서울: 民音社.

韓炅澔(2010가), 고대 한반도 고유명사 표기에 나타난 [泰]·[夬]韻의 韻尾 *-s의 흔적에 대하여,『震檀學報』109, 서울: 震檀學會.

韓昊澔(2010나), 고대 韓國漢字音에 반영된 東漢～六朝代 中國音 (1), 『口訣研究』 24, 서울: 口訣學會.

히라야마 히사오(平山久雄)(2013, 李準煥 역), 中古 漢語의 音韻 (1)·(2), 『口訣研究』 30·31, 서울: 口訣學會.

趙翠陽(2009), 慧琳一切經音義韻類研究, 中國社會科學院 博士學位論文.

丁聲樹(1956), 『漢語方言調査簡表』, 北京: 中國科學院語言研究所.

丁聲樹·李榮(1981), 漢語音韻講義, 『方言』 1981.

董同龢(1944), 『上古音韻表稿』, 臺北: 歷史語言研究所.

董同龢(1960), 『四個閩南方言』, 臺北: 歷史語言研究所.

董同龢(1972), 『漢語音韻學』, 臺北: 學生書國.

范淑玲(2009), 日本上代,中古音韻與漢語中古音的比較研究, 山東大學 博士學位論文.

韓昊澔(2014), 新出土戰國-西漢時期楚地文獻語音研究, 復旦大學 博士學位論文.

胡安順(2002), 『音韻學通論』, 上海: 中華書局.

黃笑山(1995), 『『切韻』和中唐五代音位系統』, 鄭州: 文津出版社.

黃笑山(2002), 中古二等韻介音和『切韻』元音數量, 『浙江大學學報』(人文社會科學版) 32-1, 浙江: 浙江大學.

黃笑山(2006), 中古-r-介音消失所引起的連鎖變化, 『丁邦新先生七秩壽慶論文集』.

黃淬伯(1931), 慧琳一切經音義反切考, 上海: 國立中央研究院歷史語言研究所.

羅常培(1931), 敦煌寫本守溫韻學殘卷跋, 上海: 國立中央研究院歷史語言研究所.

羅常培(1933), 『唐五代西北方言』, 上海: 國立中央研究院歷史語言研究所.

羅常培(1963), 『羅常培語言學論文選集』, 北京: 中華書局.

羅常培·周祖謨(1958), 『漢魏晉南北朝韻部演變研究』, 北京: 科學出版社.

李方桂(1971), 上古音研究, 『清華學報』 9, 北京: 清華大學.

李方桂(1980), 『上古音研究』, 臺北: 商務印書館.

李新魁(1983),『漢語等韻學』, 上海: 中華書局.

李榮(1956),『切韻音系』, 臺北: 鼎文書局.

陸志韋(1947),『古音說略』, 北京: 哈佛燕京學社出判.

馬德强(2008), 重韻硏究, 復旦大學 博士學位論文.

麥耘(1995),『音韻與方言硏究』, 廣東: 廣東人民出版社.

北京大學中國語言文學系(1962),『漢語方音字滙』, 北京: 北京大學.

邵榮芬(1982),『切韻硏究』, 北京: 中國社會科學出版社.

王力(1936), 南北朝詩人用韻考,『漢語史論文集』(1958), 北京: 科學出版社.

王力(1957),『漢語史稿』, 北京: 科學出版社.

王力(1958),『漢語史論文集』, 北京: 科學出版社.

王力(1956/87),『王力文集, 第10卷 漢語語音史』, 山東: 山東教育出版社.

鄭張尙芳 (2003),『上古音系』, 上海: 上海教育出版社.

陳彭年(等)(1007/1982),『大宋重修廣韻』, 京都: 中文出版社.

周傲生(2008),『切韻』的音韻格局, 浙江大學 博士學位論文.

周法高(1983),『唐五代韻書集存』, 上海: 中華書局.

周長楫(1994), 濁音和濁音清化芻議,『音韻論硏究』3, 中國音韻學硏究會.

周祖謨(1966),『文學集』, 上海: 中華書局.

兪敏(1984), 後漢三國楚漢對音譜,『兪敏語言學論文集』, 北京: 商務印書館.

有坂秀世(1944/80), カールグレン氏の拗音説を評す,『国語音韻史の研究』, 東京: 明世堂書店.

有坂秀世(1957/80),『國語音韻史の硏究』, 東京: 明世堂書店.

大島正二(1969, 1971), 顔師古漢書音義の硏究,『北海道大學文學部紀要』17, 19, 札幌: 北海道大學.

大矢透(1924), 韻鏡考, 東京.

河野六郎(1950/79) 中國音韻史の一方向-第一口蓋音化に關聯して,『河野六郎著作集 2』, 東京: 平凡社.

河野六郎(1968/79), 朝鮮漢字音の研究,『河野六郎著作集 2』, 東京: 平凡社.

坂井健一(1975),『魏晉南北朝字音研究』, 東京: 汲古書院.

高田時雄(1988),『敦煌資料による中國語史の研究-九·十世紀河西方言』, 東京: 創文社.

藤堂明保(1951), B. Karlgren氏の諧聲說を駁す,『藤堂明保中國語學論集』(1987), 東京: 汲古書院.

藤堂明保(1957),『中國語音韻論』, 東京: 江南書院.

平山久雄(1967), 中古漢語の音韻,『中國文化叢書 1 言語』, 東京: 大修館書店.

平山久雄(1991), 中古漢語における重紐韻介音の音價について,『東洋文化研究所紀要』114, 東京: 東洋文化研究所.

平山久雄(1995), 中古漢語魚韻的音價-兼論人稱代名詞'你'的來源,『中國語文』248, 東京: 中國語文學會.

平山久雄(1998), 隋唐音系里的脣化舌根音韻尾和硬顎音韻尾,『言語學論叢』20, 東京: 言語學會.

水谷眞成(1957), 唐代に於ける中國語語頭鼻音の進行過程,『東洋學報』30, 東京: 東洋文庫.

水谷眞成(1967), 上中古音の間における音韻史上の諸問題,『中國文化叢書 1 言語』, 東京: 大修館書店.

三根谷徹(1956), 中古漢語の韻母の體系-切韻の性格,『言語研究』31, 東京: 言語研究會.

三根谷徹(1972), 越南漢字音の研究,『中古漢語と越南漢字音』(1993), 東京: 汲古書院.

頼惟勤(1953), 上古中國語の喉音韻尾について,『人文科學紀要』(お茶の水女子大學) 第3巻, 東京: お茶の水女子大學.

沼本克明(1997),『日本漢字音の歴史的研究-體系と表記をめぐって』, 東京: 汲古書院.

山口佳紀(1989), 日本語の歴史 音韻,『言語學大事典 第2巻 世界言語編(中)さ～

に』, 東京: 三省堂.

Baxter, William H and Laurent Sagart (2014), *Old Chinese*, Oxford: Oxford University Press.

Chao, Yuen Ren (1933), Tone and intonation in Chinese, *Academia Sinica* 4, Bulletin of the Institute of History and Philology.

Chao, Yuen Ren (1941), Distinctions within Ancient Chinese, *Harvard Journal of Asiatic Studies* 5, Harvard University.

Coblin, W. South (1981), Notes on the dialect of the Han Buddhist transcriptions, in *Proceedings of the International Conference on Sinology, Section on Linguistics and Paleography*, Taipei: Academia Sinica.

Coblin, W. South (1983), *A handbook of Eastern Han sound glosses*, Hongkong: The Chinese University Press.

Hashimoto, Mantaro 橋本萬太郎 (1965), Phonology of Ancient Chinese, PhD. Dissertation, Ohio State University.

Karlgren, Bernhard (1940), Grammata Serica: Scripts and Phonetics in Chinese and Sino-Japanese, *Bulletin of the Museum of Far Eastern Antiquities* 12.

Karlgren, Bernhard (1954/1992), *Compendium of phonetics in Ancient and Archaic Chinese*, Taipei: SMC Publishing Inc.

Karlgren, Bernhard (1957), Grammata Serica Recensa, *The Bulletin of the Museum of Far Eastern Antiquities* no. 29, Stockholm.

Lee, SeungJae (2014), Some Korean/Japanese Linguistic Implications of Korean Wooden Tablet Inscriptions, *Japanese/Korean Linguistics* 22, Stanford University: CSLI Publications.

Lin, Yen-Hwei (2007), *The Sound of Chinese*, Cambridge: Cambridge University Press.

Martin, Samuel E. (1953), The phoneme of Ancient Chinese, *Journal of the*

American Oriental Studies supplement 16.

Pulleyblank, Edwin (1962), The consonantal system of Old Chinese, *Asia Major* 9.

Pulleyblank, Edwin (1983), *Middle Chinese; A Study in Historical Phonology*, Vancouver: University of British Colombia Press.

Ting, Pang-shin 丁邦新 (1975), Chinese phonology of the Wei Chin period: reconstruction of the finals as reflected in poetry, Taipei.

Trubetzkoy, N.S. (1939), *Grundzüge der Phonologie*, English translation by C.A.M. Baltaxe (1971), *Principles of Phonology*, Berkeley: University of California Press.

〈中文摘要〉

前期中古音

–『世说新语』对话文用字的音位对立

李丞宰

(国立首尔大学 语言学系)

前期中古音大体为3世纪~6世纪的汉语音, 但这一时期的音韵研究仍不够充分。前期中古音的研究大多以《切韵》反切、魏晋南北朝时期的诗歌用韵、梵语佛经翻译的对译音等为主要的考究对象。然而, 即使考虑到了《切韵》反切字的系连法分类, 也没有想到反切字音位对立的研究理论上去。押韵或对译等文献资料是不成体系的, 不足以进行全面的系统性的研究。

刘义庆(403~444年)所纂《世说新语》为研究魏晋南北朝时期汉语非常重要的研究资料。以逸文集对话文为对象, 在汉语语法史研究领域其论文已经达到了数百篇, 可见其资料的重要性。但一直没有看到以对话文用字为研究对象建立前期中古汉语音系的研究。《世说新语》对话文所用的汉字是具有表音性的, 完全可以用来进行音韵的研究。本稿的研究目的也是以此文献为主要研究对象, 建立前期中古汉语的音韵系统。

韩国古代三国时期即高句丽、百济、新罗等语言吸收了大量的前期中古音, 这一时期的前期中古音极可能为古代韩国汉字音形成的基础(朴炳采 1971, 姜信沆 2011)。日本吴音的形成也是以前期中古音为基础的。所以只有全面的系统的建立前期中古汉语音系, 才可进行韩国古代汉字音及日本汉字音吴音等下一阶段的研究，否则一切将成为空中楼阁。也就是说韩国和日本汉字音构拟的根本还是在于汉语的音系。

总的来说，本稿研究的必要性有一下两点。第一、目前还没有发现任何以《世说新语》对话文用字为研究对象分析前期中古汉语音系的其他研究；第二、韩国古代三国时期的汉字音与古代日本吴音都以前期中古音为语音基础，有必要先了解前期中古音，然后再进行韩、日汉字音研究。

《世说新语》反映了五世纪前半期的汉语面貌，共有六万一千多字，其中对话文就占了两万一千多。统计了对话文每个汉字的出现频率，发现实际使用的汉字为2,212字，均有表音文字的性质。对话文中所用的汉字，反映了当时汉语口语中该字的实际发音。如同诗句上的押韵字以及元代戏曲的对话文一样都是非常好的音韵研究资料。之所以一直未受汉语音韵学界的重视，是因为没有找到合适的研究方法。

过去的汉语音韵史研究是先按照宋代的韵图进行分类，再对汉字进行音值构拟的。就等韵学来说，中古汉语声类有35~42个，206个韵的元音有9~16个。在世界语言中，一个语言能有这么多的辅音和元音实属罕见。这是因为他们的辅音与元音的构拟没有以音位为单位进行研究，而是以语音单位来进行研究导致的。自高本汉(1954) 对中古汉语进行了语音学角度上的研究之后，后来学者也都一直继承下来。

其实，从音位角度上的中古汉语研究不是不可能的。为某种语言拟定音位时，使用布拉格学派的互补分布关系以及最小对立体是最为普遍的研究方法。笔者认为通过这一普遍的研究方法来对《世说新语》对话文的2,212(2,486)字[1]进行音位对立研究，并建立前期中古汉语的音韵系统。

而问题是如何才能找出声母或韵母的最小对立体呢？我们可先对2,212(2,486)个每一个汉字，如下(1)表音。“[”符号前的汉字为对话文用字，“[ ]”里的是该字的[声母、开合、等、声调、韵母]等。比如(1.3)的“何[匣开

1 2,486字为包含多音字多音情况一起计算得出。

1平歌]", "何"的音韵成分为"匣母、开口、1等、平声、歌韵", 必要时也可以"$^{匣}{}_{C}何_{歌}{}^{平}$"或者"$^{开}{}_{C}何_{歌}{}^{平}$"来表示。

(1) 中古音的表音法

1. $\underline{不}$[非中C平尤]=$^{非}{}_{C}\underline{不}_{尤}{}^{平}$, $\underline{不}$[非中C上尤]=$^{非}{}_{C}\underline{不}_{尤}{}^{上}$, $\underline{不}$[非中C入文]=$^{非}{}_{C}\underline{不}_{文}{}^{入}$
2. 之[章开C平之]=$^{章}{}_{C}之_{之}{}^{平}$ 或 $^{开}{}_{C}之_{之}{}^{平}$
3. 何[匣开1平歌]=$^{匣}{}_{C}何_{歌}{}^{平}$ 或 $^{开}{}_{C}何_{歌}{}^{平}$
4. $\underline{为}$[云合B平支]=$^{云}{}_{B}\underline{为}_{支}{}^{平}$ 或 $^{合}{}_{B}\underline{为}_{支}{}^{平}$
5. 可[溪开1上歌]=$^{溪}{}_{1}可_{歌}{}^{上}$ 或 $^{开}{}_{1}可_{歌}{}^{上}$
6. $\underline{下}$[匣开2上麻]=$^{匣}{}_{2}\underline{下}_{麻}{}^{上}$ 或 $^{开}{}_{2}\underline{下}_{麻}{}^{上}$
7. 天[透开4平先]=$^{透}{}_{4}天_{先}{}^{平}$ 或 $^{开}{}_{4}天_{先}{}^{平}$

若机械性的按照上述方法找出每一个汉字的最小对立体, 比较耗时, 并且也不具系统性容易漏掉一些最小对立体。还是有必要开发一个更有效的系统的找出最小对立体的研究方法。

对此, 笔者则使用了以下分布分析表来进行了研究。我们举例来说明一下, 比如要讨论《世说新语》对话文用字中明母[m]与微母[ɱ]是否具有音位对立的问题。《切韵》时期这两个声母还没有分化, 以音位对立研究方法进行一下对比。在2,212(2,486)字中, 明母[m]字为90例, 微母[ɱ]字为27例, 分类后放入到下面的分布分析表中。

以下分布分析表的列代表了汉字的声母, 即辅音;行代表的是汉字的韵母。并且排韵时用的是摄的概念。中古汉语一般分16摄, 照此分类。

从下面的分布分析表中不难看出, 属于明母字的行里没有出现微母字, 而微母字分布的行里也没有明母字。这说明明母与微母是互补性分布的关系。但也有例外, 比如止摄微韵明母字"$_{C}\underline{亹}_{微}{}^{上}$", 也出现在臻摄魂韵中, 比如"$_{1}\underline{亹}_{魂}{}^{平}$"。这是因"亹"字为多音字导致的。原则上我们应该排除这些多音字。微母[ɱ]只出现在3等C类字，剩余其他韵只有明母[m]。这表明微母[ɱ]与明母[m]的分布互补，也就是说五世纪前半期的汉语明母[m]与微母[ɱ]是没有最小对立体的。

(2) 明母、微母字的分布分析表

唇音 / 摄	次浊	
	明母[m] 90	微母[ɱ] 27
果摄 歌1, 戈1, 戈3		
假摄 麻2	$_{2}$马$_{麻}^{上}$ $_{2}$骂$_{麻}^{去}$	
遇摄 模1, 鱼C, 虞C	$_{1}$莫$_{模}^{去}$ $_{1}$莽$_{模}^{上}$ $_{1}$姥$_{模}^{上}$ $_{1}$暮$_{模}^{去}$ $_{1}$慕$_{模}^{去}$ $_{1}$谟$_{模}^{平}$	
		$_{C}$诬$_{虞}^{平}$ $_{C}$雾$_{虞}^{去}$ $_{C}$务$_{虞}^{去}$ $_{C}$武$_{虞}^{上}$ $_{C}$舞$_{虞}^{上}$ $_{C}$无$_{虞}^{平}$ $_{C}$芜$_{虞}^{平}$ $_{C}$亡$_{虞}^{平}$
止摄 脂A, B, 支A,B, 之C, 微C	$_{B}$眉$_{脂}^{平}$ $_{B}$美$_{脂}^{上}$ $_{B}$靡$_{支}^{上}$ $_{A}$弥$_{支}^{平}$ $_{B}$縻$_{支}^{平}$	
	$_{C}$亹$_{微}^{上}$	$_{C}$未$_{微}^{去}$ $_{C}$味$_{微}^{去}$ $_{C}$微$_{微}^{平}$
效摄 豪1, 肴2, 宵A,B, 幽B, 萧4	$_{1}$旄$_{豪}^{平/去}$ $_{1}$冒$_{豪}^{去}$ $_{1}$髦$_{豪}^{平}$ $_{1}$毛$_{豪}^{平}$ $_{2}$貌$_{肴}^{去}$ $_{A}$妙$_{宵}^{去}$ $_{B}$庙$_{宵}^{上}$ $_{B}$苗$_{宵}^{平}$ $_{B}$谬$_{幽}^{去}$	
流摄 侯1, 尤C	$_{1}$母$_{侯}^{上}$ $_{1}$某$_{侯}^{上}$ $_{1}$亩$_{侯}^{上}$ $_{1}$茂$_{侯}^{去}$ $_{C}$矛$_{尤}^{平}$ $_{C}$侔$_{尤}^{平}$ $_{C}$谋$_{尤}^{平}$	
蟹摄 咍1, 灰1, 佳2, 夬2, 祭A,B, 齐4	$_{2}$卖$_{佳}^{去}$ $_{2}$买$_{佳}^{上}$ $_{2}$迈$_{夬}^{去}$ $_{4}$米$_{齐}^{上}$ $_{4}$迷$_{齐}^{平}$ $_{1}$每$_{灰}^{平/上}$ $_{1}$梅$_{灰}^{平}$ $_{2}$埋$_{皆}^{平}$ $_{1}$昧$_{灰}^{去}$	
通摄 东1, C, 冬1, 锺C	$_{1}$木$_{东}^{入}$ $_{1}$蒙$_{东}^{平}$ $_{C}$目$_{东}^{入}$ $_{C}$牧$_{东}^{入}$ $_{C}$穆$_{东}^{入}$ $_{C}$梦$_{东}^{去}$	
江摄 江2	$_{2}$邈$_{江}^{入}$	
宕摄 唐1, 阳C	$_{1}$莫$_{唐}^{入}$ $_{1}$幕$_{唐}^{入}$ $_{1}$茫$_{唐}^{平}$ $_{1}$莽$_{唐}^{上}$ $_{1}$寞$_{唐}^{入}$	

摄 \ 唇音	次浊	
	明母[m] 90	微母[ɱ] 27
宕摄 唐1, 阳C		$_{C}$亡$_{阳}^{平}$ $_{C}$忘$_{阳}^{平}$ $_{C}$芒$_{阳}^{平}$ $_{C}$罔$_{阳}^{上}$ $_{C}$网$_{阳}^{上}$ $_{C}$妄$_{阳}^{去}$ $_{C}$望$_{阳}^{去}$
曾摄 登1, 蒸C	$_{1}$瞢$_{登}^{入}$ $_{1}$默$_{登}^{入}$	
梗摄 庚2, B, 清A,B, 青4	$_{B}$明$_{庚}^{平}$ $_{B}$命$_{庚}^{去}$ $_{2}$陌$_{庚}^{入}$ $_{2}$盲$_{庚}^{平}$ $_{2}$孟$_{庚}^{平}$ $_{2}$勐$_{庚}^{平}$ $_{B}$鸣$_{庚}^{平}$ $_{2}$脉$_{耕}^{入}$ $_{2}$麦$_{耕}^{入}$ $_{A}$名$_{清}^{平}$ $_{4}$觅$_{青}^{入}$ $_{4}$冥$_{青}^{平}$ $_{4}$暝$_{青}^{平/上}$ $_{4}$茗$_{青}^{上}$	
山摄 寒1, 桓1, 山2, 仙A,B, 元C, 先4	$_{1}$满$_{桓}^{上}$ $_{1}$漫$_{桓}^{去}$ $_{1}$末$_{桓}^{入}$ $_{2}$慢$_{删}^{去}$ $_{2}$蛮$_{删}^{平}$ $_{A}$面$_{仙}^{去}$ $_{B}$免$_{仙}^{上}$ $_{B}$冕$_{仙}^{上}$ $_{A}$绵$_{仙}^{平}$ $_{A}$灭$_{仙}^{入}$ $_{4}$眠$_{先}^{平}$	
		$_{C}$晚$_{元}^{上}$ $_{C}$万$_{元}^{去}$
臻摄 魂1, 痕1, 真A,B, 谆A,B, 文C, 欣C	$_{1}$没$_{魂}^{入}$ $_{1}$门$_{魂}^{平}$ $_{1}$殁$_{魂}^{入}$ $_{1}$亹$_{魂}^{平}$ $_{B}$愍$_{真}^{上}$ $_{B}$敏$_{真}^{上}$ $_{B}$闵$_{真}^{上}$ $_{B}$密$_{真}^{入}$ $_{A}$民$_{真}^{平}$	
		$_{C}$吻$_{文}^{上}$ $_{C}$问$_{文}^{去}$ $_{C}$物$_{文}^{入}$ $_{C}$勿$_{文}^{入}$ $_{C}$闻$_{文}^{平/去}$ $_{C}$文$_{文}^{平}$
咸摄 谈, 覃, 咸, 衔, 盐, 严, 添		
深摄 侵AB		

分布互补的两个音是可以合并为一个音位的。但具有最小对立体的要设置为两个不同的音位。明母[m]与微母[ɱ]可合并为一个“明微母[m]”, 这与帮母[p]是音位对立的关系。以下的分布分析表就可以看出明微母[m]和帮母[p]最小对立关系。

(3) 帮母、明微母字的分布分析表

唇音 摄	全浊	次浊
	帮[p] 86	明微[m] 117
果摄 歌1, 戈1, 戈3	$_{1}$波$_{戈}^{平}$ $_{1}$播$_{戈}^{去}$ $_{1}$簸$_{戈}^{去}$ $_{1}$番$_{戈}^{平/去}$	
假摄 麻2	$_{2}$把$_{麻}^{上}$	$_{2}$马$_{麻}^{上}$ $_{2}$骂$_{麻}^{去}$
遇摄 模1, 鱼C, 虞C	$_{1}$哺$_{模}^{平}$ $_{1}$补$_{模}^{上}$ $_{1}$布$_{模}^{去}$	$_{1}$谟$_{模}^{平}$ $_{1}$莽$_{模}^{上}$ $_{1}$姥$_{模}^{上}$ $_{1}$莫$_{模}^{去}$ $_{1}$暮$_{模}^{去}$ $_{1}$慕$_{模}^{去}$
		$_{C}$无$_{虞}^{平}$ $_{C}$芜$_{虞}^{平}$ $_{C}$亡$_{虞}^{平}$ $_{C}$诬$_{虞}^{平}$ $_{C}$武$_{虞}^{上}$ $_{C}$舞$_{虞}^{上}$ $_{C}$雾$_{虞}^{去}$ $_{C}$务$_{虞}^{去}$
止摄 脂A, B, 支A,B, 之C, 微C	$_{A}$比$_{脂}^{去}$ $_{A}$庇$_{脂}^{去}$ $_{B}$鄙$_{脂}^{上}$ $_{A}$秕$_{脂}^{上}$ $_{A}$卑$_{支}^{平}$ $_{A}$箄$_{支}^{上}$ $_{A}$臂$_{支}^{去}$ $_{B}$陂$_{支}^{平}$ $_{B}$彼$_{支}^{上}$	$_{B}$眉$_{脂}^{平}$ $_{B}$美$_{脂}^{上}$ $_{B}$靡$_{支}^{上}$ $_{A}$弥$_{支}^{平}$ $_{B}$縻$_{支}^{平}$
		$_{C}$微$_{微}^{平}$ $_{C}$亹$_{微}^{上}$ $_{C}$未$_{微}^{去}$ $_{C}$味$_{微}^{去}$
效摄 豪1, 肴2, 宵A,B, 幽B, 萧4	$_{1}$保$_{豪}^{上}$ $_{1}$宝$_{豪}^{上}$ $_{1}$报$_{豪}^{去}$ $_{2}$苞$_{肴}^{平}$ $_{2}$饱$_{肴}^{上}$ $_{2}$豹$_{肴}^{去}$ $_{A}$标$_{宵}^{上}$ $_{B}$表$_{宵}^{上}$	$_{1}$髦$_{豪}^{平}$ $_{1}$毛$_{豪}^{平}$ $_{1}$旄$_{豪}^{平/去}$ $_{1}$冒$_{豪}^{去}$ $_{2}$貌$_{肴}^{去}$ $_{A}$妙$_{宵}^{去}$ $_{B}$苗$_{宵}^{平}$ $_{B}$庙$_{宵}^{上}$ $_{B}$谬$_{幽}^{去}$
流摄 侯1, 尤C	$_{C}$彪$_{尤}^{平}$	$_{1}$母$_{侯}^{上}$ $_{1}$某$_{侯}^{上}$ $_{1}$亩$_{侯}^{上}$ $_{1}$茂$_{侯}^{去}$ $_{C}$矛$_{尤}^{平}$ $_{C}$侔$_{尤}^{平}$ $_{C}$谋$_{尤}^{平}$
蟹摄 咍1, 灰1, 佳2, 夬2, 祭A,B, 齐4	$_{1}$狈$_{泰}^{去}$ $_{1}$背$_{灰}^{去}$ $_{1}$桮$_{灰}^{平}$ $_{1}$辈$_{灰}^{去}$ $_{2}$摆$_{佳}^{上}$ $_{2}$拜$_{皆}^{去}$ $_{A}$蔽$_{祭}^{去}$	$_{1}$梅$_{灰}^{平}$ $_{1}$昧$_{灰}^{去}$ $_{1}$每$_{灰}^{平/上}$ $_{2}$卖$_{佳}^{去}$ $_{2}$买$_{佳}^{上}$ $_{2}$埋$_{皆}^{平}$ $_{2}$迈$_{夬}^{去}$ $_{4}$迷$_{齐}^{平}$ $_{4}$米$_{齐}^{上}$
通摄 东1, C, 冬1, 锺C	$_{1}$卜$_{东}^{入}$ $_{1}$濮$_{东}^{入}$ $_{C}$复$_{东}^{入}$	$_{1}$蒙$_{东}^{平}$ $_{1}$木$_{东}^{入}$ $_{C}$目$_{东}^{入}$ $_{C}$牧$_{东}^{入}$ $_{C}$穆$_{东}^{入}$ $_{C}$梦$_{东}^{去}$
江摄 江2	$_{2}$邦$_{江}^{平}$	$_{2}$邈$_{江}^{入}$
宕摄 唐1, 阳C	$_{1}$榜$_{唐}^{上}$ $_{1}$谤$_{唐}^{去}$ $_{1}$博$_{唐}^{入}$	$_{1}$茫$_{唐}^{平}$ $_{1}$莽$_{唐}^{上}$ $_{1}$莫$_{唐}^{入}$ $_{1}$幕$_{唐}^{入}$ $_{1}$寞$_{唐}^{入}$
		$_{C}$亡$_{阳}^{平}$ $_{C}$忘$_{阳}^{平}$ $_{C}$芒$_{阳}^{平}$ $_{C}$罔$_{阳}^{上}$ $_{C}$网$_{阳}^{上}$ $_{C}$妄$_{阳}^{去}$ $_{C}$望$_{阳}^{去}$
曾摄 登1, 蒸C	$_{1}$崩$_{登}^{平}$ $_{1}$北$_{登}^{入}$ $_{B}$冰$_{蒸}^{平}$ $_{B}$逼$_{蒸}^{入}$	$_{1}$冒$_{登}^{入}$ $_{1}$默$_{登}^{入}$

唇音 / 摄	全浊	次浊
	幫[p] 86	明微[m] 117
梗摄 庚2, B, 清A,B, 青4	$_{2}$柏$_{\text{庚}}^{\text{入}}$ $_{2}$伯$_{\text{庚}}^{\text{入}}$ $_{2}$百$_{\text{庚}}^{\text{入}}$ $_{2}$迫$_{\text{庚}}^{\text{入}}$ $_{B}$兵$_{\text{庚}}^{\text{平}}$ $_{B}$秉$_{\text{庚}}^{\text{上}}$ $_{B}$柄$_{\text{庚}}^{\text{去}}$ $_{A}$辟$_{\text{清}}^{\text{入}}$ $_{A}$屏$_{\text{清}}^{\text{上}}$ $_{A}$䴵$_{\text{清}}^{\text{上}}$ $_{A}$璧$_{\text{清}}^{\text{入}}$ $_{A}$拼$_{\text{清}}^{\text{平/去}}$ $_{4}$壁$_{\text{青}}^{\text{入}}$	$_{2}$盲$_{\text{庚}}^{\text{平}}$ $_{2}$孟$_{\text{庚}}^{\text{平}}$ $_{2}$勐$_{\text{庚}}^{\text{平}}$ $_{2}$陌$_{\text{庚}}^{\text{入}}$ $_{B}$鸣$_{\text{庚}}^{\text{平}}$ $_{B}$明$_{\text{庚}}^{\text{平}}$ $_{B}$命$_{\text{庚}}^{\text{去}}$ $_{2}$脉$_{\text{耕}}^{\text{入}}$ $_{2}$麦$_{\text{耕}}^{\text{入}}$ $_{A}$名$_{\text{清}}^{\text{平}}$ $_{4}$冥$_{\text{青}}^{\text{平}}$ $_{4}$溟$_{\text{青}}^{\text{平/上}}$ $_{4}$茗$_{\text{青}}^{\text{上}}$ $_{4}$觅$_{\text{青}}^{\text{入}}$
山摄 寒1, 桓1, 山2, 仙A,B, 元C, 先4	$_{1}$半$_{\text{桓}}^{\text{去}}$ $_{1}$拨$_{\text{桓}}^{\text{入}}$ $_{1}$鉢$_{\text{桓}}^{\text{入}}$ $_{2}$八$_{\text{山}}^{\text{入}}$ $_{2}$班$_{\text{删}}^{\text{平}}$ $_{2}$斑$_{\text{删}}^{\text{平}}$ $_{2}$颁$_{\text{删}}^{\text{平}}$ $_{2}$攀$_{\text{删}}^{\text{平}}$ $_{2}$版$_{\text{删}}^{\text{上}}$ $_{A}$鞭$_{\text{仙}}^{\text{平}}$ $_{B}$变$_{\text{仙}}^{\text{去}}$ $_{B}$别$_{\text{仙}}^{\text{入}}$ $_{C}$蕃$_{\text{元}}^{\text{平}}$ $_{4}$边$_{\text{先}}^{\text{平}}$ $_{4}$遍$_{\text{先}}^{\text{去}}$	$_{1}$满$_{\text{桓}}^{\text{上}}$ $_{1}$漫$_{\text{桓}}^{\text{去}}$ $_{1}$末$_{\text{桓}}^{\text{入}}$ $_{2}$蛮$_{\text{删}}^{\text{平}}$ $_{2}$慢$_{\text{删}}^{\text{去}}$ $_{A}$绵$_{\text{仙}}^{\text{平}}$ $_{A}$面$_{\text{仙}}^{\text{去}}$ $_{A}$灭$_{\text{仙}}^{\text{入}}$ $_{B}$免$_{\text{仙}}^{\text{上}}$ $_{B}$冕$_{\text{仙}}^{\text{上}}$ $_{4}$眠$_{\text{先}}^{\text{平}}$
		$_{C}$晚$_{\text{元}}^{\text{上}}$ $_{C}$万$_{\text{元}}^{\text{去}}$
臻摄 魂1, 痕1, 眞A,B, 谆A,B, 文C, 欣C	$_{1}$奔$_{\text{魂}}^{\text{平}}$ $_{1}$贲$_{\text{魂}}^{\text{平}}$ $_{1}$本$_{\text{魂}}^{\text{上}}$ $_{1}$本$_{\text{魂}}^{\text{上}}$ $_{A}$宾$_{\text{眞}}^{\text{平}}$ $_{A}$殡$_{\text{眞}}^{\text{去}}$ $_{A}$鬓$_{\text{眞}}^{\text{去}}$ $_{A}$虨$_{\text{眞}}^{\text{平}}$ $_{A}$必$_{\text{眞}}^{\text{入}}$ $_{A}$毕$_{\text{眞}}^{\text{入}}$ $_{B}$笔$_{\text{眞}}^{\text{入}}$	$_{1}$门$_{\text{魂}}^{\text{平}}$ $_{1}$亹$_{\text{魂}}^{\text{平}}$ $_{1}$没$_{\text{魂}}^{\text{入}}$ $_{1}$殁$_{\text{魂}}^{\text{入}}$ $_{A}$民$_{\text{眞}}^{\text{平}}$ $_{B}$愍$_{\text{眞}}^{\text{上}}$ $_{B}$敏$_{\text{眞}}^{\text{上}}$ $_{B}$闵$_{\text{眞}}^{\text{上}}$ $_{B}$密$_{\text{眞}}^{\text{入}}$
		$_{C}$文$_{\text{文}}^{\text{平}}$ $_{C}$吻$_{\text{文}}^{\text{上}}$ $_{C}$问$_{\text{文}}^{\text{去}}$ $_{C}$物$_{\text{文}}^{\text{入}}$ $_{C}$勿$_{\text{文}}^{\text{入}}$ $_{C}$闻$_{\text{文}}^{\text{平/去}}$
咸摄 谈,覃,咸,衔,盐,严,添	$_{B}$贬$_{\text{盐}}^{\text{上}}$	
深摄 侵AB	$_{B}$禀$_{\text{侵}}^{\text{上}}$	

上表可看出同一行出现较多对话文用字，它们的语音只有声母的区别，其他都一样，这时声母反映的是最小对立现象。通过以上方法的梳理和统计，发现共有31/42对的最小对立体，举部分的例字如下：[2]

2 如果不包括多音字，共有31对最小对立体，若包括多音字则为42对最小对立体，为"31/42对"。(4)数字指对话文中其用字出现频率，且(4)最小对立只出现于5次以上频率字组(共764字)中，才可成为对立关系。

(4) 帮母[p]与明微母[m]最小对立体(31/42对) (5, 5, 4)

1. 遇摄 模韵 – $_{1}$布$_{模}^{去}$: $_{1}$莫$_{模}^{去}$, $_{1}$暮$_{模}^{去}$, $_{1}$慕$_{模}^{去}$ (10 : 13, 2, 5)
2. 效摄 宵韵 – $_{B}$表$_{宵}^{上}$: $_{B}$庙$_{宵}^{上}$ (6 : 4)
3. 山摄 先韵 – $_{4}$边$_{先}^{平}$: $_{4}$眠$_{先}^{平}$ (5 : 5)
4. 臻摄 魂韵 – $_{1}$奔$_{魂}^{平}$, $_{1}$贲$_{魂}^{平}$: $_{1}$门$_{魂}^{平}$ (3, 2 : 31)

除去多音字, 帮母[p]与明微母[m]最小对立体多达31对。这证明了帮母[p]与明微母[m]的确是为音位对立的关系, 可确定为帮母/p/和明微母/m/。

就以上研究方法, 声母分析得出的结果是5世纪前半期汉语辅音有28个音位, 如果包括羊母/j/的话为29个。

(5) 5世纪前半期汉语辅音音位 (汉语音韵学)[3]

<table>
<tr><th colspan="2">方式
位置</th><th>全清</th><th>次清</th><th>全浊</th><th>次浊</th><th>%</th></tr>
<tr><td colspan="2">唇音</td><td>帮非/p/</td><td>滂敷/p^h/</td><td>并奉/b/</td><td>明微/m/</td><td>15.8</td></tr>
<tr><td rowspan="2">舌音</td><td>齿槽</td><td>端知/t/</td><td>透彻/t^h/</td><td>定澄/d/</td><td>泥日娘/n/</td><td>15.5</td></tr>
<tr><td>反舌</td><td></td><td></td><td></td><td>来/l/</td><td>6.0</td></tr>
<tr><td rowspan="6">齿音</td><td rowspan="3">破擦</td><td>精/ts/</td><td rowspan="2">清初/ts^h/</td><td>从/dz/</td><td rowspan="6"></td><td>8.5</td></tr>
<tr><td>庄/tʂ/</td><td rowspan="2">船崇/dʑ/</td><td>0.6</td></tr>
<tr><td>章/tɕ/</td><td>昌/$tɕ^h$/</td><td>5.2</td></tr>
<tr><td rowspan="3">摩擦</td><td>心/s/</td><td rowspan="3"></td><td>邪/z/</td><td>5.4</td></tr>
<tr><td>生/ʂ/</td><td rowspan="2">常俟/ʑ/</td><td>1.8</td></tr>
<tr><td>书/ɕ/</td><td>4.8</td></tr>
<tr><td colspan="2">牙音</td><td>见/k/</td><td>溪/k^h/</td><td>群/g/</td><td>疑/ŋ/</td><td>18.6</td></tr>
<tr><td colspan="2">喉音</td><td>影/ʔ/</td><td>晓/h/</td><td>匣云/ɦ/</td><td>羊/j/</td><td>17.8</td></tr>
<tr><td colspan="2">%</td><td>37.3</td><td>14.0</td><td>27.6</td><td>21.1</td><td>100</td></tr>
</table>

3 舌音与齿音下属分类为'舌齿音、半舌音、塞擦音、擦音'等, 但这些并非传统汉语音韵学上的用语, 而为了叙述的方便同等使用。

以上分析表是按照传统汉语音韵学的辅音分类法做的。前期中古音的唇音不分重唇和轻唇(或唇齿音)，舌音不分舌头和舌上；泥母[n]与娘母[ɳ]互补，泥母[n]与日母[ɲ]也为是互补关系。这些结论都是众所周知的，不再赘述。

但有趣的是，前人研究中没有讨论过齿音内部是否具有互补关系或最小对立体的问题。以《世说新语》2,212(2,486)字为研究对象，发现次清(送气音)的齿龈清母[ʦʰ]和卷舌[4]初母[ʈʂʰ]是没有最小对立体的。这说明它们是互补分布的关系，可合并为一个清初母/ʦʰ/。同样全浊(浊音)的腭化音船母[ʥ]和卷舌音崇母[ɖʐ]也没有最小对立体，也可以合并为一个船崇母/ʥ/。并且2,212(2,486)字中没有齿擦音全浊的卷舌音俟母[ʐ]字。由此可以断定前期中古音的辅音系统是无法设定一个独立的卷舌音俟母[ʐ]，俟母[ʐ]和常母[ʑ]应该合并为一个常俟母/ʑ/。

前人的研究中卷舌音初母[ʈʂʰ]、崇母[ɖʐ]、俟母[ʐ]为独立的音位，但这与五世纪前半期实际汉语的音系不符。它们应为清初母/ʦʰ/、船崇母/ʥ/、常俟母/ʑ/的一种音位变体，这才算是符合语言事实的。这一全新的论证体现了本书与前人研究不同的一大特点。

此外，中古汉语研究中如何处理喉音云母[ɦ]是一个很重要的问题。高本汉(1954)与李方桂(1980)认为因云母[ɦ]只出现在三等韵，应该与只出现在三等韵的牙音群母[g]在上古汉语合并为一个/*g/。但董同龢(1944)、王力(1983:146，李钟振 · 李鸿镇 译)、郑张尚芳(2003)等认为云母[ɦ]只出现于三等，匣母[ɦ]只出现于1、2、4等中，云母[ɦ]与匣母[ɦ]为互补关系，上古音应该拟为/*ɦ/。

通过笔者调查《世说新语》2,212(2,486)字中牙音群母[g]与喉音云母[ɦ]音位对立关系，发现该两个声母为一对最小音位对立体。也就是说五世纪前半期的汉语经历了群母[g]与云母[ɦ]的分化。并且云母[ɦ]和匣母[ɦ]为

---

4 这也可叫齿槽腭化音。

互补关系，合并为一个声母是对的。这也说明了五世纪前半期牙音与喉音已经开始了分化。

目前为止本书与前人中古汉语的研究具有以下两大区别。第一、以实际的自然语料作为研究对象；第二、不以语音学角度分析，而以音位学角度进行分析和研究。

仅凭11~12世纪韵图资料来证明卷舌音初母[ʈʂ^{h}]、崇母[ɖʐ]、俟母[ʐ]不具独立音位是不够成分的。云母[ɦ]不应与群母[g]合并，而与匣母[ɦ]合并，这一分析也不可单纯的依靠韵图资料。如果结合了《世说新语》对话文实际的自然语言所用的表音字来进行研究，更加明确了以上的研究结果。王力(1956/87:318)在杜甫、白居易诗韵研究中提出了"上去通押"的观点，我们也可以通过同样实际语言资料《世说新语》的对话文用字来证明以上观点。这就是本书的特点之一。

若以实际自然语言为研究对象，才可在其表音字组中真实的找出两个相互对立的音位。如果分布互补的话，可合并为一个音位；如果具有最小对立关系的话，各自为独立的音位。以往的语音学研究中清母[ʦ^{h}]与初母[ʈʂ^{h}]、船母[ʥ]与崇母[ɖʐ]并列，我们可进一步验证了实际语言中也是具有互补关系一个音位的。本书以布拉格学派的互补分布理论以及最小对立体理论来设定音位，构拟了前期中古汉语音系。这又是本书的另一特点。

上表(5)的五世纪前半期辅音系统，以现代音位学的角度提出如下不同的观点。现代的音位学中/j/一般不属于辅音，为介音，因此本文排除了羊母/j/。

5世纪前半期汉语中具备音位性质的辅音一共有28个。若将腭音/ʨ、ʨ^{h}、ʥ、ɕ、ʑ/作为音位标记/ʦj、ʦ^{h}j、dzj、sj、zj/的话，只有23个辅音。

从发音部位可分为唇音、齿龈音、硬腭音、软腭音、喉音等五类。卷舌音(庄组)可视作齿腭音，因此在(6)将卷舌音发音部位定为硬腭音。上古汉语是否区分牙音与喉音暂不清楚，但可知五世纪前半期两者是有区别的。

(6) 5世纪前半期汉语的辅音系统（现代音位学）

<table>
<tr><th colspan="3">调音位置
调音方式</th><th>兩脣音</th><th>齿槽音</th><th>硬口盖音</th><th>软口盖音</th><th>喉音</th></tr>
<tr><td rowspan="3">闭锁</td><td colspan="2">无声无气</td><td>p</td><td>t</td><td></td><td>k</td><td>ʔ</td></tr>
<tr><td colspan="2">无声有气</td><td>p^h</td><td>t^h</td><td></td><td>k^h</td><td></td></tr>
<tr><td colspan="2">有声无气</td><td>b</td><td>d</td><td></td><td>g</td><td></td></tr>
<tr><td rowspan="4">破擦</td><td rowspan="2">无声无气</td><td>非捲舌</td><td rowspan="2"></td><td rowspan="2">ʦ</td><td>(ʨ)</td><td rowspan="2"></td><td rowspan="2"></td></tr>
<tr><td>捲舌</td><td>tʂ</td></tr>
<tr><td colspan="2">无声有气</td><td></td><td>ʦ^h</td><td>(ʨ^h)</td><td></td><td></td></tr>
<tr><td colspan="2">有声无气</td><td></td><td>dz</td><td>(dʑ)</td><td></td><td></td></tr>
<tr><td rowspan="3">摩擦</td><td rowspan="2">无声</td><td>非捲舌</td><td rowspan="2"></td><td rowspan="2">s</td><td>(ɕ)</td><td rowspan="2"></td><td rowspan="2">h</td></tr>
<tr><td>捲舌</td><td>ʂ</td></tr>
<tr><td colspan="2">有声</td><td></td><td>z</td><td>(ʑ)</td><td></td><td>ɦ</td></tr>
<tr><td colspan="3">鼻音</td><td>m</td><td>n</td><td></td><td>ŋ</td><td></td></tr>
<tr><td colspan="3">流音</td><td></td><td>l</td><td></td><td></td><td></td></tr>
</table>

在发音方式上为塞音、塞擦音、擦音、鼻音、流音等五类。塞音与塞擦音再分为无声无气(全清)，无声送气音(次清)，有声无气音(全浊)等三类，并形成"三肢的相关束"关系。擦音原则上应分为无声音[清音]与有声音[浊音]两类，但擦音与塞擦音还有一类较特殊卷舌音/ʂ/与/tʂ/。卷舌音只有无声无气音是具有独立音位性质的，送气音与有声音[浊音]都不具音位性质。这也是前人研究没有提过的新的说法。

在本研究中，若某一字组单位越大，其音位数量也会增加；如果字组单位变小，其音位数量也会变少。《世说新语》的2,212字组中有28个辅音音位，若以出现率两次以上的1,487字组来看清初母/ʦ^h/与昌母/ʨ^h/将会被排除出去。出现率五次以上的764字组中又会排除滂敷母/p^h/与庄母/tʂ/。以此我们又可预测哪种音位是可以被优先排除出去的，这也是本书研究方法的优点之一。

相反，在极少数常用字组的音位对立，可追溯至音位对立起源。出现在14

次以上极其少数常用字组(具体为309字组)的音位对立有12类，其中9类为无声音(清音)及有声音(浊音)的对立。可知汉语起初是以有声(浊)与无声(清)对立为最基本音位的对立，没有送气与不送气对立的。从上古汉语有声(浊)与无声(清)对立发展到现代汉语为送气与不送气对立的关系，也就是说浊音清化是汉语音韵史上最为显著的一种语音变化。五世纪前半期处于其变化的过程中，因此有声(浊)与无声(清)的对立与送气及不送气对立并存。

下面是韵母研究的分析结果。在音韵学中韵母内部成分为开合、等、韵腹元音、韵尾等，按照韵尾可分16摄。中古汉语的韵尾分类上，诸多学者意见比较一致。

(7) 韵尾与摄的分类

1. /−ø/：果摄, 假摄, 遇摄, 止摄
2. /−u/：效摄, 流摄
3. /−i/：蟹摄, (止摄)
4. /−ŋ, −k/：通摄, 江摄, 宕摄, 曾摄, 梗摄
5. /−n, −t/：山摄, 臻摄
6. /−m, −p/：咸摄, 深摄

在上古汉语研究中通常不仅会构拟/*−b, *−d, *−g/等浊辅音韵尾，还会有/*−l, *−r, *−s, *−ʔ/等其他辅音韵尾。这些其他韵尾到中古汉语时期全部消失。本书也只定了以上六个韵尾。

(7.4)通摄、江摄、宕摄、曾摄、梗摄韵尾均为/−ŋ, −k/，若要进一步讨论各韵的韵腹元音，则要对这五个摄进行综合的讨论。这样先确定/−ŋ, −k/的韵尾，然后再讨论韵腹元音是非常方便的。

下面(8)韵的最小对立体分析，行为声母，列为声调。以/−i/韵尾蟹摄为例，包括了咍韵、皆韵、佳韵、齐韵等四韵。

(8) 蟹摄咍韵(33字)、皆韵(20字)、佳韵(15字)，齐韵(60字)的分布分析表

声母 \ 声调		平声	上声	去声
唇音	帮非 /p/		$_{2}$摆$_{佳}$	$_{2}$拜$_{皆}$
	滂敷 /p^h/			
	并奉 /b/	$_{2}$排$_{皆}$	$_{2}$罢$_{佳}$ $_{4}$陛$_{齐}$	
	明微 /m/	$_{2}$埋$_{皆}$ $_{4}$迷$_{齐}$	$_{2}$买$_{佳}$ $_{4}$米$_{齐}$	$_{2}$卖$_{佳}$
舌音	端知 /t/	$^{开}_{4}$低$_{齐}$	$^{开}_{4}$诋$_{齐}$ $^{开}_{4}$抵$_{齐}$	$^{开}_{1}$戴$_{咍}$ $^{开}_{4}$帝$_{齐}$
	透彻 /t^h/	$^{开}_{4}$梯$_{齐}$	$^{开}_{4}$体$_{齐}$	$^{开}_{4}$替$_{齐}$
	定澄 /d/	$^{开}_{1}$台$_{咍}$ $^{开}_{1}$臺$_{咍}$ $^{开}_{4}$啼$_{齐}$ $^{开}_{4}$提$_{齐}$ $^{开}_{4}$题$_{齐}$	$^{开}_{1}$待$_{咍}$ $^{开}_{1}$殆$_{咍}$ $^{开}_{4}$弟$_{齐}$	$^{开}_{1}$代$_{咍}$ $^{开}_{1}$岱$_{咍}$ $^{开}_{4}$弟$_{齐}$ $^{开}_{4}$第$_{齐}$ $^{开}_{4}$逮$_{齐}$ $^{开}_{4}$悌$_{齐}$
	泥日娘 /n/	$^{开}_{4}$泥$_{齐}$	$^{开}_{1}$乃$_{咍}$ $^{开}_{1}$迺$_{咍}$ $^{开}_{4}$祢$_{齐}$	$^{开}_{4}$泥$_{齐}$
	来母 /l/	$^{开}_{1}$来$_{咍}$ $^{开}_{4}$梨$_{齐}$	$^{开}_{4}$礼$_{齐}$	$^{开}_{1}$赉$_{咍}$ $^{开}_{1}$睐$_{咍}$ $^{开}_{4}$俪$_{齐}$ $^{开}_{4}$泪$_{齐}$ $^{开}_{4}$唳$_{齐}$
齿音摩擦	心母 /s/	$^{开}_{4}$西$_{齐}$ $^{开}_{4}$栖$_{齐}$	$^{开}_{4}$洗$_{齐}$	$^{开}_{4}$壻$_{齐}$ $^{开}_{4}$细$_{齐}$
	邪母 /z/			
	生母 /ʂ/		$^{开}_{2}$洒$_{佳}$	$^{开}_{2}$酒$_{佳}$ $^{开}_{2}$晒$_{佳}$ $^{开}_{2}$杀$_{皆}$
	书母 /ɕ/			
	常母 /ʑ/			
	羊母 /j/			
齿音破擦	精母 /ʦ/	$^{开}_{1}$哉$_{咍}$ $^{开}_{1}$灾$_{咍}$ $^{开}_{4}$齑$_{齐}$	$^{开}_{1}$载$_{咍}$ $^{开}_{1}$宰$_{咍}$ $^{开}_{4}$济$_{齐}$ $^{开}_{4}$齑$_{齐}$	$^{开}_{1}$载$_{咍}$ $^{开}_{4}$济$_{齐}$
	清初 /$ʦ^h$/	$^{开}_{1}$猜$_{咍}$ $^{开}_{2}$差$_{佳}$ $^{开}_{4}$妻$_{齐}$ $^{开}_{4}$悽$_{齐}$	$^{开}_{1}$采$_{咍}$	$^{开}_{4}$妻$_{齐}$
	从母 /dz/	$^{开}_{1}$才$_{咍}$ $^{开}_{1}$裁$_{咍}$ $^{开}_{1}$财$_{咍}$ $^{开}_{4}$齐$_{齐}$	$^{开}_{1}$在$_{咍}$	
	庄母 /tʂ/	$^{开}_{2}$斋$_{皆}$		
	章母 /ʨ/			

声母 \ 声调		平声	上声	去声
齿音破擦	昌母 /tɕʰ/			
	船崇 /dʑ/	${}^{开}_{2}$柴$_{佳}$ ${}^{开}_{2}$豺$_{皆}$		
牙音	见母 /k/	${}^{开}_{2}$佳$_{佳}$ ${}^{开}_{2}$皆$_{皆}$ ${}^{开}_{2}$楷$_{皆}$ ${}^{开}_{2}$阶$_{皆}$ ${}^{合}_{2}$乖$_{皆}$ ${}^{开}_{4}$稭$_{齐}$ ${}^{开}_{4}$鷄$_{齐}$ ${}^{合}_{4}$圭$_{齐}$ ${}^{合}_{4}$珪$_{齐}$	${}^{开}_{1}$改$_{咍}$	${}^{合}_{2}$卦$_{佳}$ ${}^{合}_{2}$㹜$_{佳}$ ${}^{开}_{2}$介$_{皆}$ ${}^{合}_{2}$坏$_{皆}$ ${}^{开}_{2}$戒$_{皆}$ ${}^{合}_{2}$怪$_{皆}$ ${}^{开}_{4}$计$_{齐}$ ${}^{开}_{4}$继$_{齐}$ ${}^{开}_{4}$契$_{齐}$ ${}^{开}_{4}$繫$_{齐}$ ${}^{合}_{4}$桂$_{齐}$
	溪母 /kʰ/	${}^{开}_{1}$开$_{咍}$ ${}^{开}_{4}$溪$_{齐}$ ${}^{开}_{4}$繫$_{齐}$ ${}^{合}_{4}$睽$_{齐}$	${}^{开}_{1}$凯$_{咍}$ ${}^{开}_{4}$稽$_{齐}$ ${}^{开}_{4}$启$_{齐}$	${}^{开}_{1}$慨$_{咍}$ ${}^{开}_{1}$咳$_{咍}$ ${}^{合}_{2}$蒯$_{皆}$
	群母 /g/			
	疑母 /ŋ/			${}^{开}_{1}$阂$_{咍}$ ${}^{开}_{4}$诣$_{齐}$ ${}^{开}_{4}$翳$_{齐}$
喉音	影母 /ʔ/	${}^{开}_{1}$哀$_{咍}$	${}^{合}_{1}$猥$_{灰}$	${}^{开}_{1}$爱$_{咍}$
	晓母 /h/		${}^{开}_{1}$海$_{咍}$	
	匣云 /ɦ/	${}^{开}_{1}$孩$_{咍}$ ${}^{开}_{2}$骸$_{皆}$ ${}^{合}_{2}$怀$_{皆}$ ${}^{合}_{2}$淮$_{皆}$ ${}^{开}_{4}$嵇$_{齐}$ ${}^{开}_{4}$兮$_{齐}$ ${}^{开}_{4}$奚$_{齐}$	${}^{开}_{2}$解$_{佳}$ ${}^{开}_{2}$蟹$_{佳}$ ${}^{开}_{2}$骇$_{皆}$	${}^{合}_{2}$画$_{佳}$ ${}^{合}_{2}$坏$_{皆}$ ${}^{合}_{4}$惠$_{齐}$ ${}^{合}_{4}$慧$_{齐}$

上表中行为声母，列为声调，声母与声调的结合创造了一种音位环境。声母反映的是上文中通过音位对立研究分析的结果。声调有平声、上声、去声。每个字的韵母即开合、等、韵等都反映在上表中，这种分布分析表会让我们有效的寻找出韵的最小对立体。

比如上表(8)的最后一字'${}^{合}_{4}$慧$_{齐}$'，表示对话文用字'慧'的音韵成分，即开合、等、韵等。因为韵母是该三种成分的结合，'${}^{合}_{4}$慧$_{齐}$'的书写法有利于找出韵母间的音位对立。

寻找分布分析表中韵的最小对立体，可对同一格的表音字进行对比。上表(8)咍韵与佳韵在同一格中的只有清初母/tsʰ/'${}^{开}_{1}$猜$_{咍}$: ${}^{开}_{2}$差$_{佳}$'的一对。多音字是要排除出去的，所以咍韵与佳韵是没有音位对立体的。没有音位对立的分布就是互补，互补分布可拟为一个音位，即一个咍佳韵。

下面是咍、皆韵对比的例，在同一格里的也只有一对，这一对的对立关系也只在2,212字组中勉强成立。似乎咍韵与皆韵的音位对立也不成立。

(9) 咍韵与皆韵的音位对立体(1对) (1)

匣云/ɦ/的平声 − $^{开}{}_{1}$孩$_{咍}$: $^{开}{}_{2}$骸$_{皆}$ (1 : 2)

但从合口字音位对立来看，咍韵与皆韵仍属于音位对立的关系。众所周知，咍韵合口韵为灰韵。下面的(10)例中，灰韵与皆韵合口字最小对立体有6对/7对，并且出现频率也高达9次以上。这说明灰韵与皆韵合口字是具有很强的音位对立关系的，同时也证明了灰韵对应的开口韵即咍韵与皆韵开口也应该视为音位对立的关系。

(10) 灰韵和皆韵合口的音位对立体 (6对/7对) (9, 2, 1)

1. 见母/k/去声 − $^{合}{}_{1}$愦$_{灰}$: $^{合}{}_{2}$坏$_{皆}$, $^{合}{}_{2}$怪$_{皆}$ (4 : 1)
2. 溪母/k^h/去声 − $^{合}{}_{1}$块$_{灰}$: $^{合}{}_{2}$蒯$_{皆}$ (2 : 1)
3. 匣云/ɦ/平声 − $^{合}{}_{1}$回$_{灰}$, $^{合}{}_{1}$槐$_{灰}$: $^{合}{}_{2}$怀$_{皆}$, $^{合}{}_{2}$淮$_{皆}$ (9, 1 : 25, 2)

相反，灰韵与佳韵合口音位对立只有1对/2对。说明这两韵是没有音位对立关系的，可合为一韵。也就是说咍韵与佳韵是无论开口还是合口均音位对立不明。因此《世说新语》对话文的表音字组中咍韵与佳韵应该合并为一个咍佳韵。

另一方面，佳韵与皆韵的音位对立明确。如下可找出13对的最小对立体，即便除去多音字，还有7对。[5] 且在21次以上极少数字组中也是音位对立的

5 以下(11)中部分最小对立省略。

关系，因此无疑为一对最小对立体。下面的这些最小对立体的“开合”与“等”相同，只有“韵”有区别，这是因为它们是韵腹元音是最小对立的关系。即佳韵与皆韵的韵腹元音是不同的。

(11) 佳韵与皆韵的最小对立体 (7对/13对) (21, 5, 3)

1. 生母/ʂ/去声 – ${}^{\text{开}}{}_{2}$洒$_{\text{佳}}$, ${}^{\text{开}}{}_{2}$晒$_{\text{佳}}$: ${}^{\text{开}}{}_{2}$杀$_{\text{皆}}$ (30, 1 : 18)
2. 见母/k/平声 – ${}^{\text{开}}{}_{2}$佳$_{\text{佳}}$: ${}^{\text{开}}{}_{2}$皆$_{\text{皆}}$, ${}^{\text{开}}{}_{2}$楷$_{\text{皆}}$, ${}^{\text{开}}{}_{2}$阶$_{\text{皆}}$ (28 : 21, 5, 3)
3. 匣云/ɦ/去声 – ${}^{\text{合}}{}_{2}$畫$_{\text{佳}}$: ${}^{\text{合}}{}_{2}$坏$_{\text{皆}}$ (3 : 3)

即，5世纪前半期汉语很难发现咍韵与佳韵的最小对立体，而咍韵与皆韵不仅有最小对立体还比较容易找出来。因此，咍韵和佳韵可合并为一个咍佳韵，并且与皆韵具音位对立的关系。

以上内容省略了齐韵最小对立体的分析，其实蟹摄咍韵、佳韵、皆韵、齐韵四韵实为咍佳韵、皆韵、齐韵三分对立的关系。这些对立的声母、声调、开合、等、韵尾是相同的，只有韵腹元音为最小对立体。因此音值的区别也应该反映在韵腹元音上。由此我们可将咍佳韵、皆韵、齐韵韵腹先后拟为后舌中元音/ə/、前舌低元音/ɛ/、前舌中元音/e/。其他几个摄也都普遍的具有这三种元音，因此设这三个元音不成问题。因蟹摄韵尾为/–i/，咍佳韵、皆韵、齐韵具体拟音则为/əi/, /ɛi/, /ei/。

据上述的研究方法，对韵腹元音对立关系可得出以下的结论：(7.1)/–ø/韵尾反映的韵腹元音有/ɑ, ɛ, o, ə, e, i/等六个元音。(7.2)/–u/韵尾或(7.3)/–i/韵尾韵腹元音的音位对立均有共同的/ɑ, ɛ, ə, e/四个元音。(7.4)/–ŋ, –k/韵尾韵腹元音有/ɑ, ɛ, o, ə, e, u/的六个元音。(7.5)/–n, –t/韵尾有/ɑ, ɛ, ə, e, i/的五个元音，而在(7.6)/–m, –p/韵尾则只有/ɑ, ə, e, i/四个元音。综合以上内容，可判断五世纪前半期汉语有/ɑ, ɛ, o, ə, e, u, i/等七个元音。

该个七元音均有音位功能，如下图。下图(12.A)为元音语音图，但看起来元音的音位对立关系不太明确。为了更加清晰的看到七个元音的音位对立关系, 改为图(12.B), 并称为五世纪前半期汉语的元音系统。

(12) 前期中古音的元音系统

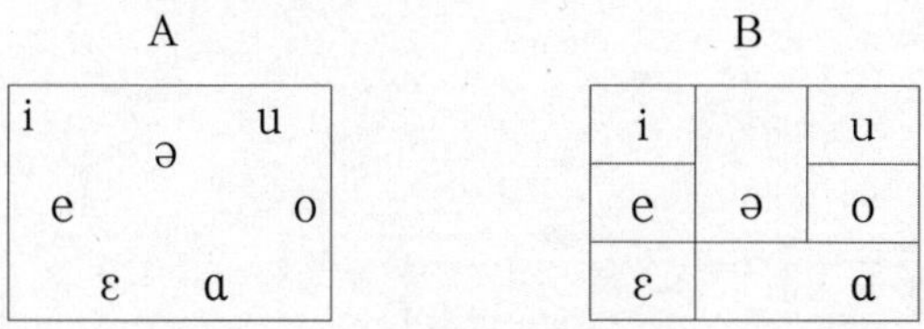

把(12.A)元音语音图改为(12.B)元音图, 着重体现了"等"的概念。通过对韵腹元音的音位对立分析的结果, 可看出一等韵的韵腹元音大部分都是后舌元音/ɑ, ə, o, u/, 二等韵的韵腹为前舌低元音/ɛ/, 四等韵的韵腹为前舌中元音/e/, 前舌高元音/i/只分布在部分的三等韵中。[6] 下面的元音图以阴影体现了元音与等的关系。

(13) 关于等的现代音位学解释

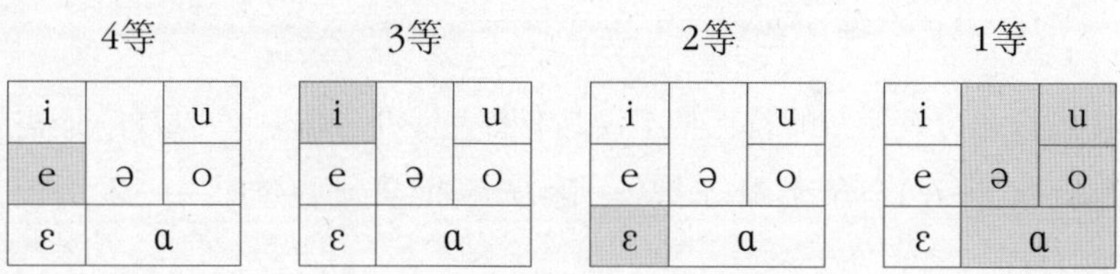

下面再来总结一下韵头介音的系统。韵腹元音的种类越多, 介音(滑音)的数量越少;韵腹元音的种类越少, 介音(滑音)的数量会变多。韵腹元音的种类与介音的数量是成反比的。

据本书的研究, 五世纪前半期汉语的介音为四个, 即/j-, ɪ-, ɥ-, w-/。介音的音位对立关系如下(14)。在(14.A)表中只有[+前舌], 具有[±辅音]性

6 因三等韵一直存有介音, 讨论韵腹元音一般不包括三等韵。

质的对立。而(14.B)则既反映[±辅音]的性质也反映了[±圆唇]的性质。根据语言的普遍性似乎(14.B)更合适, 但考虑到汉语的特殊性, 我们还是认为(14.A)的分类会更好些。

(14) 介音系统

A.

<table>
<tr><th rowspan="2">位置
方式</th><th colspan="2">[+前舌]</th><th rowspan="2">[−前舌]</th></tr>
<tr><th>[+辅音]</th><th>[−辅音]</th></tr>
<tr><td>[−圆唇]</td><td>j−</td><td>ɪ−</td><td>(ø−)</td></tr>
<tr><td>[+圆唇]</td><td colspan="2">ɥ−</td><td>w−</td></tr>
</table>

B.

<table>
<tr><th colspan="2">位置
方式</th><th>[+前舌]</th><th>[−前舌]</th></tr>
<tr><td colspan="2">[+辅音]</td><td>j−</td><td></td></tr>
<tr><td rowspan="2">[−辅音]</td><td>[−圆唇]</td><td>ɪ−</td><td></td></tr>
<tr><td>[+圆唇]</td><td>ɥ−</td><td>w−</td></tr>
</table>

中古汉语介音系统的特点是不仅具有普遍性介音/j−, w−/以外, 还需要构拟/ɪ−, ɥ−/两个介音。本书把/ɪ−/称为元音性非圆唇介音, /ɥ−/称为前舌圆唇介音。

并且还认为/ɪ−/是元音性介音, /j−/是辅音性介音。这是为了解决三等韵的重纽问题。在11~12世纪韵图资料中三等韵字出现有的排在三等, 有的排在四等的现象, 这就是重纽。伊藤智雪(2011, 李珍昊 译)把韵图中排在四等的三等字称为A类;排在三等的为B类。[7] 只出现在三等专属韵的为三等C类。

《世说新语》2,212字组中反映重纽对立韵的有脂韵、支韵、宵韵、盐韵。似乎应该所有三等韵都具有重纽对立, 但2,212字组中反映的只有以上四个

7 日本学界传统方式为三等甲以及三等乙。

三等韵。

通过本书的分析，即使韵母名称不同，也会出现重纽独立的现象。如三等幽韵A类与三等尤韵C类是重纽关系(河野六郎 2010: 257, 李珍昊 译注)，还有三等清韵A类与三等庚韵B类也是重纽关系(平山久雄 1967: 156~157)。在2,212字组中也明确地反映了这一重纽对立的关系，这也说明了本书的研究方法非常客观的，也具备普遍性的。

关于重纽对立的区别，一般都认为是韵头的区别。因此三等A类介音为/j－/，三等B·C类介音为/ɪ－/。在《世说新语》2,212字组中三等B类和三等C类音位对立现象几乎一致，可视为同一个介音/ɪ－/。

关于介音/j－/与/ɪ－/的区别，河野六郎(1968/79)认为'j－'是前舌介音，'ï̯－'即本书/ɪ－/为后舌介音，说明介音区别在于前后舌的对立。但这种看法似乎只是有利于韩国中世汉字音的研究，对中古汉语的研究就不太适合了。中古汉语三等B类合口字/ɪ－/不可能成为后舌介音。三等B类介音/ɪ－/与合口介音/w－/结合，理论上可以成为复合介音/ɪw－/或/wɪ－/的，实际发音又可成为前舌圆唇介音/ɥ－/。那么这说明/ɪw－/或/wɪ－/与/ɥ－/一样是前舌的介音，即/ɪ－/也具前舌性的。

/ɪ－/是前舌非圆唇介音。但问题是/ɪ－/与/j－/的音位对立反映的语音现象是什么？为了解决这一问题，Karlgren(1954)提出了辅音性介音与元音性介音的说法。/ɪ－/为元音性介音，/j－/为辅音性介音，它们形成音位的对立。因为/j－/为辅音性介音，在中古汉语辅音系统中羊母/j/往往成为独立的辅音音位。

至此，已介绍了韵母的分析法和音值构拟的问题，综合以上的内容具体的音值分布表如下。下面的表中M表示韵头、V为韵腹元音、F为韵尾。

(15) 韵音值表

MV \ F		−ø	−i	−u	−ŋ	−n	−m
j : ɪ	i	$_{A}$脂 :$_{B}$脂				$_{A}$眞 :	:$_{B}$侵
	e	$_{A}$支 :$_{B}$支					
	ɛ		:$_{B}$祭, $_{C}$废	$_{A}$宵 :$_{B}$宵	$_{A}$清 :$_{B}$庚	:$_{B}$仙	$_{A}$盐 :$_{B}$盐, $_{C}$严凡
	ə	:$_{C}$之	:$_{C}$微	$_{A}$幽 :$_{C}$尤	:$_{C}$蒸	:$_{C}$欣	
	ɑ				:$_{C}$阳	:$_{C}$元	
	u				:$_{C}$东		
	o	:$_{C}$鱼			:$_{C}$锺		
ɥ : w	i	$^{合}_{B}$脂 :				$^{合}_{B}$眞 :	
	e	$^{合}_{B}$支 :	:$^{合}_{4}$齐		:$^{合}_{4}$青	:$^{合}_{4}$先	
	ɛ	:$^{合}_{2}$麻	$^{合}_{B}$祭, $^{合}_{C}$废 :$^{合}_{2}$夬, $^{合}_{2}$皆			$^{合}_{B}$仙 : $^{合}_{2}$山, $^{合}_{2}$删	
	ə		$^{合}_{C}$微 :$_{1}$灰, $^{合}_{1}$咍, $^{合}_{2}$佳		:$^{合}_{1}$登	$_{C}$文, $_{C}$谆 :$_{1}$魂	
	ɑ	:$_{1}$戈	:$^{合}_{1}$泰		$^{合}_{C}$阳 :$^{合}_{1}$唐	$^{合}_{C}$元 :$_{1}$桓	
	u						
	o	$_{C}$虞 :					
ø	i						
	e		$_{4}$齐	$_{4}$萧	青耕	$_{4}$先	$_{4}$添
	ɛ	$_{2}$麻	$_{2}$皆	$_{2}$肴	$_{2}$庚	$_{2}$山删	
	ə		咍佳	$_{1}$侯	$_{1}$登	$_{1}$痕	$_{1}$覃
	ɑ	$_{1}$歌	$_{1}$泰	$_{1}$豪	$_{1}$唐	$_{1}$寒	谈咸衔
	u				$_{1}$东		
	o	$_{1}$模			江冬		

分布表中同一格里的韵，韵腹与韵尾相同。比如，没有韵头的即/ø−/介音行中青耕韵、山删韵、谈咸衔韵、咍佳韵、江冬韵等，都不与青韵、耕韵；山韵、删韵；谈韵、咸韵、衔韵；咍韵、佳韵；江韵、冬韵等具有音位对立。它们在11~12世纪韵图中处理为各自独立的音位，但在《世说新语》的2,212字组中具不成音位对立关系的。

上表的音值标记中，‘:’的前面也有韵，后面也有韵。这说明前韵的韵头介音为/j−/或/ɥ−/，后韵的介音为/ɪ−/或/w−/。也就是说‘:’的前后韵区别在于介音。比如，第一组‘$_A$脂:$_B$脂’对立中$_A$脂(即脂韵三等A)的音值为/ji/，$_B$脂(即脂韵三等B)为/ɪi/。而/−m/韵尾第三行$_3$盐韵B类与$_3$严 凡C类在同一格中，说明$_B$盐韵、$_C$严韵、$_C$凡韵三韵是没有音位对立的，拟为同一个音值/ɪɛm/。

三等B类与三等C类都具相同的介音/ɪ−/，‘:’前的三等韵字为三等A类，‘:’后的为三等B类字或三等C类字。这是三等韵介音的不同，即可分为A类、B类、C类三种类型。其中B类与C类相同，并为一个介音。那么重纽区别就是A类与B类的区别了。

上表中有些音值用斜线‘/’或反斜线‘\’填充了空格。具有这些标记的空格是受中古汉语音节结构制约的位置。斜线‘/’的空格表示因音节结构制约原则上被排除出去的，而反斜线‘\’空格则是五世纪前半期汉语的音节结构制约特征排除出去的。这都是由于音节结构制约导致的，是音系的空位。然而，也有既无韵，也无斜线的空格。这类是偶然性质的空位，随着汉语历史的变化，这些位置可能会被填上的。

到目前为止，笔者简略地概括了本书的分析方法以及分析结果。并且也至始至终贯穿了一个原则，即互补性分布关系的为一个单位，能找出最小对立体的为不同音位。本书的学术价值也在于把布拉格学派的音位对立理论，运用到的中古汉语的语音研究。

众所周知，Karlgren(1954)的汉语音韵研究不以音位学分析的，而以语音学的角度分析法而闻名。后来许多学者也按照此类方法进行了研究。但不仅Karlgren(1954)，还有其他学者的研究都没有考虑到互补分布和最小对立体的音位学方法论。比如，前期中古音舌头音[t]与舌上音[ʈ]是互补分布的关系，这两种声母要合并为同一个辅音't'。还有，桓韵为合口韵与开口韵寒韵具有互补分布的关系，桓韵为寒韵相对应的合口韵，因此寒韵拟为[ɑn, ɑt]，桓韵拟为对应合口的[wɑn, wɑt]。

本书全面的运用了这一互补分布理论和最小对立体的理论方法，这是与前人研究最具区别的一大特点。并且研究对象又是5世纪前半期的汉语，即《世说新语》的对话文用字2,212字组，充分地进行了共时的研究。

以共时研究为基础，再进行历时研究是无可非议的。从魏晋南北朝的前期中古音到唐代的后期中古音的语音变化研究中，本书的研究将会成为非常重要的参考资料。同时又对研究韩国古代三国时期的韩国汉字音和日本吴音的研究也会提供一个非常有效的研究方法。古代韩国汉字音的起源为前期中古音，若不考虑当时的汉语音系，是无法进一步进行韩国汉字音研究的。

5世纪前半期的汉语即前期中古音的辅音系统为上表(5~6)，元音系统为(12.B)，介音系统则为(14.A)。建立辅音系统主要依据的是(5)声母的音位对立关系分析研究，元音系统和介音系统的则以(15)的音值分布研究为基础。

要到得出这一结论，主要采用的是互补分布、最小对立体的两种原则。但之外，还有以下几个其他原则做补充。

(16) 分析原则

1. 排除多音字。但是如果多音字中有一音符合音位对立，也可作论证的依据。
2. 普遍性原则。在给各个音位具体拟音时，优先考虑最具普遍性的辅音或元音。
3. 经济性原则。设定最小范围内的音位的同时还要最有效的反映音位的对立。因此弃用了后舌非圆唇高元音/ɨ/与中舌低元音/a/的构拟。
4. 无法成立音位对立需与其他音位合并时，将有标项并入到无标项。但如果合并方向为多方向的时候，以音韵距离比较近的为准。

5. 如有3对以上的音位对立，可直接认定为音位对立的关系。但只有1~2对的，只要在出现频率三次以上用字组中的反映为音位对立。该两项原则一个为量性尺度，另一个为质性尺度。
6. 介音区别优先的原则与韵尾区别优先的原则。该原则可能会导致韵母名称的变化，而前人的研究也有这一原则的反映。
7. 排除了复合介音和复合韵尾。复合介音/wj－, wɪ－/或/jw－, ɪw－/都拟为前舌圆唇介音/ɥ－/，并且也没有设定/－uŋ/及/－jŋ/等复合韵尾。
8. 严格遵守了中古汉语音节结构的制约。特别是拟定韵母音值时要严格遵守此原则，才可正确认识汉语音系。
9. 一、二、四等韵是没有韵头介音的，只有三等韵有前舌的介音，合口介音/w－/不受等的限制。
10. 一、二等韵可与三等韵成一对，但四等韵不可。

(16.5)的量性尺度和质性尺度的设置，并非单凭先验感知来决定的。若将音位对立的分析单以旧认知来决定的话，很可能会发生即便只有一对的最小对立体也要看作音位对立的现象出现。本书的态度较为慎重，至少出现3对以上才可认定为音位的对立。

大部分的音位对立会同时满足量性尺度和质性尺度的原则。但部分的只有1~2对的最小对立，也仅出现1~2次，按原则不应该定为音位对立。或许有人认为这一标准有些过于严格，比如有人会认为耕韵与青韵的音位对立，虽然只有1~2对，但也可看作音位的对立，并且赋予不同的韵腹元音。

但是如果以此观点建立两个音位的话，则为了一个耕韵需再设定第八个元音，或者给耕韵设一个复合韵尾/－jŋ,－jk/。因为耕韵与青韵音位对立的问题，将违背了(16.4)的经济性原则和(16.6)无复合韵尾的原则。这样才能保证整个音系完整的系统性。

在我们判断是否为音位对立时，要从整个音系的系统性出发和考虑问题。比如/-i/韵尾韵腹元音对立与/-u/韵尾韵腹元音对立是平行的；同样，/-u/韵尾与/-m,-t/韵尾的元音对立也是平行的。从系统性的问题考虑，我们不得已需要处理一些例外，就如耕韵与青韵的问题。在结构主义语言学中，最为优先考虑的应是整体的系统性问题。

〈부록〉

대화문 용자와 그 음가 표시

[일러두기]

1. 여기에 수록한 한어 중고음 음가는 『세설신어』의 대화문에 출현하는 용자를 대상으로 한다. 표제항에 올린 용자는 자형을 기준으로 하면 모두 2,212자이지만, 多音字를 따로따로 나누어 제시했으므로 음가 표시 항목은 2,486개로 늘어난다.
2. 중고음의 음가 표시는 이토 지유키(2011, 이진호 역)을 기준으로 했지만, 여기에 나오지 않는 용자는 www.zdic.net, www.ytenx.org 등의 웹사이트에 정리된 것을 참고하여 필자가 음가를 재구했다.
3. 음가 표시에서는 대화문 용자의 출현 횟수를 맨 앞에 두어 384, 211, 001 등으로 명시했다. 이것은 어느 용자가 常用字인지를 파악할 때에 아주 유용하다.
4. 대화문 용자의 字形이 둘 이상이더라도 同一字일 때에는 '踈|疎'처럼 '|'을 이용하여 병렬하였다. 또한, 대화문 용자가 多音字일 때에는 항상 밑줄을 쳤다.
5. 음가는 '용자[한어중고음]=한국중세한자음'의 방식으로 제시했다. 예컨대, '加[見開2平麻]=ka^{L}'에서 표제항 '加'는 대화문 용자이고, [見開2平麻]는 『切韻』系 韻書의 한어 중고음이다. 'ka^{L}'는 한국 중세 한자음 '가'와 그 성조를 로마자로 轉字한 것이다.
6. 배열 순서는 일단 韻尾의 종류를 기준으로 삼아 /-ø/ 운미, /-u/ 운미, /-i/ 운미, /-ŋ, -k/ 운미, /-n, -t/ 운미, /-m, -p/ 운미의 순서로 배열했다. 이 운미별 분류 내에서는 중국 음운학의 전통에 맞추어 韻母를 기준으로 배열했다. 예컨대, 何[匣開1平歌]는 /-ø/ 운미이면서 歌韻이므로 맨 앞에 배열했다. 동일 운모 내부에서는 출현 횟수의 내림차순으로 배열했다.
7. 운모의 맨 앞에는 운모의 용례 수를 명시했다. 예컨대 '〈歌韻〉23'은 대화문에 출현하는 歌韻字가 총 23자임을 가리킨다.

/-ø/ 운미인 운모

〈歌韻〉23

384 何[匣開1平歌]=ha^{L}

211 可[溪開1上歌]=ka^{R}

162 我[疑開1上歌]=$'a^{R}$, $'ai^{R}$

046 阿[影開1平歌]=$'a^{L}$

029 多[端開1平歌]=ta^{L}

025 那[泥開1平歌]=na^{L}

011 河[匣開1平歌]=ha^{L}

009 它|他[透開1平歌]=$t^{h}a^{L}$

007 左[精開1上歌]=ca^{R}, coa^{R}

007 羅[來開1平歌]=ra^{L}

005 峨[疑開1平歌]='a

003 佐[精開1去歌]=ca, coa^{R}

003 砢[來開1上歌]

002 賀[匣開1去歌]=ha

002 俄[疑開1平歌]

002 娑[心開1平歌]=sa^{L}

002 柯[見開1平歌]=ka^{L}

001 荷[匣開1平歌]=ha^{L}

001 荷[匣開1上歌]=$ha^{R/L}$

001 跎[定開1平歌]=$t^{h}a^{L}$

001 蹉[清開1平歌]=$c^{h}a$

001 奈[泥開1去歌]

001 歌[見開1平歌]=ka^{L}

〈戈韻〉21

027 過[見合1去戈]=$koa^{R/H}$

019 坐[從合1上戈]=coa^{R}

019 坐[從合1去戈]=coa^{R}

013 和[匣合1平戈]=hoa^{L}

013 和[匣合1去戈]=$hoa^{R/H}$

010 破[滂中1去戈]=$p^{h}a^{R}$

008 頗[滂中1平戈]=$p^{h}a^{L}$

008 頗[滂中1上戈]=$p^{h}a^{R}$

005 果[見合1上戈]=koa^{R}

004 禍[匣合1上戈]=hoa^{R}

003 火[曉合1上戈]=hoa^{R}

003 播[幫中1去戈]=$p^{h}a^{R/H/L}$

003 臥[疑合1去戈]=$'oa^{R}$

001 婆[並中1平戈]=pa^{L}, $p^{h}a^{L}$

001 波[幫中1平戈]=pa^{L},$p^{h}a^{L}$

001 簸[幫中1去戈]=$p^{h}a^{R}$

001 墮[定合1上戈]=$t^{h}a^{R}$

001 撒[心合1平戈]

001 番[幫中1平戈]

001 番[幫中1去戈]

001 懦[泥合1去戈]=na^{R}

〈麻韻 2등〉38

101 下[匣開2上麻]=ha^{R}

101 下[匣開2去麻]=ha^{R},sia

073 家[見開2平麻]=ka^{L},kia

030 馬[明中2上麻]=ma^{R}

011 雅[疑開2上麻]='a^{R}

010 夏[匣開2上麻]=ha^{R}

010 夏[匣開2去麻]=ha^{R}

007 華[匣合2平麻]=hoa^{L}

007 華[匣合2去麻]=hoa^{R}

007 差[初開2平麻]=c^{h}a^{L}

007 寡[見合2上麻]=koa^{R}

007 嘉[見開2平麻]=ka^{L}

007 加[見開2平麻]=ka^{L}

007 假[見開2上麻]=ka^{R}

007 假[見開2去麻]=ka^{R}

006 暇[匣開2去麻]=ka^{R}

005 化[曉合2去麻]=hoa^{R}

004 沙[生開2平麻]=sa^{L}

003 牙[疑開2平麻]='a^{L}

002 霞[匣開2平麻]=ha^{L}

002 打[知開2上麻]=t^{h}a^{R}

002 瓦[疑合2上麻]='oa^{R}

002 啞[影開2上麻]

002 啞[影開2去麻]

002 娑[生開2平麻]=sa^{L}

002 罵[明中2去麻]=ma^{R}, mai^{R}

001 蝦[匣開2平麻]=ha^{L}

001 廈[匣開2上麻]=ha^{R}

001 琶[並中2平麻]=pa^{L}, p^{h}a^{L}

001 把[幫中2上麻]=p^{h}a^{R}

001 茶[澄開2平麻]=ta^{L}

001 苴[崇開2平麻]

001 樝[莊開2平麻]=cia$^{L/R}$

001 瓜[見合2平麻]=koa^{L}

001 架[見開2去麻]=ka^{R}

001 賈[見開2去麻]=ka^{R}

001 嫁[見開2去麻]=ka^{R}

001 價[見開2去麻]=ka

〈麻韻 3등〉23

089 若[日開AB上麻]=zia^{R}

086 者[章開AB上麻]=cia^{H}

084 也[羊開AB上麻]='ia^{R}

072 邪[邪開AB平麻]=sia^{L}

072 邪[羊開AB平麻]='ia^{L}

031 謝[邪開AB去麻]=sia^{R}

015 且[清開AB上麻]=c^{h}ia$^{R/H}$

012 夜[羊開AB去麻]='ia$^{R/H}$

009 野[羊開AB上麻]='ia^{R}

008 社[常開AB上麻]=sia^{R}

006 寫[心開AB上麻]=sia^{R}

005 車[昌開AB平麻]=c^{h}ia^{L}

004 射[船開AB去麻]=sia^{R}

004 射[羊開AB去麻]='ia^{R}

004 舍[書開AB去麻]=sia^{R}

002 瀉[心開AB去麻]=sia^{R}

002 闍[常開AB平麻]=sia^{L}, cia

001 借[精開AB去麻]=$c^{h}ia^{R}$

001 藉[從開AB去麻]=cia^{R}

001 耶[羊開AB平麻]=$'ia^{L}$

001 冶[羊開AB上麻]=$'ia^{R}$

001 蛇[船開AB平麻]=sia^{L}

001 捨[書開AB上麻]=sia^{R}

〈模韻〉81

108 故[見中1去模]=$ko^{R/H}$

103 於[影中1平模]=$'o^{L}$

057 吾[疑中1平模]=$'o^{L}$

029 乎[匣中1平模]=ho^{L}

025 祖[精中1上模]=co^{H}

023 度[定中1去模]=$to^{R/H}$

019 五[疑中1上模]=$'o^{R}$

019 惡[影中1去模]=$'o^{R}$

017 奴[泥中1平模]=no^{L}

017 顧[見中1去模]=ko^{R}

015 固[見中1去模]=$ko^{R/H}$

014 吳[疑中1平模]=$'o^{L}$

014 都[端中1平模]=to^{L}

013 莫[明中1去模]=mo^{R}

013 古[見中1上模]=ko^{R}

010 布[幇中1去模]=po^{R}

008 虎[曉中1上模]=ho^{R}

008 覩[端中1上模]=$to^{R/L}$

008 苦[溪中1上模]=ko^{H}

007 狐[匣中1平模]=ho^{L}

006 戶[匣中1上模]=ho^{R}

006 嗚[影中1平模]=$'o^{L}$

006 杜[定中1上模]=$tu^{R/H}$

006 孤[見中1平模]=ko^{L}

005 胡[匣中1平模]=ho^{L}

005 慕[明中1去模]=mo^{R}

005 路[來中1去模]=$ro^{R/H}$

004 土[透中1上模]=$t^{h}o^{H}$

004 簿[並中1上模]=pu^{R}

004 露[來中1去模]=$ro^{R/H}$

004 駑[泥中1平模]

004 鼓[見中1上模]=ko^{H}

003 阼[從中1去模]=co^{R}

003 悟[疑中1去模]=$'o^{R}$

003 訴[心中1去模]=so^{R}

003 徒[定中1平模]=to^{L}

003 圖[定中1平模]=to^{L}

003 堵[端中1上模]

003 怒[泥中1上模]=no^{R}, ro^{R}

002 妬[端中1去模]=$t^{h}u^{R/L}$

002 粗[清中1平模]=co^{L}

002 粗[從中1上模]=co^{R}

002 汙[影中1去模]

002 汙[影中1平模]

002 蘇[心中1平模]=so^{L}

002 步[並中1去模]=po^{R}

002 暮[明中1去模]=mo^{R}
002 盧[來中1平模]=ro^{L}
002 姑[見中1平模]=ko^{L}
001 瑚[匣中1平模]=ho^{L}
001 湖[匣中1平模]=ho^{L}
001 壺[匣中1平模]=ho^{L}
001 護[匣中1去模]=ho^{R}
001 蒱[並中1平模]=p^{h}o^{L}
001 蒲[並中1平模]=p^{h}o^{L}
001 哺[幫中1平模]=p^{h}o^{L}
001 哺[並中1去模]=po^{R}, p^{h}o^{R}
001 麤[淸中1平模]
001 祚[從中1去模]=co^{R}
001 梧[疑中1平模]='o^{L}, 'io^{H}
001 忤[疑中1去模]='o^{R}
001 誤[疑中1去模]='o^{R}
001 塢[影中1上模]
001 愬[心中1去模]=so^{R}
001 素[心中1去模]=so^{R}
001 泝[心中1去模]
001 補[幫中1上模]=po^{R}
001 普[滂中1上模]=po^{R}
001 姥[明中1上模]=mo^{R}, ki
001 謨[明中1平模]
001 莽[明中1上模]=mo^{H}
001 艫[來中1平模]=ro^{L}
001 途[定中1平模]=to^{L}
001 屠[定中1平模]=to^{L}
001 賭[端中1上模]=to$^{R/L}$
001 弩[泥中1上模]=no^{R}
001 枯[溪中1平模]=ko$^{L/H}$
001 庫[溪中1去模]=ko^{H}
001 絝[溪中1去模]
001 羖[見中1上模]=ko^{R}
001 楛[匣中1上模]

〈魚韻〉73
227 如[日中C平魚]=ziə^{L}
160 所[生中C上魚]=so^{R}
115 與[羊中C平魚]='iə^{L}
115 與[羊中C上魚]='iə^{R}
115 與[羊中C去魚]='iə^{R}, 'iəi^{R}
103 於[影中C平魚]='ə^{L}
065 汝[日中C上魚]=ziə^{R}, 'iəi
047 處[昌中C上魚]=c^{h}iə^{R}
047 處[昌中C去魚]=c^{h}iə^{R}
042 諸[章中C平魚]=ciə^{L}, ciəi^{L}
041 語[疑中C上魚]='ə^{R}
041 語[疑中C去魚]='ə^{R}
041 去[溪中C去魚]=kə$^{R/H}$
026 擧[見中C上魚]=kə^{R}
022 許[曉中C上魚]=hə^{H}
021 居[見中C平魚]=kə$^{L/R}$
020 餘[羊中C平魚]='iə^{L}

016 箸[澄中C去魚]=tiə^{R}
015 初[初中C平魚]=c^{h}o^{L}
014 女[娘中C上魚]=niə^{H}
014 女[娘中C去魚]=niə^{H}
013 書[書中C平魚]=siə^{L}
010 虛[曉中C平魚]=hə^{L}
008 預[羊中C去魚]='iə^{R}
008 豫[羊中C去魚]='iəi^{R}
007 魚[疑中C平魚]='ə^{L}
007 踈ㅣ疎[生中C平魚]=so^{L}
007 踈ㅣ疎[生中C去魚]=so^{R}
006 褚[知中C上魚]
006 詎[群中C上魚]
006 詎[群中C去魚]
005 楚[初中C上魚]=c^{h}o^{H}
005 車[見中C平魚]=kə^{L}
005 余[羊中C平魚]='iə^{L}
005 驢[來中C平魚]=riə^{L}, ro
005 巨[群中C上魚]=kə^{R}
004 著[知中C去魚]=tiə^{R}
004 譽[羊中C平魚]='iə^{L}
004 譽[羊中C去魚]='iə^{R}, 'iə$^{R/L}$
004 輿[羊中C平魚]='iə^{L}, 'iəi^{L}
004 鼠[書中C上魚]=siə^{R}
004 慮[來中C去魚]=riə$^{R/H}$
003 助[崇中C去魚]=co$^{R/H}$
003 除[澄中C平魚]=tiə^{L}, tiəi^{L}
003 廬[來中C平魚]=riə^{L}
003 據[見中C去魚]=kə^{R}
002 豬ㅣ猪[知中C平魚]=tiəi^{L}
002 煮[章中C上魚]=cia^{R}
002 予[羊中C平魚]='iə^{L}
002 予[羊中C上魚]='iə^{R}
002 絮[心中C去魚]=siə^{R}, siəi^{R}
002 抒[船中C上魚]=siə^{R}
002 舒[書中C平魚]=siə^{L}
002 暑[書中C上魚]
002 署[常中C去魚]=siə^{R}
002 緖[邪中C上魚]=siə^{R}
002 敍[邪中C上魚]
002 閭[來中C平魚]=riə^{L}
002 距[群中C上魚]=kə^{R}
001 墟[溪中C平魚]
001 攄[徹中C平魚]
001 俎[莊中C上魚]=co$^{R/H/L}$
001 苴[淸中C平魚]
001 苴[精中C平魚]
001 杵[昌中C上魚]=ciə^{R}
001 儲[澄中C平魚]=tiə^{L}
001 渚[章中C上魚]=ciə^{R}
001 御[疑中C去魚]='ə^{R}
001 蜍[羊中C平魚]='iə^{L}
001 胥[心中C平魚]
001 黍[書中C上魚]=siə^{R}

001 徐[邪中C平魚]=siə^{L}

001 鋸[見中C去魚]=kə^{R}

001 倨[見中C去魚]

〈虞韻〉84

155 無[微中C平虞]=mu^{L}

058 足[精中C去虞]=cu^{R}

030 亡[微中C平虞]=mu^{L}

025 父[奉中C上虞]=pu^{H}

025 父[非中C上虞]=po^{R}

021 庾[羊中C上虞]='iu^{R}

019 須[心中C平虞]=siu^{L}

019 夫[非中C平虞]=pu^{L}, 'u^{L}

018 主[章中C上虞]=ciu^{H}

018 殊[常中C平虞]=siu^{L}

017 樹[常中C去虞]=siu^{H}

016 府[非中C上虞]=pu^{H}

015 數[生中C上虞]=su^{R}

015 數[生中C去虞]=su^{R}

014 武[微中C上虞]=mu^{R}

013 遇[疑中C去虞]='u^{R}

009 取[淸中C上虞]=c^{h}iu^{R}, c^{h}iui^{R}

009 輔[奉中C上虞]=po^{R}

007 賦[非中C去虞]=pu^{R}

007 甫[非中C上虞]=po^{R}

007 具[群中C去虞]=ku^{R}

006 朱[章中C平虞]=ciu^{L}

006 俱[見中C平虞]=ku^{L}

005 注[章中C去虞]=cu^{R}

005 于[云中C平虞]='u^{L}

005 務[微中C去虞]=mu^{R}

005 句[見中C去虞]=ku$^{R/H}$

004 住[澄中C去虞]=tiu$^{R/H}$

004 珠[章中C平虞]=ciu^{L}

004 傅[非中C去虞]=pu$^{R/H}$

004 符[奉中C平虞]=pu^{L}

003 愈[羊中C上虞]='iu^{R}

003 隅[疑中C平虞]='u^{L}

003 禹[云中C上虞]='u^{R}

003 宇[云中C上虞]='u^{R}

003 豎[常中C上虞]=siu^{H}

003 膚[非中C平虞]=pu^{L}

003 屢[來中C去虞]

003 懼[群中C去虞]=ku^{R}

003 驅[溪中C平虞]=ku^{L}

002 趣[淸中C去虞]=c^{h}iui^{R}

002 聚[從中C上虞]=c^{h}iui^{R}

002 柱[澄中C上虞]=tiu^{R}

002 繻[日中C平虞]

002 乳[日中C上虞]=ziu^{R}

002 楡[羊中C平虞]='iu^{R}

002 喩[羊中C去虞]='iu^{R}

002 虞[疑中C平虞]='u^{L}

002 紆[影中C平虞]

002 汙[云中C平虞]
002 鬚[心中C平虞]=siu^{L}
002 敷[敷中C平虞]=pu^{L}
002 釜[奉中C上虞]=$pu^{R/H}$
002 腐[奉中C上虞]=pu^{R}
002 撫[敷中C上虞]=mu^{R}
002 霧[微中C去虞]=mu^{R}
002 駒[見中C平虞]=ku^{L}
001 娶[清中C去虞]=$c^{h}iui^{R}$
001 芻[初中C平虞]=$c^{h}u^{L}$
001 趨[清中C平虞]=$c^{h}u^{L}$
001 樞[昌中C平虞]=$c^{h}iu^{L}$
001 駐[知中C去虞]
001 誅[知中C平虞]=tiu^{L}
001 濡[日中C平虞]
001 儒[日中C平虞]=ziu^{L}
001 愉[羊中C平虞]=$'iu^{R}$
001 踰[羊中C平虞]=$'iu^{R}$
001 臾[羊中C平虞]=$'iu^{R}$
001 訏[曉中C平虞]
001 寓[疑中C去虞]=$'u^{R}$
001 雨[云中C上虞]=$'u^{R}$
001 殳[常中C平虞]
001 孚[敷中C平虞]
001 赴[敷中C去虞]=pu^{R}
001 瓿[奉中C平虞]
001 鳧[奉中C平虞]=pu^{L}

001 扶[奉中C平虞]=pu^{L}
001 誣[微中C平虞]=mu^{L}
001 蕪[微中C平虞]=mu^{L}
001 舞[微中C上虞]=$mu^{R/H}$
001 傴[影中C上虞]
001 劬[群中C平虞]=ku^{L}
001 軀[溪中C平虞]=ku^{L}
001 區[溪中C平虞]=ku^{L}

〈脂韻〉87

145 自[從開AB去脂]=$cʌ^{H}$
067 至[章開AB去脂]=ci^{H}
043 出[昌合AB去脂]=$c^{h}iu^{H}$
042 雖[心合AB平脂]=siu^{L}
041 二[日開AB去脂]=zi^{R}
040 致[知開AB去脂]=$t^{h}i^{R}$
031 唯[羊合AB平脂]=$'iu^{L}$
031 唯[羊合AB上脂]=$'iu^{H}$
031 比[幫中A去脂]=$pi^{R/H}$
026 死[心開AB上脂]=$sʌ^{R}$
023 地[定開AB去脂]=ti^{H}
019 器[溪開B去脂]=$kɨi^{H}$
016 伊[影開A平脂]=$'i^{L}$
015 四[心開AB去脂]=$sʌ^{R}$
014 遂[邪合AB去脂]=siu^{H}
013 推[昌合AB平脂]=$c^{h}iu^{L}$
013 水[書合AB上脂]=siu^{H}

013 誰[常合AB平脂]=siu^{L}

012 遺[羊合AB平脂]=’iu^{L}

012 遺[羊合AB去脂]=’iu^{R}

011 師[生開AB平脂]=sʌ^{L}

010 夷[羊開AB平脂]=’i^{L}

010 美[明中B上脂]=mi^{R}

010 愧[見合B去脂]=koi^{R}

009 視[常開AB上脂]=si^{R}

009 備[並中B去脂]=pi^{R}

009 季[見合A去脂]=kiəi$^{R/H}$

008 利[來開AB去脂]=ri$^{R/H}$

006 遲[澄開AB平脂]=ti^{L}

006 壘[來合AB上脂]=riu^{R}

006 冀[見開B去脂]=kɨi^{H}

005 次[清開AB去脂]=c^{h}ʌ^{H}

005 旨[章開AB上脂]=ci^{H}

005 衰[生合AB平脂]=soi^{L}

005 鼻[並中A去脂]=pi^{R}

004 蓍[書開AB平脂]=si^{L}

004 姿[精開AB平脂]=cʌ^{L}

004 位[云合B去脂]

004 誄[來合AB上脂]=roi^{R}

004 尼[娘開AB平脂]=ni$^{L/R}$

003 穉|稺|稚[知開AB去脂]=t^{h}i^{R}

003 醉[精合AB去脂]=c^{h}iui^{R}

003 資[精開AB平脂]=cʌ^{L}

003 懿[影開B去脂]=’ɨi^{R}

003 矢[書開AB上脂]=si^{R}

002 萃[從合AB去脂]=c^{h}iuiəi^{R}

002 瘁[從合AB去脂]

002 榱[生合AB平脂]=c^{h}oi^{L}

002 指[章開AB上脂]=ci^{H}

002 騤[群合B平脂]

002 咨[精開AB平脂]=cʌ^{L}

002 屍[書開AB平脂]=si^{L}

002 私[心開AB平脂]=sʌ^{L}

002 肆[心開AB去脂]=sʌ$^{R/H}$

002 鄙[幇中B上脂]=pi^{R}

002 眉[明中B平脂]=mi^{L}

002 梨[來開AB平脂]=ri^{L}

002 履[來開AB上脂]=ri$^{R/H}$

002 棄[溪開A去脂]=ki^{R}

002 軌[見合B上脂]=kuəi^{R}

001 槌[澄合AB平脂]

001 鴟[昌開AB平脂]=c^{h}i^{L}

001 雉[澄開AB上脂]=t^{h}i^{R}

001 墜[澄合AB去脂]=t^{h}iu^{R}

001 追[知合AB平脂]=t^{h}iu^{L}

001 胝[知開AB平脂]

001 脂[章開AB平脂]=ci^{L}

001 恣[精開AB去脂]=cʌ^{R}

001 姨[羊開AB平脂]=’i^{L}

001 惟[羊合AB平脂]=’iu^{L}

001 綏[心合AB平脂]=’iu^{L}

001 邃[心合AB去脂]

001 粹[心合AB去脂]

001 帥[生合AB去脂]=siu^{H}

001 駟[心開AB去脂]=sʌ^{R}

001 琵[並中A平脂]=pi^{L}

001 秕[帮中A上脂]=p^{h}ːi^{R}

001 庇[帮中A去脂]

001 類[來合AB去脂]=riu^{R}

001 淚[來合AB去脂]=riu$^{R/H}$, ru^{H}

001 膩[娘開AB去脂]

001 夔[群合B平脂]

001 飢[見開B平脂]=kɨi^{L}

001 祁[見開B平脂]=kɨi^{L}

001 驥[見開B去脂]=kɨi^{H}

001 揆[群合B上脂]

001 几[見開B上脂]=kuəːi^{R}

〈支韻〉84

269 此[清開AB上支]=c^{h}ʌ^{H}, c^{h}ʌi^{H}

238 爲[云合B平支]=’ui^{L}

238 爲[云合B去支]=’ui$^{R/H}$

135 是[常開AB上支]=si^{R}

074 爾[日開AB上支]=zi^{R}

071 知[知開AB平支]=ti^{L}

071 知[知開AB去支]=ti^{H}

037 兒[日開AB平支]=zʌ^{L}

026 宜[疑開B平支]=’ɨi^{L}

022 易[羊開AB去支]=’ːi^{R}

021 義[疑開B去支]=’ːɨi^{R}

014 食[邪開AB去支]=sʌ^{R}

009 委[影合B上支]=’ui^{R}

009 斯[心開AB平支]=sʌ^{L}

009 奇[群開B平支]=kɨi^{L}

009 規[見合A平支]=kiu^{L}

008 彼[帮中B上支]=p^{h}ːi^{R}

008 氏[常開AB上支]=si^{H}

007 支[章開AB平支]=ci^{L}

007 騎[群開B平支]

007 寄[見開B去支]=kɨi$^{R/H/L}$

006 戱[曉開B去支]=hɨi^{R}

006 危[疑合B平支]=’ui^{L}

006 譬[滂中A去支]=pi$^{R/H}$

006 辟[並中A去支]=p^{h}ːi^{R}

006 辟[滂中A去支]=pi^{R}

005 被[並中B上支]=p^{h}ːi^{R}

005 被[並中B去支]=p^{h}ːi^{R}

005 皮[並中B平支]=p^{h}ːi^{L}

005 池[澄開AB平支]=ti^{L}

005 議[疑開B去支]=’ːɨi^{R}

005 離[來開AB平支]=ri^{L}

005 離[來開AB去支]=ri^{R}

005 累[來合AB去支]=riu^{R}

004 毁[曉合B上支]=huəːi^{R}

004 毁[曉合B去支]=huəːi^{R}

004 疲[並中B平支]=p^{h}i^{L}

004 炊[昌合AB平支]=c^{h}iu^{L}, c^{h}iui^{L}

004 移[羊開AB平支]='i^{L}

004 儀[疑開B平支]='ɨi^{L}

004 垂[常合AB平支]=siu^{L}

004 婢[並中A上支]=pi^{R}

004 縻[明中B平支]=mi^{L}

004 靡[明中B上支]=mi^{R}

004 彌[明中A平支]=mi^{L}

003 避[並中A去支]=p^{h}i^{R}

003 智[知開AB去支]=ti^{H}

003 枝[章開AB平支]=ci^{L}

003 徙[心開AB上支]=sʌ^{R}

003 臂[幫中A去支]=pi^{R}

003 羸[來合AB平支]=ri^{L}

003 羈[見開B平支]

003 窺[溪合A平支]=kiu^{L}

002 披[滂中B平支]=p^{h}i

002 吹[昌合AB平支]=c^{h}iu^{L}, c^{h}iui

002 嵯[初開AB平支]

002 紫[精開AB上支]=cʌ$^{R/H}$

002 倚[影開B上支]='ɨi^{R}

002 施[書開AB平支]=si^{L}

002 施[羊開AB去支]='i^{R}

002 施[書開AB去支]=si$^{R/H}$

002 翅[書開AB去支]=si^{R}

002 隨[邪合AB平支]

002 卑[幫中A平支]=pi^{L}

002 籬[來開AB平支]=ri^{L}

002 企[溪合A上支]

002 繼[生開AB上支]=soia^{R}

001 陂[幫中B平支]=p^{h}i^{L}

001 槌[澄合AB去支]

001 馳[澄開AB平支]=t^{h}i^{L}

001 捶[章合AB上支]=c^{h}iuiəi^{R}, t^{h}iu^{L}

001 咫[章開AB上支]=ci^{R}

001 刺[清開AB去支]=cʌ^{R}

001 邇[日開AB上支]

001 廝[心開AB平支]

001 啻[書開AB去支]=si^{R}

001 曬[生開AB去支]

001 璽[心開AB上支]=sʌ^{R}

001 箄[幫中A上支]=pi^{R}

001 螭[徹開AB平支]

001 妓[群開B上支]=ki^{R}

001 崎[溪開B平支]

001 綺[溪開B上支]=kɨi$^{R/H/L}$

001 庋[見合B上支]=ki^{R}

〈之韻〉69

425 之[章開C平之]=ci^{L}

262 以[羊開C上之]='i^{R}

147 而[日開C平之]=zi^{L}

141 其[群開C平之]=ki^{L}

136 子[精開C上之]=cʌ^{H}

108 耳[日開C上之]=zi^{R}

069 事[崇開C去之]=sʌ^{R}

066 使[生開C上之]=sʌ^{R}

066 使[生開C去之]=si^{R}

060 時[常開C平之]=si^{L}

050 已[羊開C上之]=’i^{R}

048 士[崇開C上之]=sʌ^{R}

041 意[影開C去之]=’ɨi^{R}

034 似[邪開C上之]=sʌ^{R}

032 矣[云開C上之]=’ɨi^{R}

032 理[來開C上之]=ri^{R}

030 思[心開C平之]=sʌ^{L}

029 異[羊開C去之]=’i^{R}

023 治[澄開C平之]=t^{h}i^{L}

023 治[澄開C去之]=t^{h}i^{R}

018 志[章開C去之]=ci^{H}

016 里[來開C上之]=ri^{R}

015 司[心開C平之]=sʌ^{L}

014 辭[邪開C平之]=sʌ^{L}

013 史[生開C上之]=sʌ^{R}

012 期[群開C平之]=kɨi^{L}

011 癡[徹開C平之]=t^{h}i^{L}

011 字[從開C去之]=cʌ^{H}

011 始[書開C上之]=si^{R}

010 己[見開C上之]=kɨi^{H}

008 止[章開C上之]=ci^{H}

007 齒[昌開C上之]=c^{h}i$^{R/H}$

007 起[溪開C上之]=kɨi^{H}

006 詩[書開C平之]=si^{L}

006 試[書開C去之]=si^{R}

006 吏[來開C去之]=ri^{R}

005 置[知開C去之]=t^{h}i^{R}

005 持[澄開C平之]=ti^{L}

005 擬[疑開C上之]=’ɨi^{R}

005 侍[常開C去之]=si$^{R/H}$

005 絲[心開C平之]=sʌ^{L}

005 嗣[邪開C去之]=sʌ^{R}

004 喜[曉開C上之]=hɨi^{R}

004 疑[疑開C平之]=’ɨi^{L}

004 李[來開C上之]=ri^{R}, ni^{R}

003 箕[見開C平之]=kɨi^{L}

002 噫[影開C平之]=hɨi$^{L/R}$

002 恥[徹開C上之]=t^{h}i^{R}

002 値[澄開C去之]=t^{h}i

002 滓[莊開C上之]=cʌi^{R}

002 牸[從開C去之]=cʌ^{H}

002 祠[邪開C平之]=sʌ^{L}

002 祀[邪開C上之]=sʌ^{R}

002 裏[來開C上之]=ri^{R}

001 蚩[昌開C平之]=c^{h}i^{L}

001 峙[澄開C上之]

001 芝[章開C平之]=ci^{L}

001 慈[從開C平之]=cʌ^{L}

001 貽[羊開C平之]=’i^{L}

001 嶷[疑開C平之]

001 仕[崇開C上之]=s$ʌ^{R}$

001 駛[生開C上之]

001 駛[生開C去之]

001 狸[來開C平之]=ri^{L}

001 旗[群開C平之]=kɨi^{L}

001 棊[群開C平之]

001 萁[群開C平之]

001 萁[見開C平之]

001 欺[溪開C平之]=kɨi^{L}

/-u/ 운미인 운

〈豪韻〉55

056 道[定中1上豪]=to^{R}

040 好[曉中1上豪]=h$o^{R/H}$

040 好[曉中1去豪]=h$o^{R/H}$

036 高[見中1平豪]=ko^{L}

016 老[來中1上豪]=ro^{R}

011 保[幫中1上豪]=po^{R}

010 寶[幫中1上豪]=po^{R}

009 陶[定中1平豪]=to^{L}

007 倒[端中1上豪]=to^{R}

007 倒[端中1去豪]=to^{R}

006 造[從中1上豪]=c$o^{R/H}$

006 皐[見中1平豪]

005 條[透中1平豪]=$t^{h}o^{L}$, $t^{h}io^{L}$

005 曹[從中1平豪]=co^{L}

005 蚤[精中1上豪]=co^{R}

005 勞[來中1平豪]=ro^{L}, roi^{L}

004 抱[並中1上豪]=po^{R}, $p^{h}o^{R}$

004 草[清中1上豪]=$c^{h}o^{H}$

004 操[清中1平豪]=co^{L}

003 毛[明中1平豪]=mo^{L}

003 洮[透中1平豪]

002 浩[匣中1上豪]=ho^{R}

002 晧[匣中1上豪]

002 遭[精中1平豪]=co^{L}

002 躁[精中1去豪]=co^{R}

002 螯[疑中1平豪]=’o^{L}

002 報[幫中1去豪]=po^{R}

002 髦[明中1平豪]

002 滔[透中1平豪]=to^{L}

002 濤[定中1平豪]=to^{L}

002 告[見中1去豪]=k$o^{R/H}$

001 崤[匣中1平豪]

001 毫[匣中1平豪]=ho^{L}

001 濠[匣中1平豪]

001 暴[並中1去豪]

001 討[透中1上豪]=$t^{h}o^{H}$

001 糟[精中1平豪]=co^{L}

001 早[精中1上豪]=co^{R}

001 敖[疑中1平豪]='o$^{L/R}$

001 敖[疑中1去豪]='o^{R}

001 傲[疑中1去豪]='o^{R}

001 奧[影中1去豪]='o$^{R/H}$

001 嫂[心中1上豪]=su^{R}

001 騷[心中1平豪]

001 冒[明中1去豪]=mo^{R}

001 旄[明中1平豪]

001 旄[明中1去豪]

001 盜[定中1去豪]=to^{R}

001 刀[端中1平豪]=to^{L}

001 禱[端中1上豪]=to$^{R/H}$

001 擣[端中1上豪]=to^{R}

001 到[端中1去豪]=to^{R}

001 搗[端中1上豪]

001 考[溪中1上豪]=ko$^{R/H}$

001 膏[見中1平豪]=ko^{L}

〈肴韻〉22

025 孝[曉中2去肴]=hio^{R}

021 覺[見中2去肴]=kio^{R}

020 樂[疑中2去肴]='io^{R}

009 教[見中2去肴]=kio^{R}

008 交[見中2平肴]=kio^{L}

007 巢[崇中2平肴]=so^{L}

003 效[匣中2去肴]=hio^{R}

003 貌[明中2去肴]=mo$^{R/H/L}$

003 巧[溪中2上肴]=kio^{R}

002 豹[幫中2去肴]=p^{h}io^{H}

002 稍[生中2去肴]=c^{h}io^{R}

002 爪[莊中2上肴]=co^{R}

002 郊[見中2平肴]=kio^{L}

002 校[見中2去肴]=kio^{R}

001 崤[匣中2平肴]

001 苞[幫中2平肴]=p^{h}o^{L}

001 飽[幫中2上肴]=p^{h}o^{R}

001 鈔[初中2平肴]=c^{h}io^{L}

001 罩[知中2去肴]

001 撓[娘中2上肴]='io

001 捎[生中2平肴]

001 狡[見中2上肴]=kio^{R}

〈宵韻〉51

042 少[書中AB上宵]=sio^{R}

042 少[書中AB去宵]=sio^{R}

038 小[心中AB上宵]=sio^{R}

023 朝[知中AB平宵]=tio^{L}

023 朝[澄中AB平宵]=tio^{L}

013 要[影中A平宵]='io^{L}

013 要[影中A去宵]='io^{R}

011 超[徹中AB平宵]=t^{h}io^{L}

010 嶠[群中B上宵]

009 標[幫中A上宵]=p^{h}io^{H}

009 陶[羊中AB平宵]='io^{L}

006 表[幫中B上宵]

006 妙[明中A去宵]=mio^{R}

005 詔[章中AB去宵]=cio^{R}

005 消[心中AB平宵]=sio^{L}

004 照[章中AB去宵]=cio^{R}

004 遙[羊中AB平宵]=’io^{L}

004 韶[常中AB平宵]=sio^{L}

004 紹[常中AB上宵]

004 廟[明中B上宵]=mio$^{R/H}$

004 喬[見中B平宵]

004 喬[群中B平宵]

003 趙[澄中AB上宵]=tio^{R}, tiu

003 笑[心中AB去宵]=sio^{R}

003 召[常中AB去宵]=sio^{R}

003 銚[羊中AB平宵]

002 飄[滂中A平宵]=p^{h}io^{L}

002 饒[日中AB平宵]=zio^{L}

002 饒[日中AB去宵]=zio

002 燒[書中AB平宵]=sio^{L}

002 劭[常中AB去宵]

002 苗[明中B平宵]=mio^{L}

002 矯[見中B上宵]=kio$^{R/L}$

001 鴞[云中B平宵]

001 韄[云中B平宵]=hio^{L}

001 驃[並中A去宵]

001 峭[清中AB去宵]

001 譙[從中AB平宵]=c^{h}io^{L}

001 肖[心中AB去宵]=c^{h}io$^{R/H}$

001 旐[澄中AB上宵]

001 擾[日中AB上宵]=zio^{R}

001 妖[影中B平宵]=’io^{L}

001 夭[影中B平宵]=’io^{L}

001 夭[影中B上宵]=’io^{R}

001 謠[羊中AB平宵]=’io^{L}

001 瑤[羊中AB平宵]=’io^{L}

001 昭[章中AB平宵]=sio^{L}

001 霄[心中AB平宵]=sio

001 捎[心中AB平宵]

001 燎[來中AB上宵]=rio^{R}

001 驕[見中B平宵]=kio^{L}

〈蕭韻〉19

012 蕭[心中4平蕭]=sio^{L}

012 了[來中4上蕭]=rio$^{R/H}$

008 堯[疑中4平蕭]=’io^{L}

005 條[定中4平蕭]=tio^{L}

005 鳥[端中4上蕭]=tio^{H}

003 調[定中4平蕭]=tio^{L}

003 調[定中4去蕭]=tio^{R}

003 刁[端中4平蕭]

003 聊[來中4平蕭]

003 料[來中4平蕭]

002 弔[端中4去蕭]=tio$^{R/H}$

001 曉[曉中4上蕭]=hio^{R}

001 釣[端中4去蕭]=tio^{H}

001 澆[見中4平蕭]

001 澆[疑中4去蕭]

001 簫[心中4平蕭]=sio^{L}

001 遼[來中4平蕭]=rio^{L}

001 僚[來中4平蕭]=rio^{L}

001 嬲[泥中4上蕭]

〈侯韻〉35

036 後[匣中1上侯]=hu^{R}

024 侯[匣中1平侯]=hu^{L}

012 母[明中1上侯]=mo^{R}

008 頭[定中1平侯]=tu^{L}

008 口[溪中1上侯]=ku^{R}

006 厚[匣中1上侯]=hu^{R}

006 茂[明中1去侯]=mu^{R}

006 斗[端中1上侯]=tu^{H}

006 苟[見中1上侯]=ku^{R}

005 豆[定中1去侯]=tu$^{R/H}$

004 偸[透中1平侯]=t^{h}u^{L}

004 狗[見中1上侯]=ku$^{R/H}$

003 投[定中1平侯]=t^{h}u^{L}

003 奏[精中1去侯]=cu^{R}

003 裒[並中1平侯]=pu^{H}

002 漱[心中1去侯]=su^{R}, so

002 某[明中1上侯]=mo^{R}

002 樓[來中1平侯]=ru^{L}

002 漏[來中1去侯]=ru^{R}

002 寇[溪中1去侯]=ku^{R}

001 候[匣中1去侯]=ku^{R}

001 鬪[端中1去侯]=t^{h}u$^{R/H}$

001 偶[疑中1上侯]=’u^{R}

001 耦[疑中1上侯]=’u^{R}

001 瓿[並中1上侯]

001 部[並中1上侯]=pu^{H}, po

001 畝[明中1上侯]=mo^{R}, mio^{R}

001 陋[來中1去侯]=ru^{R}

001 塿[來中1上侯]

001 竇[定中1去侯]=tu^{H}

001 鷗[影中1平侯]=ku^{L}

001 鉤[見中1平侯]=ku^{L}

001 垢[見中1上侯]=ku^{R}

001 構[見中1去侯]=ku^{R}

001 叩[溪中1上侯]=ku^{R}, ko^{H}

〈尤韻〉96

669 不[非中C平尤]=pu

669 不[非中C上尤]=pu

242 有[云中C上尤]=’iu^{R}

134 復[奉中C去尤]=pu^{R}

030 酒[精中C上尤]=ciu^{R}

027 周[章中C平尤]=ciu^{L}

026 州[章中C平尤]=ciu^{L}

023 流[來中C平尤]=riu^{L}

021 由[羊中C平尤]='iu^{L}

021 劉[來中C平尤]

020 憂[影中C平尤]='u^{L}

019 猶[羊中C平尤]='iu^{L}

019 婦[奉中C上尤]=pu^{R}

017 久[見中C上尤]=ku^{R}

016 求[群中C平尤]=ku^{L}

015 友[云中C上尤]='u^{R}

015 負[奉中C上尤]=pu^{R}

014 受[常中C上尤]=siu$^{R/H}$

012 牛[疑中C平尤]='u^{L}

011 秀[心中C去尤]=siu^{H}

011 手[書中C上尤]=siu^{H}

010 脩|修[心中C平尤]=siu^{L}

009 就[從中C去尤]=c^{h}iui^{R}

009 右[云中C上尤]='u^{R}

009 又[云中C去尤]='u^{R}

009 丘[溪中C平尤]=ku^{L}

006 秋[清中C平尤]=c^{h}iu^{L}

006 遊[羊中C平尤]='iu^{L}

006 富[非中C去尤]=pu^{R}

006 浮[奉中C平尤]=pu^{L}

006 舊[群中C去尤]=ku^{R}

005 休[曉中C平尤]=hiu^{L}

005 宿[心中C去尤]=siu^{H}

005 柳[來中C上尤]=riu^{R}

005 舅[群中C上尤]=ku^{R}

005 九[見中C上尤]=ku$^{R/H}$, kiu^{H}

004 優[影中C平尤]='u^{L}

004 壽[常中C上尤]=siu^{H}

004 覆[敷中C去尤]=pu^{R}

003 臭[昌中C去尤]=c^{h}iui^{R}

003 晝[知中C去尤]=tiu$^{R/H}$

003 尤[云中C平尤]='u^{L}

003 首[書中C上尤]=siu^{H}

002 祝[章中C去尤]=c^{h}iu

002 醜[昌中C上尤]=c^{h}iu^{R}

002 肘[知中C上尤]=tiu$^{R/H}$

002 遒[精中C平尤]

002 遒[從中C平尤]

002 舟[章中C平尤]=ciu^{L}

002 宥[云中C去尤]

002 猷[羊中C平尤]='iu^{L}

002 游[羊中C平尤]='iu^{L}

002 牖[羊中C上尤]='iu^{R}

002 繇[羊中C平尤]='iu^{L}

002 守[書中C上尤]=siu^{H}

002 瘦[生中C平尤]=su^{L}

002 瘦[生中C去尤]=su^{R}

002 酬[常中C平尤]=siu^{L}

002 副[敷中C去尤]=pu^{R}

002 謀[明中C平尤]=mo^{L}

002 矛[明中C平尤]=mo^{L}

002 留[來中C平尤]=riu^{L}

002 邱[溪中C平尤]

002 鳩[見中C平尤]=ku^{L}

002 韭[見中C上尤]=ku^{R}

002 救[見中C去尤]=ku^{R}

001 彪[幫中C平尤]

001 鞦[清中C平尤]=c^{h}iu^{L}

001 籌[澄中C平尤]=tiu^{L}

001 疇[澄中C平尤]=tiu^{L}

001 紂[澄中C上尤]=tiu^{H}

001 宙[澄中C去尤]=tiu^{R}

001 胄[澄中C去尤]

001 譸[知中C平尤]

001 柔[日中C平尤]=ziu^{L}

001 囿[云中C去尤]='iu^{R}

001 柚[羊中C去尤]='iu^{R}

001 猶[羊中C平尤]

001 耦[影中C平尤]='u^{L}

001 郵[云中C平尤]

001 獸[書中C去尤]=siu^{H}

001 授[常中C去尤]=siu^{H}

001 綬[常中C上尤]

001 綬[常中C去尤]

001 囚[邪中C平尤]=siu^{L}

001 囚[邪中C去尤]=siu^{H}

001 袖[邪中C去尤]=siu^{H}

001 否[非中C上尤]=pu^{R}

001 阜[奉中C上尤]=pu^{R}

001 複[奉中C去尤]

001 侔[明中C平尤]

001 旒[來中C平尤]=riu^{L}

001 餾[來中C去尤]=riu^{R}

001 溜[來中C去尤]=riu^{R}

001 裘[群中C平尤]=ku^{L}

001 臼[群中C上尤]=ku^{R}

〈幽韻〉03

005 幽[影中A平幽]='iu^{L}

002 幼[影中A去幽]='iu^{R}

001 謬[明中B去幽]=niu^{R}

/-i/ 운미인 운

〈微韻〉49

073 非[非中C平微]=pi^{L}

072 未[微中C去微]=mi^{R}

045 謂[云合C去微]='ui$^{R/H}$

026 既[見開C去微]=kɨi^{H}, hɨi^{R}

023 貴[見合C去微]=kui^{R}

014 氣[溪開C去微]=kɨi^{H}

013 衣[影開C去微]='ɨi^{R}

012 豈[溪開C上微]=kɨi^{H}

011 魏[疑合C去微]='ui$^{R/H}$

010 歸[見合C平微]=kui^{L}

009 幾[見開C平微]=kɨi^{L}

009 幾[見開C上微]=kɨi^{H}

009 鬼[見合C上微]=kui^{R}

007 希[曉開C平微]=hɨi^{L}

006 微[微中C平微]=mi^{L}

005 依[影開C平微]='ɨi^{L}

004 威[影合C平微]='ui^{L}

004 畏[影合C去微]='oi^{R}

004 亹[明中C上微]

003 諱[曉合C去微]=hui^{H}

003 顗[疑開C上微]

003 違[云合C平微]='ui$^{L/H}$

003 尉[影合C去微]='ui^{R}

003 飛[非中C平微]=pi^{L}

003 霏[敷中C平微]

003 肥[奉中C平微]=pi^{L}

003 味[微中C去微]=mi^{R}

003 機[見開C平微]=kɨi^{L}

002 暉[曉合C平微]=hui^{L}

002 毅[疑開C去微]='ɨi^{R}

002 偉[云合C上微]='ui$^{R/L}$

002 緯[云合C去微]='ui^{H}

002 慰[影合C去微]='ui

002 饑[見開C平微]=kɨi^{L}

002 譏[見開C平微]=kɨi^{L}

001 揮[曉合C平微]=hui^{L}

001 煇[曉合C平微]

001 虺[曉合C上微]=huəi^{R}

001 卉[曉合C上微]=huəi^{R}

001 韋[云合C平微]='ui^{L}

001 圍[云合C平微]='ui^{L}

001 猬[云合C去微]

001 渭[云合C去微]

001 巍[疑合C平微]='oi^{L}

001 篚[非中C上微]=pi^{R}

001 費[敷中C去微]=pi^{R}

001 崎[群開C平微]

001 璣[見開C平微]=kɨi^{L}

001 璣[群開C去微]=kɨi^{H}

〈咍韻〉33

079 在[從開1上咍]=cʌi^{R}

064 來[來開1平咍]=rʌi^{L}

060 乃[泥開1上咍]=nai^{R}

046 才[從開1平咍]=cʌi^{L}, cʌ

012 海[曉開1上咍]=hʌi^{R}

011 哀[影開1平咍]='ʌi^{L}

010 載[精開1上咍]=cʌi^{R}

010 載[精開1去咍]=cʌi$^{R/L}$

009 待[定開1上咍]=tʌi^{R}

007 開[溪開1平咍]=kʌi^{L}

006 哉[精開1平咍]=cʌi$^{L/R}$, cʌ

006 迺[泥開1上咍]

005 裁[從開1平咍]=cʌi^{L}

005 愛[影開1去咍]=’ʌi^{R}

004 采[清開1上咍]

004 改[見開1上咍]=kʌi^{R}

003 殆[定開1上咍]=t^{h}ʌi$^{R/L}$

003 財[從開1平咍]=cʌi^{L}

003 宰[精開1上咍]=cʌi^{R}

002 臺[定開1平咍]=tʌi^{L}

002 代[定開1去咍]=tʌi^{R}

002 戴[端開1去咍]=tʌi$^{R/H}$

002 慨[溪開1去咍]=kai^{R}

001 咳[溪開1去咍]=kʌi^{R}

001 孩[匣開1平咍]=hʌi^{L}

001 台[透開1平咍]=t^{h}ʌi^{L}

001 災[精開1平咍]=cʌi^{L}

001 閡[疑開1去咍]

001 猜[清開1平咍]=sɨi^{L}

001 賚[來開1去咍]=roi^{R}

001 睞[來開1去咍]

001 岱[定開1去咍]

001 凱[溪開1上咍]

〈灰韻〉35

025 輩[幫中1去灰]=pʌi^{R}

018 裴[滂中1平灰]=pʌi^{L}

011 內[泥合1去灰]=nʌi^{R}

009 回[匣合1平灰]=koi^{L}

008 退[透合1去灰]=t^{h}oi^{R}

008 罪[從合1上灰]=coi^{R}

005 衰[清合1平灰]=c^{h}oi^{L}

005 對[端合1去灰]=tʌi^{R}

004 桮[幫中1平灰]

004 每[明中1平灰]=mʌi^{L}

004 每[明中1上灰]=mʌi^{R}

004 憒[見合1去灰]

003 磊[來合1上灰]

002 崔[清合1平灰]=c^{h}oi^{L}

002 倍[並中1去灰]=pʌi$^{R/L}$

002 倍[並中1上灰]=p^{h}ai^{R}

002 配[滂中1去灰]=pʌi^{R}

002 梅[明中1平灰]=mʌi^{L}

002 昧[明中1去灰]=mʌi$^{R/H}$

002 雷[來合1平灰]=roi^{L}

002 塊[溪合1去灰]=koi^{R}

001 晦[曉合1去灰]=hoi^{R}

001 悖[並中1去灰]=p^{h}ai^{R}

001 佩[並中1去灰]=p^{h}ai^{R}

001 頹[定合1平灰]=t^{h}oi^{L}

001 穨[定合1平灰]

001 催[清合1平灰]=c^{h}oi

001 摧[從合1平灰]=c^{h}oi

001 猥[影合1上灰]

001 碎[心合1去灰]=sai

001 培[滂中1平灰]=pʌi^{L}

001 背[幫中1去灰]=pʌi^{R}

001 背[並中1去灰]=p^{h}ai^{R}

001 傀[溪合1上灰]=koi^{R}

001 槐[匣合1平灰]=koi^{L}

〈佳韻〉15

030 洒[生開2去佳]=sai^{R}, soai^{R}

028 佳[見開2平佳]=ka^{L}

015 解[匣開2上佳]=hʌi^{R}, ha^{R}

007 差[初開2平佳]=c^{h}a^{L}

003 畵[匣合2去佳]=hoa^{R}

003 灑[生開2上佳]=sai^{R}, soai^{R}

002 蟹[匣開2上佳]=hʌi^{L}

002 買[明中2上佳]=mʌi^{R}

002 賣[明中2去佳]=mai^{R}

002 卦[見合2去佳]

001 獪[見合2去佳]

001 罷[並中2上佳]=p^{h}a^{R}

001 擺[幇中2上佳]

001 柴[崇開2平佳]=sɨi^{L}

001 曬[生開2去佳]

〈泰韻〉17

058 大[定開1去泰]=tai$^{R/H}$, t^{h}ai^{H}

036 太[透開1去泰]=t^{h}ai$^{R/H}$

019 外[疑合1去泰]='oi^{R}

015 會[匣合1去泰]=hoi^{R}

010 最[精合1去泰]=c^{h}oi^{R}

006 艾[疑開1去泰]='ai^{R}

005 害[匣開1去泰]=hai^{R}

005 蓋[見開1去泰]=kai^{R}

004 賴[來開1去泰]=roi^{R}

003 膾[見合1去泰]=hoi^{R}

003 泰[透開1去泰]=t^{h}ai^{R}

001 獪[見合1去泰]

001 狽[幇中1去泰]

001 汰[透開1去泰]=t^{h}ai^{R}

001 蔡[淸開1去泰]=c^{h}ai^{R}

001 帶[端開1去泰]=tʌi^{R}

001 奈[泥開1去泰]

〈皆韻〉20

025 懷[匣合2平皆]=hoi^{L}

021 皆[見開2平皆]=kʌi^{L}

018 殺[生開2去皆]=sai^{R}, soai^{R}

011 拜[幇中2去皆]=pʌi^{R}

005 楷[見開2平皆]=kʌi^{L}, hʌi^{L}, kai^{L}

004 介[見開2去皆]=kai^{R}

003 壞[見合2去皆]=koi^{R}

003 壞[匣合2去皆]=hoi$^{R/L}$, huəi^{R}

003 階[見開2平皆]=kiəi^{L}

002 淮[匣合2平皆]=hoi^{L}

002 骸[匣開2平皆]=hʌi^{L}

002 乖[見合2平皆]=koi^{L}

001 駭[匣開2上皆]=hʌi^{R}

001 齋[莊開2平皆]=cʌi^{L}

001 豺[崇開2平皆]=sɨi^{L}

001 排[並中2平皆]=pʌi^{L}

001 埋[明中2平皆]=mʌi^{L}

001 蒯[溪合2去皆]

001 怪[見合2去皆]=koi^{R}

001 戒[見開2去皆]=kiəi^{R}

〈夬韻〉04

009 敗[並中2去夬]=p^{h}ai^{R}, p^{h}a^{R}, p^{h}iəi^{R}

004 邁[明中2去夬]=mai

003 快[溪合2去夬]=k^{h}oai^{H}

001 話[匣合2去夬]=hoa^{R}

〈廢韻〉03

007 穢[影合C去廢]='iəi^{R}

005 廢[非中C去廢]=p^{h}iəi^{R}

001 乂[疑開C去廢]='iəi^{R}

〈祭韻〉20

035 世[書開AB去祭]=siəi^{R}

009 制[章開AB去祭]=ciəi^{R}

009 衛[云合B去祭]='ui^{H}

006 說[書合AB去祭]=siəi^{R}

004 弊[並中A去祭]=p^{h}iəi^{R}

004 歲[心合AB去祭]=siəi^{R}

004 勢[書開AB去祭]=siəi^{R}, siə^{R}

003 際[精開AB去祭]=ciəi^{R}

002 逝[常開AB去祭]=siəi, siə^{R}

002 厲[來開AB去祭]=riə^{R}

001 蔽[幇中A去祭]=p^{h}iəi^{R}

001 滯[澄開AB去祭]=t^{h}iəi$^{R/H}$

001 綴[知合AB去祭]

001 祭[精開AB去祭]=ciəi^{R}

001 製[章開AB去祭]=ciəi^{R}

001 瘞[影開B去祭]

001 裔[羊開AB去祭]

001 誓[常開AB去祭]=siəi^{R}, siə^{R}

001 例[來開AB去祭]=riəi^{R}

001 礪[來開AB去祭]=riəi^{R}

〈齊韻〉60

022 禮[來開4上齊]=riəi$^{R/H}$

018 弟[定開4上齊]=tiəi^{R}

018 弟[定開4去齊]=tiəi

016 體[透開4上齊]=t^{h}iəi^{H}

015 嵇[匣開4平齊]

014 陛[並中4上齊]=p^{h}iəi^{R}

012 西[心開4平齊]=siə^{L}

012 計[見開4去齊]=kiəi^{R}

010 齊[從開4平齊]=ciəi^{L}

009 濟[精開4上齊]=ciəi^{R}

009 濟[精開4去齊]=ciəi^{R}

008 詣[疑開4去齊]='iəi^{R}

007 帝[端開4去齊]=tiəi^{R}

007 壻[心開4去齊]=siə^{R}

006 第[定開4去齊]=tiəi^{R}

004 惠[匣合4去齊]=hiəi^{R}

004 兮[匣開4平齊]

004 逮[定開4去齊]=t^{h}iəi^{H}

004 啼[定開4平齊]=tiəi^{L}

004 米[明中4上齊]=mi^{R}

003 儷[來開4去齊]=riəi^{R}, riə^{R}

003 溪[溪開4平齊]=kiəi^{L}

003 稽[見開4平齊]=kiəi^{L}

003 稽[溪開4上齊]=kiəi^{R}

003 鷄|雞[見開4平齊]=kiəi^{L}

002 奚[匣開4平齊]=hʌi^{L}, hiə

002 梯[透開4平齊]=tiəi^{L}

002 提[定開4平齊]=tiəi^{L}, ri^{L}

002 洗[心開4上齊]=siəi^{R}

002 棃[來開4平齊]

002 泥[泥開4平齊]=ni^{L}

002 泥[泥開4去齊]=niəi^{H}

002 啓[溪開4上齊]=kiəi$^{R/H}$

002 桂[見合4去齊]=kiəi^{R}

002 契[見開4去齊]=kiəi^{R}

002 繼[見開4去齊]=kiəi^{R}

001 慧[匣合4去齊]=hiəi^{R}

001 替[透開4去齊]=t^{h}iəi^{H}

001 妻[清開4平齊]=c^{h}iə^{L}

001 妻[清開4去齊]=c^{h}iə^{R}

001 悽[清開4平齊]

001 題[定開4平齊]=tiəi^{L}

001 齏[精開4平齊]

001 齏[精開4上齊]

001 悌[定開4去齊]=tiəi^{R}

001 低[端開4平齊]

001 詆[端開4上齊]=tiə^{R}

001 抵[端開4上齊]=tiəi$^{R/H}$, tiə$^{R/H}$

001 翳[疑開4去齊]='iəi^{R}

001 細[心開4去齊]=siəi^{R}

001 棲[心開4平齊]=siə^{L}

001 迷[明中4平齊]=mi^{L}

001 淚[來開4去齊]=riə^{R}

001 唳[來開4去齊]

001 禰[泥開4上齊]=miəi^{R}, mi

001 睽[溪合4平齊]

001 閨[見合4平齊]=kiu^{L}

001 珪[見合4平齊]

001 繫[見開4去齊]=kiəi^{R}

001 繫[溪開4平齊]=kiəi

/-ŋ, -k/ 운미인 운모

〈東韻 1등〉47

123 公[見中1平東]=koŋ^{L}

032 同[定中1平東]=toŋ^{L}
022 東[端中1平東]=toŋ^{L}
017 通[透中1平東]=t^{h}oŋ^{L}
012 孔[溪中1上東]=koŋ^{H}
011 僕[並中1入東]=pok
011 獨[定中1入東]=tok
011 功[見中1平東]=koŋ^{L}
009 屋[影中1入東]='ok
008 木[明中1入東]=mok
008 動[定中1上東]=toŋ^{R}
008 讀[定中1入東]=tok
007 痛[透中1去東]=toŋ^{R}
007 空[溪中1平東]=koŋ^{L}
007 哭[溪中1入東]=kok
006 蒙[明中1平東]=moŋ^{L}
006 棟[端中1去東]=toŋ^{R}
005 速[心中1入東]=sok
004 洪[匣中1平東]=hoŋ^{L}
004 董[端中1上東]=toŋ^{R}
003 族[從中1入東]=cok
003 翁[影中1平東]='oŋ^{L}
003 籠[來中1上東]=roŋ^{R}
003 童[定中1平東]=toŋ^{L}
003 谷[見中1入東]=kok
002 鴻[匣中1平東]=hoŋ^{L}
002 鏃[精中1入東]=cok
002 送[心中1去東]=soŋ^{R}

002 碌[來中1入東]
002 銅[定中1平東]=toŋ^{L}
002 瞳[定中1平東]=toŋ^{L}
002 貢[見中1去東]=koŋ^{R}
002 穀[見中1入東]=kok
002 斛[匣中1入東]=kok
001 暴[並中1入東]
001 慟[定中1去東]=t^{h}oŋ^{R}
001 聰[清中1平東]=c^{h}oŋ^{L}
001 甕[影中1去東]='oŋ^{R}
001 蓬[並中1平東]=poŋ^{L}
001 卜[幫中1入東]=pok
001 濮[幫中1入東]
001 鹿[來中1入東]=rok
001 轆[來中1入東]=rok
001 漉[來中1入東]=rok
001 洞[定中1去東]=toŋ^{R}, t^{h}oŋ
001 犢[定中1入東]=tok
001 工[見中1平東]=koŋ^{L}

〈東韻 3등〉58

134 復[奉中C入東]=pok
091 中[知中C平東]=tiuŋ^{L}
091 中[知中C去東]=tiuŋ^{R}
036 風[非中C平東]=p^{h}uŋ^{L}
036 風[非中C去東]=p^{h}uŋ^{R}
024 叔[書中C入東]=siuk

023 仲[澄中C去東]=tiuŋ^{R}
019 忠[知中C平東]=t^{h}iuŋ^{L}
017 終[章中C平東]=cioŋ^{L}
015 目[明中C入東]=mok
010 戎[日中C平東]=ziuŋ^{L}
010 肅[心中C入東]=siuk
010 陸[來中C入東]
008 服[奉中C入東]=pok
007 衆[章中C去東]=ciuŋ^{R}
007 肉[日中C入東]=ziuk
007 伏[奉中C入東]=pok
007 夢[明中C去東]=moŋ^{R}
006 竹[知中C入東]=tiuk
005 豊[敷中C平東]=p^{h}uŋ^{L}
005 宿[心中C入東]=siuk
005 鳳[奉中C去東]=poŋ^{R}
004 充[昌中C平東]=c^{h}iuŋ^{L}
004 沖[澄中C平東]=t^{h}iuŋ^{L}
004 雄[云中C平東]='uŋ^{L}
004 孰[常中C入東]=siuk
004 覆[敷中C入東]=pok
004 穆[明中C入東]=mok
004 宮[見中C平東]=kuŋ^{L}
003 嵩[心中C平東]=siuŋ^{L}
003 熟[常中C入東]=siuk
003 腹[非中C入東]=pok
002 祝[章中C入東]=c^{h}iuk
002 融[羊中C平東]=ruiŋ^{L}
002 謖[生中C入東]
002 福[非中C入東]=pok
002 汎[奉中C平東]
002 牧[明中C入東]=mok, mo^{H}
002 隆[來中C平東]=riuŋ^{L}
002 戮[來中C入東]=riuk
002 窮[群中C平東]=kuŋ^{L}
001 楓[非中C平東]=p^{h}uŋ^{L}
001 諷[非中C去東]=p^{h}uŋ^{R}
001 馮[奉中C平東]=p^{h}uŋ^{L}
001 逐[澄中C入東]=t^{h}iuk
001 軸[澄中C入東]=t^{h}iuk
001 粥[章中C入東]=ciuk
001 育[羊中C入東]='iuk
001 毓[羊中C入東]
001 柚[澄中C入東]=t^{h}iuk
001 崇[崇中C平東]=siuŋ^{L}
001 夙[心中C入東]=siuk
001 菽[書中C入東]=siuk
001 馥[奉中C入東]=pok
001 複[幇中C入東]
001 六[來中C入東]
001 弓[見中C平東]=kuŋ^{L}
001 麴[溪中C入東]=kuk

〈冬韻〉08

011 宗[精中1平冬]=coŋ^{L}

004 酷[溪中1入冬]

002 攻[見中1平冬]=koŋ^{L}

002 告[見中1入冬]=kok

001 綜[精中1去冬]=coŋ^{R}

001 冬[端中1平冬]=toŋ^{L}

001 篤[端中1入冬]=tok

001 鵠[匣中1入冬]=kok

〈鍾韻〉55

062 欲[羊中C入鍾]='iok

058 足[精中C入鍾]=ciok

025 共[群中C去鍾]=koŋ^{R}

025 恐[溪中C上鍾]=koŋ^{R}

023 用[羊中C去鍾]='ioŋ^{R}

022 從[從中C去鍾]=cioŋ^{R}

021 玉[疑中C入鍾]='ok

020 重[澄中C平鍾]=tiuŋ$^{L/H}$

020 重[澄中C上鍾]=tiuŋ^{R}

020 重[澄中C去鍾]=tiuŋ^{R}

015 容[羊中C平鍾]='ioŋ^{L}

011 松[邪中C平鍾]=sioŋ^{L}

011 龍[來中C平鍾]=rioŋ^{L}

011 恭[見中C平鍾]=koŋ^{L}

007 奉[奉中C上鍾]=poŋ^{R}

006 胸[曉中C平鍾]=hiuŋ^{L}

006 縱[精中C平鍾]=cioŋ^{L}

006 縱[精中C去鍾]=cioŋ^{R}

006 俗[邪中C入鍾]=siok

006 曲[溪中C入鍾]=kok

004 凶[曉中C平鍾]=hiuŋ^{L}

004 舂[書中C平鍾]=sioŋ^{L}, 'ioŋ^{L}, zioŋ^{L}

004 鍾[章中C平鍾]=cioŋ$^{L/R}$

004 鐘[章中C平鍾]=cioŋ^{L}

004 屬[常中C入鍾]=siok

004 屬[章中C入鍾]=c^{h}iok

003 種[章中C上鍾]=cioŋ^{R}

003 種[章中C去鍾]=cioŋ$^{R/H}$

003 辱[日中C入鍾]=ziok

003 鋒[敷中C平鍾]=poŋ^{L}

003 谷[羊中C入鍾]='iok

002 趣[清中C入鍾]=c^{h}ok

002 觸[昌中C入鍾]=c^{h}iok

002 囑[章中C入鍾]=ciok, c^{h}iok

002 勇[羊中C上鍾]='ioŋ^{R}

002 封[非中C平鍾]=poŋ^{L}

002 峯[敷中C平鍾]=poŋ^{L}

002 錄[來中C入鍾]=rok

002 碌[來中C入鍾]

001 寵[徹中C上鍾]=t^{h}ioŋ^{R}

001 促[清中C入鍾]=c^{h}ok

001 蜀[常中C入鍾]=siok, c^{h}iok

001 蹤[精中C平鍾]=cioŋ^{L}

001 庸[羊中C平鍾]='ioŋ^{L}

001 饔[影中C平鍾]='oŋ^{L}

001 獄[疑中C入鍾]='ok

001 頌[邪中C去鍾]=sioŋ^{R}

001 粟[心中C入鍾]=sok

001 贖[船中C入鍾]=siok

001 束[書中C入鍾]=sok

001 蜂[敷中C平鍾]=poŋ^{L}

001 逢[奉中C平鍾]=poŋ^{L}

001 濃[娘中C平鍾]=noŋ, roŋ^{L}

001 局[群中C入鍾]=kuk

001 拱[見中C上鍾]=koŋ^{R}

〈江韻〉22

026 江[見中2平江]=kaŋ^{L}

021 覺[見中2入江]=kak

020 樂[疑中2入江]='ak

016 學[匣中2入江]=hʌk

006 角[見中2入江]=kak

005 卓[知中2入江]=t^{h}ak

004 濯[澄中2入江]=t^{h}ak

003 捉[莊中2入江]=c^{h}ak

002 濁[澄中2入江]=t^{h}ak

002 雙[生中2平江]=saŋ^{L}, soaŋ^{L}

002 邦[幫中2平江]=paŋ^{L}

001 窗[初中2平江]=c^{h}aŋ^{L}

001 觸[娘中2入江]

001 岳[疑中2入江]

001 握[影中2入江]='ak

001 槊[生中2入江]=sak

001 璞[滂中2入江]

001 邈[明中2入江]=mak

001 犖[來中2入江]

001 講[見中2上江]=kaŋ^{R}

001 降[見中2去江]=kaŋ^{R}

001 桷[見中2入江]=kak

〈唐韻〉74

142 當[端開1平唐]=taŋ^{L}

142 當[端開1去唐]=taŋ^{R}

092 作[精開1入唐]=cak

092 作[從開1入唐]=cak

035 行[匣開1平唐]=haŋ^{L}

035 行[匣開1去唐]=haŋ^{R}

027 郎[來開1平唐]=raŋ^{L}

020 樂[來開1入唐]=rak

019 惡[影開1入唐]='ak

017 朗[來開1上唐]

014 康[溪開1平唐]=kaŋ^{L}

013 莫[明中1入唐]=mak

010 光[見合1平唐]=koaŋ^{L}

008 黃[匣合1平唐]=hoaŋ^{L}

008 託[透開1入唐]=t^{h}ak

008 昨[從開1入唐]=cak

008 喪[心開1平唐]=saŋ^{L}

008 喪[心開1去唐]=saŋ^{R}

007 博[幇中1入唐]=pak

007 落[來開1入唐]=rak

006 洛[來開1入唐]=rak

005 皇[匣合1平唐]=hoaŋ^{L}

005 壑[曉開1入唐]=hak

005 鶴[匣開1入唐]=hak

005 薄[並中1入唐]=pak

005 廣[見合1上唐]=koaŋ^{R}

005 郭[見合1入唐]=koak

005 各[見開1入唐]=kak

004 抗[匣開1平唐]

004 抗[溪開1去唐]

004 蒼[淸開1平唐]=c^{h}aŋ^{L}

004 索[心開1入唐]=sak

004 桑[心開1平唐]=saŋ^{L}

004 簿[並中1入唐]=pak

004 堂[定開1平唐]=taŋ^{L}

004 曠[溪合1去唐]=koaŋ$^{R/H}$

003 荒[曉合1平唐]=hoaŋ^{L}

003 葬[精開1去唐]=caŋ^{R}

003 綱[見開1平唐]=kaŋ^{L}

003 狼[來開1平唐]=raŋ^{L}

003 琅[來開1平唐]

003 唐[定開1平唐]=taŋ^{L}

003 霍[曉合1入唐]=koak

002 惶[匣合1平唐]=hoaŋ^{L}

002 伉[溪開1去唐]=haŋ^{R}

002 郝[曉開1入唐]

002 藏[從開1平唐]=caŋ^{L}

002 藏[從開1去唐]=caŋ$^{R/H}$

002 汪[影合1平唐]='oaŋ^{L}

002 昻[疑開1平唐]='aŋ^{L}

002 茫[明中1平唐]

002 幕[明中1入唐]=mak

002 廊[來開1平唐]=raŋ^{L}

002 酪[來開1入唐]=rak

002 慷[溪開1上唐]

002 剛[見開1平唐]=kaŋ^{L}

002 閣[見開1入唐]=kak

001 貉[匣開1入唐]

001 湯[透開1平唐]=t^{h}aŋ^{L}

001 蕩[定開1上唐]=t^{h}aŋ^{R}

001 臧[精開1平唐]=caŋ^{L}

001 怍[從開1入唐]

001 傍[並中1平唐]=paŋ^{L}

001 榜[幇中1上唐]=paŋ^{R}

001 謗[幇中1去唐]=paŋ^{R}

001 莽[明中1上唐]=maŋ^{H}

001 寞[明中1入唐]

001 瑯[來開1平唐]

001 儻[透開1去唐]=taŋ

001 黨[端開1上唐]=taŋ$^{R/H}$

001 棠[定開1平唐]=taŋ^{L}

001 塘[定開1平唐]=taŋ^{L}

001 囊[泥開1平唐]=naŋ^{L}

001 糠[溪開1平唐]=kaŋ

〈陽韻〉119

106 王[云合C平陽]='oaŋ^{L}

106 王[云合C去陽]='oaŋ^{R}

089 若[日開C入陽]=ziak

061 相[心開C平陽]=siaŋ^{L}

061 相[心開C去陽]=siaŋ^{H}

060 長[澄開C平陽]=tiaŋ^{L}

060 長[知開C上陽]=tiaŋ^{R}

050 上[常開C上陽]=siaŋ^{R}

050 上[常開C去陽]=siaŋ^{R}

048 將[精開C平陽]=ciaŋ^{L}

048 將[精開C去陽]=ciaŋ^{R}

032 常[常開C平陽]=siaŋ^{L}

031 方[非中C平陽]=paŋ^{L}

030 亡[微中C平陽]=maŋ^{L}

024 向[曉開C去陽]=hiaŋ^{R}

024 往[云合C上陽]='oaŋ^{R}

022 尙[常開C平陽]=siaŋ^{L}

022 尙[常開C去陽]=siaŋ^{R}

021 望[微中C去陽]=maŋ^{R}

016 嘗[常開C平陽]=siaŋ^{L}

015 羊[羊開C平陽]='iaŋ^{L}

013 張[知開C平陽]=tiaŋ^{L}

013 陽[羊開C平陽]='iaŋ^{L}

013 忘[微中C平陽]=maŋ^{L}

010 丈[澄開C上陽]=tiaŋ^{R}

010 想[心開C上陽]=siaŋ^{H}

010 彊[群開C平陽]=kaŋ^{R}

010 彊[群開C上陽]=kaŋ^{R}

009 況[曉合C去陽]=hoaŋ^{R}

009 莊[莊開C平陽]=caŋ^{L}

009 放[非中C去陽]=paŋ^{R}

008 梁[來開C平陽]=riaŋ^{L}

008 亮[來開C去陽]=niaŋ^{H}

006 暢[徹開C去陽]

006 傷[書開C平陽]=siaŋ^{L}

006 賞[書開C上陽]=siaŋ$^{R/H}$

006 量[來開C平陽]=riaŋ^{L}

006 量[來開C去陽]=riaŋ^{H}

006 略[來開C入陽]=riak

006 狂[群合C平陽]=koaŋ^{L}

005 讓[日開C去陽]=ziaŋ^{R}

005 爽[生開C上陽]=saŋ^{R}

005 良[來開C平陽]=riaŋ^{L}

005 匡[溪合C平陽]=koaŋ^{L}

004 著[澄開C入陽]=t^{h}iak

004 著[知開C入陽]=t^{h}iak

004 仗[澄開C上陽]=tiaŋ^{R}

004 仗[澄開C去陽]=tiaŋ^{R}

004 章[章開C平陽]=ciaŋ^{L}

004 爵[精開C入陽]=ciak

004 楊[羊開C平陽]='iaŋ^{L}

004 養[羊開C上陽]='iaŋ^{R}

004 養[羊開C去陽]='iaŋ^{R}

004 仰[疑開C上陽]='aŋ^{R}

004 仰[疑開C去陽]='aŋ^{R}

004 牀[崇開C平陽]=saŋ^{L}

004 商[書開C平陽]=siaŋ^{L}

004 强[群開C平陽]=kaŋ^{L}

004 强[群開C上陽]=kaŋ^{R}

004 脚[見開C入陽]=kak

003 響[曉開C上陽]=hiaŋ^{R}

003 瘧[疑開C入陽]=hak

003 彰[章開C平陽]=ciaŋ^{L}

003 杖[澄開C上陽]=tiaŋ^{R}

003 雀[精開C入陽]=ciak

003 揚[羊開C平陽]='iaŋ^{L}

003 弱[日開C入陽]=ziak

003 躍[羊開C入陽]='iak

003 裳[常開C平陽]=siaŋ^{L}

003 網[微中C上陽]=maŋ^{H}

003 兩[來開C上陽]=riaŋ^{R}

003 卻[見開C入陽]

003 卻[溪開C入陽]

002 鄕[曉開C平陽]=hiaŋ^{L}

002 暘[徹開C去陽]

002 匠[從開C去陽]=ciaŋ^{R}

002 約[影開C入陽]=iak

002 藥[羊開C入陽]='iak

002 鞅[影開C上陽]

002 霜[生開C平陽]=saŋ^{L}

002 象[邪開C上陽]=siaŋ^{H}

002 仿[敷中C上陽]

002 房[奉中C平陽]=paŋ^{L}

002 縛[奉中C入陽]=pak

002 妄[微中C去陽]=maŋ^{R}

002 筐[溪合C平陽]=koaŋ^{L}

002 羌[溪開C平陽]=kaŋ^{L}

002 疆[見開C平陽]=kaŋ^{L}

001 香[曉開C平陽]=hiaŋ^{L}

001 餉[書開C去陽]=hiaŋ^{R}

001 創[初開C去陽]=c^{h}aŋ$^{R/H}$

001 唱[昌開C去陽]=c^{h}iaŋ^{R}

001 場[澄開C平陽]=tiaŋ^{L}, riaŋ^{L}

001 帳[知開C去陽]=tiaŋ^{R}

001 牆[從開C平陽]=ciaŋ^{L}

001 廧[從開C平陽]

001 漿[精開C平陽]=ciaŋ^{L}

001 獎[精開C上陽]

001 璋[章開C平陽]

001 障[章開C去陽]=ciaŋ^{R}

001 壯[莊開C去陽]=caŋ^{R}

001 酌[章開C入陽]=ciak

001 斫[章開C入陽]

001 灼[章開C入陽]=ciak

001 壤[日開C上陽]=ziaŋ^{R}

001 颺[羊開C平陽]

001 恙[羊開C去陽]='iaŋ^{R}

001 釀[娘開C去陽]='iaŋ^{R}

001 籥[羊開C入陽]='iak

001 廂[心開C平陽]=siaŋ^{L}

001 狀[崇開C去陽]=caŋ^{R}

001 觴[書開C平陽]=siaŋ^{L}

001 祥[邪開C平陽]=siaŋ^{L}

001 妨[敷中C平陽]

001 妨[敷中C去陽]

001 芳[敷中C平陽]=paŋ^{L}

001 防[奉中C平陽]=paŋ^{L}

001 芒[微中C平陽]

001 罔[微中C上陽]=maŋ$^{H/L}$

〈登韻〉29

137 得[端開1入登]=tɨk

089 能[泥開1平登]=nɨŋ^{L}, rɨŋ^{L}

045 則[精開1入登]=cɨk, c^{h}ɨk

034 國[見合1入登]=kuk

033 德[端開1入登]=tək

015 弘[匣合1平登]=hoŋ^{L}

014 賊[從開1入登]=cək

014 北[幫中1入登]=pɨk

011 恒[匣開1平登]

008 克[溪開1入登]=kɨk

007 曾[精開1平登]=cɨŋ^{L}

007 曾[從開1平登]=cɨŋ^{L}

007 崩[幫中1平登]=pɨŋ^{L}

007 等[端開1上登]=tɨŋ^{R}

006 或[匣合1入登]=hok

006 肯[溪開1上登]=kɨŋ^{R}

005 特[定開1入登]=t^{h}ɨk

004 黑[曉開1入登]=hɨk

004 登[端開1平登]=tɨŋ^{L}

003 朋[並中1平登]=pɨŋ^{L}

003 默[明中1入登]

003 稜[來開1平登]

003 鄧[定開1去登]=tɨŋ$^{R/L}$

003 刻[溪開1入登]=kʌk

002 憎[精開1平登]=cɨŋ$^{L/R}$

002 增[精開1平登]=cɨŋ^{L}

002 僧[心開1平登]=sɨŋ^{L}

001 層[從開1平登]=c^{h}ɨŋ^{L}

001 冒[明中1入登]=mɨk

〈蒸韻〉51

034 勝[書開C去蒸]=sɨŋ^{R}

027 識[書開C入蒸]=sik

026 應[影開C平蒸]='ɨŋ^{L}

026 應[影開C去蒸]='ɨŋ^{R}

020 稱[昌開C平蒸]=c^{h}iŋ^{L}, c^{h}iŋ

020 稱[昌開C去蒸]=c^{h}ɨŋ^{R}

016 興[曉開C平蒸]=hɨŋ^{L}

016 興[曉開C去蒸]=hɨŋ^{R}

014 食[船開C入蒸]=sik

013 色[生開B入蒸]=sʌik

013 陵[來開C平蒸]=rɨŋ^{L}

009 測[初開B入蒸]=c^{h}ɨk

009 乘[船開C平蒸]=sɨŋ^{L}

009 乘[船開C去蒸]=sɨŋ$^{R/H}$

008 直[澄開C入蒸]=tik

008 極[群開C入蒸]=kɨk

007 承[常開C平蒸]=sɨŋ^{L}

005 職[章開C入蒸]=cik

005 卽[精開C入蒸]=cɨk

005 力[來開C入蒸]=rɨk, rɨək

004 逼[幇中B入蒸]=p^{h}ip

004 澄[澄開C平蒸]=tiŋ^{L}, tɨŋ^{L}

004 稷[精開C入蒸]=cik

004 憶[影開C入蒸]=’ək

004 息[心開C入蒸]=sik

004 丞[常開C平蒸]=sɨŋ^{L}

003 徵[知開C平蒸]=tiŋ^{L}

003 鷹[影開C平蒸]=’ɨŋ^{R}

003 升[書開C平蒸]=sɨŋ^{L}

003 憑[並中B平蒸]=piŋ^{L}

003 矜[見開C平蒸]=kɨŋ^{L}

002 値[澄開C入蒸]=t^{h}ik

002 側[莊開B入蒸]=c^{h}ik

002 翼[羊開C入蒸]=’ik

002 膺[影開C平蒸]=’ɨŋ$^{L/R}$

002 式[書開C入蒸]=sik

002 繩[船開C平蒸]=sɨŋ^{L}

002 棘[見開C入蒸]=kɨk

001 愎[並中B入蒸]

001 敕[徹開C入蒸]

001 惻[初開B入蒸]=c^{h}ɨk

001 仄[莊開B入蒸]=c^{h}ɨk

001 甑[精開C去蒸]=cɨŋ^{R}

001 烝[章開C平蒸]=cɨŋ^{L}

001 嶷[疑開C入蒸]

001 凝[疑開C平蒸]=’ɨŋ^{L}

001 域[云合C入蒸]=’iək

001 拭[書開C入蒸]=sik

001 寔[常開C入蒸]=sik

001 氷[幇中B平蒸]

001 匿[娘開C入蒸]=nik, rik

〈庚韻 2등〉33

053 生[生開2平庚]=sʌiŋ^{L}

035 行[匣開2平庚]=hʌiŋ^{L}

031 伯[幇中2入庚]=pʌik

025 百[幇中2入庚]=pʌik

020 白[並中2入庚]=pʌik

015 客[溪開2入庚]=kʌik

010 更[見開2平庚]=kʌiŋ^{L}, kiəŋ^{L}

010 更[見開2去庚]=kʌiŋ^{R}

008 省[生開2上庚]=sʌiŋ^{H}

007 假[見開2入庚]=kiək

005 柏[幫中2入庚]

004 傖[崇開2平庚]

004 索[生開2入庚]=sʌik

003 橫[匣合2平庚]=hoiŋ^{L}

003 衡[匣開2平庚]=hiəŋ^{L}

003 宅[澄開2入庚]=tʌik, t^{h}ʌik

003 澤[澄開2入庚]=t^{h}ʌik

003 孟[明中2平庚]=mʌiŋ^{R}

003 冷[來開2上庚]=rʌiŋ^{R}

002 啞[影開2入庚]

002 盲[明中2平庚]=mʌiŋ^{L}

002 羹[見開2平庚]=kʌiŋ$^{L/R}$

001 烹[滂中2平庚]=p^{h}ʌiŋ^{L}

001 擇[澄開2入庚]=t^{h}ʌik

001 鎗[初開2平庚]

001 崢[崇開2平庚]

001 甥[生開2平庚]=sʌiŋ^{L}

001 魄[滂中2入庚]=pʌik

001 拍[滂中2入庚]=pʌik, pak

001 迫[幫中2入庚]=pak

001 泊[滂中2入庚]=pak

001 猛[明中2平庚]=mʌiŋ^{R}

001 陌[明中2入庚]=mʌik

〈庚韻 3등〉33

196 卿[溪開B平庚]=kiəŋ^{L}

053 明[明中B平庚]=miəŋ^{L}

021 平[並中B平庚]=p^{h}iəŋ^{L}

020 敬[見開B去庚]=kiəŋ$^{R/H}$

019 兄[曉合B平庚]=hiəŋ^{L}, siəŋ

018 命[明中B去庚]=miəŋ^{R}

013 荊[見開B平庚]=hiəŋ^{L}

011 榮[云合B平庚]='iəŋ^{L}

009 英[影開B平庚]='iəŋ^{L}

007 病[並中B去庚]=piəŋ^{R}

006 詠[云合B去庚]='iəŋ^{R}

006 逆[疑開B入庚]='iək

006 兵[幫中B平庚]=piəŋ^{L}

006 鳴[明中B平庚]=miəŋ^{L}

006 京[見開B平庚]=kiəŋ^{L}

006 竟[見開B去庚]=kiəŋ$^{R/H}$

004 映[影開B去庚]='iəŋ^{R}

003 永[云合B上庚]='iəŋ^{R}

003 郤[溪開B入庚]

003 景[見開B上庚]=kiəŋ$^{R/H}$

002 評[並中B平庚]=p^{h}iəŋ^{L}

002 柄[幫中B去庚]=piəŋ^{R}

002 屐[群開B入庚]=kɨk

002 競[群開B去庚]=kiəŋ^{R}

002 慶[溪開B去庚]=kiəŋ^{R}

002 驚[見開B平庚]=kiəŋ^{L}

002 警[見開B上庚]=kiəŋ^{R}

002 鏡[見開B去庚]=kiəŋ$^{R/H}$

001 影[影開B上庚]='iəŋ^{R}

001 秉[幇中B上庚]=piəŋ^{R}

001 劇[群開B入庚]=kɨk

001 戟[見開B入庚]=kɨk

001 境[見開B上庚]=kiəŋ$^{R/H}$

〈淸韻〉71

090 亦[羊開AB入淸]='iək

056 名[明中A平淸]=miəŋ^{L}

053 正[章開AB平淸]=ciəŋ^{L}

053 正[章開AB去淸]=ciəŋ^{H}

048 令[來開AB平淸]=riəŋ^{L}

048 令[來開AB去淸]=riəŋ$^{R/H}$

046 淸[淸開AB平淸]=c^{h}iəŋ^{L}

039 情[從開AB平淸]=ciəŋ^{L}

031 昔[心開AB入淸]=siək

028 石[常開AB入淸]=siək

022 易[羊開AB入淸]='iək

021 聖[書開AB去淸]=siəŋ^{R}

019 成[常開AB平淸]=siəŋ^{L}

014 聲[書開AB平淸]=siəŋ^{L}

013 性[心開AB平淸]

013 盛[常開AB平淸]=siəŋ^{L}

013 盛[常開AB去淸]=siəŋ^{R}

008 精[精開AB平淸]=ciəŋ^{L}

008 政[章開AB去淸]=ciəŋ^{H}

008 省[心開AB上淸]=siəŋ^{H}

007 益[影開A入淸]='ik

007 誠[常開AB平淸]=siəŋ^{L}

007 惜[心開AB入淸]=siək

007 輕[溪開A平淸]=kiəŋ^{L}

006 靜[從開AB上淸]

006 辟[幇中A入淸]=piək, p^{h}iək

006 辟[並中A入淸]=piək

006 領[來開AB上淸]=riəŋ$^{R/H}$

006 傾[溪合A平淸]=kiəŋ^{L}

005 尺[昌開AB入淸]=c^{h}iək

005 夕[邪開AB入淸]=siək

005 頃[溪合A上淸]=kiəŋ^{R}

004 奕[羊開AB入淸]=hiək

004 請[淸開AB上淸]=c^{h}iəŋ^{H}

004 城[常開AB平淸]=siəŋ^{L}

004 射[羊開AB入淸]='iək

004 射[船開AB入淸]=siək

003 貞[知開AB平淸]=tiəŋ^{L}

003 籍[從開AB入淸]=ciək

003 積[精開AB入淸]=ciək

003 釋[書開AB入淸]=siək

002 郝[昌開AB入淸]

002 郝[書開AB入淸]

002 擲[澄開AB入淸]=t^hiək

002 靖[從開AB上淸]=ciəŋ^R

002 淨[從開AB去淸]=ciəŋ^R

002 井[精開AB上淸]=ciəŋ^R

002 迹[精開AB入淸]

002 姓[心開AB去淸]=siəŋ^R

002 屛[幫中A上淸]=piəŋ$^{R/H}$

002 勁[見開A平淸]

002 勁[見開A去淸]

001 晴[從開AB平淸]=c^hiəŋ^L

001 酲[澄開AB平淸]

001 鄭[澄開AB去淸]=tiəŋ^R

001 征[章開AB平淸]=ciəŋ^L

001 赤[昌開AB入淸]=ciək

001 跡[精開AB入淸]=ciək

001 嬰[影開A平淸]='iəŋ^L, 'ʌiŋ^L

001 營[羊合AB平淸]='iəŋ^L

001 盈[羊開AB平淸]='iəŋ^L

001 郢[羊開AB上淸]=riəŋ^R

001 碩[常開AB入淸]=siək

001 席[邪開AB入淸]=siək

001 聘[滂中A去淸]=piŋ^R

001 幷[幫中A平淸]=piəŋ$^{L/R}$

001 幷[幫中A去淸]=piəŋ^L

001 餠[幫中A上淸]

001 璧[幫中A入淸]=piək

001 瓊[群合A平淸]=kiəŋ^L

001 頸[見開A上淸]=kiəŋ^R

〈耕韻〉18

006 爭[莊開2平耕]=cʌiŋ^L

006 爭[莊開2去耕]=cʌiŋ^R

004 策[初開2入耕]=c^hʌik

003 責[莊開2入耕]=c^hʌik

002 泓[影合2平耕]

002 幸[匣開2上耕]=hʌiŋ^R

002 厄[影開2入耕]='ʌik

002 啞[影開2入耕]

002 耿[見開2上耕]

001 革[見開2入耕]=hiək

001 覈[匣開2入耕]=hʌik

001 箏[莊開2平耕]=cʌiŋ^L

001 崢[崇開2平耕]

001 麥[明中2入耕]=mʌik

001 脈[明中2入耕]=mʌik

001 渹[曉合2平耕]

001 耕[見開2平耕]=kiəŋ^L

001 隔[見開2入耕]=kiək

〈靑韻〉54

022 形[匣開4平靑]=hiəŋ^L

018 甯|寧[泥開4平靑]=niəŋ^L

012 定[定開4去靑]=tiəŋ^R

012 經[見開4平靑]=kiəŋ^L

011 聽[透開4平青]=t^{h}iəŋ^{L}

011 聽[透開4去青]=t^{h}iəŋ^{R}, tiəŋ

011 榮[匣合4平青]=hiəŋ^{L}, 'iəŋ^{L}

007 並ㅣ竝[並中4上青]=piəŋ^{R}

006 刑[匣開4平青]=hiəŋ^{L}

006 廷[定開4平青]=tiəŋ^{L}

005 亭[定開4平青]=tiəŋ^{L}

005 靈[來開4平青]=riəŋ^{L}

004 馨[曉開4平青]=hiəŋ^{L}

004 青[清開4平青]=c^{h}iəŋ^{L}

004 庭[定開4平青]=tiəŋ^{L}

004 寂[從開4入青]=ciək

004 適[端開4入青]=tiək

004 佞ㅣ倿[泥開4去青]=niəŋ$^{R/H}$

003 挻[定開4平青]

003 挻[定開4上青]

003 鼎[端開4上青]=tiəŋ^{R}

003 壁[幇中4入青]=piək

003 冥[明中4平青]=miəŋ^{L}

003 茗[明中4上青]=miəŋ^{R}

003 覔[明中4入青]=miək

003 徑[見開4去青]=kiəŋ$^{R/H}$

002 屛[並中4平青]=piəŋ^{L}

002 伶[來開4平青]=riəŋ^{L}

002 齡[來開4平青]

001 邢[匣開4平青]

001 洴[並中4平青]

001 剔[透開4入青]

001 滌[定開4入青]=t^{h}iək

001 艼[透開4平青]

001 艼[透開4上青]

001 珽[透開4上青]

001 停[定開4平青]=tiəŋ^{L}

001 渟[定開4平青]

001 丁[端開4平青]=tiəŋ^{L}

001 荻[定開4入青]=tiək

001 笛[定開4入青]=tiək

001 敵[定開4入青]=tiək

001 的[端開4入青]=tiək

001 星[心開4平青]=siəŋ^{L}

001 淅[心開4入青]=siək

001 析[心開4入青]=siək

001 溟[明中4平青]

001 溟[明中4上青]

001 鈴[來開4平青]=riəŋ^{L}

001 酃[來開4平青]

001 礫[來開4入青]=rɨk

001 櫪[來開4入青]=riək

001 歷[來開4入青]=riək

001 喫[溪開4入青]=kik

/-n, -t/ 운미인 운

〈寒韻〉45

048 安[影開1平寒]='an^{L}

036 但[定開1上寒]=tan^{R}

036 但[定開1去寒]=tan^{R}

030 難[泥開1平寒]=nan^{L}, ran^{L}

030 難[泥開1去寒]=nan^{R}, ran^{R}

009 看[溪開1平寒]=kan^{L}

008 達[定開1入寒]=tal

007 漢[曉開1去寒]=han^{R}

007 散[心開1上寒]=san^{R}, soan

007 散[心開1去寒]=san^{R}

006 蘭[來開1平寒]=ran^{L}

006 葛[見開1入寒]=kal

005 寒[匣開1平寒]=han^{L}

005 汗[匣開1去寒]=han$^{R/H}$

005 歎[透開1去寒]=t^{h}an$^{R/H}$

005 爛[來開1去寒]=ran^{R}

005 撻[透開1入寒]=tal

004 坦[透開1上寒]=t^{h}an^{R}

003 韓[匣開1平寒]=han^{L}

002 割[見開1入寒]=hal

002 誕[定開1上寒]=t^{h}an^{R}

002 櫱[疑開1入寒]

002 丹[端開1平寒]=tan^{L}, ran^{L}

002 旦[端開1去寒]=tan^{R}, tio^{L}

002 干[見開1平寒]=kan^{L}

002 榦[見開1去寒]

001 翰[匣開1去寒]=han$^{R/H}$

001 釬[匣開1去寒]

001 炭[透開1去寒]=t^{h}an^{R}

001 彈[定開1平寒]=t^{h}an^{L}

001 彈[定開1去寒]=t^{h}an

001 憚[定開1去寒]=t^{h}an^{R}

001 粲[淸開1去寒]

001 讚[精開1去寒]=can^{R}, c^{h}an^{R}

001 贊[精開1去寒]=can, c^{h}an^{R}

001 殘[從開1平寒]=can^{L}

001 遏[影開1入寒]='al

001 案[影開1去寒]='an^{R}

001 按[影開1去寒]='an^{R}

001 檀[定開1平寒]=tan^{L}

001 單[端開1平寒]=tan^{L}

001 褰[溪開1平寒]

001 犗[見開1入寒]

001 渴[溪開1入寒]=kal

001 肝[見開1平寒]=kan^{L}

〈桓韻〉46

020 官[見合1平桓]=koan^{L}

015 桓[匣合1平桓]=hoan^{L}

014 亂[來合1去桓]=ran^{R}

011 觀[見合1平桓]=koan^{L}

011 觀[見合1去桓]=koan^{H}

009 斷[定合1上桓]=tan^{R}

009 斷[端合1去桓]=tan^{R}

007 短[端合1上桓]=tan^{R}

006 潘[滂中1平桓]=pan^{L}, pən^{L}

006 咄[端合1入桓]

006 管[見合1上桓]=koan^{H}

005 喚[曉合1去桓]=hoan

005 末[明中1入桓]=mal

004 活[匣合1入桓]=hoal

004 半[幫中1去桓]=pan$^{R/H}$

003 盤[並中1平桓]=pan^{L}

003 滿[明中1上桓]=man^{R}

003 煖[泥合1上桓]

003 棺[見合1平桓]=koan^{L}

002 撮[淸合1入桓]=c^{h}oal, c^{h}oi^{R}

002 掇[端合1入桓]

002 玩[疑合1去桓]='oan^{R}

002 盌[影合1上桓]

002 撥[幫中1入桓]=pal

002 端[端合1平桓]=tan^{L}

002 館[見合1去桓]=koan^{H}

001 豁[曉合1入桓]=hal

001 闊[溪合1入桓]

001 歡[曉合1平桓]=hoan^{L}

001 判[滂中1去桓]=p^{h}an$^{R/H}$

001 奪[定合1入桓]=t^{h}al

001 翫[疑合1去桓]

001 完[匣合1平桓]='oan^{L}

001 緩[匣合1上桓]='oan^{R}

001 酸[心合1平桓]=san^{L}

001 筭[心合1去桓]=san^{R}

001 番[滂中1平桓]

001 鉢[幫中1入桓]=pal

001 叛[並中1去桓]=pan$^{R/H}$, p^{h}an^{H}

001 漫[明中1去桓]=man^{R}

001 鸞[來合1平桓]

001 卵[來合1上桓]=ran^{R}

001 湍[透合1平桓]=tan^{L}

001 寬[見合1平桓]=koan^{L}

001 冠[見合1平桓]=koan^{L}

001 冠[見合1去桓]=koan$^{R/H}$

〈山韻〉15

038 山[生開2平山]=san^{L}

018 殺[生開2入山]=sal

017 簡[見開2上山]=kan^{R}

016 眼[疑開2上山]='an^{R}

010 閒[見開2平山]

006 察[初開2入山]=c^{h}al

006 間[見開2平山]=kan^{L}

006 間[見開2去山]=kan^{R}

006 間[匣開2平山]=han^{L}

002 閑[匣開2平山]=han^{L}

002 限[匣開2上山]=hʌn

002 八[幇中2入山]=p^{h}al

002 辦[並中2去山]=p^{h}an$^{R/H}$

002 艱[見開2平山]=kan^{L}

001 產[生開2上山]=san^{R}

〈刪韻〉21

012 還[匣合2平刪]=hoan^{L}

010 顔[疑開2平刪]='an^{L}

010 關[見合2平刪]=koan^{L}

008 患[匣合2去刪]=hoan^{R}

008 患[見合2去刪]=hoan

005 拔[並中2入刪]=pal

005 蠻[明中2平刪]=man^{L}

003 晏[影開2去刪]='an^{R}

002 宦[匣合2去刪]=hoan^{R}

002 班[幇中2平刪]=pan^{L}

002 攀[幇中2平刪]=pan^{L}

002 姦[見開2平刪]=kan

001 瞎[曉開2入刪]=hal

001 版[幇中2上刪]

001 篡[初合2去刪]

001 饌[崇合2上刪]=c^{h}an^{R}

001 頑[疑合2平刪]='oan^{L}

001 斑[幇中2平刪]=pan^{L}

001 頒[幇中2平刪]=pan

001 慢[明中2去刪]=man$^{R/H}$

001 諫[見開2去刪]=kan^{R}

〈元韻〉46

093 言[疑開C平元]='ən^{L}

030 遠[云合C上元]='uən^{R}

030 遠[云合C去元]='uən^{R}, 'oan^{R}

030 萬[微中C去元]=man^{R}

020 元[疑合C平元]='uən^{L}

014 源[疑合C平元]='uən^{L}

013 袁[云合C平元]='uən^{L}

011 煩[奉中C平元]=pən^{L}

009 月[疑合C入元]='uəl

008 伐[奉中C入元]=pəl

008 發[非中C入元]=pal

008 反[非中C上元]=pan^{R}

008 反[敷中C平元]=pən^{L}

006 願[疑合C去元]='uən^{R}

006 阮[疑合C上元]='oan^{R}

004 原[疑合C平元]='uən^{L}

004 髮[非中C入元]=pal

004 勸[溪合C去元]

004 竭[群開C入元]

003 獻[曉開C去元]=hən$^{R/H}$

002 軒[曉開C平元]=hən^{L}

002 越[云合C入元]='uəl

002 曰[云合C入元]='oal

002 宛[影合C平元]

002 宛[影合C上元]

002 返[非中C上元]=pan^{R}

002 飯[奉中C上元]=pan^{R}

002 飯[奉中C去元]=pan$^{R/H}$

002 晩[微中C上元]=man^{R}

002 勸[溪合C去元]=kuən^{R}

002 建[見開C去元]=kən^{R}

001 鉞[云合C入元]='uəl

001 援[云合C平元]='uən^{L}, 'oan^{L}

001 轅[云合C平元]='uən^{L}

001 猿[云合C平元]='uən^{L}

001 園[云合C平元]='uən^{L}

001 番[奉中C平元]

001 番[滂中C平元]

001 繁[奉中C平元]=pən^{L}

001 樊[奉中C平元]=pən^{L}

001 蕃[帮中C平元]

001 蕃[奉中C平元]

001 闕[溪合C入元]=kuəl

001 健[群開C去元]

001 蹇[見開C上元]

001 碣[群開C入元]=kal

〈仙韻〉97

061 然[日開AB平仙]=ziən^{L}

034 便[並中A平仙]=piən$^{L/R}$, p^{h}iən$^{L/R}$

034 便[並中A去仙]=piən^{H}

015 彥[疑開B去仙]='ən^{R}

015 面[明中A去仙]=miən^{R}

013 絶[從合AB入仙]=ciəl

013 焉[影開B平仙]='ən^{L}

013 焉[云開B平仙]='ən^{L}

009 全[從合AB平仙]=ciən^{L}

009 善[常開AB上仙]=siən^{R}

009 別[帮中B入仙]=piəl

009 別[並中B入仙]=piəl

009 免[明中B上仙]=miən^{R}

008 選[心合AB上仙]=siən^{R}

008 旋[邪合AB平仙]=siən^{L}

008 旋[邪合AB去仙]=siən^{R}

007 戰[章開AB去仙]=ciən^{R}

006 徹[徹開AB入仙]=t^{h}iəl

006 徹[澄開AB入仙]=t^{h}iəl

006 傳[澄合AB平仙]=tiən^{L}

006 傳[澄合AB去仙]=tiən^{R}

006 說[書合AB入仙]=siəl

006 說[羊合AB入仙]='iəl

006 劣[來合AB入仙]=riəl

005 偏[滂中A平仙]=p^{h}iən^{L}

005 川[昌合AB平仙]=c^{h}iən^{L}

005 延[羊開AB平仙]='iən^{L}

004 遷[清開AB平仙]=c^{h}iən^{L}

004 淺[清開AB上仙]=c^{h}iən^{R}

004 泉[從合AB平仙]=c^{h}iən^{L}

004 折[章開AB入仙]=ciəl

004 緣[羊合AB平仙]=’iən^{L}

004 鮮[心開AB平仙]=siən

004 鮮[心開AB上仙]=siən^{R}

004 竭[群開B入仙]

003 賤[從開AB去仙]=c^{h}iən^{R}

003 熱[日開AB入仙]=ziəl

003 掾[羊合AB去仙]

003 舌[船開AB入仙]=siəl

003 宣[心合AB平仙]=siən^{L}

003 緜|綿[明開A平仙]=miən^{L}

003 烈[來開AB入仙]=riəl

003 遣[溪開A上仙]=kiən^{R}

002 鞭[幫中A平仙]=p^{h}iən^{L}

002 掇[知合AB入仙]

002 穿[昌合AB平仙]=c^{h}iən^{L}

002 喘[昌合AB上仙]=c^{h}iən^{R}

002 拙[章合AB入仙]

002 纏[澄開AB平仙]=tiən

002 轉[知合AB上仙]=tiən^{R}

002 轉[知合AB去仙]=tiən^{R}

002 櫱[疑開B入仙]

002 雪[心合AB入仙]=siəl

002 仙[心開AB平仙]=siən^{L}

002 滅[明中A入仙]=miəl

002 列[來開AB入仙]=riəl

002 權[群合B平仙]=kuən^{L}

002 傑[群開B入仙]=kəl

001 轍[澄開AB入仙]

001 輟[知合AB入仙]=t^{h}iəl

001 綴[知合AB入仙]

001 哲[知開AB入仙]=t^{h}iəl

001 踐[從開AB上仙]=c^{h}iən^{R}

001 悛[清合AB平仙]=ciən^{L}

001 悛[從開AB平仙]=ciən$^{L/R}$

001 煎[精開AB平仙]=ciən^{L}

001 煎[精開AB去仙]=ciən^{R}

001 旃[章開AB平仙]=ciən^{L}

001 援[云合B去仙]=’uən^{R}

001 圓[云合B平仙]=’uən^{L}

001 悅[羊合AB入仙]=’iəl

001 燃[日開AB平仙]=ziən^{L}

001 捐[羊合AB平仙]

001 筵[羊開AB平仙]=’iən^{L}

001 紲[心開AB入仙]

001 渫[心開AB入仙]

001 設[書開AB入仙]=siəl

001 船[船合AB平仙]=siən^{L}

001 扇[書開AB去仙]=siən^{R}

001 蟬[常開AB平仙]=siən^{L}

001 辯[並中B上仙]=piən$^{R/H}$

001 辨[並中B上仙]=piən^{R}

001 卞[並中B去仙]=piən^{R}

001 變[幫中B去仙]=piən^{R}

001 冕[明中B上仙]=miən^{R}

001 裂[來開AB入仙]

001 戀[來合AB去仙]=riən^{R}

001 臠[來合AB上仙]

001 連[來開AB平仙]=riən^{L}

001 璉[來開AB上仙]=riən^{R}

001 捲[群合B平仙]

001 捲[見合B上仙]

001 眷[見合B去仙]=kuən^{R}

001 絹[見合A去仙]=kiən$^{R/L}$

001 褰[溪開B平仙]

001 蹇[見開B上仙]

001 謇[見開B平仙]=kən^{L}

〈先韻〉52

113 見[見開4去先]=kiən^{R}

113 見[匣開4去先]=hiən^{R}

053 天[透開4平先]=t^{h}iən^{L}

040 年[泥開4平先]=niən^{L}

033 先[心開4平先]=siən^{L}

033 先[心開4去先]=siən^{R}

028 千[清開4平先]=c^{h}iən^{L}

027 賢[匣開4平先]=hiən^{L}

020 淵[影合4平先]='iən^{L}, ziən^{L}

018 玄[匣合4平先]=hiən^{L}

013 前[從開4平先]=ciən^{L}

009 田[定開4平先]=tiən^{L}

006 鑒[見開4平先]

005 節[精開4入先]=ciəl

005 邊[幫中4平先]=piən^{L}

005 眠[明中4平先]=miən^{L}

004 顯[曉開4上先]=hiən^{R}

003 穴[匣合4入先]=hiəl

003 懸[匣合4平先]=hiən

003 弦[匣開4平先]=hiən^{L}

003 截[從開4入先]=ciəl

003 決[見合4入先]=kiəl

002 憲[曉開4上先]=hiən^{R}

002 殄[定開4上先]

002 駃[見合4入先]

002 竊[清開4入先]=ciəl

002 電[定開4去先]=tiən^{R}

002 殿[定開4去先]=tiən^{R}

002 顛[端開4平先]=tiən^{L}

002 硏[疑開4平先]='iən^{L}, ziən^{L}

002 硏[疑開4去先]='iən^{R}

002 練[來開4去先]

002 結[見開4入先]=kiəl

002 牽[溪開4平先]

002 牽[溪開4去先]

002 肩[見開4平先]=kiən^{L}

002 堅[見開4平先]=kiən^{L}

001 遍[幫中4去先]=piən^{R}, p^{h}iən$^{H/L}$

001 鐵[透開4入先]=t^{h}iəl

001 阡[清開4平先]

001 倩[清開4去先]=c^{h}iən^{R}

001 姸[疑開4平先]='iən^{L}

001 燕[影開4平先]='iən^{L}

001 燕[影開4去先]='iən^{R}

001 宴[影開4去先]='iən^{R}

001 瞥[滂中4入先]

001 胼[並中4平先]

001 憐[來開4平先]=riən^{L}

001 鍊[來開4去先]=riən^{R}

001 唳[來開4入先]

001 潔[見開4入先]=kiəl

001 狷[見合4去先]=kiən^{H}

〈魂韻〉49

031 門[明中1平魂]=mun^{L}

022 本[幫中1上魂]=pon^{H}

022 論[來合1平魂]=ron^{L}

022 論[來合1去魂]=ron^{R}

014 孫[心合1平魂]=son^{L}

014 孫[心合1去魂]=son^{R}

012 存[從合1平魂]=con^{L}

012 尊[精合1平魂]=con^{L}

012 溫[影合1平魂]='on^{L}

008 婚[曉合1平魂]

008 骨[見合1入魂]=kol

006 損[心合1上魂]=son^{R}

006 咄[端合1入魂]

006 敦[端合1平魂]=ton^{L}

006 頓[端合1去魂]=ton$^{R/H}$

005 忽[曉合1入魂]=hol

005 遜[心合1去魂]

005 沒[明中1入魂]=mol

005 褌[見合1平魂]

004 混[匣合1上魂]=hon^{R}

004 亹[明中1平魂]

003 卒[精合1入魂]=col

003 卒[淸合1入魂]=col

003 奔[幫中1平魂]=pun^{L}

003 突[定合1入魂]=tol

003 窟[溪合1入魂]=kul

002 溷[匣合1去魂]

002 寸[淸合1去魂]=c^{h}on^{R}

002 賁[幫中1平魂]=pun^{L}

002 屯[定合1平魂]=tun^{L}

002 鈍[定合1去魂]=tun^{R}

002 豘[定合1平魂]

002 困[溪合1去魂]=kon^{R}

001 煇[匣合1上魂]

001 昏[曉合1平魂]=hon^{L}

001 渾[匣合1平魂]=hon^{L}

001 渾[匣合1上魂]=hon^{R}

001 兀[疑合1入魂]='ol

001 穩[影合1上魂]='on

001 窣[心合1入魂]=sol

001 勃[並中1入魂]=pʌl

001 歿[明中1入魂]

001 崙[來合1平魂]

001 遁[定合1上魂]

001 遁[定合1去魂]

001 豚[定合1平魂]=ton^{L}

001 訥[泥合1入魂]=nul

001 昆[見合1平魂]=kon^{L}

001 崑[見合1平魂]

〈痕韻〉04

015 恨[匣開1去痕]=hʌn^{R}

003 根[見開1平痕]=kɨn^{L}

002 吞[透開1平痕]=t^{h}ʌn^{L}

001 恩[影開1平痕]='ɨn^{L}

〈欣韻〉11

024 近[群開C上欣]=kɨn^{R}

024 近[群開C去欣]=kɨn^{R}

012 殷[影開C平欣]='ɨn^{L}

005 乞[溪開C入欣]=kəl

004 欣[曉開C平欣]=hɨn

004 隱[影開C上欣]='ɨn^{H}

003 斤[見開C平欣]=kɨn^{L}

002 勤[群開C平欣]=kɨn^{L}

002 謹[見開C上欣]=kɨn^{R}

001 訖[見開C入欣]=hɨl

001 靳[見開C去欣]=kɨn^{L}

〈文韻〉36

669 不[非中C入文]=pɨl, pɨ

162 君[見合C平文]=kun^{L}

046 聞[微中C平文]=mun^{L}

046 聞[微中C去文]=mun^{R}

044 文[微中C平文]=mun^{L}

039 物[微中C入文]=mɨl

027 軍[見合C平文]=kun^{L}

026 云[云合C平文]='un^{L}

023 問[微中C去文]=mun^{R}

019 雲[云合C平文]='un^{L}

013 勿[微中C入文]=mɨl

011 群|羣[群合C平文]=kun^{L}

007 郡[群合C去文]=kun^{R}

006 勳[曉合C平文]=hun^{L}

005 運[云合C去文]='un^{R}

005 紛[敷中C平文]=pun^{L}

005 屈[溪合C入文]=kul

004 拂[敷中C入文]=pɨl

004 佛[奉中C入文]=pul, pɨl

003 紜[云合C平文]

003 韻[云合C去文]='un

003 分[非中C平文]=pun^{L}

003 分[奉中C去文]=pun$^{R/H}$

002 欻[曉合C入文]

002 訓[曉合C去文]=hun^{R}

002 蔚[影合C入文]=’ul

001 薰[曉合C平文]

001 薰[曉合C去文]

001 熨[影合C入文]=’ul

001 蘊[影合C上文]=’on^{R}

001 慍[影合C去文]=’on^{R}

001 糞[非中C去文]=pun$^{R/H}$

001 奮[非中C去文]=pun^{R}

001 焚[奉中C平文]=pun^{L}

001 墳[奉中C平文]=pun^{L}

001 吻[微中C上文]=min^{R}

〈諄韻〉28

043 出[昌合AB入諄]=c^{h}iul

013 尹[羊合AB上諄]=’iun$^{R/H}$

009 儁[精合AB去諄]=ciun^{R}

008 潤[日合AB去諄]=ziun$^{R/H}$

006 荀[心合AB平諄]

005 舜[書合AB去諄]=siun^{R}

004 春[昌合AB平諄]=c^{h}iun^{L}

004 倫[來合AB平諄]=riun^{L}

003 卒[精合AB入諄]=col

003 允[羊合AB上諄]

002 駿[精合AB去諄]

002 述[船合AB入諄]=siul

002 術[船合AB入諄]=siul

002 脣[船合AB平諄]=siun^{L}

002 綸[來合AB平諄]=riun^{L}

001 黜[徹合AB入諄]=t^{h}iul

001 秫[船合AB入諄]=t^{h}iul

001 蠢[昌合AB上諄]=ciun^{R}

001 準[章合AB上諄]=ciun^{R}

001 峻[心合AB去諄]=ciun^{R}

001 濬[心合AB去諄]

001 狁[羊合AB上諄]

001 珣[心合AB平諄]

001 蓴[常合AB平諄]=siun^{L}

001 純[常合AB平諄]=siun^{L}

001 淳[常合AB平諄]=siun^{L}

001 淪[來合AB平諄]=riun^{L}

001 橘[見合A入諄]=kiul

〈眞韻〉76

340 人[日開AB平眞]

108 一[影開A入眞]=’il

070 必[幫中A入眞]=p^{h}il

066 日[日開AB入眞]=zil

049 臣[常開AB平眞]=sin^{L}

035 神[船開AB平眞]=sin^{L}

031 眞[章開AB平眞]=cin^{L}

028 親[清開AB平眞]=c^{h}in^{L}, c^{h}iŋ

021 身[書開AB平眞]=sin^{L}

020 仁[日開AB平眞]=zin^{L}
017 盡[從開AB上眞]=cin^{R}
016 進[精開AB去眞]=cin^{R}
015 新[心開AB平眞]=sin^{L}
015 民[明中A平眞]=min^{L}
011 失[書開AB入眞]=sil
010 陳[澄開AB平眞]=tin^{L}
010 陳[澄開AB去眞]=tin^{H}
010 因[影開A平眞]='in^{L}, zin
010 實[船開AB入眞]=sil
010 愼[常開AB去眞]=sin^{R}
009 逸[羊開AB入眞]='il
008 率[生合AB入眞]=sol
007 室[書開AB入眞]=sil
007 賓[幇中A平眞]=pin^{L}, piŋ^{L}
006 七[淸開AB入眞]
006 疾[從開AB入眞]=cil
006 晉[精開AB去眞]=cin^{R}
006 貧[並中B平眞]=pin^{L}, piŋ^{L}
005 塵[澄開AB平眞]=tin^{L}
004 忍[日開AB上眞]=zin^{R}, ziŋ^{R}
004 悉[心開AB入眞]=sil
004 信[心開AB去眞]=sin^{R}
004 佛[並中B入眞]=p^{h}il
003 鎭[知開AB去眞]=tin$^{R/H}$
003 秦[從開AB平眞]=cin^{L}
003 津[精開AB平眞]=cin$^{L/R}$
003 厀|膝[心開AB入眞]=sɨl
003 吉[見開A入眞]=kil
002 釁[曉開B去眞]=hɨn^{R}
002 畢[幇中A入眞]=p^{h}il
002 漆[淸開AB入眞]=c^{h}il
002 質[章開AB入眞]=cil
002 震[章開AB去眞]=cin^{R}
002 振[章開AB去眞]=cin^{R}
002 仞[日開AB去眞]=zin^{R}, 'iŋ^{R}
002 刃[日開AB去眞]=zin^{R}, 'iŋ
002 引[羊開AB上眞]='in^{H}, zin
002 殞[云合B上眞]='un
002 辛[心開AB平眞]=sin^{L}
002 申[書開AB平眞]=sin^{L}
002 晨[常開AB平眞]=sin^{L}
002 殯[幇中A去眞]=pin$^{R/H}$
002 愍[明中B上眞]=min^{H}
002 藺[來開AB去眞]
002 慄[來開AB入眞]=riul
002 巾[見開B平眞]=kən^{L}
001 弼[並中B入眞]=p^{h}il
001 筆[幇中B入眞]=p^{h}il
001 匹[滂中A入眞]=p^{h}il
001 嫉[從開AB入眞]=cil
001 縉[精開AB去眞]
001 辰[常開AB平眞]
001 瞋[昌開AB平眞]=tin

001 茵[影開A平眞]='in^{L}

001 姻[影開A平眞]='in^{L}, 'iən^{L}

001 印[影開A去眞]='in^{R}

001 薪[心開AB平眞]=sin^{L}

001 紳[書開AB平眞]=sin^{L}

001 <u>帥</u>[生合AB入眞]=sol

001 鬢[幇中A去眞]=piŋ^{R}

001 彪[幇中A平眞]

001 密[明中B入眞]=mil

001 閔[明中B上眞]=min^{H}

001 敏[明中B上眞]=min^{H}

001 隣[來開AB平眞]

001 吝[來開AB去眞]=rin^{R}

〈臻韻〉01

002 瑟[生開AB入臻]=sɨl

/-m, -p/ 운미인 운

〈覃韻〉22

015 堪[溪中1平覃]=kam^{L}

012 南[泥中1平覃]=nam^{L}, na^{L}

009 <u>參</u>[淸中1平覃]=c^{h}am^{L}

007 合[匣中1入覃]=hap

005 闇[影中1去覃]='am^{R}

004 答[端中1入覃]=tap

004 男[泥中1平覃]=nam^{L}

003 雜[從中1入覃]=cap

003 感[見中1上覃]=kam^{R}

002 貪[透中1平覃]=t^{h}am^{L}

002 探[透中1平覃]=t^{h}am^{L}

002 慘[淸中1上覃]

002 <u>陰</u>[影中1平覃]='am^{L}

002 暗[影中1去覃]='am^{R}

002 <u>湛</u>[端中1平覃]=tam^{L}

002 納[泥中1入覃]=nap

001 <u>函</u>[匣中1平覃]=ham^{L}

001 躭 | 耽[端中1平覃]=tam^{L}, t^{h}am^{L}

001 蠶[從中1平覃]=cʌm

001 諳[影中1平覃]

001 拉[來中1入覃]

001 潭[定中1平覃]=tam^{L}

〈談韻〉18

033 三[心中1平談]=sam^{L}

022 談[定中1平談]=tam^{L}

018 敢[見中1上談]=kam^{R}

007 噉[定中1上談]=tam^{R}

005 甘[見中1平談]=kam^{L}

003 慙[從中1平談]

003 藍[來中1平談]=ram^{L}

003 覽[來中1上談]=ram^{R}

002 暫[從中1上談]=cam^{R}

002 澹[定中1平談]=tam^{L}

002 澹[定中1上談]=tam^{R}

002 淡[定中1去談]=tam$^{R/L}$

002 酣[匣中1平談]

001 榻[透中1入談]=t^{h}ap

001 榼[透中1入談]

001 斂[曉中1平談]=riəm^{R}

001 臘[來中1入談]=rap

001 儋[端中1平談]

〈咸韻〉11

015 減[匣中2上咸]

015 減[見中2上咸]

002 狹[匣中2入咸]=hiəp

002 黯[影中2上咸]='am^{R}

002 湛[澄中2上咸]=tam^{R}

001 陜[匣中2入咸]

001 咸[匣中2平咸]=ham^{L}

001 函[匣中2平咸]=ham^{L}

001 渫[崇中2入咸]

001 颿[奉中C平咸]

001 帢[溪中2入咸]

〈銜韻〉02

011 巖[疑中2平銜]='am^{L}

006 鑒[見中2上銜]

〈凡韻〉08

014 法[非中C入凡]=pəp

006 犯[奉中C上凡]=pəm^{R}

004 凡[奉中C平凡]=pəm^{L}

002 乏[奉中C入凡]=p^{h}ip

002 汎[敷中C去凡]

002 范[奉中C上凡]=pəm^{R}

001 颿[奉中C去凡]

001 範[奉中C上凡]=pəm^{R}

〈嚴韻〉05

008 業[疑中C入嚴]='əp

007 嚴[疑中C平嚴]='əm^{L}

002 劍[見中C去嚴]=kəm^{R}

001 鄴[疑中C入嚴]='əp

001 劫[見中C入嚴]=kəp

〈鹽韻〉32

008 輒[知中AB入鹽]=t^{h}iəp

005 攝[書中AB入鹽]=siəp

004 瞻[章中AB平鹽]=c^{h}iəm^{L}

004 接[精中AB入鹽]=ciəp

004 厭[影中A上鹽]='iəm^{R}, 'əm^{R}, 'an^{R}

004 廉[來中AB平鹽]=riəm^{L}

003 鹽[羊中AB平鹽]='iəm^{L}

003 掩[影中B上鹽]='əm^{R}

002 妾[清中AB入鹽]=c^{h}iəp

002 閃[書中AB上鹽]

002 儉[群中B上鹽]=kəm^{R}

002 檢[見中B上鹽]=kəm^{R}

001 險[曉中B上鹽]=həm^{R}

001 驗[疑中B去鹽]=həm^{R}

001 獫[來開AB平鹽]

001 獫[來開AB上鹽]

001 獫[來開AB去鹽]

001 獫[曉開B上鹽]

001 陜[書中AB上鹽]

001 貶[幫中B上鹽]=p^{h}iəm^{R}

001 捷[從中AB入鹽]

001 諂[徹中AB上鹽]=t^{h}iəm$^{R/M}$

001 覘[徹中AB去鹽]=tiəm^{R}

001 霑[知中AB平鹽]

001 漸[精中AB平鹽]=ciəm^{L}

001 漸[從中AB上鹽]=ciəm^{R}

001 潛[從中AB平鹽]=cʌm^{L}

001 髯[日中AB平鹽]=ziəm^{L}

001 淹[影中B平鹽]=’əm$^{L/R}$

001 獵[來中AB入鹽]=riəp

001 斂[來中AB上鹽]=riəm^{R}

001 斂[來中AB去鹽]=riəm^{R}

〈添韻〉11

005 念[泥中4去添]=niəm^{R}, riəm^{R}

004 兼[見中4平添]=kiəm^{L}

003 頰[見中4入添]=hiəp

003 協[匣中4入添]=hiəp

003 點[端中4上添]=t^{h}iəm$^{R/H}$

002 嫌[匣中4平添]=hiəm^{L}

001 挾[匣中4入添]=hiəp

001 俠[匣中4入添]=hiəp

001 忝[透中4上添]=t^{h}iəm$^{R/L}$

001 恬[定中4平添]=niəm^{L}

001 捻[泥中4入添]=niəp^{H}, niəm^{H}

〈侵韻〉57

072 今[見中B平侵]=kɨm^{L}

036 心[心中AB平侵]=sim^{L}

029 林[來中AB平侵]=rim^{L}

025 及[群中B入侵]=kɨp

021 入[日中AB入侵]=zip

021 飮[影中B上侵]=’ɨm^{R}

021 飮[影中B去侵]=’ɨm^{R}, nim^{H}

021 深[書中AB平侵]=sim^{L}

019 任[日中AB去侵]=zim^{R}

017 立[來中AB入侵]=rip

015 金[見中B平侵]

014 音[影中B平侵]=’ɨm^{L}

014 甚[常中AB去侵]=sim^{R}

014 甚[書中AB平侵]=sʌm^{H}

012 十[常中AB入侵]=sip

011 臨[來中AB平侵]=rim^{L}

009 參[生中AB平侵]=sʌm^{L}

008 泣[溪中B入侵]='ɨp

007 審[書中AB上侵]=sim^{R}

007 尋[邪中AB平侵]=sim^{L}

006 執[章中AB入侵]=cip

005 邑[影中B入侵]='ɨp

004 集[從中AB入侵]=cip

004 愔[影中AB平侵]

004 沈|沈[澄中AB平侵]=t^{h}im^{L}

004 急[見中B入侵]=kɨp

004 錦[見中B上侵]=kɨm^{R}

003 枕[章中AB上侵]=c^{h}im^{R}

003 枕[章中AB去侵]=c^{h}im^{R}

003 朕[澄中AB上侵]=tim^{R}

003 琴[群中B平侵]=kɨm^{L}

003 禁[見中B去侵]=kɨm^{R}

002 品[滂中B上侵]=p^{h}um^{R}

002 寢[清中AB上侵]=c^{h}im^{R}

002 陰[影中B平侵]='ɨm^{L}

002 習[邪中AB入侵]=sɨp

002 森[生中B平侵]

002 琳[來中AB平侵]

002 懍[來中AB上侵]

002 湛[澄中AB平侵]=t^{h}im^{L}

002 禽[群中B平侵]=kɨm^{L}

002 衿[見中B平侵]

001 歆[曉中B平侵]=hɨm^{L}

001 欽[溪中B平侵]=hɨm^{L}

001 稟[幫中B上侵]=p^{h}um$^{R/H}$

001 侵[清中AB平侵]=c^{h}im^{L}

001 椹[知中AB平侵]=sim^{L}

001 戢[莊中AB入侵]

001 斟[書中AB平侵]=cim^{L}, c^{h}im^{L}

001 汁[章中AB入侵]=cɨp

001 箴[章中AB平侵]=cʌm^{L}

001 吟[疑中B平侵]='ɨm^{L}

001 淫[羊中AB平侵]='ɨm^{L}

001 襲[邪中AB入侵]=sɨp

001 給[見中B入侵]=kɨp

001 衾[溪中B平侵]=kɨm^{L}

001 嶔[溪中B平侵]

찾아보기

ㄹ

ㅁ

ㅂ

ㅅ

ㅇ

ㅈ

ㅊ

ㅌ

ㅍ

ㅎ

저자 소개

1955년 전남 구례 출생.
서울대학교 인문대학 국어국문학과 문학사, 동 대학원 문학석사 및 문학박사.
전북대학교와 가톨릭대학교 국어국문학과 교수를 역임하고
현재 서울대학교 인문대학 언어학과 교수로 재직 중.
『高麗時代의 吏讀』, 『50권본 화엄경 연구』, 『방언 연구』,
『角筆口訣의 解讀과 飜譯』(공저, 전 5권), 『漢字音으로 본 백제어 자음체계』,
『아이마라어 어휘』(공저), 『아이마라어 연구』(공저), 『漢字音으로 본 고구려어 음운체계』,
『木簡에 기록된 古代 韓國語』 등 22권의 저서(공저, 편저 포함)와 120여 편의 논문을 발표.

前期 中古音

『世說新語』 對話文 用字의 音韻對立

1판 1쇄 펴낸날 2018년 8월 1일

지은이 | 이승재
펴낸이 | 김시연

펴낸곳 | (주)일조각
등록 | 1953년 9월 3일 제300-1953-1호(구 : 제1-298호)
주소 | 03176 서울시 종로구 경희궁길 39
전화 | 02-734-3545 / 02-733-8811(편집부)
02-733-5430 / 02-733-5431(영업부)
팩스 | 02-735-9994(편집부) / 02-738-5857(영업부)
이메일 | ilchokak@hanmail.net
홈페이지 | www.ilchokak.co.kr

ISBN 978-89-337-0745-6 93700
값 50,000원

* 지은이와 협의하여 인지를 생략합니다.
* 이 도서의 국립중앙도서관 출판예정도서목록(CIP)은 서지정보유통지원시스템 홈페이지 (http://seoji.nl.go.kr)와 국가자료공동목록시스템(http://www.nl.go.kr/kolisnet)에서 이용하실 수 있습니다. (CIP제어번호 : CIP2018022251)